本书由国家重点研发计划项目“中欧新型城镇化创新平台：文化城市建设与关键技术研究”（项目编号：2016YFE0133400）资助

文旅融合发展规划

——理论探索与山东实践

周建明　牛亚菲　宋增文　等 编著

中国旅游出版社

前 言

2018 年我国文化部与国家旅游局合并为“文化和旅游部”，开启了文旅融合的制度改革。2019 年被确定为文化和旅游部大力推动文旅融合的元年！2021 年国家文旅部在《“十四五”文化和旅游发展规划》中，要求“坚持以文塑旅、以旅彰文，推动文化和旅游深度融合、创新发展，不断巩固优势叠加、双生共赢的良好局面”。文旅融合发展是新时代新征程建设文化强国、旅游强国的顶层设计和重大举措，也是促进消费升级、拉动内需的重要抓手，已成为“十四五”期间我国文化和旅游工作的重点方向。

山东是齐鲁文化的发祥地和承载地，北依渤海、东靠黄海，拥有泰山和黄河入海两大地理标志，是我国文化和旅游资源的大省，具有文旅融合发展的巨大潜力。传承齐鲁优秀文化，开启文旅融合先河，山东省主要领导率先提出编制文旅融合元年以来全国第一个省级的文旅融合发展规划，即《山东省文旅融合发展规划》。经过严格、规范的竞标程序，中国城市规划设计研究院文旅所有幸承担了规划编制任务。

本书基于本次文旅融合发展规划的实践总结，以及项目组为编制本次规划所做的理论研究而编著。我们认为，文旅融合是全方位、多层级的深度融合。文旅融合应从旅游者视角、旅游地视角、旅游产业视角出发，进行理念融合、平台融合、产品要素业态融合、市场品牌服务交流融合以及产业融合，其中理念融合是前提，平台融合是抓手，产品要素业态融合是重点，市场品牌服务交流融合是关键，产业融合是结果。文旅融合的动力源自文化旅游互促关系，即旅游为文化赋能，文化为旅游增效，而其融合过程关键是旅游者视角下的产品链、服务链，旅游地视角下的效应链、创新链以及旅游产业视角下的价值链、要素链。

文化旅游融合发展，规划引领是前提。文旅融合发展规划是现行国家规划体系中的专项规划，其主要任务是围绕“文旅融合”主线，突出地域文旅特色，并衔接国民经济和社会发展规划及国土空间规划等相关规划，实现旅游地提档升级、文旅产业提质增效。

在本书的编著工作中，很多领导、专家、学者和同行贡献了大量的智慧。原山东省委书记刘家义，省长龚正，山东省委常委、宣传部部长关志鸥，副省长于杰为规划编制指明了方向，文旅厅王磊厅长，张鲲、张明池副厅长为规划编制进行了强有力组织，蒋卫东、蔡世超、王炳春、迟钰争、刘印河、李斌、张贵兴、刘会丽等为规划编制提供了极大帮助，于冲、陈国忠、王德刚、吉小青、何佳梅、王旭科、许峰、刘兆德等专家学者为规划编制贡献了大量聪明才智，还有中国旅游出版社谯洁主任对本书出版的大力支持，在此一并表示诚挚的感谢！

周建明、宋增文进行了本书框架的拟定工作。周建明、宋增文、秦子薇拟定了第一部分研究初稿，周建明、宋增文进行了修改完善，周建明、牛亚菲、罗希、宋增文、陈瑾妍、陈杰、周辉、刘剑箫、郑童、周旭影、谢丽波、刘子源、赵阳、黄潇婷、苏莉、刘祎洋等编写了第二、三、四、五部分内容，周建明、罗希对第二至第五部分内容进行了统筹把关，周建明、宋增文最后对本书内容进行了修改、统稿。

文旅融合的理论及规划编制尚需持续的探索和实践，极诚希望产学研各界对本书提出宝贵意见和建议，以便我们不断完善和提升。

编著者

2021 年 10 月

于中国城市规划设计研究院

目　录

第一章

文旅融合发展研究

文化是旅游的灵魂，旅游是文化的载体[①]。推动文化旅游融合发展，是新时代新征程建设文化强国、旅游强国的顶层设计和重大举措，也是促进消费升级、拉动内需的重要抓手。2018 年我国大部制改革中将文化部、国家旅游局合并为“文化和旅游部”，为文化旅游深度融合发展提供了组织和行政保障，标志着文旅融合发展翻开新篇章。2019 年被确定为文化和旅游部大力推动文旅融合的元年。2020 年《中共中央关于制定国民经济和社会发展第十四个五年规划和二〇三五年远景目标的建议》和 2021 年文旅部《“十四五”文化和旅游发展规划》都把文旅融合发展作为“十四五”期间我国文化和旅游工作的重点方向。

文化旅游融合发展，规划引领是前提。但目前对于文化与旅游融合发展规划编制的内容还未有定论。2019 年 6 月初，文化和旅游部制定的《文化和旅游规划管理办法》出台，明确了文化和旅游规划编制的主导方和审批流程等事宜，要求“规划文本一般包括指导思想、基本原则、发展目标、重点任务、工程项目、保障措施等以及法律法规规定的其他内容”，为规范管理我国文化和旅游规划工作，健全工作体制提供了基本依据和指导，但文件中对于文化和旅游规划编制的具体思路和技术要求等尚未明确。通过对文旅融合发展规划的国内外研究与实践进行梳理，可为今后我国文旅融合发展规划的编制提供研究思路和参考内容，并使规划在实践中产生更好的引领和指导作用。

第一节　文旅融合发展的背景与趋势

一、政策背景

近年来国家不断出台支持文化与旅游产业融合发展的政策文件。2009 年文化部、国家旅游局联合发布《关于促进文化与旅游结合发展的指导意见》。作为我国第一份相关政策文件，明确提出促进文旅深度结合发展的多项措施和机制。2017 年国家发改委发布《“十三五”时期文化旅游提升工程实施方案》，再次对文化旅游工作进行了专门部署。2018 年文化和旅游部重组成立后，先后颁布了《关于促进旅游演艺发展的指导意见》《文化和旅游规划管理办法》等系列文件，并从金融消费、人才培养、产业监督管理等方面对文旅融合发展给予了支撑和保障，“文旅融合”在 2019 年实现了从宏观理念转化为一般政策的过程。十多年间国家发布的许多政策文件中都有涉及文化和旅游融合发展的相关内容，成为我国文化和旅游融合发展的重要政策导向（表 1–1）。

表 1–1　文化旅游融合发展政策及其趋势

时间	发文机关	文件名称	文化旅游发展政策内容
2009 年 8 月	文化部、国家旅游局	《文化部、国家旅游局关于促进文化与旅游结合发展的指导意见》	打造文化旅游系列活动品牌；打造高品质旅游演艺产品；利用非物质文化遗产资源优势，开发文化旅游产品；实施品牌引领战略，引导文化旅游产品开展品牌化经营；鼓励主题公园、旅游度假区设立连锁网吧、游戏游艺场所；举办文化旅游项目推介洽谈会，推动文化旅游企业开展合作；深度开发文化旅游工艺品（纪念品）；加强文化旅游产品的市场推广；积极培育文化旅游人才；规范文化旅游市场经营秩序

① 中央政府门户网站 . 文化部、国家旅游局关于促进文化与旅游结合发展的指导意见［EB/OL］. http://www. gov. cn/zwgk/2009-09/15/content_1418269. htm，2009-09-15.

续表

时间	发文机关	文件名称	文化旅游发展政策内容
2009 年 9 月	文化部	《文化部关于加快文化产业发展的指导意见》	促进文化与旅游相结合，以文化提升旅游的内涵，以旅游扩大文化的传播和消费。打造文化旅游系列活动品牌，扶持具有地方、民族特色的文化旅游项目，建立《文化旅游节庆活动扶持名录》和《国家文化旅游重点项目名录》。鼓励对演艺与旅游资源整合，在知名旅游景区打造高品质、有特色的演艺精品。在有效保护的基础上，对历史文化名城、文物古迹进行科学开发利用，合理开发传统手工技艺类和表演类非物质文化遗产。深度开发文化旅游工艺品，提升品位，拓宽市场
2009 年 9 月	国务院	《文化产业振兴规划》	扩大文化消费。开发与文化结合的教育培训、健身、旅游、休闲等服务性消费，带动相关产业发展
2009 年 12 月	国务院	《国务院关于加快发展旅游业的意见》	大力推进旅游与文化、体育、农业、工业、林业、商业、水利、地质、海洋、环保、气象等相关产业和行业的融合发展。丰富旅游文化内涵。把提升文化内涵贯穿到食住行游购娱各环节和旅游业发展全过程。旅游开发建设要加强自然文化遗产保护，深挖文化内涵，普及科学知识。旅游商品要提高文化创意水平，旅游餐饮要突出文化特色，旅游经营服务要体现人文特质。要发挥文化资源优势，推出具有地方特色和民族特色的演艺、节庆等文化旅游产品。充分利用博物馆、纪念馆、体育场馆等设施，开展多种形式的文体旅游活动。集中力量塑造中国国家旅游整体形象，提升文化软实力
2011 年 10 月	中共中央	《中共中央关于深化文化体制改革推动社会主义文化大发展大繁荣若干重大问题的决定》	推动文化产业与旅游、体育、信息、物流、建筑等产业融合发展。积极发展文化旅游，促进非物质文化遗产保护传承与旅游相结合，发挥旅游对文化消费的促进作用
2011 年 11 月	国家旅游局	《国家旅游局关于进一步加快发展旅游业促进社会主义文化大发展大繁荣的指导意见》	科学引导和积极培育健康丰富的旅游文化。继续加强文化旅游精品建设。一是要重点支持一批全国性的文化旅游活动品牌，逐步建立国家和地方层面的文化旅游活动重点名录库。二是围绕非物质文化遗产的传承保护推出一批旅游精品。三是继续提升一批具有地方文化特色的旅游演艺精品。四是继续引导、支持和规范文化旅游名街、名镇发展，加快推进文化旅游实验区、示范区建设，探索建设文化旅游特色产业聚集区。五是要继续鼓励创意和制作具有地方文化特色的旅游工艺品、纪念品，不断丰富中国特色旅游商品体系
2012 年 2 月	中办、国办	《国家“十二五”时期文化改革发展规划纲要》	加快发展文化产业，积极扩大文化消费。积极发展文化旅游，促进非物质文化遗产保护传承与旅游相结合，提升旅游的文化内涵，发挥旅游对文化消费的促进作用，支持海南等重点旅游区建设
2012 年 2 月	文化部	《文化部“十二五”时期文化产业倍增计划》	科学编制文化旅游发展规划。打造文化旅游特色产业集聚区、全国文化旅游实验区、国际知名旅游演艺及文化旅游系列活动品牌。对历史文化名城、文物古迹、手工技艺类和表演类非物质文化遗产进行开发利用，深度开发文化旅游工艺品。从 2010 年开始，文化部、国家旅游局每 4 年推出一个中国文化旅游主题年，每两年举办一届中国国际文化旅游周，定期发布《国家文化旅游重点项目名录》
2013 年 2 月	国办	《国民旅游休闲纲要（2013~2020 年）》	稳步推进公共博物馆、纪念馆和爱国主义教育示范基地免费开放。加强城市休闲公园、休闲街区、环城市游憩带、特色旅游村镇建设，营造居民休闲空间。大力发展红色旅游，提高红色旅游经典景区和精品线路的吸引力和影响力。开发都市休闲、城市观光、文化演艺、科普教育等旅游休闲项目，开发旅游演艺、康体健身、休闲购物等旅游休闲消费产品

续表

时间	发文机关	文件名称	文化旅游发展政策内容
2014年2月	国务院	《关于推进文化创意和设计服务与相关产业融合发展的若干意见》	提升旅游发展文化内涵。坚持健康、文明、安全、环保的旅游休闲理念，以文化提升旅游的内涵质量，以旅游扩大文化的传播消费。支持开发康体、养生、运动、娱乐、体验等多样化、综合性旅游休闲产品，建设一批休闲街区、特色村镇、旅游度假区，打造便捷、舒适、健康的休闲空间，提升旅游产品开发和旅游服务设计的人性化、科学化水平，满足广大群众个性化旅游需求。加强自然、文化遗产地和非物质文化遗产的保护利用，大力发展红色旅游和特色文化旅游，推进文化资源向旅游产品转化，建设文化旅游精品。加快智慧旅游发展，促进旅游与互联网融合创新，支持开发具有地域特色和民族风情的旅游演艺精品和旅游商品，鼓励发展积极健康的特色旅游餐饮和主题酒店
2014年8月	国务院	《关于促进旅游业改革发展的若干意见》	创新文化旅游产品。鼓励专业艺术院团与重点旅游目的地合作，打造特色鲜明、艺术水准高的专场剧目。大力发展红色旅游，加强革命传统教育，大力弘扬以爱国主义为核心的民族精神和以改革创新为核心的时代精神，积极培育和践行社会主义核心价值观。规范整合会展活动，发挥具有地方和民族特色的传统节庆品牌效应，组织开展群众参与性强的文化旅游活动。杜绝低水平的人造景观建设，规范发展主题公园。支持传统戏剧的排练演出场所、传统手工艺的传习场所和传统民俗活动场所建设
2016年12月	国务院	《“十三五”旅游业发展规划》	促进旅游与文化融合发展。培育以文物保护单位、博物馆、非物质文化遗产保护利用设施和实践活动为支撑的体验旅游、研学旅行和传统村落休闲旅游。扶持旅游与文化创意产品开发、数字文化产业相融合。发展文化演艺旅游，推动旅游实景演出发展，打造传统节庆旅游品牌。推动“多彩民族”文化旅游示范区建设，集中打造一批民族特色村镇
2017年3月	发改委联合多个部门	《“十三五”时期文化旅游提升工程实施方案》	在遗产保护利用方面，一大批具有较高价值的国家文化和自然遗产资源得到有效保护，利用渠道进一步拓宽、社会教育和公共文化服务功能进一步提升，保护成果更多惠及广大人民群众，实现国家文化和自然遗产的有效保护和永续利用。在旅游基础设施方面，重点旅游目的地的旅游基础设施和公共服务体系基本健全；自然生态环境良好、文化科普教育功能完善、在国内外具有较强吸引力的精品景区不断增加，全国红色旅游经典景区基础设施水平全面提升，爱国主义和革命传统教育功能不断增强
2018年3月	国务院办公厅	《关于促进全域旅游发展的指导意见》	推动旅游与科技、教育、文化、卫生、体育融合发展。充分利用科技工程、科普场馆、科研设施等发展科技旅游。以弘扬社会主义核心价值观为主线发展红色旅游，积极开发爱国主义和革命传统教育、国情教育等研学旅游产品。科学利用传统村落、文物遗迹及博物馆、纪念馆、美术馆、艺术馆、世界文化遗产、非物质文化遗产展示馆等文化场所开展文化、文物旅游，推动剧场、演艺、游乐、动漫等产业与旅游业融合开展文化体验旅游
2018年12月	文化和旅游部等部门	《关于促进乡村旅游可持续发展的指导意见》	在保护的基础上，有效利用文物古迹、传统村落、民族村寨、传统建筑、农业遗迹、灌溉工程遗产、农业文化遗产、非物质文化遗产等，融入乡村旅游产品开发。促进文物资源与乡村旅游融合发展，支持在文物保护区域因地制宜适度发展服务业和休闲农业，推介文物领域研学旅行、体验旅游、休闲旅游项目和精品旅游线路，发挥文物资源对提高国民素质和社会文明程度、推动经济社会发展的重要作用。支持农村地区地域特色文化、民族民间文化、优秀农耕文化、传统手工艺、优秀戏曲曲艺等传承发展，创新表现形式，开发一批乡村文化旅游产品。依托乡村旅游创客基地，推动传统工艺品的生产、设计等和发展乡村旅游有机结合。鼓励乡村与专业艺术院团合作，打造特色鲜明、体现地方人文的文化旅游精品。大力发展乡村特色文化产业。支持在乡村地区开展红色旅游、研学旅游

续表

时间	发文机关	文件名称	文化旅游发展政策内容
2019年3月	文化和旅游部	《关于促进旅游演艺发展的指导意见》	加强对文化遗产保护传承等相关题材创作的扶持，引导旅游演艺经营主体充分挖掘中华优秀传统文化中的核心思想理念、中华传统美德、中华人文精神，运用丰富多彩的艺术形式进行当代表达，推出一批底蕴深厚、特色鲜明、涵育人心的优秀作品。加强对革命文化和社会主义先进文化内涵的研究阐释，鼓励旅游演艺经营主体创作一批传播弘扬革命文化和社会主义先进文化的演艺作品
2019年8月	国务院办公厅	《关于进一步激发文化和旅游消费潜力的意见》	促进产业融合发展。支持邮轮游艇旅游、非物质文化遗产主题旅游等业态发展。促进文化、旅游与现代技术相互融合，发展基于5G、超高清、增强现实、虚拟现实、人工智能等技术的新一代沉浸式体验型文化和旅游消费内容。丰富网络音乐、网络动漫、网络表演、数字艺术展示等数字内容及可穿戴设备、智能家居等产品，提升文化、旅游产品开发和服务设计的数字化水平。发挥展会拉动文化和旅游消费的作用，支持文化企业和旅游企业通过展会进行产品展示、信息推广。引导文化企业和旅游企业创新商业模式和营销方式
2020年3月	国家发展改革委等23个部门	《关于促进消费扩容提质加快形成强大国内市场的实施意见》	重点推进文旅休闲消费提质升级，丰富特色文化旅游产品，改善入境旅游与购物环境，创新文化旅游宣传推广模式
2020年11月	文化和旅游部	《文化和旅游部关于推动数字文化产业高质量发展的意见》	以数字化推动文化和旅游融合发展，实现更广范围、更深层次、更高水平融合。加强数字文化企业与互联网旅游企业对接合作，促进文化创意向旅游领域拓展。推进数字文化产业与先进制造业、消费品工业、智慧农业融合发展，与金融、物流、教育、体育、电子商务等现代服务业融合发展。发展品牌授权，提升制造业和服务业的品牌价值和文化价值。促进数字文化与社交电商、网络直播、短视频等在线新经济结合，发展旅游直播、旅游带货等线上内容生产新模式
2021年3月	国务院	《中华人民共和国国民经济和社会发展第十四个五年规划和2035年远景目标纲要》	坚持以文塑旅、以旅彰文，打造独具魅力的中华文化旅游体验。深入发展大众旅游、智慧旅游，创新旅游产品体系，改善旅游消费体验。加强区域旅游品牌和服务整合，建设一批富有文化底蕴的世界级旅游景区和度假区，打造一批文化特色鲜明的国家级旅游休闲城市和街区。推进红色旅游、文化遗产旅游、旅游演艺等创新发展，提升度假休闲、乡村旅游等服务品质，完善邮轮游艇、低空旅游等发展政策。健全旅游基础设施和集散体系，推进旅游厕所革命，强化智慧景区建设。建立旅游服务质量评价体系，规范在线旅游经营服务

二、发展现状与态势分析

我国五千多年的文明史孕育了底蕴深厚的中华文化；幅员辽阔，地形复杂，气候多样，造就了异彩纷呈的自然和人文景观，这些都为文化和旅游的发展提供了丰富的资源基础。改革开放以来，我国文旅融合的历史进程与波澜壮阔的现代化进程同步，经历了探索期（1978~1992年）、成长期（1992~2011年）、快速发展期（2011~2017年）、全面发展期（2017年至今）四个阶段①。近年来随着经济发展，人民精神文化需求不断增长，政府职能整合以及行业加速发展，文旅融合呈现出由表及里、不断深入的活跃发展态势。在粤港澳大湾区、“一带一路”建设、京津冀协同发展、长三角一体化发展、长江经济带发展、黄河流域生态保护和高质量发展、成渝地区双城经济圈国家七大区域发展战略中，文旅融合都被作为其中一项重点发展任务。同时各地政府也在积极探索和谋划文化旅游融合发展大局，不少地方出台与发布了当地的文旅融合发展实施意见，如吉林省、北京市多地都出台了《关于

① 把多勋．改革开放40年：中国文化旅游融合发展的价值与趋势［J］．甘肃社会科学，2018（5）：10-20.

促进文化与旅游融合发展的实施意见》等政策文件，为文旅融合发展创造了重大机遇，也提出了更高要求，新时代下文旅融合发展呈现出以下发展态势：

（一）文化深度体验成为旅游产业发展的新亮点

现代旅游已经从传统“看山看水看风景”的观光游向以文化为主题导向的“文化深度游”“休闲体验游”转变。文化性作为旅游产业的核心特质之一，体现在旅游活动的各个方面。受益于中国经济转型以及消费升级，旅游人群对旅游内容要求日益增高，国民旅游诉求从求量到注重旅游产品和服务质量，追求旅游品质及体验深度转变；从追求单一的观光产品转变为追求多样化的复合型休闲度假旅游产品，深度参与并充分感受目的地文化内涵的旅游方式，正成为一种新时尚。

（二）文化旅游融合新型业态不断涌现

在鼓励文旅融合发展的利好政策环境和巨大市场需求的推动下，市场需求与企业投资纷纷聚集，文旅融合产业实践发展迅猛。2019 年全年国内旅游人数 60.06 亿人次，实现旅游总收入 6.63 万亿元，同比增长 11.1%。2019 年年末全国共有公共图书馆 3196 个，艺术表演场馆 2716 个，艺术表演团体共演出 296.80 万场。据统计，2019 年全国规模以上文化及相关产业企业实现营业收入 86624 亿元，按可比口径比上年增长 7.0%，显示了文旅融合的巨大经济效应。旅游与文化产业融合，丰富了旅游体验的深度，拓展了旅游经济发展空间。文化与旅游产业融合，使得多种类型的文化资源具有了旅游功能，促进了新型业态的不断出现，激活了文化生命力，加强了文化传播弘扬。如民俗文化与旅游产业融合形成了民俗文化旅游；工业文化遗产资源与旅游产业融合，形成了工业遗产旅游；乡村文化与旅游产业融合，形成了乡村旅游；医药文化与旅游产业融合，形成了医药养生旅游等。文旅融合，催生了各类文旅小镇、文旅产业园区、文旅综合体、文化公园等新载体（表 1–2）。

表 1–2　文化旅游融合业态举例

名称	新业态类型	旅游与文化的融合
中影怀柔影视基地	旅游与影视文化融合	影视基地建设之初明确“建设国内首个国际化新一代专业功能聚合型国家级影视基地”，不同于主打外景拍摄的传统方式，强调旅游在完整产业链塑造中的作用
北京周口店遗址博物馆虚拟体验	旅游与历史文化融合	利用最新科技，发明了高科技应用的“动物魔法卡片”，观众只要将其戴在头上，电脑会经过识别，将图像传输到电视屏幕上，这样观众就可以从不同角度看到 50 万年前已灭绝的古动物样子
上海工业旅游	旅游与工业文化融合	上海有工业旅游景点 160 余处，分为工业企业、现代工业园区、创意产业集聚区、重大建筑成就和行业博物馆 5 类，以“汽车工业梦幻之旅”宝钢集团、苏州河畔创意仓库为代表
成都乡村“农家乐”旅游	旅游与乡村文化融合	成都是中国乡村旅游的发源地，经过多年的实践，形成了文化提升产业，发展方式由单一的农业生产变为吸引城市居民体验、休闲的文化活动
海南呀诺达雨林文化旅游区	旅游与雨林及民族文化融合	通过与环境友好相融、热带雨林 + 黎苗文化创造特色实现旅游与文化的融合发展
张北草原音乐节	旅游节事活动与音乐文化融合	用摇滚乐的舞台展现张北草原无与伦比的旅游魅力，同时以草原的宽广与自然还原音乐节原始的自由享受

（三）新型企业组织结构的不断演进

在文化旅游融合发展热潮中，原有的文化企业和旅游企业逐渐整合新型部门和业态，形成跨产业的企业组织。相关企业开始多角化经营，创新了组织管理方式，使企业更具活力。如旅行社发挥其资源整合优势，形成集会议组织、旅游咨询、景区管理、展览策划、节事举办于一身的新型企业，涌现出了诸如华侨城、融创文旅等一批优秀文旅企业。

（四）新兴产业集群逐步出现

文化旅游融合催生了新的产业集群，文化功能与旅游产业整合发展，形成了新的文化休闲旅游综合体，使旅游产业与文化产业竞争力得到共同促进。如杭州西溪天堂旅游综合体、“大美丽洲”良渚文化旅游综合体，以及西安曲江文化旅游新区等，不但提升了休闲经济时代下传统旅游产品和文化活动的质量，而且开始成为各大城市旅游经济发展的新引擎。

（五）数字科技推动文旅智能发展

近年来，虚拟现实、云计算、物联网、人工智能等新技术的发展为文旅融合带来了新的机遇，广泛应用于文物展陈、舞台表演、线上营销、活动体验等各个方面，促发了文化旅游在产品形式、组织形态、发展渠道以及生态环境的重大变革①，市场上出现了许多科技与文旅融合的典型案例产品。例如，圆明园将 AR、VR 技术应用于文物展陈和宣传，数字复原技术让圆明园盛景“还原重现”；故宫创立“博物馆文创品牌”，故宫淘宝年销售额超 10 亿元，还推出了掌上故宫、故宫展览等多款手机 App，开发了《皇帝的一天》《韩熙载夜宴图》等互动游戏；旅游演艺成为新旅行方式，《长恨歌》《最忆是杭州》等演艺产品受到大众欢迎；国内“数字文旅”实践表现出前所未有的蓬勃发展态势。

（六）文旅融合空间分布逐渐拓展

从空间视角来看，由于资源禀赋、发展环境和国家及地区经济发展战略的影响，目前我国各地文化和旅游产业融合水平也存在发展不平衡的地区差异特征，我国东部沿海地区拥有市场、人才集聚优势，旅游与文化产业融合发展较快、新兴业态丰富，尤其以江浙地区为代表，形成了带动全国文旅产业融合发展的重要增长极，涌现出了北京环球影城、上海迪士尼、横店影视城、无锡拈花湾、宋城演艺《千古情》、乌镇戏剧节等众多文旅融合标杆项目与产品。而中西部地区由于经济欠发达，基础设施薄弱等问题，当前文化旅游产业发展水平相对较低，但其拥有悠久历史文化、少数民族文化等丰富的旅游和文化资源条件，是未来产业融合发展的重要区域。许多地方目前也在不断发力。如陕西的大唐不夜城、袁家村、秦始皇陵博物院等文旅产品异彩纷呈，致力于创造文旅融合发展的陕西模式；河南推出《只有河南》；甘肃敦煌推出《又见敦煌》演艺、夜间研学游等诸多场景体验产品，成为地区文旅融合优秀代表。

第二节　文旅融合的相关概念

一、文化旅游

国内魏小安（1987）较早提出了“文化旅游”一词，但并未给出清晰的定义界定。随后诸多学者对定义进行了分析，文化旅游的概念依然众说纷纭，主要形成了四种观点：

第一，所有的旅游都是文化旅游。认为文化和旅游是不可拆分的整体，文化是旅游的灵魂，旅游是文化的载体，任何旅游活动都伴随着文化的产生，文化则是为了更好地吸引游客来完成旅游，因而

① 范周．文旅融合的理论与实践［J］．人民论坛·学术前沿，2019（11）：43-49.

任何旅游都有文化存在，旅游和文化旅游是同一概念。

第二，活动说。部分学者认为文化旅游是一种比较特殊的活动，一种可以获取文化信息或者体验文化信息的活动。文化旅游就是将旅游文化作为消费产品，是旅游者利用自己的艺术鉴赏能力和历史知识来感受其中的文化蕴含，得到精神满足的旅游行为，包括了建筑文化、风俗文化、历史文化、宗教文化、园艺文化、饮食文化这几种文化旅游①。

第三，产品说。该观点认为文化旅游是一种特殊的旅游产品，而这种产品主要指文化旅游经营者向旅游者提供的以学习、考察旅游地的文化、风俗为目的的旅游产品，如民俗文化旅游、历史文化旅游等②。

第四，意识说。有学者认为文化旅游是旅游经营者在设计旅游产品时的一种创新思维，是一种观念意识的反映，同时也是旅游者从事旅游活动的一种方法③。

二、旅游文化

“旅游文化”与“文化旅游”概念长期被混淆，学者们逐渐强调旅游活动和旅游者是旅游文化的核心。到目前为止，国内对于“旅游文化”概念的界定有以下几种代表性观点（表 1-3）。

表 1-3　旅游文化相关概念

年份	作者	概念内涵
1987	魏小安	旅游文化是通过旅游这一特殊的生活方式，满足旅游者求新、求知、求乐、求美的欲望而形成的综合性现代文化现象④
1998	马波	旅游文化是旅游者和旅游经营者在旅游消费或旅游经营服务过程中所反映、创造出来的观念形态及其外在表现的总和，是旅游客源地社会文化和旅游接待地社会文化通过旅游者这个特殊媒介相互碰撞作用的过程和结果
1999	王德刚	旅游文化是以旅游活动为核心而形成的文化现象和文化关系的总和⑤
1999	张国洪	旅游文化是以旅游行为为核心、旅游产品为依托、旅游环境为背景的系统性的场景文化。旅游消费与旅游服务行为文化、旅游资源文化和旅游产品文化、旅游环境文化共同组成了这一场景文化体系⑥

部分学者对“文化旅游”与“旅游文化”的内涵加以辨析。马波（1998）首次在《现代旅游文化学》中明确指出：“旅游文化与文化旅游是两个截然不同的概念，不能混淆，旅游文化属于文化的范畴，是文化的一个门类。文化旅游属于旅游的范畴，是旅游的一种类型⑦。”徐菊凤（2005）则进一步指出了两者研究重点的区别，认为“旅游文化”研究，广义层面上关注的重心是旅游活动的基础理论，诸如旅游活动的属性、特征、影响等问题，狭义层面上关注旅游业和旅游活动中的文化；而“文化旅游”研究的重心，则是旅游活动的对象物——旅游产品的开发和经营管理问题，以及文化旅游活动的特点、管理体制、文化旅游市场的需求特征问题等⑧。

---

① 马勇，舒伯阳．区域旅游规划［M］．天津：南开大学出版社，1999：1.

② 蒙吉军，崔凤军．北京市文化旅游开发研究［J］．北京联合大学学报，2001，15（1）：139-143.

③ 丁丽英．浅谈中国的文化旅游［J］．湖北社会科学，2002（12）：42-43.

④ 魏小安．1987，旅游文化与文化旅游［A］．旅游发展与管理［C］．北京：旅游教育出版社，1996.

⑤ 王德刚．试论旅游文化的概念和内涵［J］．桂林旅游高等专科学校学报，1999（4）.

⑥ 张国洪．旅游文化学：研究选位与学科方向［J］．旅游学刊·基础理论与旅游教育专刊，1999.

⑦ 马波．文化旅游学［M］．青岛：青岛大学出版社，1998.

⑧ 徐菊凤．旅游文化与文化旅游：理论与实践的若干问题［J］．旅游学刊，2005（4）：67-72.

三、文旅产业

旅游产业是一种以旅游活动为核心的综合产业，一般由旅游市场、旅游产品和旅游服务三部分组成；文化产业是以满足人们的文化需要作为目标，以生产和提供精神产品为主要活动的产业。二者同属第三产业，都是为人们提供精神消费服务，因同具经济、文化双重属性的本质特征有着天然的耦合关系。

国内学者在定义方面进行了较多探讨，目前对于文化旅游产业的定义主要有三种观点，基于结合角度定义的第三种文化旅游产业观点比前两种要深入一些，但并未深入阐释二者是什么关系的结合（表 1–4）。

表 1–4 国内关于文化旅游产业的概念探讨

序号	类别	观点	概念内涵
1	基于包含关系	文化旅游产业是文化产业的分支	文化旅游产业是以自然景观和历史文化景观为核心，带动饮食、交通、娱乐、旅游产品等一系列商业活动配套发展的一个重要文化产业群①
		文化旅游产业是旅游产业的分支	文化旅游产业是指由人文旅游资源开发出来的旅游产业，是为满足人们的文化旅游消费需求而产生的一部分旅游产业②
2	基于构成要素角度	文化旅游看成文化产业与旅游产业两大产业要素的组合	文化旅游产业是以文化为内容、以旅游为依托的综合性产业③
3	基于结合角度	文化旅游产业定义为文化产业和旅游产业结合而成的新的产业业态	文化旅游产业是文化产业和旅游产业融合产生的产业，并非隶属于其中一个产业，其既具有文化产业特征又具有旅游产业特征

四、文旅融合

在理解文化旅游产业概念基础上进一步探讨文化和旅游融合的概念。将文化的旅游性与旅游的文化性统一是文旅融合的实质。文旅融合将实现旅游和文化的经济、社会以及其他效益的提高，进而促进二者的可持续发展④。迄今学术界对文旅融合这一概念的界定仍相对模糊，在学术界并未达成共识，目前主要从产业融合的角度出发进行研究。

如胡金星⑤认为产业融合形成的首要条件是产业系统的开放性，远离平衡态和不同产业要素之间非线性相互作用下的自组织过程，只有具备以上因素，才能促进产业融合。文化和旅游产业融合指的是在市场需求、技术进步和创意引领等内外因素共同作用下，打破原有的两个产业之间的边界，在价值链的解构和重构中实现资源、技术、市场、服务融合和渗透的过程，逐步形成新的产品形式或新业态的过程，因此文旅产业既不属于文化产业也不属于旅游产业。

此外，还有一些国内学者提出“文旅融合”是一种以传统旅游业为基础的新型“旅游 +”产业模式，具体表现为文化资源与文化空间的旅游化利用⑥⑦。

五、文旅融合新业态

文化旅游两大产业融合背景下产生了更多的新业态、新产品，衍生出了生态文化旅游、体育文化

① 万圭 . 凤凰县文化旅游产业发展的思考［J］. 科技创业月刊，2008（8）：17–19.
② 李云涛 . 文化旅游产业发展的理性反思［D］. 哈尔滨：黑龙江大学，2009.
③ 邵金萍 . 再论文化旅游产业的特征、作用及发展对策［J］. 福建论坛：人文社会科学版，2011（8）：29–32.
④ 夏营 . 谈“文旅融合”发展的深层意义［J］. 旅游纵览（下半月），2019（5）：55–56.
⑤ 胡金星 . 浅析产业融合产生的前提条件［J］. 中国科技产业，2008（4）：81–82.
⑥ 冯健 .“文旅融合”该从何处着手［J］. 人民论坛，2018（32）：86–87.
⑦ 许春晓，胡婷 . 大湘西地区文化与旅游融合潜力及其空间分异［J］. 经济地理，2018（5）：208–216.

旅游、冰雪文化旅游、文化创意旅游、博物馆旅游等诸多业态。近年来文旅融合新业态相关研究不断增多，学者们大多就某一种新业态研究其发展模式和发展策略等。

“业态”一词最初来源于日本零售业，我国在20世纪80年代引入该词，并逐渐在各个产业内推广使用，目前国内学者对业态的普遍认识是“为满足不同的消费需求进行相应的要素组合而形成的不同经营形态”。从2000年开始学者们就分别从各自产业角度进行过旅游新业态、文化新业态的相关研究，其中旅游新业态研究居多，对其概念、特征、类型、发展模式等进行了许多探索。

关于文化、旅游新业态的概念，国内目前还没有统一的定义。杨玲玲、魏小安（2009）① 提出旅游新业态是相对于旅游主体产业有新突破、新发展，或者是超越传统的单一观光模式，具有可持续成长性，并能达到一定规模，形成比较稳定发展态势的业态模式。文化产业新业态是相对于传统产业而言的，一般认为，文化产业新业态是随着数字技术、网络技术和通信技术对传统文化产业的介入和融合而随之产生的一些新兴文化业态。文化和旅游融合新业态则指的是在市场需求、技术进步和创意引领等内外因素共同作用下，文化和旅游产业打破原有的两个产业之间的边界，在价值链的解构和重构中逐步形成，在组织管理方式、产品形态、经营形态等方面有所突破和创新的业态模式。关于新业态的类型划分，学者们从功能作用、行业差异等多角度进行过划分，缺乏统一的分类标准，导致业态类型划分混乱（表1-5）。

表1-5 文化和旅游新业态类型划分梳理

	标准依据	作者	类型划分
旅游新业态	业态现象	杨玲玲、魏小安（2009）	市场型、产品型、经营型
	融合对象	李太光、于曰美（2009）	旅游产业内各要素衍生分化形成的新业态、与第三产业交叉融合的新业态、与一二产业融合的新业态②
	业态的功能和效用	张文建（2011）	集聚型、专业型、在线型、复合型、衍生型和准公共型③
	旅游新业态概念	郭峦（2011）	新的旅游组织形态、新的旅游产品形态、新的旅游经营形态④
	市场营销学中新产品概念	汪艳、李东和（2011）	全新型、改进型、换代型、仿制型⑤
文化新业态	行业差异	张君（2012）	以生产与销售文化产品为依托的媒体新业态，以劳务服务形式出现的娱乐、演艺新业态，以提供文化产品附加值为支撑的旅游新业态⑥
	形成方式	邓向阳、荆亚萍（2015）	全新业态、融合业态、改造业态⑦

研究者根据不同文化类型、空间和旅游的融合形式对目前文旅融合新业态的产品类型进行了梳理。从类型来看，主要体现为工业文化、农业文化、乡村文化、红色文化、历史文化、生态文化、体育文化、影视文化等和旅游的融合；从文旅融合新业态表现形式来看，大到历史文化名城、名镇、名村，小到文化文物单位、景区景点、主题公园、园区街区、消费空间、文化产品等。文化旅游节庆和文化旅游演艺因其显著的集聚效应，日益成为旅游目的地文旅融合的突出亮点。然而在实践发展中，并非只是单一文化和旅游的融合，通常是多种文化、多种表现形式的叠加融合。可以看出文旅融合新业态的突出特点为：高新技术是支撑、文化创意是关键，参与体验是根本（表1-6）。

① 杨玲玲，魏小安．旅游新业态的“新”意探析［J］．资源与产业，2009，11（6）：135-138.
② 李太光，于曰美，江珊．国内外新型旅游业态的发展动态［N］．中国旅游报，2009-02-13.
③ 张文建．市场变化格局下的旅游业态转型与创新［J］．社会科学，2011（10）：30-38.
④ 郭峦．旅游新业态的演进规律［J］．沿海企业与科技，2011（7）：60-63.
⑤ 汪燕，李东和．旅游新业态的类型及其形成机制研究［J］．科技和产业，2011（6）：9-12，65.
⑥ 张君．湖南文化产业的新业态发展研究［D］．湖南大学，2012.
⑦ 邓向阳，荆亚萍．中国文化产业新业态创新模式及其发展策略［J］．中国出版，2015（16）：78-81.

表 1-6 文化旅游融合新业态产品类型

新业态类型	依托	表现形式	案例举例
旅游与工业文化融合	一定历史阶段的工业发展历史遗迹遗址、工业产品、工业生产工艺、工业生产场景、工业科技文化博览等	工业文化产业园区、工业博物馆等	上海 M50、北京 798 艺术区、石景山首钢创意产业园
旅游与农业文化融合	农业生产、知识、经验、技艺、农业生物多样性、农业遗迹、灌溉工程遗产、农业文化遗产等	国家农业公园、田园综合体、休闲农场（牧场）、乡村庄园、市民农园、高科技农园 / 教育农园等	台湾飞牛牧场、无锡田园东方、张裕爱斐堡酒庄
旅游与历史文化融合	历史名人、历史故事、历史场所、历史遗址等	国家文化公园、历史文化名城、历史文化名镇、历史文化街区、文化旅游特色小镇等	海口骑楼老街、西安大唐不夜城
旅游与乡村文化融合	地方、民族风土人情、生活习俗、街市景观、饮食文化、传统手工艺、优秀戏曲曲艺、方言文化等	非物质文化遗产村落、乡村旅游创客基地、乡村民宿、乡村博物馆、乡村露营地、乡村游乐场、非遗工坊等	陕西袁家村、浙江莫干山民宿
旅游与红色文化融合	革命历史、革命事迹和革命精神等	红色旅游线路、红色文化旅游基地、革命博物馆等	长征国家文化公园、西柏坡红色教育基地
旅游与生态文化融合	山地、森林、海滨、温泉、冰雪、中草药等	国家公园、森林公园、湿地公园、地质公园等	三江源国家公园、海南呀诺达雨林文化旅游区
旅游与体育文化融合	民族传统体育文化、奥林匹克文化、体育场馆、活动、赛事等	休闲步道、跑道、体育康体养生基地、体育小镇、体育公园、运动博物馆等	河北张家口太舞滑雪小镇
旅游与影视文化融合	电影、电视、文学作品、杂志、唱片、录像等	影视城、影视旅游基地、影视小镇、影视主题公园等	横店影视城、郑州建业·华谊兄弟电影小镇、象山星光影视小镇
旅游与演艺文化融合	演唱会、音乐会、音乐剧、戏曲等	实景旅游演艺、主题公园旅游演艺、剧场旅游演艺、巡游演艺等	“又见”系列、“山水盛典”系列、“印象”系列、“千古情”系列
旅游与节会赛事文化融合	特定传统文化活动、当地传统民俗节日、重大赛事、国际会议、展览会等	节庆、主题博览会、会议、赛事等	江苏南京秦淮灯会、乌镇戏剧节
旅游与文博场馆、消费空间融合	图书馆、博物馆、艺术馆、展览馆、画廊、复合书店、酒吧、咖啡馆、餐厅等	旅游书店、民宿书房、景区分馆、特色文化酒吧、文化主题咖啡馆、主题餐厅等	敦煌博物院、阿那亚三联海边图书馆、“漫乐山·书咖”暨乐山市图书馆天街分馆
旅游与文化主题乐园融合	文化 IP、景观、环境、游乐设施、表演和展览等	主题体验公园	上海迪士尼、华侨城
旅游与文创产品融合	文化资源、文化用品	文创商品、文创美食、创意生活用品、文创体验产品	故宫文创

第三节 文旅融合国内外研究进展

一、国际研究进展

Web of Science（以下简称为 WOS）收录了各研究领域最具影响力的核心学术期刊，以研究主题“Culture Industry”并含“Tourism Industry”并含“Convergence”或“Integration”或“Synergy”为条

件在 WOS 核心合集里进行检索，只检索到 8 条结果（截至 2021 年 3 月 2 日），其中 6 篇文献都来自于中国学者的研究，可以发现“文旅融合”一词具有鲜明的中国特色，国外目前并无文化产业和旅游产业融合发展的相关表述，也并未查阅到国外编制文化旅游融合发展规划的案例。

尽管国外在这方面缺乏专门的、系统的、全面的研究，但相关的基础性和应用性研究成果已经很丰富，研究视角更微观，主要集中于文化旅游产业的关系、文化旅游资源的开发、带来的影响以及文化旅游产品与市场等方面，具体涉及内容如下：

（一）文化和旅游关系研究

早在 19 世纪 60 年代，国外就开始了文化旅游的相关研究。1966 年，联合国教科文组织《信使》杂志（Courier）在为联合国第一个以旅游为主题的“世界国际旅游年”活动发了专刊，其头条文章《文化旅游：尚未开发的经济发展宝藏》（Cultural Tourism：the Unexploited Treasure of Economic Development）首次提出了文化旅游发展的经济意义，引发了各国学者对文化旅游的关注。1977 年，美国学者罗伯特·麦金托什（McIntosh）和希肯特·格波特（Gebert）最先将“文化旅游”作为专用概念进行界定，认为文化旅游是旅游的一个层面，旅游者可以从中了解学习他人的历史、遗产、生活与思想[①]。随后以探讨文化旅游概念为切入点，学者们从旅游动机、旅游体验、价值等不同角度界定文化旅游的概念，但尚未达成共识，研究更多地是确定文化旅游活动的范围，而不是概念本身。

还有一些学者对旅游文化进行研究，Craik（1997）[②]对旅游文化的内涵进行了探讨，强调了旅游的文化效应，认为旅游行为的综合性、旅游内容的丰富性，必须要与旅游者对文化需求的多样性相匹配，并提出了为旅游业和旅游者而模塑文化和为文化而塑造旅游业和旅游者两条策略。世界旅游组织在《Tourism and Culture Synergies》（UNWTO，2018）一书中用协同发展（Synergies）一词来表征旅游和文化之间的共生关系，认为文化旅游在当今全球旅游中发挥着重要作用[③]（表 1–7）。

表 1–7 文化旅游相关概念

年份	作者	概念内涵
1977	Robert Mackintosh，Shahikent Gerbert	文化旅游是旅游的一个层面，旅游者可以从中获得他人的历史文化和历史文化遗产，进而了解他们的生活行为和思想活动
1985	世界旅游组织（UNWTO）	广义定义指“为满足人们的各种需求，增加自身的文化修养，改进经历、知识和机遇的所有活动”。狭义定义是指“为满足人的基本文化需要而开展的活动，包括节庆旅游、风情民俗旅游、古迹旅游、演艺旅游、修学旅游及朝圣旅游等”
1989	ValeneL. Smith	从狭义的角度，将文化旅游定义为民俗文化的旅游产品层次，即指人类记忆中的一种正在消失的“生活场景”或“地方特色”[④]
1994	Jamieson	文化旅游就是那些包括手工艺、语言、艺术和音乐、建筑、对旅游目的地的感悟、古迹、节庆、遗产资源、技术、宗教、教育等与之相关的旅游活动[⑤]
1996	欧洲旅游与休闲教育协会（ATLAS）	概念层面上，文化旅游指人们离开惯常居住地，为满足新的文化体验和文化需要而前往文化景观的移动；在技术层面上指人们离开惯常居住地，趋向有文化吸引物的旅游目的地，如遗址遗迹、文化表演等一切移动行为[⑥]

① 麦金托什，格波特.旅游学：要素、实践、基本原理［M］.上海文化出版社，1985.

② CraikJ. Thecultureoftourism［A］.//：RojekC，UrryJ. TouringCultures：TransformationfTravelandTheory［C］. London；Routledge，1997.113–136.

③ Richards G. UNWTO Report on Tourism and Culture Synergies［M］. 2018.

④ Valene L. Smith. Hosts and Guests：The Anthropology of Tourism［M］. Pennsylvania：University of Pennsylvania Press，1989.

⑤ Jamieson W. The Challenge of Cultural Tourism，Canadian Tourism Bulletin，1994：231~236.

⑥ W. Munsters，G. Richard. Cultural Tourism in Belgium［M］// G. Richard. Culture Tourism in Europe. Wallingford：CAB International，1996：109–126.

续表

年份	作者	概念内涵
2009	L. F. Girard	文化旅游由六个要素构成：审美价值、精神价值、社会价值、历史价值、象征意义和真实感[①]

文化旅游产业则是在文化旅游概念基础上延伸到产业的一个概念。国外学者哈立德·阿尔—希杰拉（Khalid S. Al-Hagla）2005 年在其工作论文中提到"文化旅游产业（cultural tourism industry）"一词，但并未对之做任何界定，进而使研究重点由探讨文化旅游概念转向了产业[②]。国外产业融合的研究随着技术进步革新首先在信息通信业引发，从而渐渐蔓延到其他产业领域内。在文化产业和旅游产业转型发展的现实需求和实践摸索之下，文化旅游产业融合的概念才在文化旅游业内延伸扩展开来，但国外很少有关于其定义的研究。

从产业角度研究文化旅游的文献，侧重于文化旅游业融合经济效应及其影响。Ogaboh 等（2010）[③]通过研究尼日尼亚某地区文旅产业的发展及其相互影响，发现旅游业与文化产业的发展有显著的正相关关系，建议制定相关政策来推动产业融合。Saarinen 等（2014）[④]研究了博茨瓦纳的社区和文化遗产在当地旅游业中的发展潜力，认为文化旅游业将促进区域协调发展以及更公平地在社区间分配旅游业收益。Srakar 等（2017）[⑤]采用计量经济学方法评估了大型文化活动引发的旅游业对经济的影响，为旅游业文化和经济效应之间的积极关系提供了证据。

国际上一般认为 Nuryanti（1996）[⑥]首次提出遗产与旅游结合，这是"文旅融合"概念的雏形。随后，文化旅游融合逐渐受到学者们的关注。国际上文旅融合研究侧重于文化旅游业融合经济效应及其影响，如 Ogaboh 等（2010）[⑦]、Saarinen 等（2014）[⑧]、Srakar 等（2017）[⑨]。

（二）文旅资源与开发研究

国外学者在该方面的研究主要包括三方面：政府在文化旅游管理中的作用、管理权与经营权的关系、关于文化遗产管理模式的研究以及对社区参与管理的必要性的相关研究。艺术文化资源、遗产资源被认为是文化旅游资源中最重要的两种资源。奥迪穆（Ondimu，2002）[⑩]论述了社区文化遗产及其重要性，提出了旅游发展模式，并使用了旅游中心和外围中心概念进行理论解释，引导社区在保护文化遗产的前提下进行旅游规划和开发。麦克唐纳（MacDonald，2003）[⑪]对加拿大的乡村文化进行了研究，分析了加拿大乡村地区发展乡村旅游的文化因素和社区参与的因素，强调了乡村旅游中文化的重要性，

---

① Girard L F，Nijkamp P. Cultural tourism and sustainable local development［M］. Ashgate，2009.

② Khalid S；Al-Hagla. Cultural sustainability：An asset of cultural tourism industry. Working Paper.2005.

③ Ogaboh Agba A M，Ikoh M U，Bassey A O，et al. Tourism industry impact on Efik's culture，Nigeria［J］. International Journal of Culture Tourism & Hospitality Research，2010，4（4）：355-365.

④ Saarinen J，Moswete N，Monare M J. Cultural tourism：new opportunities for diversifying the tourism industry in Botswana［J］. Bulletin of Geography. Socio-economic Series，2014，26（26）.

⑤ Srakar A，Vecco M. Ex-ante versus ex-post：comparison of the effects of the European Capital of Culture Maribor 2012 on tourism and employment［J］. Journal of Cultural Economics，2017，41（2）：197-214.

⑥ Nuryanti W. Heritage and postmodern tourism［J］. Annals of Tourism Research，1996，23（2）：249-260.

⑦ Ogaboh Agba A M，Ikoh M U，Bassey A O，et al. Tourism industry impact on Efik's culture，Nigeria［J］. International Journal of Culture Tourism & Hospitality Research，2010，4（4）：355-365.

⑧ Saarinen J，Moswete N，Monare M J. Cultural tourism：new opportunities for diversifying the tourism industry in Botswana［J］. Bulletin of Geography. Socio-economic Series，2014，26（26）.

⑨ Srakar A，Vecco M. Ex-ante versus ex-post：comparison of the effects of the European Capital of Culture Maribor 2012 on tourism and employment［J］. Journal of Cultural Economics，2017，41（2）：197-214.

⑩ Kennedy，I，Ondimu. Cultural tourism in Kenya［J］. Annals of Tourism Research，2002.

⑪ A M D，B L J. Cultural rural tourism［J］. Annals of Tourism Research，2003，30（2）：307-322.

研究出一种乡村文化旅游发展的模式。

文化遗产的保护与旅游开发利用间的矛盾与冲突是研究中的一项重要议题，一些学者研究了文化旅游的开发可能带来的影响，如文化旅游发展中过多注重经济效益，可能会淡化社会文化、造成利益分配不公从而导致冲突增加①。Cheer 等（2013）②通过研究瓦努阿图南圣灵降临节的陆地潜水仪式，说明当旅游和传统文化的经济效用成为当地生计的组成部分时会加剧社区的紧张关系，认为克服传统文化过度商业化、固定的旅游业关系网络等带来的局限性，才能实现社区间广泛的利益分配和遗产持久性利用。Fernandes（2013）③探讨了文化旅游给东道主社区带来的经济、环境、社会文化各方面的影响，发现社区福祉与从旅游业中获得的可感知收益相关，认为社区要从文化旅游业的发展中获得持久利益，就必须进行能力建设。总之，此类研究侧重于论述文化的重要性及价值，探求在文化保护的基础上，从旅游开发的角度如何实现文化和旅游的协调发展，可以说是早期对文化和旅游融合发展模式的一种探索。

（三）文旅产品与市场研究

从需求层面来看，有许多学者对文化旅游者的社会经济和行为特征进行了探讨，大量研究表明参与文化旅游的游客具有高收入、高教育水平、高文化和审美知识的共同特征④。Andrés Artal（2018）⑤通过市场调查发现偏好文化旅游的游客比普通游客消费多、停留时间长、且具有更高满意度。这些研究对旅游管理部门和旅游行业经营者具有重要价值，可以采取加强节日、活动、表演和展览等体验性产品等方法来增加游客的逗留时间⑥。近年来，全球定位系统接收器（GPS）、移动电话和智能手机等跟踪技术也被运用以追踪游客的行为特征和文化消费情况。

从供给层面来看，国外学者对一些文化旅游产品进行了分析，研究表明一些极具文化艺术特征而又能满足外来旅游者文化需求的文化设施和活动，如文化节、美术馆、博物馆和历史遗址等，已成为驱使游客出游的主要吸引物。Silberberg（1995）⑦指出文化旅游对博物馆和遗产场所而言是一个具有重大经济利益的领域，应在继续满足其遗产保护和教育要求的同时对企业经营持开放态度。丹尼尔（Daniel，1996）⑧从文化旅游产品的角度对海地和古巴的舞蹈表演进行了研究，认为尽管舞蹈表演的空间和内容不断变化，但与其他类型的艺术表现形式不同，在旅游环境下进行的舞蹈表演仍然具有原真性和创造性。塔尔夫（Tufts，1999）⑨以加拿大蒙特利尔为例，说明了具有教育和文化功能的博物馆在增强消费体验，提供多样化旅游产品方面具有潜力，将在促进城市经济发展和旅游发展中发挥着越来越重要的作用。

随着影视艺术、节庆演艺等新形式旅游的兴起，文化旅游新业态和新技术的运用得到更多关注。

---

① Boniface P. Tourism and Cultures：Consensus in the Making［A］. in：Robinson，M and Boniface，P.（eds.）Tourismand Cultural Conflicts［C］. Wallingford，UK：CABI Publish-ing.1999.287-306.

② Cheer J M，Reeves K J，Laing J H. TOURISM AND TRADITIONAL CULTURE：LAND DIVING IN VANUATU［J］. Annals of Tourism Research，2013，43（oct.）：435-455.

③ Fernandes C.. Cultural tourism：The impact of cultural tourism on host communities.［J］. Cultural tourism，2013.

④ Merriman N. Beyond the Glass Case：the Past，the Heritageand the Public in Britain［M］. Leicester：Leicester Universi-ty Press. 1991.135-147.

⑤ Andrés Artal Tur，Antonio Juan Briones Peñalver，Navarro M V. Tourism，cultural activities and sustainability in the Spanish Mediterranean regions：A probit approach［J］. Tourism & Management Studies，2018，14：págs. 7-18.

⑥ 王娟. 国外文化旅游若干问题研究综述［A］. 中国旅游研究院、携程旅游集团.2019中国旅游科学年会论文集［C］. 中国旅游研究院、携程旅游集团：中国旅游研究院，2019：11.

⑦ Silberberg T. Cultural tourism and business opportunities for museums and heritage sites［J］. Tourism Management，1995.

⑧ Daniel Y P. Tourism Dance Performances Authenticity and Creativity［J］. Annals of Tourism Research，1996，23（4）：780-797.

⑨ Tufts S，Milne S. Museums：A supply-side perspective［J］. Annals of Tourism Research，1999，26（3）：0-631.

格雷·理查德（Grey Richards，2000）和克里斯宾·雷蒙德（Crispin Raymond，2000）最早提出了创意旅游这一新兴的旅游发展模式，认为文化是创意旅游的前提和基础[①]。Addo（2012）[②]等人研究了遗产和文化多样性在旅游业中的重要作用，发现一些旅游演艺，节事活动或者传统地方特色节日的举办，能够显著促进文旅产业的融合。Larson 等（2013）[③]以"暮光之城"（书籍和电影系列）中的流行文化现象为例，阐述了流行文化旅游业发展的不同路径，结合多个案例地探讨了流行文化现象如何影响目的地以及目的地如何管理这种类型的旅游业，研究认为目的地并非总要充分利用流行文化现象去提升旅游发展，特定目的地应采用哪种策略取决于该地点的独特特征及其对旅游业发展的感知需求。

二、国内研究进展

与文旅融合发展相伴，文旅融合发展的学术研究也已成为国内学术界的热点研究课题，形成了较多具有鲜明时代特征和中国特色的研究成果[④]，但这些成果相对零散有待进行系统梳理提升和深化研究。

（一）研究态势

基于我国文化和旅游两大产业持续快速发展，产业转型升级要求日益突出的客观趋势以及相关国家政策的驱动，文化产业和旅游产业融合逐渐受到学术关注。伴随着以 2009 年《关于促进文化与旅游结合发展的指导意见》和 2018 年国家文旅管理机构合并的改革等为代表的重大政策事件的推动，国内文旅产业融合的学术研究可分为萌芽期（2008 年以前）、起步发展期（2009~2017 年）、全面发展期（2018 年以后）三个阶段[⑤]（图 1-1），现已成为国内旅游学术界热点的研究课题，形成了诸多具有鲜明时代特征和中国特色的研究成果[⑥]。国内文旅融合发展的学术研究历时 20 多年，三个发展阶段既有定性研究[⑦⑧⑨⑩]，也有定量研究[⑪⑫⑬]，但以定性研究为主。

早期探讨文化与旅游的关系，学者们逐渐将产业融合理论引入到文化产业和旅游产业的发展研究中来，对文化与旅游产业的天然耦合性、融合定义、类型、机制、意义等进行了理论方面的探讨。文旅产业融合的经济效益研究较多，在社会影响效益研究方面相对比较薄弱。研究人员普遍意识到从经济学、管理学视野来认识文旅融合问题已远远不够，未来需要构建多维视野的综合分析框架。

---

① Richards G，Raymond C. Creative tourism. Atlas News，2000（23）.

② Addo，Edward. European heritage and cultural diversity：the bricks and mortar of Ghana's tourism industry［J］. Journal of Contemporary African Studies，2011，29（4）：405-425.

③ Larson M，Lundberg C，Lexhagen M. Thirsting for Vampire Tourism：Developing Pop Culture Destinations［J］. Journal of Destination Marketing & Management，2013，2（2）：74-84.

④ 徐翠蓉，赵玉宗，高洁 . 国内外文旅融合研究进展与启示：一个文献综述［J］. 旅游学刊，2020，35（8）：94-104.

⑤ 李先跃 . 中国文化产业与旅游产业融合研究进展及趋势——基于 Citespace 计量分析［J］. 经济地理，2019，39（12）：212-220，229.

⑥ 徐翠蓉，赵玉宗，高洁 . 国内外文旅融合研究进展与启示：一个文献综述［J］. 旅游学刊，2020，35（8）：94-104.

⑦ 石琳 . 语言经济视域下少数民族文化和旅游产业的深度融合与发展［J］. 社会科学家，2019（2）：101-106.

⑧ 张朝枝 . 文化与旅游何以融合：基于身份认同的视角［J］. 南京社会科学，2018（12）：162-166.

⑨ 郭志敏 . 基于新增长理论的文化产业与旅游产业融合发展探索［J］. 商业时代，2014（8）：131-132.

⑩ 傅才武 . 论文化和旅游融合的内在逻辑［J］. 武汉大学学报（哲学社会科学版），2020，73（2）：89-100.

⑪ 鲍洪杰，王生鹏 . 文化产业与旅游产业的耦合分析［J］. 工业技术经济，2010，29（8）：74-78.

⑫ 翁钢民，李凌雁 . 中国旅游与文化产业融合发展的耦合协调度及空间相关分析［J］. 经济地理，2016，36（1）：178-185.

⑬ 王秀伟 . 大运河文化带文旅融合水平测度与发展态势分析［J］. 深圳大学学报（人文社会科学版），2020，37（3）：60-69.

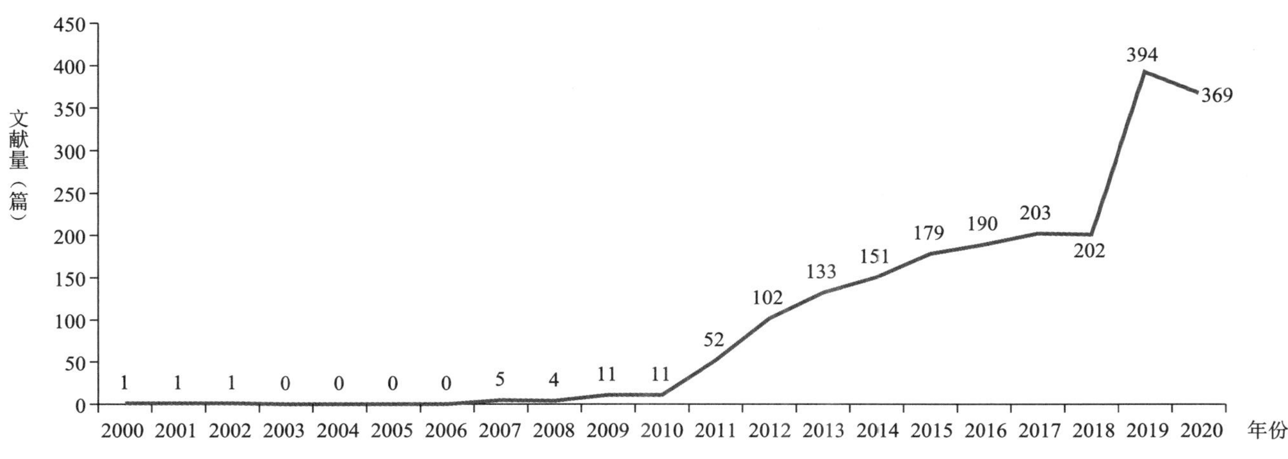

图 1-1　“文化旅游融合”中文相关期刊文献量统计（2021 年 3 月 2 日检索）

（二）量化研究

学者对文化旅游融合发展进行了量化研究。文旅产业融合的量化研究主要集中于对我国不同尺度地区的文化和旅游产业融合协调程度的计量分析，多采用数理模型、空间数据分析等研究方法和工具。

鲍洪杰、王生鹏（2010）①最早运用定量研究方法对文化产业与旅游产业的耦合关系进行了分析，建立了文化产业与旅游产业耦合系统的指标体系、模型选择、判别标准。随后学者们从乡村②（赵媛等，2018）、镇域③（刘凤，2019）、县域④（林作祯，2020）、州域⑤（付佳敏等，2018）、市域⑥⑦（冯超，2014；周璐等，2017）、省域⑧（唐慧等，2017）、区域⑨及国家⑩（冯斐，2020；刘安乐等，2020）等不同空间尺度，对文化与旅游产业的融合度进行测算与相关分析，并对融合发展过程中的障碍及应对策略、影响区域文旅融合程度的因素等进行了深入研究。如翁钢民、李凌雁等⑪（2016）以全国 31 个省市区 2005~2013 年旅游与文化产业的相关数据为依据，分析了我国旅游与文化产业融合发展的耦合协调度和空间相关性，指出两产业融合发展水平在空间上存在显著的正向集聚性，且空间集聚程度呈逐年递增趋势。王秀伟（2020）⑫选取了大运河文化带上的 8 个省份（直辖市）作为评价对象，通过建立融合发展评价指标体系，运用熵值法和耦合协调度模型对 2012~2018 年大运河文化带文旅融合水平进行了测度，指出其存在文旅融合水平不高、省际融合水平差异大和文旅产业协同性弱等现实问题。

---

① 鲍洪杰，王生鹏．文化产业与旅游产业的耦合分析［J］．工业技术经济，2010，29（8）：74-78.

② 赵媛．平顺县乡村旅游产业融合发展研究［D］．山西农业大学，2018.

③ 刘凤．新型城镇化背景下文化产业与旅游产业融合发展研究［D］．湖南师范大学，2019.

④ 林作祯．泰顺县文旅融合发展研究［D］．西北农林科技大学，2020.

⑤ 付佳敏．恩施州旅游产业集群化发展研究［D］．湖北民族学院，2018.

⑥ 冯超．文化产业与旅游产业融合度研究［D］．西安外国语大学，2014.

⑦ 周璐．甘肃庆阳地区旅游产业与文化产业融合发展研究［D］．西北师范大学，2017.

⑧ 唐慧．新疆旅游产业和文化产业融合发展研究［D］．新疆大学，2017.

⑨ 冯斐．长江经济带文旅融合产业资源评价、利用效率及影响因素研究［D］．华东师范大学，2020.

⑩ 刘安乐，杨承玥，明庆忠，张红梅，陆保一．中国文化产业与旅游产业协调态势及其驱动力［J］．经济地理，2020，40（6）：203-213.

⑪ 翁钢民，李凌雁．中国旅游与文化产业融合发展的耦合协调度及空间相关分析［J］．经济地理，2016，36（1）：178-185.

⑫ 王秀伟．大运河文化带文旅融合水平测度与发展态势分析［J］．深圳大学学报（人文社会科学版），2020，37（3）：60-69.

（三）逻辑分析

近年来，国内学者们逐渐超越文化旅游融合、渗透的路径等问题，开始审视文化旅游融合深层次的内在逻辑，旅游者文化认同、流动性与场域、文化空间生产等成为重要的理论分析工具，学者们基于语言经济理论[①]、身份认同理论[②]、新增长理论[③]、旅游凝视理论[④]、复合生态系统理论[⑤]等，对文化与旅游产业的互动关系、内在逻辑等进行了深入研究，为文旅融合发展提供了坚实的理论基础。从中可以看出，文旅融合的研究从重视市场经济因素到文化认同、文化体验[⑥]，从产业维度扩展到事业维度，逐渐强调文化要素的功能和作用。

张朝枝（2018）以身份认同的视角探讨了文化与旅游的关系，认为旅游者个体或者民族与国家集体寻找文化身份认同是旅游与文化关系的起源，文化与旅游的融合需要通过调整角色、培育文化自信增进相互理解和合作（图 1-2）。

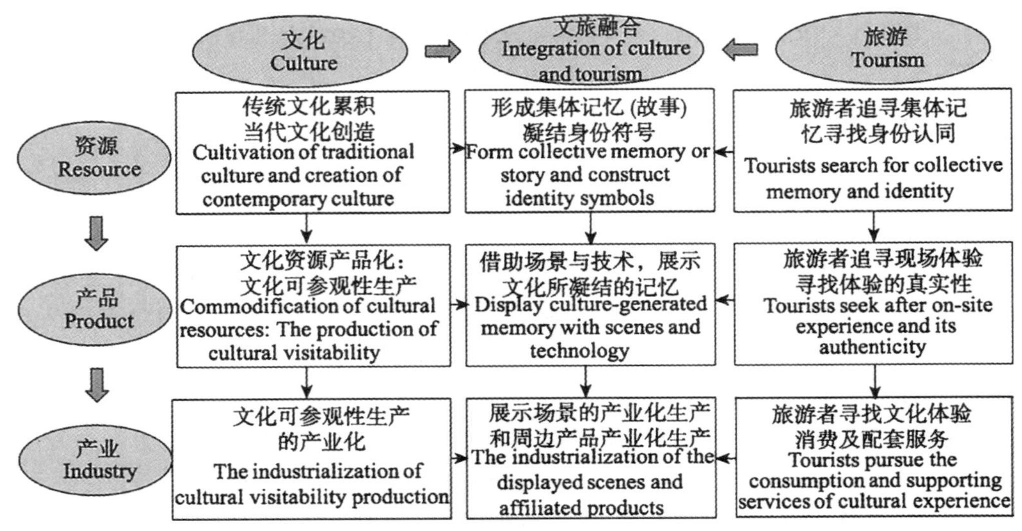

图 1-2 文化和旅游关系内涵的三个层次

来源：张朝枝，朱敏敏．文化和旅游融合：多层次关系内涵、挑战与践行路径（2020）

武汉大学国家文化发展研究院傅才武和钟晟在《文化和旅游融合研究——内在逻辑与政策路径》[⑦]一书中清晰地展示了实现文化和旅游两界融合的内在逻辑，认为文化和旅游融合不仅仅体现为经济效益，更多地体现为国家文化的建构价值，通过建立基于文化体验和文化认同的解释框架，从学理上突破了文化和旅游的行业边界，从内涵上连通了文化和旅游的内涵。其认为文旅融合的内在逻辑是旅游者个体参与创造文化旅游题材的过程，是文化旅游主体与作为象征意义（符号）系统的文化旅游装置（客体）通过个体文旅消费行为进行创造、转换和连接的过程，是客体与主体之间“唤醒”与“沉浸”的统一、“索引”与“凝视”的统一，体现为“吸收符号及被符号吸收”的互动过程（图 1-3）。

① 石琳．语言经济视域下少数民族文化和旅游产业的深度融合与发展［J］．社会科学家，2019（2）：101-106.

② 张朝枝．文化与旅游何以融合：基于身份认同的视角［J］．南京社会科学，2018（12）：162-166.

③ 郭志敏．基于新增长理论的文化产业与旅游产业融合发展探索［J］．商业时代，2014（8）：131-132.

④ 傅才武．论文化和旅游融合的内在逻辑［J］．武汉大学学报（哲学社会科学版），2020，73（2）：89-100.

⑤ 庄志民．复合生态系统理论视角下的文化与旅游融合实践探索——以上海为例［J］．旅游科学，2020，34（4）：31-45.

⑥ 宋航，程雨，程卫进．国内文化旅游研究知识图谱分析——基于 CSSCI 数据库分析［J］．湖南工程学院学报（社会科学版），2021，31（1）：37-44.

⑦ 傅才武，钟晟．文化和旅游融合研究——内在逻辑与政策路径［M］．湖北武汉：武汉大学出版社，2021.

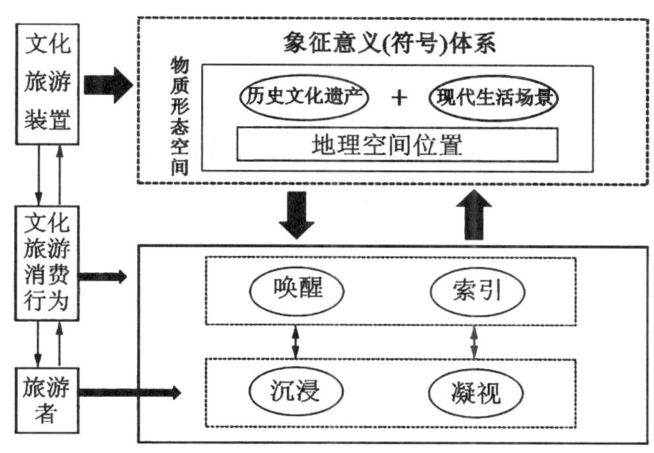

图 1–3　文化旅游融合的内在逻辑

来源：傅才武．论文化和旅游融合的内在逻辑（2020）

黄大勇、刘军林（2019）[①] 认为文化旅游融合的基点在于服务体验，体验让文化旅游在精神、社会和产业发展方面充满价值，文化旅游在个体体验、精神追求、社会维稳和产业兴盛等维度上具有相似之处，能够共进共荣融合发展（图 1–4）。

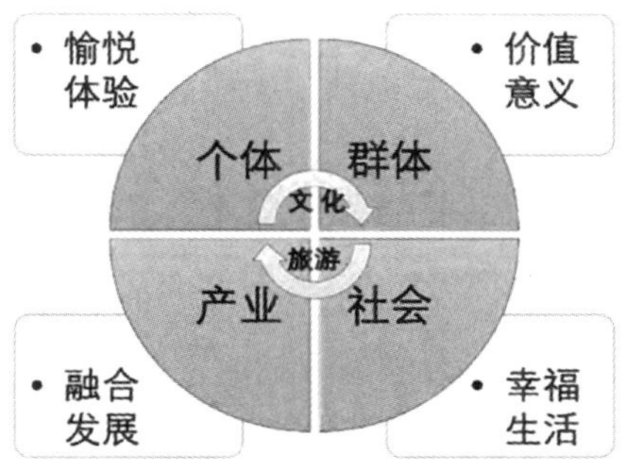

图 1–4　文化旅游融合的向度关系模型

来源：黄大勇，刘军林．文化旅游融合的认知、动力与发展向度（2019）

马波、张越[②]（2020）把“人类完美”视为文旅融合的终极目标，提出实体文化—有机文化轴系和旅游产业—旅游事业轴系，建构了文旅融合四象限模型，并指出亟须对文旅融合实践做出顶层设计，构建制度创新、修订《旅游法》、加强标准化建设、推进旅游教育转型升级四大支撑体系（图 1–5）。

有机文化
Organic culture

QⅡ：旅游产业的文化规范与导引 Tourism regulated & leaded by culture

QⅠ：世界视野的现代旅游文明建设 Tourism civilization construction in world view

旅游产业
Tourism industry

旅游事业
Tourism cause

QⅢ：经济导向的文化遗产旅游利用 Heritage utilization in tourism economic orientation

QⅣ：人本导向的文化遗产保护与旅游利用 Heritage protection & tourism utilization in human orientation

实体文化
Entity culture

图 1–5　文旅融合的四象限模型

马波，张越．文旅融合四象限模型及其应用（2020）

可见，现有研究重点放在了文旅产业融合及其经济效益，其社会效益等研究较为薄弱。认识论上，学者也渐渐认识到不能仅从经济学和管理学视野来认识文旅融合，更需要从多维视角进行综合分析。

学者们的研究基本侧重于文化与旅游产业方面的

① 黄大勇，刘军林．文化旅游融合的认知、动力与发展向度［J］．贵州社会科学，2019（12）：141–146.

② 马波，张越．文旅融合四象限模型及其应用［J］．旅游学刊，2020，35（5）：15–21.

融合，以及少量文化与旅游结合模式的研究，对作为一种文化旅游活动过程的旅游与文化融合的模式与机制，以及一个旅游地的文化与旅游融合的内容与效应的研究几无涉及。而本书认为，后二者应该是文旅融合的核心内容。

第四节　文旅融合的机制

文化和旅游的融合机制是促进文化产业和旅游产业融合的内在动力机制和运行体系，普遍认为有消费需求动力、技术创新动力、政府规制动力这三种正向推动力。机制研究主要是解决“为什么融”“融什么”等过程问题，形成了一系列基础研究成果。目前学者已经形成了一些观点，其中张海燕、王忠云（2010）[①]构建了两大产业的相互依存、共生互融、互动共进的融合机制，侯兵等（2020）[②]提出了文旅融合的“渗透交叉—重组促进—创新驱动—多元协同”机制，还有一些学者针对文旅教体融合机制[③]、特色小镇文旅融合机制[④]等进行了研究。可以看出现有研究因为文旅融合概念视角的限制，导致研究相对狭窄、零散，体系性不强。

一、文旅融合的三个核心视角

因文化与旅游的系统性特征，文旅融合的现有研究角度各不相同。而从旅游系统构成出发，文旅融合可以从三个核心视角进行分析。从旅游者视角，文旅融合应是作为一种旅游活动过程的旅游与文化融合；从旅游地视角，文旅融合应是作为一个旅游地的文化与旅游融合；从旅游产业视角，文旅融合应是文化与旅游产业的融合。文化与旅游的产业融合是文旅融合的目标诉求，作为一种活动过程的旅游与文化融合是文旅融合模式与机制的表现形式，而作为一个旅游地的文化与旅游融合是文旅融合的内容与效应。

（一）旅游者视角：旅游活动过程的文旅融合

从旅游者或者游客的视角，文化旅游融合是旅游活动过程的文化融入与结合。文化旅游产品和文化旅游服务是旅游者文化旅游融合的体验。文化旅游各类活动，如文化体验、沉浸演艺、文博参观、文化研学、文化娱乐、文化主题游乐等产品均为文化旅游融合的实际载体。站在旅游者角度，文化旅游是一种活动过程，而文旅融合是其模式和机制的展现形式和外在表达。文旅融合的系列演化，不论其过程的复杂、内涵的深刻，最终呈现给旅游者的是文化体验感强的文化旅游活动过程。文化旅游以游客为本，文旅融合也应围绕旅游者的旅游活动过程。

（二）旅游地视角：旅游地的文旅融合

从旅游地的视角，文化旅游融合是旅游地文化和旅游的结合创新与文化旅游互动效应的供给升级。旅游地挖掘利用文化资源，开发文化旅游产品，提升打造文化旅游目的地，创新形成文化旅游基地、文化旅游景区、文化旅游区等文化特色旅游地。旅游地的文化旅游融合，是旅游地的文化特色提升途

① 张海燕，王忠云．旅游产业与文化产业融合发展研究［J］．资源开发与市场，2010，26（4）：322-326.

② 侯兵，杨君，余凤龙．面向高质量发展的文化和旅游深度融合：内涵，动因与机制［J］．商业经济与管理，2020，348（10）：88-98.

③ 黄益军，吕振奎．文旅教体融合：内在机理，运行机制与实现路径［J］．图书与情报，2019（4）.

④ 陈换，章牧．特色小镇文旅融合发展路径与机制研究［J］．特区经济，2020，377（6）：103-109.

径，也是新时期旅游地转型发展的必由之路。旅游地是文旅融合的空间载体，旅游的文化化、文化的旅游化，在旅游地演化生长。在旅游地，文旅融合是文化与旅游二者内化形成的内容与效应。

（三）旅游产业视角：文旅产业的融合

从旅游产业视角，文化旅游的融合是文化旅游产业内各行业、各部门与文化内涵的结合。包括旅游产业要素的文化旅游融合以及旅游公共服务的文化内涵融入。例如，传统旅游行业，升级打造文化主题餐厅、文化主题酒店、文化主题娱乐等，通过文化元素融入，提升旅游产业的吸引力。文旅融合的目标诉求，便是文旅产业的深度融合。

二、文旅融合机制：双向驱动，三“角”链合

文旅融合的机制研究的是促进二者融合的核心动力，及其在动力驱动下的文旅融合过程体系。从文旅融合的三个核心视角出发，文旅融合的动力源自文化旅游互促关系，即旅游为文化赋能、文化为旅游增效，而其融合过程关键是旅游者视角下的产品链、服务链，旅游地视角下的效应链、创新链，以及旅游产业视角下的价值链、要素链。

（一）动力机制：旅游为文化赋能，文化为旅游增效

旅游和文化二者相辅相成、共同促进，旅游为文化赋能，文化为旅游增效，文化提升了旅游的内涵和品位，旅游促进了文化的市场与产业。

一方面是旅游为文化赋能。众多学者的研究结论均已说明，旅游发展更有利于文化的适应性保护或活态传承。因文化是旅游的出行动机，文化保护成为发展旅游的前提和基础，旅游发展使文化保护动力更强。旅游发展提升了文化的经济价值，并带来了广泛的社会效益乃至生态效益。旅游使本地化的文化需求空间扩展，带动了更广泛的文化热度，推动了文化活动的开展、文化市场的繁荣，提升了居民和游客的文化生活。文旅融合为文化保护带来了动力，为文化发展注入了活力，为文化和旅游产业发展赋予了持续的竞争力。

另一方面是文化为旅游增效。文化本身成为旅游发展的最重要动机之一，是旅游的重要吸引物。文化增加了旅游的内容，提升了旅游的品位，丰富了旅游的内涵，使旅游增强了文化性。文化为旅游注入了生动的故事，为旅游者增加了获得感。文化旅游融合能够进一步促进旅游产业的优化升级。

（二）融合过程：三个“视角”的“链合”

1. 旅游者视角：产品链、服务链

从旅游者的视角，文化旅游融合的过程，即围绕文化旅游活动的行为组织，通过采用特定的手段和方法，把文化内涵融合到旅游产品中，并以旅游的方式展现给消费者。具体内容包括，文旅产品链合、文旅服务链合。面向旅游者，文化旅游融合的出发点是持续释放文化和旅游需求，满足文化旅游消费需求，促进形成文化和旅游消费的持续效益，顺应居民消费升级趋势，从文化和旅游的产品组合、服务链合切入，积极培育文化和旅游消费新热点。

2. 旅游地视角：效应链、创新链

从旅游地视角，文化旅游融合的过程，核心是文化旅游地融合创新、文化和旅游资源产品的整合创新，提升文化旅游竞争力，强化文化旅游发展的整合创效应。首先是融合创新效应。将文化要素融入传统旅游地，因文化的差异性而增强了旅游地的特色性，旅游地由此而向文化旅游目的地跃升，提升了旅游地的区域竞合优势，从而提升了旅游地的核心竞争力。其次是整合效应。通过持续深入地对旅游资源进行开发可以赋予旅游资源更多的文化特色内涵，可以促进旅游和文化特色的深入融合，从

而形成更加有地域特点的文化旅游地。

3. 旅游产业视角：价值链、要素链

从产业视角，文化和旅游融合的过程，关键是产业链重组，通过各类产业要素重整，实现文化旅游产业价值链的再造。文旅融合推动文化和旅游产业内部组织运行模式的重塑，横向和纵向的产业关联重组，实现价值链的优化整合与提升。文旅融合是对文化价值的创新，它将文化内涵转化为文化体验，通过可感知、可体验的形式传递给旅游者，实现文化资源更高的顾客价值。文化内涵融入到旅游活动之中，创新了价值主张，延伸了旅游的要素链。文旅融合拓展了产业边界，促进了产业内部的功能互补和延伸，使产业经济活动有了更新的附加活动和游客价值（图 1-6）。

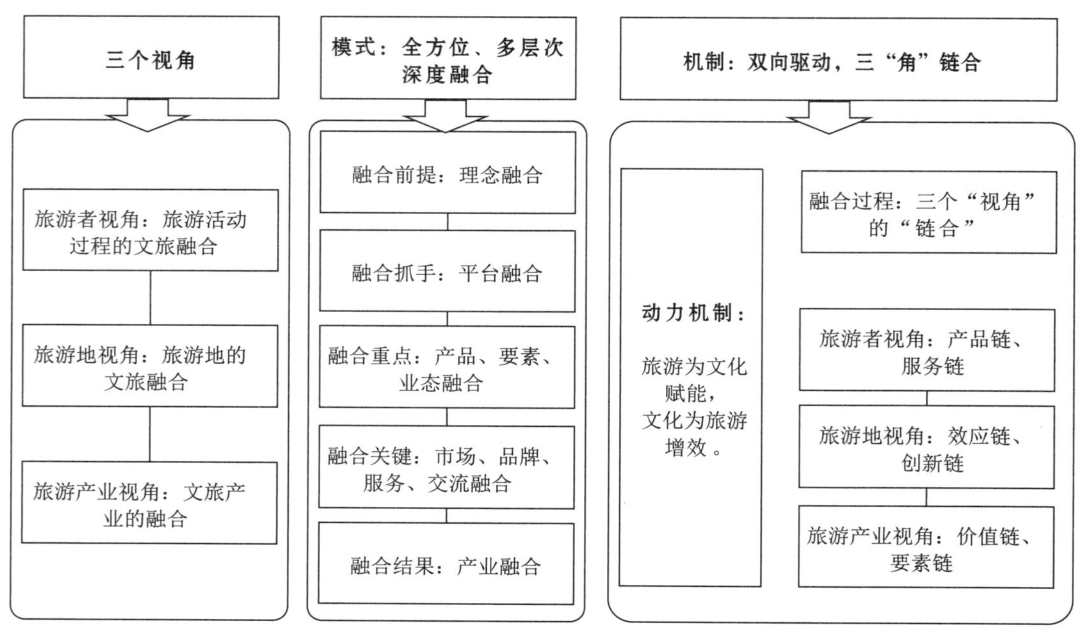

图 1-6　三个核心视角下的文旅融合模式与机制框架体系

第五节　文旅融合的模式

关于文化和旅游产业融合的模式研究要解决“怎么融”的问题，国内在这方面有着大量理论和实践的探索研究，但研究分散且碎片化明显。

一、融合模式的研究综述

一般意义上来说，产业融合模式就是产业针对特定对象进行的具有某种特色的融合方式和特点的概括性描述，目前研究中出现了从产业价值链、资源、产品、运营等多角度划分的模式类型。国内有着大量理论和实践的探索研究，但研究分散且碎片化明显。这些观点体现了文旅融合的大致内容，但不够完整，也没有梳理文旅融合内容之间的逻辑关系（表 1-8）。

表 1-8　文化和旅游融合模式

划分角度、依据	作者（年份）	模式类型
产业价值链	袁俊、刘建徽（2011）①	“旅游新产品模式、新型旅游营销模式、文化产业景点化”
融合形式	程晓丽、祝亚雯（2012）②	“渗透型、延伸型、重组型”
运作层面	张海燕、王忠云（2013）③	“文化旅游圈融合运作模式、项目开发融合运营模式、文化旅游节庆、会展推广模式和文化旅游产品创新吸引模式”
资源导向	李锋（2014）④	“依托原有资源自发形成的模式、原有资源改造利用模式、原有资源提升模式、政府引导的全新规划融合模式”
主导力量	李锋（2014）	“市场主导的自发型模式、政府引导型模式、市场需求与政府引导协同型模式”
案例总结	邹统钎（2018）⑤	“开发型、体验型、活化型、保护型、创意型、重组型、延伸型”
案例总结	张胜冰（2019）⑥	“原生态文化保护型模式、文化资源开发利用型模式、IP 延伸授权型模式、‘文化＋科技’的娱乐型模式和‘文化＋地产’的休闲度假型模式”

二、文旅融合模式：全方位、多层次深度融合

从文旅融合的三个核心视角出发，依照文旅融合内容的内在逻辑，我们认为，文旅融合是一个全方位、多层级的深度融合，应该包括五个方面：一是理念融合；二是平台融合；三是产品、要素、业态融合；四是市场、品牌、服务、交流融合；五是产业的融合。其中理念融合是前提，平台融合是抓手，产品、要素、业态融合是重点，市场、品牌、服务、交流融合是关键，产业融合是结果。

（一）融合前提：理念融合

思想观念的融合，是文旅融合的前提，是文化旅游真正深度融合的基础。应将理念的融合作为文旅融合的先导，从而逐渐深入推进文旅融合工作的各个方面。一是促进文化发展面向旅游需求。文化意味着特色化、本土化，文化体验本身也是旅游出行的驱动因素之一，依托文化资源发展文化旅游是重要的发展方向，文化应是旅游的重要吸引物。文化发展应改变传统文化事业的思路，树立面向旅游需求的理念，与游客需求结合，拓展旅游发展的文化范畴。通过公共文化机构、对外文化交流平台的使用，能够促进旅游推广、为游客提供更加丰富的服务。二是旅游发展带动文化彰显。旅游发展扩展了文化的受众，将本地文化传播给外来旅游者，成为文化影响、传播、交流的载体，形成了不同地域文化交流的纽带。旅游的产业化、市场化特征突出，十分有利于文化产品的繁荣发展。

（二）融合抓手：平台融合

文化旅游平台的融合，包括投融资平台、管理平台、服务平台等的融合，是文旅融合的抓手。一是加强投融资平台的融合。建立拥有资源、资金和政策及服务优势的政府文化旅游投融资平台，实现与文化旅游品牌企业的对接，吸引品牌市场、人才资本和管理运营等优势资源进入。加大对建立文旅投融资平台的扶持力度，进一步扩大投融资规模，配置优质资源，围绕已规划重大文旅工程、重点项目着重引进品牌文化旅游企业。二是组建文旅融合的组织管理平台。整合文化和旅游科研机构，组建

① 袁俊，刘建徽．文化产业与旅游业互动发展模式研究［J］．改革与战略，2011，27（5）：123-126.
② 程晓丽，祝亚雯．安徽省旅游产业与文化产业融合发展研究［J］．经济地理，2012，32（9）：161-165.
③ 张海燕，王忠云．旅游产业与文化产业融合运作模式研究［J］．山东社会科学，2013（1）：169-172.
④ 李锋．文化产业与旅游产业的融合与创新发展研究［M］．北京：中国环境出版社，2014.
⑤ 邹统钎．国外文旅融合经验值得借鉴［N］．中国旅游报，2018-08-17（003）.
⑥ 张胜冰．文旅深度融合的内在机理、基本模式与产业开发逻辑［J］．中国石油大学学报（社会科学版），2019，35（5）：94-99.

文旅融合研创平台。三是完善文化旅游市场监管平台，文化旅游应加强联合执法，共同推进文化旅游市场高质量发展。加强重要节点、重点领域文化旅游市场监管和市场黄金期市场检查，切实维护文化旅游者和居民的合法权益。四是文化旅游智慧管理平台。运用大数据、互联网和云计算等技术，结合旅游者行为特征分析，打造集文化旅游地管理与文化旅游者管理于一体的文化旅游智慧管理服务平台。

（三）融合重点：产品、要素、业态融合

文化和旅游融合的重点领域是产品、要素和业态，通过文化和旅游的结合打破原有二者的内容边界而发生融合，进而开发出旅游新的产品、要素和业态，拓展了文化或旅游的内涵和外延。一是产品融合。依托新兴科技、文化创意、时尚艺术等方式，促进文化资源更好地转化为旅游产品。形成系列主题鲜明、特色突出的文化旅游产品，开发文化创意、文化康养等主题的新型产品，推出更多文化研学、寻根、文化遗产体验等专题文化旅游线路和项目。二是要素融合。文化元素、非物质文化遗产等资源与旅游要素结合，推出一批具有文化内涵的旅游商品，形成系列文化主题住宿设施，开发一批具有文化主题特色的文化主题餐饮，举办系列文化主题沉浸式演艺或文化旅游节事活动，在“食、住、行、游、购、娱”等旅游要素融入文化元素。三是业态融合。推动文化、旅游及相关产业融合发展，不断培育新业态。推动文化、旅游与科技融合发展，形成新一代主题乐园、新型网红业态、新的消费热点等新的产业形态。通过在产品、业态、要素领域的文旅融合，丰富了旅游的内容，改造和提升了传统的产品，并带给旅游者更多、更新的体验，拓宽了文化旅游发展空间。

（四）融合关键：市场、品牌、服务、交流融合

文化和旅游融合的关键是市场的融合、品牌的融合、服务的融合与交流的融合。文化和旅游客源市场、品牌形象等的融合一体，将使文化旅游深度融合。一是市场融合，将文化消费客群和旅游市场客群统一整合为文化旅游市场，共同拓展居民和游客消费群体，使文化和旅游消费的深度融合历史发烧友、文化研学潜在青少年客群、宗教信众客群、军事文化爱好者、特殊亚文化群体等市场客群，将成为文化旅游深度融合后共同的市场。二是品牌融合，文化和旅游的融合使文化“IP”与旅游形象深度结合，例如“东方古都·长城故乡”“读历史，游山西”等，使文化旅游品牌深度融合。旅游区也逐渐成为文化旅游基地、文化旅游融合发展示范区，文物资源富集地也将成为文物活化利用示范区。三是服务融合，协同推进公共文化服务和旅游公共服务、为居民服务和为游客服务，发挥好综合效益，是深化文化和旅游融合发展的重要内容。四是交流融合，文化旅游融合促进交流互鉴，促进文化传播，促进沟通融合。推进文化商务、会议、展览等“MICE”活动开展，强化文化交流融合，使文化旅游传播文化故事，传递文旅之声。

（五）融合结果：产业融合

文化产业与旅游产业的融合，是文旅融合的结果。而文化旅游产业，是文旅融合的产物。在文旅融合中，产业互促发展，融合转型。传统旅游逐渐向文化内涵更为丰富的深度休闲体验游转型，带动旅游向更高产品和服务质量提升，促进深度参与体验旅游目的地文化内涵的旅游方式走向大众，文化深度体验成为旅游产业发展在新时代的新亮点。同时，文化旅游融合新型业态将不断涌现，形成了各类文旅综合体、演艺主题公园等新型业态，激活了传统文化的生命力，加强了优秀文化的传播弘扬。文旅融合还可能随着文化产业与旅游产业的整合，带动新兴文旅产业集群的出现。

第六节 文旅融合发展规划研究与实践

一、文旅融合发展规划研究

规划在文旅融合发展中起着重要的引领作用，由于文旅融合发展规划实践在我国尚处于起步阶段，因此从规划视角研究文旅产业融合发展的文献比较有限，学术研究远远滞后于实践发展，文化旅游融合研究还未形成系统的规划理论，也缺乏规划编制方法和技术方面的集成性研究总结成果，但将文化引入旅游规划的思想与研究已零散出现。

虽然学者对文旅融合发展有了一定的理论研究，但文旅融合发展规划的研究尚属凤毛麟角。张邹[①]等探讨了重庆市文化遗产与旅游融合发展规划与布局问题，李勇军[②]等研究了乡村地区文旅产业规划融合，谭广[③]研究了文旅融合发展示范区的规划设计。也有部分学者[④⑤⑥⑦⑧⑨]以文旅融合视角进行了一些规划路径模式的探索。

马耀峰等[⑩]在对传统资源、市场、产品、形象导向旅游规划模式进行归纳分析基础上，提出了旅游产业融合导向规划、文化创意导向规划等6种创新型旅游规划模式。吴小平等[⑪]提出了文化旅游规划中区域论、历史论、文化论和体验论“四元论”，认为文化旅游规划仍然面临着四元要素的挑战，即历史文化旅游要素、旅游文化形象塑造、区域协调与协作、真实的旅游体验，强调挖掘旅游区的核心价值、提升区域的文化内涵，提出区域统筹、历史溯源、文化活力与特色体验的规划方法。一些学者将文化空间理论、文化资本理论[⑫]、文化生态理论[⑬]、共生理论[⑭]、耦合理论[⑮]等引入旅游规划，尝试为文化旅游规划构建理论途径与方法。

除此之外，还有一些学者基于编制文化旅游发展规划的实践对规划方法和技术进行了探索。涂欣（2016）[⑯]以济宁城区文化旅游规划为例，在实践中研究了文化旅游规划编制的工作思路和实施路

---

① 张邹，黄芸璟.浅析文化遗产与旅游融合发展——以渝中区文化遗产与旅游融合发展规划为例［J］.重庆山地城乡规划，2016（2）：44-48.

② 李勇军，王庆生．乡村文化与旅游产业融合发展研究［J］．财经理论与实践，2016，37（3）：128-133.

③ 谭广．地域文化视角下的文旅融合发展示范区规划设计探索应用研究——以浙江省金华市浦江县上山文化村旅游总体规划为例［J］．建筑工程技术与设计，2021（12）：2491-2492. DOI：10.12159/j. issn.2095-6630.2021.12.2380.

④ 牛艳玲，张娅．文旅产业融合发展视阈下的特色田园乡村规划设计——以南京江宁湖熟钱家渡为例［J］．江西建材，（5）：2.

⑤ 刘毅，黄志胜，范颖．文旅深度融合背景下眉山市国土空间规划体系的实施路径探讨［J］.资源与人居环境，2021（2）：30-33.

⑥ 列锐明．文旅融合视角下的城乡规划设计探讨［J］．住宅与房地产，2020（24）：220.

⑦ 岳超，江权．文旅融合视角下的文化景观格局设计初探——以围场东山文化景区规划为例［A］．中国风景园林学会．中国风景园林学会2019年会论文集（下册）［C］．中国风景园林学会：中国风景园林学会，2019：1.

⑧ 潘菲．文旅融合趋势下广西文旅发展“十四五”规划设计的探索与思考［J］．旅游纵览，2020（20）：98-100.

⑨ 金云峰，邹可人，陈丽花，陶楠，周晓霞，施海涛，朱建民．规划视角下文化与旅游融合发展路径——以太行左权“百里走廊”旅游规划为例［J］．城乡规划，2020（5）：110-115.

⑩ 马耀峰，黄毅．旅游规划创新模式研究［J］．陕西师范大学学报（自然科学版），2014，42（3）：78-84.

⑪ 吴小平，刘凌波，黄天其．文化旅游规划“四元论”——以儋州东坡文化旅游区总体规划为例［J］．规划师，2013，29（S2）：129-133.

⑫ 吴启焰，王兆杰．布尔迪厄的文化资本理论在旅游规划中的应用［J］．人文地理，2011，26（1）：113-117.

⑬ 李星明，曾菊新，LIU Juanita C.. 旅游规划的文化生态理论研究［J］．人文地理，2014，29（1）：129-133+60.

⑭ 李渊，黄竞雄，李芝也.基于共生理论的历史文化街区旅游概念规划研究——以厦门市中山路片区为例［J］.中国名城，2020（9）：35-41.

⑮ 罗海蓉．基于耦合理论的县域农业主题文化旅游体系规划研究［D］．南京农业大学，2014.

⑯ 涂欣．文化旅游规划编制方法探索——以济宁城区文化旅游规划为例［J］．城市发展研究，2016，23（6）：38-44.

径，认为文化旅游规划应解决的核心问题为多系统资源禀赋的全面梳理、文化旅游发展战略的思路确定、文旅产业发展的实施引导、项目策划和空间布局优化以及项目空间落位与实施时序。费文君等（2019）① 以南京市江宁区民俗文化旅游规划为例，基于解构主义手法在对现存民俗文化旅游资源进行整合分析基础上，解构重建了民俗文化和乡愁记忆的内涵价值，阐述了将乡村民俗文化与观光休闲、基础设施建设、文创产业、节庆活动相结合的协同发展形式。金云峰等（2019）② 以长白山文化和旅游规划为例，剖析了当前旅游业发展及文化和旅游规划中出现的传统旅游模式与生态保护的冲突、布局分散类型趋同、内部竞争缺乏整合、季节流量影响突出等诸多问题，提出发展模式转型（从初级观光旅游转为休闲度假旅游）、空间结构转型（从单打独斗转为全域协同）、产品类别转型（从优势季节产品转为优势本土产品）三方面对策。

可见，文化旅游融合发展规划研究还未形成系统的理论，也缺乏规划编制方法和技术方面的集成性总结研究成果，关于文旅融合发展规划的理论探讨尚待深入。

二、我国文旅融合发展规划实践探索

（一）规划实践发展态势

文化旅游融合发展是一项投资巨大的全面、系统性工程，需在规划层面作出科学的顶层设计和统筹安排，通过统一规划和管理形成文旅融合发展的初始动力。如今随着“十四五”时期到来，我国文旅融合实践也进入实质阶段。文化和旅游部门合并后，对旅游发展规划、文化产业规划等传统类型规划的重视程度以及规划编制需求有所调整，但对文化旅游融合发展规划的重视程度空前提高，文化旅游融合发展规划已成为新阶段文化和旅游相关领域的热点规划类型。

文化和旅游融合发展规划作为一种新型的规划形式，国内对此种类型规划则探索不多，尚处于摸索与尝试阶段。目前所能查到最早的文化和旅游融合发展的相关规划是2017年《陕西省“十三五”文化和旅游融合发展规划》，属于国民经济社会发展规划体系中的文旅融合专项规划。2020年11月，十九届五中全会对我国“十四五”时期文化和旅游改革发展的主要目标、总体思路和重点任务提出了明确要求，文化和旅游发展规划工作逐步加强推进。国家层面，服务于我国重大区域发展战略，2020年文旅部先后发布了《大运河文化和旅游融合发展规划》《粤港澳大湾区文化和旅游发展规划》，以文旅融合为核心，展现出了区域协同，开放互鉴的时代特征和规划亮点。同时，各省市、地方也都在抓紧编制文旅融合发展规划。据报道，除《山东省文化旅游融合发展规划》外，《内蒙古自治区“十四五”文化和旅游融合发展规划》《南京市“十四五”文化和旅游融合发展规划》《长沙市“十四五”文化和旅游融合发展规划》等也均已启动。

文旅融合发展规划的重视程度空前提高，文旅融合发展规划已成为新阶段文化和旅游发展相关领域的热点规划类型，但很多规划仍在编制探索之中，当前国内各个研究机构、规划设计单位的专家学者和规划团队也都在编制地方文化旅游融合发展规划的实践中总结规划经验。

在国土空间规划引领“多规合一”、文旅融合高质量发展的新时代背景下，对文化旅游融合发展规划的编制也提出了新的挑战和要求，规划方法和技术也将发生重大变化。其不仅需要承担统筹深化文化旅游融合发展的基本职能，还要在国土空间“一张图”的空间约束下与土地利用、生态环境、文

① 费文君，高祥飞.解构主义视角下的乡村民俗文化旅游规划研究——以南京市江宁区民俗文化旅游规划为例［J］.国土与自然资源研究，2019（5）：86-90.

② 金云峰，万亿，杨丹.休闲时代下的文化和旅游空间规划与产品转型研究——以长白山文化和旅游空间规划为例［J］.中国城市林业，2019，17（3）：13-17.

物保护等规划相衔接，对规划过程中的边界思维、空间思维、融合思维提出了更高技术性要求[①]。

（二）中规院《山东省文化旅游融合发展规划》实践探索

《山东省文化旅游融合发展规划》是文旅融合元年以来，我国首部省级层面的文化旅游融合发展规划，对文化旅游融合发展规划编制的技术方法进行了有益的探索。

1.《山东省文化旅游融合发展规划》编制工作组织

2019 年 3 月 25 日，山东省委刘家义书记主持召开文化旅游专题会议，研究部署山东省文化旅游发展工作。为加强山东省文化旅游顶层设计，推动转型升级、高质量发展，进一步激发文化和旅游消费潜力，山东省文化和旅游厅开始着手组织编制《山东省文化旅游融合发展规划》（以下简称本规划）。

本规划编制工作由中国城市规划设计研究院（文化与旅游规划研究所）领衔进行编制，组建了包括中国科学院地理所以及省内山东大学等单位的专家组成规划研究编制工作团队。

编制组首先开展了相关研究模块和专题的研究，研究模块包括文化遗产旅游、海洋旅游、自然保护地旅游、乡村旅游、城镇旅游、大运河文化旅游、黄河文化旅游等 15 项，专题包括文化旅游资源分析与评价、文化旅游市场分析、文化旅游竞合研究等 5 项。深入的基础研究保证了首部文化旅游融合发展规划的科学性与系统性。

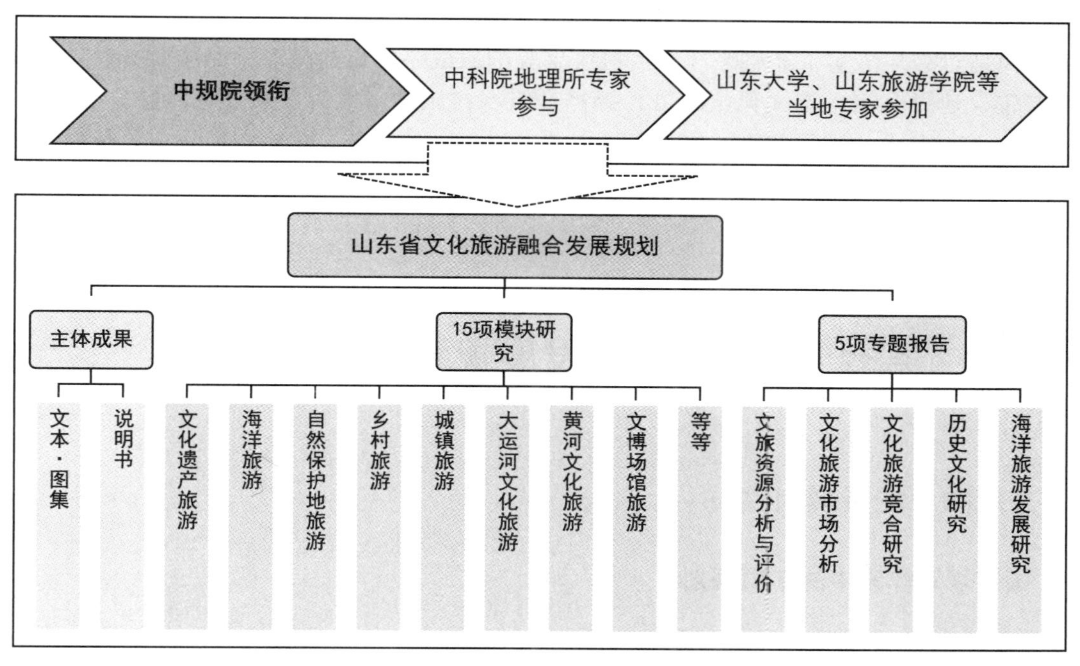

图 1–7　山东省文化旅游融合发展规划工作组织与规划研究内容框架

2.《山东省文化旅游融合发展规划》的思路与创新

山东省是华夏文明的重要发祥地，历史悠久，文化底蕴深厚，地域特色鲜明，文化资源丰富。本规划落实国家政策要求，突出高质量、特色化，突出目标导向和问题导向，坚持世界眼光、国家标准、山东特色、科学定位，借鉴国内外案例，在区域竞合分析基础上，将规划编制的规范性与创新创意有机结合，编制符合山东实际，体现政府宏观战略方针与近期工作重点，满足文化旅游市场主体需求，科学、实用、操作性强的发展规划。

① 龙江智，朱鹤．国土空间规划新时代旅游规划的定位与转型［J］．自然资源学报，2020，35（7）：1541-1555.

《规划》针对山东省文化旅游融合发展的突出问题，即优质资源低效利用、文旅产业大而不强、同质性与“三化”（低端化、碎片化、封闭化）等问题，聚焦世界级文化旅游体验目的地定位和建设文旅强省目标，突出高质量发展、特色化发展，探索实践了文化旅游融合六个方面的创新。一是文化旅游的最佳融合点，即理念与思路，以文促旅、以旅彰文、和合共生；二是融合的动力，即改革引领、效益提升；三是融合的模式，即全要素产业链、服务链、价值链融合；四是融合的内容，即产品、功能、业态、要素、品牌、形象；五是文化旅游设施与服务的融合创新，通过“美好”全要素建设、“品质”全游程服务、“智慧”全省域管理，营造“七好”旅游；六是文化旅游市场的融合，即市场主体融合、市场监管融合。进而促进山东省文化旅游的六“合”发展，即资源整合、产业融合、空间组合、要素链合、区域联合、多规合一，实现“旅游为文化赋能、文化为旅游增效”。

本规划以“项目＋政策＋环境”三大抓手，着力突破了六个方面的发展重点。一是丰富文旅融合产品供给。通过“非遗＋旅游”“博物馆＋旅游”“演艺＋旅游”“文创＋旅游”“影视＋旅游”丰富与提升文化旅游产品与业态。二是突破淡季旅游、夜间旅游问题，重点发展研学旅游、温泉康养、冰雪旅游等冬季旅游产品，激活淡季市场和提升夜经济活力。大力发展以演艺为核心的夜游产品，加强文化旅游场馆夜间利用，推进“夜经济”街区、集聚区建设，拉动游客夜间消费。三是构建开放高效空间新格局。形成“南联北融、西接东进”的文化旅游区域格局，完善“两极驱动、双轴支撑、四带隆起、两廊延伸”山东省文化旅游发展布局。同时建设多层级旅游目的地城市体系，开发系列精品文化旅游线路。四是对接与落实了经略海洋、乡村振兴等国家战略。打造滨海精品旅游带，构筑大运河文化旅游隆起带，建设黄河生态文化旅游带，提档升级乡村旅游，大力发展红色旅游。五是智慧旅游。强化科技支撑，实施“一部手机游山东”智慧文旅工程。六是突破文化旅游市场主体培育问题。加快文化旅游体制机制改革，加强投融资平台建设，完善市场化机制，培育文旅集团和文旅企业集群。

本书后面的部分是《山东省文化旅游融合发展规划》实践的主要成果。

第七节　文旅融合发展规划的性质与特征

一、文旅融合发展规划性质

（一）国家规划体系中的专项规划

根据《中共中央国务院关于统一规划体系更好发挥国家发展规划战略导向作用的意见（中发〔2018〕44号）》和《中共中央国务院关于建立国土空间规划体系并监督实施的若干意见（中发〔2019〕18号）》的精神，文旅融合发展规划应属专项规划类。刘毅[①]认为文旅融合规划属于国土空间规划体系中的专项规划，应与国土空间规划相互协同衔接。作为一类专项规划，文旅融合发展规划要在特定区域或范围，体现文旅融合发展的特定功能，细化落实国家对文旅融合发展领域提出的战略要求，对文旅融合发展做出专门安排。文旅融合发展规划要落实上位相关规划，并与同级专项规划相互协同。

（二）基于三个核心视角的文旅融合发展规划性质

文旅融合，从旅游者视角，是作为一种旅游活动过程的旅游与文化融合；从旅游地视角，是作为

① 刘毅，黄志胜，范颖.文旅深度融合背景下眉山市国土空间规划体系的实施路径探讨［J］.资源与人居环境，2021(2)：30-33.

一个旅游地的文化与旅游融合；从文旅产业视角，是文化与旅游产业的融合。产业融合是目标诉求，文旅融合的活动过程是表现形式，而旅游地的文旅融合是内容与效应。相应的，文旅融合发展规划，从旅游者视角，是规划开发文旅融合产品，为游客提供文旅融合型旅游体验；从旅游地视角，是规划打造文旅融合旅游地；而从文旅产业视角，是规划与发展文旅融合产业。

1. 旅游者视角：文旅融合产品开发规划

从旅游者或者游客的视角，文旅融合规划是通过规划设计手段，推动旅游活动过程的文化融入与结合。这就要在开发打造中，丰富和强化文化旅游产品和文化旅游服务，提升旅游者文化旅游体验。要开发建设各类文化旅游活动，如文化体验、沉浸演艺、文博参观等文旅融合型产品内容。因为任何旅游规划管理都将最终为旅游者服务，所以旅游者视角的文旅融合规划应是任何文旅融合规划的内核与根本，任何文旅融合规划均应强化文旅融合产品的开发规划。

2. 旅游地视角：文旅融合旅游地发展规划

从旅游地的视角，文旅融合规划是推动旅游地文化和旅游的结合创新与文化旅游互动效应的供给升级，从而打造文旅融合旅游地。通过规划设计，促进旅游地挖掘利用文化资源，开发文化旅游产品，提升打造文化旅游目的地，创新发展成为文化旅游基地、文化旅游景区、文化旅游区等特色文化旅游地。从旅游地视角，文旅融合规划是基于建设文化旅游目的地目标的规划，重点是确立文化旅游目的地建设打造的发展框架和空间指引。

3. 文旅产业视角：文旅融合产业发展规划

从文旅产业视角，文旅融合规划是要促进文化和旅游产业内各行业、各部门的融合互促发展。首先是促进旅游业的文化内涵融入，包括各类旅游行业、旅游要素、旅游业态等，通过文化元素融入，提升旅游产业吸引力。其次是文化事业和文化产业的旅游利用，包括公共文化服务体系的旅游开放利用、文化产业的旅游业延伸拓展，从而提升文化事业和文化产业的效益和品牌。

（三）文旅融合发展规划的层次与类型

在国家强化文旅融合发展战略支持背景下，从指导文旅融合发展规划引领出发，文旅融合发展规划应包括“五层三类”。按区域行政层次分为国家级、省（自治区、直辖市）级、地市（州）级、县级和乡镇级文旅融合发展规划。按对象和功能分为区域文旅融合发展规划、旅游景区文旅融合发展规划、文旅融合发展专类规划（如文旅融合项目策划/规划、文旅融合线路规划、文旅融合品牌形象规划、文旅融合投融资规划等为专门目的而编制的专类规划）。顶层的应是国家文旅融合发展规划，目前还未曾出台，但国家文旅部《“十四五”文化和旅游发展规划》专章编制了“推进文化和旅游融合发展”的规划内容。提出要求“坚持以文塑旅、以旅彰文，推动文化和旅游深度融合、创新发展，不断巩固优势叠加、双生共赢的良好局面”，并设置了“提升旅游的文化内涵”“以旅游促进文化传播”“培育文化和旅游融合发展新业态”三个方面的规划要求内容。而《山东省文旅融合发展规划》则是省级的区域文旅融合发展规划。

二、文旅融合发展规划的目标与任务

（一）规划目标：实现“旅游为文化赋能，文化为旅游增效”

文旅融合发展规划是未来文旅融合发展的纲领性、战略性文件。其目标，从根本上是要能够引领未来文旅融合发展，指导区域或旅游地文化与旅游从深度和广度上的融合发展，从而促进区域和旅游地转型升级。而引领未来文旅融合发展，具体就是要实现“旅游为文化赋能，文化为旅游增效”的相辅相成、互促发展。

一方面是强化“旅游为文化赋能”。文化通常具有突出的公共性，产业特征不突出。而文旅融合规划中，旅游为文化赋能就是要使文化事业和文化产业相关资源，通过旅游高效利用起来。使原本仅属于市民的文化公共场馆、公共设施和公共资源，能够“居游共享”。而仅面向居民文化消费的文化产业，能够与旅游充分结合，促进文化产业的市场活力。另一方面是促进“文化为旅游增效”。目前旅游产业的文化内涵不高，而文旅融合规划中“文化为旅游增效”就是要使旅游产业丰富文化内涵，以文化为旅游发展“塑魂”。通过文化增强旅游的内容，为旅游注入生动的文化故事，增强旅游的文化性，丰富旅游的内涵，提升旅游的品位。

规划目标是战略导向，通过文旅融合互促发展，推动文旅目的地打造和文旅产业提升。在《山东省文旅融合发展规划》编制中，规划的目标是要把准文化旅游融合发展的方向，提出文旅融合发展的总体思路与战略策略，统筹文化旅游融合发展的谋篇布局，找准文旅融合发展工作的切入点和突破口，通过文旅融合实现全程旅游的美好体验（好产品、好要素、好服务），打造“好客山东”升级版，实现文旅强省。

（二）主要任务：旅游地提档升级，文旅产业提质增效

文旅融合的空间载体是旅游地，文旅融合规划的重要任务便是通过文旅融合发展，推动旅游地的提档升级。而文旅融合发展规划的结果和目的，便是文旅产业的提质增效。在文旅融合发展的规划统领作用基础上，旅游地提档升级在“块”上对文旅融合发展予以落实，文旅产业提质增效在“条”上对文旅融合发展予以呈现。

1. 旅游地的提档升级

文旅融合发展规划的一个主要任务便是推动旅游地的提档升级。目前多数旅游地旅游产品单一、文化内涵不足、效益不突出，文旅融合发展规划正是在新时期为破解以上问题、满足新形势下旅游地创新发展需要，而形成与发展起来的。文旅融合发展规划以文旅融合发展为手段，促进文化旅游产品升级、结构优化、效益提升，最后实现旅游地的提档升级。

《山东省文旅融合发展规划》提出将山东提档升级打造为世界级文化旅游体验目的地，并围绕此目标提出了国际温带滨海与海洋海岛休闲度假旅游目的地、国家级红色旅游目的地、国家级研学旅游目的地、环渤海区域康养旅游目的地的产品分类目的地打造升级方向。基于这样的旅游地文旅融合升级方向，进行了“两极驱动、双轴支撑、三带隆起、两廊延伸”的全省文化旅游目的地打造的空间支撑。

2. 文旅产业的提质增效

文旅产业的提升发展既是文旅融合发展规划的重要任务，也是文旅融合发展的必然结果。文旅融合发展规划要通过文化与旅游的融合发展，推动文旅产业融合转型，催生更高品质的文旅产品、文旅服务，甚至带动文旅新型行业、新型业态不断涌现，整合文化和旅游产业链，促进价值链升级和流程再造，带动新型文旅产业集群的培育发展。

例如《山东省文旅融合发展规划》提出将山东文化旅游产业提升为山东省国民经济发展的战略性支柱产业、新旧动能转换的新引擎产业和创造人民美好生活的幸福产业。围绕这样的产业方向，规划提出强化“美好”全要素建设、“品质”全游程服务、“智慧”全省域管理等产业政策，营造“美好”文旅产业。

三、文旅融合发展规划特征

（一）围绕“文旅融合”主线

文旅融合发展规划应围绕“文旅融合”主线，重点进行“为什么融、融什么、在哪里融、怎么融”

的研究与规划。在“文旅融合”主线引领下，文旅融合规划应识别文旅融合存在的问题与瓶颈，提出文旅融合发展的目标要求，规划文旅融合发展的重点任务，并强化文旅融合发展规划的保障措施。例如《山东省文旅融合发展规划》针对山东省文化旅游融合发展的“三化”（低端化、碎片化、封闭化）突出问题，聚焦世界级文化旅游体验目的地定位和建设文旅强省目标，突出高质量发展、特色化发展，构建文旅融合的开放高效空间新格局，并提出了海洋文化旅游、大运河文化旅游、黄河文化旅游、乡村文化旅游等八个文旅融合重点领域。

（二）突出地域文化旅游特色

文旅融合发展规划应以特色为根，促进旅游地和旅游产业转型升级。特色是旅游地发展的前提与根本，特色突出有利于增强文化旅游业、旅游地的吸引力和竞争力。应通过文化铸魂，强化文旅融合规划的主旨。重点是发掘地域文化特色，强化旅游特色优势。《山东省文旅融合发展规划》为突出山东文化旅游特色，专门进行了文化竞合分析。分析发现山东有“齐鲁之乡，礼仪之邦”的优秀传统文化，与周边地域比较看，山东以北是燕赵文化区、以西是中原文化区、以南是淮河流域文化区，山东省的孔孟儒家文化、泰山文化、运河文化、半岛海洋文化、沂蒙红色文化等都为齐鲁大地文化旅游融合发展奠定了坚实的基础，也成为了山东文化旅游发展的竞争优势。

（三）衔接国民经济和国土空间等规划

文旅融合发展规划作为专项规划，应与国民经济和社会发展规划、国土空间规划等强化衔接、协调，并与相关同级专项规划协同。国民经济和社会发展规划作为承接国家和区域大政方针的总纲，是文旅融合发展规划的上位规划。文旅融合发展规划应落实国民经济和社会发展总体定位和项目建设要求。而国土空间规划作为我国规划体系的基础，对文旅融合发展规划提出了空间开发保护的总体要求和空间基础。文旅融合发展规划应遵循国土空间规划的开发、保护和利用“一张图”，落实国土空间规划的“三生空间”与“三线划定”要求，在国土空间规划要求下谋划文化旅游融合发展，真正践行“多规合一”。《山东省文旅融合发展规划》作为省级层面的专项规划，与上位战略规划、省级综合规划和相关专项规划进行了充分的协调对接。重点规划包括山东省国民经济和社会发展规划、山东省新型城镇化规划及山东省国土空间规划、生态红线规划及国土空间相关专题研究等。除此之外，还落实了国家“一带一路”倡议、长城和大运河国家文化公园建设，以及山东省新旧动能转换战略、乡村振兴战略、经略海洋战略等战略或规划。

（四）落实“提档升级、提质增效”任务

文旅融合发展规划应落到旅游地和文旅产业发展的载体上，落实旅游地的提档升级、文旅产业的提质增效重点任务。将文旅融合发展的规划内容，包括文旅产品、功能、业态、要素、市场、品牌、形象等，落实到旅游地和文旅产业发展上来。《山东省文化旅游融合发展规划》通过文旅融合“全程美好”旅游目的地建设，推动山东文化旅游的提档升级，实现文旅强省的产业目标，落实到重点规划任务是破解文旅融合“三化”瓶颈，实现文旅产业高质量发展，探索文旅深度融合的山东实践。

（五）强化文旅工程、项目抓手

文旅融合发展规划是新形势下面向新发展需要而发展起来的规划类型，所以该类要求强化可操作性、可实施性，这就要求与政府的工程项目管理手段衔接，要求规划突出强化文旅工程、项目建设落地，以重点工程、项目为抓手。《山东省文旅融合发展规划》围绕文旅融合重点任务，提出打造一批文旅融合发展重点工程，培育一批引领性项目。对接国家重大发展战略，面向文化旅游消费市场，围绕

文化旅游融合发展方向，加大资源整合力度，加快推进一批引擎带动区域文化旅游融合发展的重大工程项目，全面提升山东文化旅游发展质量效益。重点工程包括国家文化公园（山东片）建设工程、曲阜优秀传统文化传承与文化旅游发展示范区建设工程、乡村旅游齐鲁样板工程等。重点项目方面构建了省级重点项目和鼓励各地市发展文化旅游项目库。

（六）落实体制机制与政策保障

当前文旅融合发展正逐步走向深入阶段，还有明显的体制机制问题需要破解，以及部分融合障碍需要克服。文旅融合发展规划应强化文化旅游融合发展的各方面体制机制与政策保障。文旅融合发展规划作为旅游地文旅融合发展的政策总纲，也要突出政策导向，体现对文旅融合发展方向的政策引导。《山东省文旅融合发展规划》针对文旅孤立发展等问题，提出了强化组织领导、加强法规建设、强化政策集成、创新体制机制、加强人才与科技支撑、加强投融资机制建设及加强执法监管和督导考核等保障措施。

四、文旅融合发展规划的技术路径与内容要求

（一）技术路径

文旅融合发展规划应围绕文旅融合主线，落实国家政策要求，坚持高标准、宽视野、科学定位，突出文旅高质量、特色化发展，突出目标导向和问题导向，可借鉴国内外案例，在区域文旅竞合分析基础上，提出文旅融合发展的目标定位与策略。围绕旅游地提档升级和文旅产业提质增效的主要任务编制文旅融合规划内容。并最后提出文旅融合发展近期行动计划与保障措施。《山东省文旅融合发展规划》面向山东文旅融合发展诉求，体现政府宏观战略方针与近期工作重点，满足文化旅游市场主体需要，将规划编制的规范性与创新创意有机结合，制定了符合山东实际，同时又较为科学、实用和操作性强的山东省文旅融合发展规划技术路线（图 1-8）。

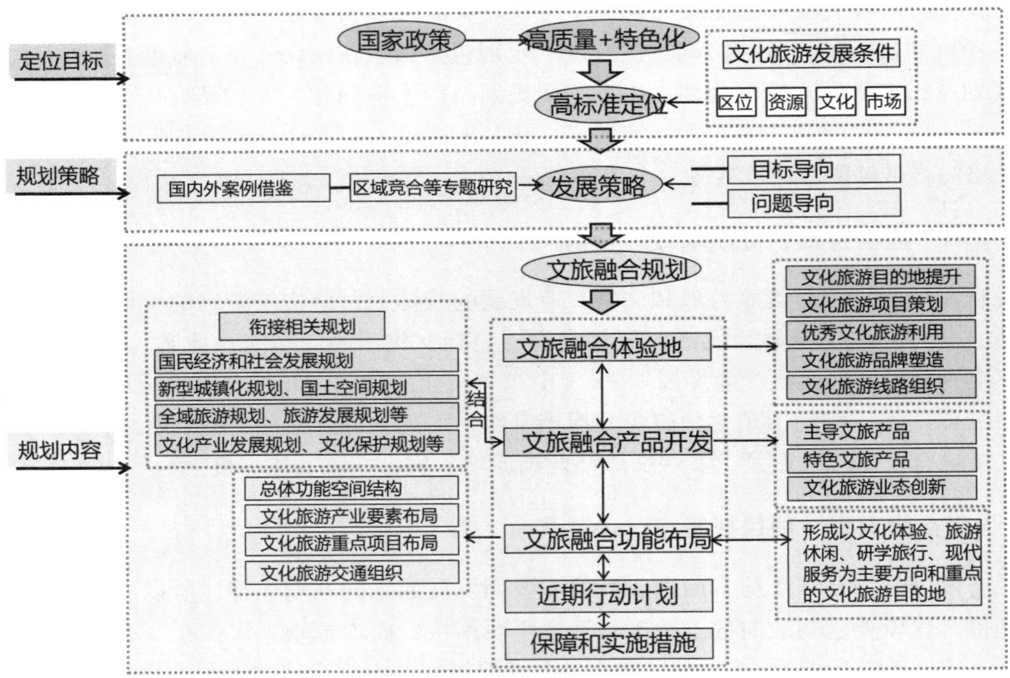

图 1-8 《山东省文旅融合发展规划》技术路线

（二）内容要求

由于文旅融合发展规划不同于相关规划的特征，使其规划内容不同于传统文化规划或旅游规划。从《山东省文旅融合发展规划》的编制看，文旅融合发展规划需要深入的分析、系统的整体谋划，并要求突出重点的发展领域及完善的配套和支撑。

1. 文旅融合发展背景与条件分析

基于文旅融合发展的背景与条件分析研究，为文旅融合发展的目标确立提供支撑。可包括文旅融合发展现状分析、主要问题及其成因研判、文化旅游资源与环境梳理、文化旅游客源市场特征与趋势分析、文化旅游发展竞合分析、文旅融合相关案例借鉴分析等。

2. 文旅融合发展目标与策略

结合国家及省市各级相关文旅融合发展的文件要求，基于文旅融合发展基础条件，提出文旅融合发展的目标与策略。包括文旅融合发展的指导思想与发展理念、发展定位与目标愿景、文旅融合发展的思路策略、文旅融合发展的模式机制等，以发挥文旅融合发展规划的战略引领作用。

3. 文旅产品开发与重大工程项目策划

以资源环境为基础，以目标战略为导向，确定特色文旅产品开发方向，开发系列文旅融合新业态，并围绕产品和业态主导方向创意策划打造重大文化旅游工程与项目，构建文旅项目库。并可对主导文旅产品和重大文旅工程项目进行深化规划引导。

4. 文旅融合发展空间结构与布局

衔接国土空间规划等要求，从资源支撑与市场需求两个角度，分析识别文旅融合发展重点空间，规划布局文化旅游空间总体结构，明确文化旅游发展的重点片区与构成，规划重点文化旅游功能区、文化旅游带、文化旅游节点、文化旅游线路等。并可对文旅重点空间进行深化规划布局。

5. 文旅融合发展品牌形象与市场营销规划

针对目标市场客群，制定具有强烈市场感召力的旅游形象口号和识别系统。进行特色文化旅游品牌包装与主题形象策划，并开展针对性的文化旅游市场营销，实施有效的市场开拓与营销策略。尤其是结合细分客源市场分析，制定精准营销策略。

6. 文旅融合发展支撑与配套体系规划

完善旅游集散中心、旅游客运服务等旅游交通服务体系，提升咨询中心、解说服务、标识、环卫等文化旅游公共服务支撑。优化文化旅游服务环境，打造优质餐饮、住宿、购物、文娱等产业要素体系，形成具有较强体验性的文化旅游要素产品。

7. 文化旅游资源保护与传承规划

结合国土空间规划的保护约束条件，强化文化旅游资源的保护与传承。对优秀传统文化、历史文化等资源进行保护传承，对各类文化遗产进行有效管控保护，强化非物质文化遗产的保护。建立文化旅游资源的保护管理体系，实现文化旅游可持续发展。

8. 文旅融合发展近期行动与保障措施

规划布局近期发展重点内容，启动规划实施近期整合打造文化旅游项目，优化完善旅游接待与公共服务设施，实现近期发展目标。落实规划思路与总体布局，强化文化旅游规划的可操作性，实施有力的体制机制、平台、人才、政策等支撑与保障体系。

第二章

山东省文化旅游融合发展规划文本

第一节 规划总则

第一条 《山东省文化旅游发展规划》（以下简称本规划）依据《中华人民共和国旅游法》《中共中央国务院关于建立国土空间规划体系并监督实施的若干意见》（中发〔2019〕18号）《国务院办公厅关于进一步激发文化和旅游消费潜力的意见》（国办发〔2019〕41号）、文化和旅游部《文化和旅游规划管理办法》等相关法规和文件，《山东新旧动能转换综合试验区建设总体方案》《山东海洋强省建设行动方案》《山东省红色文化研学旅游实施方案》《山东省乡村旅游提档升级工作方案》等重要规划以及山东省的实际情况而制定，是建设山东文化旅游强省的总体部署和指导文件，是编制文化旅游相关专项规划的重要依据。

第二条 本规划范围包括山东省全境，其中陆域面积15.58万平方千米，海域面积15.96万平方千米。

第三条 本规划期限为2019~2035年，近中期为2019~2025年，远期到2035年。

第四条 指导思想

以习近平新时代中国特色社会主义思想为指导，深入贯彻落实习近平总书记视察山东重要讲话、重要指示批示精神，全面落实习近平总书记关于文化旅游工作的重要论述，坚持以人民为中心的发展理念，按照“走在前列、全面开创”的目标定位，主动服务国家重大战略，聚焦高质量发展，大力实施新旧动能转换重大工程，深化文化旅游供给侧结构性改革，科技创新驱动，供需两端发力，促进文化旅游消费升级，充分挖掘整合全省文化旅游资源，着力推动产业融合、品质优化、要素集约、开放合作，打造“好客山东”升级版，开创文化旅游强省建设新局面。

第五条 规划原则

——坚持融合发展。以文促旅、以旅彰文，宜融则融、能融尽融，推动文化旅游资源共享、优势互补、协同并进。大力推进“文旅+”“+文旅”，推动文旅产业与农业、工业、教育、科技、体育、医养健康等跨界融合，拓展优化文化旅游产业链，提升文化旅游产品和服务质量，增强文化旅游发展新动能。

——坚持集约集聚。强化资源整合，优化空间布局，串珠成线、连线成面。突出要素集约，着力整合、提升“食、住、行、游、购、娱”“文、商、养、学、闲、情、奇”为主体的产业要素体系。践行绿水青山就是金山银山的理念，合理开发利用资源，倡导文明、绿色出行，实现经济效益、社会效益、生态效益有机统一。

——坚持市场导向。充分发挥市场在资源配置中的决定性作用，以“好客山东”品牌为引领，按照市场需求整合资源，开发多元化文化旅游产品。培育壮大文化旅游市场主体，优化市场环境，建设现代文旅产业体系。

——坚持改革创新。深化文化旅游体制机制改革，推动理念创新、产品创新、业态创新、管理创新、服务创新。强化科技支撑，建设智慧文旅平台。扩大文化旅游交流合作。

——坚持统筹协调。统筹文化事业、文化产业和旅游产业发展，统筹文化旅游和相关产业融合发展，强化区域协调、城乡一体、陆海联动、绿色发展，统筹规划、部门协同、社会参与，形成共建共享新局面。

第二节 发展目标与战略

第六条 发展定位

（一）总体定位

世界级文化旅游体验目的地；国际温带滨海休闲度假旅游目的地；中日韩文化旅游合作示范区；国家级全域旅游示范省；国家级文旅融合发展示范省。

（二）总体目标

打造“好客山东”升级版，建设文旅强省。

（三）品牌形象

品牌：好客山东·好品山东

口号（国内）：

鲁礼齐风海韵仙境

文化圣地度假天堂

口号（海外）：

Friendly Shandong，Confucius'Hometown.

Hospitality/Enthusiasm Shandong，Marvelous Window of Chinese Culture.

（四）市场定位

1. 国内客源市场

一级市场：京津冀城市群、长三角城市群、中原城市群、东北地区；

二级市场：粤港澳大湾区城市群、长江中游城市群 / 成渝地区；

三级市场：关中地区、西南地区（成渝地区以外）、西北地区。

2. 入境客源市场

核心市场：我国港澳台地区，日本、韩国、东南亚等汉文化圈和海外华人圈以及俄罗斯市场；

重点市场：上合组织国家市场、欧美市场；

潜在市场：西亚地区市场、澳洲市场、非洲市场。

第七条 发展重点

从比较优势和市场需求、文旅融合以及价值目标、均衡发展和全域旅游的要求出发，山东旅游发展重点由“山水圣人，黄金海岸”调整为“山水圣人，河海文城”。即：

山：泰山、崂山、沂山、蒙山、鲁山、昆嵛山、五莲山、徂徕山等；

水：（济南）冷泉、（胶东）温泉、湖泊（微山湖等）、湿地等；

圣：文圣、兵圣、书圣、智圣、科圣（墨子）等；

人：帝王（巡游）、名人（管、晏、孟、董等）；

河：黄河、大运河；

海：渤海、黄海；

文：优秀传统文化、历史文化、红色文化、社会主义先进文化；

城：旅游目的地城市、历史文化名城。

第八条 阶段目标

融合发展期（2019~2022 年）。文化旅游全面融合，文旅产业质量快速提升，“好客山东”品牌体系进一步完善，重点工程、重大项目开始实施，低端化、封闭化、碎片化问题明显破局，文旅融合发展的山东实践基础初步奠定，乡村旅游的“齐鲁样板”基本实现。

全面提升期（2023~2025 年）。文化旅游深度融合，重点文旅产品建设取得重大突破，旅游基础设施和公共服务设施完善，旅游服务水平大幅度提升，全力推动高质量发展的现代文旅产业体系、全覆盖的文化旅游目的地空间体系、高水平的文化旅游治理体系，山东文化旅游质量与数量同步提升，文旅产业各项指标进入全国前五位。

强省建成期（2026~2035 年）。文化旅游全链条融合，建成分工合理、开放高效的多层级、网络化、高美誉度文化旅游目的地，拥有一批具有国际竞争力的知名文旅品牌，旅游目的地管理实现规范化、智慧化、高效化，建设文旅高质量发展的示范省。文旅产业各项指标进入全国前三位。

表 2–1　山东旅游业发展主要指标

指标	2025 年
旅游总收入（亿元）	21000
人均旅游消费（元）	1480
旅游就业人数（万人）	810
接待游客总量（亿人次）	14
接待入境游客量（万人次）	680
国家级旅游度假区（家）	≥ 11
国家 5A 级旅游景区（家）	≥ 18

注：鉴于较多的不确定因素，规划对远期目标只进行预期性描述。

第九条　发展战略

实施“聚焦 – 融合”发展战略。聚焦，即聚焦于文化旅游目的地体系建设和旅游全要素“美好”目标营造。融合，即文化旅游全要素深度融合。

（一）破除“三化”瓶颈

特色精品打造。通过目标客源市场精准定位和需求趋势的分析与引导，结合“双创”驱动，通过优质资源精品化改造提升和“串珠成链”的资源整合，打造一批具有山东特色的世界级、国家级精品景区。

目的地建设。以地标型精品景区或枢纽城市为核心，按照旅游者行为需求，连片成面整合开发旅游产品并配套各类旅游设施，强化智慧旅游平台作用，打造文旅产品丰富、服务无缝衔接、各类要素协同的美好旅游新体验。

扩大区域协作。解放思想、破除封闭，以特色品牌为引领、目的地组织为骨架，扩大区域协作，构建跨行政区域的国家级精品线路和多层级、网络化旅游目的地体系。

深化改革开放。创新文旅融合的机制体制，设立省级文旅资源/资产评估交易平台。衔接国家“一带一路”战略，发挥青岛“中国 – 上海合作组织地方经贸合作示范区”作用和山东自贸区设立机遇，构建全方位开放的文旅发展山东新实践。

强化价值营销。加强品牌提升与营销推广，通过打造独具山东特色、优秀文化引领的高价值文旅产品，并提供优质旅游服务，实现“好客山东”品牌引领下文旅目的地营销的高价值目标。

（二）推动“六合”发展

强化“资源整合”。以精品景区、资源聚合带、主要接待服务基地为核心或依托，强化资源整合，提升文旅产品的集聚度、景区与目的地的竞争力。

突出“文旅融合”。整合利用优势突出的文化场馆、文化名城、物质文化遗存与非物质文化遗产，融入研学、展演等功能，结合科技与艺术开发文旅产品，实现“以文彰旅、以旅促文”。

重构“空间组合”。按照不同层次和规模等级的旅游目的地和交通游线进行山东旅游的空间组合，实现串点成线、串珠成链、连片成面，构建开放高效的网络化发展格局。

实现“要素链合”。按照目的地空间结构、旅游者空间行为进行以服务链、价值链为依据的要素链合，实现旅游产品和服务的无缝链接。

推动“区域联合”。打破行政地域藩篱，以特色品牌为引领，目的地组织为骨架，加强市际、省际和跨区域文化旅游发展协作，形成客源互送、优势互补、合作共赢的区域文旅发展格局。

贯彻“多规合一”。按照我国国土空间规划体系调整要求，强化本规划与全省发展规划、国土空间规划和其他相关规划的有机衔接。

（三）营造“美好”旅游

“美好”全要素建设。从服务游客的高品质需求出发，打造贯穿服务链的美好旅游新体验。促进文旅融合创造旅游要素吸引物，提升游客对山东旅游的美誉度。

“品质”全游程服务。配合“美好”全要素建设，推动旅游服务向特色化、品质化转变，将全游程品质服务作为山东旅游业提档升级的基本要求，为游客提供暖心旅程。

“智慧”全省域管理。运用大数据、互联网和云计算等技术，结合旅游者行为特征分析，打造集旅游地管理与旅游者管理于一体的全省智慧旅游管理服务平台。

第三节 推动文旅深度融合

第十条 机制体制创新，构建文旅融合发展平台，让“旅游为文化赋能，文化为旅游增效”

加强顶层设计融合。科学制定文旅融合发展的政策和制度框架，研究制定《关于促进山东省文化和旅游融合发展的指导意见》，建立文旅融合发展的标准体系、指标体系、统计体系和评价体系，规范引领文化和旅游的技术融合。

深化体制机制融合。推进各层级文化和旅游局与文化旅游发展中心机构、职能、人员三融合，建立文旅融合发展的长效协调机制和综合治理机制。支持跨地区、跨行业、跨部门整合文旅资源，组建文旅集团公司，促进文旅资源规模化、品牌化、网络化经营。

引导市场主体融合。加强各类文化和旅游企事业单位之间的交流合作，推动产品开发和服务创新的互学互鉴、互通互融和双向赋能，形成文化和旅游一体化推进、创新发展的新型市场供给结构。成立山东文旅融合发展联盟，广泛吸纳各类文化和旅游企事业单位参与。

探索产业空间融合。支持文旅发达地区加快建设一批文旅产业聚集区，研究出台优惠政策，吸引文旅企业入驻。积极引导文化企业、文化项目向旅游度假区、乡村旅游区转移，支持文化产业园区开发特色文旅产品，推动文旅产业实现空间聚集和融合发展。

组建文旅融合平台。整合省内外文化和旅游科研机构，组建文旅融合研创平台。以“智慧山东”建设为契机，发展互联网平台经济，优化山东文旅资源配置、促进跨界融通发展，形成“旅游者协同创新和消费引导创新”，推动山东文旅产业升级。

第十一条 以文促旅，丰富文旅融合产品供给

创新推进“非遗＋旅游”。选择一批适合文旅融合发展的非遗项目进景区、度假区和旅游乡村，完善非遗生产性保护示范基地的文化旅游功能，开发一批非遗主题旅游景区、旅游小镇、乡村旅游重

点村。

科学推进“博物馆＋旅游”。加快现代博物馆体系建设，到2022年全省博物馆达到600个，国家级博物馆达到60个。重点完善孔子博物馆、齐河博物馆群等重点场馆旅游集散咨询服务功能，通过“科技＋艺术”，让博物馆文物“活”起来，提升山东博物馆旅游品牌。

大力推进“演艺＋旅游”。学习借鉴“又见”“印象”系列等旅游演艺项目经验，以“说山东、唱山东、演山东”为主题，创作一批齐鲁特色的演艺项目。到2022年，主要旅游城市、5A级景区、国家级旅游度假区至少打造1个常年演出的品牌化特色演艺项目。

积极推进“文创＋旅游”。发挥文化创意在旅游开发中的“点石成金”作用，围绕诸城古琴、东营齐笔、潍坊风筝、烟台绒绣等，大力支持发展文化创意设计和生产，开发一批独具山东特色的“好礼山东”文化旅游伴手礼，塑造“山东设计”“山东创造”文创产品形象。

着力推进“影视＋旅游”。学习借鉴横店影视城影视旅游融合发展的成功经验，以青岛东方影都、1907光影俱乐部、华谊兄弟电影文化城等影视产业基地为重点，通过创作推出、拍摄具有重大影响力的影视作品，举办电影节和影视交流博览会等活动，“引爆”影视文化旅游市场，引来名星、聚集粉丝、吸引游客，推动影视业和旅游业集群发展。

第十二条　以旅彰文，推动齐鲁文化创造性转化创新性发展

以旅游增强文化价值阐发。深入挖掘齐鲁文化的精神内涵和时代价值，以旅游激活优秀传统文化资源，扩大文旅“乘数效应”。重点提升建设一批文旅景区，保护利用历史文化名城名镇名村，策划推出一批文化旅游节事活动和精品线路，形成文化特色鲜明、类型丰富多样的文化旅游产品体系。

以旅游扩大文化对外合作交流。探索整合对外文化旅游交流力量，统筹安排交流项目和活动，同步推进文化传播和旅游推广。统筹用好孔子文化节、世界儒学大会、世界老年旅游大会等重大交流活动和孔子学院、孔教协会、境外旅游渠道商等平台，推进与“一带一路”沿线国家和重点境外客源市场合作，多渠道立体化展示山东文化。通过“旅游引进来”，实现“文化走出去”。

以旅游提档升级文化消费。鼓励各类院团和文化企事业单位创作与旅游相关的艺术作品、经典剧目、AR/VR和文化创意产品，实现文化产品的价值提升。推动剧场、演艺、动漫游戏等的旅游融合，开展文化体验旅游。丰富旅游场所文化元素和文化体验项目，联动开展文化和旅游消费惠民活动，培育文化消费新热点。

以旅游拉高文化公共服务效能。按照“融合共享、全域覆盖”理念，以旅游推动文化公共服务设施和文化场馆产业化转型升级，解决公共服务设施利用率不高问题。提升完善美术馆、文化馆、艺术馆、基层文化服务中心等各类文化设施的旅游服务功能，实行外地游客和本地市民同等待遇，把公共文化场所打造成为“好客山东”会客厅。

第十三条　壮大文旅市场主体

（一）大力发展文旅市场主体

培育大型文化旅游集团。组建壮大省旅游集团，选择实力雄厚的大企业，以产权为纽带，组建新的山东（齐鲁）文旅集团。依托优质景区资源培育文旅集团，整合周边资源，壮大公司规模，打造一批旅游“小巨人”。招引大旅游集团。鼓励各地拿出优质旅游资源，与国内外大企业大集团合作，以资源换市场、以空间换品牌。

鼓励各类市场主体进入。大力培育和积极引进具有优秀企业文化，并从理念思路、产品业态、品牌服务、市场要素等方面对文化旅游融合有动力和经验的企业，进行文化旅游资源的开发或者文化旅游服务。通过文化企业与旅游企业的相互参股、兼并重组，以及文化旅游资源资产的评估与交易平台，为文化企业从事旅游业或者旅游企业利用文化资源资产发展文化旅游业提供良好的条件。

（二）不断深化改革，激发市场主体活力

探索景区体制机制改革。建立现代企业法人治理结构，壮大市场主体活力，提升全省旅游景区的核心竞争力。以事业单位管理的景区为改革重点，有条件推行管理权、经营权“两权分离”，明确责任主体，剥离经营性资产，成立能直接参与市场竞争的企业法人主体。支持各地根据实际，将景区及周边的土地、房产等资产资源注入经营主体公司。鼓励景区以优势资源和资产引进战略合作者参与景区开发建设和经营管理。

推进文化旅游企业深化改革。推动国有文化旅游企业公司股份制改革，建立健全符合现代企业制度要求、体现文化旅游企业特点的资产组织形式和经营管理模式。大力推进规模以上旅游企业规范化公司改制，支持文旅企业上市。

激发文旅行业市场活力。推动文化和旅游行政部门与其所属的文化和旅游企事业单位进一步理顺关系，赋予企事业单位更多法人自主权。进一步深化国有文艺院团体制改革，形成既符合艺术规律又符合市场规律的内部管理机制。

塑造文化旅游企业品牌。充分借鉴国际知名旅游企业集团的经营模式和先进管理理念，挖掘齐鲁商业文化底蕴，将儒商文化和现代旅游企业运营有机结合，塑造山东文化旅游企业品牌。成立山东文旅融合发展联盟，广泛吸纳全省各类文化企事业单位和旅游企业参与，为文化和旅游对接合作创造协同发展平台。每年推出一批全省文旅融合发展示范企业。将山东大型文化旅游企业品牌纳入“好客山东”品牌培育体系和营销系统，更好地完善品牌体系构架。

第四节　构建开放高效空间新格局

第十四条　构建区域开放新格局

南联北融。依托京沪高铁和规划建设中的京沪高铁二线、京沪高速公路以及环渤海高铁等重大交通设施，积极融入京津冀一体化，借力长江经济带、长三角一体化等国家重大空间战略，形成区域间优势互补、合作共赢的发展格局。

西接东引。依托已经建成或规划建设中的鲁南高铁、渤海海峡跨海通道、机场等不断完善的高速交通体系和港口等基础设施，充分发挥山东文化、区位、地缘优势和新批准设立的自贸区，面向国内国际两大市场，全面对接“一带一路”战略、中国—东北亚合作国家战略、青岛“中国—上合地方经贸合作示范区”，强化与西部中原城市群的对接和联动，与东北地区的合作和交流，以及东北亚地区、上合组织国家间的紧密合作，构建山东文旅开放合作、融合互动、协调发展的新格局。

第十五条　完善“两极驱动、双轴支撑、三带隆起、两廊延伸”发展布局

按照山东文旅融合发展的目标要求，串点成线、串珠成链、连片成面，优化完善“两极驱动、双轴支撑、三带隆起、两廊延伸（2232）”的空间格局。

（一）两极驱动

济南省会城市群文化旅游发展极。立足济南及周边城市作为山东对接京津冀协同发展战略和雄安新区建设前沿区域的区位优势，发挥济南新旧动能转换极核的引领作用、目的地中心城市的辐射带动作用、米字型新交通体系的空间辐射聚合作用，加快济泰文旅发展强强联合，提升整体实力和综合竞争力，成为引领中华优秀传统文化示范区、运河文化带、黄河文化带、齐长城文化带等重要自然和文化遗产资源的有效保护传承，带动西部地区文旅产业提振发展的核心引擎。

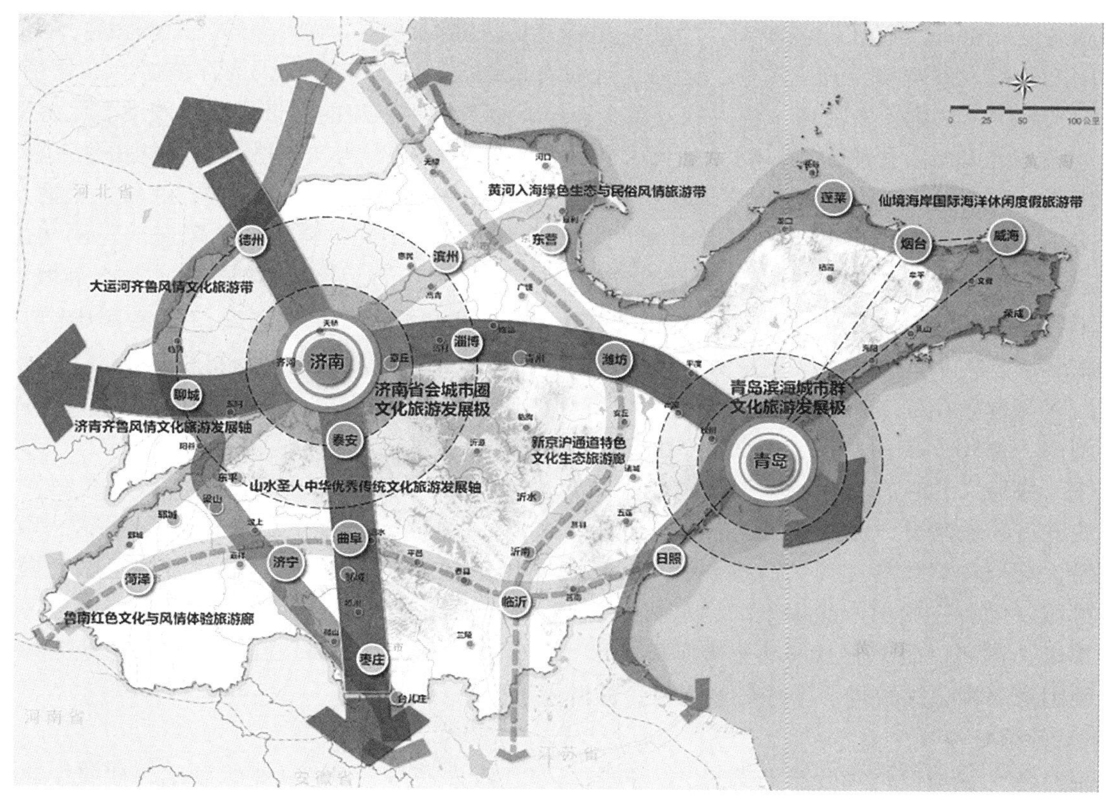

图 2–1　山东文化旅游融合发展空间布局

青岛滨海城市群文化旅游发展极。发挥青岛新旧动能转换极核的引领作用、东北亚国际航运枢纽和沿海重要中心城市的辐射带动作用、上合经贸示范区的桥头堡作用，强化青岛都市圈资源和空间的统筹协调，深入挖掘海洋文化、东夷文化、红色文化、民俗文化、生态文化的价值，进一步提升城市旅游吸引力和综合竞争力，加强与日本、韩国以及其他“一带一路”沿线国家的文化旅游交流与合作，成为引领中国温带海滨度假旅游带建设、推动胶东海洋文化旅游产业做大做强的重要引擎。

（二）双轴支撑

山水圣人中华优秀传统文化旅游发展轴。以济南为枢纽，发挥曲阜“三孔”世界文化遗产的核心带动作用，泰山世界自然文化双遗产的支撑作用，济南齐长城世界遗产以及泉城的文化价值，形成济南—泰安—曲阜发展轴，延伸德州、齐河、邹城、滕州等节点，结合中华优秀传统文化传承发展示范区建设，实施“国家文化旅游高地”工程，打造中华优秀传统文化旅游发展的山东纵轴，成为国家级文化与旅游融合发展的核心区和研学旅游的样板区。

济青齐鲁风情文化旅游发展轴。以济南、青岛两大国际化旅游中心城市为支点，以胶东立体交通枢纽和济南综合交通枢纽为依托，沿济青高速、青兰高速、齐长城沿线布局，西连中原城镇群，以聊城、潍坊、淄博为重要支点，连接运河文化、黄河文化、泉城文化、齐文化、恐龙文化、民俗文化、海洋文化，双心相向互动，产业融合带动，集群、集聚、集中布局，构建江北水城、天下泉城、齐国故都、鸢都龙城、仙境海岸品牌文旅融合产品集群，打造山东最密集的旅游城镇点—轴，形成旅游要素集聚轴、山东文旅产业发展的横轴。

（三）三带隆起

仙境海岸国际海洋休闲度假旅游带。以青岛为核心，烟台、威海、日照三大城市为重点，依托青岛综合交通枢纽和半岛快速交通网、青日连沪城际铁路，构建“青—烟—威—日”为轴带向两翼展开的滨海旅游发展格局。以“仙境海岸”为核心品牌，推进陆海统筹、城海一体、山海融合，全面优化滨海休闲度假的发展环境，建立滨海、近海、远海有机结合，多样、复合的海洋旅游产品体系，比照西班牙阳光海岸、法国蔚蓝海岸、澳大利亚黄金海岸，打造世界一流的温带海滨休闲度假旅游带。

大运河齐鲁风情文化旅游带。将大运河文化公园山东片建设作为文旅融合发展的头号工程。向北融入京津冀，向南融入淮海协作区，以德州、聊城、泰安、济宁、台儿庄为支撑，武城、临清、阳谷、东平、梁山、汶上、微山为节点，以微山湖、东平湖为集聚发展区，突出“鲁风运河”的文化品牌，构建“运河文化走廊＋运河古镇群”的空间发展格局，打造大运河文化旅游新高地。整合郓城、梁山、东平、阳谷等地的水浒文化旅游资源，提升“水浒故里”文化旅游品牌知名度，打造中国古典文学名著文化旅游示范区。将大运河文化旅游带建成带动鲁西区域发展的战略性创新发展带。

黄河入海绿色生态与民俗风情旅游带。以黄河为轴线，西起东明县，东到黄河入海口，以菏泽、聊城、济南、德州、滨州、东营等为枢纽城市，依托沿黄主要交通干线，连接牡丹文化、水浒文化、运河文化、泉城文化、齐文化、黄河口文化，结合生态治理、黄河滩区脱贫迁建、济南跨河发展、沿黄城市旅游目的地建设，深挖黄河生态和文化资源，全面实施黄河湿地生态修复和湿地景观串联工程、沿黄旅游大交通体系贯穿工程、沿线乡村景观环境提升工程、沿线旅游景区景点游线串联工程，形成郓城—鄄城—阳谷—梁山产品聚集区、东阿—平阴—天桥区—齐河县产品聚集区、高青—惠民—滨州产品聚集区、黄河口生态旅游产品集聚区等集聚片区，强化“黄河入海”文化旅游目的地品牌，打造农耕文明国家级精品旅游带、中华母亲河绿色旅游发展带。

（四）两廊延伸

鲁南红色文化与风情体验旅游廊道。以日东高速、西日铁路、鲁南高铁为轴线，西接中原，东到黄海之滨。以菏泽、济宁、临沂和日照为枢纽城市，郓城、嘉祥、曲阜、泗水、平邑、费县、莒南、莒县等为重要节点城市；连接牡丹文化、运河文化、圣人文化、山岳文化、红色文化、东夷文化、太阳文化，构建运河文化、圣地文化、红色文化和滨海文化四大组团，打造鲁风运河、东方圣地、亲情沂蒙、仙境海岸文旅产业集群；融入淮海经济区，串联起包括中华优秀传统文化高地、红色旅游和党性教育基地、山海联动发展和乡村旅游发展示范区，打造“一带一路”东端的重要文旅产业廊道。

新京沪通道特色文化生态旅游廊道。以东滨（东营—滨州）、潍坊、日照、临沂为支撑，无棣、广饶、垦利、青州、临朐、安丘、诸城、五莲、莒县、沂水、沂南、莒南、兰陵为节点，依托长深高速、荣乌—潍日高速以及待建的新京沪高铁二线等重要交通廊道，以黄河入海、鸢都龙城、亲情沂蒙等重要品牌为引领，串联起黄河口生态文化、孙子文化、鲁中民俗文化、齐长城文化、东夷文化、沂蒙红色文化，成为山东文旅生长的新廊道。

第十六条 建设多层级旅游目的地城市体系

（一）七大国际化文化旅游城市

1. 两大国际文化旅游目的地城市

青岛市。全力构建海陆联动、全域延伸、多点支撑、多业融合的旅游空间布局，形成以滨海休闲度假为核心的旅游产品体系、标准化旅游服务体系和中高端旅游客源市场，集聚高端产业要素，建设东部、西部两大休闲度假集群和北部现代新兴旅游集群，发展滨海休闲度假轴带和大沽河生态旅游轴带，壮大胶州、即墨、平度、莱西四大片区，聚力邮轮母港，建设东北亚国际滨海旅游目的地中心城市和“一带一路”国际旅游合作桥头堡。

济南市。以泉水景观、泉水文化和古泉城为核心资源，申报世界文化景观遗产，以“泉城济南”品牌总引领，山泉河湖城空间一体化发展，开发以泉水文化、休闲度假、会展节庆、乡村旅游、医疗康养等为核心的旅游产品体系，建设济泰曲文化旅游带龙头城市，打造中国泉文化体验旅游目的地和国际康养休闲城市。

2. 五大国际特色文化旅游城市

烟台市。利用陆—岛组合良好、城—海一体发展、历史与现代兼优的良好条件，突出蓬莱神仙文化、葡萄酒文化，近代开埠、海洋海岛文化，美食、体育、民俗等特色文化，陆—岛联动、充实与提升旅游功能，打造中国最佳滨海休闲度假城市和“仙境海岸”旅游核心城市，加强与威海市的旅游一体化合作。

威海市。围绕建设精致城市，依托最佳人居城市品质，打造集“蓝色、绿色、康养、人文”四大特色的胶东半岛休闲度假核心区、东北亚旅游合作发展先行区。发挥滨海雪城、温泉名城、天鹅家乡的优势，打造北方冬季旅游休闲示范区。与烟台联合打造一体化滨海目的地城市。

济宁市。以儒家文化为引领、世界文化遗产为支撑，以“东方圣地”为品牌，通过文旅资源整合、壮大产业集群、完善与创新产业体系，构建“东文、西武、南湖、北山、中运河”的空间结构，建设中华优秀传统文化传承发展示范高地、国际文化旅游目的地城市。

泰安市。以“平安泰山”品牌为总领，将泰山主景区和周边山地十二脉的大泰山地区 14380 平方千米作为一个整体，整合山上山下、历史与文化资源、（泰）山—（泰安）城—（大汶）河一体，莲花山与东平湖呼应，将大泰山地区打造成国际著名世界遗产旅游目的地。泰安建设文旅强市。联合济南、曲阜构建文化遗产旅游圣地。

潍坊市。以“鸢都龙城”品牌为总领，以诸城恐龙国家地质公园、滨海休闲度假和潍水国家级文化生态保护区为重点，打造国家级精品旅游景区。以潍坊市中心城区为依托，建设“区域性旅游集散中心”。以非遗生产性基地和传习所为依托，建设“文创旅游基地”、推进特色文化旅游目的地城市建设。

（二）九个区域文化旅游中心城市

淄博市。大力挖掘与系统梳理展示齐文化，在“齐国故都”设立齐学研究中心，建设齐文化保护传承创新发展示范区。以“齐国故都”为品牌，以“齐文化和改革开放的中国”为主题，建设国内一流的遗产文化与研学旅游目的地城市。

枣庄市。围绕台儿庄古城、微山湖（部分）等知名生态文化旅游景区，突出运河文化、红色文化、历史文化、名人文化、民俗文化等，按照全域旅游示范城市和资源型城市转型发展示范市的总体定位，打造山东文化旅游发展的南大门。

东营市。以黄河三角洲国家生态示范区建设为依托，以“黄河入海”品牌为引领，以大湿地、大生态、黄河入海、鸟类天堂为独特卖点，合理利用孙子文化、温泉资源，全力打造河海湿地生态旅游名城、国家级生态文明教育基地。

日照市。挖掘东夷文化资源，开发“海、山、古、林、泉、城”和太阳文化资源，以精品旅游景区和滨海旅游名城建设为重点，建设好太阳城、莒国故城等项目，提升乡村旅游品质，实现陆海统筹、山海一体、城乡协同、城港海融合发展。

临沂市。发挥“亲情沂蒙”品牌感召力，将蒙山、沂山及其两山之间的孟良崮整合成山东红色旅游标志性大景区，统筹养生、兵学、民俗、商业等地方文化，建设区域性旅游中心城市和综合性旅游目的地及红色旅游圣地。

德州市。协同、融入京津冀发展，突出“京津地区南部重要生态功能区”的战略地位，充分利用董子文化、运河文化、东方朔滑稽文化和乡村田园景观，大力发展文化体验与乡村休闲产品，建设京沪高铁沿线重要的区域旅游目的地城市。

聊城市。以东昌古城、临清古城为核心，京杭大运河为轴带，水浒文化、传统民俗和名人文化为重点，促进黄河、马颊河两条风情旅游带联动发展，构建文旅全域发展的空间布局，建设运河文化体验旅游目的地。

滨州市。依托孙子文化、黄河文化、河海湿地生态以及特色产业资源，特别是贝壳堤国家级自然保护区和滨州紧挨黄河而建的“河城”特色，通过黄河文化城市和特色景观营造、旅游功能配套，将滨州建设成生态文化特色旅游城市。

菏泽市。以牡丹文化、水浒文化和黄河（故道）农耕文明为重点，通过曹州省级文化生态保护区申报国家级，并对其非物质文化遗产的保护利用，结合非遗核心传承地的传统村落和历史街区的文化体验，建设文化旅游目的地城市和旅游扶贫示范区。

（三）十个主题旅游县市

曲阜市。突出孔子故里、儒学圣地特色。以孔子诞生地尼山、孔子授学传道地以及孔子从政等孔子生平与业绩，儒家五圣等儒源圣迹，鲁国故事等历史文化，以及三孔、故城等文化遗产为重点，发挥世界文化遗产的品牌优势，联动邹城、泗水打造东方圣地文化旅游目的地，建设国际文化旅游名城、中华优秀传统文化传承高地。

蓬莱市。以仙境文化为主要卖点，挖掘戚继光训练水师基地、抗倭故事，以及海岛、古城，对接国家“一带一路”倡议，挖掘中国海洋文化的精髓，通过人间仙境、海上蓬莱的文化内涵，打造仙境海岸的经典城市、国际滨海旅游目的地。推进蓬莱、长岛旅游一体化开发，以及蓬莱城景的联动发展。

荣成市。以成山头—天鹅湖的整治提升为重点，将其打造成地标性的国家5A级旅游景区，推动石岛赤山与院夼村等海洋渔文化资源有机整合，建设独具胶东海洋渔文化特色的地标性景区，美化、提升滨海旅游度假带，强化荣成市中心城区的旅游功能，形成“仙境海岸”品牌引领下的全域旅游目的地城市。

临淄区。挖掘临淄区8000年前的后李文化，整合齐国故都遗址、田齐王陵、齐国故都博物馆和稷下学宫仿古建筑群以及300余处文化遗址、大型古墓等齐文化的集中分布区文化旅游资源，重点梳理齐文化特征内容和齐文化中具有时代价值的“开放、务实、变革”思想，通过“空间叙事”建设齐文化传承创新区和主题旅游区。

青州市。重点利用青州古城、龙兴寺北魏彩塑等，“活化”历史文化，打造文化旅游精品景区。积极利用好青州山水风景名胜资源，提升风景名胜资源的文化内涵和景观价值，建设自然公园（云门山、仰天山、泰和山、弥河、仁河水库等），将青州发展成为文化旅游和休闲旅游城市。

长岛县。将发展方向从度假为主转向观光为主，整合联动“海岛—海域—陆地”资源，以海洋牧场、跳岛旅游、向导式Safari、生态旅游为重点方向，以游船游艇为主要旅游交通方式，建设我国海岛生态文化旅游开发的典范。

梁山县。以“水泊梁山”核心景区等为重点，以水浒文化为核心，以“水浒故里”为品牌，挖掘、整理水浒文化中与现代旅游有关的“食、住、行、购、娱”要素，配套旅游接待服务功能。以“武”“义”整合梁山县域旅游资源，将梁山县建设成为水浒主题文化旅游城市。

临清市。抓住大运河国家文化公园建设机遇，将临清运河古镇保护利用作为山东省运河段1号启动区，打造“大运河的齐鲁文化客厅”，彰显与提振运河城镇的文化韵味、生活品质、特色风貌与功能活力，依托水系景观塑造特色公共空间，强化交通组织与设施优化升级、配套服务，打造运河古镇独特魅力。

沂水县。依托沂水优质地下溶洞资源、“红嫂故里”品牌和乡村民俗风情，以及国内旅游界有较大影响的“沂水现象”，将红色文化与非物质文化深度融合到旅游产品、要素与服务之中，将文旅发展与群众脱贫、乡村振兴紧密结合，打造红色文化主题旅游名县。

乳山市。整治“银滩”优质滨海资源房地产化倾向，根据自身优势和区域分工、市场趋势，重点优化滨海岸线功能，控制开发利用强度，引入海洋文化与现代时尚休闲文化，发展符合市场需求的度假公寓和精品民宿，打造成为独具胶东风情的滨海度假旅游城市。

（四）特色文化旅游小（城）镇

选择文化旅游产业规模和品质较高、旅游功能完善、旅游产品丰富，文化旅游发展基础好、水平高的小（城）镇，实现全省文旅产业的广泛覆盖和特色化发展。

文旅重点城镇。邹城，孟子故里、儒风邹城，东方君子之国、邹鲁圣贤之乡；台儿庄，运河古城、一个寻梦的地方；郓城，水浒故地、好汉郓城；东平，梁山水泊、大义东平；沂南，诸葛故里、红嫂家乡、红色旅游胜地、乡村旅游高地；章丘，灵秀山水、锦绣章丘；齐河，黄河水乡、动感齐河。

特色文旅小镇。打造一批具有突出文旅功能的小镇，重点建设温泉度假小镇、山岳养生小镇、滨湖生态小镇、海滨渔家风情小镇、黄河文化小镇、运河文化小镇、艺术体验小镇、民俗风情小镇、特色农业小镇、汽车文化小镇、工业遗产小镇、乡村创意小镇、商贸休闲小镇、养生康体小镇、体育运动小镇、影视文化小镇、红色文化小镇、森林绿色小镇、国学研修小镇、中医药旅游小镇20类旅游小镇，到2022年建成100个具有完整旅游功能的文旅小镇。

第十七条　串珠成链，开发系列精品文化旅游线路

围绕文旅强省和网络化旅游目的地建设要求，根据旅游产品特色和区域分布特点，以旅游者行为需求为导向，以品牌景区为载体，以交通干线为依托，全面整合旅游资源，强化旅游核心竞争力。规划近中期全省纳入6条国家级精品文旅线路，推出9条综合型经典文旅线路，推广6个系列主题特色型文化旅游线路。

（一）国家级精品文化旅游线

对接国家精品旅游线路规划，依托自然文化廊道和交通通道，串联重点文化旅游区、旅游城市和特色旅游功能区，衔接推出6条国家级精品文化旅游线路。

专栏1：衔接纳入6条国家级线路

国家“十三五”旅游规划中的3条国家级精品旅游线路：

滨海度假（山东段）国家旅游线（潍坊、青岛、烟台、威海、日照等）；

运河风情（鲁风运河）国家旅游线（德州—聊城—泰安—济宁—枣庄）；

万里长城（山东段）国家旅游线（济南—泰安—淄博—临沂—潍坊—日照—青岛）。

争取“十四五”纳入国家级精品旅游线路：

中华（山东）优秀传统文化旅游线（德州—济南—泰安—济宁—枣庄）；

黄河文明（山东段）国家旅游线（菏泽—聊城—济宁—泰安—德州—济南—淄博—滨州—东营）；

华夏寻根（东夷文化）旅游线（后李文化、北辛文化、大汶口文化、龙山文化、岳石文化，结合三皇五帝遗址遗迹文化故事）。

（二）综合型经典文化旅游线路

整合经典景区与精品旅游项目，串联省内的重要旅游目的地品牌，通过快速交通线路与客源地之间的衔接串联，“串珠成链”，推出9条综合型经典文化旅游线路。

山水圣人旅游线：德州（董子园等）—济南（第一泉等）—泰安（泰山、岱庙等）—曲阜（三孔、新三孔等）—邹城（四孟等）—滕州（墨子博物馆等）—台儿庄，约1周。

仙境海岸旅游线：日照（海滨等）—青岛（八大关等）—威海（刘公岛、好运角等）—烟台（芝罘岛等）—蓬莱（蓬莱阁等）—长岛，约1周。

济青风情旅游线：济南（第一泉等）—淄博（齐国故都等）—潍坊（杨家埠等）—青岛（海滨等），3~5天。

运河水浒旅游线：德州（九龙湾等）—临清古城（古钞关等）—聊城（水城等）—东阿（阿胶世界等）—阳谷（景阳冈等）—梁山（梁山景区等）—郓城（好汉城等）—济宁（总督署等）—微山（微

山湖、南阳古镇等）—台儿庄，7~10 天；

鲁韵齐风旅游线：曲阜（三孔、新三孔等）—泰安（泰山等）—济南（第一泉等）—淄博（齐国故都等）—青州（青州博物馆等），约 1 周；

黄河入海旅游线：济南（第一泉等）—齐河（泉城黄河湿地景区等）—滨州（黄河楼等）—东营（黄河口湿地等），4~5 天；

亲情沂蒙旅游线：枣庄（铁道游击队纪念馆、抱犊崮等）—临沂（沂蒙精神博物馆、蒙山、孟良崮等）—临朐（沂山等）—沂源（618 战备电台旧址旅游区）等，4~5 天；

山盟海誓旅游线：泰安（泰山等）—曲阜（传统婚俗等）—日照（阳光海滩等）—青岛（八大关等），4~5 天。

名著名花旅游线：济南（平阴玫瑰园等）—东平（水浒影视城等）—梁山（水浒景区等）—郓城（好汉城等）—菏泽（牡丹园等），4~5 天。

（三）特色主题型文化旅游线路

大力开发不同主题旅游线路，推出红色旅游、研学之旅、乡村旅游等系列特色主题型旅游线路。

第五节　精品化发展海洋旅游

第十八条　打造六大海洋旅游产品体系

滨海风景旅游。以“仙境海岸”品牌为引领，以成山头—天鹅湖、石岛—赤山、海湾海角、近海岛屿等景观资源为支撑，提升、建设系列标志性精品旅游景区，强化滨海景观游赏设施配套完善，打造滨海风景游赏旅游带。

海滨城市旅游。以崂山、蓬莱、成山头、日照滨海等资源为核心吸引物，挖掘青烟威开埠文化、名城文化、影视文化、民俗文化、海洋渔文化、时尚文化等，培育和打造旅游休闲街（区）和休闲消费集聚区，构建中国仙境海岸旅游城市带。

滨海休闲度假。参照国际滨海度假的设施与服务标准，提升打造青岛石老人、凤凰岛、蓬莱、海阳度假区等现有国家级旅游度假区。依托青烟威日等主要海岸线打造若干个能够满足观光、休闲、度假需求的滨海度假综合体单元，力争到 2025 年成为世界第四大度假海岸。

海洋文化旅游。着力保护传承海洋文化传统村落，积极推动滨海与海岛渔村的乡村旅游项目发展。利用海洋历史文化、海洋渔文化、海权文化、海洋科技文化、海港文化等开发系列研学旅游产品。推动荣成海洋渔文化申报国家级文化生态保护实验区。

近海岛屿生态旅游。统筹开发全省海岛旅游资源，着力培育打造一批“一岛一品”的特色化旅游休闲岛群。实行“一岛一策”，推出一批以海洋生态观光、康体运动度假、科普研学体验等不同主题的特色海岛。加强岛陆联动、岛海联动，实现岛屿生态旅游的协同发展。

海洋时尚体验旅游。青岛港与烟台港、威海港、日照港协同，整体打造母港、始发港、停靠港“一主一备两点”为主体的山东邮（游）轮旅游体系。积极开发游艇度假、海洋牧场、海洋运动等海洋时尚旅游产品体系，大力发展海洋体验旅游。

第十九条　优化滨海与海洋海岛旅游布局

（一）优化发展六大旅游岸段

滨州－营口生态岸段，打造生态型海岸，开发陆域旅游；莱州湾沙质岸段，强化生态和景观修复，向度假型海岸发展；蓬莱－威海岸段优质景观岸段，打造观光型海岸，构建大型景区连绵分布带；乳山－海阳优质沙滩岸段，打造一流优质度假型海岸；青岛岸段，构建时尚文化与都市型海岸；日照岸段，打造都市度假型海岸。

（二）建设三大旅游湾区

打造芝罘湾都市旅游大湾区。发挥岛陆空间组合优势，打造芝罘岛—崆峒岛—养马岛—芝罘湾滨海旅游发展环，构建陆岛的港口码头体系，形成三岛和陆域的岛陆巡游环线，一体化整合成为烟台地标性旅游区。

打造丁字湾旅游度假湾区。地跨即墨、海阳、莱阳三市，面积约 156 平方千米。利用湾内岸线蜿蜒曲折、岬湾相间、景观资源丰富特点，构建黄金海岸及旅游度假胜地、海洋文化聚集区。

打造胶州湾都市型旅游大湾区。利用湾内港阔水深、风平浪静，湾区湿地和生态资源丰富优势，发展邮轮游艇、都市休闲和文化体验、旅居度假等产品，打造山东沿海最著名的湾区。

（三）调整优化岸线旅游利用

合理利用岬角基岩岸线景观资源，建设一批岬角型景区，在滨海形成以天然岬角景观资源为核心的滨海旅游景区连绵带。率先启动威海“成山头—天鹅湖”目的地型景区的改造提升，形成标志性目的地型景区。

调整海岛旅游开发思路，从建设度假型岛屿为主转向主要建设观光型岛屿。严控度假区建设，严禁房地产开发。

（四）集中发展四个重点岛屿示范区

重点支持庙岛群岛（南长山岛、北长山岛、庙岛、大黑山岛、小黑山岛）、烟台“三岛”（崆峒岛、芝罘岛、养马岛）、田横岛及周边海岛（田横岛、驴岛、车岛）、青岛湾区海岛（团岛、灵山岛、竹岔岛）四个岛群旅游先行开发，引导和培育四大岛群旅游。

（五）建设海洋牧场新旅游产品

从 33 处国家级海洋牧场中筛选一批具有竞争力和示范性的海洋牧场进行重点旅游开发建设和资金扶持，打造精品海上观光产品、海钓休闲产品和科普教育产品。

第二十条　丰富冬季海洋旅游业态

发挥胶东半岛“雪窝”优势，包装推出“过大年、赏瑞雪、泡温泉”“吃海鲜、赏雪景、观天鹅、住海草房”冬季系列旅游活动，丰富中国温带海滨旅游度假带的内涵。开发海水热疗、温泉康养、中医药康养等冬季旅游产品，积极争办冬季体育赛事、国际电影节等重大节事赛事活动，激活冬季旅游市场。

第六节　全面推进大运河文化遗产旅游

第二十一条　形成“一轴四城八镇”的发展布局

深入挖掘和充分展示大运河文化，整合运河两岸城镇及周边河道等资源，形成“一轴、四城、八镇”串珠状运河文化旅游带。即京杭大运河山东段历史文化遗产和生态轴；济宁、聊城、临清、德州四个运河文化之城；张秋、阿城、七级、南阳、东平、梁山、台儿庄、汶上八个运河文化特色旅游镇。

第二十二条　整合优势资源打造两大集聚发展板块

构筑以东平湖为核心的“东平湖—运河—黄河—水浒文化”集聚发展板块、微山湖为核心的“济宁—微山湖—南阳古镇—台儿庄”集聚发展板块，形成山东大运河南北两大文化旅游发展重点地域，打造大运河文化旅游核心吸引力。

第二十三条 突破三大重点启动工程

将临清古城开发作为山东运河文化旅游隆起带建设和山东省文旅融合发展的头号工程，全面启动运河古城文化旅游开发。将重塑济宁"运河之都"作为促进城市发展的重要突破口，加快重点遗产修复工程和古城风貌恢复，建设古文化旅游街区和"大运河历史文化长廊"，激活运河文化遗产。以聊城阳谷三镇的遗产廊道为核心资源，打造以遗产观光廊道和运河文化古镇为特色的旅游区。

第二十四条 实施贯穿全线的四大线性工程

实施大运河全线通水分段通航工程、文化遗产廊道建设工程、全线生态修复工程、全线交通畅通工程，彰显与提振运河城镇的文化韵味、生活品质、特色风貌与功能活力。

第七节 整合开发沿黄生态文化旅游

第二十五条 打造4个黄河枢纽城市、4个黄河旅游名县

以东营、济南、菏泽、滨州4个地市为核心，提取黄河文化要素，建设"黄河之城"地标景观，营造黄河风情，加强城—河联动，推进城—景互融，打造山东黄河旅游带的重要目的地城市。重点打造东明县、鄄城县、垦利区、高青县4个黄河旅游名县。以黄河城市为核心，辐射带动聊城、德州、济宁、泰安、淄博的沿黄县市。

第二十六条 打造五大沿黄旅游产品集聚区

根据沿黄旅游资源分布，引导形成东明—牡丹—鄄城、郓城—梁山—阳谷—东平、东阿—平阴—天桥区—齐河、高青—惠民—滨州、黄河口湿地生态等五大沿黄旅游产品集聚区，吸引旅游要素、旅游产品和项目建设相对集中布局。

第二十七条 实施山东黄河带重点工程

实施黄河湿地生态修复和湿地景观串联工程、沿黄旅游大交通连通工程、沿黄乡村景观提升和农耕文化保护传承利用工程、沿黄旅游景区景点游线串联工程四大线性串联工程。推动建立黄河旅游带整体统筹机制，建立山东沿黄旅游联盟。

第二十八条 构建沿黄自驾、慢行旅游带

针对沿黄"见绿不见河"的景观特征，充分发挥沿黄大农业、大湿地的景观优势，发展以黄河慢行、黄河自驾为品牌特色、贯穿全线的两大风景道旅游产品体系，建设一条以自驾游和自行车、徒步等慢行交通为主要体验方式、充分展现黄河沿线自然与文化魅力、服务设施配备完善的线性综合游憩旅游带。

第八节 提档升级乡村旅游

第二十九条 重点推进六大乡村旅游集聚带发展

黄河风情乡村旅游带。依托黄河及其故道风情、传统乡村资源，打造以农耕研学科普、民俗文化体验为主的沿黄乡村旅游产品，培育一批田园农耕型、生态休闲型、民俗文化型"黄河风情"特色村。

运河文化乡村旅游带。依托运河国家文化公园建设，选择区位条件突出的古镇村、景点，打造以运河文化体验、民俗文化休闲为主的乡村旅游产品。

齐长城乡村旅游带。以齐长城淄博—临沂—潍坊段为重点，深挖齐鲁文化、长城文化、民俗文化，依托山地自然资源，打造以长城文化寻踪、山区民俗体验、山地自然康养为主的乡村旅游产品。

海滨渔家乡村旅游带。以胶东半岛沿海为重点，依托海洋文化、渔家文化、建筑文化等资源，打造以滨海休闲度假、渔家文化体验为主的乡村旅游产品。

沂蒙红色乡村旅游带。以沂蒙地区、枣庄地区、微山湖区域为基础，依托优质红色文化资源和生态资源，打造以红色培训、教育研学、休闲度假为主的乡村旅游产品。

城郊休闲乡村旅游带。以 16 个设区市和部分县城为重点，发展城市近郊休闲度假、乡村休闲、劳动体验类乡村旅游产品。

第三十条 传承发展齐鲁农耕文明

深入挖掘以《齐民要术》等优秀农业著作和二十四节气等为主的齐鲁优秀农耕文化，加大对古村落以及夏津黄河故道古桑树群、枣庄古枣林、乐陵枣林复合系统、章丘大葱栽培系统等重要农业文化遗产的保护传承，以乡村旅游开发带动乡风、家风和乡村社会风尚建设。系统保留和重构乡村文化空间，结合“中国农民丰收节”和农耕文明等农事节庆主题活动，展示现代农业科技成果，讲好齐鲁乡村故事，打造经典乡村研学旅游产品。遴选出一批空心村，重点打造乡村旅游示范点，提振乡村发展活力。加大乡村旅游治理支撑，吸引和凝聚一批热爱乡村，具有乡土情怀、创意水平、经营能力的新乡贤、大学生、回乡创业人才等投身乡村旅游建设。

第三十一条 创新乡村旅游业态

以果园、田园、菜园、树园、牧园等为依托，引进文创、艺术、民宿、乡村酒店等业态，发展创意农业、智慧农业、康养农业，打造现代休闲农业园区、现代休闲农庄、田园综合体、农旅特色小镇、乡村旅游重点村等龙头示范项目，提供农事活动体验、乡村文化体验、休闲游乐、养生养老等功能服务，带动农业产业链的延伸和价值链的提升。结合地理标志农产品保护工程的实施，科学合理引导地方优质绿色农产品进驻景区和城市，助力农业提质增效。

第三十二条 打造乡村旅游精品

坚持乡村旅游标准化、个性化并重，实施乡村旅游“千村示范、百村精品”工程，丰富完善乡村旅游示范单位、乡村旅游民宿、乡村旅游服务等标准体系，引导乡村旅游品质发展。到 2022 年打造 1000 个达到 3A 级景区标准的村庄、100 个精品旅游特色村、100 个特色文化旅游小镇，参照国标打造一批与乡村环境融为一体的高端精品民宿，推出一批现代农业园区、新六产融合发展区、精品民宿集聚区、“花草”特色乡村旅游园区、乡村旅游度假区。规划山东农耕文明博物院、寿光现代农业科技馆、胶东海上人家风情展示馆，打造乡村文化旅游融合发展的精品项目。推进乡村旅游“改厨改厕改房”，探索建立乡村旅游专业服务机构，切实解决乡村旅游的“吃、住、厕”卫生环境问题。

第九节 大力发展红色旅游

第三十三条 重点打造四大红色文化片区

传承弘扬“水乳交融、生死与共”的沂蒙精神，系统研究梳理山东红色文化主题资源，重点打造沂蒙（鲁中、滨海、鲁南）、胶东、渤海、鲁西（冀鲁豫边区）四个红色文化片区，大力发展红色旅游，以临沂为重点建设沂蒙红色文化旅游高地。

第三十四条 加强经典红色文化保护传承

开展革命文物调查征集，组织沂蒙精神等重大课题研究，加强挖掘和阐发，为弘扬沂蒙精神、发展红色旅游提供基础资源支撑。加强革命博物馆、纪念馆建设，用好各类红色文化重点场馆和一批时代楷模纪念设施，打造红色主题系列精品展览、联展、巡展。进一步扩大大型民族歌剧《沂蒙山》影响力，精心组织红色题材系列文艺创作，围绕重要时间节点和重大事件，不断推出思想性和艺术性俱佳的精品力作并开展巡演教育。

第三十五条 统筹推进革命文物保护利用

制定《山东省革命文物保护利用工程实施意见》，逐步推动具有重要价值的革命旧址核定、分批列入各级文物保护单位名录。以国家公布的山东省革命文物保护利用片区分县名单（第二批）为重点，实施革命文物集中连片保护利用工程，推动革命文物的整体规划、连片保护、统筹展示。实施革命旧址保护展示示范工程。加强民族民主革命主题文物保护展示。

第三十六条 丰富红色旅游体验

以蒙山国家5A级旅游景区以及党性教育基地为核心，联合潍坊临朐县、淄博沂源县等地，打造全国一流的“亲情沂蒙旅游区”，推出“新时代山水圣人”红色旅游线路。打造胶东红色文化旅游目的地；培育枣庄市红色旅游目的地；打造冀鲁边抗日红色旅游胜地；打造王杰故里、红色金乡旅游基地。扶持乡村红色文化旅游开发，推动红色旅游与民俗旅游、生态旅游、农业旅游、地质旅游等相结合。创新策划精品红色文化旅游活动，举办红色教育进景区、红色研学夏（冬）令营活动，丰富发展红色文化研学旅游线路产品。到2022年，重点培育10个红色旅游经典。

第十节 提升打造优势文旅资源

第三十七条 强化旅游景区质量管理

选取黄河口生态旅游区、尼山孔庙及书院景区、微山湖旅游区、长岛旅游景区、成山头景区、诸城恐龙文化旅游区、周村古商城、东阿阿胶世界等一批优质资源，提升、创建国家5A级旅游景区。推动微山湖、成山头—天鹅湖、沂蒙山—孟良崮等资源整体、联合开发。整治提升青岛世界园艺博览园等若干产品业态老化、经营管理不善的旅游景区，强化景观质量、丰富产品业态、提升经营管理与设施服务水平。常态化开展A级景区的全面复核和动态管理。

第三十八条 建设一批高品质的旅游度假区

支持齐河黄河度假区、龙口南山度假区、曲阜尼山度假区、泰山天颐湖度假区等创建国家级旅游度假区。建立旅游度假区备选名单遴选制度，培育旅游度假区发展梯队，建设一批高质量的旅游度假项目。进一步理顺旅游度假区管理体制机制，丰富完善休闲度假产品业态，避免度假区的地产化、城镇化或低质化。严格实施旅游度假区标准，加大旅游度假区复核工作力度。健全旅游度假区动态管理和退出机制，清退不符合标准的旅游度假区。

第三十九条 完善文博场馆旅游功能

提升博物馆、文化馆等文化设施的旅游功能。在文博场馆资源优良的城市，率先以文化场馆集聚区为核心，打造城市文化旅游客厅。文博场馆融入文创、科技互动发展新模式，开发文化体验产品，推出一批研学、体验、互动、展演等新业态。利用博物馆、美术馆、图书馆、科技馆等文化场馆优势，拓展教育、会议、展售等多元业态，构建城市文化旅游窗口。

第十一节　创新发展特色文旅产品与重点工程项目

第四十条　开发特色文旅产品

“神秀齐鲁”观光旅游产品。依托山东知名山水、河湖湿地和海滨景观优势资源，融入山水文化、建筑园林文化和非物质文化遗产，打造一批精品旅游景区，到2025年建设六条国家级精品旅游线路。

“清新海岱”休闲度假产品。依托胶东优质滨海资源环境、海洋文化和胶东民俗，发展岛海风情休闲度假游。充分利用山湖生态、医养温泉、传统文化、特色美食，发展高品质休闲度假游。

“鲁礼齐风”文化旅游产品。以“好客山东·鲁礼齐风”品牌形象引领，重点加强齐鲁文化、运河文化、黄河文化、泰山文化、儒家文化等资源的旅游利用。大力发展历史文化名城名镇名村游。

“品味乡愁”乡村旅游产品。促进乡村旅游向田园综合体、农业公园、野奢度假乡居、田园颐养社区、创意文化民宿等方向升级。引导乡村旅游集聚发展，培育一批特色旅游村、乡村休闲园。

“沂蒙精神”红色旅游产品。以全国红色旅游经典景区为重点，挖掘整合红色文化资源，做好红色文化保护利用，塑造“亲情沂蒙”红色文化品牌，打造沉浸式爱国主义教育基地。

“浪漫海洋”邮轮游艇旅游产品。以青岛中国邮轮旅游发展试验区为重点，与烟台、威海、日照三市协同，整体打造母港、始发港、停靠港的“一主一备两点”的邮轮旅游体系。有序建设滨海帆船、游艇基地。

“山水花园”生态旅游产品。依托黄河三角洲、长岛等重点生态旅游资源，建设一批生态保护与生态旅游协同发展的生态旅游目的地，开发研学服务、环境教育与社区参与的生态旅游产品。

“颐悦身心”康养旅游产品。依托山东高品质滨海温泉湿地医养资源，打造一批知名健康旅游品牌。鼓励青岛、济南等创建国家健康旅游示范区和健康旅游基地，打造具有国际竞争力的康养旅游目的地。

“圣地巡礼”研学旅游产品。深度挖掘利用“文化圣地”“名山湿地”资源，建设一批主题突出的研学旅游目的地和示范基地，开展中华优秀传统文化、自然和文化遗产、各类展馆为主的研学旅游产品。

“上合－丝路”商务会展旅游。利用青岛上合示范区、山东自贸区优势，推动青岛、济南打造山东商务会展中心城市，打造临沂、烟台、潍坊、东营等商务会展区域中心，培育和引进一批具有国际影响力的品牌展览和高端展会。

第四十一条　打造品质文旅新体验

美景山东。持续美化旅游景区和城乡景观风貌，建设一批地标型旅游景区，全面提升“游”的质量。启动全省旅游景区景观质量提升计划，推动一批优质资源4A级景区创建国家5A级旅游景区。到2022年，5A级景区总数超过15家，培育50家精品旅游景区。举办山东最美风景、最美城市街区、最美风景道、齐鲁最美乡村田园风光等评选活动。利用融媒体，开展最具山东特色的100幅美景照片、最美短视频、最美山东风景绘画艺术作品等系列征集评选活动，开展最美山东网红地打卡游，进一步扩大“美景山东”的知名度。

说唱山东。挖掘齐鲁大地众多的历史故事、圣贤名言、民歌曲艺、民间传说等资源价值，强化山东题材的艺术精品创作。推动说唱类非物质文化遗产进景区、进社区、进课堂活动。依托菏泽牡丹戏苑、济宁运河剧场、济南曲艺大码头、台儿庄民艺城等打造综合民间艺术展演平台。扶持打造一批“鼓子秧歌村”“山东梆子村”。推进讲山东故事、说山东历史、唱山东民歌、吟山东诗词、诵齐鲁美篇、读山东奇文、听山东书会等系列文化旅游活动。举办“歌唱山东的15首歌曲”“最具山东味的十大曲艺作品”“最具山东特色的抖音”“说山东百篇美文”“写山东的100首最美诗词”等系列评选。

游学山东。精心打造“尼山圣境”（儒家文化）、“稷下学宫”（齐文化）、“蒙山沂水”（红色文化）三大游学地标品牌，强化研学教材体系、导师体系、课程体系、产品体系的构建。建设一批知识科普型、体验考察型、励志拓展型、自然观赏型、休闲康乐型、探索发现型、文化修身型多元化研学旅行基地。大力开展到山东学国学、研兵学、习书法、练武术等系列活动，面向青少年推出“冬季游学到山东”活动和“跟着课本游山东”线路。充分发挥非遗文化传承人和民俗手艺人在文化传承方面言传身教的示范作用，培育“齐鲁游学”品牌。

美食山东。重点推进鲁菜创新振兴、美食文化展示、精品美食街区建设。按照统一品牌、统一形象符号、统一服务标准的要求，制定“鲁菜馆”品牌标准建设鲁菜高技能人才培训基地、“鲁菜大师工作室”，选拔一批山东“鲁菜大师”，发掘、培育一批新时代的鲁菜传承人。营造吃经典鲁菜到“鲁菜馆”的浓厚氛围，加快实现“鲁菜馆”品牌的连锁经营。持续开展“到山东不得不品尝的100种美食”评选和推介活动。在城乡培育一批特色美食街区、鲁菜特色餐饮企业和地方名小吃品牌店。

美宿山东。高水平建设一批精品民宿、高星级酒店、高品质度假酒店、文化主题酒店、温泉酒店，形成布局结构合理、主题特色鲜明、文化元素独具的旅游住宿体系，打造“美宿山东”品牌。充分利用古镇、古村、海草房等特色建筑，打造具有地域文化特色的乡村精品民宿群。支持省内品牌旅游饭店集团化发展，吸引国际、国内知名饭店集团落户山东。到2022年，国家级旅游度假区总数超过8家。培育滨海型、滨湖型、山岳型、生态型、文化型精品休闲度假酒店集群。建设一批“山东客栈”主题文化酒店。

乐活山东。依托主题公园、民间游戏等资源，增强游乐项目的创新性和创意性，为游客提供具有体验性、沉浸感的游玩产品。建设中华优秀传统文化主题公园、齐文化主题园。依托青烟威日滨海旅游、海洋主题公园资源，打造品牌海洋主题游乐休闲集群。构建“主题公园＋演艺＋博物馆群＋度假”娱乐休闲区。开展“山东好玩十大旅游目的地”等系列评选。推动武术、杂技、秧歌等传统体育技艺类非物质文化遗产进景区、度假区、乡村旅游集聚区。积极支持发展邮轮游艇、低空飞行、房车露营、温泉滑雪等旅游新业态。

好礼山东。推进旅游购物向购物旅游转型，实施“山东有礼”旅游商品认证和品牌体系建设工程，加强老字号、特色农产品、地理标志商品注册保护力度，开发标志性文创旅游商品，打造“好客山东·山东有礼”高端旅游购物品牌。充分利用青岛中国—上海合作组织地方经贸合作示范区、中国（山东）自由贸易区等优势，实行境外旅客购物离境退税政策和旅客免税购物政策。推动旅游商品高端化、免税化、品牌化发展，打造日韩商品购物旅游最佳目的地。推出山东千家旅游购物场所、山东百家经典旅游商品街区等，与电商平台合作运营“山东有礼”旗舰店。

第四十二条　培育文旅发展新业态

打造“匠心齐鲁”工业旅游。挖掘山东工匠精神，讲好山东工业故事，建成具有突出齐鲁地域风格、鲜明时代特征、完备品牌体系的工业旅游业态。加强工业遗产的保护传承和利用，重点打造观光工厂、工业博物馆、工业遗址旅游等，强化体验性、参与性；策划丰富的工业节庆会展活动，培育工业旅游消费业态。

拓展研学旅行新供给。以素质教育和专项教育为重点，推动教育和文化旅游的深度融合，打造研学旅行山东品牌。在山东博物馆等现有14个“全国中小学生研学实践教育基地”基础上，加快完善优秀传统文化、革命传统教育、国情教育、国防科工、自然生态等板块的研学旅行基地建设，打造具有山东特色的知名修学旅游目的地。

培育体育休闲新业态。提升体育设施的文化旅游休闲功能。依托重点景区和旅游度假区，发展水上运动、户外运动、冰雪运动、马术等体育旅游业态，积极培育国家级体育旅游示范基地。支持各地举办高水平体育赛事活动，促进山东从体育运动大省向体育产业大省转变。

发展低空飞行等交通旅游新业态。整合交通、游憩、娱乐、购物等旅游要素和文化旅游资源，依托通用机场培育仙境海岸、黄河三角洲、鲁中、潍坊、济南省会城市群、临沂、泰安、鲁南8个低空旅游区，鼓励开发空中游览、航空体验以及航空运动等多种飞行器低空飞行体验项目，提升节事活动的吸引力。

推进医养健康服务新业态发展。发挥山东医养健康资源、医疗服务基础优势，挖掘道教养生文化和传统中医文化，加快开发专项医疗旅游、抗衰老医疗旅游以及滨海疗养、温泉浴养、森林康养等旅游业态。重点打造济南高端医养健康产业集群、青岛海洋高端智能医养集聚区、烟台威海养生养老胜地；建设一批医疗旅游服务基地、中医药康养基地、国际健康旅游服务综合体。

推动文化旅游与会展经济融合互动。统筹协调文化旅游与会展产业两大资源。重点加快济南、青岛等板块集群发展，充分释放上合组织青岛峰会的后续影响，发展高端会展经济，建设具有国际影响力的会展旅游目的地，做大做强中日韩、“一带一路”、海洋科技等题材的龙头展会。支持临沂建设“世界商谷”。打造提升一批精品会展节事活动。

第四十三条 丰富“全季全时”文化旅游消费供给

破解旅游淡季和夜间旅游薄弱的问题，大力发展冬季旅游、夜间旅游，融入文化内涵，促进旅游消费的全面升级。

冬季旅游。大力开发冬季研学旅游产品，建设系列研学旅游基地。依托博物馆、文化馆、传习所、历史文化名城名镇名村与历史街区、传统村落、各类文化遗址和自然公园、自然保护区，面向青少年推出“冬季研学到山东”活动，结合寒假推出“圣地巡礼山东游”线路。持续办好“好客山东贺年会”。突出“温泉+冰雪”特色，打造冬季“温泉赏雪度假”游。引入日本、韩国现代医疗、美容技术，依托滨海旅游度假区、医疗康养综合体等，申请设立国际医疗旅游先行区，建设“健康、青春、美丽”山东基地。大力发展冬季会奖旅游，提供一站式冬季会奖旅游优质服务。

夜间旅游。坚持城景一体，营造夜间消费环境，打造集夜景游览、夜享美食、夜游购物、夜品文化于一体的夜游集聚区。延长博物馆、电影院、音乐厅、图书馆等文化设施开放时间，鼓励开发“文博场馆奇妙夜”体验项目，丰富剧场夜间文化演艺剧目内容。鼓励方特、欧乐堡等城市主题公园和主要景区开办“灯光夜场”，结合灯光秀等活动，打造日夜联动的视觉盛宴。鼓励开发萤火虫溪谷、夜间动物园等夜游景区，丰富夜间游览内容。丰富商业中心区、商业综合体夜间购物体验活动。依托老城区和特色街区开辟美食街，增加夜间休闲场所。

第四十四条 实施近中期十大重点工程

国家文化公园建设工程。加快推进山东大运河国家文化公园建设，通过运河文化保护展示工程、运河文化遗产保护提升工程、全线生态修复工程、交通畅通工程、临清古城保护利用、聊城历史文化名城保护利用工程、山东济宁大运河博物馆（大运河总督署博物馆）、大运河南旺枢纽博物馆、台儿庄大运河文化展示中心、运河钞关文化保护展示区、南阳古镇旅游开发等，塑造“鲁风运河”文化旅游品牌，构建世界文化遗产旅游带；建设齐长城国家文化公园，打造齐长城源头遗址公园建设工程、齐长城终点展示区、沂山齐长城主线和穆陵关支线交会区示范工程。

以国家公园为主的自然保护地建设工程。建设长岛、黄河口、泰山等国家公园，在生态系统保护、生态安全维护、合理开发利用、体制机制创新等方面加强建设，促进山东生态文明建设。建设一批湿地生态、滨海海岛自然保护区生态旅游样板工程；利用各类地质公园、森林公园、湿地公园和生态绿地，大力建设一批国家自然公园。

国家考古遗址公园提升建设工程。建设与提升曲阜鲁国故城国家考古遗址公园、大汶口考古遗址公园、大运河南旺枢纽国家考古遗址公园、临淄齐国故城考古遗址公园、城子崖国家考古遗址公园、两城镇考古遗址公园，打造成为考古遗址活化利用的样板工程。

曲阜优秀传统文化传承与文化旅游发展示范区建设工程。持续举办尼山世界文明论坛、中国孔子文化节，实施曲阜、邹城历史文化名城保护利用工程，建设中华文明标识地建设工程、儒家文化遗产保护提升工程、考古遗址公园建设工程、中华礼制文明探源工程、主题陈列展览工程、世界文明交流工程、遗产旅游品牌建设等工程，打造尼山圣地鲁源小镇、济宁复兴之路、济州古城、济宁方特中华优秀文化主题公园等系列项目。

齐文化传承创新发展文旅示范区建设工程。实施临淄、青州历史文化名城保护利用工程，推进齐文化遗产数字化保护与创新工程建设。在稷下学宫建设“国家齐学研究中心”。以古城、故城遗址、博物馆、齐长城和稷下学宫等为载体，强化“科技＋艺术”的“活化”利用和主题化“创意”展示，开展齐国探秘、强国文化、齐人思想、稷下百家、主要成就、时代价值等展示体验。加大齐文化资源保护传承与利用创新，打造稷下学宫、印象齐都文化产业园、中国（博山）陶琉古镇保护开发项目、中华传统民俗文化创意园等，把齐文化的思想精髓、艺术价值与时代特点、市场需求相结合，构建文化旅游融合发展高地。

泰山优秀传统文化传承与文化旅游发展示范区建设工程。建设泰山文化遗产展示提升工程、中华文明标识地建设工程、考古遗址公园建设工程、中华礼制文明探源工程、主题陈列展览工程、遗产旅游品牌建设等工程。实施泰安历史文化名城保护利用工程。通过打造中华名人堂与文化园、泰山慢谷、泰山国泰民安祈福园项目、泰山石敢当文化主题公园等，着力提升和弘扬泰山文化理念，提升泰山世界遗产旅游区品牌价值。

黄河生态文化旅游带建设工程。通过建设“河海交汇”海上游线项目、黄河三角洲国家级生态文明教育馆布展、黄河水城省级旅游度假区、黄河口湿地景区提升、黄河风情带开发等，整合优化沿黄生态文化旅游发展带，以沿黄旅游开发带动沿黄乡村振兴，实施沿黄整体开发，打造中华母亲河生态绿色发展廊道。

红色旅游精品工程。建设革命文化保护传承示范区工程、山东党史文物保护展示工程、革命文物资源普查工程、革命文物集中连片保护利用工程、革命文物主题保护展示工程、名人故居将帅故里保护展示工程、革命文物陈列展览精品工程、革命文物传播推广工程、革命文物平安工程，打造红色沂蒙资源整合提升项目、临沂市彩虹运动休闲特色小镇、沂蒙六姐妹旅游区、“红嫂故里”旅游区、山东近代海防设施、刘公岛甲午战争纪念地、台儿庄战史陈列馆、铁道游击队鲁南红色教育基地、沂蒙石林等，传承红色文化基因，弘扬“水乳交融、生死与共”的沂蒙精神。

乡村旅游齐鲁样板工程。落实乡村振兴战略要求，立足山东特色，打造沂河源田园综合体、蒲家庄古村落保护性开发、乡村振兴齐鲁样板泰山人家等，发展休闲农业，推动乡村旅游产品、服务、环境、配套提升，培育产品多元、业态丰富、配套设施完善的乡村旅游精品。

文化生态保护实验区建设工程。重点建设潍水国家级文化生态保护实验区，推进菏泽曹州文化生态保护实验区、淄博周村商贸民俗文化生态保护实验区等升级创建工作。建设好 10 个省级文化生态保护实验区，积极推进文化生态保护实验区与传承基地、传承设施的结合，实现文化形态整体性保护和非物质文化遗产的旅游利用。

第四十五条　培育一批近中期引领项目

结合各地实际，着力培育一批面向文化旅游消费市场的引领性项目，快速提升山东文化旅游发展的综合效益。

表 2-2　引领性项目一览

序号	项目名称
1	大运河国家文化公园（山东片）
2	大运河全线通水分段通航
3	济宁大运河总督署博物馆
4	齐长城国家文化公园
5	“长城·齐韵”非遗示范带
6	泰山—曲阜片区文物保护利用示范区
7	长岛国家公园
8	黄河口国家公园
9	尼山圣地鲁源小镇
10	尼山世界文明论坛
11	稷下学宫
12	齐文化主题园
13	泰山碧霞湖文旅小镇
14	大汶口遗址公园活化利用
15	齐故城考古遗址公园
16	革命文化保护传承示范区
17	百年山东党史文物保护展示
18	潍水国家级文化生态保护实验区文旅融合
19	曹州文化生态保护实验区文旅融合
20	山东自然博物馆
21	齐河博物馆群
22	青岛东方影都文旅融合
23	烟台山—老街区文化复兴旅游项目
24	成山头—天鹅湖整治改造
25	青岛老城区申报世界文化遗产及文化旅游示范项目
26	水下遗产文化旅游体验区
27	潍坊诸城恐龙地质公园保护利用
28	世界老年旅游大会
29	世界文明交流互鉴联盟（济南）
30	世界滨海旅游度假联合会（烟台）
31	中国非物质文化遗产博览会（济南）
32	水浒文化旅游综合体（梁山）
33	济南章丘明水古城国际泉水旅游度假区

续表

序号	项目名称
34	博兴麻大湖生态湿地旅游开发
35	微山湖整合创建 5A 级景区
36	昆嵛山生态旅游度假区
37	中华国医坛世界养生城（日照）
38	中国菏泽牡丹田园综合体
39	滨州紫海盛世文化健康产业集群
40	夏津黄河故道森林公园（德百旅游小镇）
41	日照莒国故城
42	临沂蛟龙航空小镇

第十二节　充实“好客山东”品牌新内涵

第四十六条　推动“好客山东”品牌向高端提升

将“好客山东”上升到全省精神文明建设、诚信山东建设、营商环境建设的高度，推动好客山东进家庭、进学校、进社区、进机关，打响“好客山东”服务品牌。深入推进好客山东与全省重大战略融合对接，在乡村振兴战略中融入好客文化，传承山东乡村的质朴民风；在红色基因传承中融入好客品质，诠释山东人的爱党爱军爱国革命情怀；在新旧动能转换中融入好客素养，为新旧动能转换营造营商环境；在新时代新山东建设中融入好客精神，讲好新时代的山东新故事。

第四十七条　丰富“好客山东”品牌体系

构建好客山东品牌支撑体系，丰富好客山东的内涵。在“好客山东”总品牌下打造“东方圣地、仙境海岸、平安泰山、泉城济南、齐国故都、鲁风运河、水浒故里、黄河入海、亲情沂蒙、鸢都龙城”十大文化旅游目的地品牌和济南、青岛、淄博、枣庄、东营、烟台、潍坊、济宁、泰安、威海、日照、滨州、德州、聊城、临沂、菏泽等城市文旅品牌，以及企业品牌、旅游景区产品要素品牌；“微笑迎宾、有问必答、有求必应、有需必供”服务品牌。

第四十八条　强化“好客山东”品牌营销

在山东电视台设立“好客山东”旅游频道，在《大众日报》《齐鲁晚报》等主要媒体开辟“好客山东”专栏专版。在国内主流媒体营销好客山东。用好互联网、自媒体和抖音等新型营销工具，特别实施好“一部手机游山东”工程，全方位推送“好客山东”。探索整合对外文化旅游交流力量，统筹安排交流项目和活动，同步推进文化传播和旅游推广。统筹用好孔子文化节、世界儒学大会、世界老年旅游大会等重大交流活动和孔子学院、孔教协会、境外旅游渠道商等平台，推进与“一带一路”沿线国家和重点境外客源市场合作，多渠道立体化展示山东文化。通过“旅游引进来”，实现“文化走出去”。

图 2–2 “好客山东”品牌体系

第四十九条　营造“好客山东”文旅环境

（一）“好客山东”人文环境

将“好客山东”品牌意识延伸到旅游地的群众之中，通过宣传教育，传承孔夫子的“有朋自远方来，不亦乐乎”的儒家待客文化，同时处理好旅游地收益的关系，让当地群众也受益于文化旅游的发展，使当地群众自觉地参与到旅游地的环境建设之中，形成“好客山东”的人文环境。

（二）“好客山东”服务环境

围绕广大旅游者对“好客山东”美好旅游的需要，从旅游全要素服务链的要求出发，参照 WTO 推荐的旅游目的地管理模式和全域旅游示范省要求，设计旅游者管理和旅游地管理相结合、智慧文旅系统建设为技术支撑、“好客山东”为质量标准要求的“山东文旅管理模式”，为旅游者提供全游程“美好服务”，体现“好客山东”品牌下的诚信山东、优质服务内涵。

提升好客山东服务标准，覆盖社会服务全域，培育山东服务品牌。把公共文化场所打造成为“好客山东”会客厅。探索建立好客山东旅游服务舆情研判化解机制、旅游纠纷投诉快处机制、先行赔付机制和游客满意度评价机制，形成完善的品牌维护体系，以优质服务引领消费、满足消费。

（三）“好客山东”投资环境

提出《山东省文旅产业营商环境指标体系》，在行政审批、企业筹建、招商引资、人才服务等领域推出切实改革措施。

第十三节　强化支撑体系建设

第五十条　推进快旅慢游交通体系建设

加快构建快捷通达、无缝连接的高铁、航空、高速公路快速交通体系。优化航线结构，推进青岛、济南、烟台机场至国内外主要客源地增开直航航班。打造“四横六纵三环”高速铁路网络；推进济南、青岛轻轨建设。完善高速公路网布局，加快高速山东段旅游通道改扩建；在运河沿线、黄河沿线规划建设高等级公路；完善青岛、烟台、威海等邮轮港口基础设施建设，推进大运河山东段主航道升级改造；加快高速交通体系机场、车站、公路服务区、客运港口的旅游服务设施建设与改造。

强化各种交通方式的无缝对接和高效衔接。消除高速交通体系之间换乘和高速交通体系与游览交通体系连接、景区的连接线建设“最后一千米”困扰。

第五十一条 完善文化旅游公共服务设施布局

推进文化和旅游公共服务设施同标准规划、建设、管理，充分发挥设施综合效益，构建主客共享的文化旅游设施布局。

协同推进文化旅游公共服务设施建设管理。建设、改造一批文化和旅游综合服务设施，完善公共文化设施的旅游服务功能。

合理布局旅游公共服务体系。完善旅游集散中心、游客服务中心、生态停车场、自驾车营地、游客中转站等设施建设。济南、青岛等建设具有国际水准的智慧旅游服务中心，4A级以上景区、旅游度假区以及机场、高铁站、高速公路服务区实现智慧游客服务中心全覆盖。推动公共服务资源向文化旅游扶贫和乡村旅游重点区域倾斜。

规范完善文化旅游标识体系。规范建设旅游引导标识体系，不断完善文化旅游标识全覆盖。推动4A级及以上旅游景区按照国家相关标准要求，全部实现旅游标识标准化。

持续推进“厕所革命”。组织实施“厕所革命”新三年计划，建设山东省旅游厕所管理系统，推动建设一批无臭无味、自动化程度高的生态厕所。在4A级以上景区、省级以上旅游度假区的厕所设置第三卫生间。运用科技手段解决游客“找厕难”的问题。

大力发展智慧文旅，创新文化旅游发展动力。强化科技赋能，推动互联网、物联网、大数据、云计算、人工智能、卫星导航、5G技术同文旅产业深度融合，全力实施“一部手机游山东”智慧文旅重点工程。

第五十二条 强化绿色发展引领

切实加强自然资源与生态环境保护与管理，全面提升文化旅游发展中的生态文明建设水平。

严守生态环境保护红线。在文化旅游发展中，严格执行生态环境保护法律法规和规划要求，确保各类旅游开发符合生态保护红线管控要求。对已存在的对环境破坏较严重的旅游设施，根据情况进行拆除、美化或改造。严控大规模旅游设施建设。

助推生态文明建设。全面改善游客聚集地的卫生状况和建设面貌，积极开展旅游沿线风貌集中整治。通过发展旅游修复利用环境退化地区，推动生物栖息地的保护、恢复和项目建设。

倡导绿色发展理念。加大生态旅游景区支持力度，开辟生态环境保护与景观建设有机结合的齐鲁风景道。实施旅游能效提升计划，降低资源消耗，推进绿色饭店、生态景区建设。鼓励文明出游、绿色出行、生态消费。

第十四节 近期行动计划

第五十三条 聚焦六大重点领域

推动文旅全面融合。通过文化资源、文化场馆的旅游利用，包括文旅市场融合的会展、论坛和交流活动，旅游为文化赋能，切实提升齐鲁文化影响力、传播力、竞争力，大力推动齐鲁文化创造性转化、创新性发展；通过充实旅游景区的文化内涵、旅游要素的文化融入和旅游服务的文化特色，实现文化为旅游增效。搭建文旅融合发展平台，聚力打造七大文旅高地。

打造精品旅游产品。实施休闲农业和乡村旅游精品工程，提档升级乡村旅游。加快推进十大文化旅游目的地品牌建设，策划推出一批重大文化旅游项目。突出沂蒙老区、胶东等红色资源优势，打造全国知名的红色文化传承区，传承红色文化基因。按照精准化、精细化服务的要求，遵从宜居宜业宜游的愿景，提升全省城市旅游品位。

"两带一轴"破局发展。提升拓展以济南—泰安—曲阜为核心、南北延伸的"山水圣人中华优秀传统文化旅游发展轴"，丰富和创新山、水、圣、人等核心要素的阐释体系，打造体现当代价值的创意产品和体验项目，完善建设济南、泰安、曲阜、邹城、滕州、枣庄、台儿庄、德州等旅游目的地城市的功能、设施和环境，提升智慧服务和管理能力，成为引领山东文化旅游融合发展的龙头示范。衔接国家文化公园战略，以大运河齐鲁风情文化旅游带、齐长城文化旅游带建设为重点，形成文化旅游融合发展的新动能。

加快市场主体培育。依托国有和大型民营企业新建、组建大型文旅企业集团，引进若干国内国际知名文旅品牌企业，打造一批文旅融合发展示范企业。推进国有景区、博物馆、艺术院团以及文旅企业机制体制改革，支持有实力的文旅企业上市发展，鼓励文创产品研发和销售。

推动改革扩大开放。探索景区体制机制改革，建立现代企业法人治理结构，壮大市场主体活力，提升全省旅游景区的核心竞争力。推动文化旅游企业深化改革，建立健全符合现代企业制度要求、体现文化旅游企业特点的资产组织形式和经营管理模式。赋予企事业单位更多法人自主权。

强化旅游服务配套。推动"畅游山东"旅游交通建设，完善全省高铁、航空、高速公路、水运等交通及转换接驳系统，加强景区与城市、景区与交通干线之间的设施建设和交通组织，打造沿海、沿黄、沿运河自驾车游风景道，完善快捷高效的旅游集散和服务网络，各地市要加快完善从各个高铁/动车站直达重要景区的快速公交线路。提升文化旅游公共服务，推进主要旅游综合体、步行街区及4A级以上旅游景区、省级以上旅游度假区等游客集中区域的旅游服务中心建设，推进"厕所革命"，完善旅游标识解说体系，推进旅游紧急救援体系建设。建设"一部手机游山东"智慧体系。

第十五节　规划实施保障

第五十四条　规划实施保障

（一）强化组织领导

建立完善由省政府主要领导同志担任总召集人的文化旅游发展联席会议机制，宣传、发展改革、财政、教育、工业和信息化、自然资源、生态环境、住房和城乡建设、交通运输、水利、农业农村、商务、卫生健康等部门（单位）分工负责、协同推进，定期研究解决文化旅游发展中的重大问题，推动重大工程、重点项目、重大政策落实落地。市、县建立相应的工作领导机制。加强规划宣传和规划实施的监督检查，确保圆满完成规划确定的各项目标任务。省级层面进行文化旅游资源的整合管理，结合大运河国家文化公园建设，在文化旅游厅设立国家公园综合协调机构，统筹国家公园建设；建议对曲阜采取扁平化管理方式，纳入省直管范畴，全方位推进文化高地建设。

（二）加强法规建设

认真落实《山东省旅游条例》《山东省文物保护条例》《山东省大运河遗产山东段保护管理办法》《山东省非物质文化遗产条例》以及国家和省级相关部门出台的有关法规条例。制定《山东省齐长城保护与管理条例》《山东省曲阜孔庙孔林孔府保护管理条例》《山东省考古遗址公园管理办法》《山东省公共文化服务保障条例》《山东省公共图书馆条例》等法规规章，为文化旅游发展提供法规制度保障。要突出规划引领，发挥规划的先导作用。要建立完善规划约束机制、规划评审机制、规划实施中间控制机等三个机制，规划约束机制要求必须符合全省发展规划、国土空间规划、生态保护规划等上位规划。

（三）强化政策集成

强化财税政策支持。用足用好省委省政府《关于支持新旧动能转换重大工程的若干财政政策》及5个实施意见。统筹整合涉农资金以及旅游发展、公共基础设施等方面资金，对旅游“厕所革命”、五星级饭店、品牌连锁饭店、文化主题酒店、精品民宿、精品旅游小镇、乡村旅游集群片区、旅游新业态等按规定给予奖励补助，制定《山东省全域旅游示范区奖励办法》，对2020年前率先达到国家全域旅游示范区创建标准的市、县（市、区）给予表扬奖励。加快文化旅游提升工程建设，对进入国家最高质量等级的国家级旅游度假区、国家5A级旅游景区、国家文化公园等给予奖励补助。制定完善扶持邮轮旅游发展、入境游客奖励、新开洲际航线补助、旅游演艺项目补助、冬季和特定人群景区门票打折或免票政策。用好财政贴息政策，对重点文化旅游项目建设予以扶持。用好省政府关于促进非国有博物馆发展的扶持政策。支持具备条件的国际空港、海港、邮轮母港增设免税店，引进具备进境免税品经营资质的企业落户山东。设立山东省旅游诚信基金，2020年实现旅游投诉先行赔付制度全覆盖。全域旅游重点项目优先纳入各级新旧动能转换重大项目库，优先予以推荐申报国家文化旅游优选项目。

强化金融政策支持。用足用好国家各类金融政策，加大对小型微型文化旅游企业和乡村旅游的信贷支持。充分依托已有平台，促进文化旅游资源市场化配置，加强监管、防范风险，积极引导私募股权、创业投资基金、精品旅游产业基金、文旅产业基金等投资各类文化旅游项目。支持文化旅游企业发行债券、债务融资工具及资产证券化产品进行融资，探索利用景区门票等收费权进行质押融资的新方式。鼓励支持符合条件的文化旅游企业通过发行债券、产权置换、项目融资、质押担保等途径，借助金融资源募集资金加快发展。支持符合条件的文化旅游企业到沪深港美等境内外交易所上市融资，在“新三板”和区域股权市场挂牌。

加强土地政策支持。坚持节约集约用地原则，在新一轮国土空间规划中加强对文化旅游用地支持，按照土地利用总体规划、城乡规划安排文化旅游用地的规模和布局。统筹旅游发展用地，建立省重点文化旅游项目用地用海会商机制，市、县年度建设用地供应计划适当增加旅游发展用地。完善文化旅游用地管理制度，推动土地差别化管理与引导文化旅游供给结构调整相结合。市、县编制和调整土地利用总体规划、城乡规划和海洋功能区规划时，充分考虑相关文化旅游项目、设施的空间布局和建设用地要求。将文化旅游用地纳入现有用地政策支持范围，重点支持大型文化旅游项目建设。对文化休闲、乡村旅游、新业态项目实行点状供地政策。对依托山林自然风景资源开发休闲度假、露营运动等生态休闲旅游观光建设项目，探索灵活多样的供地方式。

（四）加强人才、科技支撑

加强人才队伍建设。建设山东文化旅游高端智库。坚持文化旅游招商引资与招才引智相结合，制定引进高端旅游人才、旅游领军人才落户山东的支持措施，通过重点文化旅游项目吸引现代经营管理人才落户山东，将文化旅游高端人才纳入全省绿色通道服务范围。通过“请进来”和“走出去”的方式，积极开拓文化旅游人才培养国际合作与交流；积极组织山东省各大文化旅游组织参与国际组织的各项活动。强化工学结合、校企合作，提升文旅职业教育的水平，培养技能型文化旅游专业人才。开展文化旅游从业全员学习培训，组织开展文化旅游带头人和文化旅游管理人才国内外培训活动。与省内外高校和企业合作开设人才培训班，建设一支应用型文化旅游精英人才队伍，到2022年，全省培养1000名文化旅游精英人才。

强化文旅科技支撑。推进现代科技手段在文旅产业中的应用，加大文化旅游设施设备的研发力度，为传统文旅产业转型升级提供科技支撑。建设一批旅游科技场馆、旅游科技园区、旅游科普基地等精品科技旅游项目，推动跨领域跨行业协同创新。利用资金扶持、政策扶持、科技创新、行业合作、人才培育等方式，集聚智慧文旅产业要素，打造文旅智慧产业园区、智慧文旅实验室、工程研究中心、文旅大数据创新工场以及文旅双创示范基地，形成开放共享、富有活力的智慧文旅产业化创新创业生态，鼓励文旅产业新模式、新业态、新技术、新产品的开发应用，延伸产业链，打造产业集群，实现智慧文旅产业化发展。

加强投融资机制建设。建立拥有资源、资金和政策及服务优势的政府投融资平台，实现与国内外大品牌企业的对接，吸引品牌市场、人才资本和管理运营等优势资源进入。制定《建立完善文化旅游投融资体制机制的意见》，加大对建立文旅投融资平台的扶持力度，在已经建立的鲁商、鲁信、齐鲁交通、水发集团等文旅投融资平台公司基础上，要进一步扩大投融资规模，配置优质资源，围绕已规划重大文旅工程、重点项目着重引进国内外品牌大企业。尚未建立投融资平台、文旅集团公司的市要尽快建立；已经建立的要尽快将当地优质资源和资本装入平台，形成较大规模，具有同国内外品牌企业对话、对接的实力，同时提供资金、政策和环境服务的扶持，使其既有对话权，也能使引进品牌大企业得到实惠。

（五）加强执法监管

牢固树立红线意识和底线意识，健全“政府统一领导、部门依法监管、企业主体负责”的文化和旅游安全责任体系。调整完善文化市场准入和退出机制，建立健全政策法规、标准规范，为行业提供优质公共服务和行政指导。完善文化市场执法指挥平台，加强重大案件督查督办，开展文化市场集中整治。加强重要节点、重点领域文化市场监管和暑期、黄金周、节假日等旅游高峰期市场检查，切实维护消费者合法权益。坚决整治旅游市场秩序，开展不合理低价游、在线旅游企业违法经营等专项整治行动。建立线上线下联动、高效便捷畅通的文化旅游投诉举报受理、处理、反馈机制，在重点旅游城市探索建立游客消费纠纷先行赔付制度。深入推进文化和旅游市场综合执法改革，加强执法机构和队伍建设，提高执法队伍的专业化、规范化、信息化水平。

（六）加强督导考核

将文化旅游发展作为领导班子和干部实绩考核的重要参考。开展对规划指标、政策措施和重大工程、重大项目实施情况的跟踪监测，进行年度总结评估，强化动态管理，确保规划实施效果。对重大工程、重点项目推进力度大、成效突出的市，在投资项目安排、专项奖补资金支持、土地指标调整等方面，给予政策倾斜，对工作不力、进度缓慢的要予以通报、约谈等。

第三章

山东省文化旅游融合发展规划说明书

第一节　规划总则

一、规划背景

（一）文旅融合发展的顶层设计

党中央对文化旅游发展高度重视，2018 年部委调整，原文化部与原国家旅游局进行机构改革、职责整合，从体制上推动了文化和旅游的融合。文旅融合发展成为文化和旅游部的工作重点，并且在大运河、长城、长征国家文化公园以及国家级文化生态保护区建设等重大工程项目中，都把文化资源的旅游利用和文旅融合发展作为“以文促旅，以旅彰文”的具体落实。

我国扩大对外开放与加强国际合作交流。大力推动“一带一路”建设，亚洲文明交流大会，海南全岛建设自由贸易试验区和探索建设中国特色自由贸易港，上海举办中国国际进口博览会，青岛建设中国—上海合作组织地方经贸合作示范区以及全国多地批准设立的自贸区等，为中华优秀传统文化的对外交流互鉴，发出中国声音、讲好中国故事，吸引海外游客对中华文明的旅游体验奠定基础，实现“旅游为文化赋能，文化为旅游增效”的文化旅游互促发展的目标。

（二）高速交通体系的不断完善

根据有关资料的分析，自 20 世纪 90 年代以来，在推动我国旅游业快速发展的众多因子中，机场、高铁、高速公路组成的高速交通体系的贡献仅排收入增长之后，居第二位。根据《“十三五”现代综合交通运输体系发展规划》，到 2020 年，全国基本建成安全、健康、高效、绿色的现代综合交通运输体系，高速铁路能覆盖超过 80% 城区常住人口在 100 万以上的城市，铁路、高速公路、民航机场基本覆盖城区常住人口 20 万以上的城市。规划期内，全国以机场、高速铁路、高速公路组成的高速交通体系将不断拓展和完善。

山东综合交通网络加快构建，全省“四横六纵三环”高铁网和“九纵五横一环七射多连”高速路网正在形成，港口整合和济南、青岛、烟台、菏泽机场新（改扩）建加快，省内外互联互通的交通体系日益完善。京沪高铁和正在规划建设的京沪高铁二线更加强化了山东在长三角和京津冀之间的区位优势，将京津冀城市群、长三角城市群、中原城市群纳入山东主要客源地。山东交通区位的不断优化和胶东国际机场的建设，也将使山东国内长线客源市场吸引力不断提高、海外入境客源市场结构不断得到优化。

（三）科技革命和文创模式的改变

新一轮科技革命和产业变革方兴未艾，物联网、人工智能、5G 技术、量子技术、虚拟现实等发展迅速。科技与产业的深度融合，极大地提高了旅游者获取旅游地信息的效率，极大地丰富了旅游地的业态并提升了旅游地的旅游价值，极大地改变了旅游地的营销模式，且必将对山东文化旅游产业发展产生广泛而深刻的影响。

新一轮的科技革命还使文化遗产的“活化”利用发生了巨大变化。“科技 + 艺术”成为文化遗产“活化”利用的主要途径。文创产业也从产业园区发展到跨界融合再到消费者协同创新与用户引导创新的阶段，成为文化与旅游融合发展的新动力。

新一轮的科技革命还将催生出更强的平台经济。各种线上线下的文旅产业平台，将助推文旅产业的融合发展，并将促进文旅产业的快速发展。

（四）文化旅游产业的经济功能不断强化

当前世界经济不确定不稳定因素增多，我国经济面临新的风险挑战、下行压力加大的形势，通过促进文化旅游消费、增强经济发展动能，成为国家经济政策制定者的重要选项。面对消费增长放缓的压力，国家发改委 2019 年 8 月 16 日表示[①]，将通过一系列改革措施促进国内消费。推动促消费政策的统筹衔接，抓好促消费政策措施的落实落地，促进居民消费提质升级。

国办发《关于进一步激发文化和旅游消费潜力的意见》（〔2019〕41 号）提出，以习近平新时代中国特色社会主义思想为指导，顺应文化和旅游消费提质转型升级新趋势，深化文化和旅游领域供给侧结构性改革，从供需两端发力，不断激发文化和旅游消费潜力。推动全国居民文化和旅游消费规模保持快速增长态势，对经济增长的带动作用持续增强。

（五）文旅市场需求层次的升级

随着我国社会全面进入休闲时代，休闲旅游成为刚需。中国步入全民旅游时代，“5+2”的生活方式催生旺盛的休闲需求，周边游方兴未艾。文化和旅游成为最大的消费市场，文旅融合发展成为旅游产品创新和文化产业转型发展的最大推动力。通过文旅融合发展满足日益增长的文化和旅游消费需求，推动优秀传统文化的保护传承，实现文化复兴成为国家战略的重要组成部分。

旅游消费升级，国民旅游需求从美丽风景向美好生活转变，观光游比重下降成为国民旅游市场的中长期趋势[②]，对文化体验类旅游产品的偏爱与日俱增。特别是非遗、自然遗产旅游深度融合的体验活动持续走热，文化展演、博物馆以及主打文化 IP 的景区逐渐赢得游客喜爱。2018 年国庆期间，超过 90% 的游客参加了文化活动，整体市场同比增长 35%，其中文化类景区门票消费同比增长 58%，文化展演吸引游客人次较去年同期增长 12%[③]。

文化旅游在入境市场的地位不断提升。根据调查，来华美国旅游者更偏好文化和地方特色，超过 1/3 的游客将文物古迹作为首选旅游产品，将近一半的游客愿意体验民俗文化类的旅游项目。与此同时，日本、韩国等传统入境旅游市场也偏好文物古迹、民俗风情类的项目。

（六）山东文旅资源大省与新旧动能转换

山东省作为我国优秀传统文化的重要发源地和主要传承地，全国文化和旅游大省，文化和旅游产业被确立为山东省新旧动能转换的战略性支柱产业。以建设文化旅游强省为目标，以供给侧结构性改革为主线，通过文旅融合发展提升文旅产业发展质量，助力新旧动能转换、经略海洋和乡村振兴的实施，建设中华优秀传统文化传承发展示范高地是新阶段文旅融合发展所承担的时代重任。

针对山东省旅游业发展面临的大而不强，旅游产品碎片化、低端化、封闭化，发展不平衡和不充分等问题，以实现旅游要素的“好品质”为目标，优化要素供给结构，将文化融入全要素服务链，满足旅游市场对旅游消费多样化、品质化、个性化和体验化需求，实现文化旅游高质量发展是本规划的主要任务。

---

① 央视网 . 促消费放改革大招国家发改委将推城乡居民增收行动方案，2019-08-16.

② 中国旅游研究院：《“2018 旅游经济运行盘点”系列报告（二）：旅游产业》。

③ 中国旅游研究院：《“2018 旅游经济运行盘点”系列报告（一）：旅游消费》。

二、规划性质与任务

（一）目标诉求

根据山东省委省政府对文旅产业的目标定位（新旧动能转换的十大战略性支柱产业之一，“好客山东”美好旅游目的地），以及现状问题的判断（产业低端化、产品碎片化、发展封闭化），提出了通过文旅融合实现（让游客进入山东后）全程旅游的美好体验（好产品、好要素、好服务）的发展要求，打造“好客山东”（品牌内容）升级版。

（二）规划性质

根据上述目标诉求，本次规划是一个以文旅融合为主线，让旅游者全程体验“好客山东”品牌内涵的旅游目的地规划。通过文旅融合“全程美好”旅游目的地建设，推动山东文化旅游的提档升级，实现文旅强省的产业目标。

（三）规划任务

破解“三化”瓶颈，实现高质量发展；
全球视野、国家战略、山东特色、精准定位；
实现文旅深度融合的山东实践。

三、重大意义

有利于促进文化复兴与文化自信。山东是儒家文化的发源地，是中华优秀传统文化的重要发祥地和传承地，在灿烂辉煌的中华优秀传统文化“谱系”中占有重要地位。通过以文促旅、以旅彰文、文化旅游深度融合，增强山东优秀传统文化的传承动力，讲好中国的山东故事，提高中华民族的文化自信。

有利于形成新动能与建设现代化经济体系。文化和旅游产业是关联带动性强的新动能产业，是结合现代科技与创意的时尚产业。大力发展文化旅游产业，有利于山东新旧动能转换，建设现代化经济体系。

有利于满足人民美好生活向往，促进幸福和谐社会建设。文化旅游产业位居五大“幸福产业”前两位，是人民群众美好生活的直接产业支撑，是实现社会和谐的支柱产业。

有利于推动海洋强省建设，打造乡村振兴齐鲁样板。山东地跨黄渤海，海岸线长、海域广阔、海岛众多，依托海洋文化，提升滨海与海洋、海岛旅游品质，是推动山东海洋强省建设的重要组成部分。山东是农业大省，也是乡村民俗文化传承的重点省份，发展乡村文化旅游是山东乡村振兴的重要抓手，有利于打造乡村振兴的齐鲁样板。

四、范围与期限

规划范围包括山东省全境，其中陆域面积 15.58 万平方千米，海域面积 15.95 万平方千米。

规划期限为 2019~2035 年，近中期为 2019~2025 年，远期到 2035 年。规划重点是近期建设（2019~2022 年），并对远期做出战略性规划。

五、规划依据

（一）法律法规

《中华人民共和国旅游法》（2013 年）
《中华人民共和国城乡规划法》（2008 年）

《中华人民共和国环境保护法》（2015 年）
《中华人民共和国文物保护法》（2007 年）
《中华人民共和国非物质文化遗产法》（2011 年）
《中华人民共和国土地管理法》（2018 年）

（二）规范标准

《旅游规划通则》（GB/T 18971—2003）
《文化和旅游规划管理办法》（文化和旅游部，2019）

（三）政策文件

《中共中央国务院关于统一规划体系更好发挥国家发展规划战略导向作用的意见》（中发〔2018〕44 号）
《中共中央国务院关于建立国土空间规划体系并监督实施的若干意见》（中发〔2019〕18 号）
《国务院办公厅关于进一步激发文化和旅游消费潜力的意见》（国办发〔2019〕41 号）
《国务院关于促进旅游业改革发展的若干意见》（国发〔2014〕31 号）
《国务院办公厅关于进一步促进旅游投资和消费的若干意见》（国发〔2015〕62 号）
《中共中央国务院关于实施乡村振兴战略的意见》（2018 年）
《全国红色旅游发展规划纲要（2016~2020）》
《乡村旅游扶贫工程行动方案》（旅发〔2016〕121 号）
《国家发改委关于印发山东新旧动能转换综合试验区建设总体方案的通知》（发改地区〔2018〕67 号）
《山东省人民政府办公厅关于印发加快推进十大文化旅游目的地品牌建设实施方案的通知》（鲁政办字〔2017〕32 号）
《山东海洋强省建设行动方案》（鲁发〔2018〕21 号）
《关于印发山东省红色文化研学旅游实施方案的通知》（2018 年）
《山东省人民政府办公厅关于印发山东省乡村旅游提档升级工作方案的通知》（鲁政办字〔2017〕84 号）

（四）上位规划

《“十三五”旅游业发展规划》（国家旅游局，2016 年）
《国家乡村振兴战略规划（2018~2022 年）》（中央农村工作领导小组，2018 年）
《山东省国民经济和社会发展第十三个五年规划纲要》（2016 年）
《山东省生态保护红线规划（2016~2020 年）》

（五）相关规划

《山东省旅游业发展“十三五”规划》（2016 年）
《“十三五”时期山东省文化科技发展规划》（2018 年）
《山东省旅游产业发展总体规划（2016~2025 年）》
《山东省全域旅游发展总体规划（2018~2025 年）》
《山东省精品旅游发展专项规划（2018~2022 年）》
《山东省新旧动能转换重大工程实施规划》（2018 年）

《山东省乡村振兴战略规划（2018~2022 年）》
《山东省主体功能区规划》（2013 年）
《山东省新型城镇化规划（2014~2020 年）》
《山东省省会城市群经济圈旅游发展规划（2014~2030 年）》
《山东省半岛城市群发展规划（2016~2030 年）》
《山东省综合交通网中长期发展规划（2018~2035 年）》
《山东省工业旅游发展规划（2018~2025 年）》
《山东省文化创意产业发展规划（2018~2022 年）》
《齐长城旅游发展规划纲要（2016~2030 年）》
《大运河遗产山东段保护规划（2012~2030 年）》

六、指导思想与原则

（一）指导思想

以习近平新时代中国特色社会主义思想为指导，深入贯彻落实习近平总书记视察山东重要讲话、重要指示批示精神，全面落实习近平总书记关于文化旅游工作的重要论述，坚持以人民为中心的发展理念，按照“走在前列、全面开创”的目标定位，主动服务国家重大战略，聚焦高质量发展，大力实施新旧动能转换重大工程，深化文化旅游供给侧结构性改革，科技创新驱动，供需两端发力，促进文化旅游消费升级，充分挖掘整合全省文化旅游资源，着力推动产业融合、品质优化、要素集约、开放合作，打造“好客山东”升级版，开创文化旅游强省建设新局面。

（二）基本原则

——坚持融合发展。以文促旅、以旅彰文，宜融则融、能融尽融，推动文化旅游资源共享、优势互补、协同并进。大力推进“文旅 +”“+ 文旅”，推动文旅产业与农业、工业、教育、科技、体育、医养健康等跨界融合，拓展优化文化旅游产业链，提升文化旅游产品和服务质量，增强文化旅游发展新动能。

——坚持集约集聚。强化资源整合，优化空间布局，串珠成线、连线成面。突出要素集约，着力整合、提升“食、住、行、游、购、娱”“文、商、养、学、闲、情、奇”为主体的产业要素体系。践行绿水青山就是金山银山的理念，合理开发利用资源，倡导文明、绿色出行，实现经济效益、社会效益、生态效益有机统一。

——坚持市场导向。充分发挥市场在资源配置中的决定性作用，以“好客山东”品牌为引领，按照市场需求整合资源，开发多元化文化旅游产品。培育壮大文化旅游市场主体，优化市场环境，建设现代文旅产业体系。

——坚持改革创新。深化文化旅游体制机制改革，推动理念创新、产品创新、业态创新、管理创新、服务创新。强化科技支撑，建设智慧文旅平台。扩大文化旅游交流合作。

——坚持统筹协调。统筹文化事业、文化产业和旅游产业发展，统筹文化旅游和相关产业融合发展，强化区域协调、城乡一体、陆海联动、绿色发展，统筹规划、部门协同、社会参与，形成共建共享新局面。

七、相关战略与规划解读

根据《中共中央国务院关于统一规划体系更好发挥国家发展规划战略导向作用的意见》（中发

〔2018〕44号）《中共中央国务院关于建立国土空间规划体系并监督实施的若干意见》（中发〔2019〕18号），未来我国空间规划体系将“以国家发展规划为统领，以空间规划为基础，以专项规划、区域规划为支撑，由国家、省、市、县、镇各级规划共同组成，定位准确、边界清晰、功能互补、统一衔接”的体系。据此，本规划作为省级层面的专项规划，应与上位战略规划、省级法定规划和支撑性专项规划相协调对接。

（一）“一带一路”倡议与山东文旅发展

“一带一路”是我国顶层国际合作倡议，现已成为最受欢迎的全球公共产品，也是目前前景最好的国际合作平台。中国迄今已经与126个国家和29个国际组织签署了174份共建“一带一路”合作文件。

山东省是国家“一带一路”倡议中陆路和海路的连接点，是“一带一路”倡议的衔接点。2017年山东省文化厅发布了《山东省“融入‘一带一路’大战略，齐鲁文化丝路行”实施意见》，提出要鼓励社会力量积极参与，整合各方面资源，组织开展“一带一路”齐鲁文化丝路行，把“一带一路”建设成为齐鲁优秀文化对外传播的示范区域和广阔平台，把山东建设成为“一带一路”国际人文合作交流中心和重要基地。《意见》要求：一是搭建高端文化交流平台；二是打造“孔子故里·好客山东”活动品牌；三是建设国际文化交流合作基地。

（二）山东自贸区青岛上合示范区与山东文旅发展

青岛中国—上海合作组织地方经贸合作示范区，旨在打造“一带一路”国际合作新平台，拓展国际物流、现代贸易、双向投资合作、商旅文化交流等领域合作，更好发挥青岛在“一带一路”新亚欧大陆桥经济走廊建设和海上合作中的作用，加强我国同上合组织国家互联互通，推动在经济贸易领域的深度合作，着力推动东西双向互济、陆海内外联动的开放格局。

未来，青岛将以上合组织国家合作为基础，成为中国连通上合组织诸国以及“一带一路”沿线重要的支点城市，积极拓展全球“一带一路”地方经贸合作，提升中日韩自贸区谈判、东亚海洋合作平台及东盟与中日韩“10+3”、中国—葡语国家经贸合作论坛、欧亚经济联盟及中东欧“16+1”等国际合作机制，带动建设山东“一带一路”综合试验区，在国家全面开放新格局中发挥更大作用，也将为山东文旅发展提供极好的平台和动力。

（三）国家《“十三五”旅游业发展规划》与山东文旅发展

“十三五”期间，我国旅游业将呈现消费大众化、需求品质化、竞争国际化、发展全域化、产业现代化发展趋势，要通过理念创新、产品创新、业态创新、技术创新、主体创新等，将旅游业培育成经济转型升级的重要推动力。山东文旅发展对接的内容包括：一是促进旅游与文化融合发展；二是依托线性的江、河、山等自然文化廊道和交通通道，串联重点旅游城市和特色旅游功能区，打造3条国家精品旅游带；三是提升餐饮业发展品质，开发中国文化型传统菜品；四是依托特色旅游资源，打造一批特色旅游目的地；五是实施乡村旅游扶贫工程。

构建旅游开放合作新格局：开展“一带一路”国际旅游合作、拓展与重点国家旅游交流，大力提振入境旅游，深化与港澳台旅游合作。加强旅游交通建设、完善旅游公共服务体系。实施旅游服务质量提升计划。

（四）《国家“十三五”时期文化发展改革规划纲要》与山东文化发展

坚持以人民为中心的发展思想和工作导向，坚持把社会效益放在首位，社会效益和经济效益相统一，全面推进文化发展改革，建设社会主义文化强国，更好地构筑中国精神、中国价值、中国力量、中国贡献。坚持五大发展理念，繁荣文化产品创作生产，加快现代公共文化服务体系建设，完善现代文化市场体系和现代文化产业体系；建设中华文化传承工程，传承弘扬中华优秀传统文化。

国家文化公园建设。依托长城、大运河、黄帝陵、孔府、卢沟桥等重大历史文化遗产，规划建设一批国家文化公园，形成中华文化重要标识。

提高文化开放水平。推动中华文化走出去，讲述好中国故事，阐释好中国特色，让全世界都能听到听清听懂中国声音，不断增强中国国际话语权，使当代中国形象在世界上不断树立和闪亮起来。

推进文化体制改革创新。科学区分文化建设项目类型，可以产业化、市场化方式运作。推广政府和社会资本合作（PPP）模式，允许社会资本参与图书馆、文化馆、博物馆、剧院等公共文化设施建设和运营。加强文化领域重要基础性制度研究和评估，进一步完善体制机制。建立健全有文化特色的现代企业制度。加快国有文化企业公司制股份制改革。

加强文化人才队伍建设。完善和落实文化经济政策。

（五）《长城、长征、大运河国家文化公园建设方案》与山东文化公园建设

2019 年 7 月 24 日，在中央全面深化改革委员会第九次会议上，正式审议通过了《长城、长征、大运河国家文化公园建设方案》等一批文件，标志着国家文化公园将拉开全新的建设篇章。山东省有齐长城、鲁风运河，是长城国家文化公园、大运河国家文化公园建设的重点地区。此外，“三孔”也列入了国家“十三五”文化规划纲要中的十大文化公园建设之中。

（六）山东省新旧动能转换战略

2018 年 1 月国家发布《山东新旧动能转换综合试验区建设总体方案》，要求山东贯彻新发展理念，积极探索新旧动能转换模式，推动经济实现更高质量、更有效率、更加公平、更可持续的发展。对山东文化旅游发展要求如下：

文化创意产业。建立文化走向世界新平台新机制，增强文化自信和软实力。加快建设大运河文化带，弘扬墨子文化创新精神和鲁班文化工匠精神，传承创新齐鲁文化，推进优秀传统文化创造性转化、创新性发展。鼓励创建对外文化贸易基地和国家级文化产业示范园区。支持济南、青岛建设影视文化消费先行体验区。

精品旅游产业。创新旅游发展机制，推动旅游业与农业、工业、教育、文化、体育、城乡建设以及上下游产业融合发展。扩大高质量、个性化旅游精品供给，完善旅游服务体系。支持低空飞行、旅游演艺、生态休闲、康体健身等旅游新业态项目建设，支持青岛等城市开展邮轮旅游。积极创建全域旅游示范省，加强旅游市场综合整治，严厉打击旅游失信行为，全面提升“好客山东”品牌价值和影响力。

（七）乡村振兴战略

2018 年 5 月山东省委、省政府印发《山东省乡村振兴战略规划（2018~2022 年）》。习近平总书记参加十三届全国人大一次会议山东代表团审议时作出重要指示，要求山东充分发挥农业大省优势，打造乡村振兴的齐鲁样板。《规划》提出要把标准化理念贯穿乡村振兴全过程，全力打造乡村振兴齐鲁样板，绘就多样化的“齐鲁风情画”，形成具有山东特色的现代版“富春山居图”。

《规划》提出，要实施休闲农业和乡村旅游精品工程，打造齐鲁乡村旅游品牌。到 2020 年，打造 100 个乡村旅游集群片区和 300 个乡村旅游园区，乡村旅游消费达到 3600 亿元。2022 年乡村旅游消费达到 5300 亿元。实施乡村旅游提升工程。着力推动乡村旅游提档升级，到 2022 年，在全省打造 120 个相对集中、业态丰富、功能完善的乡村旅游集群片区，重点打造 70 个国家级精品园区、30 个精品

旅游小镇、30个精品乡村旅游酒店。鼓励开发具有观赏性、艺术性、实用性和地方特点的乡村旅游商品，打造120家“乡村旅游后备箱”工程示范基地。

《规划》要求弘扬乡村优秀传统文化。传承发展儒家文化。传承发展农耕文化。传承发展红色文化。扶持乡村红色文化旅游开发，推动红色旅游与民俗旅游、生态旅游、研学旅游等相结合，丰富红色旅游产品体系，打造全国一流的亲情沂蒙红色文化旅游目的地，推出“新时代山水圣人”红色旅游线路。

（八）经略海洋战略

2018年5月，山东省委、省政府印发了《山东海洋强省建设行动方案》。要求推进滨海旅游升级行动。加强沿海与内陆旅游资源的统筹规划，依托高速铁路、高速公路等快速交通网络，打造一批海洋特色精品线路、景区，推动长岛、山海天、好运角度假区等创建国家级旅游度假区，提升全域旅游智慧化服务水平，建设国际知名的“仙境海岸”滨海旅游目的地。推进“齐鲁美丽海岛”建设，开发游钓型游艇、邮轮游艇、海上观岛、海岛度假等新型旅游体验产品，规划建设一批海岛旅游目的地、休闲度假养生基地。加快海岛旅游与邮轮、游艇、直升机等新型交通载体结合，拓展海上旅游新空间。融合黄河入海口的海洋、黄河、湿地等特色元素，打造东营国家级河口生态旅游基地、滨州黄河三角洲生态文化旅游岛。建设青岛中国邮轮旅游发展实验区，威海、日照邮轮访问港和帆船（游艇）基地，开展烟台邮轮无目的地公海游试点。积极引进国际酒店品牌，加快建设一批文化主题精品酒店，培育滨海休闲度假酒店集群。大力培育依托海洋牧场的游钓型游艇产业，发展壮大钓具产业，支持举办国际钓鱼赛事，做强“渔夫垂钓”等休闲渔业旅游品牌。

培育一批宜居宜业宜游滨海特色小镇（海岛），推动“渔家乐”改造升级和品牌化、连锁化经营，打造“仙境海岸·养生福地”养老健康服务经济带。

《规划》要求海洋文化振兴行动。发挥山东海洋文化历史悠久、海韵深厚和资源富集优势，强化海洋意识、彰显文化自信、打造文化高地，推动优秀海洋文化创造性转化、创新性发展，全面增强海洋文化软实力。全面增强海洋意识。将海洋文化教育纳入全省各级各类宣传教育体系。传承发展海洋文化。打造文化产业高地。

（九）山东法定规划衔接与支撑性规划协调

有关的规划包括：《山东省“十三五”发展规划纲要》《山东省国土空间发展总体规划》《山东省城镇体系规划（2011~2030年）》《山东省土地利用总体规划（2006~2020年）》《山东省新型城镇化规划（2014~2020年）》《山东省生态保护红线规划（2016~2020年）》《山东省综合交通网中长期发展规划（2018~2035年）》等。

第二节　现状基础与发展条件

一、文旅产业现状

（一）文旅产业规模居全国前列

1. 主要文旅产业指标居全国前四

山东省是我国的旅游大省和文化大省。近年来全省主要文旅指标均居全国前四名。2018年山东省接待游客总数 8.65 亿人次，同比增长 9.6%，居全国第二位，其中接待国内旅游人数 8.59 亿人次，同比增长 9.7%，接待入境游客 513.1 万人次，同比增长 3.8%。2018 年山东省实现旅游消费总额 10461.2 亿元，同比增长 13.7%，居全国第三位，其中，国内游客消费总额达到 9661.5 亿元，同比增长 13.8%，入境游客消费 33.6 亿美元，同比增长 6%。2017 年，山东省文化产业营业收入达到 9506.3 亿元，实现增加值 3018.04 亿元，居全国第四。

表 3–1　山东省 2018 年旅游业发展主要指标

旅游业发展主要指标	2018 年
旅游消费总额（亿元）	10461.2
入境游客消费（亿美元）	33.6
国内游客消费（亿元）	9661.5
接待游客总人数（亿人次）	8.65
入境游客人数（万人次）	513.1
国内游客人数（亿人次）	8.59

资料来源：《2019 山东旅游统计便览》

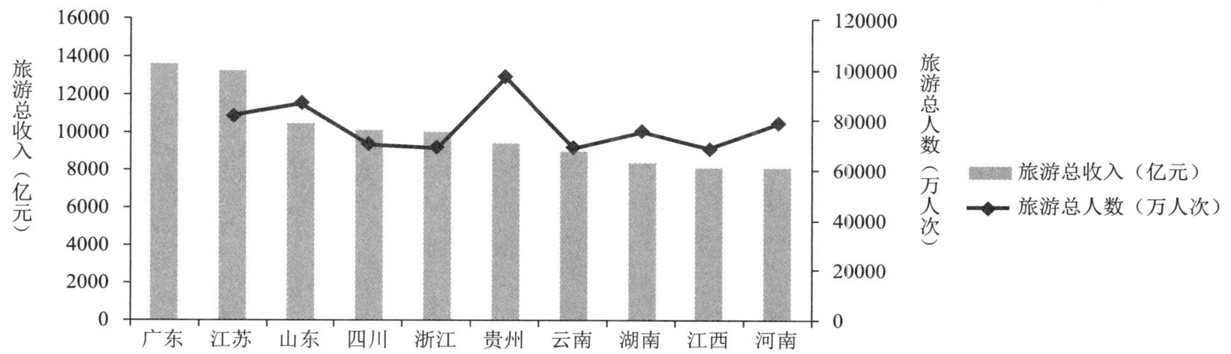

图 3–1　2018 年全国旅游收入和接待总人数排名前十的省份

资料来源：各省旅游统计公报，广东省旅游总人数的数据缺失。

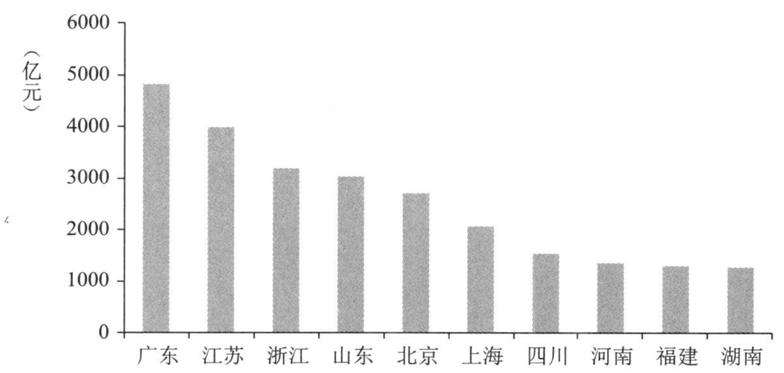

图 3–2　2017 年全国文化及相关产业增加值排名前十的省份

资料来源：中国文化及相关产业统计年鉴 2018

2. 文旅产业经济贡献度逐年增加

近年来山东省文旅产业地位稳中有升，文旅产业经济贡献度逐年增加。山东省旅游经济总量占

GDP 的比重从 2014 年的 10.42% 提高到 2018 年的 13.70%，过去 4 年旅游经济总量占 GDP 的比重平均增速在 7% 以上。山东省文化产业增加值 2014~2017 年均增长率达到 10.8%，2017 年文化及相关产业增加值占 GDP 比重达到 4.16%，与四川省、陕西省并列全国第六（图 3-3）。

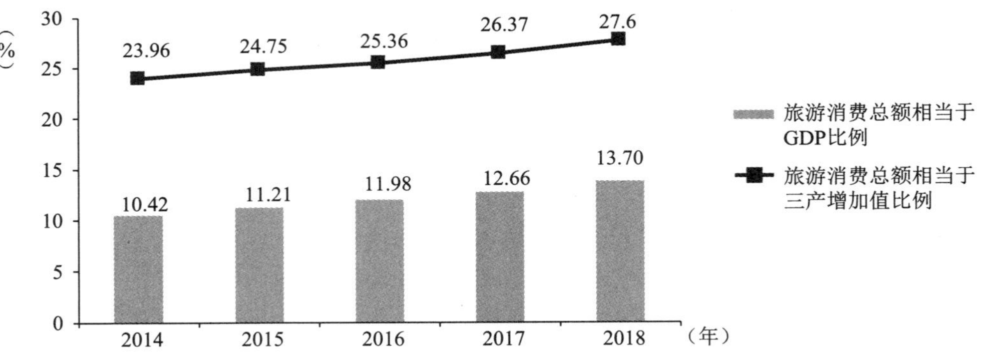

图 3-3　山东省 2014~2018 年旅游经济总量占 GDP 和三产增加值的比例

资料来源：《2019 山东旅游统计便览》《2015 山东旅游统计便览》

3. 国内旅游市场规模持续快速增长，入境旅游市场增长乏力

山东省国内旅游持续快速增长。2014~2018 年山东省国内旅游人数平均增速约 9.6%，高于全国国内游客同期平均增速（8.5%）；国内旅游消费总额平均增速约 14%，高于全国国内游客同期平均增速（9.1%）。

山东省入境市场增长乏力，距离入境旅游发达省差距较大。根据《2018 山东旅游统计便览》，山东省 2017 年接待入境游客人数 494.4 万人次，在全国排名第 8；入境游客消费 31.7 亿美元，在全国排名第 9。从入境旅游增速看，2014~2018 年山东省入境游客人数增速约 3.6%，低于全国入境游客同期平均增速（5.6%）；入境游客消费增速约 5.5%，低于全国入境游客同期平均增速（6.7%）。2018 年山东省入境旅游消费总额仅相当于入境旅游排名第一的广东省的 16%（图 3-4）。

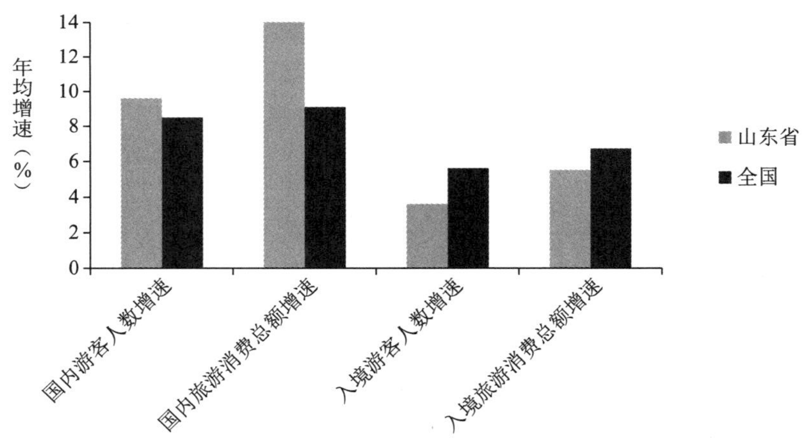

图 3-4　2014~2018 年山东省与全国旅游产业规模年均增速对比

（二）文旅企业数量庞大

1. 各类旅游企业数量均居全国前列

A 级景区数量在全国遥遥领先：截至 2017 年年底，山东省有 A 级景区 1173 家；2018 年年底，山

东省有 A 级景区 1291 家，占全国 A 级景区数量的约 12.5%，A 级景区数量位于全国之首，且超过位于全国第二位的浙江省总数的 400 家以上，在全国遥遥领先。

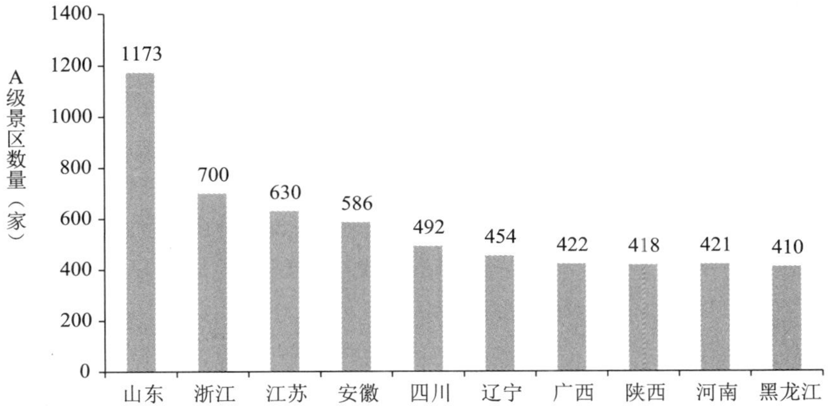

图 3–5 2017 年全国 A 级景区数量排名前 10 的省

资料来源:《中国旅游统计年鉴 2018》

5A 级景区数量在全国排名第七，4A 级景区数量为全国第一。2017 年山东省有 5A 级景区 11 家，占全国 4.2%；4A 级景区 215 家。2018 年山东省 5A 级景区达到 11 家，4A 级景区达到 223 家。

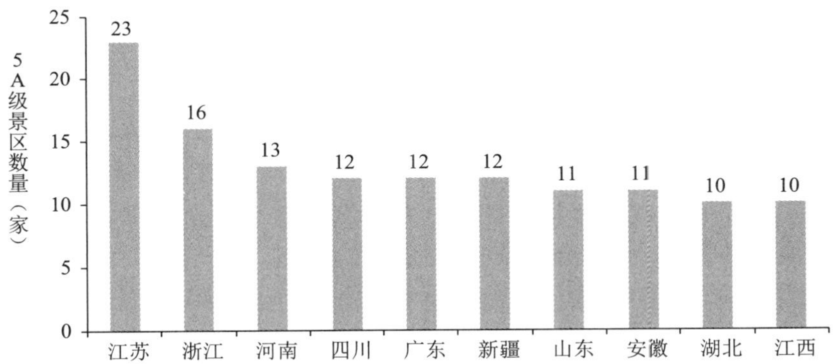

图 3–6 2017 年全国 5A 级景区数量排名前十的省

资料来源:《中国旅游统计年鉴 2018》

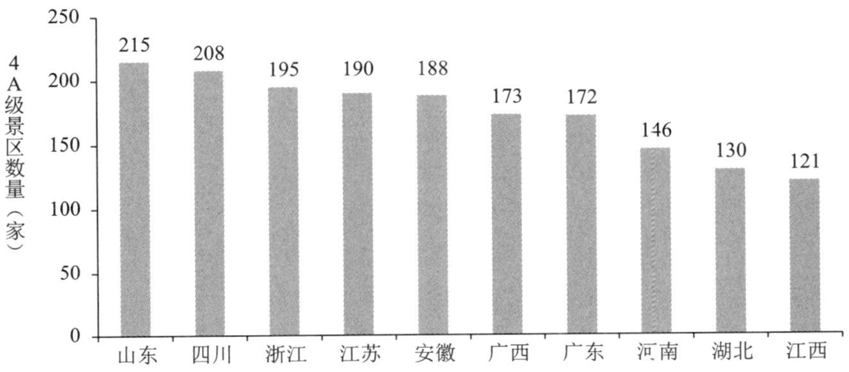

图 3–7 2017 年全国 4A 级景区数量排名前 10 的省

资料来源:《中国旅游统计年鉴 2018》

星级饭店数量位于全国第三。根据《2018 年第三季度全国星级饭店经营情况统计公报》，截至 2018 年第三季度，山东省有星级饭店 559 家，仅次于广东省（635 家）、浙江省（574 家）。截至 2018 年年底，山东省共有星级旅游饭店 637 家（图 3-8）。

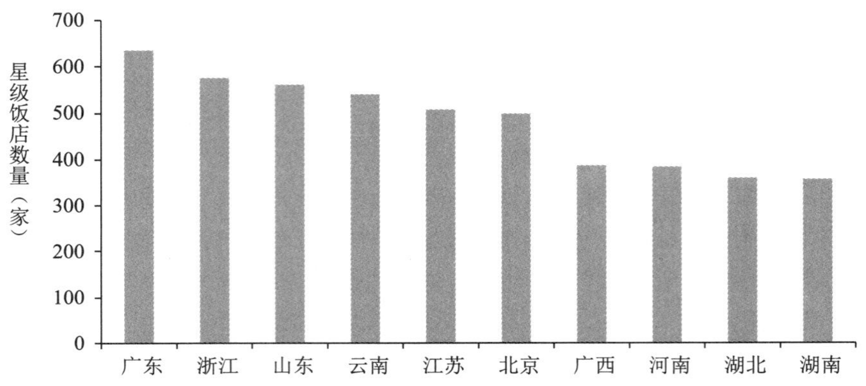

图 3-8 全国星级饭店数量前 10 的省（2018 年 9 月）

资料来源：《2018 年第三季度全国星级饭店经营情况统计公报》

旅行社数量位于全国第三，组团人数全国第五位。根据《中国旅游统计年鉴 2018》，山东省 2017 年有旅行社 2220 家，在全国排在第三位（前两位为广东、江苏），略高于浙江。旅行社组团国内游客人数达到 1114.6 万人次，名列全国第 5 位；接待入境游客 125.4 万人，名列全国第 6 位。2018 年旅行社已发展到 2303 家。

餐饮收入居全国第二位，旅游餐饮占全省餐饮总收入的近半。根据《2018 中国餐饮业年度报告》，2017 年山东省餐饮收入总额为 3602.6 亿元，同比增长 10.5%（图 3-9），仅次于广东省，名列全国第二位。根据《2018 山东旅游统计便览》，2017 年山东省国内游客消费 8491.5 亿元，其中餐饮占 19.60%，消费 1664.33 亿元；入境游客消费 214.03 亿元，其中餐饮占 8.75%，为 18.73 亿元。2017 年山东省餐饮总消费 1683.06 亿元，占全省餐饮收入总额的 46.7%。

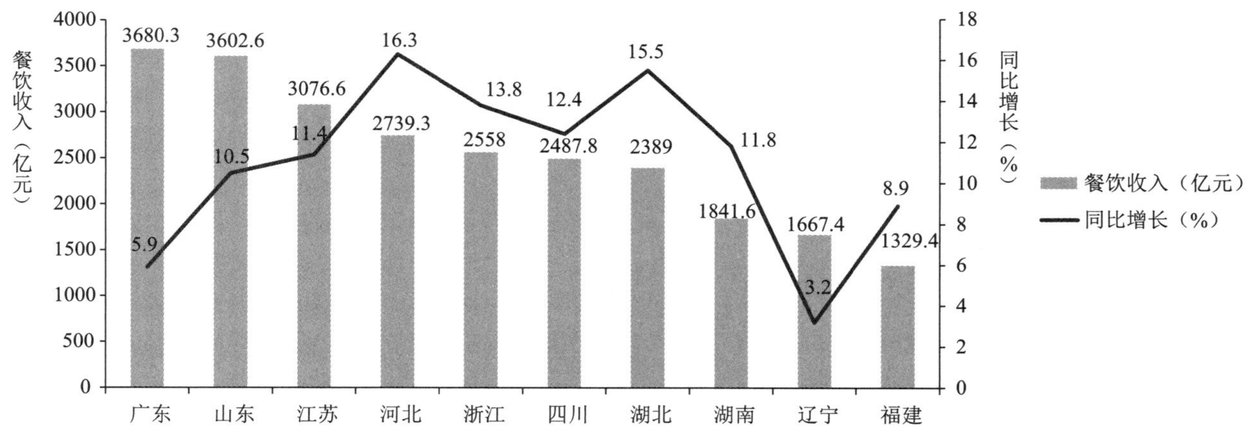

图 3-9 2017 年餐饮收入排名前 10 的省份

资料来源：2018 中国餐饮业年度报告

2. 文化企业数量和效益均排在全国第四

2017 年，山东省拥有规模以上文化及相关产业企业 4790 家，资产总额达到 8465.9 亿元，从业人员 68.4 万人，实现营业收入 9506 亿元，文化企业数量和效益均排在全国第四位。其中大型文化企业 109 家。

（三）文化场馆数量全国领先，文化产业创新有序推进

1. 文化场馆数量在全国遥遥领先

2018 年山东省拥有各类博物馆 541 个，数量居全国首位，比第二名浙江省高出 200 余家；2017 年山东省拥有公共图书馆 154 家，在全国排名第四位；拥有文化馆 139 家，在全国排名第四位；拥有群众艺术馆 18 家，在全国排名第五位；拥有艺术表演场馆 100 家，在全国排名第八位。

2. 文化产业创新化迈出新步伐

山东省建成 33 个国家级和 168 个省级文化（出版、影视）产业示范园区（基地）。《沂蒙山》《闯关东》《琅琊榜》等经典剧目打响鲁剧品牌，东方影都、尼山圣境、孔子博物馆等一批大型文旅项目开业运营。在“好客山东”品牌引领下，山东文化和旅游融合发展实践已经得到社会和国内业界的广泛认同。

（四）文旅产业投资强劲

1. 旅游投资需求旺盛，以民营企业投资为主

截至 2019 年 5 月山东省共有在建旅游重点项目 71 个，总投资约 1300 亿元。在建旅游项目中有多个投资量巨大的资金密集型项目，以民营企业投资为主，民营企业投资的项目数量和总投资额均占全省总投资的 70% 以上；其次是国企，约占 1/4（图 3-10）。在旅游投资项目里，文旅综合体项目比例最大，占总投资额的 1/2 以上；乡村度假型项目占近 1/5，文化场馆类占约 1/10（图 3-11）。

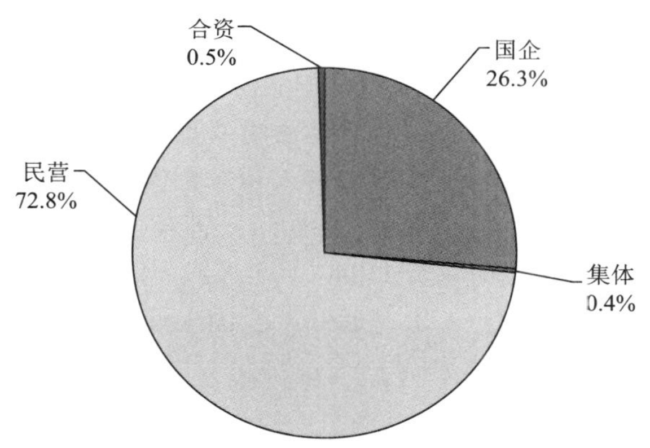

图 3-10　2019 年山东省各地市在建文化旅游重点项目主体

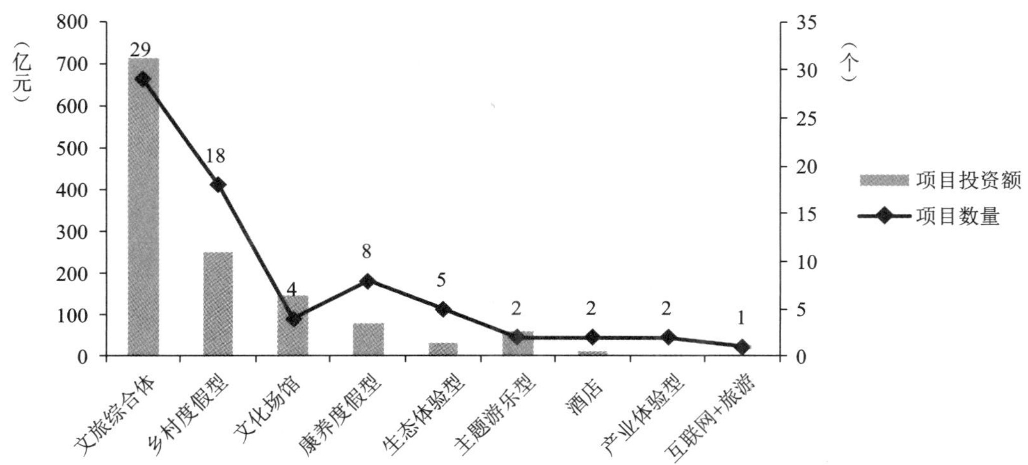

图 3-11　2019 年山东省各地市在建文化旅游重点项目投资的类型分布

2. 文化产业投资额居全国首位

2018 年山东省文化及相关产业固定资产投资额达到 3325 亿元，居全国首位，比第二名河南省高 350 亿元。文化产业投资主要集中在青岛、济南、泰安、淄博四市，占全省文化产业投资总额的 2/3 以上（图 3–12）。

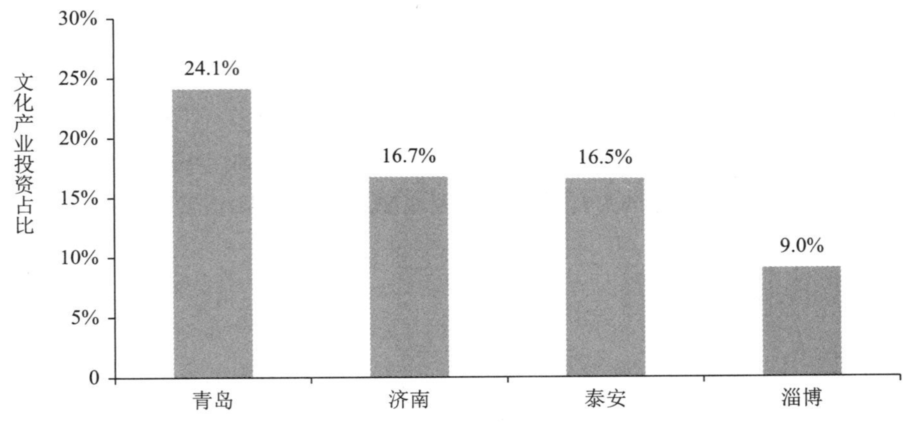

图 3–12　山东省 2018 年文化产业投资占比前 4 的城市

（五）规模与效率不匹配，旅游效益有待提升

山东省整体旅游产业规模较大，国内旅游人数、收入、旅游景区数量、星级饭店数量、旅行社数量都居于全国前三的位置，是全国文化旅游大省。但旅游市场结构不成熟，人均旅游消费比较低，规模与效率不匹配，与文化旅游强省有较大差距，整体旅游效益有待提升。

1. 人均旅游消费在全国居于中等水平，入境旅游人均消费低于全国平均水平

2018 年，山东省接待游客的人均旅游消费 1211 元，居全国第十五位，高于全国平均消费水平 1051 元（图 3–13）。其中国内游客人均花费 1124.7 元 / 人次，高于全国国内游客人均花费（926 元 / 人次）；入境游客人均花费 655.7 美元 / 人次，远低于全国入境游客人均花费（900 美元 / 人次）（图 3–14）。

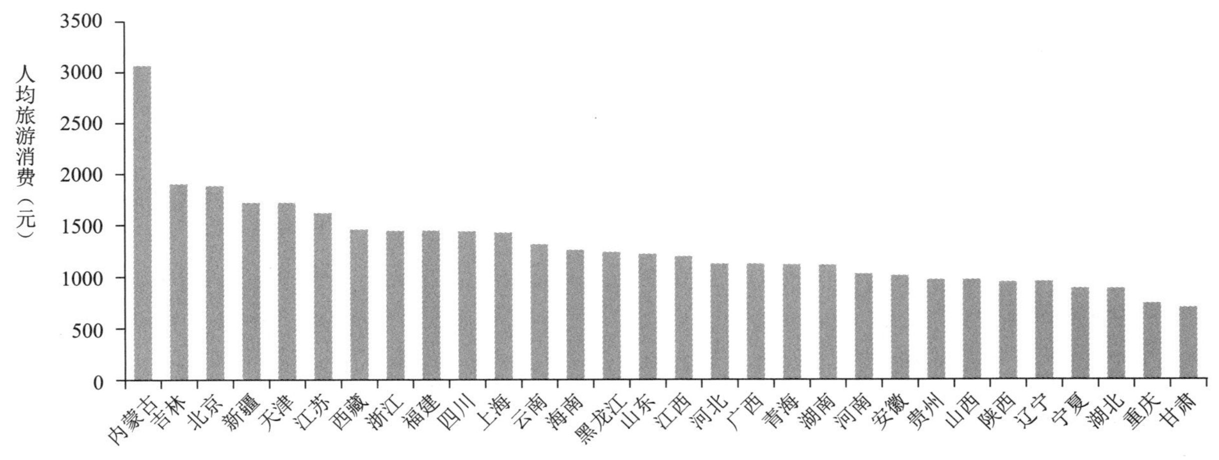

图 3–13　2018 年全国各省人均旅游消费

资料来源：各省 2018 年国民经济和社会发展统计公报（广东省因统计口径不同未包含在内）

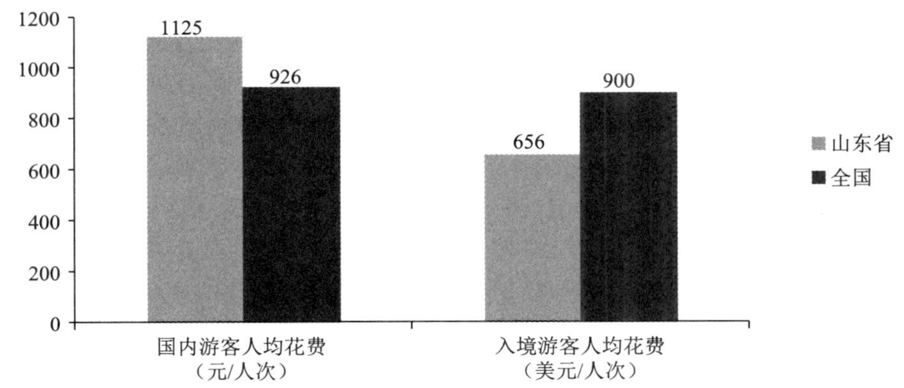

图 3-14　2018 年山东省与全国游客人均花费对比

资料来源：《2019 山东旅游统计便览》《中华人民共和国文化和旅游部 2018 年文化和旅游发展统计公报》

2. 企业总体效益和单个企业效率均有待提升

A 级景区营业收入总量全国第六，单个景区营业收入不高。根据《中国旅游统计年鉴 2018》，2017 年山东省 A 级景区数量全国第一，但营业收入在全国排名第六，位次落后于景区总数的排名。单个景区平均营业收入在全国排名第二十位。

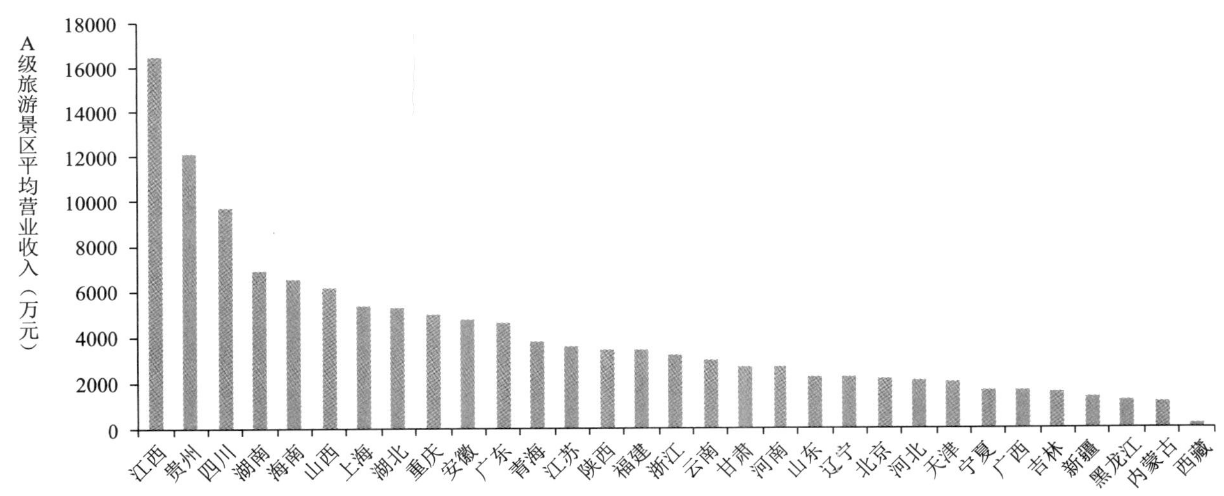

图 3-15　2017 年全国每家 A 级旅游景区平均营业收入

星级饭店营业收入全国第六，位次落后于饭店总数的排名。根据《2018 年第三季度全国星级饭店经营情况统计公报》，截至 2018 年第三季度，山东省星级饭店营业收入 34.06 亿元，在全国排名第六；平均出租率 63.14%，位于全国第十位；平均房价 338 元 / 间夜，位于全国第十位；每间客房平均营业收入位于全国第七位。

3. 旅游劳动生产率不高

山东省星级饭店全员劳动生产率在全国排名第十三位，A 级景区单位从业人员平均营业收入排在全国较为靠后的位置。

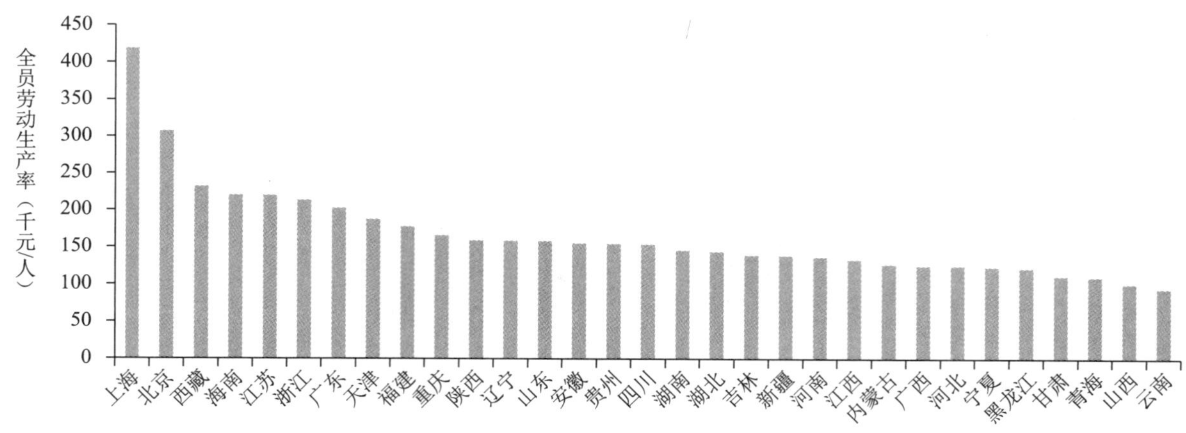

图 3-16　2017 年全国各省星级饭店全员劳动生产率

资料来源：《中国旅游统计年鉴 2018》

（六）文旅产业结构有待优化

1. 旅游消费结构中基本消费占六成以上

2018 年山东省入境游客消费中交通、游览、住宿、餐饮等基本消费约占全部消费的 61.9%，娱乐、购物、邮电通信等非基本消费约占 34.0%（图 3-17）。2018 年山东省国内游客消费中交通、住宿、餐饮、景点旅游等基本消费约占全部消费的 67.2%，文化艺术、体育娱乐、购物、居民服务、邮电通信等非基本消费约占 28.7%（图 3-18）。

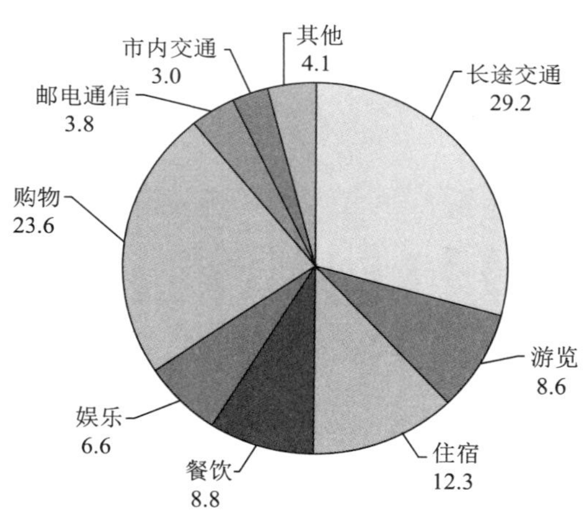

图 3-17　2018 年山东省入境游客花费构成

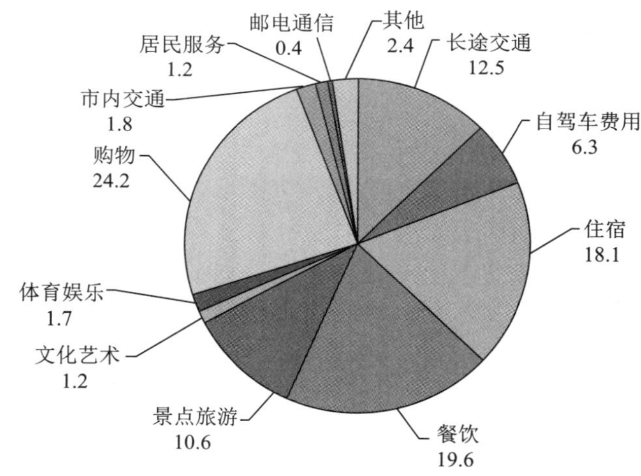

图 3-18　2018 年山东省国内游客花费构成

2. 旅游产业中低端化特征突出，高档次产业要素发展相对滞后

2A 与 3A 级景区比重居全国之首。截至 2018 年年底，山东省拥有 12 家 5A 级景区、223 家 4A 级景区、657 家 3A 级景区、396 家 2A 级景区、4 家 1A 级景区，分别占 A 级景区数量的 0.9%、17.3%、50.9%、30.7%、0.3%。2A 与 3A 级景区占景区总数的 80% 以上，这一比例居全国之首（图 3-19）。

星级饭店以中档为主。2018 年山东省共有星级饭店 536 家，其中五星级 30 家，四星级 136 家，三星级 326 家，二星级 44 家。三星级饭店数量占星级饭店数量的 60.8% 以上，成为星级饭店的主力；其次是四星级饭店占 25.4%（图 3-20）。五星级饭店数量在全国排名第八，明显低于广东、江苏、浙江、福建。

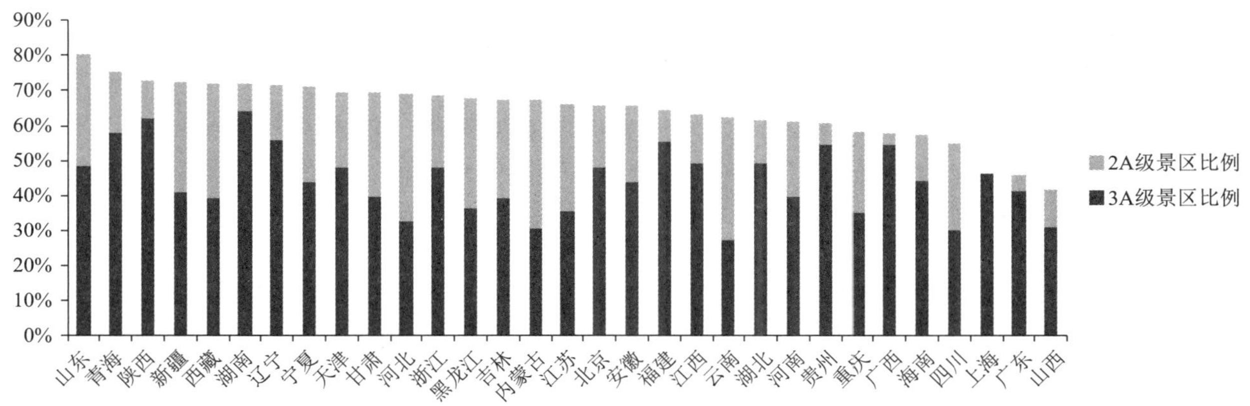

图 3-19　2017 年全国各省 3A、2A 级景区占 A 级景区百分比对比

资料来源:《中国旅游统计年鉴 2018》

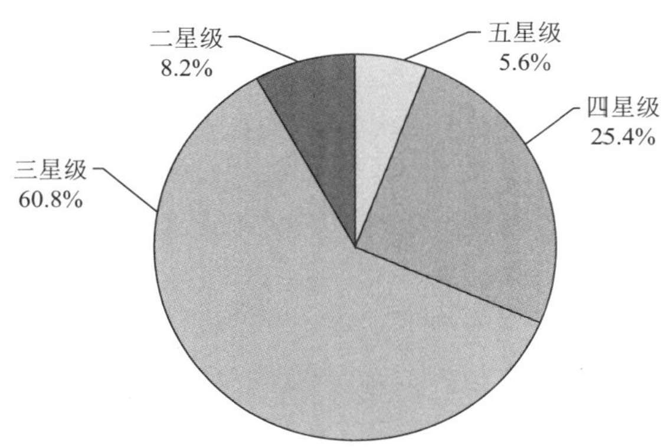

图 3-20　2017 年山东省星级饭店等级结构

3. 文化产业增加值中文化制造业比重过半

2017 年全省文化制造业、批发零售业、文化服务业增加值占比分别为 52.9%、10.2%、36.9%，文化制造业比重不断下降，文化服务业比重逐年上升，工艺美术、创意设计、文化旅游、广告会展等行业快速发展。但总体来看，仍以文化制造业为主，占一半以上。与全国文化产业结构相比，山东省文化产业结构明显偏重（图 3-21，图 3-22）。

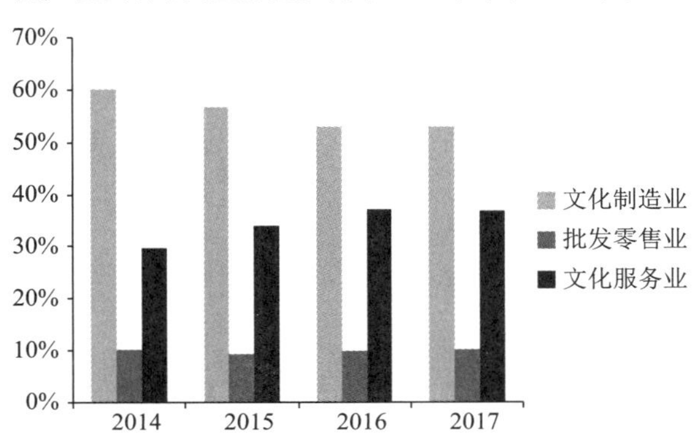

图 3-21　山东省 2014~2017 年文化产业增加值结构

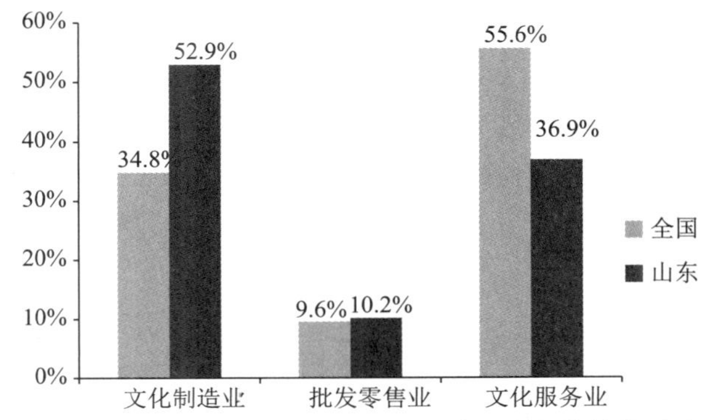

图 3-22　全国与山东省 2017 年文化产业增加值结构对比

（七）文旅产业空间分布不平衡

1. 旅游产业规模空间分布不均衡

山东省旅游产业规模表现出空间分布的不均衡性，根据2018年主要旅游指标可划分为四个阶梯[①]。

第一阶梯：青岛市。青岛成为山东省第一个接待人数过亿人次的地市，旅游消费总额也达到1800亿元以上，领先于第二名的济南市近2000万人次，600多亿元。青岛入境游客接待量150万人次以上，入境游客消费额达到11.6亿美元，以明显优势成为山东省旅游发展的龙头。

第二阶梯：济南、烟台。这两个地市旅游消费总额在1000亿～1200亿元，接待游客量在8000万人次左右，在全省处于第二梯队位置。济南以1200亿元、9000万人次位于全省第二位，烟台则以6亿多美元、60多万人次的入境游接待规模稳居全省入境旅游第二位。

第三阶梯：按照旅游消费总额从大到小依次为：潍坊、泰安、临沂、济宁、淄博、威海、日照等7个地市。各地市旅游消费总额在400亿～900亿元，接待游客量在4500亿～8000万人次，其中潍坊、泰安、临沂、济宁4个城市的接待规模又明显领先于淄博、威海、日照3个城市，表现出次一级的梯度分异。入境游排名略有变化，威海入境游接待规模居全省第三，其次是潍坊、泰安、济南、济宁、日照、淄博、临沂。

第四阶梯：按照旅游消费总额从大到小依次为：枣庄、聊城、德州、菏泽、东营、滨州等6个地市。各地市旅游消费总额在250亿元以下，接待游客量在1000万～3000万人次。旅游业发展在全省处于相对落后的位置。入境旅游收入规模，东营、聊城、滨州3地市明显领先于枣庄、德州、菏泽3地市（图3-23，图3-24）。

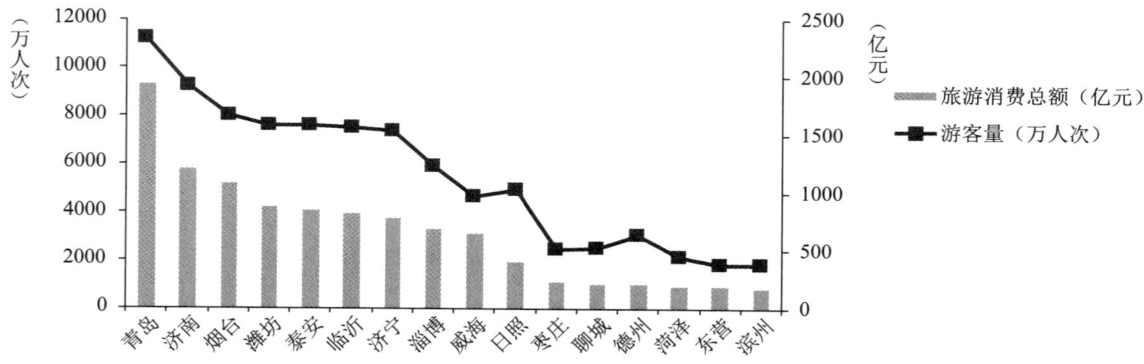

图3-23　2018年山东省各地市游客量和旅游消费总额

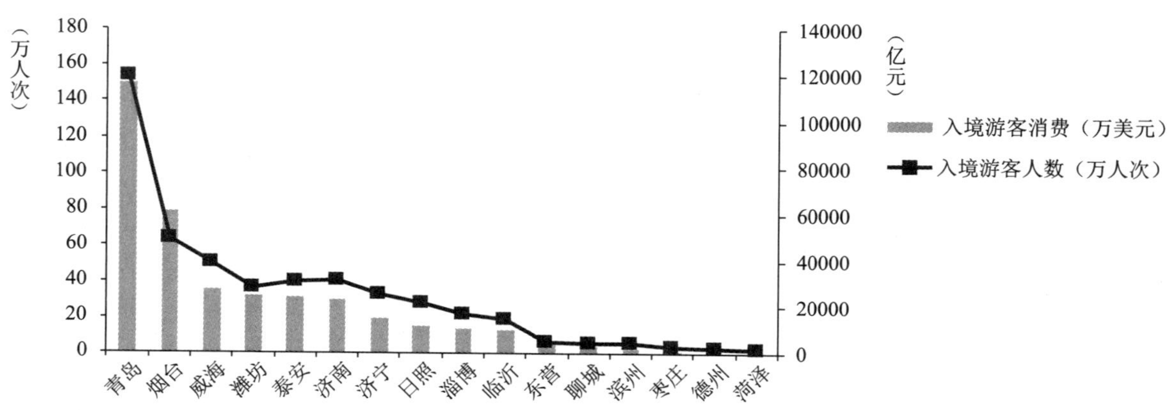

图3-24　2018年山东省各地市入境游客量和入境旅游消费总额

① 注：为统一统计口径，将莱芜市数据并入济南市一并计算。

2. 各地文化产业区域发展不平衡

从规模以上文化企业营业收入看，青岛、潍坊、烟台、济宁、临沂 5 市，文化产业比重占全省的比重为 60.9%。城乡之间发展不平衡，乡村两级文化市场主体偏少，县以下文化市场经营单位仅占全省的 16.41%，从业人员仅为 9.87%。

二、文旅资源评价

（一）不可替代的文化地位

山东省是东亚文明的重要源流，中华早期文明的东部中心，华夏三大文化核心区之一，儒家学说的起源地。源远流长的海岱文化、华光璀璨的齐鲁文化、可歌可泣的红色文化，在齐鲁大地遗存了丰厚的物质文化遗产和非物质文化遗产。拥有泰山、曲阜三孔、大运河、齐长城 4 处世界文化遗产；是全国考古大省，历史文化名城名镇名村的集中分布区，国家历史文化名城总量居全国并列第二；孕育了孔子、孟子、孙子、管子、晏婴等名垂千古的圣人、哲人以及大量有重要影响力的文化名人；诞生了《水浒传》《聊斋志异》《三国演义》等文学巨著；国家级非物质文化遗产数量在全国居第二（图 3–25）。

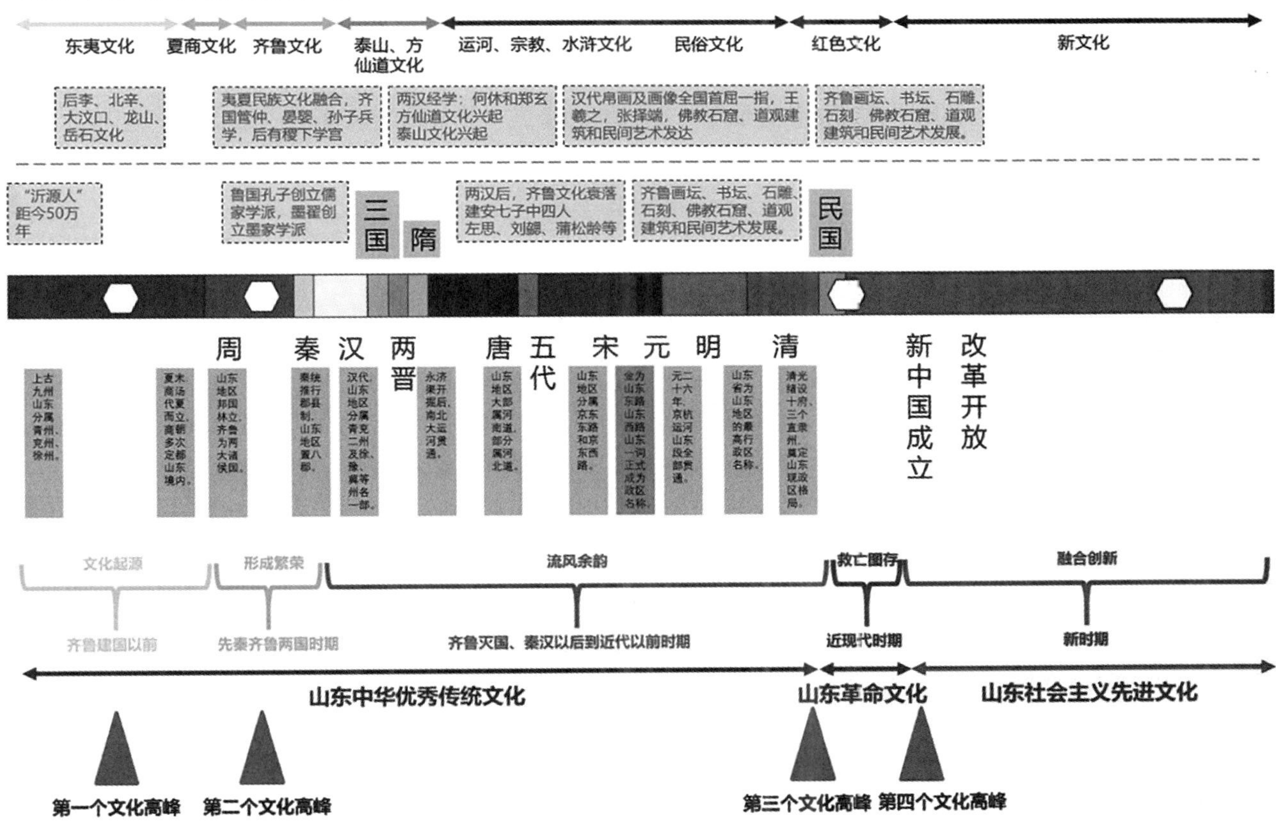

图 3–25　山东历史文化发展脉络

1. 史前东夷文化（第一个文化发展高峰）

（1）概述。齐鲁文化的远源，远古时代的山东居民，称为“夷”。夷人居住在中国东部，后来中原地区华夏族从地域出发，称夷人为“东夷”。东夷文化是指东夷人所创造的文化，是华夏文明重要源头之一，主要发源地在山东的鲁中山区和沂沭河流域，具体的范围包括了山东全境及其毗邻的广大地区。史前文化遗存丰富，文化脉络清晰，其文明起源经历了一个漫长的过程，是中华文明起源中心之一。东夷文化从距今 8300 年前的后李文化起，历经北辛文化、大汶口文化、龙山文化、岳石文化，都是东夷人所创造出来的不同阶段的文化。以大汶口文化、龙山文化及岳石文化最具代表性。

（2）文化价值与地位。自新石器时代开始一直到西周中期结束，东夷及其古文化在亚洲古文化的发源与交流中都处于较为重要的地位，居全国新石器文化领先地位。东夷文化极为繁荣，文化发展序列系统，从鸟图腾的崇拜，到各种手工艺、建筑工艺的发展，到文字的创造、八卦的创造、医学的创造，再到礼制的出现、聚落和城市的分化乃至早期国家的形成，伴随部族迁徙而将海岱文化传播到中华大地各个角落，与各族人民一起创造了光辉灿烂的中华传统文化。比仰韶文化先进。新石器时代，境内夷族先民创造了比殷商甲骨文古老的文字——陶文和骨刻文。东夷英雄神话传说丰富：少昊、蚩尤、羿、帝舜等。

（3）文化构成及主要文化遗址。距今 7500~8500 年的后李文化是山东地区新石器时代早期向中期过渡的文化遗存，因 1989 年临淄后李官庄遗址的发掘而得名，目前经发掘的后李文化遗址有 16 处，主要分布在泰沂山脉北、小清河南的山前冲积平原地带。典型遗址：临淄后李遗址，历城张马屯遗址，章丘西河遗址、小荆山遗址，长清月庄遗址，寒亭前埠下遗址等。山东地区已发现的最早的新石器时代早期考古学文化，后继的北辛文化、大汶口文化、龙山文化正是在后李文化基础上发展而来的。

2. 夏商文化

概述。夏商时代，东夷文化开始衰落，文化中心随政治、经济中心西移至中原地区。夏禹的儿子启继位于夏邑，在今临沂北；夏都斟鄩（潍坊）和斟灌（寿光）。有鬲氏在德州。

夏商文化传入齐鲁大地。东夷文化和夏、商文化为春秋战国时期齐鲁文化的崛起和繁荣打下坚实基础。

商汤建都于亳邑，今山东曹县，后迁都于奄，今山东曲阜，在鲁西南建都 200 余年。商是以鸟为图腾的民族，与东夷族一样。商代文化遗存一千三百余处，菏泽、潍坊、济南、枣庄、济宁等地商代遗存较多，临沂、滨州南部商周遗存较密集，聊城西北部、德州西北部、滨州北部、东营北部则鲜有商时期遗址发现，位于泰沂山区的莱芜、沂源等地零星发现三处商文化遗存，烟台、青岛、威海等有零星发现三十多处且大部为商周遗存。典型遗址：安丘堌堆遗址、尧王城遗址等。

3. 齐鲁文化（第二个文化发展高峰）

（1）齐文化。通常所说的齐文化是指齐国文化，是齐地特定历史时期的文化。公元前 1045 年姜太公封齐建国至公元前 221 年齐为秦所灭这个时间段内，以春秋后期时的齐国疆域为圈定范围，即今天的鲁北、鲁中及山东半岛地区。齐文化，就是齐地齐人在社会实践中创造的，在历史过程中累积的一切生产、生活样式、行为方式、礼仪制度、风俗习惯、宗教信仰、伦理道德，赖以生存发展的思想、情感、观念、知识、科学、技术等，以及蕴藏着文化信息的人工制品的总和。从民族学的角度看，齐文化融合了东夷文化、姜炎文化、商文化和周文化，是民族文化的多元复合体；从地域来说，齐文化融合了滨海文化与内陆文化；从物质文化看，齐文化兼具农业文化、畜牧文化和渔业文化的特点。

西周时期，姜太公封齐治齐，齐国成为泱泱诸侯大国；春秋时期，齐桓公开创霸业，齐国成为“春秋五霸”之首；战国初期，齐威王又创辉煌，齐国列为“战国七雄”之冠；战国中期，齐、秦并称东西二帝，可谓双峰对峙；当时东齐、西秦与南楚，三足鼎立，大有天下三分之势；西汉初叶，产生于齐、发育于齐的黄老思想作用于汉初政治，从而出现了倍受史家赞美的“文景之治”。

齐文化主要继承姬周文化。东临滨海的齐国产生了以姜太公为代表的道家思想学说又吸收了当地土著文化（东夷文化）并加以发展。齐文化以其务实性、尚变性、开放性、兼容性等鲜明特征著称于世，管、晏、孙子和稷下学是齐文化表征。

齐文化价值地位。齐文化是中华传统文化的主要来源之一和重要组成部分。齐文化中诸多内容，体现了当今全人类的普遍价值观念，极富现代意蕴。齐都临淄是海内一大都会，当时中国文化中心。先秦时期“临淄之中七万户……临淄之途，车毂击，人肩摩，连衽成帷，举袂成幕，挥汗成雨；家敦而富，志高而扬”。秦汉时期，“齐临淄十万户，市租千金，人众殷富，巨于长安”。这里是商贾云集的渊薮、百家争鸣的场所，被今人誉为“东方罗马”。一大批灿若群星的杰出人物。其中有政治家、思想家、军事家、科学家。孔子齐地闻韶，“三月而不知肉味”；荀子在稷下学宫，“三为祭酒，最为老师”；孟子居齐，长达 20 年之久。齐文化历经整个春秋战国近 800 年的历史，为后人留下了丰富的文献资料和历史遗存。

物质文化遗产：包括地上遗存、地下遗存、可移动文物等。地上遗存，包括齐长城、古墓群、古城墙、古台基、名人遗踪遗存等；地下遗存，包括殉车马坑、排水道口等；可移动文物，包括货币、瓦当、武器、礼器、乐器、日常生活用物等。著名的历史遗存如齐都临淄故城遗址、春秋车马坑、殉马坑、齐古长城遗址、大武汉墓、四王陵、齐长城、琅琊台、孔子闻韶处以及陶器、铜器、玉器等。

非物质文化遗产：影响着当世齐人乃至后世齐地人的心理结构、精神状态以及行为方式的精神遗存，包括齐人的生存样式、社会制度、思想学术、文学艺术、技术技艺、历史名人、历史文献等。具体包括：a. 生存样式。生产样式：包括齐人的农业生产、手工业生产、商业和对外贸易等样式。生活样式：包括齐人的饮食、服饰、居住、交通、婚姻、丧葬、宗教等样式。b. 社会制度。包括齐国的政治制度、经济制度、军事制度等。c. 思想学术。思想：包括政治思想、经济思想、文化思想、军事思想、科技思想、教育思想等。学术：包括管子学、晏子学、稷下学、齐兵学、齐派经学等。d. 文学艺术。文学：包括神话传说、诗歌民谣、诸子散文等。艺术：包括音乐艺术、舞蹈艺术、绘画艺术、雕塑艺术、建筑艺术等。e. 技术技艺。技术：包括纺织技术、煮盐技术、冶金技术、制陶等。技艺：包括蹴鞠（足球）竞技、技击（武术）、射箭、田猎、赛车、赛马、角力、击剑、投石、斗鸡、走狗等。f. 历史名人：包括姜太公、齐桓公、管仲、晏婴、孙武、司马穰苴、齐威王、孙膑、邹忌、邹衍、扁鹊、甘德、田单、徐福、田横、淳于意、主父偃、辕固等。g. 历史文献：包括《管子》《晏子春秋》《六韬》《孙子兵法》《司马穰苴兵法》《孙膑兵法》《考工记》《难经》《稷下诸子书》《甘石星经》等。h. 重大事件：齐鲁会盟、管仲改革、召陵之盟、葵丘之会、长勺之战等。

（2）鲁文化。“鲁文化始于周公”，是移民文化，传承周（礼乐）文化的鲁，是代表当时的官方（周）推行政令与地方文化融合的典范。鲁文化就是鲁地鲁人在社会实践中创造的，在历史过程中累积的一切生产、生活样式，行为方式、礼仪制度、风俗习惯、宗教信仰、伦理道德，赖以生存与发展的思想、情感、观念、知识、科学、技术等，以及蕴藏着文化信息的人工制品的总和。从民族学的角度看，鲁文化是以周文化为主体吸收了夷、商文化的因子；从地域来说，是以内陆河谷文化为主；从物质文化看，是以农业文化为主体。

鲁国（公元前 1042~ 前 256 年），国君姬姓，周朝分封的诸侯国，国都曲阜（位于山东西南）。鲁国成为典型国礼的保存者和实施者，世人称“周礼尽在鲁矣”。鲁国初建时，其疆土不过百里，后陆续吞并周边的极、项、须句、根牟等小国，并夺占曹、邾、莒、宋等国部分土地，方成为大国。其疆域主要在泰山以南，略有今山东省南部，兼涉河南、江苏、安徽三省之一隅。疆域北至泰山、南达徐州、东至黄海、西抵阳谷一带，成为在今山东境内与齐国抗衡的大国。鲁国从第一任国君姬伯禽至最后一任国君鲁国鲁顷公，历经 34 君，长达 873 年，后被楚考烈王所灭。鲁文化是其创立人“周公”、传承人“伯禽”为代表，经由孔子（集大成）升华而成。由于历代文化主流均以官方意识形态引领为主，鲁文化故而形成了规范的“礼”“乐”文化传承，秉承“礼教”，以礼乐教化为主，官学与私学齐驱。

鲁文化经过历代鲁国国君发扬光大，又经孔子对鲁国及春秋时期的文献整理而得以流传、得以集大成。孔、墨、思、孟是鲁文化表征。

鲁文化价值地位。鲁文化的特殊地位与当时鲁国在各诸侯国中的地位一致，鲁文化是周文化传承发展的代表；鲁文化则以其勤俭质朴、注重传统、恪守礼乐、重德尚恩的风格深刻影响了中国传统文化的形成和发展。在鲁文化的熏陶下，出现了中国第一位圣人孔子。鲁国受封之地是中国文化最为发达的地区之一，也是中国文化中心。

鲁文化遗产：著名的历史文化遗存如鲁国故城遗址、三孔、孟母林、孟林以及陶器、铜器、玉器等。

非物质文化遗产：a. 生存样式。生产样式：包括鲁人的农业生产、手工业生产、商业和对外贸易等样式。生活样式：包括鲁人的饮食、服饰、居住、交通、婚姻、丧葬、宗教等样式。b. 社会制度。包括鲁国的政治制度、经济制度、军事制度等。c. 历史文献：《尚书》和《春秋》原本是孔子编撰的教学书，《尚书》被升华为中国历史上第一部史书；《春秋》则被升华为中国第一部编年史。d. 历史名人：孔子、孟子、子思、曾子、颜回等，除了孔孟及庞大的儒家学派之外，还出现了一大批灿若群星的思想家、政治家、科学家、军事家和文学家。如高扬“兼爱”“非攻”旗帜的墨子，以“和圣”著称的柳下惠，以“巧圣”闻名的鲁班，褒受孔子赞扬的史家左丘明等，群峰耸立，展现了孔孟之乡领先各诸侯国的文化水准与风貌。e. 思想：以孔孟创立的儒家思想为主干，它包含一系列范畴和命题，如道、德、仁、义、礼、智、孝、悌、忠、恕、宽、信、敏、惠、天、命、中庸等。这些具有不同性质和功能的范畴，彼此交义，组成了一系列基本命题，如“志于道，据于德，依于仁，游于艺”“克己复礼为仁”“己欲立而立人，己欲达而达人”“己所不欲，勿施于人”“入则孝，出则悌”“主忠信”“讷于言，而敏于行”“使命以时”等，完整的构成了道德伦理规范和价值评判标准；墨学：与儒学并称显学。墨子政治经济思想、伦理思想、哲学思想；墨子科学贡献，力学、几何学、光学成就显著。f. 重大事件：齐鲁会盟、长勺之战等。

4. 泰山文化

（1）概述。泰山作为中华民族精神家园的重要载体，是国泰民安的寓意体、天人合一的寄托体、自强担当的精神体、厚德载物的象征体、开放包容的思想体、雄伟质朴的自然体，是中华民族优秀传统文化的典型象征和极为重要的体验空间，“国泰民安”正是泰山文化最核心的内容和鲜明特征。

（2）文化价值与地位。东亚文化摇篮。泰山文化是中华文化主要发祥地之一，是古代中国文明和信仰的象征，中国历史文化的缩影，中国艺术家和学者的精神源泉。作为中华五岳之首，泰山的景观可称为独特的艺术杰作。

（3）文化构成及主要文化遗址。泰安境内分布有泰山石刻、泰山古建筑群、岱庙建筑群、灵应宫建筑群、革命历史遗址等物质文化遗产。包括国家级文物保护单位 14 处、省级文物保护单位 78 处、市级文物保护单位 109 处、尚未定级的文物保护单位 1986 处，历史建筑 9 处，历史文化街区 1 处、历史城区 1 处。

济南境内分布有灵岩寺、千佛崖造像、东平陵故城等物质文化遗产。包括国家级文物保护单位 21 处、省级文物保护单位 151 处、市级文物保护单位 203 处、尚未定级的文物保护单位 969 处，历史建筑 57 处，历史文化街区 3 处、历史城区 1 处。济南莱芜区境内分布有嬴城遗址、牟城故国遗址、古冶铜遗址等物质文化遗产。包括国家级文物保护单位 4 处、省级文物保护单位 16 处、市级文物保护单位 30 处。

5. 儒家文化（思想高峰）

（1）概述。儒家文化是以儒家学说为指导思想的文化流派。儒家学说为春秋时期孔丘所创，倡导血亲人伦、现世事功、修身存养、道德理性，其中心思想是恕、忠、孝、悌、勇、仁、义、礼、智、信，其核心是“仁”。

儒家学说经历代统治者的推崇，以及孔子后学的传承和发展，使其对中国文化的发展起了决定性的作用，在中国文化的深层观念中，无不打着儒家思想的烙印。

山东是儒家文化发源地，儒家思想的创立人有曲阜的孔子、邹城的孟子。

（2）发展脉络。儒家兴起：创始人孔子，春秋鲁国人。思想核心是“仁”。“礼”为社会规范，通过“仁”贯穿到一举一动中。“孝悌”是为“仁”之本。五种品德：恭、宽、信、敏、惠。在处理人际关系方面，强调忠恕。在道德准则上，提倡中庸。孔子学说概括为：重血亲人伦，植根血缘基础；重现实政治，强调以仁为本；重道德修养，提倡忠恕、中庸；重现实功利，倡导以义取利。

先秦儒家：孔子及之后的继承者。思孟学派、荀况学派和儒家八派。思孟学派：子思、孟子。孟子仁政思想，提出民为邦本的主张。荀况学派：荀子，人定胜天思想，主张尚贤使能和性恶论。儒家八派：子思之儒、孟氏之儒、孙氏之儒、子张之儒、颜氏之儒、漆雕氏之儒、仲良氏之儒、乐正氏之儒。都主张“仁”，把“礼”作为最高的社会规范和行为准则，都注重情感的感化作用。

两汉儒家：董仲舒、郑玄。秦始皇焚书坑儒，儒家经典几乎灭绝。汉武帝、董仲舒，罢黜百家独尊儒术，儒学登上独尊地位。以董仲舒为代表的汉代儒学思想：神学化的阴阳五行说，儒学谶纬化和经学化。汉代儒学开始向经学发展，分为今文经学和古文经学。董仲舒是今文经学的代表，用阴阳五行来说经。郑玄是古文经学代表，对经典的解释更接近经文原义。

魏晋儒学：王弼、何晏，名僧惠远。儒道融合：王弼、何晏用道学来解释儒学。儒佛融合：内外之道，可合而明，内佛外儒。

宋明儒学：张载、程颐、朱熹、王阳明等。程朱理学诞生。

存天理，灭人欲。新儒学被作为官学，四书五经成为封建社会最正统教科书。

（3）价值地位。孔子“仁”的精神是一种具有世界意义的人文精神。儒学思想对道德的强调在当代社会具有现实启示意义，世界其他国家在汲取人类智慧方面应具备全球视野，向儒学思想汲取智慧。

儒家学说已经成为东亚文明的合理内核，分别被东亚诸国的民族文化吸收，融合为其重要的组成部分。

儒家学说是我国封建帝制政治统治合法性的理论依据，成为我国古代思想文化的核心和意识形态的基础。

6. 两汉文化

山东为汉代经济、文化比较发达的中心区域之一，留存下来的遗迹、遗物极其丰富，分布范围遍及全境，尤其以临沂、潍坊、济宁、枣庄等市最为集中，包括各类遗址、墓葬、石阙、石祠、碑碣刻石、各类窑藏和文物出土点计 5700 余处。

汉代遗址有城址、祭祀址、手工业作坊、铁、铜、冶炼遗址等诸类。汉代城址已发现近百处，多为郡县治所、封国都城以及军事等性质的城址。

已发现汉代墓葬近 1700 余处，历年发掘累计达 6000 余座，重要的有临淄大武齐王墓陪葬坑、巨野红土山昌邑王墓、曲阜九龙山鲁王墓群、长清双乳山济北王墓、章丘洛庄吕汉墓陪葬坑和祭祀坑、昌乐茵川王后墓、临淄金岭镇东汉齐王墓、济宁任城王墓和任城王室墓等大型诸侯王陵墓，形制复杂多样，出土器物种类丰富。

山东是汉画像石遗存最多的地区之一，此类遗存多达 300 余处，近 3000 块，集中分布在济宁、临沂、枣庄、泰安、济南、槛坊等地。画像石雕刻技法丰富多样，内容丰富多彩，是研究汉代政治、经济、文化的形象资料。此外，汉代墓葬还留有一定数量的石阙、石祠等墓地建筑及石刻，是研究我国雕刻、书法艺术的重要资料。

西汉经学：古文经学，集中于鲁地，称为鲁学，代表人物是郑玄（山东高密人）；今文经学，集中于齐地，称为齐学，代表人物是东汉任城人（山东济宁）何休。

方仙道文化：邹衍的阴阳五行学说和大九州说，黄老道家的虚静无为说等对神仙方术和道教的形成有直接影响；秦皇汉武寻找不死之药；秦始皇派卢生、徐福入海寻找仙山神山，徐福东渡传说。

泰山文化兴起：源于人们对泰山的崇拜和帝王对泰山的封禅。

7. 魏晋南北朝及宋明清文学艺术

两汉以后，齐鲁地区文化相对衰落，但流风余韵不断。魏晋时期，尚有著名经学家王肃、王弼（玄学创始人）、玄学家王衍等。

魏晋以后，齐鲁学术建树不多。

齐鲁文坛和艺坛是这一时期的亮点，如建安七子中齐鲁籍四人，太康诗人左思，文论家刘勰，词家双祖济南二安，明清剧作家、小说家孔尚任、蒲松龄等。

建安文学的领袖曹操、曹植父子，唐代诗坛双星（诗仙李白、诗圣杜甫），在齐鲁长期活动，留下不少作品。

齐鲁画坛、书坛、石雕、碑刻、佛教石窟、道教建筑和民间艺术异彩纷呈，王羲之书法空前绝后，被誉为书圣；张择端《清明上河图》堪称一绝。

8. 近现代海事文化（第三个文化发展高峰）

（1）概述。1840 年鸦片战争之后，山东沦为帝国主义殖民地，西方文化在山东传播开来。

1858 年 6 月，《天津条约》中，登州（蓬莱）被辟为通商口岸。1861 年 3 月，马礼逊已经在烟台山上筹建领事馆，升起领事旗，外国商船也不断抵港卸货进行贸易。自此，烟台门户洞开，成为中国北方最早对外开放的三个口岸之一（另两处为天津、牛庄），也是山东最早的通商口岸。

青岛港开放于 1899 年，尤其是 1906 年以后，伴随着现代化港口设施的建成和胶济铁路的通车，青岛成为山东最大的贸易港。

由于山东地处沿海，青岛、烟台、威海等地是西方资本主义入侵的重要地区，是帝国主义军事侵略的重灾区。中日甲午海战主要在山东境内进行，这次战争最终以清军的失败而告终，使日本取得了中国沿海的制海权。山东半岛失守，京畿门户动摇，中国的心脏地区受到威胁，特别是 1895 年中日签订的《马关条约》，进一步加深了中国半封建半殖民地的进程。甲午战争后，德国在以武力侵占胶州湾的同时，使用外交手段，向清政府施压，签订了《胶澳租界条约》，并逐渐控制了青岛的海关大权，设在租界地的中国海关，实际上变成为德国利益服务的殖民地海关，青岛也逐渐取代烟台成为山东第一大贸易口岸。使山东成为德国的势力范围，从而加速了山东半殖民地化的过程。英国强占威海卫，签订《中英议租威海卫专约》，使威海正式沦为英国的殖民地。在这种环境下，烟台、青岛、威海相对其他地区而言，与欧美有关的事情日多，同时也留下了许多带有半殖民地性质的建筑。

（2）价值地位。面对列强的侵略，山东人民进行各种形式的反抗斗争，表现出了反抗外来侵略压迫的光荣传统。近代山东城市开埠，客观上促进了山东发展。

（3）文化资源分布。山东近现代重要史迹及代表性建筑可大致分为两个时段：近代重要史迹及代表性建筑主要集中在 19 世纪末 20 世纪初，现代重要史迹及代表性建筑以抗日战争时期、解放战争时期居多（红色文化为主）。

重要史迹及代表性建筑共 24 处，其中主要集中在青岛和烟台，两市达 17 处之多。

9. 红色文化（第四个文化发展高峰）

（1）概述。山东是革命老区、红色热土。革命战争年代，在齐鲁大地上，党不仅领导人民完成了可歌可泣的革命事业，而且创造了感召人民群众、凝聚党心军心、激励奋斗不止的红色文化。红色文化上承中华优秀传统文化，下启社会主义先进文化，是中华文化的宝贵财富。

（2）文化地位与价值。山东是全国最早建立党组织的地区之一；在抗日战争时期是重要的敌后抗日战场；在解放战争时期是党和人民军队北上南下的重要战略基地，为中国革命的胜利做出了重大贡献。

山东的红色旅游资源优势独具。境内发生的台儿庄大战、鲁西南战役、孟良崮战役、解放济南等战役在中国共产党的历史上具有重要意义；山东威海是北洋水师的诞生地，又是甲午战争的主战场；沂蒙山革命根据地被誉为华东的“延安”，以沂蒙山区为主的革命老区一直都是中共华东地区领导机关和军队最高指挥机构的驻地。

山东的红色文化具有鲜明的平民个性，这在中国的红色旅游中独树一帜。“爱党爱军、开拓奋进、艰苦创业、无私奉献”的“沂蒙精神”是山东红色精神的集中体现，是中华民族优秀文化的传承发展与时代体现，是中华民族精神财富的重要组成部分，是全国最具地域特色的红色文化品牌之一。

（3）文化资源分布。山东省的遗址主要分为：重要党史（历史）事件和重要机构旧址（如中共青岛地方支部旧址、山东省政府旧址等）；重要党史（历史）事件及人物活动纪念地（如孟良崮战役纪念馆，济南战役山东兵团指挥所纪念地）；革命领导人（重要人物）故居（如王尽美烈士故居）；烈士墓（如济南英雄山烈士陵园、华东革命烈士陵园）；纪念设施（如中共山东省党史陈列馆，王尽美、邓恩铭雕像纪念广场）。列入全国重点文物保护单位的有：八路军第115师司令部旧址、华东野战军前委淮海战役筹备会议旧址、新四军军部等；列入全国重点烈士纪念建筑物保护单位的有：济南革命烈士陵园、济南战役纪念馆、青岛市革命烈士纪念馆、华东革命烈士陵园等。在这些遗址中，国家级爱国主义教育基地21处。中宣部命名公布的国家级爱国主义教育基地有：铁道游击队纪念园、海阳市地雷战纪念馆、冀鲁豫边区革命纪念馆、天福山革命遗址等。

沂蒙精神是山东红色文化精神中极具代表性的，也是在全国影响最广的红色文化精神之一。沂蒙精神的主要内涵是“爱国爱党、开拓奋进、艰苦创业、无私奉献”。“爱国爱党”是山东人民大爱的体现。在解放战争时期，广大的山东人民为支援前线无私奉献，为战争的胜利做出了巨大贡献。

10. 宗教文化

（1）概述。山东自古是儒、释、道三教繁盛之区，基督教和伊斯兰教也曾广泛传播，有着丰富的宗教文化。至今，山东各地仍保留着大量珍贵的宗教风景名胜和文物古迹，许多著名的寺院和神祇在海内外有着重要影响，成为山东历史文化的一大特色。

（2）文化地位与价值。秦始皇和汉武帝寻仙求药、全真道兴起、八仙过海传说等仙道文化资源，在中国乃至世界凸显出新奇、神秘的仙道养生魅力，产生了有着区域特色，富有想象力的半岛神仙文化；道教全真派发祥地昆嵛山位于胶东半岛，东岳泰山雄伟挺拔，历来是人们敬仰和善男信女朝拜地。

西晋著名学僧佛图澄弟子僧朗，在泰山创建的大灵岩寺在中国佛教史上有着举足轻重的影响，与荆州玉泉寺、浙江国清寺、南京栖霞寺并称“四大名刹”；我国最早的石结构寺塔——济南四门塔。

沿丝绸之路北源和京杭大运河而来的伊斯兰教文化，对山东文化的发展产生过一定的影响。现存清真寺有较高研究和观赏价值的数十处。

基督教在山东虽历史不长，但其教堂和遗址具有较高的历史和观赏价值。

（3）文化资源及分布。山东道家建筑现存主要集中在泰安、青岛等地区。道家建筑包括观、庙、堂、庵等，一般为传统四合院建筑形式。著名的有泰安岱庙、玉皇庙、碧霞祠、关帝庙、普照寺潍坊城隍庙，荣成成山头始皇殿，崂山上清宫、太清宫等。

境内遗留佛教遗址遗迹200多处，南北朝时期石窟寺、寺庙、石造像等遗存，济南、淄博、青州、博兴等地最为丰富。隋唐时期的佛教寺庙比南北朝时期分布范围更为广阔，著名的有济南神通寺遗址、长清灵岩寺般舟殿遗址、东平建福寺遗址等。早期佛教寺院建筑以佛塔为中心，后逐渐以佛殿为主。宋元至明清寺庙分布几乎遍及整个山东地区。这些寺庙建筑多以佛殿为主，有的另有佛塔、墓塔林等附属建筑。

明清以来，随着伊斯兰教的传播和西方宗教的传入，境内城乡兴建了大量的清真寺及天主教、基督教教堂等，著名的有济南南大寺和北大寺、济宁东大寺、青州真教寺、德州苏禄国王墓旁的北营清真寺，具有较高的观赏和研究价值。临清北大寺礼拜殿的壁画为明代作品，是山东清真寺仅存的古壁画珍品。

（二）山海相连的自然禀赋

山东半岛是我国最大的半岛，有绵延3000多千米的大陆海岸线，陆岛岸线长度全国排第三位。以青烟威为核心向两翼展开的滨海城市带是我国沿海重要的城市和港口的密集分布带。广阔的海域和优质的滨海沙滩、丰富的河湖和黄河三角洲湿地资源，国家级湿地公园数量居全国前列，是北方湿地大省；有105个国家级水利风景区；鲁中山地造就了五岳之首的泰山，以及蒙山、鲁山、沂山等著名的山地和生态景观。

1. 海洋资源

（1）滨海岸线资源。山东半岛是中国最大的半岛，三面环海，山东半岛海岸线有3345千米，占全国海岸线的1/6，居全国第二位。全省有岛屿326个，滩涂面积3223平方千米，海洋国土面积约17万平方千米。全省有海湾200多处，2/3以上为基岩质港湾式海岸，是中国长江口以北具有深水大港预选港址最多的岸段；山东半岛海岸地貌类型多样，人文和自然景观丰富。山东沿海宜晒盐滩涂2740平方千米，占全国的1/3；地下卤水资源、海洋矿产资源丰富，渤海沿岸石油地质预测储量30亿吨以上，天然气探明地质储量为110亿立方米。

（2）海岛资源。山东省海岛总面积约为102平方千米，大部分海岛位于离岸15千米的海域内，沿海7地市均有海岛分布。整体看，山东半岛海岛自西向东，自北向南，可以分为长岛岛群、烟威北部岛群、烟威东南部岛群、青岛近海岛群和鲁东南前三岛岛群等六个岛群，山东省近15万平方千米的管辖海域中共有海岛589个，其中，549个左右基岩岛，其余为沙岛。有居民的海岛32个，占5.4%；无居民海岛557个，占海岛总数的94.6%。面积大于500平方米的海岛299个。山东海岛绝大部分位于近岸海域，距大陆海岸线5千米以上的海岛主要分布在长岛县境内，距大陆海岸线最远的有居民海岛是北隍城岛，离岸距离约61千米。长岛县为山东省唯一的海岛县。

从海岛成因和物质构成来看，山东省渤海海域海岛多为淤积型沙质海岛，主要是沙泥淤积而成，岛子不稳定。黄海海域多为基岩型海岛，主要是岩石组成，地质坚固稳定。基岩岛549个，主要分布于庙岛群岛、胶东半岛近海和海州湾等海域；冲淤堆积岛40个，包括贝壳堆积岛和泥沙堆积岛，主要分布于黄河三角洲、丁字湾等海域。

从海岛距陆地特征来看，距陆地5千米以内的海岛345个，占海岛总数的58.57%；距陆地5~50千米的海岛148个，占25.13%；距陆地大于50千米的海岛96个，占16.30%。

从海岛面积特征来看，面积小于500平方米的海岛313个，占海岛总数的53.14%；面积在500平方米至5平方千米之间的海岛269个，占45.67%；面积大于5平方千米的海岛仅7个，最大海岛为南长山岛，面积为13.3平方千米。

表3–2　山东省海岛基本情况统计

地区	海岛数量（个）	有居民海岛					
		数量（个）	户籍人口（人）	常住人口（人）	县级海岛数（个）	乡级海岛数（个）	村级海岛数（个）
滨州市	21	4	3460	2732	0	0	4
东营市	6	0	0	0	0	0	0
潍坊市	4	0	0	0	9	9	9
烟台市	230	15	53944	57555	1	8	6

续表

地区	海岛数量（个）	有居民海岛					
		数量（个）	户籍人口（人）	常住人口（人）	县级海岛数（个）	乡级海岛数（个）	村级海岛数（个）
威海市	185	6	6824	8042	0	0	6
青岛市	120	7	6017	5686	0	0	7
日照市	22	0	0	25	0	0	0
省直属	1	0	0	0	0	0	0
总计	589	32	70245	74040	1	8	32

2. 陆域自然资源

山东省陆域自然资源类型多样、数量丰富，以拥有重要的国家级及以上品牌的优质自然保护地为代表。山东省尚无国家公园试点，陆域自然保护地主要包括自然保护区与自然公园两大类，共有289处。前者主要指国家级自然保护区；后者包括国家级风景名胜区、国家级湿地公园、世界级地质公园、国家级地质公园、国家级森林公园、国家级水利风景区等。

（1）国家级自然保护区。截至2018年5月31日，山东省拥有国家级自然保护区7处，其中3处为自然遗迹保护区（山东滨州贝壳堤岛与湿地国家级自然保护区、山东马山国家级自然保护区、山东山旺古生物化石国家级自然保护区）；2处为自然生态系统类保护区（山东黄河三角洲国家级自然保护区、山东昆嵛山国家级自然保护区）；2处为野生生物类保护区（山东荣成大天鹅国家级自然保护区、山东长岛国家级自然保护区）（表3–3）。

表3–3 山东省国家级自然保护区名录

所属地市	名称	类型	主要保护对象
滨州	山东滨州贝壳堤岛与湿地国家级自然保护区	海洋自然遗迹	贝壳堤岛和滨海湿地
东营	山东黄河三角洲国家级自然保护区	湿地生态系统	新生湿地生态系统和珍稀濒危鸟类
青岛	山东马山国家级自然保护区	地质遗迹	硅化木与柱状节理石群
威海	山东荣成大天鹅国家级自然保护区	野生动物	大天鹅和典型湿地生态系统
潍坊	山东山旺古生物化石国家级自然保护区	古生物遗迹	古生物化石
烟台	山东长岛国家级自然保护区	野生动物	鹰、隼等猛禽及候鸟栖息地
烟台	山东昆嵛山国家级自然保护区	森林生态系统	水杉

（2）国家级风景名胜区。截至2017年3月29日，山东省拥有国家级风景名胜区6处（表3–4）。其中5处都是以山景为主的风景名胜区（泰山风景名胜区、青岛崂山风景名胜区、博山风景名胜区、青州风景名胜区、千佛山风景名胜区），1处是以洲岛屿礁景观为主的风景名胜区（胶东半岛海滨风景名胜区）。

表3–4 山东省国家级风景名胜区名录

序号	名称	所属地区	主要景观类型	批次	面积（万公顷）
1	泰山风景名胜区	泰安市	山景	1	2.42
2	青岛崂山风景名胜区	青岛市	山景	1	4.46
3	胶东半岛海滨风景名胜区	烟台、威海	洲岛屿礁	2	0.3337

续表

序号	名称	所属地区	主要景观类型	批次	面积（万公顷）
4	博山风景名胜区	淄博市	山景	4	0.73
5	青州风景名胜区	潍坊市	山景	4	0.7654
6	千佛山风景名胜区	济南市	山景	9	0.1146
总面积					8.8237

（3）国家级湿地公园。截至 2017 年年底，山东省拥有国家级湿地公园 68 处。山东省的国家级湿地公园有 63% 分布在内陆地区，37% 分布在沿海地区，且分布情况与山东省的水系分布密切相关。山东省的湖泊主要分布在鲁中南山丘与鲁西平原的接触带上，这一区域的湖泊型湿地公园分布较多；而黄河、沂河、沭河、泗河、徒骇河、大汶河、小清河、胶莱河、马颊河等流域内则分布有较多河流型湿地公园；沿海地区还分布有河口型、海湾型湿地公园等，尤其黄河三角洲处湿地面积十分辽阔。在 16 个地市中，临沂市与潍坊市因水系丰富，分布有较多的国家级湿地公园。东营市、威海市则相对较少。

（4）世界级和国家级地质公园。截至 2018 年 3 月，山东省拥有世界级地质公园 2 处，国家级地质公园 11 处。山东省世界级和国家级地质公园大多分布在沿海地市的鲁东丘陵区域，其余的分布在内陆地市的鲁中南山地区域。在泰安市和临沂市各分布有 1 处世界级地质公园，分别是山东泰山世界地质公园和山东沂蒙山世界地质公园；其余地市除济南、德州、聊城、菏泽、滨州、威海、青岛外，均分布有国家级地质公园，其中潍坊市的数量最多。

（5）国家级森林公园。截至 2017 年年底，山东省拥有国家级森林公园 49 处，经营总面积达到 212137.06 公顷。山东省的国家级森林公园在沿海地市与内陆地市之间的分布较为均匀，在 16 个地市中，除菏泽市外，其余地市均有国家级森林公园，其中，烟台市、泰安市、济南市、潍坊市、威海市的分布较多。

（6）国家级水利风景区。截至 2018 年 12 月，山东省拥有国家级水利风景区 105 处。山东省的国家级水利风景区在沿海地市与内陆地市之间的分布较为均匀，在 16 个地市中，潍坊市、滨州市的国家级水利风景区分布数量较多，日照市、威海市与青岛市则相对较少。总体来说，在鲁中地区布局较为集中，鲁西南、鲁南和胶东地区分布比较零散。

3. 气候舒适，环境宜人

山东省旅游气候资源丰富，按照旅游气候综合舒适度可将山东省划分为 3 个片区，分别是鲁西内陆平原旅游区、鲁中南山地旅游区以及半岛滨海旅游区①。省内各地气候舒适期从 6 个月到 12 个月均有分布，其中，绝大部分地区的旅游气候舒适期为 8~9 个月，气候舒适期较长的地区分布于半岛滨海旅游区、鲁中南山地旅游区等部分地区②（表 3–5，图 3–26）。

表 3–5　山东省旅游气候区划特征

旅游气候区划	典型特征
鲁西内陆平原旅游区	该区域旅游气候年综合指数最低，地处内陆，较为平坦
鲁中南山地旅游区	该区旅游气候年综合指数最高，地形以山地、丘陵为主，原生态环境保存较好，造就了丰富的山岳景观和喀斯特景观等自然旅游资源，同时该区又是全省气候垂直梯度分布特征最明显区域
半岛滨海旅游区	该区地处半岛沿海，气候具有明显的海洋性特征

① 张秀美，杨前进等．山东省旅游气候舒适度分析与区划［J］．测绘科学，2014，39（8）：140–143+147.

② 邱粲，曹洁等．基于 GIS 的山东省旅游气候舒适度精细化评估［J］．资源科学，2013，35（12）：2501–2506.

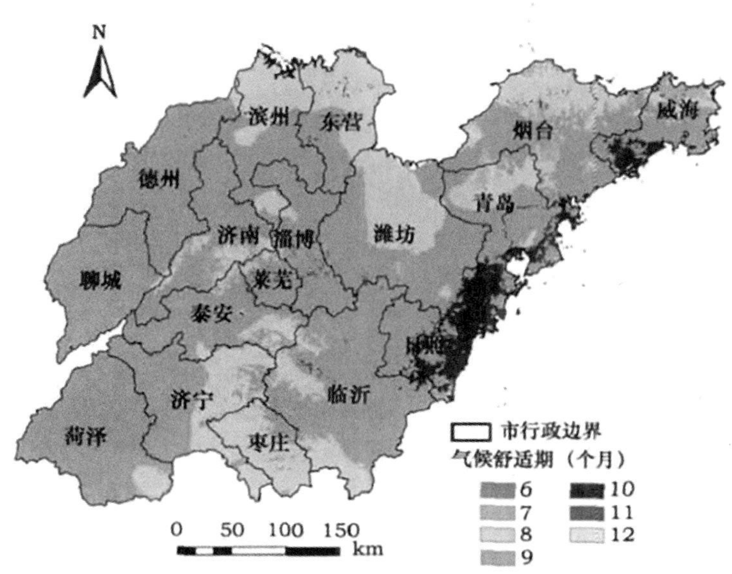

图 3-26　山东省旅游气候舒适期分布

山东省植被覆盖面积占全省总面积的77.54%[①]，在沿海地带及丘陵地带的植被覆盖情况较好[②]。且沿海地带的环境空气质量良好率位居全省第一梯队。

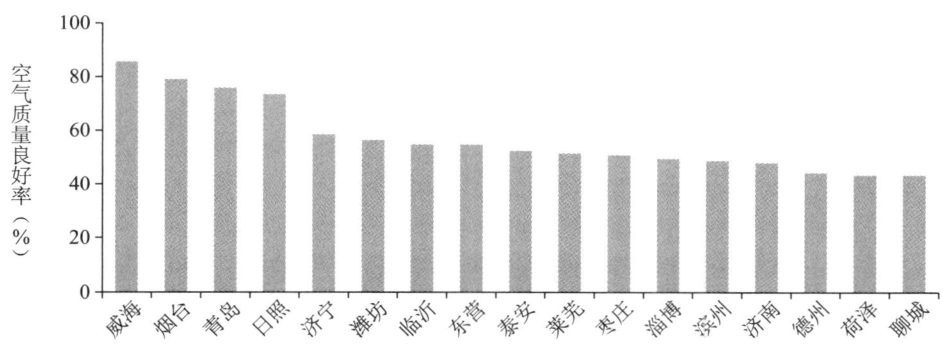

图 3-27　山东省各地市空气质量良好率[③]

三、文化旅游市场预判

（一）我国旅游市场趋势预判

国内旅游市场持续高速增长，入境旅游市场稳步进入缓慢回升通道（图 3-28）。大众旅游将继续成为市场主力。2013 年以来，旅游市场加快往国民休闲需求方向调整、国民旅游市场加快往大众需求调整。随着政策的变化，公务、商务需求增长放缓，旅游业发展方式在悄然转变，人民群众日益增长的常态化的旅游需求已经成为旅游市场的基础支撑，并将继续成为我国旅游市场增长的主力。

① 省国土资源厅、省统计局:《山东省第一次全国地理国情普查公报》。
② 陈素青 . 山东省生态环境的综合评价［J］. 国土与自然资源研究，2006（3）：61-62.
③ 《2017 年山东省环境状况公报》。

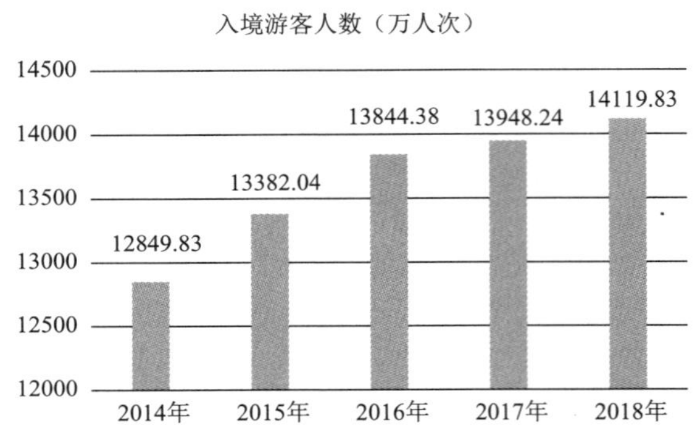

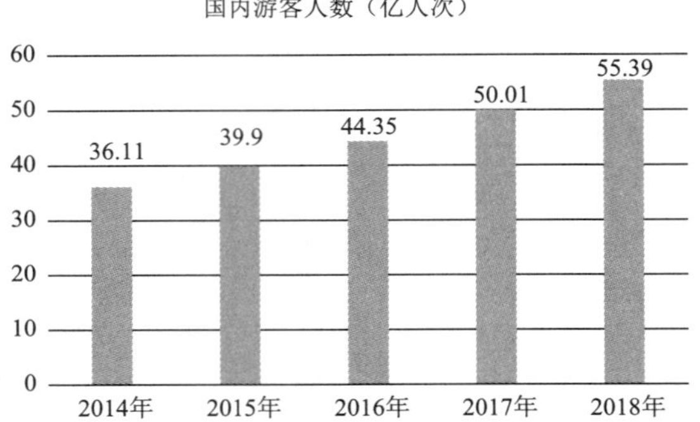

图 3-28　旅游市场近 5 年变化情况

文化旅游在入境市场的地位不断提升。根据调查，来华美国旅游者更偏好文化和地方特色，超过 1/3 的游客将文物古迹作为首选旅游产品，将近一半的游客愿意体验民俗文化类的旅游项目。与此同时，日本、韩国等传统入境旅游市场也较偏好文物古迹、民俗风情类的项目（图 3-29）。

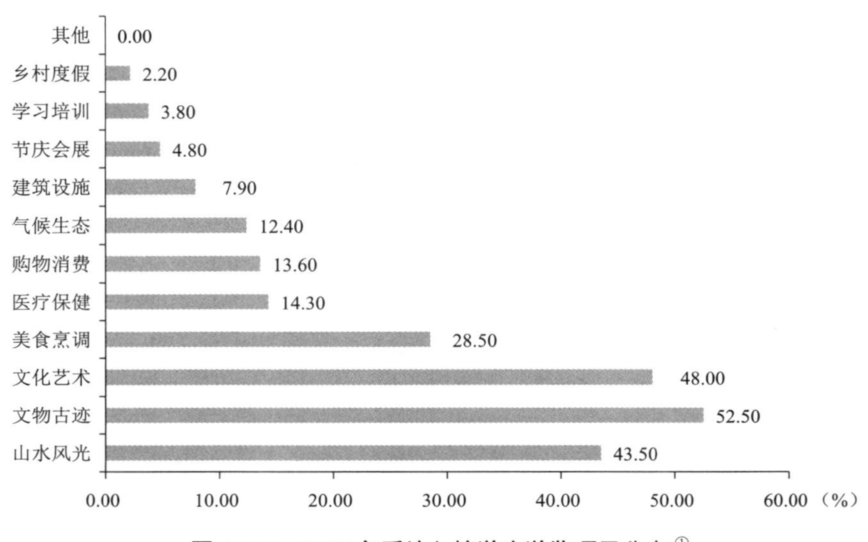

图 3-29　2017 年受访入境游客游览项目分布 [①]

休闲旅游成为刚需，中国步入全民旅游时代，"5+2"的生活方式催生旺盛的休闲需求，周边游方兴未艾。

潜在出游力区域非均衡格局依然明显，但客源地与目的地呈现双双向中西部地区快速延伸的趋势。客源地潜在出游力在东中西三大区域之间依然表现为"7∶2∶1"的三级阶梯状分布，即我国的客源市场有近 70% 源自东部地区，20% 源自中部地区，10% 源自西部地区。增长最快的客源地主要集中在西部地区，这些地区渐成为我国旅游消费市场的生力军。

旅游消费升级，国民旅游需求从美丽风景向美好生活转变，观光游比重下降成为国民旅游市场的中长期趋势[②]，对文化体验类旅游产品的偏爱与日俱增。特别是非遗、自然遗产旅游深度融合的体验活动持续走热，文化展演、博物馆以及主打文化 IP 的景区逐渐赢得游客喜爱。2018 年国庆期间，超过 90% 的游客参加了文化活动，整体市场同比增长 35%，其中文化类景区门票消费同比增长 58%，文化

① 中国旅游研究院：《中国出入境旅游发展年度报告 2018》。

② 中国旅游研究院：《"2018 旅游经济运行盘点"系列报告（二）：旅游产业》。

展演吸引游客人数较上年同期增长 12%[①]。

“三自游”高温不下，《旅游法》正式施行促使自助游井喷式增长，自由行成为绝对主导[②]。根据《中国自驾游发展报告（2012~2013）》，2012 年我国自驾车出游人数达 14.2 亿人次，占我国居民出游总数的 48%，自驾车旅游消费达 6470 亿元，约占我国居民国内旅游消费总量的 30%。在国家政策的支持下，旅居车市场也在持续升温。

以家庭作为单位出游的趋势明显增强，八成家庭会定期开展亲子游互动[③]，且消费力强[④]（图 3–30）。以家庭为单位的出游多以大城市近郊与周边作为目的地。

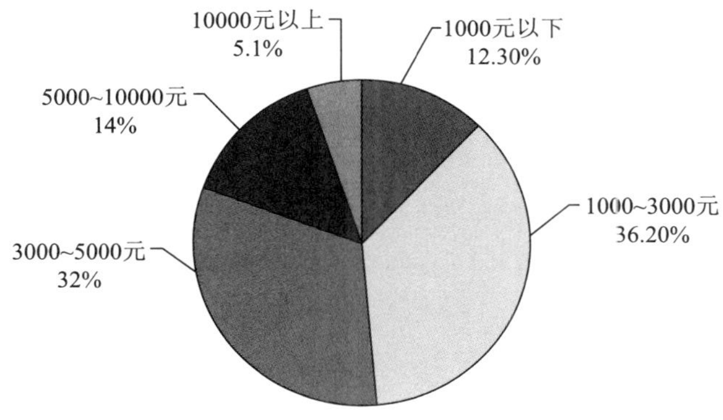

图 3–30　家庭旅游花费

“80 后”、“90 后”渐成旅游消费主力军，“80 后”旅游消费金额占比最高，“90 后”省内出游占比最高。他们对互联网的依赖促使服务业新业态快速成长。为主（图 3–31）。他们对互联网的依赖促使服务业新业态快速成长。

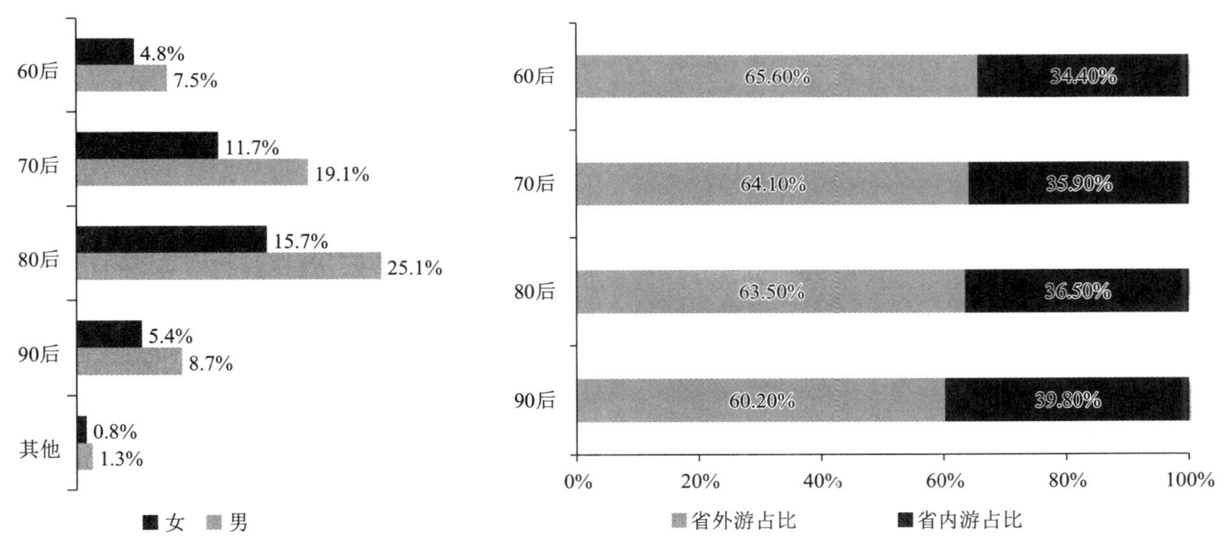

图 3–31　2018 年不同年龄人群出游情况

① 中国旅游研究院：《“2018 旅游经济运行盘点”系列报告（一）：旅游消费》。
② 蚂蜂窝自由行、中国旅游研究院：《全球自由行报告 2017》。
③ 携程：《亲子游白皮书》。
④ 中国旅游研究院：《中国家庭旅游市场需求报告 2018》。

文化体验、观光游览、休闲度假、乡村旅游、红色旅游、自驾旅居、康养旅游、冰雪旅游、轻奢旅游九大产品将成为未来一段时间内的主要需求。国内游客出游时精神文化层面的旅游动机十分强烈，对文化体验类产品的需求居高不下。

（二）山东文化旅游市场特征

1. 总量不断增长，增速放缓

山东省2018年全省接待游客8.6亿人次，实现旅游消费总额突破1万亿元，同比增幅分别超过9%和13%。山东省游客接待不断增长，但由增长率趋势图可发现，自2010年起，增长率放缓且有下降趋势。

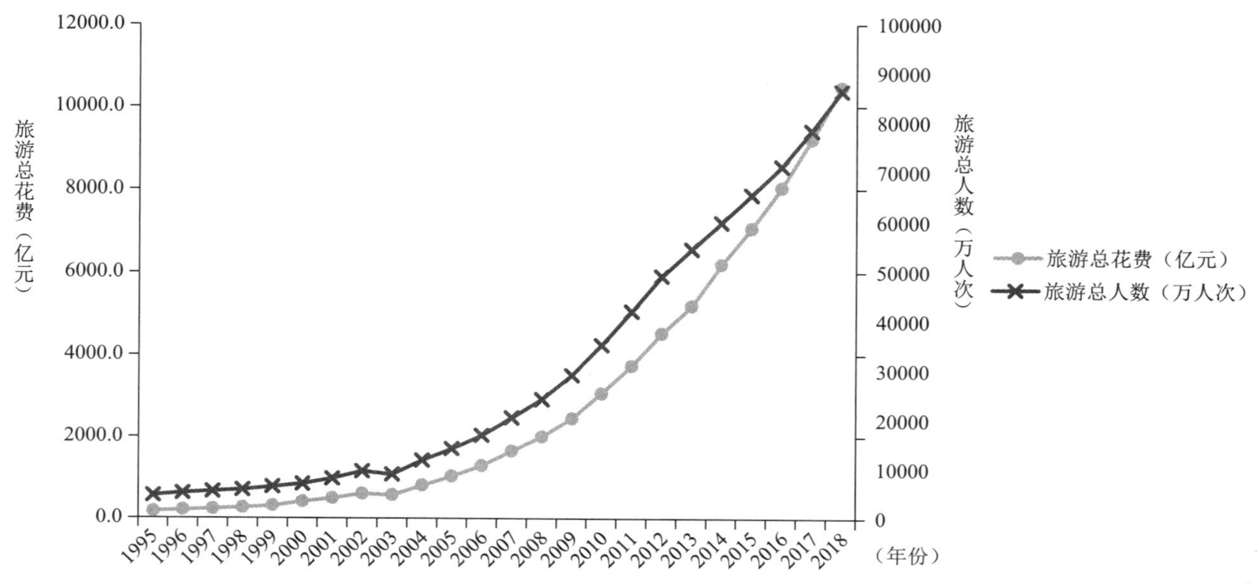

图 3-32　山东省 1995~2018 年游客接待量及消费变化趋势

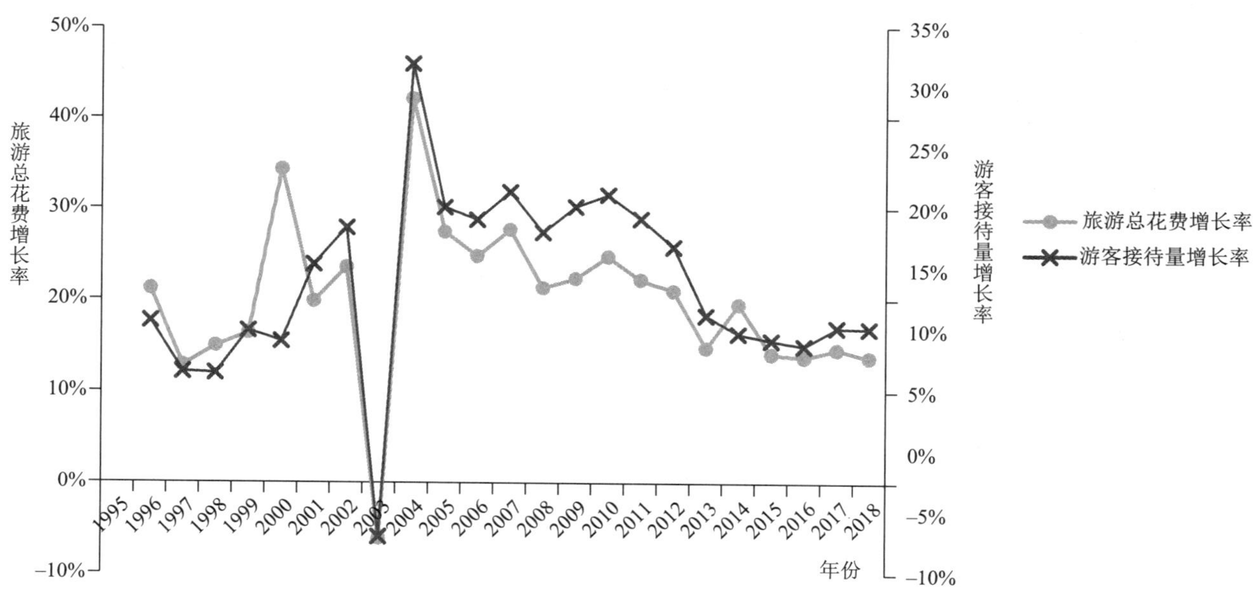

图 3-33　山东省 1995~2018 年游客接待量及消费增长率

2. 客源市场，入境规模小，国内依赖本省市场

（1）入境旅游规模小，入境国际客源以日韩为主。山东 2018 年接待入境游客 513.1 万人次，居全国第八位。入境游客比例仅约 1%，低于全国入境游客比例（3%）。入境旅游市场规模在全国排名不突出。入境国际游客中，日韩占据半壁江山，对欧美及俄罗斯等国市场开拓不足。

近年来，韩日游客占据了山东入境市场的半壁江山。同时来自其他国家的入境游客数量也在逐年增加，如俄罗斯、欧美国家、东南亚国家等，体现着山东逐渐得到国际游客的认可。

从整体上看，山东各市的入境旅游人数大体上逐年递增，其中青岛入境旅游人数始终居首位，其次是烟台、威海等，可见海滨一直是山东入境游的热门元素。除了沿海城市外，泰安、济南、潍坊、济宁、淄博、临沂对国际游客也有一定吸引力。

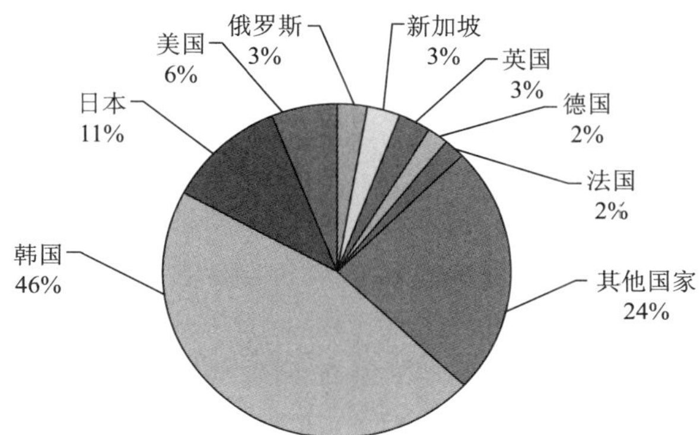

图 3-34 山东省 2017 年入境游客占比

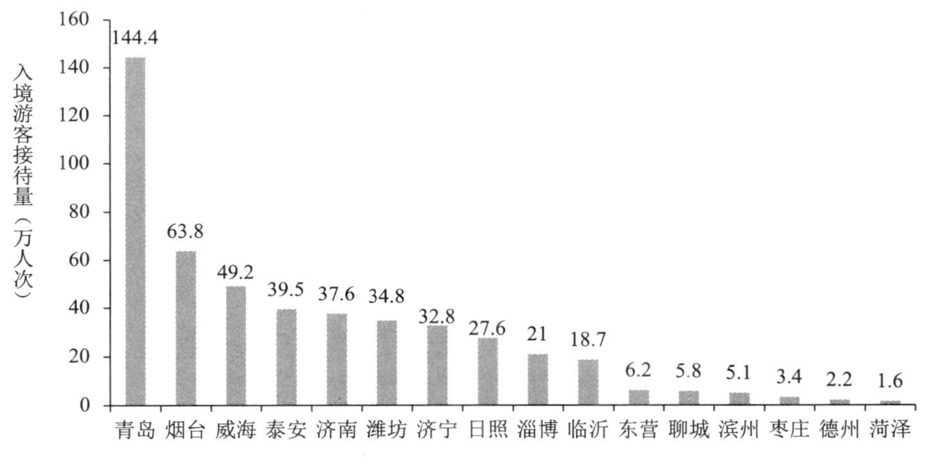

图 3-35 2017 年山东省各市入境游客接待量

（2）国内客源以省内为主。山东省国内旅游市场，山东本地游客占 64%。国内游客多来自省内，对省外市场吸引力不足，主要是邻近的河北、江苏，对北上广等大城市吸引力不足（图 3-36）。

以“山东旅游”为关键词搜索百度指数 PC 端及移动端，从 2018 年 6 月至 2019 年 6 月的统计数据，发现用户地域来源中本省用户居于首位，其次是河北、北京，之后为江苏、辽宁、河南、广东、浙江、天津、安徽。

根据移动、联通、电信三大运营商数据，山东省漫入量前 10 位的省份包括河北（8005.6238 万人次）、江苏（7787.0437 万人次）、河南（6278.9776 万人次）、北京（6170.8542 万人次）、广东

（3291.6942 万人次）、上海（2799.5483 万人次）、浙江（2675.9797 万人次）、辽宁（2430.4417 万人次）、黑龙江（2286.7789 万人次）、天津（2162.4644 万人次），多为邻近省份和经济发达的省份。

对比来看，目前北京、广东、上海、浙江等省的实际游客量较少，但根据其人群对山东旅游的关注度和其手机的漫游数据显示，这部分人群是有极大可能转变为游客的，可以从路过山东、经停山东变为在山东旅行。

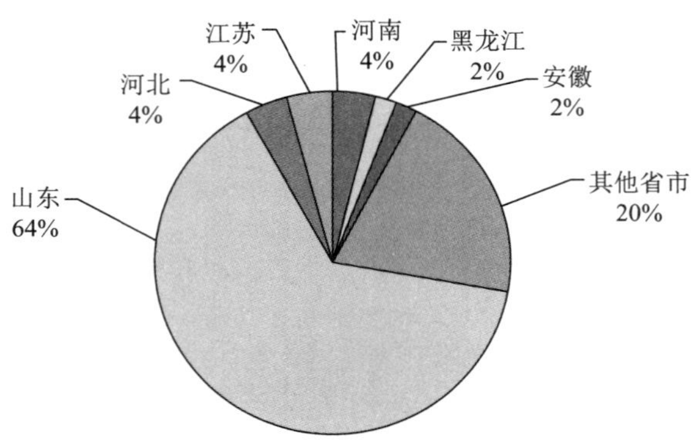

图 3-36　山东省 2017 年国内旅游客源分布

（3）淡旺季明显，4~10 月为旺季。在旅游搜索关注度方面，百度指数呈现明显的季节性显示，总体上呈现 4~10 月为旺季，11 月至第二年 3 月为淡季的特征。山东处于华北地区，属于温带季风气候，旅游呈现出夏秋多、冬春少的格局，淡旺季明显，冬季旅游发展不足（图 3-37）。

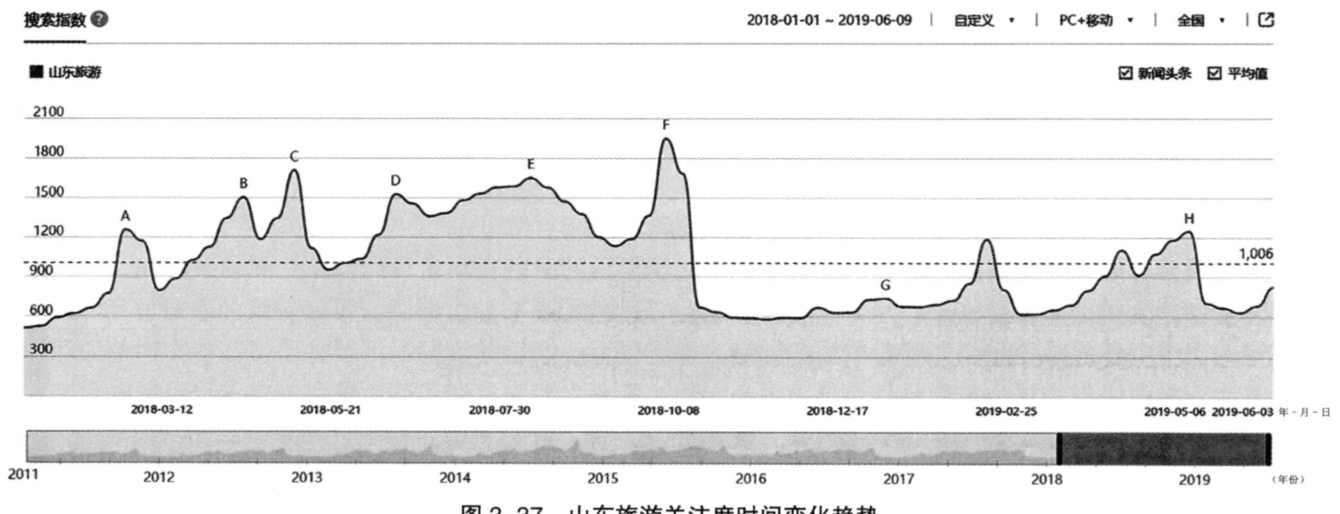

图 3-37　山东旅游关注度时间变化趋势

（4）性别年龄结构：男性多于女性，对年轻人吸引力不足。根据问卷调查数据，山东游客中男性占比 63.36%，女性占比 36.64%，男性多于女性。

在年龄方面，游客年龄分布范围集中在 25~44 岁，占总搜索游客的 58.41%，其次是 45~64 岁，占比 24.03%，即 25~64 岁游客占总搜索人数的 82.44%，19~24 岁游客占比 14.93%，18 岁以下占比 0.89%（见图 3-38）。

（5）旅游动机：以观光游览、休闲度假为主。由图 3-39 可知，游客的旅游动机以观光 / 游览为最多，占比 36.86%，其次是休闲 / 度假，占比 26.46%，然后是商务 / 公务占比 14%。探亲访友占比 11%，其余动机占比均在 5% 以下。

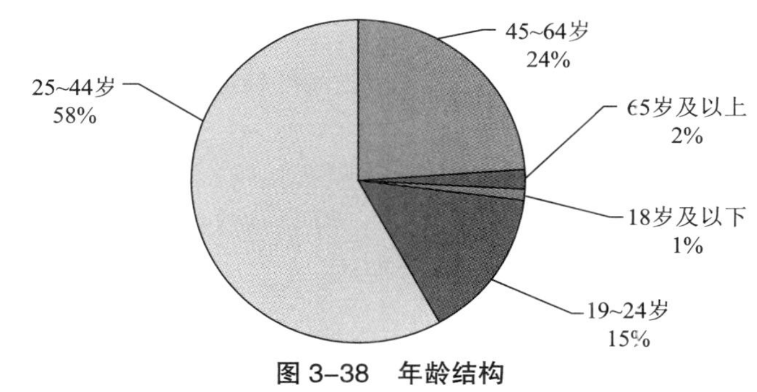

图 3-38　年龄结构

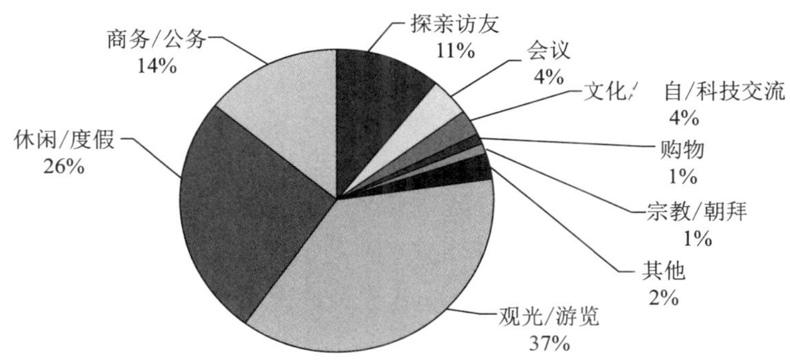

图 3-39　出游动机分布

（三）山东文化旅游市场定位分析

虽然总体上山东旅游市场规模在国内名列前茅，主要是依靠基于作为经济发展水平较高的人口大省支撑的本省旅游市场，即“山东人游山东”，亟须实现市场的拓展，吸引国内几大核心旅游市场的注意。

在锁定山东省国内旅游拓展的目标市场时，主要从以下几个角度进行考虑：

- 依据距离衰减原则，山东省位于该市场的“3 小时旅游圈”内；
- 该市场的出游意愿强烈，出游力强；
- 人均旅游消费能力高；
- 对文化体验类产品的需求力度大，山东省的资源相对于客源地资源存在明显的比较优势。

综上所述，山东省未来市场定位，应重点考虑以下方向：山东省内市场、中原城市群市场应是重点，京津冀市场、长三角市场也是重要拓展领域，同时基于山东的文化圣地特点，中华文化体验市场也应是重要市场。

四、发展条件分析

（一）优良的区位条件

山东省位于中国东部沿海、黄河下游。北纬 34°22.9′~38°24.01′、东经 114°47.5′~122°42.3′。地处于东亚经济圈和东亚文化圈的核心区域，我国面向东亚旅游市场的门户地带。地跨环渤海，环黄海两大海洋经济圈。境域包括半岛和内陆两部分，山东半岛突出于渤海、黄海之中，同辽东半岛遥相呼应。内陆部分自北而南与河北、河南、安徽、江苏 4 省接壤。山东东西长 721.03 千米，南北长 437.28 千米，全省陆域面积 15.58 万平方千米，近海海域面积 15.95 万平方千米，与全省陆地面积相当。

1. 地处东亚经济圈、文化圈核心区

东亚地区，由于文化、政治和地理因素，形成了一个以中国为中心包括中、日、韩在内的东亚经济圈和文化圈，儒家学说成为当时社会的主流思想，从而形成一个文明积淀深厚、统治地域辽阔的文化体。山东作为儒家文化的发源地，自然成为东亚文化圈的核心地域。

2. 面向东亚旅游市场的门户地带

山东省地处我国海陆交接最东端，与韩国和日本隔海相望，离韩国西海岸只有二三百海里，非常有利于文化和旅游信息的传播和汇集，山东与日本、韩国的城市在经济、文化领域也一直保持着交流与活力，是我国旅游业吸引日韩等东亚市场的前沿阵地。

3. 地跨环渤海、环黄海两大海洋经济圈

海洋是山东最明显的区域特色。山东省是环渤海经济圈中的重要组成，同时由山东半岛、韩国西南海岸、日本九州组成的环黄海经济圈也基本形成。处于两大海洋经济圈辐射下的山东省，海洋文化历史悠久，海洋资源丰富，再加上山东半岛蓝色经济区国家战略和海洋强国战略，为山东省海洋文化旅游发展奠定了坚实的经济基础和资源优势。

4. 毗邻京津冀、长三角、中原城市群三大客源市场

从区位上看，山东省处于京津冀、长三角两大经济圈之间，西部紧接中原城市群，中西部腹地面员辽阔、人口密集。石济客专已建成通车，在郑济高铁和鲁南高铁建成后，山东可以成为名副其实的最便捷的出海口。京九高铁建成后，山东与珠三角的联系也会非常紧密。这些都为发展文化旅游创造了极好的条件。

5. “京杭大运河”“黄河文明”“滨海度假”三大国家旅游线路交汇点

“京杭大运河”是我国东部贯穿南北六省市的文化旅游线，山东省属于“京杭大运河”国家旅游线路上的重要节点。中国“黄河文明”国家旅游线是以黄河文明为纽带，自西向东连接包括山东在内八个省区的国家级旅游线路，山东是黄河文化旅游线路上的重点之一。中国“滨海度假”国家旅游线以空中航线、海上航线连贯我国东部沿海度假城市旅游目的地，从北向南包括大连、烟台、威海、青岛、日照、福州、厦门、珠海、三亚等，山东也是重要组成部分（图 3-40）。

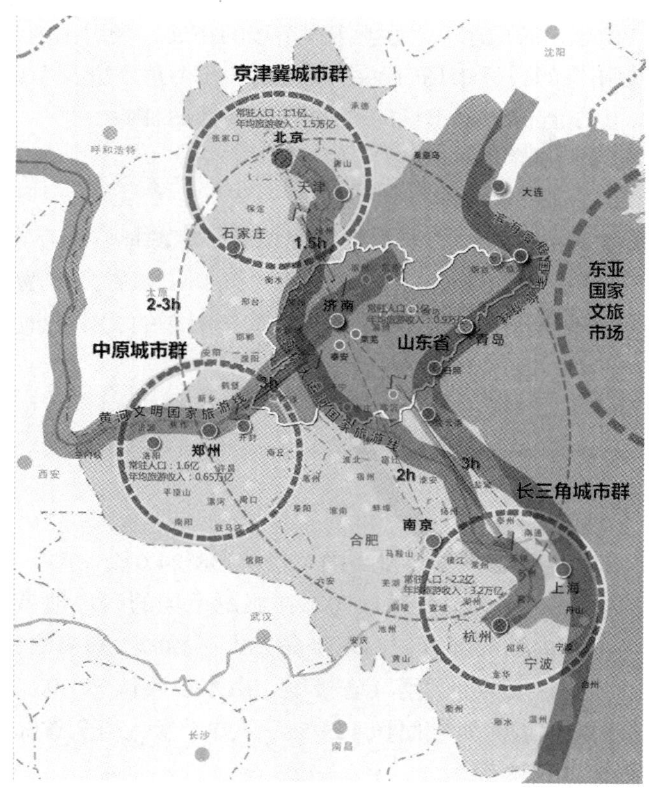

图 3-40 旅游区位分析

（二）突出的综合发展条件

1. 自然条件：山海兼备、地貌多样

山东省北部、西部和中东部为平原区，中部和东部半岛地区为丘陵区，南部和东南沿海地势较低，最高点泰山雄踞中部；黄河自西南向东北斜穿，从东营汇入渤海；京杭大运河自西北流向西南；微山湖、南阳湖、独山湖、邵阳湖为主要淡水湖；海岸线长约 3345 千米，滨海地区分布 589 个近海岛屿，沿海滩涂面积 3223 平方千米；平原地区占总面积的 55%，山地占 15.5%，丘陵区占 13.2%，洼地、湖泊占 8%；属暖温带半湿润型季风气候，夏季多雨、冬季干燥，与内陆省份相比气候较温暖湿润。

2. 历史沿革：人文圣地、圣人故里

山东因位于太行山以东而得名，山东又称齐鲁大地，历史悠久，春秋为齐鲁之地，文化灿烂，哲人辈出。山东是我国古代文化的发源地之一，也是古代文化的中心，这里曾产生过许多杰出的思想家、政治家、军事家。在学术思想方面，有孔子、孟子、墨子、荀子、庄子、郑玄、仲长统等，在政治军事方面，有管仲、晏婴、孙武、吴起、孙膑等。秦汉以来，历代帝王屡屡巡幸山东，因此山东文物古迹遍布，是全国文化资源最丰富的地区之一。

3. 经济发展：人口众多、经济发达

山东省常住人口 10005.83 万人（2017 年），是中国第二人口大省；山东省经济基础较好，国内生产总值排名全国前三，制造业强大，拥有一批中国最知名的品牌，也是中国的主要农业生产基地之一。曾是古代丝绸之路的东端起点，今天仍努力成为“丝绸之路经济带”上的重要节点，通过基础设施建设加强文化交流和扩大贸易，形成更加密切的经济联系。

4. 文旅资源：4 处世遗、级高量大

山东是中国旅游资源最为丰富的地区之一。据不完全统计，在中国全部的 68 种旅游资源中，山东省拥有 64 种，占总种数的 94.1%[①]。山东省拥有泰山（世界文化与自然双重遗产）、曲阜三孔（孔庙、孔府及孔林）、齐长城、中国大运河（“京杭大运河”山东段）4 处世界遗产，12 家国家 5A 级旅游景区，223 家国家 4A 级旅游景区，A 级旅游景区达到 1292 家。山东是中华文明的重要发祥地和儒家文化发源地，拥有邹城孟庙、水泊梁山、鲁国故城、祭孔大典、大汶口遗址、沂蒙山老区、台儿庄古城、甲午战争纪念地、蓬莱仙山等大量文化旅游资源。山东省是我国的沿海大省，拥有漫长的海岸线及浴场沙滩、奥帆中心、滨海景观等丰富的海洋旅游资源。

五、重大机遇与挑战

（一）重大机遇

- 习近平总书记对文化建设、旅游发展、文化和旅游融合发展作出一系列重要论述和重要指示，为新时代文化旅游发展指明了前进方向、提供了根本遵循。
- 党中央对文化旅游发展高度重视，文化和旅游部门机构改革、职责整合基本完成，对于推动文化和旅游一体化发展、融合发展具有重大意义。
- 我国加快构建现代化经济体系，深化供给侧结构性改革，推进绿色发展，建设美丽中国，大力实施可持续发展、乡村振兴、健康中国等一系列重大战略，推出大运河国家文化公园等一系列重大工程，为山东文化旅游发展带来重大机遇。
- 我国扩大高水平对外开放，大力推动“一带一路”建设，在青岛建设中国－上海合作组织地方经贸合作示范区，对扩大山东文化旅游对外交流合作产生有力推动。

① 山东省人文旅游资源的可持续发展模式初探［J］. 余庆 . 旅游纵览（下半月），2013（9）.

● 山东大力实施“八大发展战略”，加快推动新旧动能转换，并将文化创意产业和精品旅游产业列为“十强产业”，对文化旅游产业发展提出了更高的定位和要求。

● 山东经济实力居全国前列，2018 年人均国内生产总值超过 1 万美元，正处于消费转型升级加速期，人民群众的文化旅游需求日益旺盛，为文化旅游产业发展增添强大动力。

● 山东综合交通网络加快构建，全省“四横六纵三环”高铁网和“九纵五横一环七射多连”高速路网正在形成，港口整合和济南、青岛、烟台、菏泽机场新（改扩）建加快，省内外互联互通的交通体系日益完善。京沪高铁和正在规划建设的京沪高铁二线更加强化了山东在长三角和京津冀之间的区位优势。

● 新一轮科技革命和产业变革方兴未艾，科技与产业深度融合必将对山东文化旅游产业发展产生广泛而深刻的影响。

（二）主要挑战

1. 宏观经济下行压力加大

旅游产业具有脆弱性和敏感性的特点，较易受到宏观经济的影响。目前，全球经济将延续疲软复苏态势，不稳定、不确定性因素增多，入境旅游市场开发难度越来越大。国内经济下行压力加大，旅游消费潜力的充分释放需要一定的过程。

2. 周边区域的旅游竞争加剧

山东地处经济发达的东部沿海经济带，虽然具有良好的区位优势，但其旅游产业面临着周边省区和西部产业发达区，甚至日、韩的激烈竞争。江苏、浙江、上海等周边省区经济水平高、发展速度快、对外开放力度大；河南、河北等旅游省份，文化底蕴深厚，旅游资源丰富多样、产品差异化显著，也是重要的旅游目的地。日、韩的旅游产品质量高、知名度大。这些都对山东省旅游业的发展造成了巨大的竞争压力。

六、主要问题

山东省文化旅游发展存在的突出问题主要是“三化”：碎片化、低端化、封闭化。具体表现为：

（一）文旅融合程度不足

文化和旅游融合发展理念有待深化。山东丰厚的历史文化资源没有得到充分挖掘，大量物质文化遗存、非物质文化遗产、优秀传统文化有待开发。部分旅游产品中文化内涵不丰富、文化品位不高，作为齐鲁文化重要组成部分的齐文化挖掘与旅游利用程度较低，没有创造性转化、创新性发展成具有时代价值、催发山东奋进的精神力量，没有形成具有较大市场吸引力的旅游产品。运河文化、黄河文化挖掘不够。博物馆、文化场馆等文旅利用程度低，旅游功能不强。旅游演艺取材散乱，没有形成品牌演艺产品。

（二）优质资源低效利用

山东拥有世界级文化旅游资源和国家级滨海旅游资源，但没有形成具有国际市场吸引力的文化旅游产品和高品质的海滨度假旅游产品，优质资源低效利用现象突出。例如，一些优质滨海岸线资源被房地产、道路占用；运河文化旅游发展定位和发展重点思路欠清晰，产品单薄；黄河沿线旅游开发主题散乱，没有形成统一的品牌产品；以孟子、孙子等大量历史文化名人和水浒、聊斋等历史名著为主题的文旅产品没有形成有市场影响力的热点品牌。

（三）旅游产品结构不合理，低档次、同质化现象较突出

多年来，山东省仍然以观光产品为主，休闲、度假、康养、体验等产品开发不够，对产品的组合和内容创新不足。乡村旅游同质化现象比较严重，缺乏特色突出、核心吸引力强的旅游精品。区域旅游发展不平衡，东南强西北弱。夜间旅游产品和冬季旅游产品缺失，导致游客滞留时间短、旅游业综合效益低。旅游商品的创意和文化特色不足，低端化问题突出。

（四）旅游地功能的碎片化、区域旅游的封闭化较为明显

山东省文化旅游资源开发利用的行政界线分割明显、统筹整合不够，旅游资源共享和集约化利用程度比较低。核心景区与周边资源缺乏整合，区域旅游很少联合营销、共享客源。核心旅游景区的“孤岛化”现象突出，对周边的带动作用明显不足。旅游交通集散网络未形成，旅游交通联系不便，接驳效率低下。

（五）市场主体较弱

旅游资源开发和旅游要素配置中政府与市场边界不清晰，景区主体不活，全省 223 家 4A 级以上景区，大多是事业化管理，总体效益较差。贴政府近、离市场远，导致市场活力不足。受体制机制制约，市场主体发育不良，旅游企业“小弱散”问题比较突出，缺少大型文旅集团。中国旅游集团 20 强，山东省仅有一家且排在第 18 名的位置。

（六）开放程度不高，国际化程度偏低

山东处于我国对日韩市场的前沿区域，“一带一路”的十字交会点，但由于开放度较低，受地缘政治影响大，“入境游”长期低位徘徊。144 小时过境免签和过境旅客入出境口岸仅有青岛机场、青岛海港口岸，对外开放免签政策落后于珠三角（9 市）、京津冀、长三角（沪苏浙）、辽宁。

第三节 发展目标与战略

一、发展定位

（一）总体定位

世界级文化旅游体验目的地；国际温带滨海休闲度假旅游目的地；中日韩文化旅游合作示范区；国家级全域旅游示范省；国家级文旅融合发展示范省。

（二）产业定位

山东省国民经济发展的战略性支柱产业，新旧动能转换的新引擎产业，海洋经济强省的活力产业，乡村振兴的动力产业，创造人民美好生活的幸福产业。

（三）旅游地定位

世界级文化体验旅游目的地，国际温带滨海与海洋海岛休闲度假旅游目的地，国家级红色旅游目

的地，国家级研学旅游目的地，环渤海区域康养旅游目的地。

（四）市场定位

1. 国内客源市场

一级市场为京津冀城市群、长三角城市群、中原城市群、东北地区；二级市场：粤港澳大湾区城市群、长江中游城市群、成渝地区；三级市场：关中地区、西南地区（成渝地区以外）、西北地区。

2. 入境客源市场

核心市场：我国港澳台地区，日本、韩国、东南亚等汉文化圈和海外华人圈以及俄罗斯市场；重点市场：上合组织国家市场、欧美市场；潜在市场：西亚地区市场、澳洲市场、非洲市场。

（五）品牌形象

品牌：好客山东・好品山东

形象口号：鲁礼齐风　海韵仙境（国内）
文化圣地　度假天堂（国内）
好客山东　孔子故里（国外）
Friendly Shandong，Confucius'hometown
好客山东文化圣地（国外）Hospitality/Enthusiasm Shandong，Marvelous Window of Chinese Culture

二、发展重点

一直以来，山东全省的旅游发展围绕"山（泰山）水（济南泉水）圣人（孔子），黄金海岸"展开。从山东垄断性资源和观光游览为主导的时代来看，这样的发展重点是较为确当的。

从新时代的方位分析，我国旅游市场以及海外入境的旅游者，对文化旅游需求升级越来越快，休闲度假、文化体验、康养旅居、会奖旅游、专项旅游与特种旅游等多样化、定制化产品需求越来越突出；从旅游资源主导地位到"资源环境 + 创意策划"并重，追求"旅游价值 / 成本支出"的性价比时代。故此，从比较优势和需求导向以及价值目标、均衡发展的要求出发，山东旅游发展重点也需要做相应调整：山水圣人，河海文城。

山：泰山、崂山、沂山、蒙山、鲁山、昆嵛山、五莲山、徂徕山等；

水：（济南）冷泉、（胶东）温泉、湖泊（微山湖等）、湿地等；

圣：文圣、兵圣、书圣、智圣、科圣（墨子）等；

人：先贤（巡游）名人（管晏孟董等）；

河：黄河、大运河；

海：渤海、黄海；

文：优秀传统文化、历史文化、红色文化、社会主义先进文化；

城：旅游目的地城市、历史文化名城。

三、发展目标

（一）省委省政府对文旅发展的目标诉求①

落实总书记要求，弘扬优秀传统文化——落实习近平总书记对山东的嘱托和要求，“大力弘扬优秀传统文化，以更大力度推进社会主义核心价值体系建设”“在全面建成小康社会进程中走在前列，在社会主义现代化建设新征程中走在前列，全面开创新时代现代化强省建设新局面”。

新旧动能转换，文旅消费升级——落实新旧动能转换发展战略，建设践行新发展理念的高地、推进文旅供给侧结构性改革的高地，为促进全国新旧动能转换、建设现代化文化旅游经济体系作出积极贡献。

文旅融合山东实践，文旅高质量发展山东样板——创新推动文旅深度融合，通过机制体制变革、模式路径变革，提高全要素生产率，推动山东文旅实现更高质量、更有效率、更加公平、更可持续的发展。

乡村振兴齐鲁样板，绘就“齐鲁风情画”——充分发挥农业大省优势，绘就多样化的“齐鲁风情画”，形成具有山东特色的现代版“富春山居图”。

美好旅游体验，文化旅游强省——挖掘、阐发、传承、利用优秀传统文化，建设文化强省；提升旅游综合竞争力，建设旅游强省。全省旅游要素配套与服务质量提升，实现山东旅游美好体验。

（二）总体目标

打造“好客山东”升级版，建设文旅强省。

（三）阶段目标

融合发展期（2019~2022年）。文化旅游全面融合，文旅产业质量快速提升，“好客山东”品牌体系进一步完善，重点工程、重大项目开始实施，低端化、封闭化、碎片化问题明显破局，文化旅游融合发展山东实践基础初步奠定，乡村旅游的“齐鲁样板”基本实现。

全面提升期（2023~2025年）。文化旅游深度融合，重点文旅产品建设取得重大突破，旅游基础设施和公共服务设施完善，旅游服务水平大幅度提升，全力推动高质量发展的现代文化旅游产业体系、全覆盖的文化旅游目的地空间体系、现代化的文化旅游治理体系，山东文化旅游质量与数量同步提升，文化旅游产业各项指标进入全国前五位。

强省建成期（2026~2035年）。文化旅游全链条融合，建成分工合理、开放高效的多层级网络化高美誉度文化旅游目的地，拥有一批具有国际竞争力的知名文旅品牌，旅游目的地管理实现规范化、智慧化、高效化，建设文化旅游高质量发展的示范省。

（四）发展指标

近期（2019~2022年）。入境旅游高速增长，旅游人数进入全国前六；游客结构显著改善，文旅产业效益提升至全国前五，旅游总收入和旅游外汇收入均实现翻番；国内外知名文旅企业较多进入，力争总资产和总收入过“百亿”的文旅企业达到5家以上，上市挂牌文旅企业达到10家以上。

---

① 参考系列山东领导讲话、政府报告文件：2019山东省文化和旅游工作会议文件；2019山东省政府工作报告；刘家义：激活“一池春水”，提升“好客山东”；刘家义：坚定文化自信担当文化使命；刘家义在全省“担当作为、狠抓落实”工作动员大会上的讲话；刘家义在省十三届人大二次会议闭幕时的讲话；人民日报刊登刘家义言论：用优秀文化化人育人；张述存：推动文化与旅游融合发展建设文化强省、旅游强省。

中期（2023~2025 年）。文化旅游全面融合，文旅新动能全面形成，基本建成高质量发展的文化旅游产业体系、全覆盖的文化旅游目的地空间体系、高效的文化旅游管理体系与现代化治理体系；国际化水平明显提升。收入百亿元以上的文化旅游大型企业达到 10 家以上，有 2 家以上文化旅游企业进入全国 20 强，高星级旅游饭店数量显著增长。

远期（2025~2035 年），文化旅游深度融合，目标客源市场结构比例与山东文旅定位、目标高度契合，文旅产业效益大幅提升。国际知名文化旅游目的地和文化旅游强省全面建成。各项文旅指标跻身全国前三位。

表 3–6　山东旅游业发展主要指标（中期）

指标	2025 年
旅游总收入（亿元）	21000
人均旅游消费（元）	1480
旅游就业人数（万人）	810
接待游客总量（亿人次）	14
接待入境游客量（万人次）	680
国家级旅游度假区（家）	≥ 11
国家 5A 级旅游景区（家）	≥ 18

注：鉴于较多的不确定因素，规划对远期目标只进行预期性描述。

四、发展战略：聚焦—融合

聚焦：美好（美好产品、美好要素、美好服务、美好环境）旅游目的地目标聚焦。

融合：文化旅游全要素（食、住、行、游、购、娱、信息、金融等）深度融合。

对接全省八大战略的发展要求，突出文化旅游产业的综合带动作用，通过破除“三化”瓶颈，推动“六合”发展的文旅供给侧结构性改革，全面提升山东文化旅游的发展质量。

（一）破除“三化”瓶颈

特色精品打造。针对山东优质旅游资源多但开发档次低的问题，通过目标客源市场精准定位和需求趋势的分析与引导，结合“双创”驱动，打造一批具有山东特色的世界级、国家级精品景区。

目的地建设。以地标型精品景区或枢纽城市为核心，按照旅游者行为需求，串珠成链、连片成面整合旅游资源并配套各类旅游设施，强化智慧旅游平台作用，打造文旅产品丰富、服务无缝衔接、各类要素协同的美好旅游新体验。

扩大区域协作。解放思想、破除封闭，以特色品牌为引领，目的地组织为骨架，扩大区域协作，构建跨行政区域的国家级精品线路和多层级、网络化旅游目的地体系。

深化改革开放。创新文旅融合的机制体制，设立省级文旅资源资产评估交易平台。遵循国家文旅资源利用有关规定，发挥市场在资源配置中的主导作用。衔接国家“一带一路”战略，发挥青岛“中国 - 上海合作组织地方经贸合作示范区”作用，构建全方位开放的文化旅游山东新实践。

强化价值营销。加强品牌提升与营销推广，打造独具山东特色、优秀文化引领的高价值文旅产品，并提供优质旅游服务，实现山东文化旅游的高价值。

（二）推动“六合”发展

强化“资源整合”。以精品景区、资源聚合带、主要接待服务基地为核心或依托，强化资源整合。

突出“文旅融合”。整合利用优势突出的文化场馆、文化名城、物质文化遗存与非物质文化遗产，融入研学、展演等功能，结合科技与艺术开发文旅产品，实现“以文彰旅、以旅促文”。

重构“空间组合”。按照不同层次和规模等级的旅游目的地和交通游线进行山东旅游的空间组合。

实现“要素链合”。按照目的地空间结构、旅游者空间行为进行以服务链、价值链为依据的要素链合，实现旅游产品和服务的无缝链接。

推进“区域联合”，打破行政地域藩篱，按市场化原则进行旅游发展的区域联合，形成客源互送、优势互补、合作共赢的区域联合。

贯彻“多规合一”，按照我国国土空间规划体系调整，本规划与全省发展规划、国土空间规划和其他相关规划进行有机衔接。

（三）营造“美好”旅游

“美好”全要素建设。从游客对食、住、行、游、购、娱、信息、金融等各旅游要素的高品质需求出发，打造贯穿服务链的美好旅游新体验；文旅融合、创造旅游要素吸引物，提升游客对山东旅游的美誉度。

“品质”全游程服务。配合“美好”全要素建设，推动旅游服务向特色化、品质化转变，将全游程品质服务作为山东旅游业提档升级的基本要求，为游客提供暖心旅程。

“智慧”全省域管理。运用大数据、互联网和云计算等技术，结合旅游者行为特征分析，打造集旅游地管理与旅游者管理于一体的全省智慧旅游管理服务平台。

第四节 推动文旅深度融合

文旅融合的山东实践，要按照“宜融则融、能融尽融，以文促旅、以旅彰文”原则，围绕“旅游为文化赋能，文化为旅游增效”思路，将山东打造为优秀传统文化的“守护者与传承者”、创造性转化创新性发展的“实践者与先行者”、全国各地与世界不同文明交流互鉴的“友好使者”；世界级文化旅游目的地、国家文旅融合发展的实践地。具体内容见下文。

一、机制体制创新，构建文旅融合发展平台

（一）加强顶层设计融合

科学制定文旅融合发展的政策和制度框架，研究制定《关于促进山东省文化和旅游融合发展的指导意见》，从文旅融合的理念思路着手，重点进行文旅融合平台、文旅融合品牌、文旅融合产品、文旅融合要素、文旅融合业态的推动，并延伸到文旅融合市场、文旅融合交流、文旅融合产业与文旅融合服务等领域，建立文旅融合发展的标准体系、指标体系、统计体系和评价体系，规范引领文化和旅游的技术融合。

（二）深化体制机制融合

深化管理体制改革和工作机制创新，推进基层文化和旅游局与文化旅游发展中心机构、职能、人员三融合，加快文化和旅游市场执法改革，建立文旅融合发展的长效协调机制和综合治理机制。支持跨地区、跨行业、跨部门整合文化旅游资源，组建文化旅游集团公司，促进文化旅游资源规模化、品

牌化、网络化经营。

（三）引导市场主体融合

加强各类文化和旅游企事业单位之间的交流合作，推动产品开发和服务创新的互学互鉴、互通互融和双向赋能，形成文化和旅游一体化推进、创新发展的新型市场供给结构。成立山东文旅融合发展联盟，广泛吸纳全省各类文化和旅游企事业单位参与，为双方对接合作创造平台。

（四）探索产业空间融合

支持青岛、泰安、曲阜等文化旅游发达地区，加快建设一批文化和旅游产业聚集区，研究出台优惠政策，吸引文化旅游企业入驻。积极引导文化企业、文化项目向旅游度假区、乡村旅游区转移，支持文化产业园区开发特色文化旅游产品，推动文化旅游产业实现空间聚集和融合发展。

（五）组建文旅融合平台

《国务院办公厅关于促进平台经济规范健康发展的指导意见》（国办发〔2019〕38 号）提出，支持社会资本进入基于互联网的文化、旅游等新兴服务领域，满足群众多层次多样化需求。

整合全省部分文化和旅游科研机构，组建文旅融合研创平台，增强智力支撑和科研能力。以“智慧山东”建设为契机，发展互联网平台经济，优化山东文旅资源配置、促进跨界融通发展，形成“旅游者协同创新和消费引导创新”，推动山东文旅产业升级、拓展文旅消费市场、增加当地就业。

二、以文促旅，丰富文旅融合产品供给

按照“宜融则融、能融尽融，以文促旅、以旅彰文”原则，突出品牌带动、规划引领、创新驱动、产业融合、市场联动、共建共享，以文化推动旅游内涵升华和产业质量提升，以旅游促进文化遗产活化和文化产业活力，为我国文化和旅游的融合发展贡献山东智慧。

（一）创新推进“非遗 + 旅游”

选择一批适合文旅融合发展的非遗项目进景区、度假区和旅游乡村，完善非遗生产性保护示范基地的文化旅游功能，开发一批非遗主题旅游景区、旅游小镇、乡村旅游重点村。

（二）科学推进“博物馆 + 旅游”

加快现代博物馆体系建设，到 2022 年全省博物馆达到 600 个，国家级博物馆达到 60 个。重点完善孔子博物馆、齐河博物馆群等重点场馆旅游集散咨询服务功能，通过“科技 + 艺术”，让博物馆文物“活”起来，叫响山东博物馆旅游品牌。

（三）大力推进“演艺 + 旅游”

学习借鉴“又见”“印象”系列等旅游演艺项目经验，以“说山东、唱山东、演山东”为主题，创作一批齐鲁特色的演艺项目。到 2022 年，主要旅游城市、5A 级景区、国家级旅游度假区至少打造 1 个常年演出的品牌化特色演艺项目。

（四）积极推进“文创 + 旅游”

发挥文化创意在旅游开发中的“点石成金”作用，围绕诸城古琴、东营齐笔、潍坊风筝、烟台绒绣等，大力支持发展文化创意设计和生产，开发一批独具山东特色的“好礼山东”文化旅游伴手礼，

塑造“山东设计”“山东创造”文创产品形象。

（五）着力推进“影视＋旅游”

学习借鉴横店影视城影视旅游融合发展的成功经验，以青岛东方影都、1907光影俱乐部、华谊兄弟电影文化城等影视产业基地为重点，通过创作推出、拍摄具有重大影响力的影视作品，举办电影节和影视交流博览会等活动，“引爆”影视文化旅游市场，引来名星、聚集粉丝、吸引游客，推动影视业和旅游业集群发展。

三、以旅彰文，推动齐鲁文化创造性转化创新性发展

（一）以旅游增强文化价值阐发

深入挖掘齐鲁文化的精神内涵和时代价值，以旅游激活优秀传统文化资源，扩大文旅“乘数效应”。重点提升建设一批文旅景区，保护利用历史文化名城名镇名村，策划推出一批文化旅游节事活动和精品线路，形成文化特色鲜明、类型丰富多样的文化旅游产品体系。

（二）以旅游扩大文化对外合作交流

探索整合对外文化旅游交流力量，统筹安排交流项目和活动，同步推进文化传播和旅游推广。统筹用好孔子文化节、世界儒学大会、世界老年旅游大会等重大交流活动和孔子学院、孔教协会、境外旅游渠道商等平台，推进与“一带一路”沿线国家和重点境外客源市场合作，多渠道立体化展示山东文化。通过“旅游引进来”，实现“文化走出去”。

（三）以旅游提档升级文化消费

鼓励各类院团和文化企事业单位创作与旅游相关的艺术作品、经典剧目、AR/VR和文化创意产品，实现文化产品的价值提升。推动剧场、演艺、动漫游戏等的旅游融合，开展文化体验旅游。丰富旅游场所文化元素和文化体验项目，联动开展文化和旅游消费惠民活动，培育文化消费新热点。

（四）以旅游拉高文化公共服务效能

按照“融合共享、全域覆盖”理念，以旅游推动文化公共服务设施和文化场馆产业化转型升级，解决公共服务设施利用率不高问题。提升完善美术馆、文化馆、艺术馆、基层文化服务中心等各类文化设施的旅游服务功能，实行外地游客和本地市民同等待遇，把公共文化场所打造成为“好客山东”会客厅。

四、培育“文旅＋”融合发展新动能

发挥山东经济大省的产业资源优势，结合新旧动能转换，推动文化旅游与一二三产业的深度融合，培育支撑经济发展的新动能，促进文旅产业高质量发展。

（一）加快“农业＋文化旅游”有机融合发展

加快发展休闲农业新业态。围绕国家乡村振兴战略、发展农业“新六产”、促进乡村文旅“三位一体”、一二三产融合发展，发展创意农业、智慧农业、康养农业以及直营直销、中央厨房、农超对接、农社对接等“农业＋”多种业态，实现“文旅＋”农业的融合发展。

创新乡村旅游业态。以果园、田园、菜园、树园、牧园等为依托，着力打造现代休闲农业园区、

现代休闲农庄、田园综合体、农旅特色小镇、乡村旅游重点村等一批龙头示范项目，提供农事活动体验、乡村文化欣赏、休闲游乐、养生养老等功能服务，带动农业产业链的延伸和价值链的提升。引进文创、艺术、民宿、乡村酒店等业态，丰富“中国农民丰收节”和农耕文明等农事节庆主题活动内容，提振乡村发展活力。

加强农业文化遗产保护传承。加大对全球重要农业文化遗产夏津黄河故道古桑树群，枣庄古枣林、乐陵枣林复合系统、章丘大葱栽培系统等中国重要农业文化遗产的保护传承，深度挖掘乡土文化，强化农业文化遗产的传承展示和研学教育功能，讲好齐鲁乡村故事，打造乡愁承载地。结合地理标志农产品保护工程的实施，科学合理引导地方优质绿色农产品进驻景区和城市，助力农业提质增效。

（二）推进“工业＋文化旅游”融合互促

引导工业企业发展工业旅游。深入推进文化旅游的新技术应用，推动户外休闲装备、海洋牧场平台和服务机器人等文化旅游装备制造业做强做优，绿色低碳新能源和新材料在文化旅游产业的广泛应用。充分发挥青岛啤酒、张裕葡萄酒、东阿阿胶、海尔集团等工业旅游点的示范引领作用，支持有条件的企业开发集工业文化展示、生产流程参观、文创产品购买、研学等特色体验项目，发展现代工业旅游，培育更多工业旅游示范基地，打造“匠心齐鲁”工业旅游产品。

加强工业遗产的文旅利用。工业遗产是工业文化的重要载体，承载了行业和城市的历史记忆和文化积淀。要加强国家工业遗产的保护利用和动态传承，鼓励开展工业遗产认定工作。依托工业遗产，挖掘工匠精神，建设系列工业主题博物馆。建设观光工厂、工业博物馆、工业遗址公园、工业文化创意基地、工业旅游小镇、工业节庆会展活动等，强化工业旅游体验性、参与性。

（三）推动“教育＋文化旅游”深度融合发展

拓展研学旅行产品供给。以素质教育和专项教育为重点，推动教育和文化旅游的深度融合，大力发展研学旅行和修学旅游，满足省内外、国内外多层次多类型教育服务需求。

打造研学旅行山东品牌。在山东博物馆等现有 14 个“全国中小学生研学实践教育基地”基础上，加快完善优秀传统文化、革命传统教育、国情教育、国防科工、自然生态等板块的研学旅行基地建设，强化景区、文博场馆、工（农）业示范园区、科研院校等单位的研学旅行功能开发，设计内容丰富、主题多样的研学活动课程，健全师资与教材、安全与管理体系，打造具有山东特色和优势的研学旅行产品体系。打造国内外知名的修学旅游目的地。

（四）促进“体育＋文化旅游”共荣共兴

鼓励发展体育休闲新业态。体育作为内容进一步提升了文化旅游的资源价值，文化旅游作为渠道进一步拓展了体育的实现方式，体育休闲已逐步成为大众消费热点。各城市应加大健身休闲设施、体育场馆设施建设，提升体育设施的文化旅游休闲功能，鼓励有条件的场馆打造集特色运动、歌舞、杂技、多媒体等为一体的体育演艺产品，发展各种体育休闲业态。

提升品牌赛事助推文旅发展。支持各地举办一批高水平、高质量的运动主题赛事活动，进一步提升泰山国际登山节、黄河口（东营）国际马拉松赛、中国（日照）国民休闲水上运动会、威海国际铁人三项赛、青岛国际帆船周、潍坊国际风筝会、莱芜国际航空节、济南国际泉水冬泳节等赛事的国际影响力。策划和引进国际性重大体育赛事，开发观赛型体育旅游产品，满足竞技比赛观众和体育爱好者的观赛旅行需求。依托马拉松、徒步、海钓等精品赛事，开发参赛型体育旅游产品，满足选手的参赛和游览体验需求。

培育国家级体育旅游示范基地。依托各类旅游度假区，大力发展水上运动、山地户外运动、冰雪运动、航空运动、极限运动、马术等具有消费引领特征的运动类休闲度假产品，带动运动项目培训、体育用品和装备销售以及度假酒店、美食娱乐等相关要素的消费升级。引导体育健身休闲产业集聚发展。鼓励旅游景区和度假区开发体育旅游产品，发展户外康体养生产品，推动体育与文旅的深度融合。

（五）推进“医疗＋文化旅游”融合发展

大力建设医养健康服务基地。发挥山东医养健康资源丰富、医疗服务基础扎实的优势，挖掘泰山、沂蒙山、崂山、昆嵛山、蓬莱阁等道教养生文化和传统中医文化，加快开发专项医疗旅游、抗衰老医疗旅游以及富于山东地域特色的滨海疗养、温泉浴养、森林康养等康复疗养旅游和康体养生旅游产品。重点打造济南高端医养健康产业集群、青岛海洋高端智能医养集聚区、烟台威海养生养老胜地，构建蓝色海洋康养带、运河养生康养带、鲁中南山区康养旅游带。建设一批医疗旅游服务基地、中医药康养基地。建设一批集特色医疗、休闲度假、保健养生于一体的国际健康旅游服务综合体，开发特色中医药康养旅游产品。

引导医养健康产业集聚发展。充分利用滨海和山区良好的生态环境和气候条件，与现代医疗资源紧密结合，打造康养文化旅游产业带，发展康养主题度假区和康养旅游小镇，构建生态体验、度假养生、温泉水疗、森林养生、滨海康养、田园养生等康养旅游业态，打造养生度假区、养生谷、康养中心、康养主题酒店等旅游产品。打造一批知名休疗养服务基地，发展候鸟式养老。

（六）推进“交通＋文化旅游”融合发展

开发特色交通文旅产品。统筹考虑交通、游憩、娱乐、购物等旅游要素和文化旅游资源开发，建设集“吃住行游购娱”于一体的“慢游”交通网络。拓展机场、车站、码头等客运枢纽旅游服务功能，改造升级枢纽内旅游信息服务、标识引导系统等设施，增强自驾游服务功能。依托铁路、公路、水路优势资源，打造特色交通文化旅游产品。

发展低空旅游产业。依托低空旅游基地，合理布局旅游航线，培育仙境海岸、黄河三角洲、鲁中、潍坊、济南省会城市群、临沂、泰安、鲁南 8 个低空旅游区。推出多种飞行器体验项目，鼓励开发空中游览、航空体验、航空运动以及航空运动主题公园和航空小镇等航空文化旅游产品。提高莱芜雪野湖航空运动节、费县航空节、沾化飞行体验节等节事活动的吸引力。

（七）文化旅游与会展经济融合互动

统筹协调文化旅游与会展产业的政策制定、设施建设、市场营销与监管，有效利用两大产业资源。重点加快济南、青岛等板块集群发展，充分释放上合组织青岛峰会的后续影响，发展高端会展经济，建设具有国际影响力的会展旅游目的地，做大做强中日韩、“一带一路”、海洋科技等题材的龙头展会。支持临沂发挥国际商贸城、中国市场名城、中国物流之都优势，建设具有国际竞争力的“世界商谷”。实施精品会展提升工程，各市结合自身实际，打造提升一批精品会展节事活动。

精品会展提升工程。提升世界体育休闲大会、世界老年旅游大会、山东国际文化产业博览交易会、中国非物质文化遗产博览会、中国（山东）红色旅游博览会、山东旅游商品与装备博览会等一批文旅会展。

五、大力发展文旅市场主体

文旅融合还体现在市场主体的发展上。通过大力培育和积极引进具有优秀企业文化，从理念思路、产品业态、品牌服务、市场要素等方面对文化旅游融合有动力和经验的企业，进行文化旅游资源的开发或者文化旅游服务。通过文化企业与旅游企业的相互参股、兼并重组，以及文化旅游资源资产的评估与交易平台，为文化企业从事旅游业或者旅游企业利用文化资源资产发展文化旅游业提供良好的条件。

培植大型文旅集团，一是重组壮大省旅游集团。可以依托已有的山东文旅集团，也可以另起炉灶，选择1~2个实力雄厚的大企业，以产权为纽带，组建新的山东（齐鲁）文旅集团。关键要有实力和竞争力，要通过承接省文旅产业基金、资产划拨、混合所有制改革等方式，壮大资产规模。二是依托优质景区培育文旅集团。像泰山、蓬莱、“三孔”、崂山等核心景区，实行市场化改革后，可通过政府引导，整合周边资源，壮大公司规模，打造一批旅游“小巨人”。三是招引大旅游集团。鼓励各地拿出优质旅游资源，与国内外大企业大集团合作，以资源换市场、以空间换品牌①。

六、营造“好客山东”文旅环境

（一）“好客山东”人文环境

将“好客山东”品牌意识延伸到旅游地的群众之中，通过宣传教育，传承孔夫子的“有朋自远方来，不亦乐乎”的儒家待客文化，同时处理好旅游地收益的关系，让当地群众也受益于文化旅游的发展，使当地群众自觉地参与到旅游地的环境建设之中，形成“好客山东”的人文环境。

（二）“好客山东”服务环境

围绕广大旅游者对“好客山东”美好旅游的需要，从“食、住、行、游、购、娱、信息、金融等”全要素服务链的要求出发，参照WTO推荐的旅游目的地管理模式和全域旅游示范省要求，设计旅游者管理和旅游地管理相结合，智慧文旅系统建设为技术支撑，“好客山东”为质量标准要求的“山东文旅管理模式”，为旅游者提供从山东入境到山东出境的全游程“美好服务”，体现“好客山东”品牌下的诚信山东、优质服务内涵。

（三）“好客山东”投资环境

文旅投资环境欠佳，国内外知名文旅企业少，是山东现状文旅产业大而不强的主要因素。改善文旅产业的营商环境，是山东当前文旅产业高质量发展的重点任务。山东省文旅产业的营商环境，要参照世行的《营商环境报告》，国务院办公厅《关于聚焦企业关切进一步推动优化营商环境政策落实的通知》(2018.11.8)，以及上海优化营商环境2.0版、广州开发区“营商环境改革局”推出的招商4.0模式、成都“国际化营商环境建设年”动员大会提出的营商环境指标体系等经验，针对文旅产业的特点，提出《山东省文旅产业营商环境指标体系》，在行政审批、企业筹建、招商引资、人才服务等领域推出切实改革措施，包括：破除各种不合理门槛和限制，营造省内外企业公平竞争的市场环境；推动外商投资和贸易便利化，提高对外开放水平；持续提升审批服务质量，提高办事效率；在信贷、税收、土地使用、资源与资产利用上给予国内同行业可参照的优惠政策；大力保护产权，为创业创新营造良好环境；加强和规范事中事后监管，维护良好市场秩序；在增值税、社保、企业所得税方面降低税费负担；清正的政商关系、公平的法制环境等。

① 张鲲，如何下好全域旅游这盘大棋 2019

第五节　构建开放高效空间新格局

一、构建区域开放新格局

（一）南联北融

依托京沪高铁和规划建设中的京沪高铁二线、京沪高速公路以及环渤海高铁等重大交通设施，积极融入京津冀一体化，借力长江经济带、长三角一体化等国家重大空间战略，通过文旅发展的政策协调、平台对接，南向加强与长三角地区的文旅合作，北向强化与京津冀城市群文化旅游发展的协同，形成优势互补、合作共赢的发展格局。

（二）西接东引

依托已经建成或规划建设中的鲁南高铁、渤海海峡跨海通道、机场等不断完善的高速交通体系和港口等基础设施，充分发挥山东文化、区位和地缘优势以及新批准设立的自贸区政策，面向国内国际两大市场，全面对接“一带一路”战略、中国—东北亚合作国家战略、青岛上合经贸示范区，强化与西部中原城市群的对接和联动，与东北地区的合作和交流，以及东北亚地区、上合组织国家间的紧密合作，构建山东文化旅游开放合作、融合互动、协调发展的新格局。

二、完善“两极驱动、双轴支撑、三带隆起、两廊延伸（2232）”发展布局

根据山东文旅资源分布特点、交通体系与城镇布局规划，分析预判目标客源市场对山东文旅需求的行为特征，按照本次规划的发展目标，确定：擦亮珍珠（高等级旅游景区）、确立重点（旅游城市）、串珠成链、连片成面、组线（旅游交通和游线）成网，优化完善“两极驱动、双轴支撑、三带隆起、两廊延伸”的空间格局。

双核：济南省会城市群文化旅游发展核、青岛滨海城市群文化旅游发展核。

两轴：山水圣人中华优秀传统文化旅游发展轴、济青齐鲁风情文化旅游发展轴。

三带：仙境海岸国际海洋休闲度假旅游带、大运河齐鲁风情文化旅游带、黄河入海绿色生态与民俗风情旅游带。

两廊：依托鲁南高铁的红色文化与风情体验旅游廊道，依托新京沪通道的特色文化生态旅游廊道。

三、两极驱动

（一）济南省会城市群文化旅游发展极

立足济南及周边城市作为山东对接京津冀协同发展战略和雄安新区建设前沿区域的区位优势，发挥济南新旧动能转换极核的先行引领作用、目的地中心城市的辐射带动作用、“两轴一带”交汇点的聚合作用、“米”字形新交通体系的空间辐聚作用，加快济泰曲文旅发展强强联合，提升济南文旅发展的整体实力和综合竞争力，使济南成为引领中华优秀传统文化示范区、运河文化带、黄河文化带、齐长城文化带等重要自然和文化遗产资源的有效保护传承、带动山东中西部地区文化旅游产业快速发展的核心引擎。

（二）青岛滨海城市群文化旅游发展极

发挥青岛新旧动能转换极核的引领作用、东北亚国际航运枢纽和沿海重要中心城市的辐射带动作用、上合经贸示范区的桥头堡作用，强化青岛都市圈文旅资源和海陆空间的统筹协调，深入挖掘海洋文化、东夷文化、红色文化、民俗文化、生态文化的价值，进一步提升城市旅游吸引力和综合竞争力，加强与日本、韩国以及其他“一带一路”沿线国家的文化旅游交流与合作，成为引领中国温带海滨度假旅游带建设、推动胶东海洋文化旅游产业做大做强的重要引擎。

四、双轴支撑

（一）山水圣人中华优秀传统文化旅游发展轴

以泰山文化轴线为空间骨架，串接济南南部山区、泰山、泰安古城、大汶口、三孔世界遗产等文化旅游资源，形成区域联动的文化发展轴线与开放空间系统。串联济南、泰安、曲阜的文化轴线廊道总长达 180 千米，连接了泰山、长城、大运河、三孔四处世界遗产，包含济南、泰安、曲阜三座国家历史文化名城，这条连通性的文化廊道在长期的历史演变过程中，与众多中华文明的重大历史事件紧密相关，对中国乃至东方文明影响深远，具有重要的历史文化价值。

以济南为枢纽，发挥曲阜“三孔”世界文化遗产的核心带动作用，泰山世界自然文化双遗产的支撑作用，济南齐长城世界遗产以及泉城的文化价值，形成济南—泰安—曲阜发展轴，延伸德州、齐河、邹城、滕州节点。以城市文化轴线和廊道串联历史文化要素与资源，结合中华优秀传统文化传承发展示范区建设，实施“国家文化旅游高地”工程，打造中华优秀传统文化旅游发展的山东纵轴，成为国家级旅游与文化融合发展的核心区和研学旅游的样板区。

（二）济青齐鲁风情文化旅游发展轴

以济南、青岛两大国际化旅游中心城市为支点，以胶东立体交通枢纽和济南综合交通枢纽为依托，沿济青高速、青兰高速、齐长城沿线基础上，规划济青间城际轻轨交通与风景游赏交通兼容的交通走廊和精品线路，沿线进行文旅产品开发与旅游要素布局。济南市以“泉城济南”品牌总引领，山泉河湖城文一体化发展，重点发展泉城体验和康养休闲；青岛市以“海洋名城”品牌总引领，建设邮轮母港、滨海度假、商务会展；淄博市以“齐国故都”品牌引领，策划系列齐文化为主题的引爆性文旅项目；潍坊市以“鸢都龙城”品牌引领，重点利用国家级文化生态保护实验区品牌和恐龙遗址公园开发文化体验与研学旅游产品。整条济青带形成（泰）山—（黄）海兼具、齐鲁文化贯通，最具山水乡愁韵味和民俗深度体验的“点轴”文旅产业发展轴带。

济青轴西连中原城镇群，东接滨海带，以聊城、潍坊、淄博为重要支点，连接运河文化、黄河文化、泉城文化、齐文化、恐龙文化、民俗文化、海洋文化，双心相向互动，产业融合带动，集群、集聚、集中布局，构建江北水城、天下泉城、齐国故都、鸢都龙城、仙境海岸品牌文旅融合产品集群，打造山东最密集的旅游城镇点—轴，形成旅游要素集聚轴、山东文旅产业发展的横轴（图 3-41）。

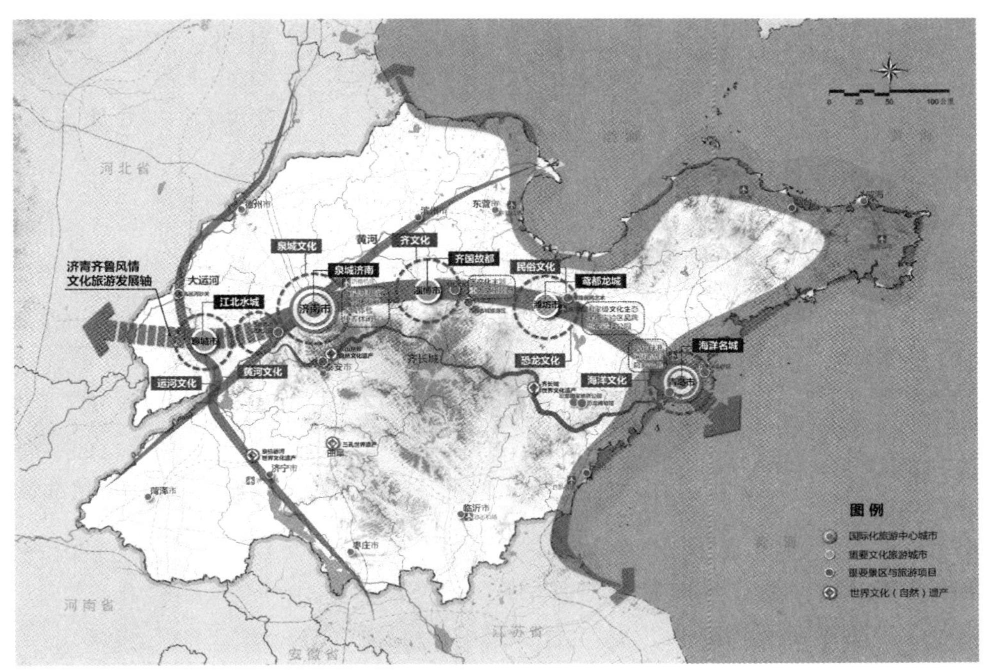

图 3-41　济青齐鲁风情文化旅游发展轴

五、三带隆起

（一）仙境海岸国际海洋休闲度假旅游带

以青岛为核心，烟台、威海、日照三大城市为重点，依托青岛综合交通枢纽和半岛快速交通网、青日连沪城际铁路，构建“青—烟—威—日”为轴带向两翼展开的滨海旅游发展格局。以“仙境海岸”为核心品牌，推进陆海统筹、城海一体、山海融合，全面优化滨海休闲度假的发展环境，建立滨海、近海、远海有机结合，多样、复合的海洋旅游产品体系，比照西班牙阳光海岸、法国尼斯蔚蓝海岸、澳大利亚黄金海岸，打造世界一流的温带海滨休闲度假旅游带。

（二）大运河齐鲁风情文化旅游带

将大运河文化公园山东片建设作为文旅融合发展的头号工程。向北融入京津冀，向南融入淮海协作区，以德州、聊城、泰安、济宁、台儿庄为支撑，武城、临清、阳谷、东平、梁山、汶上、微山为节点，以微山湖、东平湖为集聚发展区，突出“鲁风运河”的文化品牌，构建“运河文化走廊＋运河古镇群”的空间发展格局，打造大运河齐鲁文化旅游新高地。整合郓城、梁山、东平、阳谷四县和高唐、平阴等地的水浒文化旅游资源，提升“水浒故里”文化旅游品牌知名度，打造中国古典文学名著文化旅游示范区，与大运河文化旅游带共同构成带动鲁西区域发展的战略性创新廊道。

（三）黄河入海绿色生态与民俗风情旅游带

以黄河为轴线，西起东明县，东到黄河入海口，以菏泽、济南、滨州、东营为枢纽城市，依托沿黄主要交通干线，连接牡丹文化、水浒文化、运河文化、泉城文化、齐文化、黄河口文化，结合生态治理、黄河滩区脱贫迁建、济南跨河发展、沿黄城市旅游目的地建设，深挖黄河生态和文化资源，全面实施黄河湿地生态修复和湿地景观串联工程、沿黄旅游大交通体系贯穿工程、沿线乡村景观环境提升工程、沿线旅游景区景点游线串联工程，形成郓城—鄄城—阳谷—梁山产品聚集区，东阿—平阴—天桥区—齐河县产品聚集区，高青—惠民—滨州产品聚集区，黄河口生态旅游产品集聚区，唱响“黄河入海”文化旅游目的地品牌，打造农耕文明国家级精品旅游带、中华母亲河绿色旅游发展带。

六、两廊延伸

（一）鲁南红色文化与风情体验旅游廊道

以日东高速、西日铁路、鲁南高铁为轴线，西接中原，东到黄海之滨，以菏泽、济宁、临沂和日照市为枢纽城市，郓城、嘉祥、曲阜、泗水、平邑、费县、莒南、莒县等为重要节点城市，连接牡丹文化、运河文化、圣人文化、泉水文化、山岳文化、红色文化、东夷文化、太阳文化，构建运河文化、圣地文化、红色文化和滨海文化四大组团，打造鲁风运河、东方圣地、亲情沂蒙、仙境海岸文化旅游产业集群，全面融入淮海经济区，串联起包括中华优秀传统文化高地、红色旅游和党性教育基地、山海联动发展和乡村旅游发展示范区，“一带一路”东端的重要文化旅游产业廊道。

（二）新京沪通道特色文化生态旅游廊道

以东滨（东营—滨州）、潍坊、临沂为支撑，无棣、广饶、垦利、青州、临朐、安丘、诸城、五莲、莒县、沂水、沂南、莒南、兰陵为节点，依托长深高速、荣乌—潍日高速、环渤海湾铁路以及待建的新京沪高铁二线等重要通道，以黄河入海、鸢都龙城、亲情沂蒙等重要品牌为引领，串联起黄河口生态文化、孙子文化、鲁中民俗文化、齐长城文化、东夷文化、沂蒙红色文化，成为山东文化旅游生长的新廊道。

七、多层级旅游目的地城市体系建设

（一）国际化文化旅游城市

1. 两大国际文化旅游目的地城市

（1）青岛市。全力构建海陆联动、全域延伸、多点支撑、多业融合的旅游空间布局，形成以滨海休闲度假为核心的旅游产品体系、标准化旅游服务体系和中高端旅游客源市场，集聚高端产业要素，建设东部、西部两大休闲度假集群和北部现代新兴旅游集群，发展滨海休闲度假轴带和大沽河生态旅游轴带，壮大胶州、即墨、平度、莱西四大片区，聚力邮轮母港，建设东北亚国际滨海旅游目的地中心城市和“一带一路”国际旅游合作桥头堡。

（2）济南市。以泉水景观、泉水文化和古泉城为核心资源，申报世界文化景观遗产，以“泉城济南”品牌总引领，山泉河湖城空间一体化开发，开发跨河发展，以泉水文化、休闲度假、会展节庆、乡村旅游、医疗康养等为核心的旅游产品体系，建设济泰曲文化旅游带龙头城市，打造中国泉文化体验旅游目的地和国际康养休闲城市。

2. 五大国际特色文化旅游城市

（1）烟台市。利用陆—岛组合良好、城—海一体发展、历史与现代兼优的良好条件，突出蓬莱神仙文化、葡萄酒文化，近代开埠、海洋海岛文化，美食、体育、民俗等特色文化，陆—岛联动、充实与提升旅游功能，打造中国最佳滨海休闲度假城市和“仙境海岸”旅游核心城市，并加强与威海市的旅游一体化合作。

（2）威海市。围绕建设精致城市，依托最佳人居城市品质，打造集“蓝色、绿色、康养、人文”四大特色的胶东半岛休闲度假核心区、东北亚旅游合作发展先行区。发挥滨海雪城、温泉名城、天鹅家乡的优势，打造北方冬季旅游休闲示范区。加强与烟台联合打造一体化滨海目的地城市。

（3）济宁市。以儒家文化为引领、世界文化遗产为支撑，以“东方圣地”品牌为支撑，通过文化旅游资源整合、壮大产业集群、完善与创新产业体系，构建“东文、西武、南湖、北山、中运河”的空间结构，建设中华优秀传统文化传承发展示范高地，国际文化旅游目的地城市。

（4）泰安市。以“平安泰山”品牌为总领，将泰山主景区和周边山地十二脉的大泰山地区，计14380平方千米作为一个整体，整合山上山下、历史与文化资源、（泰）山—（泰安）城—（大汶）河一体，莲花山与东平湖呼应，将大泰山地区打造成国际著名世界遗产旅游目的地。以泰山为核心，整合全市旅游资源，建设文化旅游强市；联合济南、曲阜构建文化遗产旅游圣地，形成产业互动、城乡互通的全域、全业、全民文化旅游发展新格局。

（5）潍坊市。以鸢都龙城品牌为总领，诸城恐龙国家地质公园、滨海休闲度假和潍水国家级文化生态保护区的非物质文化遗产的保护利用为重点，打造国家级精品旅游景区；以潍坊市中心城区为依托，建设“区域性旅游集散中心”；以非物质文化遗产生产性基地和传习所为依托，建设“文化创意旅游基地”，推进民俗体验和山水韵味结合，研学旅游和休闲度假、民俗体验的特色旅游目的地城市。

（二）区域文化旅游中心城市

1. 淄博市

大力挖掘与系统梳理展示齐文化，在“齐国故都”设立齐学研究中心，建设齐文化保护传承创新发展示范区。以“齐国故都”为品牌，以“齐文化和改革开放的中国”为主题，建设国内一流的遗产文化与研学旅游目的地城市。

2. 枣庄市

围绕台儿庄古城、微山湖（部分）等知名生态文化旅游景区，突出运河文化、红色文化、历史文化、名人文化、民俗文化等，按照全域旅游示范城市和资源型城市转型发展示范市的总体定位，打造山东文化旅游发展的南大门。

3. 东营市

以黄河三角洲国家生态实验示范区建设为依托，以“黄河入海”品牌为引领，以大湿地、大生态、黄河入海、鸟类天堂为独特卖点，合理利用孙子文化、温泉资源，全力打造河海湿地生态旅游名城，国家级生态文明教育基地。

4. 日照市

挖掘东夷文化资源，开发“海、山、古、林、泉、城”和太阳文化资源，以精品旅游景区和滨海旅游名城建设为重点，建设好太阳城、莒国故城，提升乡村旅游品质，实现陆海统筹、山海一体、城乡协同、城港海融合发展。

5. 临沂市

发挥“好客山东·亲情沂蒙”品牌感召力，将沂山、蒙山及其两山之间的孟良崮，整合成山东红色旅游标志性大景区，统筹养生、兵学、民俗、商业等地方文化，建设区域性旅游中心城市和综合性旅游目的地及红色旅游圣地。

6. 德州市

协同、融入京津冀发展，突出“京津地区南部重要生态功能区”的战略地位，充分利用董子文化、东方朔滑稽文化、运河文化和乡村田园景观，大力发展文化体验与乡村休闲产品，建设京沪高铁沿线重要的区域旅游目的地城市。

7. 聊城市

以东昌古城、临清古城为核心，京杭大运河为轴带，水浒文化、传统民俗和名人文化为重点，黄河、马颊河两条风情旅游带联动，构建全域发展的空间布局，建设运河文化体验旅游目的地。

8. 滨州市

依托孙子文化、黄河文明、河海湿地生态以及特色产业资源，特别是贝壳堤国家自然保护区和滨州紧挨黄河而建的“河城”特色，通过黄河文化城市和特色景观营造、旅游功能配套，将滨州建设成文化生态旅游城市。

9. 菏泽市

以牡丹文化、水浒文化和黄河（故道）农耕文明为重点，通过曹州省级文化生态保护区非物质文化遗产的保护利用，结合非物质文化遗产核心传承地的传统村落和历史街区的文化体验，建设文化旅游目的地城市和旅游扶贫示范区。

（三）主题旅游县市

1. 曲阜市

突出孔子故里、儒学圣地特色。以孔子诞生地尼山、孔子授学传道的地方以及孔子从政等孔子生平与业绩，儒家五圣等儒源圣迹，鲁国故事等历史文化，和三孔、故城等文化遗产为重点，发挥世界文化遗产的品牌优势，联动邹城打造东方圣地文化旅游目的地，建设国际文化旅游名城、中华优秀传统文化传承高地。

2. 蓬莱市

以仙境文化为主要卖点，挖掘戚继光训练水师基地、抗倭故事，以及海岛、古城，对接国家“一带一路”倡议，挖掘中国海洋文化的精髓，通过人间仙境、海上蓬莱的文化内涵，打造仙境海岸的经典城市，滨海旅游国际目的地。推进蓬莱、长岛旅游一体化开发，以及蓬莱、古城的联动发展。

3. 荣成市

以成山头—天鹅湖的整治提升为重点，将其打造成地标性的国家 5A 级旅游景区，石岛赤山与院夼村海洋渔文化资源有机整合，建设独具胶东海洋渔文化特色的地标性景区，美化、提升滨海旅游度假带，强化荣成市中心城区的旅游功能，形成“仙境海岸”品牌引领下的全域旅游目的地城市。

4. 临淄区

临淄区有 8000 年前的后李文化，有齐国故都遗址、田齐王陵、齐国故都博物馆和稷下学宫仿古建筑群等，以及 300 余处文化遗址、大型古墓等，是齐文化的集中分布区。重点梳理齐文化特征内容和齐文化中具有时代价值的“开放、务实、变革”思想，通过“空间叙事”建设齐文化传承创新区和主题旅游区。

5. 青州市

重点利用青州古城、龙兴寺北魏彩塑等，“活化”历史文化，打造文化旅游精品景区；积极利用好青州山水风景名胜资源，提升风景名胜资源的文化内涵和景观价值，建设国家自然公园（云门山、仰天山、泰和山、弥河、仁河水库等），将青州发展成为文化旅游和休闲旅游城市。

6. 长岛县

长岛群岛旅游区，海岛总量多，小型岛屿为主，开发成本高、配套设施不足；长岛还是国家级自然保护区。调整思路：从度假型岛屿为主转向观光型岛屿为主，“岛—水域—陆”整合联动，海洋牧场、跳岛旅游、向导式 safari、生态旅游为重点方向，游船游艇为主要交通方式，我国海岛生态文化旅游开发的典范。

7. 梁山县

以“水泊梁山”4A 级核心景区、梁山、（仿古）古镇为重点，水浒文化为核心，“水浒故里”为品牌，挖掘、整理水浒文化中跟现代旅游有关的“食、住、行、购、娱”要素，配套旅游接待服务功能；

以“武”“义”整合梁山县域旅游资源，将梁山县建设成为水浒主题文化旅游城市。

8. 临清市

抓住大运河国家公园建设机遇，将临清运河古镇保护利用作为山东省运河段1号启动区，打造“大运河的齐鲁文化客厅”，彰显与提振运河城镇的文化韵味、生活品质、特色风貌与功能活力，依托水系景观塑造特色公共空间，交通组织与设施优化升级、配套服务，打造运河古镇独特魅力。

9. 沂水县

依托沂水优质地下溶洞资源、“红嫂故里”品牌和乡村民俗风情，以及沂水旅游界有较大影响的沂水现象，将红色文化与非物质文化深度融合旅游产品、要素与服务之中，将文旅发展与群众脱贫、乡村振兴紧密结合，打造红色文化主题旅游名县。

10. 乳山市

纠正“银滩”优质滨海资源房地产化倾向，根据自身优势和区域分工、市场趋势，重点优化滨海岸段功能与开发利用强度。盘活占据优质岸线的房地产项目，探索面向不同档次的民宿型、度假酒店型发展模式，引入海洋文化与现代时尚休闲文化，发展独具胶东风情的度假旅游城市。

（四）特色文化旅游小（城）镇

选择文化旅游产业规模和品质较高、旅游功能完善、旅游产品丰富，文化旅游发展基础好、水平高的小（城）镇，实现全省文化旅游产业的广泛覆盖和特色化发展。

1. 文旅重点城镇

- 邹城，孟子故里、儒风邹城，东方君子之国、邹鲁圣贤之乡；
- 台儿庄，运河古城、一个寻梦的地方；
- 郓城，水浒故地、好汉郓城；
- 东平，梁山水泊、大义东平；
- 沂水，沂蒙生态、红色热土、全域旅游示范区；
- 沂南，诸葛故里、红嫂家乡、红色旅游胜地、乡村旅游高地；
- 章丘，灵秀山水、锦绣章丘；
- 齐河，黄河水乡、动感齐河。

2. 特色文旅小镇

打造一批具有突出文化旅游功能的小镇，重点建设温泉度假小镇、山岳养生小镇、滨湖生态小镇、海滨渔家风情小镇、黄河文化小镇、运河文化小镇、艺术体验小镇、民俗风情小镇、特色农业小镇、汽车文化小镇、工业遗产小镇、乡村创意小镇、商贸休闲小镇、养生康体小镇、体育运动小镇、影视文化小镇、红色文化小镇、森林绿色小镇、国学研修小镇、中医药旅游小镇20个类型旅游小镇，到2022年建成100个具有完整旅游功能的文旅小镇。

八、国家级精品旅游线路与省内主题旅游线路

串珠成链，开发系列精品文化旅游线路。围绕文化旅游强省和网络化旅游目的地建设要求，根据旅游产品特色和区域分布特点，以旅游者行为需求为导向，以品牌景区为载体，以交通干线为依托，全面整合旅游资源，强化旅游核心竞争力，在国家“十三五”旅游规划已纳入3条国家级精品旅游线路基础上，争取“十四五”期间新纳入3条国家级精品文旅线路，并推出9条综合型经典文旅线路，推广6个系列主题特色型文化旅游线路。

（一）国家级精品文化旅游线

对接国家精品旅游线路规划，依托自然文化廊道和交通通道，串联重点文化旅游区、旅游城市和特色旅游功能区，衔接推出 6 条国家级精品文化旅游线。

专栏：衔接纳入 6 条国家级线路

■ 国家“十三五”旅游规划中的 3 条国家级精品旅游线路：

滨海度假（山东段）国家旅游线（潍坊、青岛、烟台、威海、日照等）；

运河风情（鲁风运河）国家旅游线（德州—聊城—泰安—济宁—枣庄）；

万里长城（山东段）国家旅游线（济南—泰安—淄博—临沂—潍坊—日照—青岛）；

■ 争取“十四五”纳入国家级精品旅游线路：

中华（山东）优秀传统文化旅游线（德州—济南—泰安—济宁—枣庄）；

黄河文明（山东段）国家旅游线（菏泽—聊城—济宁—泰安—德州—济南—淄博—滨州—东营）；

华夏寻根（东夷文化）旅游线（后李文化、北辛文化、大汶口文化、龙山文化、岳石文化，结合三皇五帝遗址遗迹文化故事）。

（二）综合型经典文化旅游线路

整合经典景区与精品旅游项目，串联省域的重要旅游目的地品牌，通过快速交通线路与客源地之间的衔接串联，“串珠成链”，推出山东省 9 条综合型经典文化旅游线路。

山水圣人旅游线：德州（董子园等）—济南（第一泉等）—泰安（泰山、岱庙等）—曲阜（三孔、新三孔等）—邹城（四孟等）—滕州（墨子博物馆等）—台儿庄，约 1 周。

仙境海岸旅游线：日照（海滨等）—青岛（八大关等）—威海（刘公岛、好运角等）—烟台（芝罘岛等）—蓬莱（蓬莱阁等）—长岛，约 1 周。

济青风情旅游线：济南（第一泉等）—淄博（齐国故都等）—潍坊（杨家埠等）—青岛（海滨等），3~5 天。

运河水浒旅游线：德州（九龙湾等）—临清古城（古钞关等）—聊城（水城等）—东阿（阿胶世界等）—阳谷（景阳冈等）—梁山（梁山景区等）—郓城（好汉城等）—济宁（总督署等）—微山（微山湖、南阳古镇等）—台儿庄，7~10 天。

鲁韵齐风旅游线：曲阜（三孔、新三孔等）—泰安（泰山等）—济南（第一泉等）—淄博（齐国故都等）—青州（青州博物馆等），约 1 周。

黄河入海旅游线：济南（第一泉等）—齐河（泉城黄河湿地景区等）—滨州（黄河楼等）—东营（黄河口湿地等），4~5 天。

亲情沂蒙旅游线：枣庄（铁道游击队纪念馆、抱犊崮等）—临沂（沂蒙精神博物馆、蒙山、孟良崮等）—临朐（沂山等）—沂源（618 战备电台旧址旅游区）等，4~5 天。

山盟海誓旅游线：泰安（泰山等）—曲阜（传统婚俗等）—日照（阳光海滩等）—青岛（八大关等），4~5 天。

名著名花旅游线：济南（平阴玫瑰园等）—东平（水浒影视城等）—梁山（水浒景区等）—郓城（好汉城等）—菏泽（牡丹园等），4~5 天。

（三）主题特色型文化旅游线路

大力开发不同主题旅游线路，推出红色旅游、研学之旅、乡村旅游等 6 个系列主题特色型旅游线路。

1. 十大文化旅游目的地品牌主题线路

● 东方圣地体验之旅：孔庙谒至圣—孔府读先贤—孔林拜先师—古城习六艺—尼山揽胜境—书院读经史—三孟访亚圣—峄山探古迹—古滕拜科圣

● 仙境海岸体验之旅：动感青岛、活力海滨，仙境烟台、葡萄酒城，精致威海、好运之旅，阳光日照、东夷古城

● 平安泰山体验之旅：大汶口文明曙光—太阳部落远古体验—岱庙山岳殿堂—泰安山城康养—泰山登天之旅

● 泉城济南体验之旅：五龙潭—趵突泉—泉城广场—黑虎泉群—护城河—环城公园—大明湖—百花洲—曲水亭街—王府池子—雨荷居—芙蓉馆

● 齐国故都体验之旅：东周殉马馆—齐国故都遗址博物馆—中国古车博物馆—中国陶瓷馆

● 鲁风运河体验之旅：德州祭拜苏禄王—临清活读金瓶梅—东昌体验古水城—东平休闲梁山泊—戴村水坝观奇工—汶上探访龙王庙—任城古寺照帆影—南阳古镇沐渔风—微山湖上赏芙蓉—滕州湿地闻荷香—台庄古城寻旧梦—韩庄巨闸看长龙

● 水浒故里体验之旅：阳谷武松打虎地—梁山聚义会群英—郓城武校学武艺—东平水泊寻传奇

● 黄河入海文化体验之旅：黄河三角洲生态文化岛—黄河口生态旅游区

● 亲情沂蒙体验之旅：蒙山龟蒙·云蒙—孟良崮—沂山

● 鸢都龙城文化体验之旅：世界风筝博物馆—杨家埠—青云山民俗游乐园—恐龙博物馆—恐龙文化旅游区

2. 五大红色旅游精品线路

● 滨海红色游：日照—青岛—烟台—威海的红色旅游区

● 红色齐鲁游：济南—泰安—济宁—青岛—烟台—威海的红色旅游区

● 亲情沂蒙红色游：枣庄—临沂—淄博—日照的红色旅游区

● 冀鲁豫边区红色游：东营—滨州—德州—聊城—菏泽的红色旅游区

● 新时代红色游：济宁—临沂—潍坊—威海的红色旅游区

3. 七大特色主题文化旅游精品线路

● 山东书法文化体验之旅：费县颜真卿公园—书圣阁—临沂书法广场—王羲之故居

●“醉在仙境海岸”酒文化体验之旅：三仙山—蓬莱阁—张裕葡萄酒文化博物馆—八大关—青岛啤酒博物馆

●“走进孙子故里，体验兵学文化”之旅：广饶孙子文化旅游度假区—孙武祠—中国孙子兵法城—孙武古城—武圣园

● 山东十大古城体验之旅：临清—曲阜—兖州—台儿庄—淄博—青州—莱州—蓬莱—即墨—莒县

● 山东十大古镇体验之旅：聊城古城—台儿庄古城—曲阜鲁国故城—南阳古镇——颜神镇—周村古镇—青州古城—蓬莱古城

● 山东七大“中国工业遗产”体验之旅：枣庄中兴煤矿国家矿山公园—潍坊坊子炭矿遗址文化园—胶济铁路—济南泺口黄河铁路大桥—津浦铁路局济南机器厂—张裕酿酒公司—青岛啤酒厂

● 山东八大“人类非物质文化遗产”体验：定陶皮影戏—泰安皮影戏—济南皮影戏—滨州剪纸—莒县过门笺—诸城派古琴—高密剪纸—烟台剪纸

4. 五大研学旅游精品线路

● 习儒拜圣研学之旅：孔府·孔庙·孔林—尼山孔庙·书院—孟府·孟庙

●“水浒故里·跟着名著去旅游”研学之旅：景阳冈旅游区—狮子楼—水浒影视城—水泊梁山风景

区—水浒好汉城—宋江故里

●“齐风琉韵、鸢都龙城”文化研学之旅：淄博聊斋旅游区—周村古商城—中国陶瓷博物馆—齐故城景区—中国古车博物馆—临淄足球博物馆—杨家埠民俗大观园—世界风筝博物馆—恐龙文化旅游区

● 沂蒙山研学之旅：岱崮地貌旅游区—沂蒙山·龟蒙云蒙—天宇自然博物馆—孟良崮—地下荧光湖—天然地下画廊—山东地下大峡谷—雪山彩虹谷

● 黄河口生态文化研学之旅：黄河口生态旅游区—黄河三角洲生态文化旅游岛—胜利油田科技展览中心

5. 十大乡村旅游精品线路

● 乡村田园生态休闲之旅：济南·拔槊泉村—朱家峪村—房干村—王老村—牛记庵村—中郝峪村—牛寨村—小麦峪村

● 亲情沂蒙红色人文之旅：棋山观村—双石屋村—常山庄—竹泉村

● 渔舟唱晚滨海逍遥之旅：西河阳村—木兰沟村—里口山村—烟墩角村—南泓南村

● 灿烂文化研学修学之旅：二起楼村—七间民宿—曲阜文化国际慢城—宋家沟画家村

● 慢村慢镇怀旧追忆之旅：胡林古村—涌泉村—梦泉村

● 民俗风情鉴赏探秘之旅：城岭村—李家石屋村—周家庄村

● 洞天水色黄河美食之旅：梁氏庄园—魏氏庄园—刘集后村—孤岛槐树林温泉旅游区

● 最美乡村赏花采摘之旅：方峪古村—十里杏花村—穆李村—苦山村

● 古村古镇美丽乡愁之旅：上九山古村落—南阳古镇—翼云石头部落

● 温泉药膳康体养生之旅：任家台村—石老人村—玫瑰小镇—红高粱影视基地

6. 四大美食之旅主题线路

● 鲁菜系列美食体验之旅：可体验济南菜、孔府菜、胶东菜

● 山东十大美食街寻味之旅：可选择济南芙蓉街、青岛劈柴院、烟台桃花街、威海美食街、老潍县美食街、东营金辰美食街、淄博美食街、淄博周村古商业街、临沂启阳美食街、聊城东昌府

● 山东六大主题名宴体验之旅：可体验孔府宴、泰山豆腐宴、聚乐村四四席、临朐全羊宴、蓬莱八仙宴、碧波太公宴

● 山东十大地方名吃体验之旅：可体验德州扒鸡、单县羊肉汤、泰山煎饼、济南九转大肠、滕州菜煎饼、沂蒙光棍鸡、潍坊肉火烧、烟台鲅鱼水饺、威海鱼锅片片、青岛辣炒花蛤。

第六节 精品化发展海洋旅游

一、滨海旅游开发依据和思路

（一）海洋强国——国家战略

2017 年党的十九大会议上明确提出要坚持陆海统筹，加快建设海洋强国的发展思路。2018 年习近平总书记在十三届全国人大一次会议山东代表团审议时指出山东有条件把海洋开发这篇大文章做深做大，希望山东省充分发挥自身优势，努力在发展海洋经济上走在前列，加快建设世界一流的海洋港口、完善的现代海洋产业体系、绿色可持续的海洋生态环境，为海洋强国建设作出山东的贡献。

（二）经略海洋——山东省发展战略

为贯彻十九大建设海洋强国战略思想和习总书记对山东省发展海洋经济的重要指示，省委省政府在2018年出台了《山东海洋强省建设行动方案》，对加快建设海洋强省做出战略部署，提出建设活力海洋、和谐海洋、美丽海洋、开放海洋、幸福海洋的发展方向，制定了“龙头引领、湾区带动、海岛协同、半岛崛起、全球拓展”的总体发展格局。

（三）滨海旅游——山东省旅游的半壁江山

山东滨海带文化旅游占据全省文化旅游半壁江山之强，其发展水平直接关系到山东省文化旅游总体发展实力。《山东海洋强省建设行动方案》中将滨海旅游作为传统产业升级的首选产业，提出打造一批海洋特色精品线路的发展思路。在振兴海洋文化行动中，提出要发挥山东海洋文化历史悠久、海韵深厚和资源富集优势，强化海洋意识、彰显文化自信、打造文化高地，推动优秀海洋文化创造性转化、创新性发展，全面增强海洋文化软实力。

二、资源环境条件与发展基础

（一）我国旅游资源最富集地带

1. 海岸线长度居全国第三，旅游用岸线资源丰富

山东省大陆海岸线总长3345千米，仅次于福建省和广东省（二省分别为3752千米和3368千米）。按照《山东省海洋功能区划2011~2020》确定的旅游休闲娱乐用岸线，岸线总长度934.92千米，旅游休闲用岸线占全省岸线长度的比例高达28%，旅游适宜岸线居全国前列。旅游休闲用岸线共有56个片区，总面积1502.82平方千米，其中属于海岸基本功能区的有55个，属于近海基本功能区的有1个（大管岛旅游休闲娱乐区）。

表3–7 沿海11省市海岸线长度与优势海域资源

省、市名称	大陆海岸线长度（千米）	岛屿海岸线长度（千米）	优势海域资源
天津市	153.5	4.2	港口、油气、滨海砂矿
河北省	421.0	178.0	港口、盐业、滩涂
辽宁省	1971.5	649.0	水产、港口、油气
上海市	211.0	381	旅游、港口
江苏省	954.0	—	港口、盐业、滩涂
浙江省	2200.0	4286.0	水产、海岛、港口
福建省	3752.0	2376.0	水产、港口、油气
山东省	3122.0	611.4	水产、港口、滨海旅游、油气
广东省	3368.0	2414.0	水产、港口、油气
广西省	1595.0	—	水产、盐业、旅游
海南省	—	1823.0	海岛、旅游、水产

2. 拥有最理想的滨海旅游资源组合

山东省拥有北方温带滨海最佳的岸线资源与岛屿资源。旅游岸线由人工海岸、基岩海岸、沙质海岸和粉砂淤泥质海岸构成，比例为38∶27∶23∶12，具有发展滨海旅游最理想的岸线结构，是国内罕见的优质滨海旅游岸段。

以莱州虎头崖为界，以西的滨州、东营、潍坊潮间带属于鲁北平原海岸，均为粉砂淤泥质滩涂，宽阔平坦，资源十分丰富，面积达 4079 平方千米，占全省潮间带总面积的 92.8%，河口湿地、滨海湿地、浅海生态资源丰富，沿岸湿地也是东北亚水鸟迁徙的重要中转站和越冬地，具有发展生态旅游的良好条件。虎头崖以东及半岛南部海域的烟台、威海、青岛和日照市为鲁东丘陵海岸，潮间带普遍较窄，但拥有众多砂质海滩和基岩岸滩，优质的沙滩和奇特的基岩海岸配上清澈的海水，为国内罕见的优质景观资源。

在蜿蜒曲折的岸线上分布有大大小小的沙滩约 123 个，累计长度约 366 千米，约占山东半岛海岸线长度的 1/9，适宜建设浴场的沙滩潜力巨大，沙滩分布为烟台市 21%、威海市 35%、青岛市 32%、日照市 12%。各级别沙滩分布为一级占 28%，二级占 41%，三级占 17%，四级占 14%。8 个以旅游度假区为依托的知名度最高的沙滩：青岛第一海水浴场、青岛石老人海水浴场、日照海滨国家森林公园、日照万平口海水浴场、烟台蓬莱阁东海水浴场、烟台开发区海水浴场、威海乳山银滩和威海国际海水浴场。

岛屿数量众多，有岛屿岸线 611.4 千米。虽然岛屿岸线远远少于最多的浙江省、广东省、福建省、海南省（分别为：4286 千米、2414 千米、2376 千米、1823 千米），也略少于隔海相望的辽宁省（649 千米），但是岛屿数量多，以小型岛屿为主，且近岸分布，大多数岛屿适宜旅游开发。

（二）旅游产业发展基础最优的区域

1. 是我国滨海城镇带发育最好的地带

沿海城镇带是我国沿海城镇发育最好、开放程度最高、资源环境最优的岸段，在我国海洋强国战略中具有重要地位。沿海有青岛、烟台、威海、日照等滨海城市，有胶州、莱阳、海阳、乳山、荣成、蓬莱、长岛、龙口、招远、莱州、昌邑、寿光、广饶、利津、无棣 15 个有海岸线县市。

滨海地带近年来交通建设加速，现已进入新高铁时代。京沪高铁二通道山东段、环渤海高铁、青岛西至诸城至莱芜高铁、德龙烟快速铁路、青连快速铁路、滨临快速铁路等高快铁路建设将彻底提升沿海地带旅游交通条件，将京津、长三角、中原城市群市场纳入 3 小时高铁圈。

2. 已形成较为雄厚的旅游产业基础

沿海旅游要素集聚，沿海岸带形成了集中分布的旅游宾馆集聚带和旅游酒店宾馆集中分布区，其中青岛全市各类宾馆 6184 家、威海 1611 家、烟台 895 家、日照 1527 家。沿海有 4 个国家级旅游度假区、42 个省级以上旅游度假区，主要集中分布在烟台、潍坊、威海三市的沿海带。山东省 12 家 5A 级景区中有 5 家位于滨海带，且全部分布在青岛、烟台和威海三市。

（三）旅游岸线优化空间巨大

1. 旅游岸线不合理利用问题突出

虽然滨海旅游已具备良好的产业基础，但与巨大的发展潜力相比仍有相当大空间，优化调整的红利仍然巨大。滨海岸线是最具经济价值的资源，尤其是旅游岸线的利用效率直接关系到滨海旅游开发水平。虽然全省滨海旅游岸线长达 934.92 千米，但岸线利用效率不高，岸线利用方式和岸线浪费问题突出，优化调整空间巨大。

不同岸段的生态、景观资源存在巨大差异，但同质化开发问题较为严重。大量优质岸线以旅游度假区的名义用于房地产开发，滨海 7 市集中了 29 家省级以上度假区，很多旅游度假区实质上是房地产项目。威海市海岸线长度为 978 千米，其中旅游岸线长度为 464.51 千米，占海岸线长度的一半以上，在滨海各市中旅游岸线最长，优质岸线资源最丰富，但旅游用岸线大量被其他用途占用，或低质量开发，具有市场影响力的景区只有刘公岛一处。成山头景区历史文化和风景游赏资源优良，为国家级风景名胜区，但现状开发偏离资源环境本底，与市场需求错位问题突出，产品、服务与管理等，距离国家级风景名胜区的要求存在巨大差距；天鹅湖为国家级自然保护区，房地产建设逼近保护区核心地段。乳山市银滩为国内少有的优质沙滩，但银滩度假区开发过于偏重房地产项目。青岛市岸线总长度 784 千米，旅游用岸线 296.35 千米，具有市场影响力的景区只有崂山一家。烟台市岸线总长度 765 千米，旅游用岸线 185.97 千米，有市场影响力的景区只有蓬莱水城和南山景区等少数旅游景区。威海旅游用岸线 408.22 千米，日照旅游用岸线 34.69 千米。

2. 旅游景区用岸线严重不足

山东省滨海岸线突出的优势在于滨海基岩景观岸线资源丰富，多数基岩海岸多为花岗岩，岸线曲折、湾岬相间、岸坡陡峭，海蚀洞、海蚀拱桥、海蚀崖、海蚀平台和海蚀柱等海蚀地貌发育，具有发展观光型景区的良好资源条件，但是长期以来因定位偏差，过于偏重休闲度假和房地产开发，忽视基岩海岸的景区建设，导致景区用岸线比例很低，滨海旅游景区数量和容量严重不足，发展相对成熟的景区只有蓬莱、崂山、刘公岛等少数几家。旅游景区容量是滨海旅游容量的核心指标，而滨海旅游景区容量严重不足，每逢旅游旺季，主要旅游景区超负荷运行问题突出（表 3–8）。

表 3–8 山东省沿海各地市海岸线长度

地市名称	海岸线长度（千米）	备注
滨州	88	漳卫新河至潮河的沾化—河口海岸分界处
东营	413	潮河至小清河北的广饶—寿光海岸分界处
潍坊	149	小清河至胶莱河的昌邑—莱州海岸分界处
烟台	765	胶莱河至初村北牟平—环翠海岸分界的北部海岸线长度 530 千米；乳山湾的乳山—海阳海岸分界处至丁字湾莱阳—即墨海岸分界处的南部海岸线长度 335 千米
威海	978	牟平—环翠海岸分界至乳山湾的乳山—海阳海岸分界处
青岛	785	莱阳—即墨海岸分界处至王家滩胶南—东港海岸分界处
日照	167	胶南—东港海岸分界处至绣针河口漫水坝
合计	3345	漳卫新河至绣针河口（漫水坝）

三、打造六大海洋旅游产品体系

滨海风景旅游。以“仙境海岸”品牌为引领，以成山头—天鹅湖、石岛—赤山、海湾海角、近海岛屿等景观资源为支撑，建设系列精品旅游景区，强化滨海景观游赏设施配套完善，打造滨海风景游赏带。强化海陆联动，大力推动陆域生态功能提升与培育。挖掘历史文化故事，塑造仙境文化氛围，建设各类滨海自然和人文景观地标，实现胶东半岛全域景观品质显著提升。

海滨城市旅游。以青岛、烟台、威海、日照为中心城市，以崂山、蓬莱、成山头、日照滨海等资源为核心吸引物，挖掘开埠文化、名城文化、影视文化、民俗文化、海洋渔文化、时尚文化等，突出仙境文化特色。依托城市历史文化和近现代工业文化遗存，培育和打造传统文化、时尚创意文化为主题的旅游休闲街（区）和休闲消费集聚区，丰富目的地城市旅游产品与业态，构建中国仙境海岸旅游城市带。

滨海休闲度假。参照国际滨海度假的设施与服务标准，提升打造青岛石老人、凤凰岛、蓬莱、海阳度假区等现有国家级旅游度假区，推动山海天、好运角等创建国家级旅游度假区。依托青岛、烟台、威海、日照等市域的主要海岸线打造若干个能够满足观光、休闲、度假需求的滨海度假综合体单元，力争到 2035 年打造成为世界第四大度假海岸。

海洋文化旅游。着力保护传承海洋类传统村落，积极推动滨海与海岛渔村的乡村旅游项目发展。利用海洋文化资源，开发海洋历史文化、海洋国防文化、海洋科技文化、海港文化、航海文化、海洋民俗文化等系列研学旅行产品。推动荣成海洋渔文化生态保护区申报国家级海洋渔文化生态保护实验区。

近海岛屿生态旅游。统筹开发全省海岛旅游资源，着力培育打造一批“一岛一品”的特色化旅游休闲岛群。实行“一岛一策”，推出一批以海洋生态观光、康体运动度假、科普研学体验等不同主题的特色海岛。加强岛陆联动、岛海联动，实现岛屿生态旅游的协同发展。

海洋时尚体验旅游。以青岛中国邮轮旅游发展试验区为重点，与烟台港、威海港、日照港协同，整体打造母港、始发港、停靠港“一主一备两点”为主体的山东邮（游）轮旅游体系。积极开发游艇度假、海洋牧场、海洋运动、海水康疗、海洋食品养生、房车露营地、海洋节会等，海洋旅游产品体系，大力发展集生产、观光、垂钓、采摘、餐饮、娱乐、购物等于一体的综合性游钓型海洋牧场。

四、优化布局，释放发展潜力

（一）优化岸段发展方向，构建六大旅游发展岸段

滨海旅游产品体系的重构和优化，以及滨海旅游空间结构的优化，形成彰显滨海特色和魅力的国际著名现代化城市旅游带，解决滨海岸段功能分区混乱，优势资源浪费问题。按照资源特征，划分5个不同的发展岸段：

1. 滨州—营口生态岸段，打造生态型海岸，开发陆域旅游

与河北省岸线交界处往东，包括莱州湾西部岸线，岸线长度大约500千米，包括滨州88千米长的岸线，东营413千米长的岸线，黄河入海口形成大面积的河口湿地，以滨海湿地和滩涂为主，生态资源丰富，但岸线不稳定，生态环境脆弱。

（1）保护自然生态岸线，严格控制开发强度，按照海洋功能区划，没有划定旅游用岸线，以生态保护为主。

（2）重点开发区域从滨海转向陆域，以沿海县市的陆域旅游为主，重点发展东营城市旅游、滨州沿黄旅游，利津和垦利沿黄湿地生态旅游、无棣沾化特色农业旅游。

2. 莱州湾沙质岸段，强化生态和景观修复，向度假型海岸发展

渤海三大海湾之一，整个莱州湾岸线长度大约300千米，其中西部岸线属于黄河三角洲生态岸线。莱州湾是山东省最大的海湾和主要的渔场，养殖和盐业是主要岸线利用方式，由于养殖用岸线无序发展，对沿岸景观环境和生态环境造成较大影响。

（1）腾退沙滩岸段的养殖和盐业用岸线，恢复岸线的自然景观和生态功能，保护和恢复沙质岸线，打造休闲度假岸线。

（2）充分利用东岸的岬角景观资源，建设岬角型景区，弥补沿岸缺少观光型景区的缺陷。

3. 蓬莱—威海岸段优质景观岸段——打造观光型海岸，构建大型景区连绵分布带

包括从蓬莱—烟台—威海—荣成岸段，岸线长度大约700千米，是山东旅游岸线的黄金岸段，岸线曲折，基岩岸线丰富，旅游景区的集中分布区。全省大约1/2的基岩岸线分布在这一岸段，是山东沿海海岸景观质量最高的岸段，具有发展旅游景区的良好资源条件。

（1）发挥岸线景观资源优势，控制房地产和度假区用岸线。

（2）大幅度增加景区用岸线，打造旅游景区连绵分布带，重点建设成山头—天鹅湖，石岛—槎山等大型景区。

（3）打造芝罘湾都市旅游大湾区，统筹芝罘岛、养马岛、崆峒岛、烟台山、朝阳街开发，构建综合性都市旅游大湾区。

（4）提升城市旅游功能，提升荣成旅游功能，打造以海洋牧场、滨海观光为特色的新兴旅游城市，

舒解威海旅游客流。

4. 乳山—海阳优质沙滩岸段——打造一流优质度假型海岸

包括乳山和海阳两市滨海岸线，是山东省沿海优质沙滩资源的主要分布区，乳山市海岸线将近200千米，其中乳山银滩21千米长的优质沙滩岸线，但大部分优质岸线让房地产占据，存量房地产数量巨大。

（1）调整岸线资源利用方向，引进品牌旅游度假公寓和旅游民宿经营企业，充分利用存量房地产资源，大力发展旅游度假公寓和旅游民宿，探索新型度假发展模式，激活海岸度假旅游。

（2）充分利用中国长寿之乡的品牌和环境优势，打造康养度假旅游品牌。

（3）提升海阳度假酒店群的经营水平，打造中高端度假酒店集群，优化旅游产业要素，配套发展休闲娱乐、休闲餐饮等。

（4）打造丁字湾度假型湾区，与海阳度假海岸共同构成国际一流度假型海岸。

5. 青岛岸段——构建时尚文化与都市型海岸

青岛海岸线曲折、峡湾众多，包括崂山风景区、胶州湾、灵山湾等海湾，以及田横岛等岛屿。优化岸线利用，形成都市景观岸线、旅游型湾区、观光型岛屿、滨海型景区联动的空间布局。

（1）打造都市旅游型湾区，将胶州湾、鳌山湾和灵山湾打造为旅游型湾区。

（2）打造景区型岛屿，控制岛屿的房地产和度假区建设，向生态观光型旅游景区转型发展。

（3）增加景区利用岸线，琅岈台等度假区向风景游赏景区转型发展，形成崂山、大泽山、大珠山和琅岈台景区体系。

6. 日照岸段——都市度假型海岸

全面解决优质岸线资源和景观资源低效利用的浪费问题，优化滨海岸线合理利用方向与岸线利用调整，充分利用稀有景观资源，打造岬角型景区，形成“岬角景区观光—沙滩休闲—都市文化休闲”的发展格局。

（二）打造旅游型湾区带，建设三大旅游湾区

曲折的海岸线，形成了沿岸线间断分布的不同大小和形态的湾区，海岸带全线有大小海湾200余处，其中面积大于1平方千米的海湾51处，总面积8100多平方千米，较大的海湾有莱州湾、胶州湾、芝罘湾、丁字湾、乳山湾、灵山湾、唐岛湾、鳌山湾、石岛湾、爱莲湾、马兰湾、桑沟湾、青岛湾等，这些湾区具有良好的旅游开发条件。根据湾区资源环境条件，近期重点打造芝罘湾、丁字湾和胶州湾三大旅游型湾区。

1. 打造芝罘湾都市旅游大湾区

发挥岛陆空间组合优势，“岛陆”协同开发，打造芝罘岛—崆峒岛—养马岛—芝罘湾滨海旅游发展环，构建陆岛的港口码头体系，三岛和陆域的岛陆巡游环线，形成一体化地标性旅游区，构建烟台地标性旅游区。

（1）芝罘岛、崆峒岛和养马岛三岛明确功能分工，差异化开发，形成旅游功能互补，各自职能不同的多功能、综合性旅游区。避免同质化发展，相互竞争。芝罘岛主要职能是文旅融合型旅游区，崆峒岛主要职能是观光型景区，养马岛主要职能是度假型海岛。

（2）崆峒岛距离海岸线9.5千米，是距离烟台市区最近的海岛，陆地总面积为1.58平方千米，主岛崆峒岛面积约0.99平方千米，烟台市区第一大海岛。采取景区型开发模式，建设海岛型景区：有银沙、粉贝、彩石海滩、元宝岛、天鹅岛等自然风光，海草房、百年灯塔、北斗文化景观等历史文化遗迹。抓住岛上居民搬迁的机遇，按照海岛型公园建设模式，建设海岛观光型岛屿，严禁度假设施和房地产项目。

（3）芝罘岛是我国最大的陆连岛，面积 11.50 平方千米，北部老爷山为最高峰，海拔 294.10 米。陡峭的海蚀崖地貌景观，海蚀穴、海蚀柱分布于芝罘岛南北两岸，形成地质奇观。芝罘岛发展历史悠久，是烟台海洋文化的主要承载区域，采取文旅融合开发模式，建设文旅融合发展的典范。以文化旅游融合发展为主要方向，挖掘历史文化资源，建成以历史文化旅游、海洋生态支持、海蚀地貌观光为主要功能的旅游区。进行岛上旧村改造以及文化景观环境整治。

（4）养马岛总面积 13.82 平方千米，内有 8 个行政村，是 4A 级景区。近陆，基础设施建设条件优于远陆岛屿，采取度假型开发模式，建设国家级旅游度假区，按照国家级旅游度假区的要求，建设成为滨海重要的休闲度假型岛屿。

2. 打造丁字湾旅游度假湾区

丁字湾地跨青岛、烟台，分属即墨、海阳、莱阳三市，海湾长宽各约 12 千米，面积约 156 平方千米，湾内岸线蜿蜒曲折，岬湾相间，景观资源丰富，是山东省 9 大集中集约用海区之一。丁字湾海洋文化旅游产业聚集区，形成旅游度假服务聚集区。构建黄金海岸及旅游度假胜地，海洋文化聚集区。

（1）统筹协调三市旅游开发，形成分工明确、优势互补、相互支撑的一体化旅游度假区。

（2）按照国家级旅游度假区的标准，完善基础设施配套建设，与海阳国家级旅游度假区整合，将丁字湾旅游度假区打造为国家级旅游度假区。

（3）打通与青岛的快速旅游交通联系，强化联动关系。

3. 打造胶州湾都市型旅游大湾区

青岛胶州湾是山东沿海最著名的湾区，潮间带和海域面积近 500 平方千米，岸线长度大约 200 千米，湾内港阔水深，风平浪静，海水终年不冻，为天然优良港湾，湾区湿地和生态资源丰富。青岛陆域旅游发展轴带大沽河注入胶州湾，与胶州湾形成资源联动。

（三）发挥资源优势，优化岸线利用

1. 调整旅游岸线利用方向，扩大景区利用岸线

合理利用岬角基岩岸线景观资源，作为景区利用岸线，在滨海形成以天然岬角景观资源为核心的滨海旅游景区分布带，改变目前景区不足，通过构建沿海带状分布的旅游景区线，全面提升海岸带旅游吸引力。形成景区—度假岸线交替分布的岸线利用布局。通过对海水养殖、生产性港口、工业退出岸线的调整处理，为旅游景区发展腾出空间，合理利用腾退出来的岸线和海域。全面整合烟台—威海滨海段岸线资源：烟台—威海滨海岸段是山东滨海各个地市旅游可利用岸线长度最长、资源最优的岸段，调整优化滨海岸段岬角岸线的利用，建设一批岬角型景区。

（1）扩大沿海核心景区崂山、蓬莱水城、刘公岛的发展空间，通过陆域腹地资源整合和向海发展，提升核心景区的旅游容量。

（2）率先启动威海“成山头—天鹅湖”目的地型景区的改造提升，形成滨海与蓬莱、崂山同量级的目的地型景区。全面整治成山头三个村的社区环境，联通成山头和天鹅湖之间的沿海旅游通道。

（3）合理布局邮轮港发展格局，避免内部竞争：客观评估山东省发展邮轮旅游的市场条件和国内邮轮港布局。调整青岛、烟台、威海、日照四个城市同时发展邮轮旅游的思路，近期保持一主（青岛），一辅（烟台）的邮轮港发展布局，暂缓威海、日照邮轮港建设，待邮轮市场成熟后再发展威海、日照邮轮港，避免形成内部无序与过度竞争。威海、日照借助老港区改造，重点发展游船游艇旅游，与青岛、烟台近岸岛屿构成海上旅游环线。

2. 调整海岛旅游开发思路，从建设度假型岛屿为主转向主要建设观光型岛屿

目前岛屿开发以度假为主，投资巨大，建设周期长，生态保护问题突出。田横岛等主要大岛现状以度假旅游开发为主，房地产比重过大，珍稀优质资源浪费问题突出。

海岛总量多，集中分布的海岛共有589个，约占全国岛屿总数的10%，但海岛陆地总面积只约为102平方千米。海岛主要分布在烟台、威海和青岛三市，三市海岛数量大约占全省的91%。从西向东为滨州近岸岛群、长岛岛群、烟威北部岛群、烟威东南部岛群、青岛近海岛群和鲁东南前三岛岛群等六个岛群。小型岛为主，岛屿土地资源稀缺，可供旅游开发利用的岛屿数量多，但岛屿陆地面积普遍狭小。全面调整海岛旅游开发思路，以建设生态型、景观型旅游岛为主要发展方向，严控度假区建设，严禁房地产开发。

3. 整合优势资源，启动两大核心项目

（1）核心项目之一：烟台“岛陆”协同开发

——崆峒岛采取景区型开发模式，建设海岛型景区；芝罘岛采取文旅融合开发模式，建设文旅融合发展的典范；养马岛采取度假型开发模式，建设国家级旅游度假区。

——串联陆岛的港口码头体系：建设串联三岛和陆域的岛陆巡游环线，建立纽带关系，形成一体化地标性旅游区。

（2）核心项目之二：成山头—海驴岛—度假区—天鹅湖资源整合

成山头景区属国家级资源，面积2.5平方千米，包括天尽头、海驴岛、秦始皇东巡立石等，隶属成山镇。1988年被评为国家级风景名胜区，1992年荣成市政府决定风景区归成山镇管辖。管理与保护现状与国家级风景名胜区要求差距巨大，是典型的高等级资源低效利用。

——四个景区一体化开发，形成与崂山、蓬莱同量级的滨海精品观光旅游景区，弥补山东滨海目的地型地标性景区不足的短板。

——提升景区管理级别：理顺管理体制，建立县级以上的成山头大景区旅游管理机构，启动成山头村镇景观环境的全面整治，按照国家级风景区的保护要求和5A级景区的建设标准进行环境改造，建设旅游小镇和乡村旅游重点村。

——挖掘文化资源，文旅融合发展：全面提升成山头文旅融合程度，挖掘秦始皇东巡历史文化资源，构建历史文化观光组团。

——资源整合，打通滨海景观廊道：打通北部沿海—成山头—天鹅湖滨海交通联系，形成滨海观光廊道。

——形成成山头沿海、天鹅湖沿岸生态旅游环线。天鹅湖国家级自然保护区周边环境整治：湖岸建筑后退，建设天鹅湖封闭下沉式生态观鸟窗廊，解决保护与旅游的矛盾。重点发展海驴岛环岛游、天鹅湖生态观鸟游。

4. 建设海洋牧场新旅游产品体系

【资料链接】

海洋牧场是近30年来发展起来的海洋生物养殖新兴产业。日本、美国、俄罗斯、挪威等国海洋牧场建设领先。1978~1987年日本建成了世界上第一个海洋牧场：日本黑潮牧场，美国的海洋牧场是以垂钓性休闲增殖渔业为主，韩国在1998年开始实施海洋牧场计划。

山东省海洋牧场建设处于探索阶段，目前已建成各类海洋牧场240余处（截至2017年），面积超过1.9万公顷。拥有的国家级海洋牧场32处，数量居全国首位，占全国国家级海洋牧场总数的37%（截至2019年2月）。

海洋牧场多集中在近岸海域，投礁型海洋牧场主要集中在莱州芙蓉岛到日照绣针河海域；游钓型海洋牧场主要集中在离岸海域；底播型海洋牧场主要集中在黄河三角洲海域、半岛东北部海域、半岛南部海域；田园型海洋牧场主要集中在莱州湾、烟—威近海、半岛东部、海州湾；装备型海洋牧场主要集中在黄河口深海海域、黄海冷水团、庙岛群岛海域、半岛深水海域、远岸岛链等深水区域。

目前海洋牧场旅游处于起步阶段，管理相对粗放，还没有形成一套完备的标准体系。海洋牧场旅游产品尚未成型，运营模式仍处于探索阶段，目前的牧场经营主要还是企业各自摸索。公司架构和人员配置需要在新增旅游业务基础上重新制定。旅游产品主要建设在陆岸，业态以接待中心、展示厅、体验馆、餐厅为主，个别牧场在离岸不远处建设有垂钓休闲平台或人工鱼礁钓场。“岸上科普宣教 + 海上海钓休闲”的模式比较普遍。

从农业农村部已批复的 33 处国家级海洋牧场中筛选一批具有竞争力和示范性的海洋牧场进行重点旅游开发建设和资金扶持。

——威海市重点扶持荣成北部海域国家级海洋牧场、荣成爱莲湾海域国家级海洋牧场、荣成市南部海域好当家国家级海洋牧场、荣成市桑沟湾海域国家级海洋牧场 4 家。

——烟台市重点扶持芙蓉岛西部海域国家级海洋牧场、牟平北部海域国家级海洋牧场、莱州市太平湾海域明波国家级海洋牧场、庙岛群岛北部海域国家级海洋牧场、庙岛群岛东部海域佳益国家级海洋牧场 5 家。

——青岛市重点扶持黄岛区石雀滩海域国家级海洋牧场、崂山湾海域国家级海洋牧场、崂山湾海域龙盘国家级海洋牧场、灵山湾海域灵山国家级海洋牧场 4 家。

——日照市重点扶持岚山东部海域万泽丰国家级海洋牧场、海州湾海域顺风国家级海洋牧场 2 家。

五、构建海岛型景区体系

（一）科学评估岛屿开发条件

1. 小型岛屿为主

山东岛屿数量众多，以小型岛屿为主（面积小于 500 平方米的海岛 313 个，占海岛总数的 53.14%；面积在 500 平方米至 5 平方千米之间的海岛 269 个，占 45.67%；面积大于 5 平方千米的海岛仅 7 个，最大海岛为南长山岛，面积为 13.3 平方千米），且近岸分布，大多数岛屿适宜旅游开发。

2.“岛群”+“海洋”特色突出

海岛总量多，有海岛 589 个，且集中与分散相结合，有利于集群式开发利用。

3. 近岸分布，开发难度小

山东海岛绝大部分位于近岸海域，距大陆 5 千米以内的海岛 345 个，占海岛总数的 58.57%；距陆 5~50 千米的海岛 148 个，占 25.13%。

4. 岛屿土地资源稀缺，生态约束性强

可供旅游开发利用的岛屿数量多，但岛屿陆地总面积狭小、淡水资源有限，岛屿小导致环境容量极其有限。

田横岛等主要大岛开发以度假为主，投入产出比不佳，且生态保护问题突出。度假村在设计、规模与材质上非常现代化、城市化，与自然海滩和海岛环境不协调。

表 3–9　主要海岛的开发条件

岛屿名称	位置	面积（平方千米）	水质	岸线	可达性	开发程度
南长山岛	烟台市长岛县	13.3	良	曲折	中	高
北长山岛	烟台市长岛县	7.87	优	曲折	中低	中
庙岛	南长山岛西侧	1.43	优	高曲折	中	高
崆峒岛	烟台芝罘区东北部	0.99	优	高曲折	中	中低

续表

岛屿名称	位置	面积（平方千米）	水质	岸线	可达性	开发程度
养马岛	烟台市牟平区	13.2	良	一般	高	高
田横岛	青岛市即墨东部	1.46	优	高曲折	中	中高
灵山岛	黄岛区东南	7.66	优	一般	低	低
竹岔岛	薛家岛	0.38	优	一般	低	低

（二）调整开发思路：综合协调，全面调整

全面调整海岛旅游开发思路，重点向生态型、景观型、野奢型旅游岛方向发展。在生态保护与修复的前提下，应根据岛屿条件不同与市场需求特点，发展岛屿游赏、跳岛旅游、海洋垂钓、游船游艇、野奢体验，岛—海—陆联动，同时兼顾海洋渔业生产，使各部门、各行业都能综合协调发展。

做足“岛”的文章。选择一批具有旅游开发潜力的岛屿，“一岛一策”，统筹开发全省海岛旅游资源，着力培育打造一批“一岛一品”的特色化旅游休闲岛群，打造系列主题旅游岛，建设10个以上观光型岛屿，有重点有步骤循序渐进，根据实际情况尽可能留有余地，远近结合，弹性发展。

建立健全海洋生态补偿机制，加快制定符合山东实际的海洋生态补偿政策。以创建国家级海岛生态文明示范区为抓手，严格实施海岛海域环境功能区规划、加强海岛监测体系建设、开展海岛资源保护与生态修复工作、完善海岛应急管理等系列措施，实行“高收益、低影响”的海岛旅游发展模式。

（三）聚焦重点岛屿

1. 集中发展四个重点岛屿示范区

引导和培育四大岛群旅游。重点支持长岛群岛（南长山岛、北长山岛、庙岛、大黑山岛、小黑山岛）、烟台“三岛”（崆峒岛、芝罘岛、养马岛）、田横岛及周边海岛（田横岛、驴岛、车岛）、青岛湾区（团岛、灵山岛、竹岔岛）四个岛群旅游先行开发。突出主岛，以需定量，以海岛游业态创新为重点，通过跳岛游及水上游线方式，将海岛度假、海岛风情、海钓探险、海防文化有机结合（表3–10）。

表3–10　海岛旅游示范区

主要示范区	主导类型	功能
长岛群岛	生态文化综合型	重点开发长岛群岛旅游区，以岛屿型生态旅游区为主要发展方向，打造成为我国海岛生态文化旅游开发的典范。实施好长岛海洋生态文明综合试验区建设，争创全国首个海洋类国家公园
烟台“三岛”	文化型	发挥岛陆空间组合优势，“岛陆”协同开发，打造芝罘岛－崆峒岛－养马岛－芝罘湾滨海旅游发展环，构建陆岛的港口码头体系，三岛和陆域的岛－陆巡游环线，形成一体化地标性旅游区，构建烟台地标性旅游区
田横岛及周边海岛	生态型	依托良好的岛屿自然生态环境、村落风貌和特色渔业，提供观光游览、休闲娱乐、特色餐饮等功能
青岛湾区	运动型	以城市为基础，海岛景观和海上线路为载体，海洋文化为内涵，融海岛休闲和科普体验于一体

2. 重点打造四个重点类型

通过对山东海岛旅游资源潜在价值的挖掘和分析，未来海岛旅游的发展可重点打造几大类型方向：生态型、文化型、运动型、渔村型。

生态观光岛。对于被海包围、生态环境优良的海岛，包括离岸较远的小型有居民海岛和大部分的无居民海岛，应将开发建设和旅游活动的规模控制在环境允许的范围以内，尽可能的减少旅游开发带

来的负面影响，部分近海岛屿可开展滨海风景旅游，或在岛上建立小型的地质博物馆或科普馆，最终朝着海岛型精品旅游景区发展。

文化体验岛。对于蓬莱阁、刘公岛、庙岛等文化资源丰富的海岛，应挖掘历史文化故事，塑造仙境文化氛围，开发海岛风情之旅等产品。

野奢休闲岛。将岛屿的部分临海区域进行与运动旅游相关活动的开发，如开展游艇、海钓、定向运动等。建设海岛露营地，提供丰富多彩的海上、海底运动项目。部分海岛在交通可达性允许的情况下，开发小规模的度假单元包括野生营地供高端客群使用。

渔乡风情岛。保持原汁原味的渔家风情，按照国际旅游度假设施与民宿服务标准，提供优质的住宿服务。在条件适宜的地方选线建设一些环岛绿道，提升海岛风情体验。

促进岛—陆联动、岛海联动，实现协同开发。加大对已开发海岛的旅游创新支持力度，对于开发相对成熟的海岛，重点发挥海岛中心城市综合功能，强调陆—岛联动，突出海岛与岸域及水域的联动开发，通过岸上配套设施的建设，游艇游船的串接，实现岛屿观光休闲与陆岸旅游衍生产品的整合联动，实现整体最大经济效益。

（四）“一岛一策”全面提升

1. 南长山岛

突出主题特色，长岛港湾，休闲之岛——门户海岛，国际锚地，海上览胜最佳点，游艇与海钓休闲、海产特色餐饮、逍遥度假之地。结合美丽渔村建设，鼓励民宿旅游发展。

实施好长岛海洋生态文明综合试验区建设，争创全国首个海洋类国家公园。

2. 北长山岛

突出牙湾渔港，风情之岛——长岛群岛渔俗渔风体验的地标地。立足海钓休闲市场，大力发展民宿接待设施。以北长山岛半月湾为基地，开发海上运动项目。

开通北长山岛和大黑山岛、庙岛之间的固定海上通勤航班。

3. 庙岛

发挥文化古岛优势，对遗址遗迹、传统村落格局和风貌特征进行整体保护，打造长岛群岛渔俗渔风体验的地标地。按照精品旅游景区标准打造以显应宫和庙岛古城遗址为核心的庙岛旅游区。

与南长山岛、北长山岛以及陆岸的蓬莱阁组合发展，形成文化休闲旅游精品线路。

4. 崆峒岛

突出彩石银沙、灯塔之岛特色，挖掘文化内涵，按照国家5A级旅游景区的标准对崆峒岛的历史建筑及其传统风貌、古村街巷格局进行整体修缮保护，打造传统与现代文化相融的历史文化旅游精品海岛景区。

开发直升机、游艇等时尚休闲项目，带动周边岛屿的联动开发。

5. 养马岛

突出碧水金沙、度假之岛优势，挖掘历史文化内涵，建设度假酒店群，营造自然、优美的度假环境，打造以钻石沙滩、碧水蓝天、海鲜美味为特色的度假胜地。

开展潜水、帆船、冲浪等水上运动休闲项目，与芝罘岛、崆峒岛等周边岛屿共同形成3~4日游产品，力争未来建设成为国家级旅游度假区。

6. 田横岛

围绕“海钓天堂”品牌，有序开发休闲度假旅游产品，打造礁奇水秀的海钓天堂、梦动之岛。

开展游泳、潜水、垂钓、露营、帆船、摩托艇等特色水上运动项目。

7. 灵山岛

利用国家级海洋公园品牌，增强科普教育和展示功能。充分利用废弃民房建筑提升改造发展民宿旅游，建设生态化的旅游接待设施，如帐篷旅馆、露营地等。打造海上桃源、生态之岛、风景胜地，野生动植物栖息地，人与自然和谐共生的乐园。

开辟黄岛、团岛、竹岔岛至灵山岛的客运航班，开发组合型海岛休闲旅游产品。

8. 竹岔岛

（1）进行海岛全域化精品景区的提升建设，营造海上婚庆环境，打造海上花园，浪漫之岛。

（2）重点开发海岛游艇巡游、婚庆摄影等特色产品，开发至周边岛屿的线路产品。

9. 无居民海岛

可供旅游开发的无居民海岛较多，大多面积较小或离岸较远。

（1）提高跑马岛、挡浪岛、褚岛、白马岛、驴岛、桃花岛等无居民海岛的开放和管控力度，适度开发海岛野奢度假产品，探索无人岛海岛探秘、无人岛探险等特种方向。

（2）积极培育以市场为导向的高端旅游产品，结合无居民海岛的环境与资源特色，重点培育和发展高端度假、运动型产品，包括私人海岛度假、游艇度假、低空飞行等。

第七节 全面推进大运河文化遗产旅游

一、对接大运河文化带建设的国家战略

（一）大运河国家文化公园建设

1. 国际影响力的世界文化遗产带

大运河是世界上里程最长、工程最大的人工运河，是在世界上具有广泛影响的超大型线性文化遗产，其突出的历史文化价值得到了国际社会的高度认可，2014 年大运河列入《世界遗产名录》，遗产构成包括 27 段典型河道和 58 处重要遗产点，遗产河段全长 1011 千米。

2. 大运河文化带建设

《大运河文化保护传承利用规划纲要》对大运河的功能定位是“继古开今的璀璨文化带、山水秀丽的绿色生态带和享誉中外的缤纷旅游带。制定的阶段目标是：2018~2025 年，大运河文化遗产实现全面保护，主要河段基本实现有水，绿色生态廊道基本建成，文化旅游形成统一品牌。2026~2035 年，大运河文化遗产实现科学保护、活态传承、合理利用，主河道全线有水，生态环境根本改善，文化旅游品牌影响力显著提升。到 2050 年，各类文化遗产焕发新的生机与活力，河湖安澜有序，环境优美宜居，“千年运河”文化旅游品牌享誉中外。

（二）大运河山东段资源价值

1. 文化遗产资源集聚带

京杭大运河纵贯全省西部区域，属京杭大运河中段，全长 643 千米，是国家大运河规划中 5 大片区中的黄河以北片区的南段，黄河以南片区的北段。京杭大运河山东段经过德州、聊城、泰安、济宁和枣庄五个地市，沿线有临清、台儿庄、南阳、张秋、阿城、七级、梁山、东平等运河城镇。大运河山东段由卫运河南段、会通河和泇运河一段构成，卫运河集中在临清以北德州段，会通河从临清至济

宁段，以南为洳河段。

大运河山东段是山东省物质文化遗产和非物质文化遗产最为丰厚的区域，遗产总数和遗产河道数量仅次于江苏，居沿河各省市第二位。大运河山东段全线的世界文化遗产点包括8段运河15处遗产点，总长186千米，遗产区面积为16603公顷，缓冲区面积29501公顷。遗产类型包含了所有大运河遗产类型，是京杭大运河上的重要段落，其中四女寺枢纽、临清枢纽、南旺枢纽和济宁枢纽等在大运河世界文化遗产中具有突出价值。

沿线分布有山东省最大的两个湖泊——微山湖和东平湖，水浒文化旅游区沿大运河两岸分布，市井民俗文化特色突出，非物质文化遗产丰富。大运河沿线有45个国家级非遗代表性项目，159个省级非遗代表性项目，1187个县级以上非遗代表性项目。

2. 山东经济发展的洼地

1855年黄河夺大清河改道后，大运河山东段断航。由于航运功能消失，运河在沿线城市发展中的重要地位基本丧失，逐渐沦为经济发展的洼地。沿河地区是山东省经济发展相对落后的区域。由于部分河道干涸、被填埋或完全消失，长期以来沿线污染严重，开发无序、功能混乱，运河沿岸居住、工业、码头仓储等用地形态穿插，景观杂乱无章，遗产资源损毁严重。

3. 山东省大运河保护行动

山东省的大运河保护利用工程启动早，但后续进展相对较慢。2012年山东省政府制定《大运河遗产山东段保护规划》，2013年山东省人民政府颁布《山东省大运河遗产山东段保护管理办法》。2017年以来先后设立了《邹鲁文化生态保护实验区总体规划》《台儿庄运河文化生态保护实验区总体规划》《临清运河文化生态保护实验区总体规划》，本体保护工程共获得国家和省级专项支持项目107个，修缮保护重点文物本体，保护运河遗产及周边环境，建成沿运河5市历史文化展示场所670多处。

虽然在遗产保护方面取得了一些成功，但总体开发力度仍然远远落后于江苏、浙江两省。目前大运河的旅游开发主要集中在微山湖以南开发区域，形成台儿庄古镇和南阳古镇两个相对成熟的古镇型旅游区。台儿庄古镇位于古运河北岸，2008年启动古镇重建工程，2013年竣工，开发面积仅2平方千米。南阳古镇开发2017年开始起步，是大运河沿线第二个古镇项目。运河是梁山文化的主要背景地，水浒文化是运河沿线主要旅游产品，现梁山、阳谷等县已形成以梁山文化为主线的旅游区，但梁山文化旅游开发与运河文化的关联度很低。整个运动带还未形成一个统一的品牌主线，以低端旅游产品为主。

二、构筑带动鲁西发展的文旅隆起带

对接国家战略，高点定位、精品开发

1. 构建鲁西经济腾飞的文化旅游新动能区

以高度的政治责任感和历史使命感贯彻落实习近平总书记关于大运河文化带建设的重要批示精神，加快运河文化带的开发建设是山东省鲁西地区实现经济腾飞的关键工程。要将大运河文化旅游带建设作为全省发展战略的重要组成部分，新旧动能转换的“横＋纵”新格局的“一纵”，纳入省委工作的重要议事日程。

2. 形成带动鲁西经济振兴和文化复兴的发展轴

将大运河文化旅游带建设作为山东“鲁西区域战略性开发廊道”，重大决策部署与全省的“八大战略”相互融通，创新大运河文化带建设的新实践，全线统筹“鲁风运河”品牌，形成文旅融合发展的典范，与大运河城镇带、生态带、经济带建设并行，从核心区、拓展区到辐射区梯次展开，带动沿线生态建设、城镇发展、乡村振兴，构建具有高生态价值、高生活品质、高经济活力的文旅融合大走

廊，形成运河文化旅游城镇发展轴、经济发展轴，带动鲁西地区经济振兴和文化复兴。力争通过5~10年时间，把大运河文化带建设成为山东文化复兴战略的示范带和创新驱动的样板带，大运河文化重要的承载地。

3. 以高点定位的长远发展为目标

协调好大运河文化传承、生态景观保护和经济发展的关系，启动有关大运河文化带建设的地方立法工作，解决沿线管理主体过多、边界责任不清、协调机制不够到位等问题。

在省级层面设立大运河保护传承利用专项资金，对启动区大型基础设施建设给予资金支持，统筹安排沿线城市自有财力和省级补助资金，并鼓励和支持社会资本参与，重点支持跨市域的运河文化遗产保护传承、河道水系治理、生态环境修复、文旅融合发展的重点项目。

三、构筑以“城镇”为核心的带状发展格局

（一）形成“一轴四城八镇”的发展布局

准确解读大运河丰富的文化内涵。运河的南北文化交流造就了城镇繁荣，运河城镇是运河文化最重要的物质载体，漕运文化是大运河文化的内核和动力。运河文化的主要载体是漕运古镇，以及伴生的鲁文化、水浒文化、红色文化，形成独具特色的山东运河文化旅游带。运河城镇随运河的发展而变迁，因运河的兴衰而兴衰。大运河文化旅游开发的成功案例说明，保护、传承、利用大运河历史文化资源的关键是大运河沿线古镇的保护传承和合理利用。统筹考虑遗产资源分布，深入挖掘和丰富大运河文化内涵，充分展现大运河承载的文化，并将沿线的文化旅游资源放到运河文化中进行整合，形成运河文化、水浒文化、民俗文化等地域文化集中体现带，以文化为引领的大运河城镇与旅游发展带。

整合运河城镇两岸及周边河道及公共空间资源，植入文创、休闲产业，遵循“城市文化空间沿河发展、文化依河生长”的发展原则，形成“一轴、四城、八镇”的发展布局，形成串珠状运河文化城镇带。

——一条发展轴：京杭大运河山东段历史文化遗产和生态轴。

——四个运河之城：济宁、聊城、临清、德州。

——八个运河文化特色旅游镇：张秋、阿城、七级、南阳、东平、梁山、台儿庄、汶上。

率先启动城市交通、水电、环保、公共服务等方面的建设，游客服务等旅游基础设施和配套服务，依托水系景观资源塑造公共特色景观空间。

（二）整合优势资源，打造两大集聚发展板块

东平湖和微山湖是大运河两大湿地生态系统，具有重要的生态价值和景观环境价值，以两大湖区为核心，整合周边资源，构筑以东平湖和微山湖为核心的两大集聚发展片区，采取连片组团式发展，打造核心吸引力。

1.“东平湖—运河—黄河—水浒文化”集聚发展板块

大运河东平段南从新湖乡小河涯村入境，北到戴庙乡十里堡村出境，总长约30千米，包括了重要的世界遗产段南旺水利枢纽和戴村坝。位于东平县境内的戴村坝是南旺枢纽的关键工程，“引汶济运”工程创造了京杭大运河黄金水道平稳运行500年的辉煌历史。东平湖是水浒文化的核心区域，是《水浒传》中八百里水泊唯一遗存水域，是水浒文化旅游区的核心区域，与周边的郓城、梁山、阳谷等共同构成水浒文化旅游圈。

东平湖独特的区位特征，以及丰厚的历史文化和大湖生态特征，在全省旅游发展大格局中以及在

大运河文化旅游带建设中占据十分重要的地位。充分发挥东平湖独特的区位优势，以及自然生态和文化优势，以东平湖为核心，以水浒文化、运河文化为底蕴，整合周边戴村坝、腊山国家森林公园，强化生态景观建设，构建一体化的区域旅游快速交通体系和服务体系，形成运河文化旅游带上文旅融合发展的核心板块。

2.“济宁—微山湖—南阳古镇—台儿庄”集聚发展板块

大运河济宁段纵贯济宁全境，流经梁山、汶上、嘉祥、任城、北湖新区、鱼台、微山等7个县区，形成于不同历史时期的河道总长度587千米，是世界遗产点的集中分布区，15个世界遗产点中有9个分布在济宁段。世界遗产的河段为会通河南旺枢纽段、小汶河和会通河微山段。济宁段的十里闸、徐建口斗门遗址、邢通斗门遗址、汶上运河砖砌河堤、柳林闸、南旺分水龙王庙遗址、寺前铺闸、会通河微山段、利建闸被列为世界文化遗产。南旺是运河全程的制高点，被称为“水脊”，是可与都江堰媲美的水利工程，现为国家考古遗址公园。考古遗址公园以汶运交汇口和南旺分水龙王庙为核心，北至十里闸，南至柳林闸，东至徐建口斗门，规划总面积128公顷，包括6处世界文化遗产点和会通河南旺枢纽段、小汶河2段世界文化遗产河段的部分河道遗产。在汶上县的南旺镇建有全线最为集中，祭祀众多水神的古建筑群——南旺分水龙王庙古建筑群。

微山湖总面积660平方千米，是中国北方最大的淡水湖，大运河纵贯微山湖，与微山湖在空间上形成一个不可分割的整体。微山湖历史文化资源丰富，存留有殷周微子墓、汉初张良墓、春秋目夷墓、伏羲陵（庙）以及大量的古碑刻石、汉画像石等，是著名的现代革命斗争纪念地，铁道游击队故乡，国家级生态示范区，国家级湿地公园，国家重点红色旅游区。

依托运河之都济宁，充分整合微山湖区旅游资源，包括微山湖国家湿地公园、微山岛、南阳古镇、孟楼湿地、太白湖、台儿庄古镇景区，打造大运河南端文化旅游集聚发展板块，与东平湖板块共同构成大运河南北两大集聚发展板块。

（三）实施三大重点启动工程，实现重点突破

1. 1号启动区—临清运河古镇

临清段是大运河（山东段）最具开发潜力的运河城镇。留存有运河钞关、鳌头矶、清真寺、二闸口、问津桥、会通桥、月径桥等国家级重点文物保护单位，有冀家大院、汪家大院等相当数量的院落式古民居以及大宁寺、县治遗址、工部营缮分司遗址等重要的古建筑。

临清世界文化遗产点数量多、价值高，入围运河非遗名单项目4个，是山东省运河沿岸的县级市中最多的。

由于临清运河文化的开发一直在市级层面实施，投入的财力十分有限，基本为散点式开发，没有形成古镇的整体开发，旅游功能十分薄弱。规划将临清古镇开发作为山东运河文化旅游隆起带建设和山东省文旅融合发展的的头号工程，纳入省级重点工程，全面启动古城开发，打造成为运河旅游带中段的最重要的旅游城镇，形成北连德州、南连东平湖板块的带状格局

2. 2号启动区——济宁运河之都

济宁位于京杭大运河山东段承上启下的位置，是调控中国南北漕运大动脉的枢纽城市，明清三朝均设有最高司运机构——河道总督衙门，使济宁成为历史上著名的“运河之都”。沿线串联城区、南阳古镇、微山岛、独山岛、南旺分水龙王庙、中都佛苑，文化内涵丰富、旅游资源密集。运河流经济宁约230千米，遗存有运河上最为先进的水利工程——南旺分水工程。

济宁也是鲁西南地区的经济中心，鲁西南任、兖、邹、曲、嘉都市圈的核心城市，但是济宁最近几年城市建设相对迟滞，经济增长幅度也落后于周边的临沂和江苏省的徐州，城市综合实力、基础设施、交通通达性、教育资源、公共医疗水平都有待提升。

充分发挥“济宁运河”之都的文化底蕴，以及微山湖旅游片区核心城市的区位优势，将重建“运河之都”作为提高济宁城市品位、完善基础设施、促进城市发展的重要突破口，加快文旅融合发展，加快重点遗产修复工程和古城风貌恢复工程，打造“孔孟之乡、运河之都”的城市品牌，挖掘运河遗产的文化内涵特点，挖掘老运河、越河底蕴，建设古文化旅游街区，以期串联起运河文化景区，将运河历史、运河风情、运河民俗等元素融入“大运河历史文化长廊”建设，激活运河文化遗产活力。通过规划和政策引导，促使旅游要素向济宁城市聚集，快速提高城市的旅游吸引力，形成“承南联北、融合东西”的文旅发展开放格局，加强与曲阜旅游板块的联系，成为儒家文化向外扩散的主要集聚区。

3.3 号启动区——阳谷三镇遗产廊道

阳谷三镇包括张秋、阿城、七级，随运河的开通而兴旺和繁荣，成为京杭大运河山东段上重要漕运城镇。三镇呈三足鼎立分布。阳谷运河三镇的兴盛繁荣受益于大运河的开凿和通航，历史上为山东运河沿线最重要的漕运城镇。明清时期，大运河沿线不同地域文化在运河三镇汇集，三镇人口、面积达到历史之最，也是水浒文化等历史文化的主要背景地。

阳谷段包括会通河段和 4 个古闸群遗产点（荆门上闸、下闸，阿城上闸、下闸）。会通河阳谷段位于阳谷县域东部，南北流向，南起张秋金堤闸，北至阿城下闸北 1 千米，穿张秋镇区、阿城镇区，经 11 个村庄，全长 19 千米。大运河阳谷段呈现了古运河的风貌，而荆门上、下闸，阿城上、下闸更是运河申遗点中的精品，2006 年 5 月，京杭大运河阳谷段就被公布为“全国重点文物保护单位”，是列入世界文化遗产的 4 座闸门。

阳谷三镇处于黄河以北，与聊城和东阿共同构成黄河以北运河文化旅游带大板块，以阳谷三镇的遗产廊道为核心资源，打造以遗产观光廊道和运河文化古镇为特色的旅游区，对构筑以聊城为核心的鲁西北旅游板块，强化鲁西北区域旅游吸引力具有重要意义。

（四）基础先行，实施贯穿全线的 4 大线性工程

全面启动基础设施建设。率先启动生态、交通、环保、公共服务等方面的建设，以及游客服务等旅游基础设施和配套服务，塑造特色景观公共空间。通过河道水系治理管护、生态保护修复和绿色生态廊道建设、文化遗产保护展示和文化旅游融合提升，以及精品线路和统一品牌、运河文化高地建设等行动，彰显与提振运河城镇的文化韵味、生活品质、特色风貌与功能活力。近期启动实施 4 大线性工程。

1. 大运河全线通水、分段通航工程

大运河通水是大运河文化旅游带开发的前提条件，目前只有山东济宁以南到杭州可以通航，济宁以北至京津河道自 20 世纪 70 年代始，就已经完全断航。从 2010 年起，大运河山东段通水工程就进入不断的研讨阶段，呼吁京杭大运河全线恢复通航的声音不绝于耳。为促使大运河复航，省政府正式出台《关于加快内河水运建设与发展的通知》（省政办发〔2007〕15 号）文件，济宁等地多次举办京杭运河复航和恢复济宁运河之都地位专题座谈会。2014 年，在全国政协十二届二次会议上，多位全国政协委员再次联名提交提案，呼吁加快京杭大运河黄河以北段复航进程。

配合水利部的大运河通水工程，启动沿线水生态环境的整治，将运河通水问题列入重点研究的问题，近期满足临清到聊城，临清到德州的景观用水，规划期内实现全线通水。但大运河作为传统航运的功能和价值已大大下降，作为文化旅游功能的水上游，考虑到经济、技术和水资源的的可行性，可采取分段通航的治理措施，近期恢复东平湖到济宁水上旅游通航；中远期实现黄河以北，临清到德州恢复通航。

2. 大运河文化遗产廊道建设工程

在保持大运河文化遗产的真实性、完整性，文化空间延续性的原则下，梳理大运河文化遗址遗迹、大运河河道及其两侧生态与景观、周边城镇、村庄、自然地理和社会人文历史，全线统筹规划，全面

整合水浒文化、微山湖红色文化、民俗市井文化，建设沿大运河的文化遗产廊道，通过大运河遗产廊道的建设带动遗产的整体保护，形成鲁风运河的文化品牌。

3. 全线生态修复工程

生态建设是大运河文化旅游带建设的重要内容，良好的生态环境质量是大运河文化旅游带建设的基本前提。长期以来大运河遗产保护的环境压力巨大、传承利用质量不高、生态功能退化、生态空间挤占严重等问题突出。近年来运河沿线生态治理力度加大，生态质量总体向好，但部分世遗点河段生态质量依然低下，生态环境质量仍然是突出的短板。协调好大运河文化遗产传承、生态景观保护和经济发展的关系，进行生态恢复和环境景观建设，严格控制周边区域工业污水、生活污水和农业污染排放造成的运河水污染问题以及沿线垃圾处理，规范大运河遗产的日常管理，河道垃圾清理整治，统筹湿地修复、岸线防护以及污染防治，形成绿色生态廊道和景观休闲廊道。

4. 全线交通畅通工程

打造 3 大旅游交通体系，包括沿线慢行游步与骑行系统，快行交通系统，水上交通系统，配套基础设施与公共服务设施，建设游览系统。构建沿大运河的慢行游览交通，大运河山东段国家步道系统以及沿线标识系统等配套设施。构建水上游览交通系统，率先打通东平湖到微山湖的水上旅游交通航道，启动旅游航港建设。

第八节　整合开发沿黄生态文化旅游

一、山东省黄河带品牌价值与文旅资源

（一）黄河文化旅游带品牌具国际影响力

1. 黄河文化是中华文明的代表与象征

黄河作为中华民族的“母亲河”，是华夏文明的摇篮，孕育了辉煌灿烂的中华文明。黄河文化是中国最具代表性和影响力的主体文化之一。在中华五千年的文明史中，黄河流域有 3000 多年一直是我国政治、经济、文化的中心。黄河文化博大精深、积淀深厚、内容丰富，具有强大生命力和巨大的精神感召力。黄河文化品牌位居中国最具国际影响力的旅游目的地品牌第六位。《中国黄河旅游发展指数报告》显示，在中国十大最具国际影响力旅游目的地品牌中，黄河位居第六位。

2. 黄河文化旅游带开发已纳入国家精品旅游带

在《“十三五”旅游发展规划》中，提出在遵循景观延续性、文化完整性、市场品牌性和产业集聚性的原则下，打造黄河华夏文明旅游带等 10 条国家精品旅游带。黄河文化旅游带的开发，对传承弘扬黄河文化、推动黄河文化带产业转型升级，助力沿黄区域脱贫攻坚，带动沿黄区域经济社会发展具有重要意义。

3. 黄河文化带沿线 9 省区合力打造世界级中华文明之旅精品线

黄河流经青海、四川、甘肃、宁夏、内蒙古、陕西、山西、河南、山东 9 个省区，沿线大中小城市超过 60 个，各类黄河旅游景点超过 100 处，每年接待游客过亿人次。2018 年沿黄 9 省区发布了《2018 中国黄河旅游大会宣言》，提出沿线共同打造世界级中华文明之旅体验线，建设具有国际吸引力的中国黄河景观长廊，打造黄河合作的“中国样板”。

（二）黄河带包括山东省 1/5 区县，滩区面积广大

1. 黄河流经山东省 26 县，占全省区县数量的约 1/5

黄河山东段由东明县入山东境，流经 9 市 26 县（市、区），在东营市垦利区入渤海，河道长 628 千米。山东省内黄河流经的县（市、区）占全省 137 个县的 19%，约 1/5。其中济南市、滨州市、东营市、菏泽市 4 市共有 20 个县位于黄河沿线。

2. 山东省黄河河道二级悬河突出，防洪形势严峻

山东省黄河段长 628 千米，流域面积 1.83 万平方千米。河道特点是上宽下窄，比降上陡下缓，排洪能力上大下小，由此形成“二级悬河”，即槽高、滩低、堤根洼，堤外更低。滩内分布有众多串沟、堤河，一旦发生较大洪水，主流就会沿串沟顶冲堤防、顺堤行洪，严重危及堤防安全。

3. 山东省沿黄滩区面积大，分布相对集中

山东省共有黄河滩区 106 处，总面积 1702 平方千米。主要集中于菏泽、济南、东营 3 市，其中菏泽市滩区面积最大，滩区总面积占全省黄河滩区面积的近 1/3；济南市滩区面积 505 平方千米，规模居全省第二，滩区总面积占全省黄河滩区面积的近 30%；东营市滩区规模居全省第三，滩区总面积占全省黄河滩区面积的近 20%；菏泽、济南、东营 3 市滩区面积占 82%（图 3-42）。

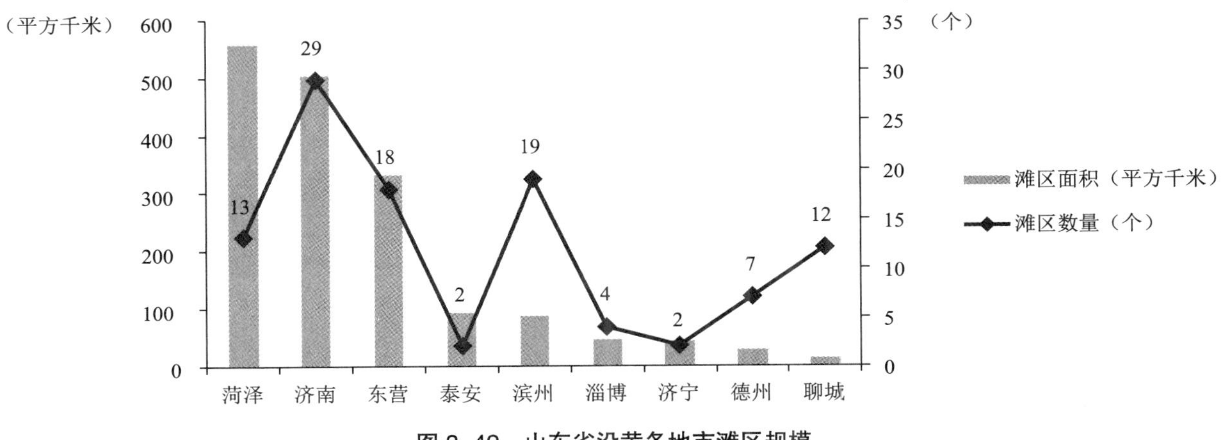

图 3-42　山东省沿黄各地市滩区规模

（三）黄河带是山东省生态资源集中分布区域

1. 山东省沿黄区域国家级生态资源集中分布

山东省沿黄区域有 9 处国家级水利风景区、4 处国家级湿地公园、1 处国家级地质公园、1 处国家级自然保护区、1 处国家级森林公园。

国家级水利风景区：山东省黄河沿线共有 9 处国家黄河水利风景区，占山东省国家水利风景区数量（105 个）的 8.5%，分别为：山东菏泽黄河水利风景区、东阿黄河水利风景区、德州黄河水利风景区、济南百里黄河水利风景区、山东淄博黄河水利风景区、山东邹平黄河水利风景区、山东省滨州黄河水利风景区、利津县黄河生态水利风景区、垦利县黄河口水利风景区。

国家湿地公园：山东省黄河沿线共有 4 处国家湿地公园，占山东省国家湿地公园数量（65 个）的 6.2%，分别为：山东东明黄河国家湿地公园、山东曹县黄河故道国家湿地公园、山东齐河黄河水乡国家湿地公园、山东黄河玫瑰湖国家湿地公园。

国家地质公园：山东省黄河沿线共有 1 处国家地质公园，即山东东营黄河三角洲国家地质公园，占山东省国家地质公园数量（13 个）的 7.6%。

国家自然保护区：山东省黄河沿线共有 1 处国家级自然保护区，即山东黄河三角洲国家级自然保护区，占山东省国家自然保护区总数（7 个）的 14.3%。

国家森林公园：山东省黄河沿线共有 1 处国家级森林公园，即东阿县黄河森林公园，占山东省国家森林公园数量（49 个）的 2%。

从沿黄各地市自然资源的数量分析，东营综合品牌优势突出，拥有 4 大国家级品牌；其次是滨州、菏泽、德州分别有 3 处，济南、聊城分别有 2 处，淄博 1 处，济宁、泰安沿黄区域没有国家级品牌。

2. 黄河入海口地理标志独一无二，黄河三角洲生态保护系统地位重要

山东省拥有世界独一无二的黄河入海口，是黄河两大标志性节点（发源地、入海口）之一，在黄河旅游带中具有不可替代的地位。黄河三角洲大面积荒滩的原始景观震撼，景观类型多变，生态系统多样，拥有暖温带最完整、最年轻、最广阔的湿地生态系统。因为其独特的地质地貌类型，2004 年被批准为国家地质公园，是我国及世界上研究河口新生湿地生态系统形成、演化及发展规律的最佳场所。

山东黄河三角洲国家级自然保护区是以保护新生湿地生态系统和珍稀濒危鸟类为主的湿地类型自然保护区，总面积 1530 平方千米，是东北亚内陆和环西太平洋鸟类迁徙重要的中转站、越冬栖息地和繁殖地。每年有超过 200 余种候鸟在此迁徙、停歇和越冬，鸟类种群数量超过 600 万只。因其在保护水鸟及其栖息地方面的重要性，2013 年被列入国际重要湿地名录。随着中国黄渤海候鸟栖息地（第一期）项目列入《世界遗产名录》，中国黄渤海海岸带申报世界自然遗产迈出标志性步伐。黄河三角洲国家级自然保护区作为中国黄渤海成员，正式加入世界自然遗产地预备名录。

（四）黄河带是山东省文化资源集聚带

黄河带是山东省文化资源集聚带，沿黄分布有黄河史前文明、黄河治理文化、黄河农耕文明，包括种类丰富的非物质文化遗产、红色文化、水浒文化、特色产业文化、兵家文化、名人文化、宗教文化等多种文化资源类型，以及重要的交通设施。

黄河史前文明：在中华文明的形成过程中，东夷族在先秦时期创造了灿烂的土著文化，成为历史悠久的中华文化的重要组成部分。先后经历了后李文化、北辛文化、大汶口文化、龙山文化、岳石文化等阶段。在不同的阶段，山东沿黄区域都留下了丰富的遗址佐证。

黄河治理文化：以黄河水利工程为代表，包括引黄济津、引黄入卫、南水北调东线济平干渠工程和黄河现代科技治理手段等。

黄河重要交通设施：山东沿黄重要交通设施包括黄河泺口铁路桥、阳谷县张秋镇渡口（黄河与古运河交接处的渡口），惠民镇、清河镇渡口；东津港、铁门关等。

黄河非物质文化遗产：黄河生产生活方式、黄河神话传说、民间工艺、民间演艺、节庆活动等。沿黄各地市的民俗文化分布以菏泽市数量最多，截至 2018 年，菏泽市国家级非遗代表性项目数量位居全国地级市第 3 位，国家级、省级非遗代表性项目数量连续 9 年位居全省第一。郓城、鄄城等沿黄区县非遗数量分居菏泽市非遗数量的第一和第三，而牡丹区国家级非遗数量最多。

红色文化：山东黄河沿线在抗日战争和解放战争时期做出过巨大贡献。菏泽市曾两度成为冀鲁豫边区首府。刘邓大军从这里突破黄河天险。滨州市是渤海革命老区中心区，是渤海区党委机关驻地。沿黄区域留下了丰富的红色遗迹。

水浒文化：水浒旅游资源以梁山、郓城、阳谷、东平 4 县为核心区域，成为山东省打造“水浒故里”文化旅游目的地品牌的主导县域，是国内其他地区无法取代的水浒文化核心地区。

特色产业文化：山东省沿黄各区县依托各县产业优势，开发了系列特色产业文化旅游产品。东阿阿胶具有三千年历史，文化底蕴深厚，目前已形成阿胶系列产业。沿黄区域各区县培育了一系列的酒文化品牌、花卉产业品牌、茶品牌、农业休闲品牌等，包括山东景阳冈酒厂有限公司、国井酒文化博览园、黄河王酒业文化博览园等。依托花卉产业，开发了曹州牡丹园、中国牡丹园、古今园、曹州百花园、泉城花海景区、花养花玫瑰特色小镇景区等以花卉观赏为主的景区。依托特色农业，开发了济南 1953·茶文化创意产业园、香草园生态农场、齐河县金鲁班生态庄园、德州市齐河昌润·致中和有机农场、济南（平阴）伊利乳业有限责任公司等农业休闲景区。工业文化以东营市最为典型，主要以石油文化为主。

兵家文化：以孙膑、孙武为代表。鄄城是战国著名军事家孙膑故里，已建成孙膑旅游城、孙膑纪念馆景区。滨州（惠民县）是孙武故里，惠民县建设了孙武古城旅游区，广饶建设了孙子文化园。

名人文化：山东黄河沿线名人辈出，曹操、曹植、扁鹊、孙子等许多中国历史上的著名人物曾在此生活、游历。依托名人文化，开发了鱼山曹植墓景区、时传祥纪念馆、杜受田故居、怀周祠景区、范公祠景区、庄子文化湿地园等景区景点。

宗教文化：山东沿黄区域有佛教、道教、基督教等多种宗教文化场所。济南宗教文化以佛教、道教、基督教和伊斯兰教等文化为主。滨州北朝至隋代佛教发展兴盛，博兴县曾是北魏至隋代青州以北的佛教中心，目前该地区发现的佛教寺院遗址多达十余处，以龙华寺遗址最具代表。其他沿黄地区宗教旅游景点包括鄄城县东山禅寺、阳谷海会寺、东平县白佛山景区、灵岩寺旅游区、灵岩大佛山景区、齐河定慧寺、莲华山景区、天宁寺文化旅游区、兴国寺旅游景区、醴泉寺风景区、唐李庵风景区等。

（五）黄河带是山东省农业经济典型的贫困带

1. 经济欠发达，滩区贫困率高

山东沿黄地区经济发展落后，基础设施薄弱，生产条件不佳，群众收入水平低。滩区贫困发生率居高不下，沿黄河已形成了一条狭长的贫困带。2015 年有省定贫困村 82 个，建档立卡贫困人口 4.3 万，占滩区内村庄数量和人口的比例分别为 10% 和 7%①。

2. 农业经济典型，滩区耕地以菏泽、济南、东营三市较多

山东省沿黄地带大多位于山东省欠发达地区，滩区洪灾风险大，产业发展严重受限，以种植业为主，基本无工业，属于典型的农业经济，支柱产业是种植业和养殖业。山东省黄河滩区内约有耕地 200 多万亩，其中菏泽、济南、东营三市耕地较多，3 市耕地约占全省耕地的 80% 以上。其他 6 市耕地面积均较小（图 3-43）。

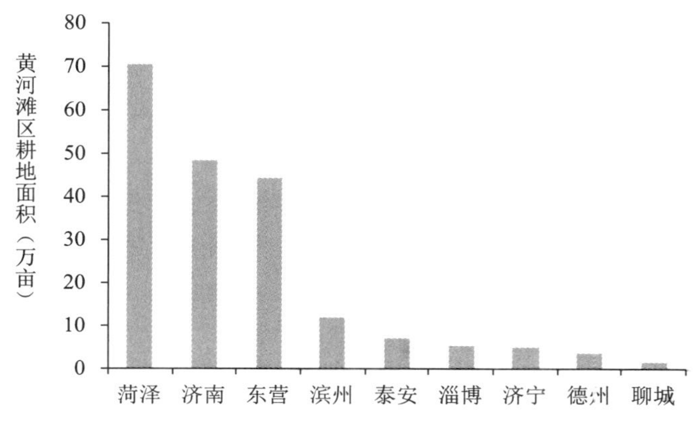

图 3-43　山东黄河滩区耕地分布

① 山东省黄河滩区居民迁建规划

二、山东省黄河带旅游开发现状与问题

（一）黄河带 A 级景区占山东省 A 级景区总量约 30%

对黄河带 26 个县 A 级景区进行统计分析，结论如下：

沿黄 A 级景区占全省 A 级景区的约 30%：沿黄 26 县有 A 级景区 175 个，占全省 A 级景区数量的 28%。其中 4A、3A、A 级景区数量均相当于全省的 1/3，2A 级景区约占 1/5。

沿黄 A 级景区主要集中于济南、滨州、东营三市：A 级景区主要集中于济南、滨州、东营 3 市，3 市共有 A 级景区 124 家，占全省沿黄 A 级景区的约 70%。

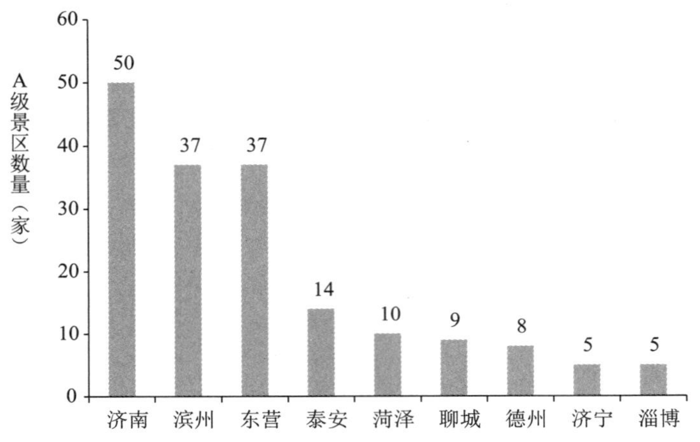

图 3–44　山东省黄河文化旅游带各地市 A 级景区数量

沿黄 3A 级景区占 A 级景区总数的半数以上：沿黄有 4A 级景区 31 家，占沿黄 A 级景区总数的 17.7%；有 3A 级景区 102 家，占沿黄 A 级景区总数的 58.3%；有 2A 级景区 41 家，占沿黄 A 级景区总数的 23.4%；有 A 级景区 1 家，占沿黄 A 级景区总数的不足 1%。3A 景区占沿黄 A 级景区总数的半数以上。

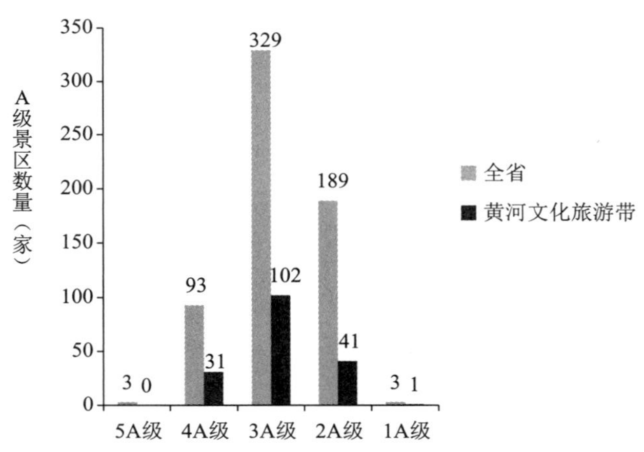

图 3–45　山东省黄河文化旅游带与全省 A 级景区数量对比

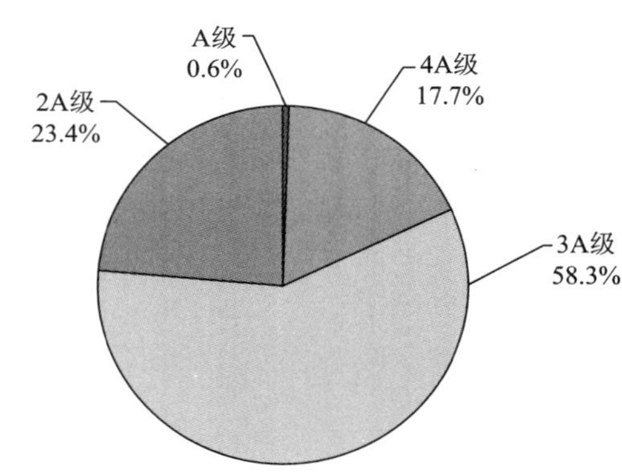

图 3–46　山东省黄河文化旅游带 A 级景区结构

（二）黄河带是山东省重大文旅项目投资的重点地域

黄河带在建重大文旅项目投资额占全省重大项目总投资额的约 1/4。山东省在建重大旅游项目 71

个，总投资约 1300 亿元。其中沿黄 26 县在建重大旅游项目 12 个，占项目数量的 17%；总投资额 312.3 亿元，占总投资的 24%。

济南、德州、滨州在建重大文旅项目主要布局在沿黄一带。根据对全省在建重大文旅项目的梳理，济南、德州、滨州三市重大文旅项目主要布局在沿黄一线（表 3-11）。菏泽近一半的资金、淄博近 1/3 的资金布局在沿黄一线。济宁、泰安、聊城、东营 4 市在建重大项目均未布局在沿黄一线。

沿黄投资以私营企业为主：沿黄在建重大文旅项目投资主体中，国企与私企投资额比为 1∶1.4，项目数量比为 1∶3。

表 3-11 山东省沿黄各地市在建重大文旅项目

地市名称	沿黄项目数量（个）	沿黄项目总投资（亿元）	占全市总投资额比例（%）	项目名称
济南	2	125	94	明水古城国际泉水旅游度假区、华谊兄弟电影城
淄博	3	22.9	36	天鹅湖温泉慢城、高青艾李湖生态湿地、国井小镇
德州	3	140	81	齐河大地自然博物馆群项目（齐鲁文化大观园）、碧桂园温泉综合体、荣盛·阿尔卡迪亚温泉酒店
滨州	2	13.5	92	魏集古村落风景区、山东鑫诚现代农业科技有限责任公司惠民旅游休闲小镇
菏泽	2	10.9	55	郓城水浒好汉城第四期文化旅游项目、中国牡丹园

（三）黄河带旅游发展存在开发粗放、碎片化等问题

缺少精品景区，开发模式粗放，市场影响力与黄河重要地位不符。山东省沿黄 26 县有 A 级景区 175 家，其中没有 5A 级景区。沿黄地区长期以来旅游开发以面向本地市场的农家乐为主，开发模式粗放，产品开发档次普遍较低，对深厚的黄河文化内涵和黄河生态文明挖掘和展示不足。

碎片化开发，未形成黄河旅游的整体品牌。沿黄各个县市割据开发，低档次、碎片化开发现象普遍，沿线乡村旅游密集分布，但缺乏统一的规范要求，以满足近域市场为主，没有形成黄河旅游的整体品牌，市场影响力与黄河的重要地位不相符合。

旅游用地不规范，部分项目影响防洪安全。防洪安全是沿黄区域首先考虑的问题，滩区旅游业开发、经济社会发展与黄河防洪安全之间的矛盾是当前滩区发展文旅产业面临的核心问题。目前在黄河滩区内进行旅游开发从而影响滩区行洪安全的情况仍时有发生。旅游用地不规范，非法用地现象突出。清河行动清除了很多投资较大的项目，造成巨大的资金和资源浪费。

（四）黄河带旅游发展面临三大发展机遇

山东省黄河旅游带开发面临三大发展机遇：清河行动为山东黄河带文旅统筹开发、文旅开发模式的大调整提供了绝佳的契机；滩区居民迁建为旅游发展提供了更大的发展空间；国家乡村振兴、脱贫攻坚战略为黄河带乡村旅游发展提供了政策支持和目标指引。应抓住三大发展机遇，突出黄河文明与生态保护，统筹防洪安全、生态修复、文化传承、文旅发展、乡村振兴的关系，打造国家级黄河文明精品旅游带。

（五）山东省黄河带开发优势度区域比较

黄河中下游流经内蒙古、山西、陕西、河南、山东 5 省区。山东省自然条件、人文资源与山西、河南、陕西有着一定的相似性，与内蒙古差异较大。故此对晋陕鲁豫 4 省黄河带开发条件进行区域比

较，从而得出山东省黄河带开发优势。

经过比较分析，山东省黄河带旅游开发具有黄河入海、黄河三角洲湿地生态、黄河农耕文化、山东特色民俗文化四大垄断性或比较优势资源，有地上悬河、黄河故道、黄河水利文化三大具市场卖点的优势资源。此外，山东黄河带基础客源市场较大，在黄河中下游4省中发展条件最佳。

1. 山东黄河带4大垄断性或比较优势资源

黄河入海地理标志独一无二：黄河入海是黄河带的地理标志，是黄河两大标志点之一（另一标志点为黄河源头）。

黄河三角洲湿地生态系统地位举足轻重：黄河三角洲湿地是中国新生湿地的代表，具有暖温带最完整、最年轻、最广阔的湿地生态系统，是国际重要湿地，具有垄断性的资源优势，在国家滨海生态保护系统中占据重要地位。

史前文化自成体系：中原地区史前文化广泛分布于河南、陕西、山西，各文化类型分布于多个省市。山东省史前文化具有独特性，北辛文化、大汶口文化、龙山文化均以山东省为命名地，具有独特性。此外，菏泽市一带还是始祖文化遗址和传说聚集地。

民俗文化独具特色：山东省民俗文化融入海岱文化特色，山西民俗文化融入黄土高原民俗文化特色，河南民俗文化融入中原民俗文化特色，三省民俗文化各有特色。

2. 山东黄河带3类市场需求较大的优势资源

悬河地貌典型：悬河地貌主要在内蒙古、河南和山东黄河段。山东黄河全境为悬河地貌，但不具有唯一性。内蒙古、河南两省均有悬河地貌。

黄河故道面积广：黄河历史上六大流路中，东汉故道、北宋故道、利津故道三大流路流经山东，黄河故道面积广大。但与河南相比，不具有垄断优势，因六大故道基本都流经了河南省境内（图3-47）。

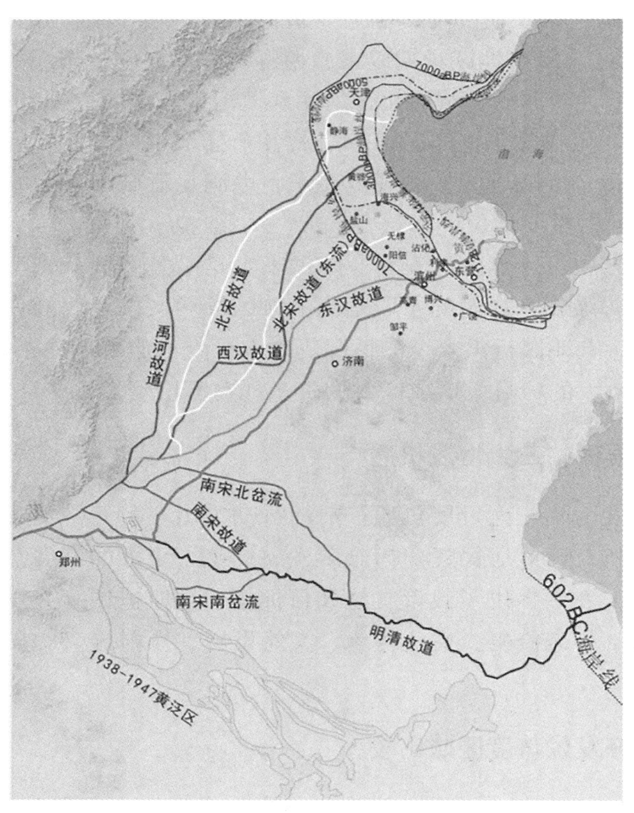

图3-47　黄河故道

水利工程有特色：河南黄河沿线有小浪底、三门峡两大著名水利工程，以及战国引漳十二渠等。山东有黄河治理方面诸多水利工程，但知名度不高。

3. 山东黄河带经济实力最强，基础客源市场较大

山东省沿黄城市人均经济实力最强：《2018 年中国城市竞争力报告》中，综合经济、社会、民生等指标，对各城市综合经济竞争力进行排位。晋鲁豫 3 省沿黄的 20 个地市中，仅有郑州排在全国第 21 名，济南排在全国第 28 名。将 20 个地市 2018 年人均 GDP 进行对比分析，东营、淄博、济南分居前三位，其他 5 市居中，菏泽最低（17 位）（图 3–48）。从三省比较看，山东省各地市人均 GDP 明显高于河南、山西两省。

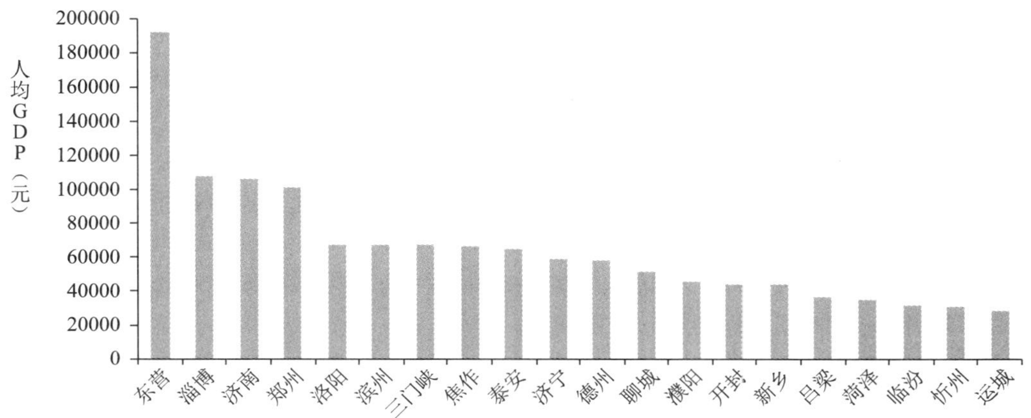

图 3–48　2018 年晋鲁豫沿黄 20 地市人均 GDP 比较

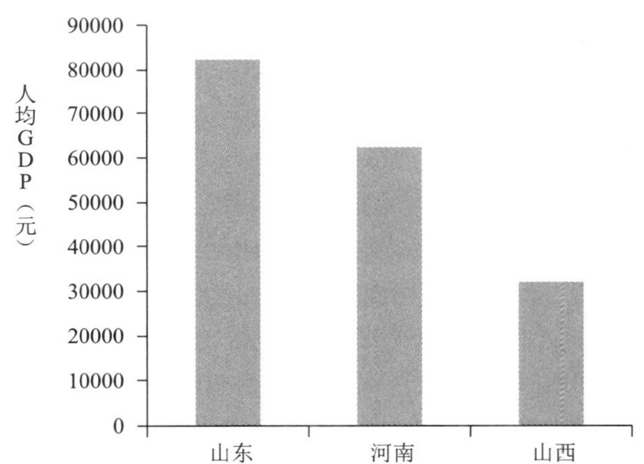

图 3–49　2018 年晋鲁豫 3 省沿黄地市人均 GDP 比较

基础客源市场较大：与河南、山西两省比较，山东省常住人口总量、经济基础、消费水平都明显高出一筹。

表 3–12　黄河中下游 3 省旅游市场基础

省份	常住人口（万人）	2018GDP（亿元）	城镇居民人均可支配收入（元）	农村居民人均可支配收入（元）
山东省	10047.24	76470	39549	16297
河南省	9605	48056	31874	13830
山西省	3718	16818	31035	11750

（六）黄河旅游带开发意义重大

山东省黄河旅游带涉及面积广、人口多，经济欠发达。黄河流经山东 9 市 26 县（市、区），占全省县级行政区总数的 19%。滩区总面积 1702 平方千米，滩区人口 60 多万，滩区贫困率高，基础设施薄弱。沿黄旅游开发对整个山东省旅游发展格局的优化具有重要意义。将沿黄旅游带开发作为沿黄经济开发、乡村振兴的重要抓手，带动农业、服务业等其他产业发展的引擎，通过打造黄河生态文化旅游带，促进沿线地区生态环境整体提升、传统文化的保护与传承、旅游基础设施和配套服务设施建设，并通过旅游业发展增加沿黄乡村群众收入，带动沿黄地区脱贫、乡村振兴和经济发展。

三、山东省黄河带发展定位、目标与思路

（一）发展定位

山东省黄河生态文明走廊：以生态文明建设为理念，以生态产业为引领，以生态环境的保护修复为基础，打造山东省黄河下游生态文明走廊。通过生态文明走廊建设保障黄河下游行洪安全，构建黄河下游生态安全屏障，保障黄河沿线优良的生态环境。

黄河文明保护传承示范带：进一步挖掘、保护、传承利用山东黄河主体文化，联动沿线其他文化，形成黄河文明有机保护传承、展示利用的示范带。

带动乡村振兴的齐鲁样板带：通过大力发展黄河沿线乡村旅游，带动沿黄地区乡村振兴和乡村脱贫，探索乡村振兴齐鲁实践，形成乡村旅游带动乡村振兴的齐鲁样板带。

（二）发展目标

黄河入海国家级生态文化旅游带。

以“中华母亲河黄河文明”为主线，以“黄河入海”为总品牌，以生态保护和生态治理为前提，以文化、旅游为核心功能的国家级精品旅游带。

（三）发展思路

以沿黄旅游开发带动沿黄乡村振兴：深入挖掘沿黄旅游资源，将沿黄旅游带开发作为沿黄经济开发、乡村振兴的重要抓手，挖掘、保护、利用山东黄河文化和生态资源，联动沿线其他文化资源开发，形成黄河文明有机保护传承、展示利用的示范带。通过大力发展黄河沿线乡村旅游，促进沿线地区基础设施建设。重点扶持黄河滩区脱贫迁建县（区）发展乡村旅游，引导沿黄乡村在规划、建设中充分考虑旅游功能，形成乡村旅游带动乡村振兴和乡村脱贫，促进其他产业发展的齐鲁样板带。

改变沿黄旅游“小而散”发展现状，实施沿黄整体开发：山东沿黄地域跨度大，影响范围广，是山东省旅游景区和在建旅游项目的主要分布带。长期以来沿黄带旅游投资项目类型散乱，各县市割据开发，开发模式粗放，碎片化问题突出，没有形成黄河旅游的整体品牌。针对上述问题，沿黄旅游带建设要打破行政界线，由点状开发向带状开发转变，全线统筹布局，整体打造黄河生态文化旅游带，形成以黄河生态文化为内涵，黄河湿地资源为依托，全线贯通的带状旅游发展的新动能带，推动黄河带的整体协同开发。串联沿黄湿地、生态景观、精品景区、乡村旅游重点村镇，全面提升沿线生态环境和旅游公共服务水平，打造以节点城市为核心，以基础设施为支撑，以文化资源、特色村镇、精品景区为节点的生态文化旅游走廊。统一品牌、统一标识、统筹布局旅游服务设施，实现湿地、乡村、生态绿廊的统筹开发。

推动黄河全线生态保护、修复与景观提升，打造生态绿色长廊：以大生态保护为前提，抓住黄河

滩区居民迁建契机，推动黄河沿岸生态环境的整体保护，推动滩区生态治理、修复与生态景观建设，通过景观提升形成由湿地、水利风景区等不同的生态斑块串联的连续完整的生态廊道，构建大湿地大生态绿色长廊。依托黄河两岸林带、大地景观、乡村田园、道路河渠、沿线村庄的绿化，整体提升沿黄景观。

深挖黄河文化资源，打造农耕文化廊道：充分挖掘展示利用黄河古代和现代农耕文化，以农耕文化为文化旅游核心品牌，打造黄河文明传承与复兴的新高地，彰显山东黄河文化厚度与特色。深入挖掘黄河沿岸非遗与民俗文化，在加强非遗与民俗文化保护传承的同时，加强文化创新创意和文化体验，使之成为沿黄农耕文化体验的新亮点。以“中华母亲河文明”为主线，将农耕文化与生态建设紧密结合，以滩区古村落为依托，串联大汶口遗址、龙山遗址，展示农耕文明、生态文化，打造黄河文化与民俗旅游品牌，构建农耕文化旅游廊道国家级精品旅游带。选择部分具有特色的村庄，将村台建设与乡村旅游发展需求结合，发展滩区乡村旅游。推动现代农业科技与观光农业融合发展，提升滩区农业发展质量和效益，按照宜农则农、宜商则商、宜旅则旅的思路，打造千里黄河绿色高效农业长廊，黄河绿色高效农业、黄河文化与乡村旅游深度融合的黄河乡村旅游齐鲁样板。推动滩区小规模的传统农业转型升级，鼓励滩区大力发展绿色生态农业，引导形成菏泽片区优质农业、济南片区都市农业、三角洲片区生态循环农业三大片区，在此基础上推动农旅融合，融合黄河农耕文化内涵，结合沿黄各地农业资源和产业特色，打造一批休闲农业与乡村旅游示范园区，鼓励田园综合体、国家农业公园、景观农业、农耕文化创意体验园等农业新业态，打造千里黄河绿色农业休闲带。

四、山东省黄河带空间布局优化

（一）串珠成链，打造黄河生态文化旅游带

以黄河为轴线，西起东明县，东到黄河入海口，依托沿黄主要交通干线，串联沿黄湿地、生态景观、精品景区、乡村旅游重点村镇，全面提升沿线生态环境和旅游公共服务水平，打造以节点城市为核心，以基础设施为支撑，以文化资源、特色村镇、精品景区为节点的生态文化旅游走廊。

（二）打造 4 个黄河枢纽城市、4 个黄河旅游名县

山东沿黄 9 地市中，东营、济南、菏泽、滨州 4 地市，黄河滩区的规模、人口均居前列，黄河相关的自然人文资源也较丰富。其中东营是黄河入海所在地，济南是山东省政治文化中心，菏泽是黄河入鲁段，山东省较为落后的区域，滨州是距离黄河主河道最近的城市。以这 4 个地市为核心，打造山东省黄河旅游带的枢纽城市和重要旅游目的地城市，提取黄河文化要素，建设“黄河之城”地标型景区，加强城—河联动，推进城—景互融，集聚城市休闲游憩娱乐功能，打造都市黄河风情带，成为城市旅游的新热点区域。

重点打造东明县、鄄城县、垦利区、高青县 4 个黄河旅游名县。东明县是黄河入鲁的第一县，也是山东省黄河滩区面积最大的县，形成以黄河湿地生态休闲、黄河现代农耕文明休闲体验为主要功能的黄河旅游目的地；鄄城县沿黄有众多文化遗址和风物遗存，构建以黄河农耕文明体验、黄河非遗文化体验、红色旅游为主导方向的黄河旅游目的地；垦利区是黄河入海口所在区，重点打造以湿地生态休闲、渔文化休闲为主的黄河生态文化带的标志城市；高青县重点对现有景区的生态化和自然化进行改造，形成以湿地观鸟、湿地生态休闲、温泉度假为主导方向的黄河旅游目的地。

以 4 个黄河枢纽城市、4 个黄河旅游名县为核心，强化极核牵引作用，以点带面，对于带动全省沿黄文化旅游的发展具有重大撬动作用。以黄河城市为核心，向东西两侧辐射带动济宁、泰安、聊城、德州、淄博的沿黄县市；以黄河为轴带，南北联动泰山、曲阜、淄博等山东文化旅游胜地，形成贯通

山东东北—西南的黄河文化旅游大动脉。

（三）构建沿黄自驾、慢行旅游产品带

针对沿黄“见绿不见河”的景观特征，充分发挥沿黄大农业、大湿地的景观优势，对沿黄交通进行统筹考虑，发展以黄河慢行、黄河自驾为品牌特色贯穿全线的两大旅游交通产品体系，形成一条以自驾游和自行车、徒步等慢行交通为主要体验方式、充分展现黄河沿线自然与文化魅力、服务设施配备完善的线性综合游憩旅游带。充分发挥黄河大坝的交通功能，串联黄河沿线旅游资源，形成以黄河大坝为主轴的沿黄慢行旅游交通廊道。分段建设沿黄慢行系统，首先启动济南、滨州沿黄段的慢行旅游产品建设，推出黄河南岸济南—高青和黄河北岸滨州—垦利的黄河徒步游，黄河自行车游、黄河自驾游等线路型旅游产品，建设服务徒步和自行车游客的旅游服务体系，完善沿黄旅游标识系统，依托旅游镇村建设特色民宿、旅游营地，提供自行车租赁、自驾车服务，组织黄河徒步赛事、旅游产品推介活动（图 3-50）。

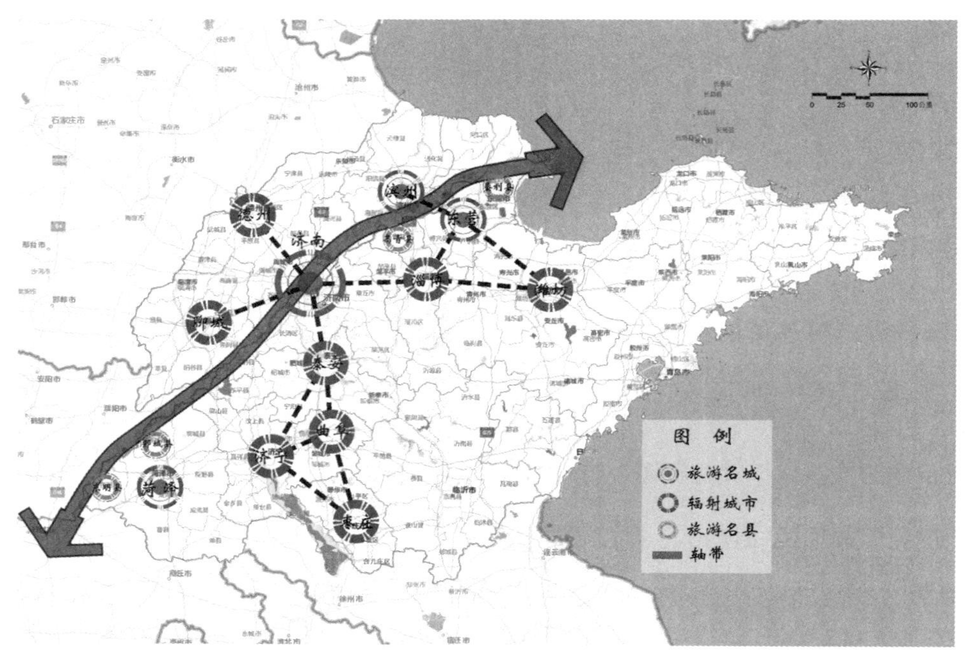

图 3–50　山东省黄河旅游带空间布局优化示意图

（四）打造沿黄旅游产品集聚区

根据沿黄旅游资源分布，引导形成东明—牡丹—鄄城产品集聚区、郓城—梁山—阳谷—东平产品聚集区、东阿—平阴—天桥区—齐河产品聚集区、高青—惠民—滨州产品聚集区、黄河口生态旅游产品集聚区等沿黄旅游产品集聚区，形成旅游要素、旅游产品和项目建设相对集中的布局。

1. 东明—牡丹—鄄城产品集聚区

资源环境特点：滩区面积大，三个县滩区面积共占全省滩区面积的 28.6%；耕地面积大，农业为主；非物质文化遗产丰富；中国牡丹之都；尧舜始祖文化聚集区；两处国家水利风景区和国家湿地公园；孙膑故里；经济发展水平落后。

旅游开发现状：由于经济水平整体落后，该区域旅游开发整体水平不高。目前 3 县仅有孙膑旅游城 · 亿城寺景区、曹州牡丹园 2 家 4A 级景区，3 家 3A 级景区，4 家 2A 级景区，1 家 1A 级景区。评

定时间在2013年前，近年来新景区建设滞缓。

旅游开发方向：新建湿地公园群，保护挖掘利用黄河古老农耕文明遗址，形成以黄河湿地生态休闲、黄河古老和现代农耕文明体验、黄河非遗文化体验、绿色优质农业观光休闲、红色旅游为主要方向的黄河入鲁段旅游区。通过湿地公园群建设、古老和现代农耕品牌打造、非遗文化与民俗文化活化利用、绿色优质农产品打造，推动沿黄生态修复、农业结构调整、文化保护传承，使文化旅游业成为带动该片区乡村振兴、脱贫攻坚的重要抓手。依托刘邓大军渡河处、冀鲁豫边区红色堡垒和“鄄南战役”战场遗址，开展红色旅游。

2. 郓城—梁山—阳谷—东平产品聚集区

资源环境特点：滩区面积在全省居中，其中郓城、梁山、东平滩区面积相对较大，分居黄河滩区26县的第7~10位，阳谷滩区面积很小。该区域是黄河带与运河带交汇区域，也是水浒文化核心。生态资源相对较少。

旅游开发现状：水浒主题景区品质较好，但缺乏龙头景区；近五年开发的景区多为3A级以下景区，缺乏高品质景区。该区域有梁山旅游风景区、景阳冈·狮子楼旅游区、东平湖景区、白佛山景区共4家4A级景区，16家3A级景区，4家2A级景区。

旅游开发方向：整合水浒资源，打造5A级旅游景区。调整开发定位，打造一批高品质的其他主题旅游景区。旅游开发以水浒文化主题游览娱乐、乡村旅游为主要发展方向，以东阿产业旅游为特色补充。

3. 东阿—平阴—天桥区—齐河产品聚集区

资源环境特点：该产品集聚区包括聊城阿胶，济南的槐荫、天桥、历城、章丘、济阳、长清、平阴和德州齐河，共9个区县。其中长清、平阴滩区面积大，分居黄河滩区26县的第2、4位。济南是龙山文化的发祥地，区域内有新石器时代的城子崖遗址，有6处国家水利风景区和国家湿地公园。河城联系紧密，黄河从济南市北部穿过，是山东省黄河流经地级市中心城区的两个城市之一（另一城市为滨州）。

旅游开发现状：该区域旅游开发程度在山东沿黄各段中发展最为成熟，有16家4A级景区、28家3A级景区、18家2A级景区。以黄河生态观光、都市农业、主题娱乐、城市休闲等为主。

旅游开发方向：依托济南北部携河发展机遇，推动济南黄河旅游大发展。提升黄河森林公园、沿黄风景带景观环境，建设观黄河的城市地标性建筑和人文景区，构建慢行系统，发展都市休闲农业，打造居游共赏黄河生态人文休闲带。

4. 高青—惠民—滨州产品聚集区

资源环境特点：该区域包括滨州的邹平、惠民、高新开发区、滨城、博兴以及淄博的高青等6个区县。其中高青县滩区面积在沿黄26区县中居第9位，其他区县分居13~23位。滨州（惠民县）是孙武故里。该区域地处黄河三角洲国家地质公园和山东黄河三角洲国家级自然保护区，有3处国家水利风景区。

旅游开发现状：该区域旅游业发展一直没有大的突破，目前共6家4A级景区、30家3A级景区、7家2A级景区。

旅游开发方向：滨州市凸显黄河节点城市特色，加强水城联动，对城市沿黄地区进行整体景观打造、文化生态休闲功能布局和业态打造，打造黄河重要节点城市。高青县调整现有开发方向，打造以湿地观鸟、湿地生态休闲、温泉度假为主导方向的黄河旅游目的地。推动黄河三角洲高效生态农业区建设，提升沿黄农业产业结构，延展旅游功能，打造高效生态农业旅游示范区。加强孙武文化的宣传营销和节事活动，提升孙武文化知名度。

5. 黄河口生态旅游产品集聚区

资源环境特点：该区域包括东营的河口、东营、利津、垦利 4 区县。该区域地处黄河三角洲国家地质公园和山东黄河三角洲国家级自然保护区，拥有黄河入海口地理标志、国际重要湿地、鸟类国际机场、2 处国家水利风景区，生态地位举足轻重。垦利、利津滩区面积大，分居黄河 26 县滩区面积第 3 位和第 6 位。

旅游开发现状：该区域虽有黄河入海垄断性资源，但因该区域地处自然保护区，开发建设限制性因素大，黄蓝交汇景观在岸上难以看到，加之交通可达性不强，因此景区发展始终处于不温不火的状态。目前共 5 家 4A 级景区，24 家 3A 级景区，7 家 2A 级景区。

旅游开发方向：随着中国黄（渤）海候鸟栖息地自然遗产的申报成功，未来京沪高铁二线在滨州、东营设站，该区域将迎来大发展时机。未来重点打造黄河口 5A 级景区，发挥黄河口作为黄河带的龙头和标志作用。开发观鸟旅游、湿地生态游赏新旅游产品，将核心旅游区从黄河入海口扩展到黄河三角洲湿地，推出黄河三角洲生态观鸟线路和黄河三角洲湿地生态观光线路以及地学科普研学游线路，将黄河三角洲湿地旅游和观鸟旅游打造成为全国知名品牌。推动东营市区和黄河口的功能互补和联动开发，将主要接待服务功能移至东营城区，推动黄河水城等生态休闲度假项目建设。将东营中心城区打造成以湿地生态为主要特色的生态新城，黄河口 5A 级景区的接待服务基地，将整个区域打造成为黄河旅游带的标志区。

五、山东省黄河带重点工程

（一）实施四大线性串联工程

黄河湿地生态修复和湿地景观串联工程：黄河流域生态系统尤其是水生态系统受到的胁迫越来越大，出现了河道断流、湿地萎缩、生物多样性锐减等问题，对黄河流域水资源可持续利用和社会经济可持续发展造成了严重影响。黄河生态功能和防洪功能是黄河流域的首要功能。立足确保黄河生态功能和防洪功能的基本原则，全面实施黄河湿地生态修复和湿地景观串联工程，改变对黄河湿地的破碎化利用，加强湿地生态修复。以菏泽、济南、滨州、东营为核心，营造大湿地景观，既成为重要的旅游生态休闲空间，又成为沿黄城市景观核心和亮点。山东沿黄带形成由多个大湿地片区串联的湿地生态长廊。

沿黄旅游大交通体系贯穿工程：目前山东沿黄地段分布有众多旅游资源和旅游景点，沿黄城市间多有公路相连，但很多地段仍使用大坝作为交通通道。实施沿黄旅游大交通体系贯穿工程，构建贯穿全线的生态景观绿道、沿黄自驾绿道、沿黄慢行绿道，打造沿黄徒步旅游产品品牌，将进一步推动黄河沿线旅游资源串联。山东沿黄旅游大交通体系贯穿工程包括三部分核心内容：一是进一步完善山东沿黄公路，以现有国省道为主，新建或提升部分县乡级道路，优先打通缺失路段，畅通瓶颈路段，提升道路通达水平，改善沿黄景区交通通达性。二是完善沿黄交通网，打通沿黄公路与周边的泰山、曲阜、济宁、潍坊等周边旅游城市和旅游景区的通道，加强与沿线城镇、特色村庄、景区景点等的充分衔接和有机联通。三是利用现有堤坝作为沿黄慢行系统，进行全线贯通，重点提升济南、菏泽、滨州 3 个城市周边的沿黄慢行系统。四是依托滨州、济南发展黄河低空旅游。黄河黄蓝交汇奇景和大尺度景观，非常适合空中观赏。依托滨奥飞行基地（滨州）和济南，打造山东黄河低空飞行基地，并与航空科普、航空表演、航空体验等相结合，推出不同的低空旅游产品和服务。通过沿黄综合交通体系建设，打造便捷高效、内外衔接的综合交通走廊。

沿黄乡村景观提升和农耕文化保护传承利用工程：实施沿线乡村景观环境提升工程，配合清河行动，重点对大堤内和毗邻大堤的村镇进行村容村貌整治，完善厕所、标识和道路系统。对山东黄河沿线的史前文化和早期文化遗址，通过建设遗址公园等方式，推动遗址的保护与旅游利用。对黄河现代农耕文化进行展示利用。深入挖掘黄河沿岸非遗与民俗文化，在加强非遗与民俗文化保护传承的同时，加强创意创新和文化体验，使之成为沿黄乡村旅游的亮点。

沿黄旅游景区景点游线串联工程：互通互联沿黄旅游乡镇与沿河景区的旅游交通联系，重点打通魏集、曲堤等沿黄历史文化名镇名村与沿黄景观带的交通联系，打造成为沿黄重要的旅游节点村镇和旅游服务基地。以黄河沿线的古代和现代农耕文化景点为依托，联动黄河沿线的史前文化和早期文化遗址的保护和利用，与考古遗址公园进行线路串联，推动遗址的保护与旅游利用。

（二）推动两大整体统筹和保障工程

建立黄河旅游带整体统筹机制：山东省黄河文化旅游带的开发，在发挥市场资源配置作用的同时，还要更好发挥政府作用，全省统一领导推进，市县服从全省部署安排，形成强大合力。具体在省一级层面建立领导机构，形成自上而下的管理体制，可以河长制并轨，研究、协调、解决黄河旅游带发展重大问题。

建立山东沿黄旅游联盟：联合山东沿黄 26 县，成立山东沿黄旅游联盟，推动各县在线路整合、客源互送、品牌营销、产业合作等方面进行联合。

第九节　提档升级乡村旅游

一、乡村旅游发展现状

（一）乡村旅游现状分析

1. 山东省乡村旅游数据分析

2016 年，山东省实现乡村旅游接待人数 3.97 亿人次，占全省旅游接待总数的 1/2（55.8%）；乡村旅游收入 2200 亿元，占全省旅游消费总额的 1/4（27.4%）。2017 年，全省实现乡村旅游接待人数 4.45 亿人次，占全省旅游接待总数的 56.8%；乡村旅游消费 2549 亿元，占全省旅游消费总额的 27.7%。2018 年全年，全省乡村旅游接待游客 5.03 亿人次，占全省旅游接待总数的 56.8%，实现乡村旅游消费 2955 亿元，占全省旅游消费总额的 28.2%（图 3-51）。

2. 全国休闲农业与乡村旅游分析

从国家级的休闲农业与乡村旅游示范县和示范点的数量上来看，两项总数为 1309 个，山东省有 94 个，在全国排第三，仅次于浙江省和江苏省。

全国休闲农业与乡村旅游示范县总数为 651 个，山东省有 34 个，在全国排第三，仅次于浙江省和江苏省。

全国休闲农业与乡村旅游示范点总数为 658 个，山东省有 60 个，在全国排第二，仅次于江苏省。

整体来看，山东省休闲农业和乡村旅游的发展落后于浙江省和相邻的江苏省，仅高于周边的河北省、河南省、安徽省。

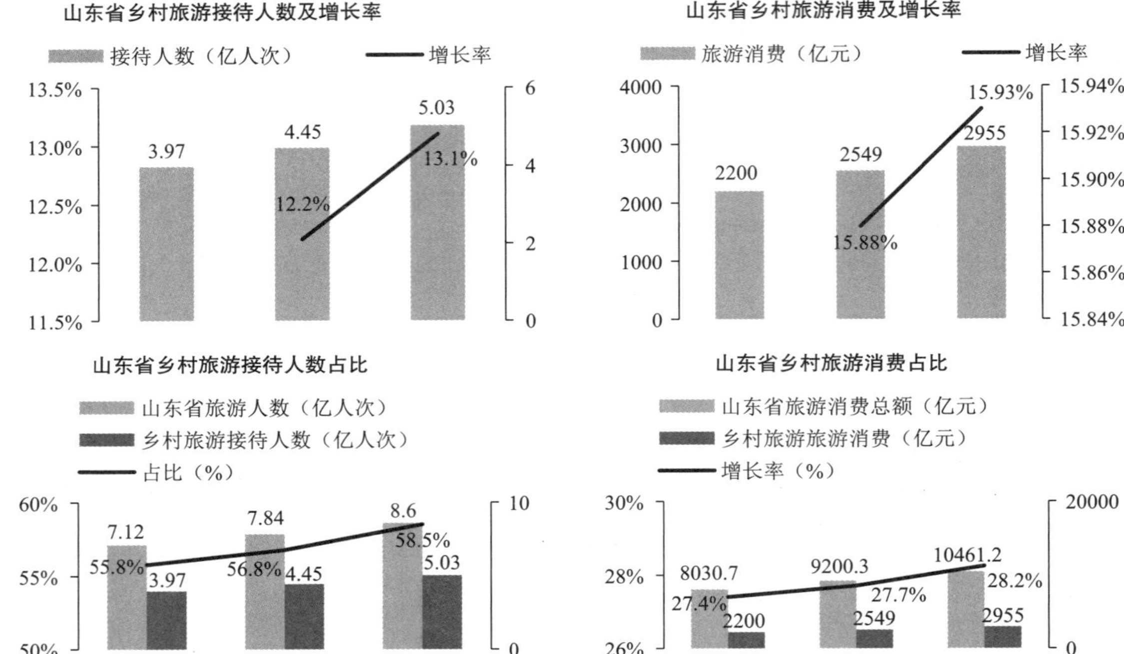

图 3-51　2016~2018 年山东省乡村旅游接待人数和乡村旅游消费情况数据统计

3. 山东及周边省份乡村旅游发展现状分析

山东省周边相邻省份包括：河北省、河南省、江苏省、安徽省、辽宁省五个省份。

针对 2010~2017 年全国休闲农业与乡村旅游示范县名单和 2010~2015 年全国休闲农业与乡村旅游示范点名单两方面因素，对山东省邻省乡村旅游的竞争力进行分析。

从国家级的休闲农业与乡村旅游示范县和示范点的数量上来看，山东省在六省中占中等地位，竞争力处于中等地位；江苏省数量最多，辽宁次之。这对山东省乡村旅游的发展有一定的影响。

从国家级的休闲农业与乡村旅游示范县和示范点的主题产品内容上来看，六省产品较为雷同，但由于空间原因，五省外围区域对山东省乡村旅游发展影响不大，但相邻区域基本处于空间近、资源雷同的状态。如鲁西北平原地区的乡村旅游产品与河北省东南部平原地区、河南省东北部平原地区、安徽省北部平原地区的乡村旅游产品资源和文化相似度高，同质化严重；山东南部地区与江苏北部地区的滨海乡村、山地乡村等资源相似度高，胶东半岛与辽东半岛滨海主题乡村旅游产品竞争压力较大。

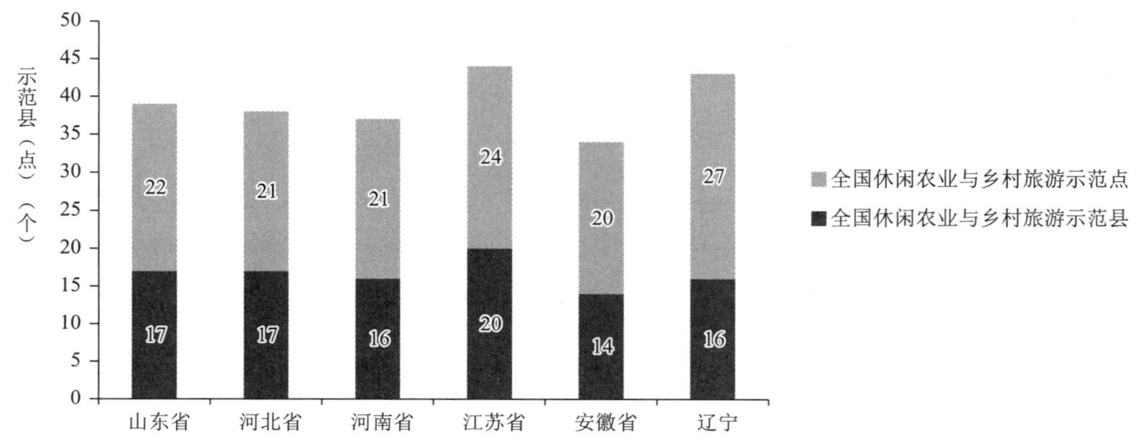

图 3-52　山东及周边五省全国休闲农业与乡村旅游示范县（点）分类数量统计

4. 小结

山东省乡村旅游接待人数、乡村旅游消费额和占比均稳步增加，是山东省文化旅游的重要板块；山东省休闲农业与乡村旅游示范县（点）数量在全国名列前茅，具有强大的发展潜力；从区域角度看，山东省的乡村旅游产品有周边省同质化严重，竞争压力较大等问题。

（二）山东省乡村旅游发展区域发展分析

1. 环济南都市圈乡村旅游发展情况

环济南都市圈乡村旅游发展主要集中在泰山山脉、鲁山山脉、徂徕山山脉区域，以生态休闲度假、民俗文化体验产品为主，产品数量多、密集度高；从本区域内数量比较来看，济南市（434 个）乡村旅游发展最好、其次是淄博市（358 个），最后为泰安市（335 个）。

2. 青、烟、威、日等胶东半岛都市带乡村旅游发展情况

青、烟、威、日等胶东半岛都市带乡村旅游发展主要集中在沿海地带和胶东的低山丘陵地带，以滨海休闲、民俗文化体验、生态度假产品为主，产品数量多、密集度高。从本区域内比较来看，青岛市（338 个）和烟台市（1074 个，农家乐数量超高）乡村旅游发展最好，其次是日照市（284 个），最后为威海市（254 个）。

3. 东北部沿海沿黄旅游发展情况

东北部沿海沿黄旅游发展主要集中在沿黄地带和鲁山山脉、沂山山脉地带，以民俗文化休闲、农事体验娱乐产品为主，产品数量和密集度都属中等水平。从本区域内数量比较来看，潍坊市（236 个）乡村旅游发展最好，其次是滨州市（204 个），最后为东营市（141 个）。

4. 鲁西北乡村旅游发展情况

鲁西北乡村旅游发展主要集中在沿黄地带，以休闲娱乐、农事体验产品为主，产品数量相对少、密集度低。从本区域内比较来看，德州市（152 个）乡村旅游发展较好，聊城市（115 个）相对较弱。

5. 鲁西南乡村旅游发展情况

鲁西南乡村旅游发展主要集中在尼山山脉、蒙山山脉、沂山山脉、环微山湖、鲁西临水地带，以农事娱乐、山地休闲度假、民俗文化体验产品为主，产品数量多、密集度中等。从本区域内比较来看，济宁市（460 个）、临沂市（496 个）和枣庄市（384 个）乡村旅游发展较好，菏泽市（198 个）相对较弱。

6. 齐长城沿线乡村旅游发展情况

齐长城沿线乡村分布情况：沿线乡村众多，均为山区乡村，沿齐长城沿线自然分布，济南—泰安段乡村分布密度大，淄博—临沂—潍坊段乡村分布密度小，日照—潍坊—青岛段乡村分布密度大，呈两端高、中间低的分布格局。

齐长城沿线乡村开发条件：沿线乡村依托泰山、鲁山、沂山、五莲山等山脉，村庄的自然环境优美；文化方面有齐文化、儒家文化、山区民俗文化，齐长城遗址众多，文化资源丰富；建筑以石屋为主，民俗以手工艺、特色种养殖为主，资源众多。

齐长城沿线乡村旅游开发现状：山东省现状乡村旅游开发主要集中在齐长城沿线和滨海沿线，但齐长城沿线的乡村旅游开发不平衡，莱芜段乡村旅游整体发展靠前，莱芜推出了一线五村的齐长城乡村旅游品牌，其他如临沂市沂南县铜井镇竹泉村、沂水县马站镇关顶村、章丘区文祖镇石口子村等各地均有开发较好的齐长城乡村旅游产品。

现状齐长城沿线乡村旅游产品开发以依托景区、园区发展为主，靠近景区且资源好的村庄，积极发展乡村旅游，与景区形成互补，为景区提供服务；另还有依托本身村庄特色产业、文化等资源自主发展，在政府的扶持下，村庄打造自己的特色吸引物，形成独立的景区景点。

沿线乡村旅游的产品有民俗体验、文化休闲、高端民宿、创客基地、运动健身、生态康养等旅游

产品。其中民俗体验、高端民宿、运动健身产品较多。

7. 小结

山东省环济南都市圈、东北部沿海沿黄带和青、烟、威、日等胶东半岛都市带的乡村发展较好，产品以休闲度假、文化体验为主，产品数量多、密集度高；鲁西北和鲁西南区域的潜力巨大，产品以民俗体验、休闲度假为主；齐长城沿线的乡村旅游发展良好，是山东省鲁中地区乡村旅游发展的聚集地带，产品以休闲度假、民俗体验为主。

（三）乡村旅游产品现状分析

1. 山东省各市域乡村旅游产品特征分析

目前，山东省各地市各类乡村旅游产品 4500 多个，整体分析看出，在山东乡村旅游产品中，农家乐 / 渔家乐（1713 个）产品占比最大（35.0%），特色乡镇（1570 个）32.4%，采摘农园（531 个）10.9%，休闲农庄 / 休闲牧场（858 个）17.7%，汽车营地（35 个）0.7%，精品乡村民宿（101 个）2%，田园综合体（19 个）0.3%，农业产业园（24 个）0.05%，乡村旅游产品数量丰富，种类齐全；农家乐 / 渔家乐、特色村镇、采摘农园、休闲农业传统乡村旅游产品占比 96%，山东省乡村旅游产品新业态较少，乡村旅游产品发展滞后。

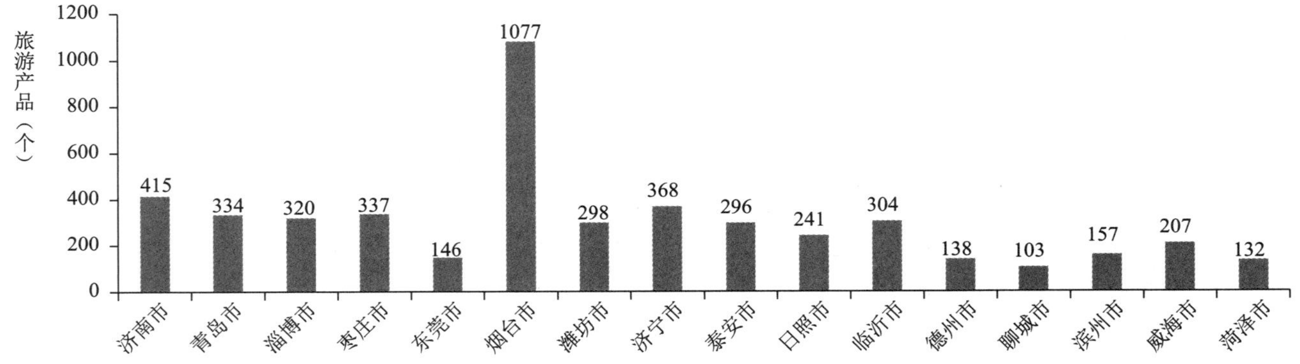

图 3–53 山东省各市乡村旅游产品资源数量统计

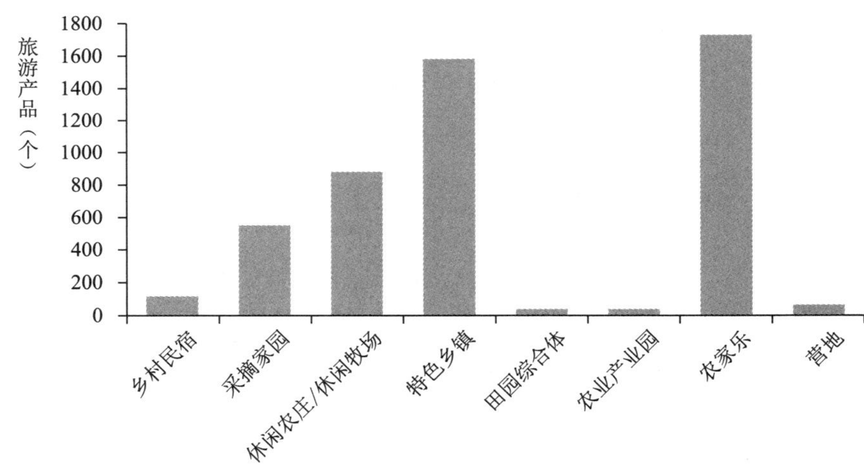

图 3–54 山东省乡村旅游产品资源分类统计

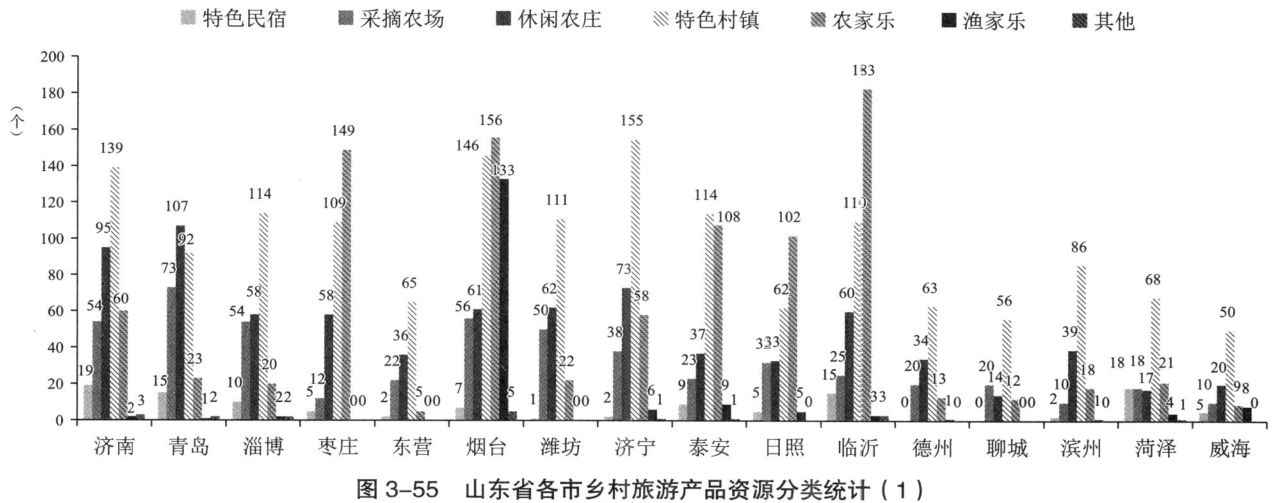

图 3-55 山东省各市乡村旅游产品资源分类统计（1）

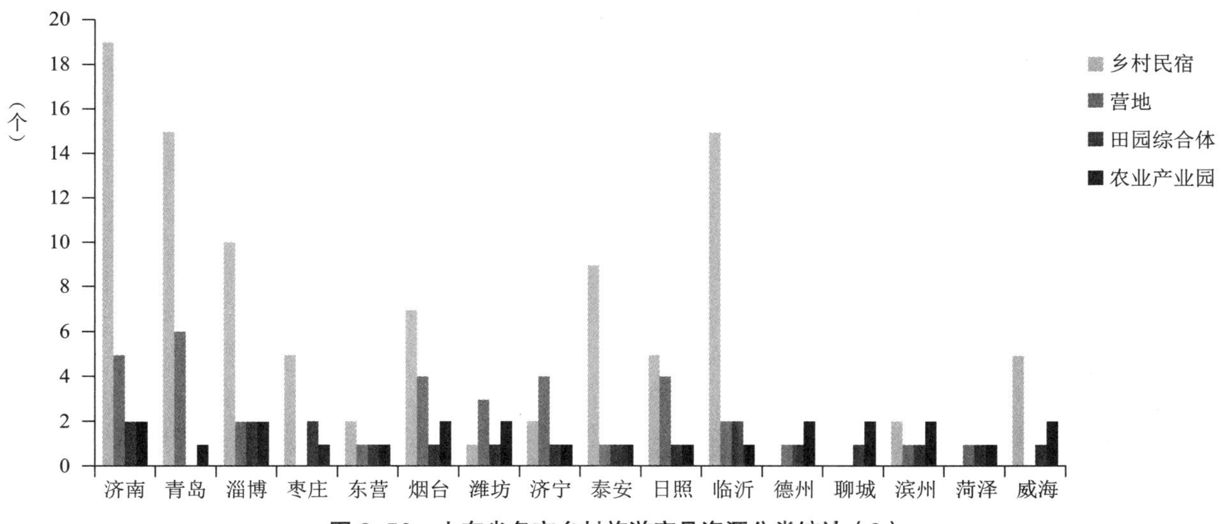

图 3-56 山东省各市乡村旅游产品资源分类统计（2）

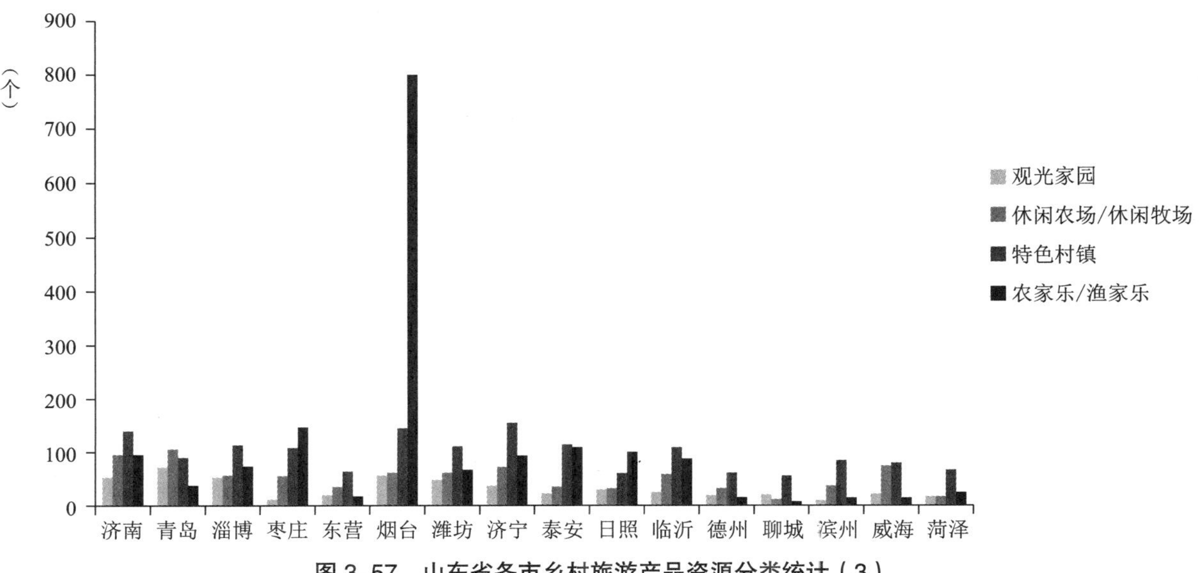

图 3-57 山东省各市乡村旅游产品资源分类统计（3）

各地市乡村旅游产品总体特征：主要分为4个层级：烟台市乡村旅游数量最多，初步统计为1075个，属于第一层级，占全省22.1%；第二层级济南市（413个）、青岛（332个）、枣庄（336个）、济宁（367个）、淄博（318个）、临沂（302个），占全省42.6%；第三层级潍坊（297个）、泰安（294个）、威海（205个）、日照（240个）占全省21.4%；第四层级东营（146个）、德州（137个）、滨州（156个）、菏泽（131个）、聊城（102个）占全省13.9%。乡村旅游产品区域发展失衡。

农家乐/渔家乐发展较好的地区：烟台（798个）46.6%、枣庄（149个）8.7%、泰安（108个）6.3%、日照（102个）6.0%，烟台农家乐优势明显；

特色村镇发展较好的地区：主要以鲁中南地区为主，济宁（155个）9.9%、烟台（146个）9.3%、济南（139个）8.9%、淄博（114个）7.3%、泰安（114个）7.3%、潍坊（111个）7.1%、临沂（110个）7%、枣庄（109）6.9%；

休闲农庄/休闲牧场发展较好的地区：以青岛（107个）12.5%、济南（95个）11.1%、济宁（73个）8.5%、潍坊（62个）7.2%为主；

采摘农园发展较好的地区：以青岛（73个）13.7%、烟台（56个）10.5%、济南（54个）10.2%、淄博（54个）、潍坊（50个）为主；

田园综合体发展较好的地区：以济南（2个）10.5%、淄博（2个）10.5%、枣庄（2个）10.5%、临沂（2个）10.5%为主；

农业产业园发展较好的地区：以济南（2个）8.3%、淄博（2个）8.3%、烟台（2个）8.3%、潍坊（2个）8.3%、德州（2个）8.3%、聊城（2个）8.3%、滨州（2个）8.3%、菏泽（2个）8.3%为主；

乡村民宿发展较好的地区：以济南（19个）18.9%、青岛（15个）14.9%、临沂（15个）14.9%、淄博（10个）9.9%、威海（9个）8.9%为主；

乡村营地发展较好的地区：以青岛（6个）17.1%、济南（5个）14.3%、烟台（4个）11.4%、济宁（4个）11.4%、日照（4个）11.4%为主。

济南、济宁、青岛、威海乡村旅游产品发展相对均衡，注重乡村新业态，乡村品质；烟台、枣庄、泰安、临沂、淄博、潍坊以发展传统乡村旅游度假产品为主，其余地区以发展较弱。

山东省省内乡村旅游空间分布形成两大密集区，分别是山东省中部密集区（鲁中南山地丘陵区：济南市、泰安市、济宁市、枣庄市、临沂市、淄博市、潍坊市、日照市）和威海、青岛沿海地带密集区（胶东丘陵地区：青岛市、威海市、烟台市）；

山东省西北部乡村旅游发展密度底，相对分散（鲁西北平原地区：东营市、滨州市、德州市、聊城市、菏泽市）。

2. 山东省各类乡村旅游产品特征分析

根据山东省乡村旅游资源开发类型，结合国家发展乡村旅游实践和类型探索，将山东乡村旅游分成农业休闲综合体、特色乡村、观光农业、旅游乡镇、特色小镇、田园综合体、现代农业园、乡村民宿等8大类乡村旅游产品。

（1）休闲农业综合体发展现状。各市全国休闲农业与乡村旅游示范点分布特征：可分为五个层级。山东省总数为28个，潍坊市数量最多，拥有11个，属于第一层级，占全省39.3%；青岛市5个，属于第二层级，占全省17.9%；枣庄市和滨州市3个，属于第三层级，占全省21.4%；济南市、东营市、烟台市、济宁市、临沂市、德州市分别为1个，属于第四层级，占全省21.4%；淄博市、泰安市、威海市、日照市、聊城市、菏泽市没有，属于第五层级（图3-58）。

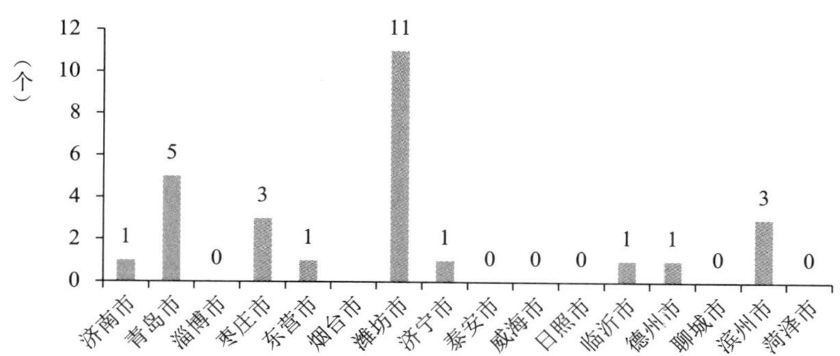

图 3-58　山东省各市全国休闲农业与乡村旅游示范点数量统计

各市国家级农业旅游示范点分布特征：可分为四个层级。山东省总数为 81 个，青岛市数量最多，拥有 11 个，属于第一层级，占全省 13.6%；济南市（9 个）、枣庄市（7 个）、烟台市（8 个）、潍坊市（7 个）、日照市（9 个）、临沂市（7 个），属于第二层级，占全省 58%；淄博市（4 个）、济宁市（4 个）、威海市（5 个）、德州市（4 个）、聊城市（2 个）、滨州市（3 个），属于第三层级，占全省 27.2%；东营市、菏泽市为 0 个，属于第四层级（图 3-59）。

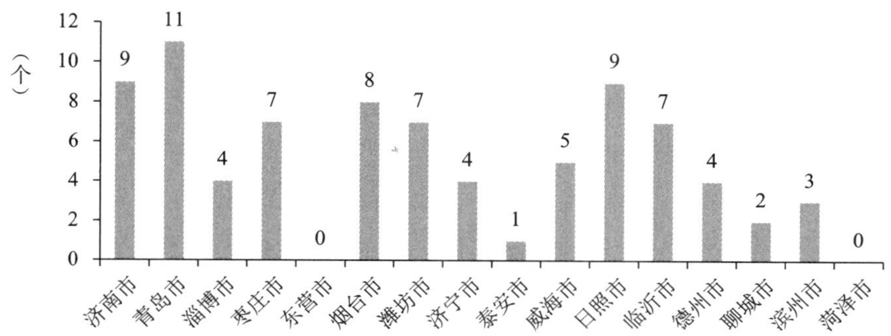

图 3-59　山东省各市国家级农业旅游示范点数量统计

各市省级休闲农业与乡村旅游示范点分布特征：可分为四个层级。山东省总数为 56 个，潍坊市数量最多，拥有 9 个，属于第一层级，占全省 39.3%；济南市（6 个）、烟台市（6 个）、济宁市（7 个）、威海市（5 个），属于第二层级，占全省 42.9%；青岛市（1 个）、淄博市（4 个）、枣庄市（2 个）、东营市（1 个）、泰安市（1 个）、日照市（4 个）、临沂市（3 个）、聊城市（2 个）、滨州市（3 个）、菏泽市（2 个），属于第三层级，占全省 41.1%；德州市为 0 个，属于第四层级（图 3-60）。

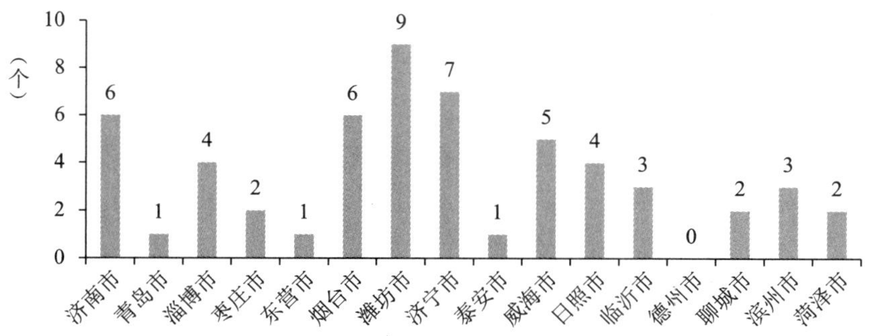

图 3-60　山东省各市省级休闲农业与乡村旅游示范点数量统计

各地市省级生态休闲农业示范园区分布特征：可分为三个层级。山东省总数为 39 个，济南市数量最多，拥有 5 个，属于第一层级，占全省 12.8%；烟台市（3 个）、潍坊市（3 个）、济宁市（3 个）、泰安市（4 个）、威海市（3 个）、滨州市（3 个），属于第二层级，占全省 48.7%；青岛市（2 个）、淄博市（2 个）、枣庄市（2 个）、东营市（2 个）、日照市（2 个）、临沂市（2 个）、德州市（1 个）、聊城市（1 个）、菏泽市（1 个），属于第三层级，占全省 38.5%（图 3-61）。

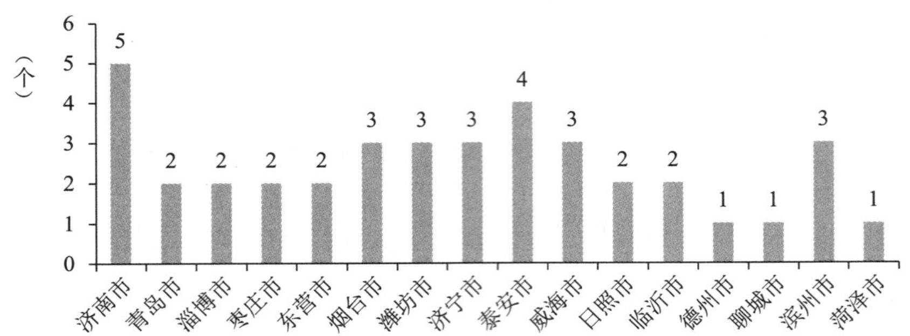

图 3-61　山东省各市省级生态农业示范园区数量统计

各市省级农业旅游示范点分布特征：可分为四个层级。山东省总数为 690 个，青岛市数量最多，拥有 90 个，属于第一层级，占全省 13%；济南市（79 个）、淄博市（50 个）、济宁市（61 个）、威海市（66 个），属于第二层级，占全省 37.1%；枣庄市（46 个）、东营市（34 个）、烟台市（45 个）、潍坊市（34 个）、泰安市（35 个）、日照市（20 个）、临沂市（47 个）、德州市（29 个）、滨州市（30 个）、菏泽市（15 个），属于第三层级，占全省 48.6%；聊城市（9 个），属于第四层级，占全省 0.01%（图 3-62）。

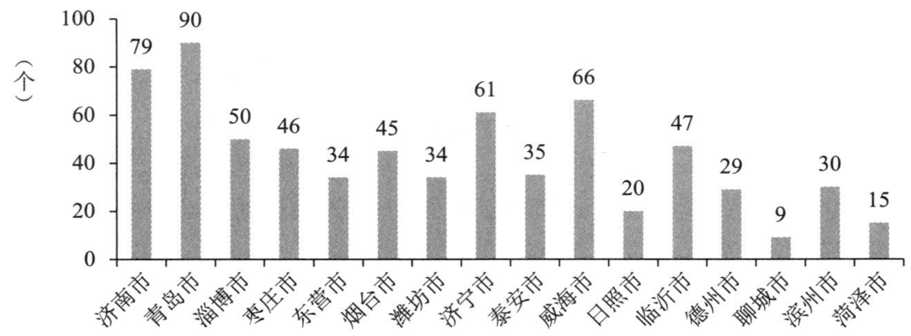

图 3-62　山东省各市省级农业旅游示范点数量统计

各市休闲农业综合体分布特征：可分为四个层级。山东省总数 894 个，青岛市（109 个）、济南市（100 个），属于第一层级，占全省 23.4%；淄博市（60 个）、枣庄市（60 个）、烟台市（63 个）、潍坊市（67 个）、济宁市（76 个）、威海市（79 个）、临沂市（60 个），属于第二层级，占全省 52%；东营市（38 个）、泰安市（41 个）、日照市（35 个）、德州市（35 个）、滨州市（42 个），属于第三层级，占全省 21.4%；聊城市（14 个）、菏泽市（18 个），属于第四层级，占全省 0.04%（图 3-63）。

空间分布特征：考虑各地市地域面积大小不同的因素，山东省休闲农业综合体在不同区域的分布密度差异较大。其中，青岛市、济南市的分布密度最高；其次为泰安市、济宁市、烟台市、潍坊市、威海市、日照市；再次为淄博市、东营市、临沂市、枣庄市、东营市，而德州市、聊城市、菏泽市的分布密度最低（图 3-64）。

另外局部核密度估计值最高的热点区域是德州西部和聊城中部；潍坊西北和青岛东南为次密度区；

另外，潍坊东北部及临沂等地区也零星的存在一些集聚区。

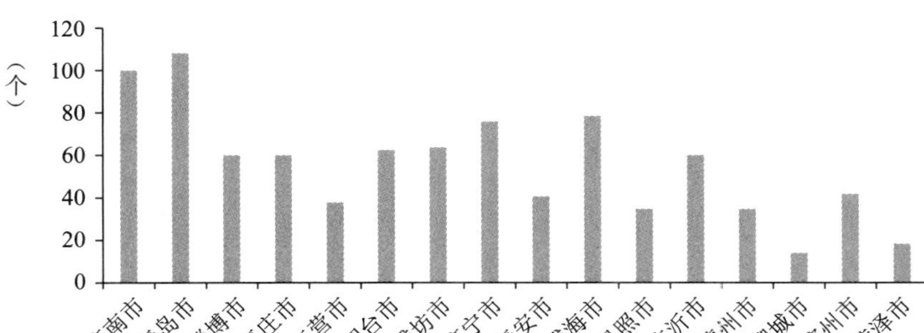

图 3-63　山东省各市休闲农业综合体数量统计

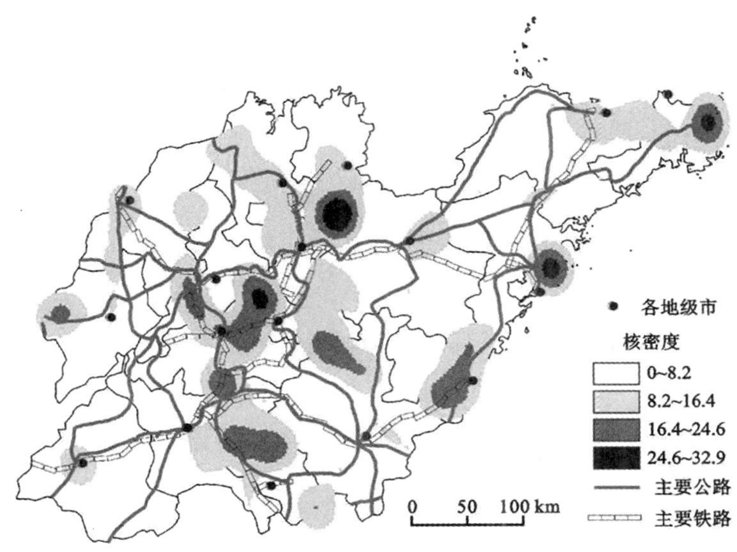

图 3-64　山东省各市休闲农业综合体密度分析

（2）特色乡村发展现状。各地市特色乡村分布特征：可分为四个层级。山东省总数为 1195 个，济宁市数量最多，拥有 154 个，属于第一层级，占全省 12.9%；济南市（103 个）、烟台市（101 个）属于第二层级，占全省 17.1%；青岛市（80 个）、淄博市（82 个）、枣庄市（77 个）、泰安市（87 个）、威海市（76 个）、临沂市（86 个）、滨州市（79 个）、菏泽市（78 个）属于第三层级，占全省 54%；东营市（34 个）、潍坊市（38 个）、日照市（54 个）、德州市（39 个）、聊城市（34 个）属于第四层级，占全省 16.7%（图 3-65）。

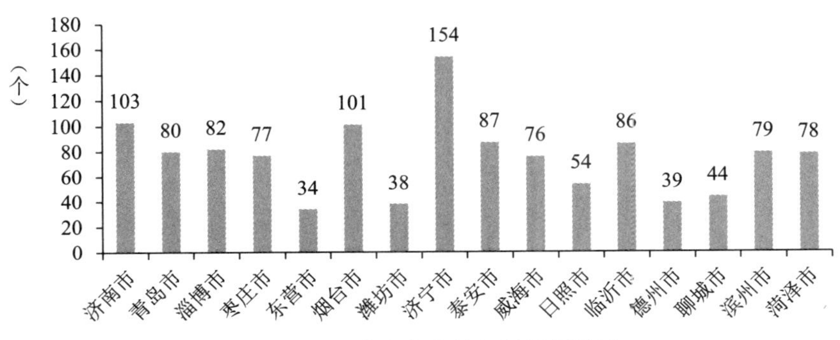

图 3-65　山东省各市特色村数量统计

空间分布特征：从数量和所占比重两方面看，山东省特色乡村主要分布在鲁中南山地丘陵地区的济南市、泰安市、淄博市、济宁市、枣庄市、临沂市等地市，其次是胶东丘陵地区的威海市、烟台市、青岛市、日照市，而鲁西北平原地区的东营市、滨州市、德州市、聊城市、菏泽市较少。

从与城镇空间关系上看，多数特色村庄距离城镇较远或位于远郊，城镇近郊村较少。位于特大城市、大城市及中等城市周边的特色村庄数量较少，位于小城市和乡镇周边的特色村庄数量较多。

（3）观光农业发展现状。各市精品采摘园分布特征：可分为三个层级。山东省总数为 916 个，临沂市数量最多，拥有 180 个，远远超过其他市，属于第一层级，占全省 19.7%；济南市（78 个）、青岛市（100 个）、淄博市（62 个）、烟台市（64 个）、济宁市（73 个）、日照市（63 个）属于第二层级，占全省 48%；枣庄市（39 个）、东营市（21 个）、潍坊市（33 个）、泰安市（35 个）、威海市（32 个）、德州市（26 个）、聊城市（32 个）、滨州市（36 个）、菏泽市（42 个）属于第三层级，占全省 32.3%（图 3-66）。

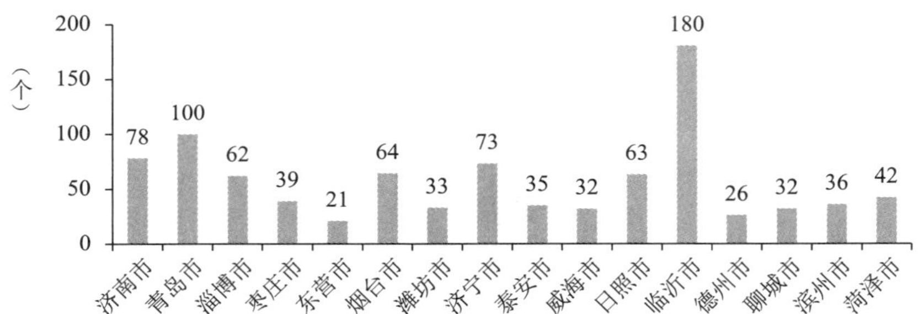

图 3-66　山东省各市精品采摘园数量统计

各市开心农场分布特征：可分为三个层级。山东省总数为 168 个，淄博市数量最多，拥有 39 个，属于第一层级，占全省 23.2%；枣庄市（21 个）、泰安市（16 个）、临沂市（25 个），属于第二层级，占全省 36.9%；济南市（7 个）、青岛市（10 个）、东营市（7 个）、烟台市（3 个）、潍坊市（1 个）、济宁市（4 个）、威海市（2 个）、日照市（9 个）、德州市（10 个）、聊城市（7 个）、滨州市（1 个）、菏泽市（6 个），属于第三层级，占全省 40%（图 3-67）。

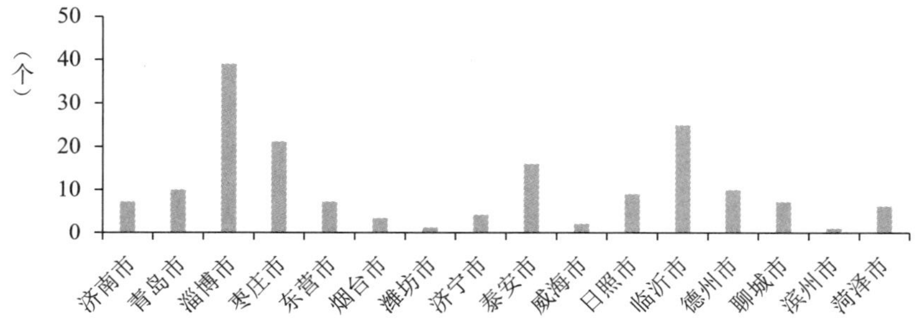

图 3-67　山东省各市开心农场数量统计

空间分布特征：从空间上看，鲁中南地区的淄博市、临沂市、枣庄市和青岛市相对较多，其他市分布相对较少。

（4）旅游乡镇发展现状。各市旅游乡镇分布特征：可分为三个层级。山东省总数为 523 个，济宁市数量最多，拥有 58 个，属于第一层级，占全省 11%；济南市（30 个）、青岛市（36 个）、枣庄市（33 个）、烟台市（38 个）、潍坊市（32 个）、泰安市（39 个）、威海市（38 个）、临沂市（43 个）、菏泽市（31 个），属于第二层级，占全省 61.2%；淄博市（29 个）、东营市（21 个）、日照市（21 个）、德州市（26 个）、聊城市（19 个）、滨州市（29 个），属于第三层级，占全省 27.7%（图 3-68）。

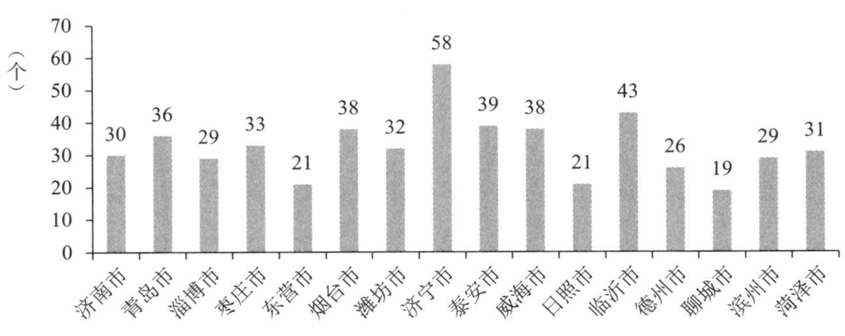

图 3-68　山东省各市旅游强乡镇数量统计

空间分布特征：从数量和所占比重两方面看，鲁中南地区的济南市（0.71）、枣庄市（0.72）、济宁市（0.54）、泰安市（0.57）、临沂市（0.39）和胶东半岛的青岛市（0.84）、烟台市（0.43）、威海市（0.79）分布相对集中、且密度高，鲁西北平原地区的东营市（0.84）、滨州市（0.32）、德州市（0.24）、聊城市（0.18）、菏泽市（0.23）和淄博市（0.50）、潍坊市（0.27）、日照市（0.51）密度底。

发展模式：结合特色文化、产业和生态环境，通过资本注入、村集体领办、村民参股模式，发展休闲农业，打造传统村落 + 民宿旅游、文化 + 民俗旅游、自然生态 + 民俗旅游的多种新路径，促进旅游乡镇的发展。

（5）田园综合体发展现状。目前，山东省已有 1 家国家级田园综合体和 17 家省级田园综合体。空间分布特征：从空间上看，田园综合体主要集中在鲁中南山地丘陵区和沿黄地带，胶东半岛只有两个，分布在丘陵地带。济南市和临沂市各有 2 个；淄博市、枣庄市、烟台市、潍坊市、济宁市、泰安市、威海市、日照市、德州市、聊城市、滨州市、菏泽市各有 1 个；青岛市和东营市为 0 个。

（6）乡村特色小镇发展现状。山东省已有 22 家乡村特色小镇。整体空间分布特征：乡村特色小镇依托现状镇村的特色文化、产业发展，空间上分布均匀。济南市、青岛市、淄博市、烟台市、泰安市、威海市、临沂市各有 2 个；枣庄市、潍坊市、济宁市、日照市、德州市、聊城市、滨州市、菏泽市各有 1 个；东营市为 0 个。

（7）现代农业园发展现状。国家级现代农业园区总数量为 19 个，山东省与黑龙江省并列第一，各 3 个。山东省拥有山东省金乡县现代农业产业园、山东省潍坊市寒亭区现代农业产业园、山东省栖霞市现代农业产业园 3 处国家级现代农业园区。

山东省级现代农业园区（创建名单）数量为 23 个：每个地级市均有省级园区分布，其中滨州、潍坊、济南、德州、烟台、聊城、菏泽分别拥有 2 个，济宁、日照、泰安、威海、淄博、临沂、东营、枣庄、青岛拥有 1 个。

（8）乡村民宿发展现状。目前山东省塑造了 6 个“山东省五星级民宿”、38 个“山东省四星级民宿”、30 个“美宿山东”等民宿品牌，民宿产品发展较好。

根据分析可知，目前聊城、东营、菏泽、德州民宿旅游发展较弱，还未形成品牌民宿产品，临沂、济南、枣庄民宿旅游产品发展较好，得益于其知名景区、特色民居、乡村田园环境等有利因素。

按照农园民宿、传统建筑民宿、景观民宿、海景民宿、艺术文化民宿、乡村别墅、木屋别墅等民宿类别进行分类，可以看出全省民宿发展以传统建筑民宿、农园民宿、乡村别墅类型为主，济南主要发展农园民宿、艺术文化民宿、乡村别墅和木屋别墅，枣庄主要发展传统建筑民宿和乡村别墅，烟台和威海主要发展海景民宿产品，泰安主要发展传统建筑民宿，临沂主要发展农园民宿、传统建筑民宿和乡村别墅，滨州主要发展传统建筑民宿和艺术文化民宿，日照、潍坊主要发展农园民宿产品。

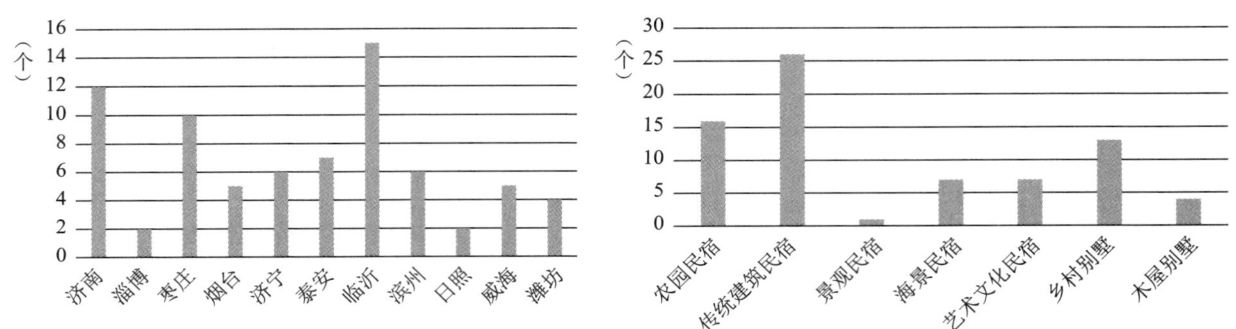

图 3-69　山东省各市品牌民宿数量统计（左）、山东省各类品牌民宿数量统计（右）

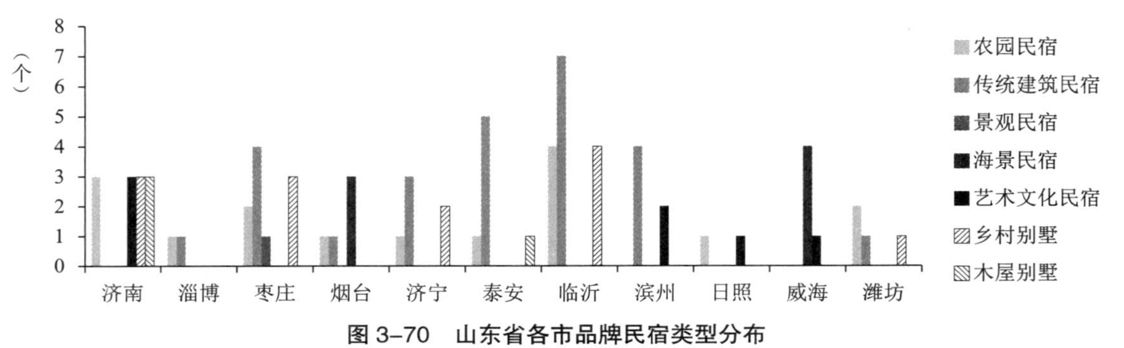

图 3-70　山东省各市品牌民宿类型分布

二、成功经验与主要问题

（一）乡村旅游成功案例

潍坊模式：以现代农业、民俗文化、休闲度假为特征

地理区位：山东省潍坊市

旅游资源：包含民艺民俗文化、农业资源、古村落资源、农家乐、自然风光等基础资源，乡村资源丰富，其中，民艺民俗文化、农业资源最具代表性，拥有潍坊风筝、杨家埠年画两个国家非遗，“蔬菜之乡”——寿光，“中国北方绿化苗木基地”——昌邑两个蔬菜基地。

亮点产品：杨家埠齐鲁民俗文化产业示范区、仙月湖旅游度假区、红高粱国际民俗文化交流基地、中国菜都、昌乐西瓜创意园、花都小镇。

经验借鉴：品牌引领，“鲁韵原乡”品牌引领下的乡村旅游主题化开发；产业联动，“以产促旅，以旅优产”的农旅一体产业化开发；精品示范，龙头示范，辐射带动，由点及面，整体推进；城乡一体，推进新农村建设，打造城乡统筹一体发展示范区；标准管理，从开发到运营到保障体系的全程标准化管理。

（二）山东乡村旅游主要问题

山东省乡村旅游发展起步较早，在早期形成了一批特色村镇、特色渔村，覆盖全域的乡村旅游体系。但现在进入发展瓶颈期，发展过程中还存在以下主要问题：

1. 乡村旅游产品区域发展失衡

山东省乡村旅游产品分布广泛，呈现大分散、小集中的区域分布特征，全省特色村镇及农家乐类型最多，依托特色村镇发展乡村旅游特色村、旅游小镇、风情小镇等。其次，休闲农业中采摘农场产品发展也较好，渔家乐的发展呈现明显的地域性，民宿和乡村博物馆因区位地域、乡村风貌、乡村文化等的不同，具有不同程度差异性。烟台、枣庄、泰安、日照、临沂、济南、济宁等地农家乐较多；海滨、海岛等资源主要分布在胶东半岛，已形成长岛、蓬莱等“渔家乐”旅游品牌；传统民俗乡村产品及特色民宿产品以鲁中地区较为集中，主要有民俗代表潍坊、泰安、淄博、济南地区，以及民宿代表济南、临沂、枣庄、淄博等地；红色民俗乡村产品主要分布在鲁南片区，主要有沂蒙、莱芜、蒙山等地；鲁西地区主要为齐鲁民俗、运河民俗、微山湖民俗等民俗乡村产品；休闲农业和采摘农场分布较为均衡，相对集中在鲁中、鲁西区域，农林水资源较为丰富，适合开展农业观光、采摘、休闲等活动。

2. 土地问题制约乡村旅游发展

2018 年 9 月，山东共排查出“大棚房”违法项目 106 个，看护房及硬化面积 337.59 亩，棚数 1594 个，分布在济南、青岛、淄博、东营、烟台、潍坊、泰安等 12 个市（数据为 2018 年期中一期）。乡村旅游在发展阶段用地方面缺乏规范性，违规用地现象突出。大棚房的清理，对乡村旅游产生巨大冲击，大批乡村旅游点消失。

3. 乡村旅游投资明显放缓

2019 年 1 月，山东省 16 个地市开展“大棚房”拆除整治工作。农村“大棚房”整治，山东省乡村旅游受到了严重的影响，一是部分之前合法现在违规的乡村旅游项目被拆除，二是针对此情况，投资者对市场失去了信心，针对土地政策，政府没有明确的解决方案，资产权属不清，乡村旅游资产难以通过资产抵押获得资金，后续投入乏力。很多开发商持观望态度，放缓了对乡村旅游的投资发展。

4. 乡村旅游开发文化内涵挖掘不足，参与性差

目前山东省乡村旅游开发中，一些乡村旅游产品忽视对乡村传统文化，如乡村发展历史、民俗、工艺、传说的挖掘，缺乏以文化为主线的产品设计。产品大多只能给游客以感官的刺激，不能使游客真正了解乡村的历史和文化，如了解古老民宅沧桑变幻的历史、欣赏传统工艺的技巧、体验乡土民俗的淳朴、参与民间文化的表演等。乡村旅游开发中缺乏文化的植入，不仅难以满足旅游市场日趋多样化、多层次、高文化品位的需求，造成游客对旅游地印象不深、重游率不高的现象，且不能真正体现乡村旅游的乡村性和文化性。

5. 乡村旅游产品开发综合程度低，缺乏特色和竞争力

纵观山东省整个乡村旅游市场，目前统一区域旅游产品大同小异的现状，旅游产品种类单调，没有形成链条式发展模式，再加上营销策略的极度匮乏，使得一些乡村旅游产品发展不顺。另外对于同类设计旅游开发活动模式，遵循相同的模式，如枣庄滕州市的温泉度假村，以温泉作为主打，集生态餐饮、休闲娱乐、旅游观光为一体的乡村旅游项目，在临沂的沂南汤泉旅游度假村的主打品牌与旅游经营项目也是以温泉为重点而建设的乡村旅游项目，在形式和内容上具有很大的相似性。另外乡村旅游产品的开发受到资金投入的影响，普遍存在边开发、边经营的特点，造成交通、餐饮等旅游配套设施不完善，环境卫生条件差，服务体系不健全，整体接待水平和服务水平低，产品缺乏特色和竞争力。

6. 乡村旅游经营管理水平低，市场营销能力差

山东省乡村旅游很大部分以村委会经营、村民经营为主，管理者多为村干部兼任，经营者和服务人员的待人接物、经营理念、管理方法等旅游服务与市场要求有较大差距，在旅游管理与接待中存在经营管理较差、服务质量不高、市场意识不强等问题，影响了乡村旅游的发展和运营，造成游客旅游感受较差。另外，很多地方的乡村旅游缺乏市场对接，未对客源市场进行深刻分析，缺乏有针对性的旅游产品，有目的性的乡村旅游营销，造成游客对乡村旅游有关信息了解不多，影响游客的旅游选择，使乡村旅游经营层次低、知名度不高。

（三）总结

乡村旅游的核心吸引力是乡村所特有的“乡村性”，表现为乡村文化、乡村景观、乡村产业、乡村风情和乡村美食。乡村旅游的成功开发要走特色化道路，以文化打造核心竞争力。乡村旅游的核心本质在于提供一种“乡村生活方式”：悠闲、恬静、自然、慵懒的田园生活，满足人们回归自然的心理需求。

未来山东省乡村旅游的发展应该以民俗文化、农业田园、山水景观、滨海森林为资源本底依托，打造特色乡村休闲体验；以乡村风情、文化创意作为山东省乡村旅游的亮点，建设文化精品乡村，为游客提供丰富的民间生活、文化、节庆的体验；以生态环境、创意乡村作为产品提升途径，打造精品乡村旅游、文化创客乡村；以乡村文化、诗意山水作为游客灵魂之托，满足游客深度体验和休闲度假的需求。做大山水海田文，联动一二三次产业，打造高品质乡村休闲度假是山东省乡村旅游的发展之路。

三、发展目标与思路

（一）山东乡村旅游发展目标

打造乡村旅游“齐鲁样板”，全国乡村精品旅游和乡村振兴的新标杆。

到 2022 年打造 1000 个达到 3A 级景区标准的村庄、100 个精品乡村旅游重点村、100 个特色文化旅游小镇，参照国标打造一批与乡村环境融为一体的高端精品民宿。

（二）乡村旅游发展的山东实践

整合山东省乡村文化资源，重点发展古村落乡镇旅游模式、休闲农家乐发展模式、自然风景观光度假模式、乡村创意旅游发展模式、乡村特色民居发展模式、乡村民俗风情旅游模式 6 大乡村旅游模式，助力打造乡村振兴的齐鲁样板。

四、提档升级思路与策略

（一）山东省乡村旅游发展策略

1. 文化复兴，集聚发展

发现乡村文化价值，通过对传统文化的传承发展和与现代文化的融合创新，发挥乡村文化在乡村经济、社会以及促进城乡融合发展等方面的作用，实现留住乡愁，促进乡村振兴。

2. 以强带小，多元发展

依托乡村周边优秀旅游资源的辐射力，以强带小，打造核心旅游资源周边乡村旅游发展集聚组团、集聚区、集聚带及示范基地。利用产品的多样化，旅游新要素的加入，促进乡村旅游产品从单一型向多业态、多体验、多主题的综合型乡村旅游产品转型。

3. 精品打造，共建生活

以“精心规划、精准市场、精品建设、精细管理、精致服务”为标准，以精促乡，以乡带精，打造可持续全新的“居游共享”开发模式，构建“乡村美好生活圈”。

（二）山东省乡村旅游发展思路

坚持发展乡村旅游与实现乡村产业振兴、人才振兴、文化振兴、生态振兴、组织振兴融合对接，助力打造乡村振兴的齐鲁样板，以乡村全域旅游助推乡村全面振兴，画好新时代山东“富春山居图”。

1. 推进乡村旅游集中连片发展

重点构建“六大乡村旅游集聚带”。黄河风情乡村旅游带：依托黄河及其故道自然风情、传统乡村、民俗文化、农耕文化等资源，打造以农业研学科普、农耕农事休闲、民俗文化体验为主的沿黄乡村旅游产品体系，培育一批田园农耕型、生态休闲型、民俗文化型“黄河风情”特色村。运河文化乡村旅游带：依托运河国家文化公园建设，选择区位条件突出的古镇村、景点，打造以运河文化体验、民俗文化休闲为主的乡村旅游产品体系。齐长城乡村旅游带：以齐长城淄博—临沂—潍坊段为重点，深挖齐鲁文化、长城文化、民俗文化，依托山地自然资源，打造以长城文化寻踪、山区民俗体验、山地自然康养为主的乡村旅游产品体系。海滨渔家乡村旅游带：以胶东半岛沿海为重点，依托海洋文化、渔家文化、建筑文化等资源，打造以滨海休闲度假、渔家文化体验为主的乡村旅游产品体系。沂蒙红色乡村旅游带：以沂蒙地区、枣庄地区、微山湖区域为基础，依托优质红色文化资源和生态资源，打造以红色培训、教育研学、休闲度假为主的乡村旅游产品体系。城郊休闲乡村旅游带：以16个地市和部分县城为重点，发展城市近郊休闲度假、乡村休闲、劳动体验乡村旅游产品体系。

2. 传承创新齐鲁农耕文明

“乡村文明是中华民族文明史的主体”，首先要坚定乡村文化自信，深入挖掘齐鲁优秀农耕文化所蕴含的思想观念、人文精神、道德规范和各类文化遗产，以乡村旅游开发带动乡风、家风和乡村社会风尚建设。其次是以古村落保护利用、农业公园、农业遗产保护地、非物质文化遗产传承区等方式，系统保留和重构乡村文化空间。最后挖掘以《齐民要术》等优秀农业著作和二十四节气等为主的传统农业精华，展示现代农业科技成果，打造经典的乡村研学旅游产品。遴选出一批空心村，重点打造乡村旅游示范点。同时加大乡村旅游治理支撑，吸引和凝聚一批热爱乡村，具有乡土情怀、创意水平、经营能力的新乡贤、大学生、回乡创业人才等投身乡村旅游建设。

3. 创新乡村旅游业态

乡村现代农业以果园、田园、菜园、树园、牧园等为依托，打造现代休闲农业园区、现代休闲农庄、田园综合体、农旅特色小镇、智慧农业园区、乡村旅游重点村等龙头示范项目，提供农事活动体验、乡村文化体验、休闲游乐、养生养老等功能服务，带动农业产业链的延伸和价值链的提升。乡村创意农业：引进文创、艺术、民宿、乡村酒店等业态，打造农业创意园区、农业文创旅游产品。乡村地标农业：加大对全球重要农业文化遗产——夏津黄河故道古桑树群、枣庄古枣林、乐陵枣林复合系统、章丘大葱栽培系统等中国重要农业文化遗产的保护传承，深度挖掘乡土文化，强化农业文化遗产的传承展示和研学教育功能，讲好齐鲁乡村故事，打造乡愁承载地。结合地理标志农产品保护工程的实施，科学合理引导地方优质绿色农产品进驻景区和城市，助力农业提质增效。乡村节事农业：整合各地丰富多彩的山会、庙会以及民间传统文化活动，打造全省持续不断的节事活动旅游产品。丰富“中国农民丰收节”和农耕文明等农事节庆主题活动内容，提振乡村发展活力。

4. 打造乡村旅游精品

坚持乡村旅游标准化、个性化并重，实施乡村旅游“千村示范、百村精品”工程，丰富完善乡村旅游示范单位、乡村旅游民宿、乡村旅游服务等标准体系，引导乡村旅游规范发展。参照国标打造一批与乡村环境融为一体的高端精品民宿，推出一批现代农业园区、新六产融合发展区、精品民宿集聚区、“花草”特色乡村旅游园区、乡村旅游度假区。规划策划山东农耕文化博物院、寿光现代农业博物馆、胶东海上人家风情博物馆，打造乡村文化旅游融合发展的精品项目。推进乡村旅游“改厨改厕改房”，探索建立乡村旅游专业服务机构，切实解决乡村旅游的“吃、住、厕”卫生环境问题。

五、配套完善与支撑保障

（一）推进基础设施建设，改善乡村旅游环境

大力推进乡村旅游基础设施建设，提升乡村旅游的服务质量。改善乡村旅游道路交通条件，重点做好与高速公路、国道、省道的连接，实现交通主干道以及机场、高铁、城市客运与重要乡村旅游集聚区的道路无缝连接，重点片区旅游交通条件要达到四级以上公路标准，重点旅游城市开通城区通往主要乡村旅游点的快速交通线，建设乡村旅游绿道、骑行绿道、徒步绿道系统。完善省道、县道、乡道的旅游交通标识，在主要交通节点建设一批旅游集散中心、乡村旅游咨询中心和停车场。提高乡村卫生安全和服务水平，全面提升乡村旅游厕所建设管理水平。

（二）创新乡村旅游发展模式，建立乡村旅游的政策保障

正确处理社会资本参与乡村旅游扶贫与保护农民利益的关系，确保乡村旅游中的农民主体地位，通过乡村旅游提档升级，引导贫困户采取土地流转、房屋资产入股分红、利润返还等方式实现脱贫，让农民成为发展乡村旅游的主体和最大受益者。加大政策扶持力度，对重大乡村旅游项目和基础设施项目，发挥政府引导性资金投入带动作用，支持乡村旅游重大基础设施建设。鼓励金融机构加大对乡村旅游企业和项目的信贷支持力度，推出乡村旅游贷、旅游扶贫担保等金融创新产品，推动金融机构面向乡村旅游经营业户的小额信贷业务。支持各类融资担保公司为乡村旅游经营主体提供融资担保，拓宽乡村旅游企业融资渠道，鼓励通过农村产权抵押等方式获得融资。优化乡村旅游的土地利用政策，严格规范用地管理，提高节约集约用地水平，优先支持重点乡村旅游基础设施建设项目。建设乡村旅游资源交易平台，允许土地使用权、资源使用权等交易，形成以长期租赁方式供应旅游项目建设用地。完善乡村旅游发展的管理服务机制，推行乡村的旅游管理标准化。

（三）强化乡村旅游的宣传营销

将乡村旅游品牌进行统一，各村打造一个品牌，并纳入全省公益宣传范围，开设公益性乡村旅游专题栏目。充分利用旅游、宣传、体育、文化、商务、新闻出版广电、农业等部门的新闻和各类新媒体渠道，宣传营销乡村旅游线路，推介营销乡村旅游产品。

第十节　大力发展红色旅游

一、红色旅游资源评价

山东是革命老区、红色热土。党与人民群众建立了鱼水深情，形成了伟大的沂蒙精神。习近平总书记指出，沂蒙精神与延安精神、井冈山精神、西柏坡精神一样，是党和国家的宝贵精神财富。

山东的红色旅游优势独具。山东境内发生的台儿庄大战、鲁西南战役、孟良崮战役、解放济南等战役在中国共产党的历史上具有重要意义；山东威海是北洋水师的诞生地，又是甲午战争的主战场；沂蒙山革命根据地被誉为华东的“延安”，以沂蒙山区为主的革命老区一直都是中共华东地区领导机关和军队最高指挥机构的驻地。山东的红色文化具有鲜明的平民个性，这在中国的红色旅游中独树一帜。“爱党爱军、开拓奋进、艰苦创业、无私奉献”的“沂蒙精神”是山东红色精神的集中体现，是中

华民族优秀文化的重要组成部分和精神财富，是全国最具地域特色的红色文化品牌（表 3-13）。

表 3-13 山东红色旅游资源构成

山东红色旅游资源构成										
武装抗日起义地	革命军队旅游资源	战役资源	重要会议资源地	惨案	支前	重大战役发生地	旧址故居	红色革命文学	英模将军元帅抗日英雄	战略战术类

二、红色旅游发展现状

2004 年山东省颁布《山东红色旅游发展纲要》，带动并掀起了红色旅游发展的热潮。其中，鲁苏皖红色旅游区被列为我国 12 个重点红色旅游区之一，济南—济宁—枣庄—临沂被列入全国红色旅游精品线路，济南市红色旅游系列景区（点）（济南革命烈士陵园、济南战役纪念馆）、枣庄市、济宁市铁道游击队红色旅游系列景区（点）、枣庄市台儿庄大战遗址、临沂市红色旅游系列景区（点）（蒙阴县、沂南县沂蒙山孟良崮战役遗址，临沂市华东革命烈士陵园）、莱芜市莱芜战役纪念馆、青岛市海军博物馆等 6 大红色旅游景区被列入全国 100 个红色旅游经典景区，爱国主义教育基地数量众多。

2018 年，山东省印发《山东省红色文化研学旅游实施方案》。按照《方案》，山东坚持全域谋划，打造红色旅游目的地；坚持融合发展，完善红色旅游产品体系；坚持创新营销，叫响红色旅游品牌。

总体来说，山东红色旅游快速发展的过程中，红色旅游资源得到了有效的保护和利用，各地红色旅游发展高潮迭起，红色文化产业链不断延伸，红色文化衍生品质量提升，红色旅游发展空间迅速拓展，实现了良好的经济效益和社会效益。但是，在红色旅游纵深发展的过程中，也存在诸如产品层次不高、活动内容单调、展览模式单一、景点“淡旺季”明显等问题，在今后的转型升级中，既要突出“群众英雄”的山东特色，又要注重打造“红色品牌”，转变发展理念，提高产业素质，加速纵深发展。

三、红色旅游发展目标

深入挖掘以沂蒙精神为代表的红色文化资源，统筹推进革命文物保护利用，丰富红色旅游产品业态，结合全省红色资源集聚区，建设全国红色文化旅游发展示范高地。

四、红色旅游发展布局

深入挖掘全省丰富的革命历史和红色文化资源，传承弘扬“水乳交融、生死与共”的沂蒙精神，重点打造沂蒙（鲁中、滨海、鲁南）、胶东、渤海、鲁西（冀鲁豫边区）四个红色文化片区，研究梳理八路军进山东、粉碎国民党全面和重点进攻、刘邓大军过黄河、抗战交通补给线、解放战争重大战役、新中国建设、时代楷模等革命主题线路，逐步形成由点连线、串线成片的全省红色文化传承发展总体格局，统筹推进革命文物保护利用，大力发展红色旅游，依托临沂建设红色文化旅游发展示范高地。

五、红色旅游开发模式

红色旅游的开发模式概括为以下八种：红绿结合模式、红古结合模式、红色 + 复合模式、红色演出模式、博物馆模式、旅游节庆模式、红色主题公园模式、参与体验模式。

（一）红绿结合模式

红绿结合模式即把红色旅游资源和绿色生态资源结合开发的一种模式。采用“红色搭台、绿色唱戏”的红绿结合模式进行联动开发，以高知名度的红色资源吸引旅游者，以清新奇绝的自然山水等绿色景观和生态环境留住旅游者。以红色为媒介，绿色为平台，有效打造红色旅游和绿色旅游结合的红绿旅游品牌。

（二）红古结合模式

红古结合模式中的“古”即古风古俗。红与古的结合是将红色旅游与民俗文化旅游进行有效的对接。对于经济发展水平相对落后的革命老区来说，红古结合正改变着农村传统的产业结构和发展态势。瑞金红色旅游的开发是红古结合的最好例证。

（三）红色 + 复合模式

红色文化与地域生态文化等形成复合产品。红色文化与地域生态文化等形成复合产品，是在红色观光和参与体验有机结合的基础上，多业态产品综合开发的模式。以红色文化为主题，结合自然资源和民俗文化资源，配套开发文化体验、生态休闲等体验项目，增加景区的吸引力和游客驻留时长。

（四）红色演出模式

红色旅游资源包括有形的实物景观，也包括无形的非物质文化资源，如红色歌谣、红色戏曲等。中国共产党领导人民在革命和战争年代留下了大量具有震憾力的红色歌谣及其他艺术形式。推出具有吸引力、震撼力、感染力、艺术美的“红色经典”演出，韶山实景演出《东方红》、延安《延安保育院》等是成功的范例，瑞金红色歌舞表演同样是其红色旅游开发不可或缺的内容。

（五）博物馆模式

主要针对一些具有革命意义、历史意义、教育意义的纪念馆、展览馆、博物馆、故居等，这类红色资源集中展示我党领导人民进行革命和战争过程中所留存的大量革命遗迹和历史文物，具有集中性、展览性、教育性的特点。在博物馆附近合适位置兴建“红色”主题生活、服务设施，如红色旅馆、红色主题餐厅等，以“主题”促发展，以“主题”赢发展。

（六）旅游节庆模式

红色旅游的节庆开发模式即以红色资源为内容，以红色旅游为主题，以红色文化为内涵，以红色精神为吸引点，以旅游节庆为媒介，用红色节庆做旅游文章，各革命纪念地可利用其独特的红色文化为主题举办红色旅游文化节。井冈山、瑞金、韶山、宁夏等地都举行了形式多样的红色旅游文化节，并取得了较好的社会效益、经济效益和环境效益，实现了红色文化与旅游节庆的完美结合。

（七）红色主题公园模式

延安“红军长征之路”主题公园、湖南永兴三湾公园、瑞金“摇篮微缩园”“长征创意园”、金华红军长征博览城、南街村红色主题微缩园等一大批红色主题公园的建立，增加了红色旅游内涵，延长了游客停留时间。

（八）参与体验模式

红色旅游的参与体验模式开发既要求红色旅游产品从形式和内容上突出其参与性、体验性、挑战性、教育性、知识性和趣味性，还要使旅游活动主题人性化、目标情感化、服务个性化、产品差异化、过程互动化、结果持续化。

六、红色旅游产品开发

不断创新红色旅游发展模式，丰富红色旅游产品体系，提高红色旅游服务质量，使红色旅游成为开展党性教育、爱国主义和革命传统教育、国防教育的重要载体，实现红色旅游特色化、差异化、品牌化发展。

保留红色历史记忆。很多红色旅游资源存在景观质量较差、体量过小等特点，但革命纪念意义和历史科学研究意义很大，比如徂徕山抗日武装起义纪念碑、昆嵛山红军游击队老蜂窝遗址、渤海垦区革命纪念馆、鲁西南战役纪念馆、沂蒙母亲王换于纪念馆、厉家寨纪念馆等，应加强保护工作，部分资源可采用遗址公园的模式进行保护性利用。

创新红色旅游发展模式。如革命生活体验参与互动活动、大型场景剧或大型场景歌舞、大型模拟实战表演等，变静为动，由古板到鲜活，从观光到参与体验。

强化与其他产品的整合。走集约化产品的发展道路，通过红色旅游和生态旅游，红色旅游和现代休闲相结合的方式拓展产品，为游客开辟更为广阔的消费空间，提高综合效益。

具体来说，充分利用沂蒙党性教育基地、济宁干部政德教育基地、胶东党性教育基地、鲁南铁道大队红色教育等资源，以沂蒙山国家5A级景区为核心，联合临沂、莱芜、潍坊临朐、淄博沂源等相关地区，打造“大沂蒙”红色旅游胜地；以胶东党性教育基地烟台山教学区、杨子荣纪念馆、刘公岛景区为代表，打造胶东红色文化旅游品牌；整合济南战役纪念馆、英雄山革命烈士纪念碑、解放阁、五三惨案纪念堂、蔡公时纪念馆等红色资源，结合泉城国际旅游标志区，打造“济南战役”红色旅游品牌；以德州乐陵为核心，融合宁津、庆云、滨州无棣等资源，打造冀鲁边抗日主题红色旅游胜地；以济宁羊山景区王杰纪念馆为核心，整合鲁西南战役纪念馆、羊山素质拓展基地等资源，打造“王杰故里、红色金乡”红色旅游品牌；以老党员红色群落展览馆为代表，整合抗日战争纪念馆、山东军区军事工作会议旧址纪念馆、莒北革命史教育陈列馆等资源，打造日照党员本色红色旅游品牌；以红色刘集旅游景区、渤海垦区革命纪念馆为核心，打响重温红色经典旅游品牌，形成《中国共产党宣言》传承与发展的红色教育基地；以微山铁道游击队纪念园、台儿庄抗战纪念地为代表，结合运河古城核心景区，打响“铁道游击队”和“台儿庄抗战”红色旅游品牌，构建山东特色的红色文化传承示范区研学旅游目的地体系。

七、各地市红色旅游发展指引

充分整合济南、淄博、枣庄、烟台、潍坊、济宁、泰安、威海、莱芜、临沂等地红色文化资源，打造具有山东特色的红色文化研学目的地体系。

济南市围绕“爱国主义教育”主题，依托济南战役纪念馆、英雄山革命烈士纪念碑、解放阁、“五三”惨案纪念堂、蔡公时纪念馆、大峰山革命根据地等红色资源，大力开发以爱国主义教育基地为主的红色旅游路线，开展革命传统教育活动，讲好济南红色旅游故事。围绕“山水莱芜、红色热土”主题，依托莱芜战役纪念馆、莱芜战役指挥所、汪洋台、云台山、“红色记忆”系列展馆等红色旅游资源，开展红色研学活动，加快建设“不忘初心、牢记使命”主题教育基地。

淄博市围绕“艰苦奋斗教育”主题，依托焦裕禄纪念馆、原山艰苦奋斗纪念馆、马鞍山烈士纪念馆、马鞍山红色旅游景区、黑铁山抗日武装起义纪念馆、朱彦夫教育基地、沂源县618战备电台旧址等资源，进一步传承具有时代特色的“生命不息，战斗不止”艰苦奋斗精神。

枣庄市围绕“抗战精神国防教育”主题，依托鲁南铁道大队抗战纪念馆、台儿庄大战纪念馆、八路军抱犊崮抗日战争纪念园，深挖共产党领导的敌后战场和国民党领导的正面战场历史文化资源，提炼升华为世界反法西斯战争东方战场的山东光辉史实，形成立足山东、面向全国、辐射全世界的反法西斯抗战文化主题教育基地，彰显具有时代特征的山东精神、山东气质、山东力量。

烟台市充分发挥胶东革命根据地资源优势，挖掘完善烟台山、昆嵛山、地雷战纪念馆等现有景区红色文化内容；抢救性保护《胶东日报社》旧址、日军侵华碉堡、抗日兵工厂等一批革命历史建筑；推出一批集乡村旅游与红色旅游文化于一体的栖霞国路夼、莱阳万第镇、龙口下丁家、海阳郭城等乡村红色文化研学旅游点；开发培育红色文化研学旅游线路。

济宁市围绕“中华传统文化教育”主题，依托济宁干部政德教育基地，开发中华优秀传统文化特别是以儒家思想为主题内涵的研学旅游产品和课程，进一步彰显儒家文化的魅力。推动铁道游击队抗日革命根据地微山湖红色旅游经典景区、邹城城前尼山区红色教育基地、金乡羊山战役纪念地羊山古镇军事旅游区提质升级，建设王杰精神传承红色游学基地，弘扬鲁西南战役英雄精神和王杰精神打造研学旅游精品品牌。

泰安市围绕“打响山东省抗日战争的第一枪”主题，依托徂徕山爱国主义教育基地、国家级抗战纪念设施—陆房突围胜利战斗遗址和万里故居（东平县工委纪念馆）等红色旅游资源，深入挖掘红色旅游所蕴含的时代精神、民族精神，打造一批既体现社会主义核心价值体系，又适应市场需求的红色文化旅游产品，使红色旅游成为开展爱国主义、集体主义、社会主义教育的有力抓手和重要载体。

威海市围绕“爱国主义教育”主题，依托胶东（威海）党性教育基地，充分利用好基地资源，开展好红色研学活动，使红色旅游景区成为开展爱国主义教育的生动课堂。

临沂市、潍坊市围绕“沂蒙精神革命教育”主题，依托沂蒙党性教育基地，大力弘扬沂蒙精神，传承红色基因。充分整合临沂红色旅游资源和党员党性教育基地，以“亲情沂蒙红色临沂”品牌为支撑，突出产品特色，打造不同主题的红色旅游研学产品。细分红色教育客源市场，开发不同类别的研学线路、研学课程，重点推出能满足青少年教育实践的红色研学产品体系，使红色旅游成为开展党性教育、爱国主义和革命传统教育的重要载体。

聊城市以孔繁森同志纪念馆、鲁西北地委旧址、刘邓大军渡河指挥部旧址、张自忠将军纪念馆、鲁西北革命烈士陵园等为重点，加大建设力度，提高接待能力和水平。通过恢复历史遗迹、博物馆展示、虚拟重现当年革命故事以及舞台化演绎等方式，打造红色文化研学旅游精品线路。

菏泽市充分发挥鲁西南革命根据地资源优势，利用冀鲁豫边区革命纪念馆、郓城鲁西南战役指挥部旧址入选全国红色旅游经典景区名录的条件，深入挖掘完善冀鲁豫边区革命纪念馆、湖西烈士陵园等现有景区红色文化内容；保护开发王厂战斗遗址、红三村抗日联防遗址、刘邓大军渡黄河旧址、爱国自卫战争诸烈士纪念碑、鄄南战役无名烈士墓群、湖西红色教育基地、平原省湖西革命历史纪念馆等红色旅游资源，开发培育红色文化研学旅游线路。

第十一节　提升打造优势文旅资源

一、提升旅游景区核心吸引力

（一）5A 级景区

1. 5A 级景区类型特征与空间分布

表 3-14　山东省 5A 级景区概况

编号	景区名称	所在地市	景区类型	评定时间
1	天下第一泉	济南市	文化遗迹	2013.8.15
2	崂山风景区	青岛市	森林景观	2011.1.14
3	台儿庄古城景区	枣庄市	古村古镇	2012.11
4	烟台市蓬莱阁（三仙山・八仙过海）旅游区	烟台市	文化遗迹	2012.11.29

续表

编号	景区名称	所在地市	景区类型	评定时间
5	烟台市龙口南山景区	烟台市	度假休闲	2010.12.10
6	沂蒙山旅游区沂山景区	潍坊市	地质遗迹	2013.12
7	青州古城旅游区	潍坊市	古村古镇	2017.2.24
8	济宁市曲阜明故城（三孔）旅游区	济宁市	文化遗迹	2007.5.8
9	泰山景区	泰安市	地质遗迹	2007
10	刘公岛景区	威海市	文化遗迹	2010
11	华夏城旅游景区	威海市	主题游乐	2017.2.24
12	沂蒙山旅游区（龟蒙云蒙景区）	临沂市	地质遗迹	2013

截至2018年年底，山东省的5A级景区共有12家。有7家分布在沿海地市，5家分布在内陆地市。其中，潍坊、烟台、威海各有2家（图3-71）。

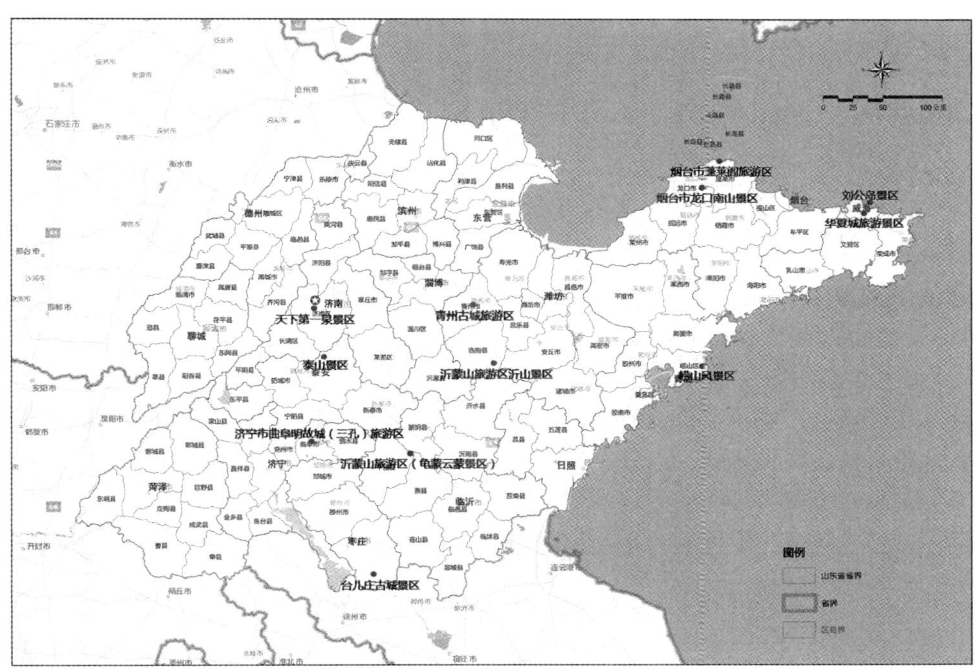

图 3-71　山东省 5A 级景区空间分布

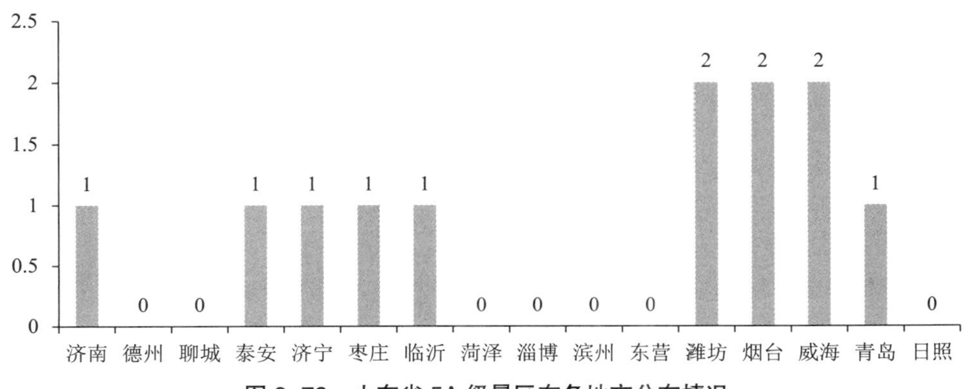

图 3-72　山东省 5A 级景区在各地市分布情况

根据中华人民共和国文化和旅游部资源开发司的统计，我国的 A 级景区类型包括 4 大类、14 亚类[①]。山东省以自然景观（森林景观、地质遗迹）为主的景区有 4 家，以历史文化（古村古镇、文化遗迹）为主的景区 6 家；以休闲娱乐（主题游乐、度假休闲）为主的景区 2 家。

表 3–15　山东省 5A 级景区类型分布

A 级景区大类	A 级景区亚类	5A 景区数量（家）
自然景观类	森林景观	1
	河湖湿地	0
	地质遗迹	2
历史文化类	古村古镇	2
	文化遗迹	4
	文博院馆	0
	红色旅游	0
	宗教文化	0
休闲娱乐类	主题游乐	1
	度假休闲	1
	乡村旅游	0
	城市公园	0
	商贸旅游	0
其他类	其他	0

2. 5A 级景区规模特征

山东省的 5A 级景区中，沂蒙山旅游区（龟蒙云蒙景区）、崂山风景区、沂蒙山旅游区沂山景区、泰山景区等 4 家自然景观类景区面积均在 100 平方千米以上，规模巨大。相比之下，烟台市蓬莱阁（三仙山・八仙过海）旅游区、台儿庄古城景区、天下第一泉、济宁市曲阜明故城（三孔）旅游区等 4 家历史文化类景区的面积相对较小。

表 3–16　山东省 5A 级景区规模统计

编号	景区名称	面积（平方千米）
1	天下第一泉	3.1
2	崂山风景区	446
3	台儿庄古城景区	2
4	烟台市蓬莱阁（三仙山・八仙过海）旅游区	0.0185
5	烟台市龙口南山景区	14
6	沂蒙山旅游区沂山景区	148
7	青州古城旅游区	10
8	济宁市曲阜明故城（三孔）旅游区	3.27
9	泰山景区	138
10	刘公岛景区	3.15
11	华夏城旅游景区	16.28
12	沂蒙山旅游区（龟蒙云蒙景区）	661.67

① 中华人民共和国文化和旅游部资源开发司 . 2017 年中国旅游景区发展报告［M］. 中国旅游出版社，2018.

3. 5A 级景区经营管理情况

山东省 5A 级景区中，7.69% 的经营主体是行政单位，53.85% 的经营主体是事业单位，38.46% 的经营主体是企业。

从全国的情况来看，以事业单位作为主要经营主体的省级行政区共有 7 个，分别是河北省、山西省、山东省、湖南省、四川省、贵州省和甘肃省，山东省是其中之一。以企业作为主要经营管理的省级行政单位有 20 个，包括北京市、上海市、江苏省、浙江省、安徽省、河南省、福建省等。可见，与山东省邻近的省份，尤其是文旅发展领跑全国的长三角区域相比，这些省份均以企业作为 5A 级景区的主要经营管理主体。山东省在激发市场活力、培育市场主体方面还需要进一步努力。

4. 5A 级景区接待经营情况

从全国的情况来看，省级行政单位中，5A 级景区游客接待量最高的是江苏省，游客接待量 1.73 亿人次，占全国 5A 级景区游客接待总量的 18.23%；其次是浙江省（1.22 亿人次，占比 12.85%）、湖南省、广东省、江西省和山东省等。山东省的 5A 级景区游客接待量为 0.45 亿人次，占全国 5A 级景区游客接待总量的 4.74%，排名全国第 6 位，与江苏省、浙江省等文化旅游强省的差距仍然很大。天津市的 5A 级景区平均游客接待量最多，其次是浙江省和江苏省等，山东省的 5A 级景区平均接待量为 346.15 万人次，排名全国第 14 位，低于全国平均水平（385.77 万人次）（表 3–17）。

表 3–17 2017 年全国各省级行政单位 5A 级景区收入接待情况对比

省级行政区	游客接待量（亿人次）	比重（%）	平均接待量（万人次）	景区总收入（亿元）	比重（%）	平均收入（亿元）
北京市	0.12	1.26	400.00	4.14	0.24	1.38
天津市	0.17	1.79	850.00	0.98	0.06	0.49
河北省	0.16	1.69	320.00	18.20	1.08	3.64
山西省	0.15	1.58	250.00	69.91	4.13	11.65
内蒙古自治区	0.03	0.31	100.00	3.63	0.21	1.21
辽宁省	0.11	1.16	220.00	28.36	1.68	5.67
吉林省	0.09	0.95	150.00	6.18	0.37	1.03
黑龙江省	0.05	0.53	100.00	9.46	0.56	1.89
上海市	0.11	1.16	366.67	11.13	0.66	3.71
江苏省	1.73	18.23	752.17	122.44	7.23	5.32
浙江省	1.22	12.85	762.50	114.93	6.79	7.18
安徽省	0.41	4.32	256.25	178 80	10.56	11.18
福建省	0.39	4.11	390.00	26.33	1.58	2.68
江西省	0.47	4.95	671.43	469.28	27.72	67.04
山东省	0.45	4.74	346.15	41.78	2.47	3.21
河南省	0.33	3.48	194.12	35.14	2.08	2.07
湖北省	0.39	4.11	354.55	59.97	3.54	5.45
湖南省	0.58	6.11	644.44	167.26	9.88	18.58
广东省	0.57	6.01	475.00	62.93	3.72	5.24
广西壮族自治区	0.07	0.74	140.00	7.52	0.44	1.50
海南省	0.16	1.69	266.67	18.00	1.06	3.00
重庆市	0.11	1.16	137.50	18.88	1.12	2.36
四川省	0.37	3.90	308.33	80.49	4.75	6.71

续表

省级行政区	游客接待量（亿人次）	比重（%）	平均接待量（万人次）	景区总收入（亿元）	比重（%）	平均收入（亿元）
贵州省	0.25	2.63	500.00	31.67	1.87	6.33
云南省	0.17	1.79	212.50	22.82	1.35	2.85
西藏自治区	0.00	0.00	0.00	0.00	0.00	0.00
山西省	0.44	4.64	628.57	21.29	1.26	3.04
甘肃省	0.10	1.05	250.00	9.18	0.54	2.30
青海省	0.11	1.16	366.67	15.63	0.92	5.21
宁夏回族自治区	0.05	0.53	125.00	6.25	0.37	1.56
新疆维吾尔自治区	0.13	1.37	118.18	29.20	1.72	2.65
新疆生产建设兵团	0.00	0.00	0.00	0.62	0.04	0.62
合计	9.49	100.00	385.77	1692.90	100.00	6.88

注：因相关数据未填报导致西藏自治区5A级景区游客接待量和旅游总收入为0；因新疆生产建设兵团接待量过小，导致此处接待量为0。

江西省5A级景区旅游收入最多，其次是安徽省和湖南省。山东省的5A级景区总收入为41.78亿元，占全国5A级景区旅游总收入的2.47%，排名全国第10。江西省的5A级景区平均旅游收入最多，其次是湖南省和山西省，山东省5A级景区平均收入为3.21亿元，排名全国第15，低于全国平均水平（6.88亿元）。

从景区收入构成来看，门票收入是5A级景区收入的主体。具体来看，全国5A级景区中以门票收入为主的省级行政区域有19个，包括山东省在内；以商品收入为主的省级行政区有3个，分别是江苏省、江西省和湖南省；以餐饮收入为主的省级行政区域有6个，分别是河北省、山西省、黑龙江省、安徽省、贵州省、新疆生产建设兵团；以交通收入为主的省级行政区域有2个，分别是广西壮族自治区和青海省；以住宿收入为主的省级行政区域有1个，为辽宁省。山东省5A级景区仍需进一步摆脱门票经济的束缚。

（二）4A级景区

1. 4A级景区数量及空间分布特征

山东省的4A级景区共有223家，在临沂市、青岛市、潍坊市和烟台市的分布数量较多；菏泽市、聊城市、东营市的分布数量相对较少。4A级景区在内陆地市和沿海地市的分布较为平衡，内陆地市的分布略多（图3-73）。

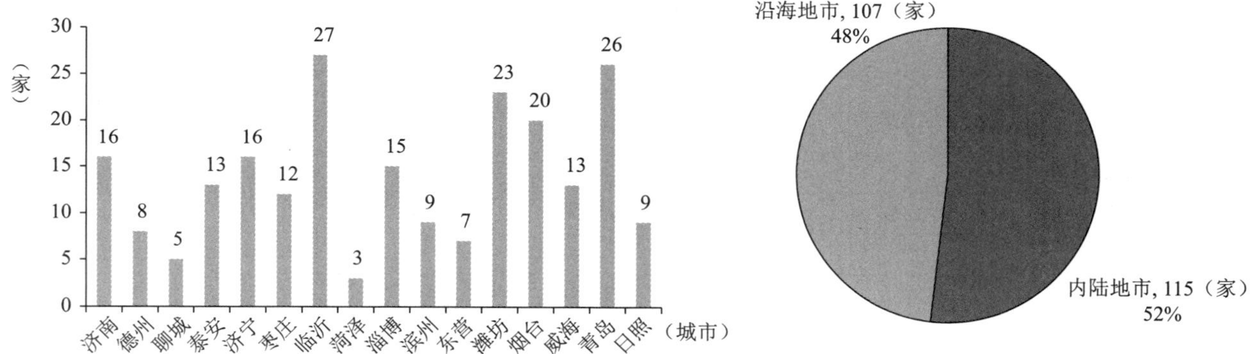

图3-73　山东省4A级景区分布情况

2. 4A级景区存在问题

（1）优质资源开发利用不足。部分4A级景区的资源价值具备达到世界级影响力的潜质，如作为国际重要湿地的微山湖、黄河三角洲等，但是这部分资源由于开发利用的方式没有结合现行的保护利用要求从而探索出有效保护、合理利用的模式，使得旅游景区的公众游憩、环境教育等功能没有得到充分的发挥。

尼山孔庙及书院景区、诸城恐龙文化旅游区等4A级景区在文化特色及影响力上有晋升为5A级景区的潜力，但其文化底蕴的挖掘仍显不足、配套的解说设施服务也仍有欠缺。

成山头景区、长岛旅游景区等由于交叉管理、行政体制等问题严重限制了景区的发展，甚至导致了开发利用方向的偏差。

（2）碎片资源整合提升不足。由于行政边界的限制、交叉管理的体制，部分4A级景区在空间上分散割裂、孤立发展，未与周边的相似资源进行很好的整合，如微山湖片区就有微山湖旅游区、微山湖湿地红荷旅游区等，属于不同的行政地域管辖，发展方向、设施配套也无法统一。再如沂蒙山片区存在沂山景区、龟蒙景区、云蒙景区，未与相邻且资源环境相似的孟良崮旅游区进行有效的整合。

（3）老化产品创新升级不足。部分4A级景区的产品更新与市场需求趋势脱节，导致景区的生命周期迅速走向衰退期。如青岛世园会景区，由于在会后没有很好的创新利用方式，导致人迹罕至，已被勒令整改。

（4）文化底蕴丰富提升不足。部分4A级景区文化底蕴挖掘不足，导致文旅融合利用表面化，甚至出现肤浅的错漏。如定位为“齐鲁特色文化新地标”的惠民孙子兵法城，在景区的解说中存在多处谬误，混乱的业态与经营环境也大大削弱了景区的文化氛围。

（5）景区环境管护措施不当。部分4A级景区未按照相关要求对景区内的环境进行有效管理和治理，如费县中华奇石城旅游区就因为厕所建设的严重滞后，曾被摘牌处理，后因整改得当才又复牌。

（三）旅游景区体系建设

提升打造黄河口生态旅游区、尼山孔庙及书院景区、微山湖旅游区、长岛旅游景区、成山头景区、诸城恐龙文化旅游区、周村古商城、东阿阿胶世界等一批资源优势突出景区，创建国家5A级旅游景区。推动微山湖、成山头—天鹅湖、沂蒙山—孟良崮等资源整合开发，打破地域分割、孤立开发局面，提升整体旅游品牌。整治青岛世界园艺博览园等若干产品业态老化、经营管理不善的旅游景区，强化景观质量、产品业态、经营管理与设施服务。着力加强4A级以上景区建设。常态化开展A级景区的全面复核和动态管理，实现高等级景区退出机制常态化。

1. 提升一批资源优势突出的4A级景区

以黄河口生态旅游区、尼山孔庙及书院景区、微山湖旅游区、长岛旅游景区、成山头景区、诸城恐龙文化旅游区、周村古商城、东阿阿胶世界等一批资源优势突出的4A级景区为重点，以5A级景区为目标进行提升（表3-18）。

表3-18 重点景区名称

序号	重点景区名称
1	周村古商城
2	东阿阿胶世界
3	台儿庄大战纪念馆景区
4	济南市长清区灵岩寺旅游区
5	杨家埠民间艺术大观园

续表

序号	重点景区名称
6	水泊梁山风景区
7	章丘市百脉泉公园
8	安丘齐鲁酒地
9	沂水萤火虫・大峡谷旅游区
10	微山湖湿地风景区
11	长岛风景旅游区
12	昆嵛山风景区
13	台儿庄运河文化风景区
14	山东山旺古生物化石风景区
15	千佛山风景名胜区
16	东平湖风景区
17	峄山风景旅游区
18	山东夏津黄河故道旅游区
19	日照海滨森林风景区
20	艾山温泉森林风景区

2. 整合一批空间分散割裂、资源孤立发展的4A级景区

以微山湖旅游区、成山头旅游区、沂蒙山旅游区等4A级景区为重点，打破因行政边界、交叉管理导致的资源孤立、空间割裂的局面，整合邻近的优质资源，实现景区品质的跨越性提升。

3. 整治一批存在问题的4A级景区

以青岛世界园艺博览园、惠民孙子兵法城等一批存在产品业态老化、文化底蕴缺乏、管护措施不当、市场环境混乱等问题的4A级景区为重点，针对产品业态、市场环境、景区卫生、文化底蕴等问题进行整治。各市文旅部门应对4A景区开展常态化的全面复核和动态管理，对于不达标的4A级景区给予警告、降级甚至摘牌处理，收到警告的4A级景区应限期整改。

4. 优化发展现有5A级景区

现有5A景区应在积极寻求体制机制改革的基础上，加快市场主体培育，激发5A景区的创新能力和文旅融合动力，逐步提高5A级景区的核心吸引力。逐渐改变经营模式，鼓励文化创意产业的发展与5A级景区的建设相融合，根据市场需求趋势创新引进业态，使得山东省的5A级景区逐步摆脱门票经济的束缚。

二、优化旅游度假区体系

（一）旅游度假资源数量

山东省拥有国家级旅游度假区4处，数量位居全国第三，仅次于江苏省（6处）和浙江省（5处）（表3-19）。

表3-19　山东省国家级旅游度假区名录

所属地区	序号	名称	批准规划面积（平方千米）*	批准日期
青岛市	1	凤凰岛国家级旅游度假区	28	2015年
	2	石老人国家级旅游度假区	10.8	1992年10月

续表

所属地区	序号	名称	批准规划面积（平方千米）*	批准日期
烟台市	3	海阳国家级旅游度假区	13.36	2015 年 3 月
	4	蓬莱国家级旅游度假区	19	2018 年 12 月
总计	4	——	71.16	——

山东省拥有省级旅游度假区 42 处（表 3-20），数量位居全国第三，仅次于浙江省（47 处）和江苏省（46 处）。

表 3-20　山东省省级旅游度假区名录

所属地区	序号	度假区名称	批准规划面积（平方千米）	批复时间
济南（2 处）	1	济南五峰山省级旅游度假区	36	1995 年
	2	雪野旅游度假区	26.5	2007 年
青岛（4 处）	3	青岛琅琊台省级旅游度假区	9.8	1995 年
	4	田横岛省级旅游度假区	9.8	1992 年
	5	灵山湾省级旅游度假区	28.5	2013 年
	6	青岛大沽河省级生态旅游度假区	31.8	2013 年
淄博（1 处）	7	文昌湖旅游度假区	90.5	2010 年
枣庄（1 处）	8	台儿庄古城区旅游度假区	8.47	2014 年
烟台（8 处）	9	烟台莱山省级旅游度假区	21.2	2009 年
	10	龙口南山省级旅游度假区	14	2010 年
	11	长春湖旅游度假区	30	2010 年
	12	烟台莱州滨海生态省级旅游度假区	21.2	2009 年
	13	养马岛旅游度假区	10	1995 年
	14	烟台莱阳丁字湾滨海省级旅游度假区	15	2010 年
	15	烟台金沙滩旅游度假区	6.7	1993 年
	16	招远黄金文化省级旅游度假区	2.16	2016 年
潍坊（6 处）	17	弥河生态省级旅游度假区	18.68	2013 年
	18	云门山省级旅游度假区	27.04	2013 年
	19	恐龙文化省级旅游度假区	28	2013 年
	20	青云国际省级旅游度假区	32	2013 年
	21	寿阳山省级旅游度假区	31.5	2013 年
	22	欢乐海省级旅游度假区	18.37	2013 年
济宁（3 处）	23	曲阜尼山省级文化旅游度假区	35.76	2010 年
	24	济宁北湖省级旅游度假区	14.81	1996 年
	25	微山湖旅游度假区	34.77	2012 年
泰安（4 处）	26	泰山旅游度假区	23.9	1995 年
	27	新泰市莲花山省级旅游度假区	20	2013 年
	28	泰山天颐湖省级旅游度假区	15.2	2018 年
	29	泰山碧霞湖省级旅游度假区	8.6	2013 年

续表

所属地区	序号	度假区名称	批准规划面积（平方千米）	批复时间
威海（5 处）	30	威海环翠省级旅游度假区	51.82	1993 年
	31	银滩旅游度假区	65	1994 年
	32	石岛湾省级旅游度假区	10	1994 年
	33	好运角旅游度假区	239.3	1995 年
	34	环翠北海省级旅游度假区	3.84	2015 年
日照（2 处）	35	日照山海天旅游度假区	10	1995 年
	36	五莲山旅游度假区	5.06	2013 年
临沂（3 处）	37	汤泉旅游度假区	28.9	2011 年
	38	蒙山省级旅游度假区	8	2016 年
	39	临沂东部生态城省级旅游度假区	16.5	2016 年
德州（1 处）	40	齐河黄河国际生态城省级旅游度假区	29.95	2010 年
聊城（1 处）	41	聊城江北水城旅游度假区	9.6	2014 年
菏泽（1 处）	42	浮龙湖旅游度假区	58.6	2013 年
总计	42	—	1206.83	—

（二）旅游度假资源分布情况

1. 旅游度假区的数量分布情况

山东省的国家级旅游度假区全部分布在沿海地区，主要在青岛市与烟台市，内陆地区没有国家级旅游度假区。

省级度假区中有 17 处分布在内陆 9 个地市，25 处分布在沿海 7 个地市，其中，内陆地市的度假区数量分布较为均匀，而沿海地市的省级旅游度假区主要集聚在烟台市、潍坊市、威海市（图 3-74）。

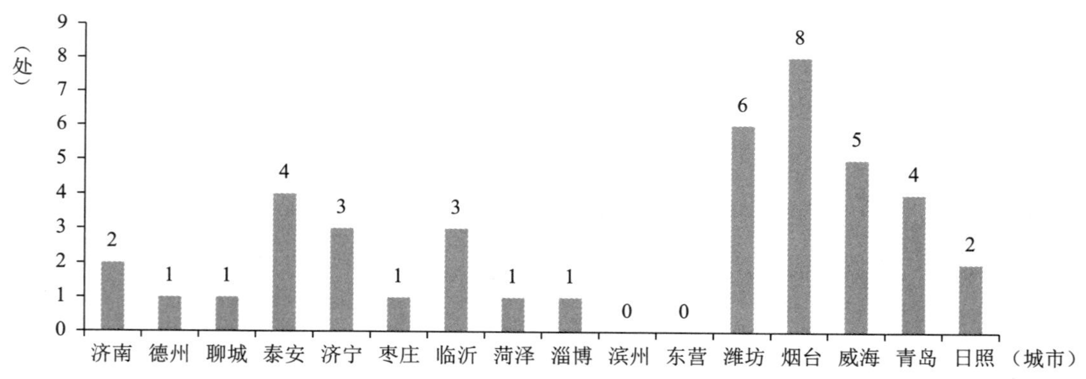

图 3-74　山东省省级旅游度假区分布情况

2. 旅游度假区的面积分布情况

从整个旅游度假区的面积情况来看，威海的旅游度假区规划面积最大，其次是潍坊、烟台、青岛，还是集中在沿海地市，日照是有旅游度假区的沿海地市中旅游度假区规划面积最小的。内陆地市中，旅游度假区规划面积最大的是淄博，其次是济宁、泰安，枣庄和聊城的旅游度假区所占面积最小（图 3-75）。

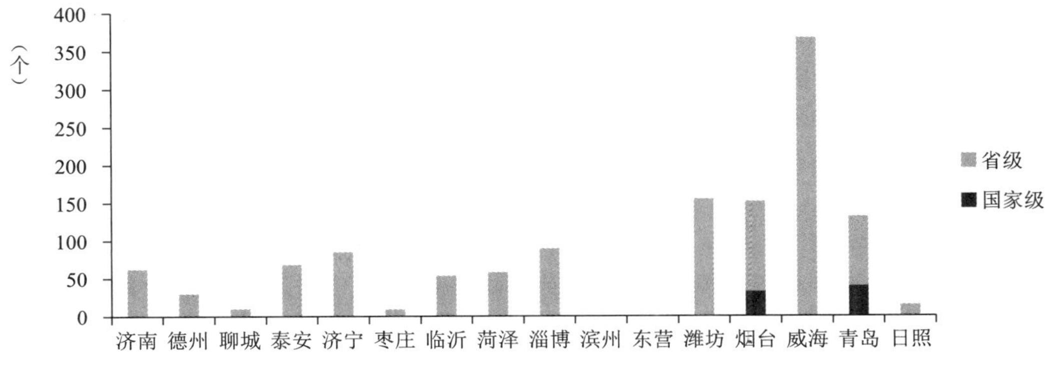

图 3-75 山东省旅游度假区面积分布情况

3. 旅游度假区的分布与资源环境的关系

在沿海地市，旅游度假区基本都贴着海岸线分布，多为滨海型旅游度假区，暂未出现海岛型旅游度假区；在内陆地市，旅游度假区基本都分布在鲁中南山地区域，其中多数毗邻湖区分布，部分是山地型（图 3-76）。

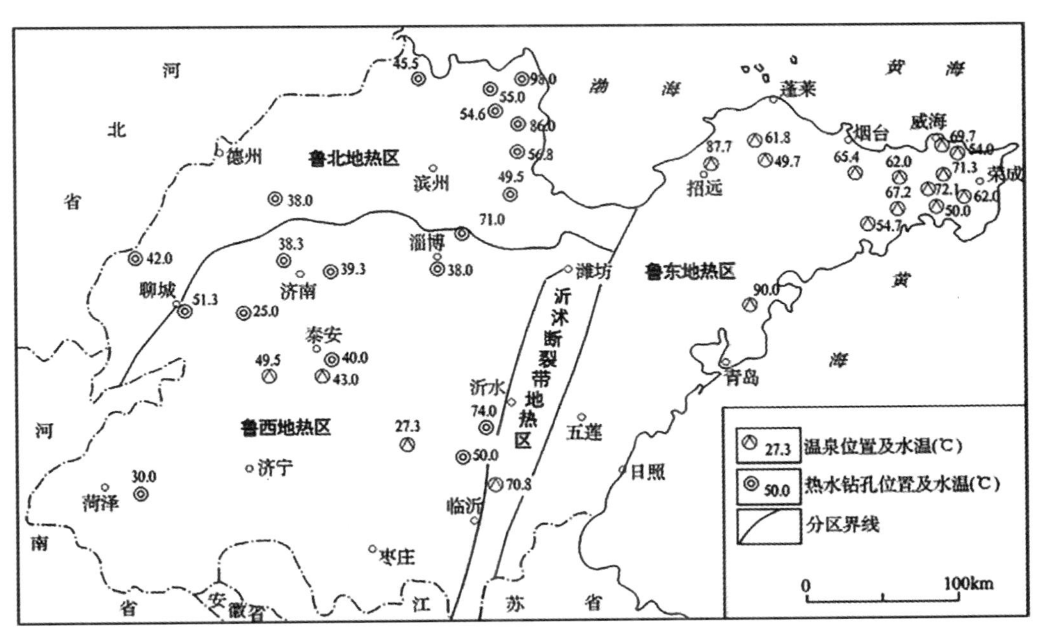

图 3-76 山东省温泉分布简图

值得一提的是，山东省是地热资源大省，省内温泉资源的分布可划分为 4 个区，即鲁东地热区、沂沭断裂带地热区、鲁西地热区、鲁北地热区，其中，鲁东地热区包括威海、烟台、青岛市全境以及潍坊、日照的部分地区，是全省地热异常显示最好的地区，共有 14 处温泉出露[①]。但是目前，以温泉作为主要资源特色的旅游度假区仅有位于沂沭断裂带地热区的临沂汤头省级旅游度假区以及位于鲁东地热区的栖霞长春湖省级旅游度假区，其他的地热资源尤其沿海的地热资源尚未在休闲度假这个产品方向上得到优质、高效、集群利用。

① 王志东，李宇荣．山东温泉旅游资源科学开发对策研究［J］．东岳论丛，2010，31（9）：115-119.

（三）旅游度假区发展优势度比较

1. 与周边各省旅游度假区数量对比

与周边的河北省、河南省、江苏省、浙江省、安徽省、辽宁省、福建省相比，山东省旅游度假区的总数处于上游水平，浙江省和江苏省均拥有 52 家旅游度假区，在数量上并列第一，山东省的旅游度假区总数仅次于这两省。

山东省国家级旅游度假区的数量与浙江、江苏两省相媲美，但是从整体的开发情况、经营情况来看，融入长江三角洲城市群发展格局的浙江省与江苏省占据绝对的优势，已经进入了旅游产业高质量发展的时期；综合周边几个省份省级旅游度假区的数量，浙江省、江苏省、山东省分别占据前三名，共同占据上游，与其他省份拉开了很大的距离，具备发展休闲度假产品的重要阵地（图 3-77）。

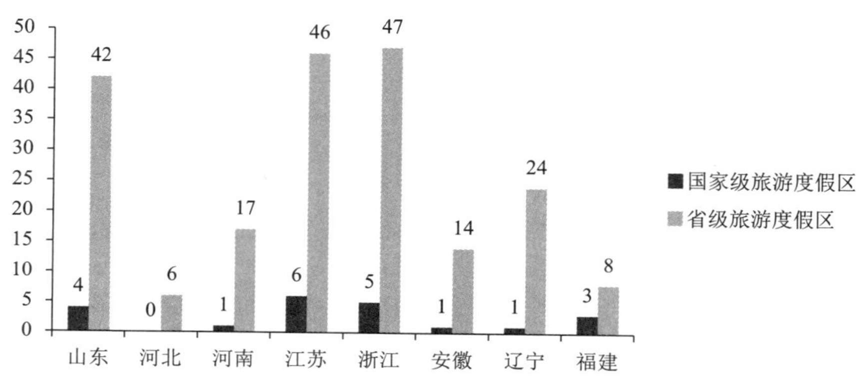

图 3-77　周边省份旅游度假区数量分布

2. 与周边各省旅游度假区发展情况对比

（1）布局：多点开花 VS 倾斜分布。对比周边的几个省份，经济发展势头强劲的浙江省和江苏省，在旅游度假区的分布上呈现出多点开花的局面，浙江省尤为明显。值得一提的是，浙江省与江苏省旅游度假区的分布跟两个省份的热门旅游目的地城市以及热门景区的分布相吻合，说明旅游目的地城市与龙头景区是旅游度假区发展的重要依托。浙江省与江苏省成熟的旅游目的地城市较多，高品质发展的景区数量也很多，其中浙江省的 5A 级旅游景区数量达 17 家，江苏省达 23 家，为旅游度假区的发展提供了重要依托。

而其余省份包括山东在内，在旅游度假区的分布上都存在着明显的倾斜，一些目前有条件的地市率先发展了旅游度假区。河北省在保定、唐山、秦皇岛以及由冬奥会带来巨大冰雪度假发展契机的张家口的旅游度假区得到了先行发展；河南省的洛阳作为备受旅游者关注的历史文化名城在旅游度假区的发展上一枝独秀；安徽省的旅游度假区发展在数量上及品质上都集中在了省会合肥；辽宁省的旅游度假区发展则由沿海城市大连领跑、丹东跟进；福建省的旅游度假区的数量布局跟安徽相似，但热门旅游目的地城市厦门的旅游度假区建设步伐却显得滞后。

山东省的十大热门景点中，除了排第九名的济南趵突泉景区外，其余 9 个位列榜单的景点全部位于青岛，内陆与沿海地市的景区关注度悬殊甚大，也一定程度影响了山东省高等级旅游度假区的分布现状。在这一点上与江苏省的情况产生了非常典型的对比（图 3-78）。

【江苏热门景点】

排名	目的地	景点
NO.1	苏州	拙政园
NO.2	南京	夫子庙 — 秦淮风光带
NO.3	苏州	周庄古镇
NO.4	无锡	鼋头渚
NO.5	南京	总统府景区
NO.6	南京	中山陵园风景区
NO.7	苏州	苏州博物馆
NO.8	苏州	平江路
NO.9	南京	夫子庙
NO.10	南京	侵华日军南京大屠杀遇难同胞纪念馆

【山东热门景点】

排名	目的地	景点
NO.1	青岛	栈桥
NO.2	青岛	八大关景区
NO.3	青岛	崂山风景区
NO.4	青岛	金沙滩
NO.5	青岛	五四广场
NO.6	青岛	天主教堂
NO.7	青岛	小青岛
NO.8	青岛	奥林匹克帆船中心
NO.9	济南	趵突泉景区
NO.10	青岛	啤酒博物馆

图 3-78　江苏省与山东省热门景点排行的典型比较[①]

（2）热度：广受关注 VS 尚存潜力。在临近的各个省中，浙江、江苏、安徽、福建、河北这 5 个省的旅游搜索热词中都出现了“度假村”或“度假山庄”，说明这几个省的休闲度假产品供给已经有了一定的市场认可度。以浙江省和江苏省为例，浙江省的杭州湘湖旅游度假区、乌镇—石门省级旅游度假区、舟山群岛普陀国际旅游度假区、舟山群岛定海国际旅游度假区、德清莫干山国际旅游度假区等诸多旅游度假区所提供的产品与体验都与市场关注的“古镇”“海边”“亲子游”等相匹配，“莫干山民宿”更是作为民宿业态发展的标杆位列其中；常年蝉联江苏省旅游度假区考评分数第一的溧阳天目湖旅游度假区以及南京汤山温泉旅游度假区、扬州瘦西湖旅游度假区、扬州瓜洲国际旅游度假区、姜堰溱湖旅游度假区、高淳国际慢城旅游度假区等诸多旅游度假区都能提供与江苏省旅游市场热搜词相关的产品和体验，如“温泉”“竹海”“古镇”等。

而山东、河南、辽宁这三个省份的搜索热词中却没有直接看到“度假”字样。

山东省的搜索热词中排在三甲的是“山”“古城”“温泉”，然而目前山东省旅游度假区布局最密集的地方却是“海”，仅排在第四，山东省内陆依托高品质的山地、古城古镇文化资源、温泉资源来开辟新的旅游度假区阵地拥有很高的潜力。

（3）政策：大力保障 VS 后继无力。临近的几个省份中，浙江、江苏直接出台了推动旅游度假区发展的政策或管理办法；山东则是在一些政策文件中间接提到了对旅游度假区发展的支持和管理政策。

其中，浙江省的政策强调了开放性与市场活力；江苏省的优惠政策则切合实际的落实了土地、税费、财政和金融四个方面的问题。相比之下，山东省的政策力度显得后继无力、泛泛而谈，没有为山东省的旅游度假区实现跨越式发展提供有力的政策保障（表 3-21）。

表 3-21　旅游度假区优惠政策对比

省份	主要优惠政策
浙江省	《浙江省人民政府关于加快培育旅游业成为万亿产业的实施意见》（浙政发〔2014〕42 号）。大力推进旅游度假区建设，支持资源禀赋优良、发展基础扎实、要素保障有力的地方申报省级旅游度假区。全面落实省级及以上旅游度假区享受省级经济开发区的优惠政策。 《浙江省旅游度假区管理办法》浙政发〔2001〕127 号。旅游度假区内经依法允许投资经营下列项目：（一）免税商店和中外合资经营的商业企业；（二）外商独资经营的旅游服务项目；（三）其他依法允许投资经营的项目

① 中国旅游研究院，马蜂窝旅游网，自由行大数据联合实验室：《中国省域自由行大数据系列报告之华东地区》。

续表

省份	主要优惠政策
江苏省	《江苏省关于推进旅游度假区发展的意见》（苏政办发〔2013〕149 号）： 土地供应：优先支持旅游度假区的重大项目用地需求，通过开展城乡建设用地增减挂钩试点工作，支持旅游度假区的开发建设。 税费优惠：对落户旅游度假区的鼓励性项目，采取以奖代补等方式给予适当奖励；大型旅游综合体等旅游度假项目，可适当减征房产税、城镇土地使用税；纪念馆、博物馆、文化馆、宗教场所门票收入免征营业税；非经营性使用土地免征土地使用税。 财政支持：对度假区公共服务设施、旅游项目和环境保护等给予财政支持补助。 金融支持：允许以特许、营运、收费等经营权和股权质押贷款的方式进行融资，加大授信额度，支持多种方式筹集资金
山东省	《关于贯彻落实国发〔2014〕31 号文件促进旅游业改革发展的实施意见》（鲁政发〔2014〕21 号）： 提升政策：把提升旅游度假区的休闲度假功能和管理服务水平放到头等重要位置，将旅游度假区打造成旅游业创新发展先行区、度假产业集聚区、产业转型升级示范区。 审批政策：严格控制新批省级旅游度假区数量，实行分类管理，严格审批条件

3. 小结

目前的旅游发展形势，尤其在旅游度假区的布局方面，与优质旅游资源的分布情况不符，尤其内陆的名山大湖、古镇乡村、温泉等在旅游发展上极度缺乏休闲度假业态，再加上旅游基础设施与服务设施的建设滞后，也使得这些地域内难以形成优质的旅游度假区。山东省目前面临向旅游经济强省转变的重要关头，让完善的基础设施与服务体系先行至关重要，如此可为省域内高品质的旅游资源开发出高品位、多层次的度假产品奠定良好的基础，也为优质旅游度假区发展提供很好的机会。城市旅游目的地的形成、内陆龙头景区的打造，也与未来山东省旅游度假区的发展息息相关。

山东省的滨海度假发展虽然已经铺开了局面，但是面临周边省份的激烈竞争，需要在产品与环境上迅速实现更新迭代，并在服务上实现高质量的突破，才能凸显出自身的优势。

在山地度假上，河南省、福建省将山地环境与历史文化相互融合来打造旅游度假区，是很大的竞争对手，山东省应该充分利用自身文化上的独特地位，重视文化氛围与文化空间的塑造，并融入乡村型、生态型、研学型、运动型、养生型的产品与业态，来打造山地型的旅游度假区。

在滨湖型的旅游度假区发展上，山东省仍显得粗放，与江苏省、浙江省等同类型旅游度假区仍存在较大的差异，与生态保护之间的冲突也较为明显，如何在美好的生态环境中，结合周边的乡村与小镇，融入山东省的民俗与风物，来进行小体量、微影响、精品化、高品位、深体验的旅游度假开发或许是山东省滨湖型旅游度假区探索发展的方向、

山东省温泉型旅游度假区目前仍具有很高的发展潜力，尤其在山东省品质最佳的温泉分布与滨海岸线、山东省热门旅游城市与景区结合密切的前提下，具备集聚开发高品质产品与服务、吸引高净值人群的滨海温泉养生度假区的潜力。

在政策保障方面，山东省应尽快出台能落到实处的政策来推动旅游度假区的发展，在土地上保障旅游度假区的发展，在财税上刺激市场的活力，为旅游度假区的跨越式发展奠定政策基础。

（四）开发利用主要问题

1. 发展速度有所减缓

1992 年，国务院批准建立了第一批国家级旅游度假区，其中就有青岛石老人国家级旅游度假区，山东省的旅游度假区发展也自此拉开了序幕，并经历了 3 个高峰时期，分别是 1995 年、2010 年和 2013 年，这三年山东省先后批复了 6 个、6 个、12 个旅游度假区。以 2007 年作为分界线，山东省的旅游度假区约有 65% 是在 2007 年后批复的，但在目前旅游消费升级，旅游产品由大众观光向休闲度

假全面转型的趋势下，近 5 年来山东省新旅游度假区的发展脚步却有所减缓（图 3-79）。

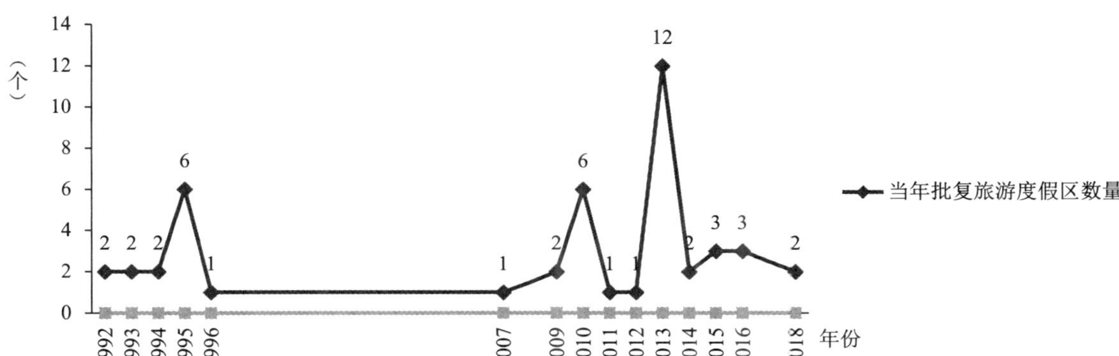

图 3-79 山东省旅游度假区发展年份数量变化

2. 各类矛盾限制发展

表 3-22 主要矛盾与问题及对应旅游度假区

问题类型	对应的旅游度假区	数量（个）
产权属性混乱，体制机制不顺	泰山旅游度假区 青岛石老人国家旅游度假区	2
房地产化严重，挤压了旅游度假业态的发展空间	银滩旅游度假区 海阳旅游度假区 养马岛旅游度假区 青岛石老人国家旅游度假区 田横岛省级旅游度假区	5
同时存在省级以上的自然保护地或文保单位，造成保护与发展之间的矛盾	微山湖旅游度假区 五莲山省级旅游度假区 诸城恐龙文化省级旅游度假区 文昌湖省级旅游度假区 青岛凤凰岛国家级旅游度假区	5
接待档次偏低或接待设施偏少	临沂东部生态城旅游度假区 曲阜尼山省级文化旅游度假区 齐河黄河国际生态城 安丘青云国际省级旅游度假区 潍坊滨海欢乐海省级旅游度假区 台儿庄古城区旅游度假区 泰山碧霞湖省级旅游度假区 烟台莱州滨海生态旅游度假区 烟台莱阳丁字湾滨海省级旅游度假区 莱芜雪野省级旅游度假区 青岛琅琊台省级旅游度假区 灵山湾省级旅游度假区	12
现状发展方向与旅游度假区不相符合	寿光弥河生态省级旅游度假区 泰山天颐湖省级旅游度假区 单县浮龙湖生态旅游经济开发区 聊城江北水城旅游度假区	4

续表

问题类型	对应的旅游度假区	数量（个）
发展停滞不前，名存实亡	昌乐首阳山省级旅游度假区 青州云门山省级旅游度假区 莲花山省级旅游度假区 招远黄金文化旅游度假区 济南五峰山省级旅游度假区 青岛大沽河省级生态旅游度假区	6

（五）发展思路与策略

大力推进旅游度假区建设，支持齐河黄河度假区、龙口南山度假区、曲阜尼山度假区、泰山天颐湖度假区等创建国家级旅游度假区。建立旅游度假区备选名单遴选制度，培育旅游度假区发展梯队，建设一批高质量的旅游度假项目，满足旺盛的多元化休闲度假需求。进一步理顺旅游度假区管理体制机制，丰富完善休闲度假产品业态，避免度假区的地产化、城镇化或低质化。严格实施旅游度假区标准，加大旅游度假区复核工作力度。健全旅游度假区动态管理和退出机制，清退不符合标准的旅游度假区。

1. 发展思路

《山东省精品旅游发展专项规划（2018—2022 年）》中提到，力争到 2022 年，山东省的国家级旅游度假区总数能达到 8 家。从资源环境的角度分析，可以从两个途径来实现这一目标：

（1）打造一批——滨海 + 温泉；海洋 + 海岛。

（2）提升一批——山地 + 文化；山地 + 温泉；滨湖 / 河 + 乡村 / 古城 / 古镇。

从解决现有突出矛盾与问题的角度上来说，需要做到：

（1）突破一批——体制机制薄弱；低质低效发展；保护要求严格。

（2）整治一批——房地产化严重。

（3）撤销一批——发展停滞不前；发展路径不明。

2. 具体策略

表 3-23　主要矛盾与问题解决方案

问题类型	解决方案
产权属性混乱，体制机制不顺	成立统一的旅游度假区管理委员会，对旅游度假区内的资源进行统一管理和决策，避免旅游度假区内再出现分裂化、碎片化的多头管理。 实行经营分离，在旅游度假区管委会进行统一开发、保护、建设、管理的前提下，引进有活力的市场主体，负责旅游度假区的经营运作，对一些旅游项目采取特许经营的形式择优合作。 尽快制定山东省的旅游度假区管理办法，对体制机制问题进行探索
房地产化严重，挤压了旅游度假业态的发展空间	对已有的房地产项目进行盘点，按照《旅游度假区等级划分标准（GB/T 26358—2010）》中对房地产项目的面积比例要求来进行调整梳理，将房地产项目过于密集的区域调出旅游度假区的范围，并严格限制新房地产项目的进入。 对于已经没有空间进行调整的旅游度假区，鉴于未来已经没有发展旅游度假业态的空间，可以考虑将其撤出旅游度假区名录，寻求别的发展路径。 尽快制定山东省的旅游度假区管理办法，对房地产项目进入旅游度假区进行约束和管理
同时存在省级以上的自然保护地或文保单位，造成保护与发展之间的矛盾	在严格遵从自然保护地或文保单位的保护要求的前提下，将发展旅游度假的空间向周边具备条件和特色的乡村、古镇、古城等进行延伸，将旅游度假做小、做精、做特，并结合地方风物赋予其独特的文化内涵

续表

问题类型	解决方案
接待档次偏低或接待设施偏少	在统一的经营管理的协调下，对现状市场的情况与未来市场的潜力进行评估，有目标、分阶段地提升旅游接待设施的数量与等级
现状发展方向与旅游度假区不相符合	建议结合自身实际情况与特色转型发展，不再作为旅游度假区来打造
发展停滞不前，名存实亡	建议从旅游度假区名录中撤除，避免更多无效的投资

三、构建文博场馆旅游功能

（一）文博场馆现状与旅游利用

1. 场馆总量

山东博物馆数量众多，名列全国前茅，种类齐全，发展较好。2018 年，山东省全省共有各级各类博物馆 541 座。相较 2011 年的 120 座，增长了 350.8%，年均增加约 60 座，总量年均增速达到 24%，呈快速增长的态势（图 3–80）。

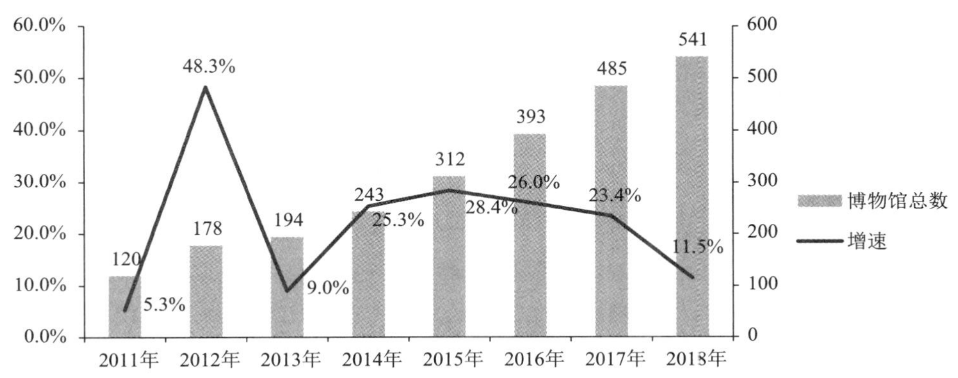

图 3–80　2011~2018 年山东省博物馆总数和增速变化情况

横向对比来看，2011 年山东省博物馆总数 120 座，全国排名第九，落后于江苏、广东、河南、甘肃、四川、安徽、湖北、陕西等省，但 2015 年追平第一名江苏省（312 座），至 2018 年已遥遥领先第二名浙江省（337 座），领先 60.5%，山东现已成为全国博物馆第一大省。

2. 场馆级别

从国家评定的一二三级博物馆数量来看，2018 年，山东省共有一级博物馆 6 座，二级博物馆 18 座，三级博物馆 28 座，合计一、二、三级博物馆 52 座（其余 489 座为无等级博物馆）。从一、二、三级博物馆数量全国横向比较来看，排在全国各省的第四名，落后于浙江、广东、河南（表 3–24）。

从一级博物馆数量来看，北京市 14 座遥遥领先，甘肃省（9 座）、四川省（8 座）、江苏省（7 座）分列第二、第三、第四，山东省与浙江省、河南省、广东省并列第五，计 6 座。

表 3–24　2018 年全国各省一二三级博物馆数量

单位：座

省份	一级	二级	三级	合计	排名
北京市	14	8	9	31	13
天津市	3	2	0	5	28

续表

省份	一级	二级	三级	合计	排名
河北省	3	13	15	31	13
山西省	3	13	11	27	16
内蒙古自治区	2	9	17	28	15
辽宁省	5	7	5	17	22
吉林省	3	4	6	13	24
黑龙江省	5	11	20	36	10
上海市	5	7	9	21	20
江苏省	7	13	21	41	6
浙江省	6	23	33	62	1
安徽省	2	12	18	32	12
福建省	5	14	21	40	7
江西省	5	10	21	36	9
山东省	6	18	28	52	4
河南省	6	22	25	53	3
湖北省	5	12	29	46	5
湖南省	4	12	10	26	17
广东省	6	24	27	57	2
广西壮族自治区	2	7	17	26	17
海南省	1			1	29
重庆市	3	3	10	16	23
四川省	8	9	22	39	8
贵州省	1	4	4	9	
云南省	2	6	10	18	21
西藏自治区	1			1	29
陕西省	3	5	17	25	19
甘肃省	9	13	17	39	8
青海省	1	2	4	7	27
宁夏回族自治区	2	1	7	10	25
新疆维吾尔自治区	2	2	6	10	25

3. **场馆游览人数**

2017 年，山东省博物馆游览人数共计 67640 千人次。2011~2017 年博物馆游览人数增长了 3.24 倍，年均增速达到 27.2%（图 3-81）。

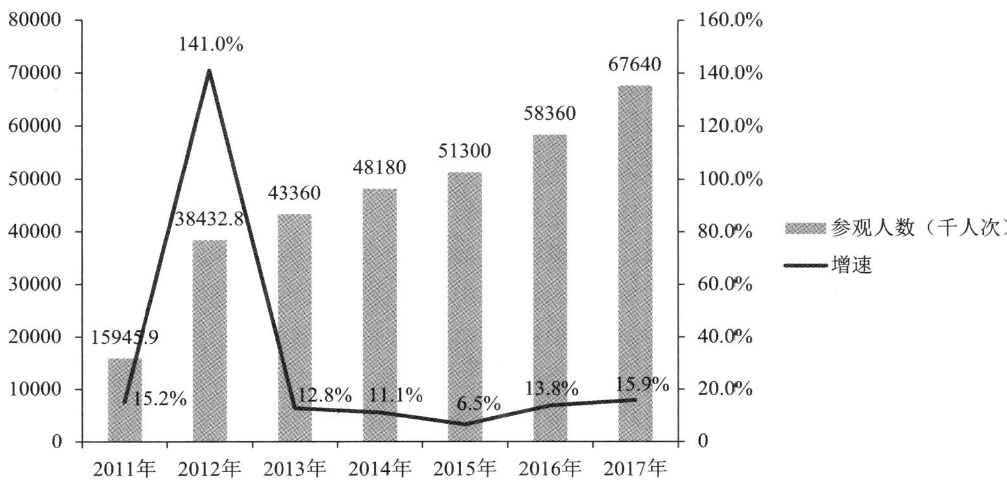

图 3-81　2011~2017 年山东省博物馆游览人数变化情况

从全国各省博物馆游览人数来看，山东省总量排名第二，仅低于江苏省，略高于四川省，但与江苏省的差距较大（只有江苏省游览人数总量的 3/4）（表 3-25）。

表 3-25　2017 年全国博物馆游览人数

省份	参观人数（千人次）	排名
北京市	18330	21
天津市	12790	24
河北省	29910	13
山西省	24680	16
内蒙古自治区	12400	25
辽宁省	15380	23
吉林省	11280	26
黑龙江省	23320	18
上海市	22700	19
江苏省	91080	1
浙江省	64850	4
安徽省	31830	11
福建省	29330	14
江西省	32330	10
山东省	67640	2
河南省	55430	6
湖北省	34710	9
湖南省	55130	7
广东省	51120	8
广西壮族自治区	18280	22
海南省	1460	30

续表

省份	参观人数（千人次）	排名
重庆市	30960	12
四川省	67520	3
贵州省	18510	20
云南省	23420	17
西藏自治区	100	31
陕西省	57910	5
甘肃省	28370	15
青海省	1500	29
宁夏回族自治区	7430	27
新疆维吾尔自治区	7010	28

4. **场馆类型**

从场馆类型来看，历史类博物馆最多，共计 291 座；艺术类其次，94 座；综合类博物馆再次，92 座；自然与科学类最少，全省只有 8 座，四种类型分别占全省博物馆总量的 60.0%、19.4%、19.0%、1.6%（图 3-82）。

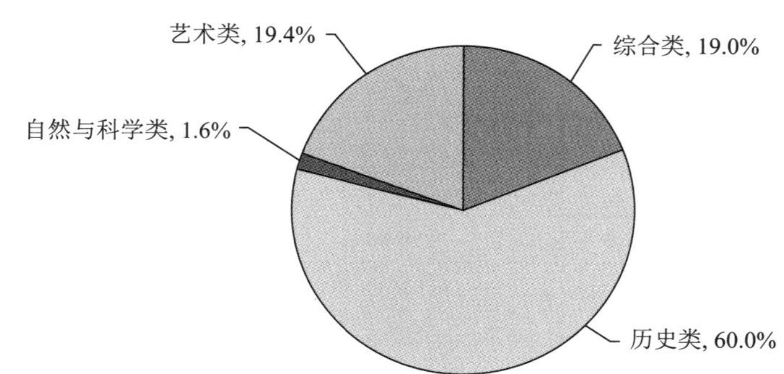

图 3-82　2017 年山东省各类博物馆占比情况

表 3-26　各类型博物馆现状

博物馆类型	发展现状
综合类	多功能现代化，设立专题展厅，举办海内外展览，网站和百科内容，完善保障系统成熟，适合各种游客
历史类	专题较广，展览少，未设立网站、部分有百科
自然与科学类	数量极少，未设立网站、部分有百科，专题展览较多，吸引研究人员
艺术类	特定主题展览，未设立网站、部分有百科，吸引专业爱好者

（1）综合类博物馆。综合类多是一个地区最先建设的博物馆，经过多年的完善以成为大型博物馆，秉承着“历史与艺术并重，教育与休闲同步”的发展理念，是当地的爱国主义基地和教育基地，由政府全额拨款。馆藏文物种类多样、数量丰富，发展条件成熟，研究成果众多，通常涉及文物、历史名人、地方志和党史资料等，是集多种功能于一体的现代化博物馆。综合类博物馆多是省市县发展最完善的博物馆，代表性博物馆有山东省博物馆、各市区县博物馆。

山东省综合类博物馆为 92 座，占比为 19.0%，反映出山东博物馆建设时间较早，发展较成熟。综合类博物馆根据本馆藏品的优势建立针对性的专题陈列厅，也会不定期地举办海内外各种博物馆的文物和艺术品展览。综合类博物馆都有自己的专门网站，且简介、陈列展览、藏品欣赏、3D 展览、服务指南和投诉意见等内容完善，百科基本信息和介绍较为详细。学术报告厅、贵宾接待室、旅游解说系统、导览系统、纪念品店、茶社和餐厅等保障系统成熟，文字说明和解说词涉及两种以上语言，山东综合类博物馆几乎全部免费开放。

（2）历史类博物馆。历史类博物馆以展示和宣传历史、文物藏品和文物照片为主，是集吸收古今中外文化、发挥艺术作用为一身的博物馆。本文历史类博物馆的涉及内容较广，包括单一学科内容的茶、钱币、红木、遗址等专题馆，也包括名人故居纪念馆、高校博物馆及民俗文化博物馆等。山东历史类博物馆包括齐鲁钱币博物馆、济南市历城区辛弃疾纪念馆、章丘城子崖遗址博物馆、济南战役纪念馆、山东省党史陈列馆等。

山东拥有历史类博物馆 291 座，在全省博物馆总数中占比 60.0%，居于各类型博物馆首位，反映出山东是重要的历史文化大省，历史悠久，创造和积淀了博大精深的儒家文化、齐鲁文化、民俗文化和历史人物，文化历史旅游资源在山东积累地极其丰厚。

历史类博物馆涉及专题内容较广。由于未设立专门的网站，部分国有博物馆创建了百科内容，举办展览较少，专题博物馆吸引的多是研究性人员、特定偏好的游客，山东历史类博物馆免费开放程度达 88.3%。

（3）自然与科学类博物馆。此类博物馆除了展示、教育的功能，还用于展览自然物和科学技术成果。山东自然与科学类博物馆包括山东省地质博物馆、青岛九水生态园林博物馆、黄河三角洲国家级自然保护区湿地博物馆、烟台自然博物馆、栖霞和壹自然博物馆、山东临朐山旺古生物化石博物馆、山东省天宇自然博物馆、泰山螭霖鱼博物馆。

山东省自然与科学类博物馆的数量极其少，只有 8 座，仅占博物馆总数的 1.6%。自然与科学类博物馆，未设立专门的网站，部分国有的博物馆设有百科，举办展览多为专题性展览，对研究性的专门游客吸引力较大，部分收费。

（4）艺术类博物馆。艺术类博物馆主要以绘画、书法等艺术品展览为主，对审美的专业性要求较高。山东艺术类博物馆主要包括济南市石敢当摩崖艺术博物馆、济南市小广寒博物馆、济南东方玉器艺术博物馆、青岛东方与文化博物馆等。

山东艺术类博物馆数量为 94 座，占总博物馆数量的 19.4%，未设立网站，大部分有百科内容，美学观赏性较高，专题性展览占大部分，对专业爱好者具有吸引力，部分收费。

5. 场馆空间分布

从各城市建设博物馆数量来看（2017 年数据），青岛市数量最多，计 72 座；淄博市第二，计 54 座；接下来是济宁（42 座）、泰安（39 座）、临沂（37 座）、潍坊（37 座）、济南（37 座）、烟台（34 座）、枣庄（22 座）、滨州（16 座）、莱芜（16 座）、菏泽（15 座）、德州（15 座）、日照（15 座）、聊城（14 座）、东营（12 座），威海最少，只有 8 座（表 3-27）。

从各地市分类型拥有场馆来看，综合类最多的是青岛市，历史类最多的也是青岛市，自然与科学类最多的是烟台市，艺术类最多的是青岛市和淄博市（并列）。青岛市不仅是博物馆总数量最多的城市，综合类、历史类、艺术类博物馆数量也是最高，数据说明青岛具有丰富的博物馆旅游资源，证明了青岛名副其实的副省级城市的地位；自然与科学类博物馆共有 8 座，烟台有 2 座，济南市、青岛市、东营市、潍坊市、临沂市和泰安市各有 1 座。济南、青岛作为山东的省会和副省级城市，博物馆的数量约占全省总数量的四分之一，足以显示出两个城市的地位；淄博、烟台、潍坊、济宁、泰安、临沂作为区域性文博中心城市，博物馆数量占全省的近一半，是山东优秀传统文化的集中体现区域。

表 3–27 各地市各类型博物馆情况

单位：座

	综合类	历史类	自然与科学类	艺术类	合计
济南市	8	17	1	11	37
青岛市	13	39	1	19	72
淄博市	8	27	0	19	54
枣庄市	3	13	0	6	22
东营市	2	8	1	1	12
烟台市	9	15	2	8	34
潍坊市	8	21	1	7	37
济宁市	5	30	0	7	42
泰安市	6	28	1	4	39
威海市	3	4	0	1	8
日照市	4	11	0	0	15
临沂市	6	27	1	3	37
德州市	1	11	0	3	15
聊城市	4	10	0	0	14
滨州市	5	9	0	2	16
菏泽市	6	7	0	2	15
莱芜市	1	14		0	16

山东省博物场馆遍布全省，集中分布于鲁中地区的济南市、泰安市、淄博市、济宁市及沿海地区的青岛市、烟台市，显示出济南作为省会城市的优势地理位置，形成了分别以济南和青岛为中心的两大博物馆集中圈。综合类博物馆遍布各个城市的市区县中心；历史类博物馆分布更为广泛，且数量众多，集中于济南市和青岛市周围城市。艺术类博物馆依附于综合类和历史类分布，集中于主要市区；8座自然与科学类博物馆分布于鲁中的济南和泰安，及沿海的青岛和烟台城市。

6. 文创产品开发情况

截至 2017 年，参与调研的公益类文化文物单位共推出 600 余种文创产品，全年营业收入 420 余万元。2017 年度，济南市公益类文化文物单位共推出 66 种文创产品，销售数量 300 余件，产品涉及古籍诗词拓片、字画再版、办公学习及文化纪念品，其中数量较多的是古籍诗词拓片和文化纪念品。特别是济南市博物馆以馆藏文物为创意元素和开发资源，相继推出了荔枝丝绸方巾、刘家功夫针线盒、鸠宝宝书签、馆藏文物“360 明信片”、老舍纪念邮册等 33 种文创产品，全年文创产品营收 2.18 万元。王羲之故居为琅琊王氏家族旧居纪念馆，先后开发了兰亭伞、兰亭扇、水晶镇尺、领带、羲之砚、书签、明信片以及兰亭序瓷器等文创产品；整合故居文化资源编制出版了《砚池怀古》精装书、《名家墨迹》和《王羲之故居碑刻楹联》等书籍，全面介绍王羲之故居，充分展示王羲之书法和魏晋风骨等多方面的文化魅力，弘扬中国传统文化和临沂特色。菏泽市开发“菏泽百宝”系列文创产品共计 108 种，全市近三年文创产品开发投入资金 322 万元，收入总额为 272.3 万元，合作开发企业数量共 36 家。

7. 文博场馆旅游利用存在问题

体制机制上存在一定阻碍。博物馆属于公益类事业单位，按规定不能从事经营活动。上级主管部门对本部门的工作要求和考核办法中，也没有对旅游利用和旅游者服务提出工作目标要求，没有指定考核指标。

与旅游行业的合作不充分。博物馆等文化场馆与旅行社（比如说游线组织）、酒店等旅游行业从业单位合作并不紧密。展陈主题活动推介和临时展览内容更新时，文化场馆没有主动向旅行社和主要的酒店提供最新资讯，旅行社也没有向文化场馆索取主题展陈和内容安排，双方合作不强。

配套服务缺失。如电子讲解设备配置、旅游商品（文创产品）开发普遍较为落后，休闲餐饮等服务缺失等问题。

营销手段较弱，信息不畅。游客很难从便捷的信息渠道获取全省、某市、某县博物馆的综合信息和实时动态。

资金不足。没有专项旅游开发经费（文创产品开发经费）。

8. 文博场馆旅游利用思路与策略

（1）提升文化设施的旅游功能，打造城市文化旅游客厅。打造城市文博场馆旅游景区，提升城市文旅融合程度，完善城市的文化旅游功能、文化创意功能，改变文化与产业对立的现状，提升城市品味和文化形象，形成文化新地标，构成城市文化旅游的重要载体。打造以文博场馆为核心的文化展示场所、文化遗址遗迹展示工程，场馆条件优良的济南、青岛、淄博、潍坊、东营率先以文化场馆集聚区为核心，打造城市文化旅游客厅。进一步加强文博场馆旅游功能的力度，融入文创、科技互动发展新模式，开发文化体验产品，推出一批研学、体验、互动、展演等新业态，让更多人走进场馆，感受山东魅力。

（2）营造城市文化旅游空间，打造城市文化的名片。充分发挥山东省有影响力和竞争力的博物馆、美术馆、图书馆、科技馆等文化场馆优势，构建城市文化旅游窗口。利用文化场馆，拓展教育、会议、购物等多元业态。结合文化场馆空间，利用文化主题，设置会议大堂、多功能厅、映像室、书吧、课堂等空间，开展多种类型的文化旅游活动，实现文化与旅游的充分结合，并形成文化空间、旅游空间和城市公共空间三者共融的的文化创意空间和公共休闲空间。

（3）创新发展，突破文博场馆旅游利用瓶颈。创新体制机制，焕发从业人员发展旅游的内生动力。设立博物馆旅游开发专项经费。旅游开发前期投入多，资金需求大，迫切需要财政资金支持，应从全省角度出台一系列政策，支持博物馆旅游利用和旅游开发。创新游览方式。如戏剧短剧重现历史场景，利用 VR、AR 等高科技手段，增强旅游者的参与度，提升旅游体验。重视旅游商品、文创产品的开发。重视新媒体营销。微信公众号、专门 App、网页推送等。重视与旅游从业单位的深度合作。在旅行社游线中，针对不同的游客市场，选择不同的主题博物馆等文化场馆的游览内容。

（二）旅游演艺项目现状与开发

1. 演艺项目现状

山东省演艺娱乐项目总体上类型多样、数量较多。山东省目前主要有 11 个演艺娱乐项目。其中，实景演出项目 4 个，主要分布在泰安、济宁、威海和烟台招远；灯光秀项目主要有 6 个，分布在济南、烟台、青岛、日照和临沂，其中青岛有两处灯光秀项目。室内演艺主要有 1 处，即曲阜尼山圣境的室内实景演艺项目（表 3-28）。

表 3-28　山东省现状主要旅游演艺娱乐一览

序号	演艺名称	所在地	开演时间（年月）	投资额（亿元）	门票价格（元）	类型	主题特色
1	泉城夜宴·明湖秀灯光秀	济南	2019.4	/	80 元 / 中间	灯光秀	泉文化
2	中华泰山·封禅大典	泰安	2009	3	238 元起	实景演出	泰山封禅文化
3	金山佛谕	烟台招远	2015	/	190 元起	实景演出	黄金文化

续表

序号	演艺名称	所在地	开演时间（年月）	投资额（亿元）	门票价格（元）	类型	主题特色
4	仙缘·蓬莱水舞灯光秀	烟台蓬莱	2018	0.75	198 元	灯光秀	仙道文化
5	神游传奇	威海	2010	5	199 元起（景区价）	实景演出	华夏传统文化
6	“有朋自远方来”	青岛	2018.6	/	100 元	灯光秀	齐鲁风采、青岛特色
7	东方影都高科技舞台演艺水秀“青·秀”	青岛	2019.4	6	188 元起	灯光秀	八仙文化
8	日出东方·海之秀	日照	2016.8	1.5	160 元起	灯光秀	日照民间传说
9	临沂“大美夷颂”	临沂	2018	/	/	灯光秀	东夷文化
10	尼山圣境“金声玉振”	济宁曲阜	2018	/	120 元	室内演艺	儒家文化
11	兴隆文化园菩提·东行	济宁兖州	2012.9	1.2	180 元起	实景演出	佛教文化

数据来源：通过网络资料整理

2. 存在问题

（1）品牌项目缺乏。山东省目前演艺娱乐项目虽然数量较多，但具有较大品牌影响力的演艺娱乐项目缺乏。从 2018 年 10 月“文旅中国”博览会发布的“2017 中国旅游演艺排行榜”看，山东的演艺娱乐项目能够进入全国十强（Top10 榜单）的演艺非常少。在实景类剧目票房十强项目中，山东省无一项目入围。但主题公园类剧目票房十强中，山东只有威海华夏城的“神游传奇”入围，而且仅排名第十。在独立剧场类剧目票房十强项目中，山东省也是无一项目入围。从这样的态势可以看出，山东省的实景演艺、独立剧场类剧目水平均不高，在全国旅游的竞争态势中明显处于劣势（图 3-83）。

2017年中国旅游演出-实景类剧目票房十强
1. 《印象·刘三姐》 → 广西·桂林
2. 《长恨歌》 → 陕西·西安
3. 《印象·丽江》 → 云南·丽江
4. 《文成公主》 → 西藏·拉萨
5. 《印象·大红袍》 → 福建·武夷山
6. 《最忆是杭州》 → 浙江·杭州
7. 《天门狐仙·新刘海砍樵》 → 湖南·张家界
8. 《印象武隆》 → 重庆·武隆
9. 《中国出了个毛泽东》 → 湖南·韶山
10. 《鼎盛王朝·康熙大典》 → 河北·承德

2017中国旅游演出-主题公园类剧目票房十强
1. 《宋城千古情》 → 浙江·杭州
2. 《三亚千古情》 → 海南·三亚
3. 《丽江千古情》 → 云南·丽江
4. 《魔幻传奇II》 → 广州·长隆
5. 《炭河千古情》 → 湖南·长沙
6. 《闽南传奇》 → 福建·厦门
7. 《秘境奇技》 → 广东·珠海
8. 《九寨千古情》 → 四川·九寨
9. 《大宋.东京梦华》 → 河南·开封
10. 《神游传奇》 → 山东·威海

2017中国旅游演出—独立剧场类剧目票房十强
1. 《张家界·魅力湘西》 → 湖南·张家界
2. 《又见平遥》 → 山西·平遥
3. 《又见敦煌》 → 甘肃·敦煌
4. 《汉秀》 → 湖北·武汉
5. 刘老根大舞台（北京） → 北京
6. 《延安保育院》 → 陕西·延安
7. 《ERA—时空之旅》 → 上海
8. 《多彩贵州风》 → 贵州·贵阳
9. 《傣秀》 → 云南·西双版纳
10. 《知音号》 → 湖北·武汉

图 3-83　2018 年 10 月“文旅中国”博览会发布的“2017 中国旅游演艺排行榜”

（2）旅游演艺艺术性、思想性不足。目前山东省有些演艺项目制作水平不高，思想性、艺术性不强。部分旅游演艺的内涵停留在鬼怪传奇上，虽然进行了声、光、电等高科技利用的包装，但整体的艺术性、思想性和文化性不高，总体旅游演艺的特色不足。

（3）与山东丰富优秀的历史文化、非物质文化结合不够。山东省有丰富优秀的文化资源，山东省的历史文化名城数量在全国排第二，山东省的国家级与省级文保单位总量全国排第一，山东省的国家级非物质文化遗产数量全国排第二。但是山东省的演艺娱乐项目对丰富优秀的历史文化和非物质文化的利用不足，与优秀的齐鲁文化结合不够。

3. 发展思路策略

学习借鉴“又见”系列、“印象”系列等国内外领先的大型旅游演艺模式，以“说山东、唱山东、演山东”为主题内容，新塑一批高品质大型演艺品牌，提升“封禅大典”“金声玉振”等现有演艺品质，将文化演艺打造为“月光经济”的重要载体。创作一批吕剧、山东快书等“小而精、小而优、小而特”的景区剧场项目，有效延长游客停留时间和消费链条。到 2022 年，主要旅游城市、5A 级景区、国家级旅游度假区至少打造 1 个常年演出的品牌化大型旅游演艺项目。

第十二节　创新发展特色文旅产品与重点工程项目

对接文化旅游市场，引领消费热点，推动文化旅游产品向观光游览、休闲度假、专项旅游并重转变。以休闲度假、文化体验、乡村旅游、红色旅游、海洋旅游等产品为重点，开发特色化、主题化旅游产品体系，创意“好客山东”美好旅游新体验，创新培育时尚旅游新业态。

一、开发“特色山东”旅游产品体系

（一）“神秀齐鲁”观光旅游产品

优化提升观光旅游。提升存量、做优增量、突出质量。依托山东优势资源打造精品旅游景区，鼓励打造一批高等级景区。加快推进周村古商城、黄河口湿地、长岛、微山湖湿地等创建国家 5A 级旅游景区工作；筛选一批低效利用或错位利用的优质景观资源，成山头—天鹅湖、石岛赤山、琅琊台、芝罘湾等滨海岬角—基岩海岸和部分景观质量较高的海岛，设计、提升、建设成国家 5A 景区；一些碎片化的资源，如沂山、蒙山、孟良崮等，串珠成链，整合提升为高价值地标性大景区；还有部分文化底蕴特别深厚的景区，如泰山、儒源文化、齐文化景区，通过文化的挖掘、梳理与展示，以及市场的协同创新，丰富景区内涵、提升景区价值。优化提升 A 级景区旅游品质，持续提高服务质量和环境质量。加强旅游景区质量等级的“优晋劣退”动态管理机制，在省级层面由文旅主管部门强化明查暗访和年度复核，不断巩固提升景区品质。优化利用山东神奇秀美的特色景观，结合海岱风情，推进观光旅游高品质发展，将各类观光景区打造成为美丽山东的品牌景区。

（二）“好客山东”休闲度假产品

高品质发展休闲度假旅游。充分利用山东“3S”（阳光、海洋、沙滩）、山水林田湖草、温泉等特色度假旅游资源，以旅游度假区优化提升为抓手，引导不同主题类型的休闲度假产品聚集区的开发建设。依托胶东优质滨海资源环境，开发海岛风情休闲度假旅游带。打造滨海情侣度假村、浪漫爱情海、蜜月岛等为载体的婚庆旅游度假基地。以青岛、烟台、威海、日照为重点地域，推出房车婚礼、豪华游艇婚礼、海上蜜月游、水上婚礼、热气球旅游婚庆节等特色化、个性化、主题化的婚庆度假产品。依托天颐湖、浮龙湖等湖泊，大力发展滨湖度假旅游。利用泰莱山区、沂蒙山区森林环境，结合清新空气、有氧环境、舒适气候，发展森林生态度假。在山东半岛滨海地区、沂蒙山区等生态环境优美区域，强化景观社区、文化休闲社区、颐养社区结合，发展长居旅游（LongStay）度假社区。深入挖掘以即墨东温泉、招远汤东泉、威海宝泉汤、文登七里汤、临沂汤头等为代表的温泉文化，创新“温泉 + 主题文化”的产品开发模式，打造独具文化特色的温泉系列旅游度假区。提升山东“中国温泉之城”“中国温泉之乡”等特色品牌，打造温泉旅游度假目的地品牌。按照国家级旅游度假区标准，支持德州齐河黄河国际生态城等申报国家级旅游度假区。面向我国中高净值人群轻奢体验需求，大力发展私人订制旅游等轻奢度假体验旅游产品。面向京津冀、长三角、中原及山东半岛城镇群巨大客群，打造旅游休闲集聚区，积极申报国家旅游休闲区试点。

（三）“鲁礼齐风”文化旅游产品

深度开发文化旅游。突出齐鲁文化优势，挖掘文化内涵，活化利用文化资源，促进优秀传统文化的创造性转化、创新性发展。重点推进鲁文化、齐文化、运河文化、黄河文化、泰山文化、儒家文化等资源的保护传承与利用。将曲阜、泰山等打造成为文化旅游标志景区，强化资源整合与品牌带动，建设世界遗产旅游目的地。整合利用传统风貌、民俗文化、非遗技艺等资源，大力开发历史文化名城、名镇、名村旅游。全面统筹文物资源、文化艺术、非物质文化遗产和传统民间文化与旅游融合发展，深度开发文化体验旅游产品。结合文化创意产业，提高各类博物馆、文物保护单位的文物资源旅游利用水平，支持发展民间和特色馆藏。推进非遗进景区，利用非遗资源打造系列微演艺。加快开发木版年画、草编柳编、黑陶白陶等传统工艺产品。在临淄、德州等城市的文博场馆聚集区域，按旅游景区标准设置游览、休憩、户外展示、标识服务等设施，使文化场馆聚集区成为城市文化“会客厅”。加大文化旅游融合力度，使“好客山东·鲁礼齐风”成为山东文化旅游的强力品牌。

（四）“品味乡愁”乡村旅游产品

提档升级乡村旅游。立足海岱区域乡村特色，利用山东“农业大省”优势，促进乡村旅游集聚带动，强化乡村旅游产品升级，打造乡村旅游齐鲁样板。结合市场需求，丰富乡村生态度假、乡村文化体验等多元乡村旅游产品。促进乡村旅游向田园综合体、农业公园、野奢度假乡居、田园颐养社区、创意文化民宿等方向升级。培育乡村旅游新业态，建设一批乡村旅游创客示范基地。进一步改善乡村环境，提升乡村旅游服务水平。引导沂蒙山区、泰莱山区、运河黄河沿线、齐长城沿线、滨海滨湖等地区乡村旅游集聚发展，重点培育一批特色旅游村、乡村休闲园。突出区域特色，建设沂蒙人家、运河风情、山海人家、渔家风情等系列特色乡村旅游区。建设系列精品民宿和乡村旅游管理与服务品质示范项目，打造一批标志性乡村旅游项目，整体推动全省乡村旅游的提档升级。

（五）“沂蒙精神”红色旅游产品

创新发展新时代红色旅游。挖掘红色文化的时代价值，讲好红色旅游文化故事，要善于运用细致、平实、鲜活的内涵触动游客，增强新时期各年龄段游客的获得感。以沂蒙革命老区人民在革命战争年代和社会主义建设时期形成的伟大沂蒙精神为主线，以临沂为中心，联动潍坊、淄博、枣庄、泰安等周边地区，挖掘整合各地红色文化资源，做好红色文化遗产保护和利用，塑造“亲情沂蒙”红色文化品牌。以全国红色旅游经典景区为重点，着力凸显红色旅游教育功能。强化红色教育方式创新，突出红色资源和空间环境的有机整合，加强红色旅游业态和产品创新开发，注重科技水平和服务质量提升，增强红色旅游的旅游吸引力和感染力。以胶东革命纪念馆、杨子荣纪念馆、地雷战纪念馆等为代表，打造胶东红色文化旅游品牌。整合东营、滨州、德州等市红色文化资源，打造渤海老区红色文化旅游品牌。整合鲁西南战役纪念系列景区、羊山素质拓展基地等资源，打造“王杰故里、红色金乡”红色旅游品牌。以铁道游击队纪念园为代表，结合运河古城、微山湖等景区，打造“铁道游击队”红色旅游品牌。推动刘公岛甲午海战纪念馆、台儿庄大战纪念馆、广饶刘集《共产党宣言》纪念馆、王尽美烈士纪念馆等爱国主义教育基地与红色旅游深度融合。

（六）“浪漫海洋”邮轮游艇旅游产品

加快发展邮轮游艇旅游。以青岛中国邮轮旅游发展试验区为重点，与烟台港、威海港、日照港协同，整体打造母港、始发港、停靠港的“一主一备两点”的山东邮轮旅游体系。逐步规划开辟山东滨海至港澳台、日韩、东南亚等重点海滨城市的邮轮航线，以及至国内重点滨海城市旅游航线。建设山东滨海帆船、游艇基地，开展烟台邮轮无目的地公海游试点。加快游艇码头和游艇俱乐部建设，支持青岛、烟台、东营、威海、日照建设游艇公共码头和相关配套设施。面向高端商务需求，开发一批集休闲度假、游艇社区、游艇俱乐部于一体的综合游艇度假村。以满足水上运动、娱乐消费为目的，规划建设一批运动娱乐型游艇俱乐部。打造知名赛事活动和游艇展会经济，支持青岛打造世界知名的帆船赛事活动。支持烟台、威海、日照建设水上运动赛事活动中心，积极承办洲际和全国帆船赛事。设计开发游艇旅游精品线路，创新旅游方式，打造高端品牌。着力打造山东海洋邮轮、游艇旅游产品品牌，建设海洋旅游强省。

（七）“山水花园”生态旅游产品

科学发展生态旅游。坚持绿色发展理念，践行“绿水青山就是金山银山”理论，结合自然保护地体系的构建，在共同做好生态保护的基础上，联合打造丰富多彩的生态旅游产品体系。依托河湖、湿地、山川、海岛等类型多样的生态旅游资源，注重生态教育，打造生态旅游产品。以黄河三角洲、微山湖、东平湖、泰山、沂蒙山、长岛等资源为重点，建设一批生态保护与生态旅游协同发展的生态旅游目的地。加强微山湖、大泰山、沂蒙山、黄河三角洲等生态旅游品牌共享和旅游合作。建设黄河生态旅游带、大泰山生态文化旅游区。整合青烟威主要生态岛屿，组织科普科考生态旅游线路。保护利用好潍水国家级文化生态保护区和菏泽（曹州）等省级文化生态保护区的非物质文化遗产，通过文化生态的保护与非物质文化遗产的利用，开发系列文化生态旅游产品，实现文化旅游的全链条、多层次融合；强化研学服务、环境教育与社区参与，使生态旅游成为山东“生态省”建设的展示窗口。

（八）“颐悦身心”康养旅游产品

积极推动康养旅游发展。积极发展户外运动和体育健康产业。依托山东山河湖海资源，积极培育冰雪、山地、水上、海洋运动等具有消费引领特征的时尚休闲运动项目，打造具有区域特色的健身休闲示范区、健身休闲产业带。鼓励发展多种形式的体育健身俱乐部、丰富业余体育赛事，着重发展传统健康体育项目。大力发展中医药健康旅游服务，鼓励酒店、景区等旅游企业为游客研发、提供疗养、药膳等健康服务项目。鼓励青岛、威海、日照等市创建国家健康旅游示范区和健康旅游综合体。建立健康旅游业态标准和服务规范，积极创建国家级中医药健康旅游示范基地，建成一批中医药健康旅游场所，打造一批知名健康旅游品牌，推动中医药养生、健康养老、健康文化、健康饮食等产业发展，打造具有国际竞争力的康养旅游目的地。

（九）“圣地巡礼”研学旅游产品

鼓励发展研学旅游。深度挖掘利用山东“文化圣地”特色资源，推进研学旅游与国民教育结合，将研学旅行作为青少年接受文化教育、爱国主义和革命传统教育、国情教育的重要形式，培养青少年的社会责任感、创新精神和实践能力。推动建立适合不同阶段、不同类型、不同层次的研学旅行产品体系，鼓励有条件的地方开展多种形式的研学旅游活动，推进研学旅游与国民教育相结合，把研学旅游作为全省中小学生素质教育的有机环节。支持各地依托自然和文化遗产、古村落、博物馆、科技馆、文化馆、艺术馆、知名院校、工矿企业、产业园区、科研机构等资源，建设一批主题突出、内容丰富、配套完善、服务规范、安全有序的国家级、省级研学旅游目的地和示范基地。

（十）“上合一丝路”商务会展旅游

做优做强商务会展旅游。利用儒家文化在国内外的巨大影响力，依托城市产业和专业市场，建设一批商务考察旅游基地和线路。挖掘利用青岛上合经贸示范区政策优势，结合山东省参与“一带一路”

建设契机，依托特色旅游资源和商务会展场所，积极开发多元化的商务会展市场，加快构建以中心城市为龙头的多层级会展旅游目的地体系。推动青岛、济南打造成山东商务会展中心城市，培育和引进一批具有国际影响力的品牌展览和高端展会。结合产业特点，打造临沂、潍坊、东营等商务会展区域中心。鼓励各市培育一批专业化展会，形成各具特色、互为补充、错位发展、良性互动的发展格局。积极发展商贸会议、行业会展、区域年会、文化艺术交流会、产品发布会等商务旅游产品。做大做强中日韩、“一带一路”、海洋科技、食品安全与技术等题材的综合性龙头展会。争取更多有影响力的大型会议、赛事、博览会、交易会等在山东举办。品牌化打造尼山世界文明论坛、泰山世界自然与文化论坛等高端会议。

二、创新“时尚山东”新业态

围绕文化旅游转型升级，以创新为动力，以产业结构调整和发展方式转变为主线，依托山东的特色历史文化、自然生态等优势，通过科技创新、分工细化，捕捉新需求，通过市场竞争、产业升级、改革创新、高端发展等方式，强化生产经营方式创新、组织创新，培育和壮大一批旅游新业态。

（一）融入科技创新，发展科技旅游

运用新一代科技武装旅游业，提高文化旅游的科技含量。借助5G等高科技，采用现代技术手段开发文化旅游资源，运用现代技术包装文化旅游景点，利用现代信息技术管理和经营文化旅游业，促成旅游生产力要素的创新和优化。应用高新技术展示旅游文化内涵，结合新技术建设智慧旅游目的地、智慧旅游城市。充分运用虚拟现实（VR）、4D、5D等人工智能技术打造立体、动态展示平台，强化文化和旅游体验。将新科技成果融入游乐项目，发展新型游乐设施，丰富数码展示馆、全息剧场等游乐项目，推进科技娱乐发展。利用中科院青岛海洋科考基地发展海洋科技实践等旅游新业态。挖掘烟台农科院科技资源优势，大力开展农业科技博览与互动体验。结合新旧动能转换战略的实施，利用信息技术、人工智能等新产业，发展“AI”体验区、智能生活探索馆、未来科技体验营等项目。鼓励济南、青岛等地的高科技企业、科研院所、高等院校设置科技体验中心。在城市科技园区、旅游综合体等空间，运用数字化体验设计等技术，强化全景互动科技体验。

（二）结合市场竞争与细分，发展专业新型业态

鼓励市场竞争，促进文化旅游专业化分工，鼓励追求特色化、专业化和差异化发展。促进旅游演艺升级，开发沉浸式演艺、行进式演艺等业态。促进旅游要素细分与创新，发展演艺餐厅、海底旅舍、体验式购物等业态。利用胶东半岛海洋特色，推动滨海与海洋主题旅游景区发展海洋文化、滨海风情与旅游要素结合的海洋旅游新形态。在济南、青岛、烟台等主要都市，结合城市休闲推进“购物公园”“美食花园”“休闲港湾”等新业态。结合现代商业服务体系，鼓励创客创新，发展创客乡村、创客餐饮、创客娱乐、创客住宿等业态。结合散客需求，发展自由行、自助游、自驾游等“三自游”产品。与各类风景道结合，完善自驾旅游服务系统，大力发展房车自驾和露营旅游。结合高铁网络的完善以及胶东国际机场等航空港的建设，面向闪玩一族，推出高铁闪玩游、“飞的”闪玩游等产品。

（三）引领新需求，发展网红地打卡游等业态

主动研究旅游者的新需求，根据需求发展旅游新业态，不断开辟产品细分市场。结合抖音等，发展网红地打卡游，推出系列网红小镇。协同山东影视传媒集团等机构，结合《琅琊榜》等热播剧目，推出系列影视文化旅游。结合青岛、济南影视消费先行区建设，面向年轻人群时尚文化需求，与演艺界、体育界合作组织明星演唱会、体育明星赛等时尚活动。利用森林生态等资源环境优势，引入森林

康养活动，打造“森林疗法社”等业态。在济南、青岛、烟台等都市，引进日韩等医疗美容技术，发展健康、美容旅游，吸引国内外富裕阶层客群。挖掘利用山东“药圣”文化，推动中医药文化与旅游结合，发展“旅游＋中医保健”康疗旅游。结合抗衰老需求，在青岛、烟台、威海等地，推出抗衰老保健、运动健康、旅游度假于一体的青春之旅产品。面向都市居民“慢生活”旅游休闲需求，在主要都市区周边，打造系列“慢城”“慢村”。紧密对接游客对健康餐饮的需求，利用山东作为农业大省的优势，推出有机田园、美食花园等项目。集汽车运动、赛车体验、试乘试驾、车手培训、会员体验、大众娱乐等多种业态于一体，打造菏泽定陶 F3 国际赛车体验项目。以客户体验价值为导向设计私人定制旅游产品。

（四）加速产业升级，发展升级版新型业态

促进旅游产业形态高级化，推动产业结构多元复合化，促进发展模式合作多元化，加速文化旅游新型业态的大量涌现。挖掘利用温泉历史文化资源，推动临沂汤头温泉、招远汤东泉等温泉产品升级，打造新一代文化主题温泉。强化现有游乐项目的提升，结合国内外游乐品牌的引入，发展互动性强、主题项目群落化、科技含量高的新一代主题乐园。以沂蒙山区、泰莱山区等地域为重点，升级发展野奢乡居、颐养田园等乡村旅游新业态。统筹开发全省海岛旅游资源，着力培育打造一批“一岛一品”的特色化旅游休闲岛群，借鉴国际“跳岛游”（Island Hopping）经验，引导发展庙岛群岛“跳岛游”。强化文化产业特色性，以济宁儒家文化、淄博齐文化、潍坊非物质文化等为重点，大力发展文化创意产业。

（五）结合政策创新，发展免税购物等业态

积极申报山东国际旅游半岛等政策，发展新型旅游业态。充分利用青岛中国上合示范区、中国（山东）自由贸易区等的政策优势，发展免税购物。抓住国家放宽低空空域管理的机遇，在具备条件的城市，适时推出直升机旅游等低空飞行项目。结合开放政策的深化，在青岛、济南大力发展旅游企业总部基地。

三、创意“好客山东”文旅新体验

围绕省委专题会议提出的“满足人民群众美好生活需要”的要求，从“好看、好听、好学、好吃、好住、好玩、好买”七个维度，策划创意高端化、个性化、具有较强体验性的文化旅游要素产品，优化旅游服务环境，打造优质产业要素体系。

（一）美景山东

依托山东省丰富的山河湖海、林草田园、城市景观、美丽乡村、人文建筑等，持续美化景观风貌，建设好、宣传好美景山东，让美景山东成为最具有吸引力的观光地、体验地、目的地。推动城乡环境综合整治，建设宜居宜业宜游城市，实施乡村景区化建设，推进垃圾分类处理。全面提升旅游区的管理、服务质量与运营水平。将泰山、黄河口湿地、沂蒙山、孔孟之乡（曲阜—邹城）、齐文化核心区、青岛老城区、蓬莱阁、成山头—天鹅湖、大汶口遗址、天下第一泉等打造成世界级地标型旅游景区。以提升景观质量为核心，推动一批优质旅游资源创建国家 5A 级旅游景区。推动 4A 级以上景区提质增效。到 2022 年，国家 5A 级景区总数达到 15 家，培育 50 家精品旅游景区。进一步扩大美景山东的知名度，举办山东最美风景、齐鲁美丽乡村、最美城市街区、最美风景道、齐鲁最美田园风光等评选活动。发挥融媒体全平台立体传播优势，开展最具有山东特色的 100 幅美景照片、最美短视频、最美山东风景绘画艺术作品等系列征集评选活动，开展最美山东网红地打卡游，扩大传播效果。

【专栏】重点提升旅游景区系列

打造一批世界级地标型景区：东岳泰山风景区、黄河口湿地国家公园、沂蒙山旅游区、孔孟之乡（曲阜—邹城）儒源文化旅游区、齐文化核心旅游区、青岛老城区、蓬莱阁旅游景区、崂山风景区、成山头—天鹅湖旅游区、大汶口遗址旅游区、天下第一泉景区、烟台山（老城区）—芝罘岛景区。

创建一批国家5A级旅游景区：东营黄河口生态旅游区、沂水萤火虫·大峡谷旅游区、微山湖旅游区、济南千佛山、日照阳光海岸、淄博周村古商城、东阿阿胶世界等。

提升一批特色旅游景区：山岳型的五莲山旅游风景区、石岛赤山风景名胜区等；地质类的沂水地质奇观旅游区、蒙阴岱崮地貌旅游区、诸城恐龙博物馆、泰安地下龙宫等；滨海型的青岛海滨风景区、烟台长岛旅游区；湖泊型的济南雪野旅游区、东营揽翠湖旅游区等；古城古镇类的即墨古城、临清古城、竹泉村、魏氏庄园、魏集古村落等。

（二）说唱山东

整合山东省悠久的历史故事、齐鲁圣贤的名言、美妙动听的民歌曲艺、脍炙人口的民间传说等重要文化旅游资源讲好山东故事，推出“齐鲁好听之旅”盛宴，形成“说山东、唱山东、写山东、演山东、画山东、拍山东”精品系列。强化艺术精品创作，学习借鉴大型民族歌剧《沂蒙山》成功经验，推出更多山东特色浓郁，思想精深、艺术精湛、制作精良的舞台艺术精品力作。推动惠民胡集书会、莱芜官场战鼓、邹城上九村平派鼓吹乐等非物质文化遗产进景区。实行吕剧和山东快书振兴工程，开展吕剧和山东快书进景区、进社区、进课堂活动，动员“大家演、大家唱”。依托菏泽牡丹戏苑、济宁运河剧场、济南曲艺大码头、台儿庄民艺城等打造综合民间艺术展演平台，发展新型旅游景区。挖掘山东省吕剧、山东梆子、山东曲艺等特色演艺形式并进行创新改造，扶持打造一批“鼓子秧歌村”“山东梆子村”等。推进讲山东故事、说山东历史、唱山东民歌、吟山东诗词、诵齐鲁美篇、读山东奇文、听山东书会等系列文化活动。策划“捧着《水浒》游山东”“读《聊斋》故事游山东”“跟着《红日》《苦菜花》《铁道游击队》等红色名著游山东”“《说聊斋》唱响山东旅游线”等系列活动。举办“歌唱山东的15首歌曲”“最具有山东味的十大曲艺艺术作品”“最具有山东特色的抖音”“说山东百篇美文”“写山东的100首最美诗词”等系列评选，挖掘展示山东魅力。

【专栏】视听文化资源体系

传统音乐类：临清时调、临清琴曲、诸城派古琴、梁山鼓吹乐、济宁鼓吹乐、汶上唢呐、菏泽弦索乐、山东民歌、聊斋俚曲、泰山道教音乐、运河船工号子、莱芜长勺战鼓等；

传统戏剧类：山东梆子、泰山皮影戏、吕剧、京剧、柳子戏、五音戏、莱芜梆子、沾化渔鼓戏、一勾勾、蛤蟆翁、鹧鸪戏、柳腔、茂腔、大弦子戏、大平调、两夹弦、四平调、枣梆等；

曲艺类：山东快书、山东渔鼓、山东琴书、莺歌柳书、山东落子、相声、小曲子、坠子书、临清时调、东平端鼓腔、青州八角、鼓儿词、梨花大鼓、木板大鼓、平阴渔鼓、安丘东路大鼓、山东八角鼓、胶东大鼓、鲁南大鼓等；

传统舞蹈：鼓子秧歌、花鞭鼓舞、海阳大秧歌、小章竹马、二人戏逗、舞龙舞狮、梅花桩舞狮子、嘉祥跑竹马、跑旱船、商羊舞、担经、加古通、福山雷鼓、磁村花鼓等；

特色节庆活动：曲阜孔子文化节、泰山封禅大典、青岛国际啤酒节、潍坊风筝节、惠民胡集灯节书会、台儿庄灯会、菏泽牡丹书会、齐河·泉城欧乐堡水上音乐节、日照赶海节、济南大学生音乐节等；

现代歌曲类：《沂蒙山小调》《等着我亲爱的人——歌剧沂蒙山主题曲》《说聊斋》《在希望的田野上》《歌唱大生产》《大山东》等。

（三）游学山东

在全球“文化复兴”，普遍探索求学之道的大背景下，游学是国际化、大众化、品质化且极具发展潜力的朝阳产业，是齐鲁文化转化、活化最有效的方式之一，也是全季旅游产品、冬季旅游的主打产品。应做好顶层设计，科学全域布局，精铸山东最具国际影响力、竞争力的文化旅游地标产业。精心打造“尼山圣境”（儒家文化）、“稷下学宫”（齐文化）、“蒙山沂水”（红色文化）三大游学地标品牌。充分利用国学、红色、戏曲、海洋、气象、地质、高科技、工农业等丰富多彩的自然人文社会资源，强化景区、文博场馆、工农产业示范园区、科研院校等单位的游学资源，全域建设一批知识科普型、体验考察型、励志拓展型、自然观赏型、休闲康乐型、探索发现型、文化养生型多元化研学旅行基地。大力开展到山东学国学、研兵学、习书法、练武术等系列活动，面向青少年推出“冬季研学到山东”活动，结合寒假推出“跟着课本游山东”线路。打造系列研学产品，如山东历史文化名人之旅、红色研学之旅、乡村研学之旅、博物馆之旅、美术馆之旅、科技馆之旅、非物质文化遗产之旅、海洋探秘之旅等。精心设计游学课程，打造鲜活灵动、内涵丰富，实践性、参与性强的产品。强化教师及从业人员队伍建设，加强规范培训，指导、引导讲好齐鲁文化故事。充分发挥非遗文化传承人和民俗手艺人在文化传承方面言传身教的示范作用，培育成为“齐鲁游学”品牌，打造引领游学风尚的中坚力量。

【专栏】游学产品体系

以文化景区、遗址、文化博物馆为基础，串联起孔子、孟子、墨子、孙膑、吴起、刘宴、贾思勰、张择端、李清照等诸多历史先贤、文化名人的研学路线，以历史年代为序，体验各行各业名人志士创造山东奇迹的激情和智慧之行；以吕剧、柳子戏和梆子戏三大剧种戏曲为核心，在曲艺之乡开拓研学基地，活化非物质文化遗产，开展精彩纷呈的曲艺研学之旅；充分发挥海洋研学优势，开发“仙境海岸”海上游学产品，（乘坐游轮途经青岛—威海—烟台—蓬莱—龙口—滨海—黄河口等，）倾心打造海上探秘研学之旅；充分利用生态资源优势，拓展沿海休闲渔村风土人情与内陆乡间野趣等多重特色体验，提升发展高品质乡村研学之旅；充分挖掘工业研学旅游资源，打造品牌企业研学基地，开展鲜活生动的学习体验工业研学之旅，构建“众星拱月”遍布城乡的具有山东特色和优势的游学产品体系。

（四）美食山东

鲁菜是山东的优秀传统文化遗产，位于中国传统四大菜系（八大菜系）之首，是唯一的自发型菜系，历史悠久、技法丰富，是专家和学者公认的对中国饮食文化影响力最大的菜系。为满足游客到山东必品尝鲁菜的迫切需求，以推进传统菜走进现代，让现代菜回归经典的创新思路，制定创新鲁菜标准，继续深入开展“到山东不得不品尝的100种美食”评选和推介活动。按照统一品牌，统一品牌形象符号，统一装修门头店面和服装，统一服务标准，统一配送主要食材和调料的要求，制定“鲁菜馆”品牌标准，制定扶持奖励政策，由烹饪协会或中介机构提供技术服务，以企业为主体，实现以山东为基础，面向全国走向世界的目标。营造吃经典鲁菜和创新鲁菜到“鲁菜馆”的浓厚氛围，加快实现“鲁菜馆”品牌的连锁经营。制定“鲁菜馆”星级标准，严格规范“鲁菜馆”准入制度。构建鲁菜人才培养体系建设，建设鲁菜高技能人才培训基地、“鲁菜大师工作室”，选拔一批山东“鲁菜大师”，发掘、培育一批新时代的鲁菜传承人。强化鲁菜品牌宣传推广，深入挖掘鲁菜“药食同源”“平和养生”的饮食文化，实现与康养的深度融合。在城乡培育一批特色美食街区、鲁菜特色餐饮企业和地方名小吃品牌店。

（五）美宿山东

高水平建设一批精品民宿、高星级酒店、高品质度假酒店、文化主题酒店、温泉酒店，形成布局结构合理、主题特色鲜明、文化元素独具的旅游住宿发展体系，打造"美宿山东"住宿品牌。依托山东独特的乡土文化和民俗风情，充分利用古镇、古村、海草房等特色建筑，策划多元化、具有地域文化特色的乡村精品民宿，引领市场向品质化、高端化的休闲与体验住宿转变。培育精品酒店，支持省内品牌旅游饭店集团化发展，支持国际、国内知名饭店集团落户山东。力争到2022年，全省星级饭店总量达到700家，四星级以上饭店达到210家（其中，五星级饭店45家），引进国际前20位知名品牌连锁饭店45家。发展海滨度假、山地度假、滨湖度假等精品旅游度假区，提升国家级旅游度假区的旅游服务品质，推动山海天、长岛、好运角等创建国家级旅游度假区，到2022年，国家级旅游度假区总数达到8家，打造精品旅游度假区20家。依托旅游度假区，引进一批顶尖国际连锁休闲度假饭店品牌，培育滨海型、滨湖型、山岳型、生态型、文化型精品休闲度假酒店集群。建设一批富有齐鲁文化特色的文化主题酒店，打造"山东客栈"旅游酒店品牌。

【专栏】旅游住宿体系

精品民宿：日照不负民宿、临沂沂蒙山舍、济南九如山不二木居、烟台院里民宿、青岛微澜山居、临沂沂蒙老山街民宿、青岛蓝颜民宿、泰安大汶口古镇民宿、枣庄翼云柜族部落、临沂隽兰民宿酒店、济南廓庐民宿、烟台大明小宿、临沂竹泉村民宿等。

高星级酒店：济南索菲特银座大饭店、山东大厦、香格里拉大酒店、山东蓝海酒店集团、青岛海景花园大酒店、威海金海湾国际饭店、烟台金沙滩喜来登度假酒店、淄博世纪大酒店等。

文化主题酒店：临沂蒙山龙雾茶文化主题酒店、聊城阿胶文化主题酒店、日照山东良友喜事会、济宁香港大厦、济宁名雅经纬大饭店、德州齐河泉城欧乐堡骑士度假酒店、威海大溪谷婚庆文化主题酒店、枣庄翼云湖柜族部落等。

温泉主题酒店：临沂市观唐温泉（国际）度假村、临沂智圣汤泉旅游度假村、济南商河温泉基地、天沐·山东威海温泉度假村、枣庄新盈泰温泉度假村、青岛藏马山丹溪温泉、德州德百温泉、聊城阿尔卡迪亚国际温泉酒店等。

（六）乐活山东

依托山东主题公园游乐、山东民间游戏体验、齐鲁最好玩的地方等资源，为居民和游客提供最具有体验性的游玩产品。培育、引进或整合形成强力游乐品牌，提升山东主题公园项目的品牌影响力。充分挖掘利用全省文化资源，增强游乐项目的创新性和创意性。建设中华优秀传统文化主题公园、齐文化主题园。依托青岛滨海旅游、海洋主题公园资源，整合提升打造品牌海洋主题休闲集群。整合利用齐河欧乐堡等基础，面向济南大都市圈，整合构建"主题公园+演艺+博物馆群+度假"的黄河泉城娱乐休闲区。开展"山东最好玩的十大旅游目的地"等系列评选。加快发展动漫、网游、网络视听、虚拟现实等新兴体验式文化旅游游乐产品。大力发展旅游演艺，培育壮大泰山封禅大典、济南明湖秀、青岛沿海灯光秀、菩提东行、神游传奇等知名旅游演艺品牌。推动商河鼓子秧歌、胶州秧歌、海阳大秧歌、跑旱船等群众喜闻乐见的非物质文化遗产、山东绝活、民俗展演进景区、度假区、乡村旅游集聚区，进行互动体验。积极支持发展邮轮游艇、低空飞行、房车露营、温泉滑雪等旅游新业态，引导游客在山东逍遥游，充分愉悦身心、体验快乐。

【专栏】精品娱乐系列

主题公园：方特系列、泉城欧乐堡梦幻世界、青岛海底世界、青岛极地海洋世界、泰安地下龙宫、泰安太阳部落、烟台37度梦幻海水乐园、东营孙子文化园等。

民间传统小游戏："猫逮老鼠"、杠老杠、踢毽子、跳绳、打尜、跳房、砸"毛驴儿"、投"皇上"、"骑马"打仗、磕拐、拾子儿、推铁环、走四棋儿、摔哇呜、抽"懒老婆"、扇皮将、翻绳、撅杏核、打呱儿、"剪子包袱锤"、跳拉拉秧、拾高粱茬、弹琉璃蛋儿、藏摸互、挑冰糕棍儿、丢手绢、跳皮筋等。

旅游演艺：泰山《封禅大典》、曲阜《金声玉振》、济南《泉城夜宴》、青岛《青秀》、威海《神游传奇》、烟台《金山佛谕》、日照《日出东方·海之秀》、兖州《菩提东行》等。

新业态体验：滨州大高航空城低空飞行、东阿阿胶特色健康工业旅游、潍坊白浪河露营、济南卧虎山滑雪、日照顺风阳光海洋牧场等。

（七）好礼山东

推进旅游购物向购物旅游的整体转型，形成旅游购物品开发和购物旅游产品体系构建为主的两大"好买"系列，持续提升购物消费在旅游花费中的比重，打造"好客山东·山东有礼"高端旅游购物品牌，把山东省打造成日韩购物旅游最佳目的地。继续实施"山东有礼"旅游商品认证和品牌体系建设工程，以文化创意为核心，推动全省旅游商品研发、生产、经营品牌化、品质化发展，把"山东有礼"商品上升为国家标志性产品，满足游客日益增长的购物需求。推动旅游商品高端化、免税化、品牌化发展，充分利用青岛中国上合组织地方自由贸易示范区、中国（山东）自由贸易区等优势，实行境外旅客购物离境退税政策和旅客免税购物政策。加强老字号、特色农产品、地理标志商品注册保护力度，进一步提升地理标志产品品牌影响力。在"到山东不得不买的100种旅游商品"的基础上，推出山东百家旅游购物场所、山东经典旅游商品街区等。实施目的地景区、文创商品研发工程，支持开发代表自身文化特色的标志性文创旅游商品。支持各市开设旅游商品旗舰店，与电商平台合作运营"山东有礼旗舰店"，推出山东旅游大集。

【专栏】文化旅游商品体系

天然文化旅游商品：泰山玉、黄金、昌乐蓝宝石、鲁砚、莱芜燕子石等。

工业旅游商品：鲁酒、鲁瓷、鲁锦、烟台钟表、威海钓具等。

地理标志商品：日照绿茶、平阴玫瑰、龙山小米、明水香米、烟台大樱桃、乐陵金丝小枣、莱芜生姜、苍山大蒜、黄河口大闸蟹、文登西洋参等；

手工制作文化旅游商品：鲁绣、龙山黑陶、青岛贝雕、莱州毛笔、杨家埠木版年画、潍坊风筝、中国齐笔、莱芜锡雕等；

特色食品：德州扒鸡、周村烧饼、龙口粉丝、莱芜香肠、济宁玉堂酱园、单县羊汤、潍坊朝天锅、沂蒙煎饼等。

四、丰富"全时"文化旅游供给

破解旅游淡季和夜间旅游薄弱的问题，大力发展冬季旅游、夜间旅游，融入文化内涵，促进旅游消费的全面升级。

（一）冬季旅游

大力开发冬季研学旅游产品，建设系列研学旅游基地。依托博物馆、文化馆、传习所、历史文化名城名镇名村与历史街区、传统村落、各类文化遗址和自然公园、自然保护区，面向青少年推出"冬季研学到山东"活动，结合寒假推出"圣地巡礼山东游""跟着课本游山东"线路。

发挥冬季民俗活动时段密集、特色突出、体验感强、传承性强的优势，持续办好"好客山东贺年会"，从元旦到元宵节，广泛开展过大年系列体验、研修、美食、亲情之旅，挖掘传统村落民俗文化，开展回老家“猫冬”、过年活动。

突出“温泉＋冰雪”特色，打造冬季“温泉赏雪度假”游，发展四季温泉度假，开发“到威海、看雪、玩雪、赏天鹅、泡温泉”系列产品。引入日本、韩国现代医疗、美容技术，依托滨海旅游度假区、医疗康养综合体等空间，申请设立国际医疗旅游先行区，建设“健康、青春、美丽”山东基地。

大力发展冬季会奖旅游，充分利用年底各大公司企业会奖旅游高峰期，争取更多机构来山东举办各种年度总结、商务年会、股东会议、社团年会、奖励会议等，提供一站式冬季会奖旅游优质服务。

到 2022 年，争取全省淡季（冬季）旅游接待人次和消费总额达到旺季旅游的 30% 以上。

（二）夜间旅游

全省城乡要把发展夜间旅游、繁荣夜生活、打造夜经济作为拉动内在性消费的重要举措。

出台推进夜经济措施。各地应当尽快制定出台夜经济的发展计划，提供政策、税收、补贴、公共交通等基础性保障，确立发展特色，鼓励夜间消费，形成夜经济产业链。

繁荣夜经济环境。城市灯光工程，亮化、美化、体验化，在城市中心区、商务区或者形象标志区，打造集夜景游览、夜享美食、夜游购物、夜品文化于一体的夜游集聚区，形成夜经济的环境载体。

文化旅游场馆夜间利用。延长博物馆、电影院、音乐厅、图书馆等文化设施开放时间，丰富剧场夜间文化演艺活动品类和场次，举办“文博场馆奇妙夜”夜间休闲活动，结合文化惠民和送戏下乡等活动，提升文化内涵，丰富夜经济的内容。

夜经济街区、乡村社区建设。策划夜间体验性活动，打造美食街区，丰富特色餐饮休闲品质。丰富商业中心区、商业综合体夜间购物体验活动，繁荣购物时尚消费。鼓励方特、欧乐堡等城市主题公园和主要景区开办“灯光夜场”，结合灯光秀等活动，打造日夜联动的视觉盛宴。鼓励开发萤火虫溪谷、夜间动物园等夜游景区，丰富夜间游览内容。在乡村旅游中广泛开展夜间旅游活动如火把节、篝火节、月光晚会等。

五、重大工程与重点项目

实施一批文旅融合发展近期重点工程，培育一批近期引领性项目。对接国家重大发展战略，面向文化旅游消费市场，围绕文化旅游发展方向，加大资源整合力度，加快推进一批引擎带动区域文化旅游发展的重大工程项目，全面提升山东文化旅游发展质量效益。

（一）十大省级重点工程

1. 国家文化公园建设工程

推进大运河山东段全线通水、分段通航，建设大运河国家文化公园，通过运河文化保护展示工程、运河文化遗产保护提升工程、全线生态修复工程、交通畅通工程、临清古城保护利用、聊城历史文化名城保护利用工程、山东济宁大运河博物馆（大运河总督署博物馆）、大运河南旺枢纽博物馆、台儿庄大运河文化展示中心、运河钞关文化保护展示区、南阳古镇旅游开发等，塑造“鲁风运河”文化旅游品牌，构建世界文化遗产旅游带；建设齐长城国家文化公园，打造齐长城源头遗址公园建设工程、齐长城终点展示区、沂山齐长城主线和穆陵关支线交汇区示范工程。

2. 国家公园为主的自然保护地建设工程

建设长岛、黄河口、泰山等国家公园，在生态系统保护、生态安全维护、合理开发利用、体制机制创新等方面加强建设，促进山东生态文明建设。建设一批湿地生态、滨海海岛自然保护区生态旅游样板工程；利用各类地质公园、森林公园、湿地公园和生态绿地，大力建设一批国家自然公园。

3. 国家考古遗址公园提升建设工程

建设与提升曲阜鲁国故城国家考古遗址公园、大汶口考古遗址公园、大运河南旺枢纽国家考古遗址公园、临淄齐国故城考古遗址公园、城子崖国家考古遗址公园、两城镇考古遗址公园，打造成为考古遗址活化利用的典型示范。

4. 曲阜优秀传统文化传承与文化旅游发展示范区建设工程

持续举办尼山世界文明论坛、中国孔子文化节，强化尼山世界儒学研究中心国际化建设，实施曲阜、邹城历史文化名城保护利用工程，建设中华文明标识地建设工程、儒家文化遗产保护提升工程、考古遗址公园建设工程、中华礼制文明探源工程、主题陈列展览工程、世界文化文明交流工程、遗产旅游品牌建设等工程，打造尼山圣地鲁源小镇、济宁复兴之路文化科技项目、济州古城、济宁方特中华优秀文化主题公园等，推进中华优秀传统文化创新性发展、创造性转化。

5. 齐文化传承创新旅游发展示范区建设工程

实施临淄、青州历史文化名城保护利用工程，在稷下学宫建设“国家齐学研究中心”，汇聚国内外（地域）文化研究的精英，重点挖掘、研究、梳理齐文化独特的内容体系、时代背景和作用效果，特别是齐文化的时代价值和对山东未来经济、社会和思想文化的影响。以（青州）古城、（齐国）故城遗址、博物馆、齐长城等物质文化遗存和稷下学宫等必要的场馆建设为载体，通过“科技＋艺术”的“活化”利用和主题化［齐国探秘（齐国故城）、强国文化（盐铁、商业、军事等文化考古遗址区）、齐人思想（姜太公、管仲、晏婴等名人相关遗存区）、稷下百家（稷下学宫）、主要成就（博物馆）、时代价值（青岛）等］的“创意”展示，推进齐文化遗产数字化保护与活化工程、齐文化传承与创新发展工程、齐文化传播与特色产业融合提升工程、齐文化点亮淄博工程、齐文化推动山东新旧动能转型升级的文化建设工程、齐文化与青岛上合示范区文化建设工程、齐文化与新时代扩大改革开放工程等齐文化传承创新示范区工程建设。加大齐文化资源传承创新与旅游开发模式创新，打造印象齐都文化产业园、中国（博山）陶琉古镇保护开发项目、中华传统民俗文化创意园等，把齐文化的思想精髓、艺术价值与时代特点、市场需求相结合，构建文化旅游融合发展高地。

6. 泰山优秀传统文化传承与文化旅游发展示范区建设工程

建设泰山文化遗产展示提升工程、中华文明标识地建设工程、考古遗址公园建设工程、中华礼制文明探源工程、主题陈列展览工程、遗产旅游品牌建设等工程。实施泰安历史文化名城保护利用工程。通过打造中华名人堂与文化园、泰山慢谷、泰山国泰民安祈福园项目、泰山石敢当文化主题公园等，着力提升和弘扬泰山文化精神理念，提升泰山世界遗产旅游区，打造中华悠久灿烂文明的展示体验空间。

7. 黄河生态文化旅游带建设工程

通过建设“河海交汇”海上游线项目、黄河三角洲国家级生态文明教育馆布展、黄河水城省级旅游度假区、黄河口湿地景区提升、黄河风情带开发等，整合优化沿黄生态文化旅游发展带，以沿黄旅游开发带动沿黄乡村振兴，实施沿黄整体开发，打造中华母亲河生态绿色发展廊道。

8. 红色旅游精品工程

建设革命文化保护传承示范区建设工程、山东党史文物保护展示工程、革命文物资源普查工程、革命文物集中连片保护利用工程、革命文物主题保护展示工程、名人故居将帅故里保护展示工程、革命文物陈列展览精品工程、革命文物传播推广工程、革命文物平安工程，打造红色沂蒙资源整合提升项目、临沂市彩虹运动休闲特色小镇、沂蒙六姐妹旅游区、“红嫂故里”旅游区、山东近代海防设施、刘公岛甲午战争纪念地、台儿庄战史陈列馆、铁道游击队鲁南红色教育基地、沂蒙石林等，传承红色文化基因，弘扬“水乳交融、生死与共”的沂蒙精神。

9. 乡村旅游齐鲁样板工程

落实乡村振兴战略要求立足山东特色，打造沂河源田园综合体、蒲家庄古村落保护性开发、乡村振兴齐鲁样板泰山人家等，发展休闲农业，推动乡村旅游产品、服务、环境、配套提升，培育产品多元、业态丰富、配套设施完善的精品乡村旅游，打造乡村旅游齐鲁样板。

10. 文化生态保护实验区建设工程

积极推进文化生态保护区建设，建立国家级、省级文化生态保护实验区体系，重点建设国家级文化生态保护实验区潍水文化生态保护实验区，推进菏泽市曹州文化生态保护实验区、淄博市周村商贸民俗文化生态保护实验区等申报国家级文化生态保护实验区。建设好10个省级文化生态保护实验区，积极推进文化生态保护实验区与传承基地、传承设施的结合，实现文化生态整体性保护。

（二）42个重点项目

表3-29　42个省级重点项目名称与建设内容

序号	项目名称	建设内容
1	大运河国家文化公园（山东片）	加快挖掘梳理山东大运河文化遗产资源，以南旺枢纽遗址、临清运河段等保护利用为重点，台儿庄、微山湖与南阳古镇、聊城古城等重要景区为支撑，逐步实施通水、通航、增绿等工程建设
2	大运河全线通水分段通航	结合南水北调东线二期工程建设，以聊城、德州段为重点，科学实施必要的航道疏浚、边坡护岸处理、碍航设施改造等，逐步恢复河道生态用水，稳妥推进适宜河段通航，优先实现旅游通航。稳妥推动实现黄河至济宁段通水通航
3	济宁大运河总督署博物馆	开展河道总督署遗址保护展示及相关工作，对大运河济宁段丰富的历史文化资源进行有效保护、全面展示和传承利用，充分发挥其弘扬中国优秀传统文化的重大作用
4	齐长城国家文化公园	通过齐长城国家步道系统、“长城村落”建设和“长城·齐韵”非遗示范带等项目，全面有效保护齐长城的真实性、完整性，保护齐长城及沿线历史文化遗产，提高文化遗产保护工作的社会参与度，保障相关资源的历史文化内涵得以传承
5	“长城·齐韵”非遗示范带	整合齐长城人文自然风景带所涉及的非物质文化遗产，根据非物质文化遗产资源类型进行分类，对其分门别类的开发利用，将非物质文化遗产融入到饮食、娱乐、购物等旅游要素中去
6	泰山—曲阜片区文物保护利用示范区	泰山和孔子是中国文化的两座高峰，泰山文化、儒家文化是中华民族重要文化标识，且地缘相近、文脉相通，统筹推进泰山—曲阜地区的文化遗产保护利用，潜力巨大、意义深远。将泰山和“三孔”纳入中华文明标识体系、国家文化公园建设工程和国家记忆工程
7	长岛国家公园	保护生物多样性，加快创建海洋类型国家公园。在保护地范围以外，配套科教研学、生态教育等功能
8	黄河口国家公园	保护生物多样性，加快创建河口湿地类国家公园。在保护地范围以外，配套科教研学、生态教育等功能
9	尼山圣地鲁源小镇	主要建设度假村落、文化书院、修学基地；二期鲁源小镇主要建设孔子故里博物馆、百楼场老戏台、衍圣公府宴博物馆等，进一步完善尼山圣境服务功能、提升景区承载能力
10	尼山世界文明论坛	以开展世界不同文明对话为主题，以弘扬中华文化、促进中外文化交流、推动建设和谐世界为目的，以学术性与民间性、国际性与开放性相结合为特色的国际文化学术交流活动
11	稷下学宫	突出学术研究、文化体验、空间再现功能，建设稷下历史文化遗址公园、稷下学宫模拟展示馆，召开稷下论坛，使稷下学宫重新走进现代人生活；以游为学，以学为乐，开展度假型—学术性研学、休闲型—体验式修学和观光型—趣味化游学，形成齐文化传承示范核心项目
12	齐文化主题园	借鉴西安大唐芙蓉园、杭州宋城、开封清明上河园（均含演艺）模式，打造一处品牌型齐鲁文化主题公园（含演艺）项目。选址在齐都临淄，建设齐文化主题公园，实现淄博文化旅游与城市特色文化发展的互相促进

续表

序号	项目名称	建设内容
13	泰山碧霞湖文旅小镇	以丰富的文化内涵和顶级休闲养生体验，带动区域文化旅游产业的升级，打造世界瞩目、国内闻名的文化旅游小镇
14	大汶口遗址公园活化利用	深化考古与文化研究，将大汶口遗址作为世界文化遗产预备项目。推动历史文化活化利用，鼓励文化创意开发，围绕大汶口文化大“IP”的开发，进行演艺、影视、研学、动漫游戏、数字艺术等多维度多渠道新型文化旅游产品创新创作，将大汶口遗址公园打造成为优秀文化活化利用示范项目
15	齐故城考古遗址公园	对排水道口、车马馆、殉马坑、桓公台遗址、小城城墙遗址、冶铸遗址等10处不同类型的遗址进行保护性展示
16	革命文化保护传承示范区	山东党史文物保护展示工程、革命文物资源普查工程、革命文物集中连片保护利用工程、革命文物主题保护展示工程、名人故居将帅故里保护展示工程、革命文物陈列展览精品工程、革命文物传播推广工程、革命文物平安工程
17	百年山东党史文物保护展示	以中国共产党的发展历程为主线，系统开展百年党史文物、文献、档案、史料调查征集，设立沂蒙精神等重大课题研究，全面提升反映山东百年党史的重大事件遗迹、重要会议遗址、重要机构旧址、重要人物旧居保护展示水平，创新展示和广泛宣传中国共产党的历史贡献
18	潍水国家级文化生态保护实验区文旅融合	按照“见人见物见生活”的保护工作理念，进行整体性保护，坚持推动非遗创造性转化、创新性发展进行体系化推动落实建设工作，促进保护区成为“遗产丰富、氛围浓厚、特色鲜明、民众受益”的文化生态保护实验区示范区
19	曹州文化生态保护实验区文旅融合	推进菏泽申报国家级文化生态保护实验区，坚持保护优先、整体保护、见人见物见生活的理念，把曹州文化生态保护实验区建设成为“遗产丰富、氛围浓厚、特色鲜明、民众受益”的文化生态保护区
20	山东自然博物馆	建设展陈开放功能区、宣教服务区、藏品保管功能区等，重点展示生物进化、地球演变、生物多样性等
21	齐河博物馆群	建设齐文化展示与演艺区、汉唐宋元建筑奇观展示区、明清建筑奇观展示区、古代楼台塔阁建筑奇观展示区、儒道佛文化展示区等游览区，以及古生物化石馆、动物标本馆、树化玉馆、根雕馆10余个功能区
22	青岛东方影都文旅融合	加快推进青岛东方影都文旅融合步伐，打造成全球体验影视文化旅游的新地标。满足不同游客多元化消费诉求，打造山东版“曼哈顿”“戛纳电影节”，形成国际旅游消费热点，带动区域旅游振兴腾飞
23	烟台山—老街区文化复兴旅游项目	全面保护烟台山—朝阳街历史文化街区各类文化遗产，全面复兴烟台山—老街区活力，形成集旅游观光、购物、休闲娱乐、居住度假为一体的旅游休闲度假中心
24	成山头—天鹅湖整治改造	整合成山头与天鹅湖片区，建设展现山东仙境海岸线风景资源精华窗口。集中天鹅湖天鹅及周边海草房优质旅游资源，开发冬季观天鹅旅游特色产品
25	青岛老城区申报世界文化遗产及文化旅游示范项目	以青岛老城区的核心区作为申遗范围。主要工作是开展申遗可行性研究，对老城区内重点文物保护单位进行修缮、部分历史街区进行环境整治。推进青岛老城区文化旅游功能提升
26	水下遗产文化旅游体验区	依托青岛的区域优势，建设国家文物局水下文化遗产保护中心北海基地。加强海上丝绸之路北线文化遗产的学术研究，突出山东海洋文化的特色优势，构建特色海洋文化旅游项目
27	潍坊诸城恐龙地质公园保护利用	保护地质遗迹，将诸城恐龙国家地质公园作为世界自然遗产或世界地质公园预备项目。打造恐龙主题体验式博物馆、国际地质生态科普研学旅游目的地景区
28	世界老年旅游大会	聚焦世界老年旅游，搭建“展示、交流、合作”三大平台。将构建以“老年游学”为核心的世界老年旅游交流中心，并落地实施“老年旅游联盟（烟台）”和国际老年游学基地建设
29	世界文明交流互鉴联盟（济南）	依托孔孟故里、泰山文化等东方圣地文化资源，筹备建立以济南为永久总部驻地的世界文明交流互鉴联盟，通过世界不同文明地区之间的交流互鉴、文化旅游互动，提升山东国际文化旅游地位
30	世界滨海旅游度假联合会（烟台）	突出山东半岛岛海风情资源优势，联合世界各滨海旅游胜地，构建以烟台为永久总部驻地的世界滨海旅游度假联合会，通过滨海文化旅游商务交流、会议展览等途径，提升山东滨海度假旅游国际影响力

续表

序号	项目名称	建设内容
31	中国非物质文化遗产博览会（济南）	采取“政府主导、社会参与、市场运作”的方式，充分展示非物质文化遗产的独特魅力，促进非物质文化遗产保护与经济社会协调发展
32	水浒文化旅游综合体（梁山）	以梁山为中心，山寨、县城、运河、乡野四度空间联动，打造水浒文化旅游综合体。围绕文化旅游产业振兴和新旧动能转换，做大梁山县的水浒文化旅游产业
33	济南市章丘明水古城国际泉水旅游度假区	规划住宿、餐饮、休闲业态；景区周边规划建设大体量的高端酒店、会议中心，承担休闲度假游客住宿、商务会展功能，助力济南市章丘成为一座展示齐鲁人民原生态生活方式的魅力小城、国内一流的旅游目的地城市
34	博兴麻大湖生态湿地旅游开发	突出仁爱主线，打造“一环”“一廊”“一秀”和各展馆、影视基地建设。规划麻大湖湿地公园四季有绿、三季有花，把博兴特色民俗文化元素融入景区各个环节，加强与云农业的结合
35	微山湖整合创建5A级景区	统一利用微山湖品牌，整合相关资源，整体开发，不断提升软硬件设施，优化景观质量，提升景区知名度、美誉度，整合创建5A级景区。范围可包括微山岛、南阳古镇、济宁微山湖国家湿地公园、滕州微山湖湿地红荷风景区等
36	昆嵛山生态旅游度假区	重点建设樱桃谷、抚星谷、山地运动公园、仙山度假公园四个重点片区，实现旅游业与文化创意、现代农业、养老养生等产业融合发展，积极争取获批为国家级旅游度假区
37	中华国医坛世界养生城（日照）	建设齐鲁交通集团文旅康养项目、中华国医坛世界养生城国医大师工作站、中华国医坛世界养生城医院、国医学院等
38	中国菏泽牡丹田园综合体	建设打造集生产、生活、生态和健康、文化、旅游为一体国际一流的以牡丹公园为主题，以牡丹创意小镇为特色的中国牡丹与文冠果间作套种示范基地和牡丹田园综合体，打造健康、文化、旅游、商住等三产服务配套设施
39	滨州紫海盛世文化健康产业集群	集文化旅游、观光农业、文化教育、科技示范、健康医疗、养生养老、通用航空等功能于一体打造产业集群，系国家十一部委乡村振兴绿色发展课题组国家重点试点示范项目
40	夏津黄河故道森林公园（德百旅游小镇）	以德州全球重要农业文化遗产古桑树群为特色文化，整合黄河文化、杂技文化、农耕文化等文化旅游资源，主要建设齐鲁印象体验地、主题文化园、康养基地、精品民宿等内容，打造文旅融合典型项目
41	日照莒国故城	以日照莒文化为主题，坚持文物保护与旅游开发相结合，以春秋莒国民间工艺为主题特色，沿街区设立九坊，展示、制作和销售春秋时期莒国最精巧的民间工艺
42	临沂蛟龙航空小镇	打造集航空文化展示、航空物流运输、航空4S维修、航空教育培训、航空休闲旅游为一体的通用航空产业园区，以现代渔业休闲、农业生态体验、水上运动为一体的生态农业园区，共同构建具有多种功能的生态文化旅游航空综合体

（三）鼓励各地市发展项目

表3-30　鼓励各地市发展文化旅游项目

序号	项目名称	属地
1	华谊兄弟电影城（济南）	济南
2	绣源河华侨城文旅综合体	济南
3	济南融汇文体城（原济南万达文化体育旅游城）	济南
4	山东自然博物馆	济南
5	济南市章丘明水古城国际泉水旅游度假区	济南
6	星工坊・飞尔姆乐园项目	济南
7	北纬37°温泉悠养小镇温泉Mall	济南
8	莱芜“红色记忆”系列展馆	济南

续表

序号	项目名称	属地
9	雪野乐嬉谷	济南
10	青岛海上皇宫文旅综合体	青岛
11	青岛西海艺术湾	青岛
12	青岛海洋牧场生态综合体	青岛
13	青岛炎黄易医园	青岛
14	浮山湾—太平湾—汇泉湾旅游带	青岛
15	崂山湾“国际生态健康城”	青岛
16	周村烧饼文化产业创意园	淄博
17	天鹅湖温泉慢城建设项目	淄博
18	高青艾李湖生态湿地旅游项目	淄博
19	周村古商城“鲁商示范园”项目	淄博
20	齐长城文化旅游创意园	淄博
21	国井小镇项目	淄博
22	九顶莲花山文化景区项目	淄博
23	山东鲁山神农药谷建设项目（二期）	淄博
24	山东沐心·双马山项目	淄博
25	沂河源田园综合体	淄博
26	蒲家庄古村落保护性开发	淄博
27	铁道游击队纪念馆项目	枣庄
28	枣庄市山亭区翼云旅游度假区汉诺文化旅游建设项目	枣庄
29	墨子文化城4A级景区	枣庄
30	张自忠纪念馆	枣庄
31	开元旅游度假项目	烟台
32	栖霞古镇	烟台
33	艾山温泉康养小镇	烟台
34	“梨花集”文旅小镇	烟台
35	诸城恐龙梦想大世界文创园	潍坊
36	安丘齐鲁酒地诗酒田园项目	潍坊
37	青州八喜大集	潍坊
38	昌邑潍水田园综合体	潍坊
39	诸城竹山生态谷	潍坊
40	峡山生态田园康养综合体项目	潍坊
41	临朐县薰衣草小镇	潍坊
42	寒亭杨家埠文化创意梦想小镇	潍坊
43	安丘市潍坊柘山乡情文化生态旅游开发项目	潍坊
44	曲阜孝养城春秋书院商业街	济宁
45	孟子故里中华母亲文化节	济宁
46	曲阜市孔里主题街区项目（琉璃街项目）	济宁

续表

序号	项目名称	属地
47	云梦桃源项目	济宁
48	南阳古镇旅游综合开发	济宁
49	曳尾园民俗旅游	泰安
50	泰山百合谷田园综合体建设项目	泰安
51	新泰文创街	泰安
52	新泰良心谷田园综合体建设项目	泰安
53	泰山植物园核心区项目	泰安
54	山东左传文化教育产业园	泰安
55	泰安一滕开元名都文化旅游综合体	泰安
56	春秋古镇项目	泰安
57	五埠岭乡愁记忆特色小镇	泰安
58	泰山新闻出版小镇	泰安
59	宁阳县家风教育基地	泰安
60	力明艺术宫	泰安
61	那香海文旅小镇	威海
62	威高临港健康城温泉酒店项目	威海
63	福如东海戴斯大酒店	威海
64	台依湖葡萄酒庄项目	威海
65	中国（乳山）母爱文化节	威海
66	太阳文化中心	日照
67	嗡嗡乐园	日照
68	大暖帐诗茶小镇	日照
69	水街创意综合体	日照
70	临沂华侨城汤头文化旅游综合体	临沂
71	沂南县气象物候园项目	临沂
72	沂蒙山温泉度假产业园二期工程	临沂
73	压油沟风景区	临沂
74	沂南县香山废弃矿山生态建设及石英文化创意园	临沂
75	东夷文化旅游项目	临沂
76	临沭县七彩百合田园综合体	临沂
77	鄅国文化旅游特色小镇	临沂
78	荣盛·阿尔卡迪亚温泉酒店	德州
79	碧桂园温泉综合体	德州
80	德百旅游小镇	德州
81	魏集古村落风景区	滨州
82	翰文创意研学旅行田园综合体项目	滨州
83	山东鑫诚现代农业科技有限责任公司惠民旅游休闲小镇	滨州
84	海峡两岸（滨州）孙子文化论坛暨中国（惠民）国际孙子文化旅游节	滨州

续表

序号	项目名称	属地
85	博兴麻大湖生态湿地旅游开发	滨州
86	菏泽市华强方特“熊出没”乐园	菏泽
87	郓城水浒好汉城第四期文化旅游项目	菏泽
88	中国牡丹园	菏泽
89	鲁西南记忆	菏泽
90	中国菏泽传统文化创意产业园	菏泽
91	东昌府区欢乐小镇	聊城
92	黄河水城省级旅游度假区	东营
93	“河海交汇”海上游线项目	东营

第十三节　“好客山东”品牌提升与宣传推广

“好客山东”已经成为著名的文化旅游品牌。山东文旅发展要以“好客山东”品牌统领，推出系列主题文化旅游子品牌，推动山东文旅向“品牌带动、文旅融合、产品提升、全域发展”的目的地模式发展。

一、充实“好客山东”品牌内容

（一）现有品牌形象评析

2017 年 1 月 1 日正式实施的《山东省旅游条例》将好客山东确立为全省整体形象和旅游目的地品牌，并以“文化圣地，度假天堂”作为形象口号。

1.“好客山东”品牌的内容充实并向高端提升

“好客山东”品牌已有很好的知名度，在国内市场上获得的影响力尤为突出，规划以此品牌统领、充实核心资源、重点产品和专项市场的内容，并在供给侧结构性改革的背景下，进一步向高端化、品质化的方向全面提升。

2. 形象口号文化性单薄、影响不足，建议进行升级

形象口号“文化圣地 · 度假天堂”的知名度远没有其品牌定位深入人心，在山东省文化旅游融合发展、促进新旧动能转换以及实现文化旅游跨越式转型升级发展的背景下，这一形象口号所传达的内容显得单薄而不甚匹配，需要在原有的基础上进行提升包装。

（二）品牌与形象口号

山东省的品牌仍以“好客山东”为引领，考虑到体现山东的文化精魄、彰显山东的文化特色并利于国内外的传播，将山东省的形象口号定位如下：

形象口号：鲁礼齐风　海韵仙境（国内）

文化圣地　度假天堂（国内）

好客山东　孔子故里（国外）

Friendly Shandong，Confucius'hometown

好客山东　文化圣地（国外）Hospitality/Enthusiasm Shandong，Marvelous Window of Chinese Culture

“文化”是山东省作为旅游目的地的吸引源动力，“圣地”强调了山东文化的正源、深厚的特点，突出了齐鲁地区圣人云集、地灵人杰的特质；山东文化的典型特征是鲁文化的“礼”和“义”以及齐文化的“变革、开放、务实之风”。故此，将“文化圣地·鲁礼齐风”作为文化体验旅游时代山东省文旅宣传的形象口号。

（三）推动“好客山东”品牌向高端提升

将“好客山东”上升到全省精神文明建设、诚信山东建设、营商环境建设的高度，推动“好客山东”品牌的理念、内涵进家庭、进学校、进社区、进机关，引领各级各部门和广大群众弘扬社会主义核心价值观、传承齐鲁优秀文化，打造诚信社会、服务型政府，打响“山东服务”品牌。深入推进好客山东与全省重大战略融合对接，在乡村振兴战略中融入好客文化，传承山东乡村的质朴民风；在红色基因传承中融入好客品质，诠释山东人的爱党爱军爱国革命情怀；在新旧动能转换中融入好客素养，为新旧动能转换注入新动能；在新时代新山东建设中融入好客精神，讲好新时代的山东新故事。

（四）构建“好客山东”文旅品牌体系

以“好客山东”品牌为统领，以十大文化旅游目的地品牌为支撑，制订“好客山东”品牌提升计划，构建多层次、全产业链的旅游品牌体系，打造中国旅游品牌强省。面向国际市场策划包装“孔子家乡·文化圣地”国际旅游目的地品牌形象，面向国内市场升级打造“鲁礼齐风·海韵仙境”旅游目的地品牌形象。以齐鲁悦听、齐鲁游乐、圣地研学、齐鲁美食、齐鲁美宿、精品购物等作为内容支撑打造“好客山东”精品要素品牌体系。加强文旅市场融合发展，让“好客山东”品牌持续秀在内、响在外，打亮国际知名品牌。

（五）提升“好客山东”品牌诚信度

挖掘山东传统诚信文化，增强“好客山东”品牌诚信。综合运用各种媒体，引导社会舆论，增强企业诚信意识，不断提升“好客山东”品牌诚信在国内外市场的影响力。

二、强化精准营销与联动营销

（一）强化国内市场精准营销

瞄准长三角、京津冀、粤港澳大湾区、中原城市群等市场，推出十大文化旅游目的地品牌精品旅游线路和产品，形成“一个品牌，多种体验”的差异化产品格局。

针对长三角市场消费能力全国领先，偏爱美食美景、健康疗养和海滨山林度假等特征，采用渠道营销、品牌营销、创意营销组合策略，主打“好客山东·康益仙境”这一品牌；针对京津冀市场消费水平高、注重品质、追求高质量，喜欢主题游、定制游、节事游和夜间餐饮消费需求旺盛等特点，采用品牌营销、定制营销、节事营销组合策略，主打“好客山东·鲁礼齐风”这一品牌；针对粤港澳大湾区市场出游力强劲、向往生态自然、注重文化体验，尤其偏爱夜间旅游产品等特征，采用品牌营销和口碑营销组合策略，主打“好客山东·海韵仙境”这一品牌；针对中原城市群市场消费能力中等、偏好周边目的地的特征和向深度游、个性游转变的趋势，采用价格营销和节事营销组合策略，主打

“好客山东·齐鲁寻踪”这一品牌。

（二）拓展境外市场精准营销

针对日韩、俄罗斯、中国港澳台、海外华人圈、东亚汉文化圈等市场，与驻境外机构、海外知名旅行社等广泛开展合作，借境外文化交流与展销的契机，主推圣人文化、滨海度假、齐鲁风物等主题。针对“一带一路”沿线国家与非洲国家等，加强文化交流与旅游互惠，主推特色非遗文化体验、商务会展等主题。针对欧美、澳新等市场强化营销渠道，主推中华古代哲学、儒风圣人之乡等主题。

（三）建立旅游营销联动机制

建立健全政府部门和行业、企业、媒体、公众共同参与的联动营销机制，形成上下结合、横向联动、多方参与的旅游营销格局。将重点客源市场旅游推广纳入高层出访和接待来访计划。完善入境旅游营销政策，深化与海外重点旅行社、孔子学院、华人华侨社团、专业协会和组织合作，联合开展旅游产品营销。在海外客源地实施“孔子大使”计划，建立长效的旅游营销培训机制。加强与重点市场旅行商的渠道合作，推动山东文旅纳入其销售网络和营销平台，构建“好客山东”全球旅游营销渠道体系。鼓励游客使用“一部手机游山东”“好客山东”等各种旅游类App和客户端进行预定和支付，并相应推出多种优惠活动，吸引游客参与线上互动，满足游客的个性化需求。

三、策划创意事件营销

（一）策划符合山东文化气质与旅游形象的地方吉祥物

借鉴日本熊本县推出地方吉祥物“熊本熊”作为熊本县营业部长兼幸福部长担纲地方形象宣传的做法，策划无论名称还是外形都符合山东文化气质与旅游形象的吉祥物，增加与市场直接接触的渠道。

（二）推动形成山东省吉祥物文化效应

吉祥物作为虚拟形象，可以开通网络社交平台、担任虚拟公务员职位，参与到文旅宣传的前线，增加市场曝光度和亲和力。实现虚拟形象跨界合作，打造文化创意产业链，围绕吉祥物衍生策划“周边”产品，如文化衫、指示牌、公交车及出租车车身、特产包装、自动贩卖机外形等，形成系列文化效应。

（三）利用吉祥物创意事件营销

创意策划系列事件，打造山东文旅的热门话题，如吉祥物设计创意征集、吉祥物参选山东省文旅宣传大使的民意投票、吉祥物处理虚拟公关事件、吉祥物在海外推介会上召开新闻发布会等，引发公众的好奇、热议与参与，短时间内迅速提高山东文旅的热度。

四、筹划重大节事活动营销

（一）构建山东省MICE[①]体系，提高知名度与影响力

充分发挥山东省社会经济综合实力和自贸区、青岛上合地方经贸示范区的优势，积极承办高级别

① MICE，即由Meetings（会议）、Incentives（奖励旅游）、Conferencing/Conventions（大型企业会议）、Exhibitions/Exposition（活动展览）和Event（节事活动）的第一个字母大写组成的缩略语。

的政务商务会议、体育赛事和文化交流活动，组织各种新颖的文化节庆博览会，支持各地推出一批具有较大影响力的会展、商贸、文化、节庆等大型活动，加强各类节事的市场化运作和国际影响力。

（二）重点节事活动

将山东省的文化特色与市场偏爱相结合，整理出山东省未来可主打策划的节事活动有如下 16 个：中国（曲阜）孔子文化节（世界儒学大会）、尼山世界文明论坛、临淄齐文化旅游节、青岛国际啤酒节、潍坊国际风筝会、泰山国际登山节、中国国际航空体育节、世界老年旅游大会、山东国际文化产业博览交易会、中国非物质文化遗产博览会、好客山东贺年会、山东文化惠民消费季、山东文化艺术节、山东省家庭文化艺术节、山东省少儿文化艺术节、山东省广告节。

五、鼓励创新营销方式

（一）多维度融合创新营销方式

采用融媒体互动营销、自媒体营销、创意植入营销等新方式，同时打造内容并构建渠道，形成山东文化旅游品牌宣传的指数增长。围绕“山东省美好旅游新体验”这一主题策划拍摄系列微电影，借由整合传统媒体与新媒体的融媒体平台进行宣传。通过微博、微信等自媒体及短视频平台（抖音、火山小视频、快手等），邀请有流量的意见领袖，以图片、文字以及视频等方式对山东旅游进行宣传，线上营销与线下“网红景点打卡”相结合，利用“网红效应”吸引日益壮大的年轻消费群体。通过在收视率高的综艺节目、电影、电视剧、卡通动画和竞技游戏等植入山东省旅游形象和旅游产品，作为取景地、IP 元素等植入导入，改变以往硬广告的营销模式。

（二）注重品牌内容的动态管理，联合消费者进行协同创意

将“好客山东”品牌体系置于新媒体营销时代，品牌传播的内容可以为消费者提供分享和再创造的素材。营销的重点不是将旅游者作为被动的信息接受者而推广一个品牌“成品”，而是注重提供品牌创意素材并进行动态化管理，调动起旅游者的参与力量与创意动能，利用他们对“好客山东”品牌的亲身体验与认知，转化成可以分享的创意想法或表现，并通过自媒体的方式进行再次传播。这样的传播方式不仅能产生能量巨大的裂变效应，也会因旅游者参与了“好客山东”品牌的价值共创，而使得旅游者对于“好客山东”品牌的归属感和忠诚度更强。

六、营造“好客山东”旅游服务环境

（一）全面推行旅游服务标准化

组建山东文化旅游标准化技术委员会，在国家标准的基础上，制定系列化旅游服务地方标准，全面推行标准化管理。制定以旅游产品和服务为核心的评估体系、统计体系、实施效果评价体系，旅游经营企业的信用评价体系，定期向社会公布，形成激励机制。

（二）建立旅游服务诚信体系

建立旅游企业和从业人员的诚信系统，汇总整理旅游服务质量信息和曝光的问题，扩大旅游“红黑榜”应用。开展覆盖旅游各要素的全省旅游市场服务质量满意度调查，并定期出具调查报告和全省旅游服务总体情况调查报告。

（三）全面提升导游业务能力

改革导游管理体制，创新导游奖励机制，建立导游社会保障制度。强化导游培训，打造“好客山东”金牌导游品牌，在全省树立导游标杆。开展特聘导游和导游自愿者招募活动，充分吸收社会上有志于旅游事业的专家学者、各类高级专门人才加入导游队伍，提升导游社会形象，更好满足游客对导游服务的专业化、个性化的需求。

（四）旅游紧急救援体系建设

完善旅游安全应急指挥、应急预案编制及演练、信息报告及应急值守等相关制度。建设一批国家旅游安全与应急救援示范基地，分类建立旅游应急救援中心、救援工作站、应急救援点，为游客提供及时应急救援服务。推进旅游景区安全视频监控体系建设，实现人流、车辆、位置、环境等关键节点的全域全程全时可视化监控。建立专业化与社会化、政府救助与商业救援相结合的旅游应急救援体系，推动旅游责任险全覆盖的落实。建立健全应急救援辅助定位系统、安全防护网、警戒忠告牌、安全提示牌的设立，开通覆盖全省的旅游公共服务热线、旅游咨询服务。

第十四节　文旅资源及其环境保护

一、加强生态环境保护

严守生态保护红线，符合主体功能定位。严格执行《山东省生态保护红线规划》《山东省渤海海洋生态红线区划定方案》《山东省黄海海洋生态红线划定方案》《山东省主体功能区规划》，将严守生态保护红线作为提高生态系统服务功能、维护生态安全格局、加快生态文明建设的重要内容，牢固树立底线思维，全面落实生态保护红线管控要求，在生态环境保护问题上做到不越雷池半步，实施最严格的生态保护制度。同时，文化旅游产业的发展要与主体功能区定位相协调，在鲁北、鲁西南、沿海等国家级农产品主产区，要在保障粮食安全与重要农产品供给的重要前提下，实现文旅产业与农业的融合发展；在鲁中南山地生态区域和东部沿海生态区域，要以生态文明为主线，探索绿色永续的文化旅游发展路径。

加强生态保护与修复，构建完整的生境网络。以国家公园为主体的自然保护地体系为重点，加强如黄（渤）海湿地、南四湖湿地、昆嵛山森林等典型生态系统的保护，维护良好的生态基质。对大天鹅等候鸟及其他经由山东省迁徙的濒危鸟类等重要物种的栖息地进行保护，强化生态板块的建立。通过恢复黄河、大运河等部分水域沟通和带状陆域自然生态系统的整体性、连续性的保护，建立和完善生态廊道。对省内包括东平湖、浮龙湖、五莲山、艾山等在内的多个自然公园进行保护和修复，强化生态廊道建设。最终，构建起山东省完整健康的生境网络。

推进海洋主体功能区建设，加强海洋环境保护。通过海洋主体功能区建设，确定不同区域的主体功能，明确开发方向，控制开发强度，规范开发秩序，引导近岸海域形成陆海协调、人海和谐的海洋空间开发新格局。加强重点海洋生态功能区保护，以海洋生态红线区、海洋特别保护区为重点，强化海洋生态服务功能，构建全省海域的生态安全屏障，在沿海 7 市开展海洋生态文明建设试点，加快建设海洋生态文明综合试验区、省级以上海洋生态文明示范区、国家级生态保护与建设示范区。加强近岸海域海湾、海岛、海滩、滩涂湿地和自然岸线的保护与修复，推动日照岛群建设全国重要的海岛综合保护开发示范区，滨州岛群建设黄河三角洲海岛保育示范区。加强近岸海域环境保护，制定实施近岸海域污染防治方案，实施沿海防护林质量精准提升工程，加快推进滨州、东营、潍坊等地柽柳林建设，在莱州湾以及威海、青岛、日照、长岛等地开展海藻林养护培育，在黄河三角洲和莱州湾等盐沼湿地区域，因地制宜开展滨海湿地修复工程。打造“水清、滩净、岸绿、湾美、岛丽”的美丽海洋。到 2022 年，重要海洋功能区水质达标率超过 90%，全省自然岸线保有率不低于 40%。

二、加强文化遗产保护

加强文化遗产有效保护，构建政府主导、部门协作、社会参与的保护体系。

（一）加强山东文化保护传承力度

加大儒家文化挖掘阐发力度，分析儒家思想文化中的优秀成分，研究儒家文化对“家国同构”最深沉的精神追求，系统阐发儒家自强不息的奋斗精神、崇信遵礼的磊落品格、修齐治平的家国情怀、兼容天下的博大胸襟对国家、民族发展的巨大贡献。通过建立若干博物馆、研修院等形式，系统展示孔子、墨子、孙子、孟子、管子、荀子等诸子百家思想，系统展示龙山黑陶、汉画像石等古代科学、技术、艺术的伟大实践创造，建设中华文明的集中展示区和教育体验区。规划建设国家文化公园，成为中华文化重要标识。

加强对齐文化的研究阐释和传承创新。邀请国内外知名专家学者等围绕齐文化举办专题报告会、高端研讨会等，充分阐释齐文化内涵；建立科学有效的文化遗产保护体系，加强齐文化遗产遗迹保护，扎实推进田齐王陵遗址、临淄齐国故城遗址等保护展示；重点做好“一院、一节、一坛、一蹴鞠”，设立齐文化研究院，统筹整合齐文化节，把陶博会、孝文化节、琉璃文化艺术节等淄博节庆文化资源整合纳入齐文化；进一步加大对齐文化典籍、史料的搜集与整理，编纂大型齐文化系列丛书，为齐文化的更深入研究奠定基础。

（二）建立山东文物保护利用体系

深入实施曲阜片区、临淄片区、省会片区、黄河三角洲片区、半岛片区、沂蒙片区、鲁西片区等文物保护片区规划，加强世界文化遗产、历史文化名城名镇名村、历史文化街区、传统村落、各级文物保护单位等各类文化遗产的保护利用。

重点是实施文物安全“天网工程”，实现文物安全防控全覆盖。加强山东省史前东夷文化遗址遗迹的研究和保护利用，依托史前文化遗址建设遗址公园，积极探索申报世界文化遗产。加强对济南市章丘朱家峪、淄博市周村古商城、台儿庄古城、青州古城和南阳古镇等古城、历史街区、历史建筑、传统村落等的修缮保护和恢复重建。全面加强红色革命文物保护，实施革命文物保护传承五年行动计划，组织实施一批革命文物保护利用工程。加强一一五师司令部旧址、山东省政府旧址、孟良崮战役旧址等红色革命文化资源的开发利用。加强工业文化遗产保护利用，建立沿海最早开埠的青岛、烟台、潍坊等市以及胶济路沿线的淄博、济南和津浦路（京沪线）沿线的德州、泰安、枣庄等市工业遗产清单，深入挖掘文化内涵，注重突出工业园区特色，从而使工业遗产的文化、经济价值得到真正挖掘和体现。

（三）加强非物质文化遗产保护传承发展

加强非物质文化遗产普查挖掘、保护传承，开展非物质文化遗产记录工程，推进非物质文化遗产传习所、展示馆建设，完善非物质文化遗产保护项目、传承人、传习所、生产性保护基地、文化生态保护区“五位一体”保护传承体系。

重点推进山东省传统工艺振兴，提高传统工艺产品的当代审美价值和实用程度，促进传统工艺与文化创意产业融合发展；利用地域传统技艺、民间艺术、风俗习惯、特色美食等，逐步建成体现本地历史文化资源特色、内容丰富、形式新颖、互动体验性强的县域历史文化展示场所；制定非物质文化遗产传承人群研修培训计划；充分发挥非物质文化遗产带动贫困地区群众就业脱贫的优势，引导返乡下乡人员结合自身优势和特长，发展文化创意产业；筹划建设山东省非物质文化遗产馆，推进全省非物质文化遗产保护利用基础设施建设；重点推出一批山东非物质化遗产精品，促进非物质文化遗产的普及和推广；全面、真实、系统地记录代表性传承人口述史、传统技艺流程、代表剧（节）目、仪式规程等信息，为传承、研究宣传、利用非物质文化遗产留下宝贵资料；建立国家级、省级文化生态保护区体系，积极推进文化生态保护区与传承基地、传承设施的结合，实现整体性保护；做好国家级、省级生产性保护示范基地创建工作。

（四）其他优秀传统文化保护传承

加强对山东省历史名人、老地名、老字号等文化资源的挖掘、整理和保护。推动乡镇村志编修。对古树、石屋、石碾、石磨等乡村乡愁元素积极加以保护。

第十五节　强化支撑体系建设

一、旅游交通服务体系

（一）旅游交通体系现状与问题

山东省由于区位优越，整体交通便捷，陆、海、空交通均相对完善。近年来全省综合交通网络规模持续增长，“三横四纵双枢纽多节点”综合交通网主骨架基本成型，总体水平处于全国前列。同时，虽然山东交通条件基础较好、近年发展迅速，但通过对比发现仍存在明显短板。

1. 高铁网：山东省起步很早，但仍有 4 个地市未通高铁

目前，山东省快速铁路客运网已有一定规模。已建成京沪高铁（2011 年）、石济客专（2017 年 12 月 28 日）、青荣城际（2016 年 11 月 16 日）、胶济客专（2008 年 12 月 21 日）、济青高铁（2018 年 12 月 26 日）、青盐铁路（2018 年 12 月 26 日）6 个高铁（含动车）项目，高速铁路（含动车）通车里程 1747 千米。

山东省目前仍有 4 个地市未通高铁 / 动车（聊城、菏泽、滨州、东营），占 16 地市的 25%，高铁建设已经明显落后于广东（2 市未通）、江苏（2 市未通）、浙江（全通）、福建（全通）、河北（1 市未通）（表 3-31）。

表 3-31　相关省份未开通高铁的地市

省份	未开通高铁的地市
山东省	聊城市、菏泽市、滨州市、东营市
广东省	河源市、梅州市
浙江省	陆上无（舟山市，位于海上）
江苏省	淮安市、宿迁市
福建省	无

续表

省份	未开通高铁的地市
河南省	平顶山市、濮阳市、周口市、南阳市、济源市
河北省	张家口市

2. 公路网：山东高速曾是一面旗帜，却至今有 4 县未通高速

山东省着力构建“九纵五横一环七连”高速公路网，2018 年年底，公路通车里程 27.6 万千米。其中，高速公路通车里程 6057.4 千米。深入推进“四好农村路”建设，农村公路通达水平和服务功能进一步提升。

山东省至今仍有 4 个县未通高速公路，包括菏泽成武县、菏泽单县、滨州博兴县、聊城东阿县。不仅落后于广东、江苏、福建、辽宁、河南等省，而且落后于江西、贵州等省。

【资料链接】

中国“县县通高速”的十大省市

县县通高速指的是每个县都有高速公路通过。实现“县县通高速”的十大省市，包括：北京、上海、天津、河南、辽宁、江西、福建、江苏、贵州、广东。

3. 航空港与航线：机场较多，但机场旅客吞吐量排名第七

山东省已形成“两枢一干六支”民航机场，济南遥墙、青岛流亭、烟台蓬莱、潍坊南苑、济宁曲阜、临沂沭埠岭、东营胜利、威海文登、日照山字河等 9 个运输机场建成运营，是华东地区运输机场数量最多的省份。2018 年年底，全省客运吞吐量 5763 万人次，居全国第七位。目前已建成蓬莱沙河口、滨州大高等 6 个通用机场（表 3–32）。

表 3–32　全国旅客吞吐量排名前 8 省份

排名	省市	旅客吞吐量（万人）
1	上海	11763.4
2	北京	10749.6
3	广东	14184.5
4	云南	6758.1
5	四川	6124.9
6	浙江	6358.7
7	山东	5763.4
8	江苏	5164.6

山东机场虽然多，但机场旅客吞吐量排名第七，山东 9 座机场不如 1 座白云机场吞吐量，9 座机场总量仅略高于成都双流机场旅客吞吐量（表 3–33）。

表 3–33　全国旅客吞吐量排名前 7 的机场

序号	机场	旅客吞吐量（万人）
1	北京 / 首都	10098.3
2	上海 / 浦东	7405.40

续表

序号	机场	旅客吞吐量（万人）
3	广州 / 白云	6979.00
4	成都 / 双流	5287.70
5	深圳 / 宝安	4934.90
6	昆明 / 长水	4708.80
7	西安 / 咸阳	4465.30

4. 高速交通体系网络化与接驳转乘的便捷化程度不高

山东旅游交通情况看，主要城市内高速交通网络化程度较高，高速交通方式之间的接驳联系便捷、效率较高。但接驳服务较差，济南遥墙机场出口与接驳大巴车衔接不便，使游客劳神费力，体验较差。

各地级市及城市之间，高铁机场与汽车站、主要旅游景区之间的交通联系不便，接驳效率低下。旅游交通集散网络未形成，如从济南到泰山、从济南到黄河口等，交通便捷度较差，还未形成如上海、杭州等城市对周边旅游景区的便利化接驳体系。

（二）旅游交通服务提升策略

推进快旅慢游交通服务体系建设。加快构建无缝连接的高铁、航空、高速公路交通体系并延伸到各旅游目的地城市和国家级精品旅游线路，将高速交通体系和旅游交通、水上游线体系顺畅链接、快捷通达，将旅游交通线路延伸到 3A 以上的旅游景区、省级旅游度假区，打通景区的最后一千米。根据快速交通体系与旅游交通体系的枢纽节点和线路，配套建设旅游交通集散和公共服务设施，为全省文旅发展提供坚实的交通服务保障（图 3-84）。

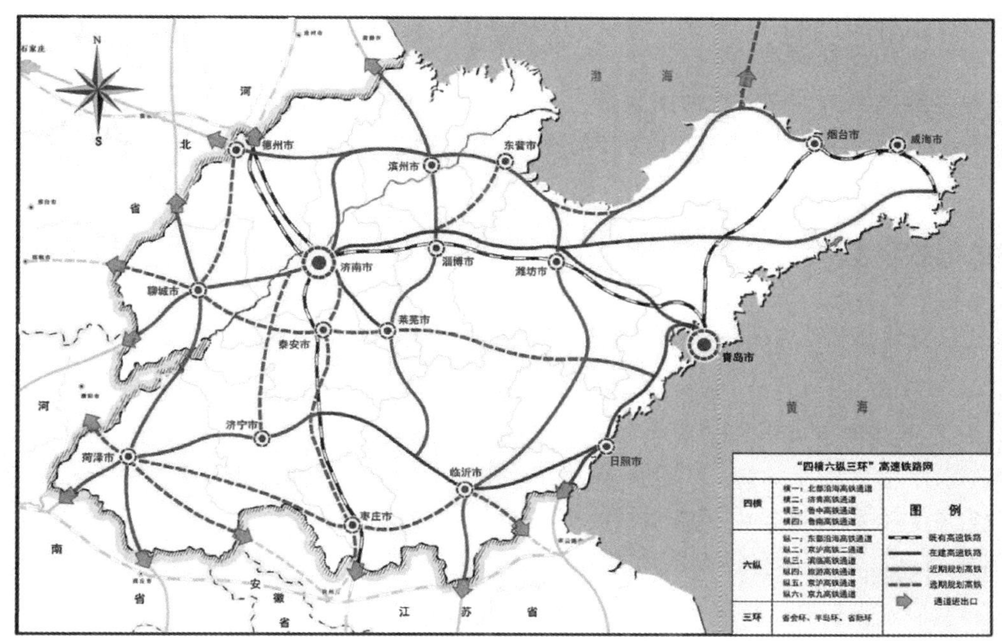

图 3-84　山东省高速铁路网规划建设示意（2018~2035）①

加快青银、鲁南、济郑、京九、京沪高铁二线、环渤海等高铁建设，打造“四横六纵”的快速高

① 山东省综合交通网中长期发展规划（2018~2035 年）

速铁路网络，融入全国高速铁路网系统，推动高铁旅游经济圈发展；优化配置普通铁路线路，依托胶济、京沪铁路，发展特色工业遗产、特色小镇旅游，开发好支线地区绿皮车旅游产品；积极推进旅游城镇群间的城际铁路建设，在线路规划范围内10万人以上人口的城镇设站；持续推进济南、青岛地铁建设，加快两大旅游核心城市内部便捷的交通网建设。

优化航线结构，推进青岛、济南、烟台机场至国内外主要客源地增开直航航线航班，提高面向国际和国内主要中心城市的可达性；提升威海、东营、临沂、日照等机场的建设水平，新建菏泽、枣庄、聊城等机场；鼓励发展与主要入境目的地国家之间的国际包机航线和提升与日、韩水上航线的便利化程度；积极推进黄河口、青州、微山岛、费县、临清、徂徕山、荣成、台儿庄等旅游热点区域A1级通用机场的建设，构建便捷、高端、专业的低空旅游交通体系。

优化高速公路网布局，进一步提升高速公路网密度，推进京台、沈海、日东等旅游通道扩容升级，新建济青高速中线；在运河沿线、黄河沿线规划建设高等级公路；加快高速公路服务区休闲旅游设施建设与改造，创建最美公路服务区；在国省干线公路和通景区公路沿线合理布设服务区、停车港湾、观景台、驿站、自驾车营地等旅游服务设施；加快高速公路沿线景观建设，将济泰高速、济青南线港沟至张家坡段、长深高速临朐至沂水段、潍日高速诸城至日照段等打造成山东最美高速公路。

把握山东港口重组机遇，完善青岛、烟台、威海等邮轮港口基础设施建设，提高口岸通关速度，开通国际邮轮航线，积极对接中韩自贸区政策，开通通往韩国仁川等口岸的国际邮轮航线；开设半岛滨海城市之间水上游线。推进京杭运河山东段升级改造，加快推进黄河以北大运河段通航论证、规划和工程建设步伐，助力鲁风运河文化旅游廊道发展；加大沿线生态治理和修复力度，全力推进小清河复航工程；结合济南城市空间发展战略调整，优化济南跨黄河桥隧布局。

强化各种交通方式的无缝对接和高效衔接。加快推进机场、火车站、港口之间的无缝对接，消除“最后一千米”困扰，尤其是高铁沿线各站点到城市、景区的交通设施建设，实现零换乘；围绕旅游的需求和淡旺季、夜生活特点，及时调整运行图和班次。各城市交通枢纽区必须实现立体对接，方便出行。

加快构建“绿道”网，完善旅游风景道、骑行专线，规划连接休闲街区、骑行公园、中央游憩区、城市游憩带慢行交通系统。打造具有通达、游憩、体验、运动、健身、文化、教育等复合功能的主题旅游线路。

二、文化旅游公共服务体系

（一）山东文化旅游公共服务存在问题分析

目前人民群众日益增长的旅游需求和供给之间的矛盾仍然是旅游发展中的主要矛盾，这在节假日等旅游高峰时段表现得更为突出。造成这一矛盾的根源，一是旅游产品供给总量和结构问题，二是与之配套的旅游公共服务体系问题，当前来看，由于长期欠账，后者的短缺更为突出。

目前游客在整个旅行过程中，感到不放心、不方便、不舒适和不满意的，多数是在与旅游相关联的交通、信息咨询和沿途休息、上厕所直到社区环境方面，以及在发生紧急情况下的求援、投诉等处置。

（二）山东文化旅游公共服务发展对策

推动城乡基础设施与文化旅游设施的统筹与衔接。推进文化和旅游公共服务设施同标准规划、建设、管理，充分发挥设施综合效益，构建主客共享的文化旅游新空间、新体验。

协同推进文化旅游公共服务设施建设管理。建设、改造一批文化和旅游综合服务设施，完善公共文化设施的旅游服务功能，提升旅游公共设施文化内涵、彰显地方特色。统筹公共服务资源配置，推动公共服务进景区、进度假区，在游客聚集区引入影院、剧场、书店等文化设施，组织实施文化旅游服务惠民项目和活动。推进基层综合性文化服务中心建设，夯实完善省、市、县、乡、村五级公共文化服务阵地网络。

合理布局旅游公共服务体系。完善旅游集散中心、游客服务中心、生态停车场、自驾车营地、游客中转站等旅游公共服务体系。落实主要旅游交通枢纽、旅游步行街区及旅游景区、省级以上旅游度假区等的旅游服务中心建设，形成中心辐射带动各级游客中心、客服中心的旅游服务体系。济南、青岛等旅游发达城市建设具有国际水准的省级智慧全域旅游服务中心，全省4A级及以上景区、旅游度假区以及机场、码头、高铁站、高速公路服务区实现智慧游客服务中心全覆盖。不断完善文化旅游服务体系功能，形成包括宣传展示、信息咨询、旅游集散、投诉建议、旅游预订等全链条的综合旅游服务功能。推进文化旅游公共服务进社区，推动公共服务资源向文化旅游扶贫和乡村旅游重点区域倾斜，扶持文化旅游资源富集、具备一定条件的乡村旅游区域建设以旅游咨询服务为主的旅游服务区（站）。

规范完善文化旅游标识体系。规范建设旅游引导标识体系，涉旅场所规范使用符合国家标准的公共信息图形符号，将公共文化服务设施统一纳入标识体系。不断完善文化旅游标识全覆盖。推动4A级及以上旅游景区按照国家相关标准要求，全部实现旅游标识标准化。推动全省文化旅游服务设施、景区为游客提供包括汉语、韩语、日语、英语等在内的多语种标识和解说服务。

持续推进“厕所革命”。组织实施“厕所革命”新三年计划，推动公共文化设施和旅游景区的厕所统一标准规划、建设、管理，建设山东省旅游厕所管理系统，推动建设一批无臭无味、自动化程度高的生态厕所。在4A级及以上景区、重点交通服务区、城市繁华街区的厕所设置第三卫生间。鼓励临街临景单位、对外服务场所的厕所免费开放。进一步提高厕所建设管理水平，运用科技手段解决游客“找厕难”的问题。

三、促进市场主体发展壮大

（一）山东旅游企业现状：缺乏强大旅游企业集团

山东省有不少旅游企业，但普遍实力不够强大。根据中国旅游研究院、国家旅游局数据中心、中国旅游协会联合公布[①]的2017年中国旅游集团20强名单，海南、广东、江苏、浙江、安徽等都有多家旅游集团入围中国旅游集团20强。海南有两家旅游集团位列第二、第三；广东两家旅游企业集团位列第四、第五；江苏两家企业集团位列第六、第十二；浙江三家企业集团位列第九、第十一、第十三。而山东最强的银座旅游集团仅位列第十八。在旅游企业集团方面，山东省与相关省份相比，差距明显。

表3–34　2017年中国旅游集团20强

排名	集团名称	省份
1	携程旅游集团	上海
2	中国旅游集团	海南
3	海航旅游集团	海南
4	腾邦集团	广东
5	华侨城集团	广东
6	同程旅游集团	江苏

① 新京报，发布时间：2017-12-20，2017年中国旅游集团20强名单公布

续表

排名	集团名称	省份
7	锦江国际集团	上海
8	首旅集团	北京
9	浙江旅游集团	浙江
10	景域旅游集团	上海
11	杭州商旅集团	浙江
12	金陵饭店集团	江苏
13	开元旅业集团	浙江
14	春秋国旅集团	上海
15	安徽旅游集团	安徽
15	黄山旅游集团	安徽
15	海昌集团	辽宁
16	岭南国际集团	广东
17	福建旅游集团	福建
18	银座旅游集团	山东
19	众信旅游集团	北京
20	中青旅控股集团	北京

（二）促进市场主体发展对策

鼓励市场主体做大做强。支持各地以控股、参股、委托运营等多种形式，引进国际知名文旅企业以及国内的中国旅游、华侨城等一批大型文旅集团落户山东。支持土发、水发、齐鲁交通等大型企业创新投融资模式，通过自主开发、联合开发、并购等方式发展文化旅游产业。支持齐鲁传媒、歌尔股份和山东文旅、台儿庄旅游等文化旅游企业跨区域、跨行业建设经营，发展覆盖文化和旅游多重领域的综合性文旅企业集团。

探索打造文旅产业集聚园区。支持青岛、泰安、曲阜等文化旅游发达地区，加快建设配套齐全、功能完善、特色鲜明的文化和旅游产业聚集区，研究出台优惠政策，吸引一批文化旅游企业入驻。积极引导文化企业、文化项目向旅游度假区、乡村旅游区转移，支持文化产业园区开发特色文化旅游产品，推动文化旅游产业实现空间聚集和融合发展。

（三）不断深化改革，激发市场主体活力

探索景区体制机制改革。建立现代企业法人治理结构，壮大市场主体活力，提升全省旅游景区的核心竞争力。以事业单位管理的景区为改革重点，有条件推行管理权、经营权“两权分离”，明确责任主体，剥离经营性资产，成立能直接参与市场竞争的企业法人主体。支持各地根据实际，将景区及周边的土地、房产等资产资源注入经营主体公司。鼓励景区以优势资源和资产引进战略合作者参与景区开发建设和经营管理。

推进文化旅游企业深化改革。推动国有文化旅游企业公司股份制改革，建立健全符合现代企业制度要求、体现文化旅游企业特点的资产组织形式和经营管理模式。大力推进规模以上旅游企业规范化公司改制，支持文旅企业上市。

激发文旅行业市场活力。推动文化和旅游行政部门与其所属的文化和旅游企事业单位进一步理顺

关系，赋予企事业单位更多法人自主权。进一步深化国有文艺院团体制改革，形成既符合艺术规律又符合市场规律的内部管理机制。

塑造文化旅游企业品牌。充分借鉴国际知名旅游企业集团的经营模式和先进管理理念，挖掘齐鲁商业文化底蕴，将儒商文化和现代旅游企业运营有机结合，塑造山东文化旅游企业品牌。成立山东文旅融合发展联盟，广泛吸纳全省各类文化企事业单位和旅游企业参与，为文化和旅游对接合作创造协同发展平台。每年推出一批全省文旅融合发展示范企业。将山东大型文化旅游企业品牌纳入“好客山东”品牌培育体系和营销系统，更好地完善品牌体系构架。

四、智慧文旅发展

大力发展智慧旅游，增强文化旅游科技含量。紧抓数字产业发展机遇，强化科技赋能，推动互联网、物联网、大数据、云计算、人工智能、卫星导航、5G技术同文旅产业实体经济深度融合，以实施“一部手机游山东”建设工程为抓手，助力山东省泛文旅产业资源数字化，强化“文旅＋多产”融合的发展态势，全面提高山东文化旅游产业发展的科技含量，推动文化旅游产业转型升级，提升山东文旅产业核心竞争力。

（一）建设山东智慧文旅大数据和数字文旅基础服务平台

以打造全域旅游示范省和国际旅游度假目的地为抓手，加强智慧文旅云计算、互联网服务、物联网、人工智能、无线网络等基础设施建设，依托5G技术，提高数字文旅基础设施网络化、智能化水平。实施智慧景区、智慧酒店、智慧乡村旅游点、智慧文旅小镇、智慧博物馆等一批重大基础数字化工程，建设全省文旅企业数字服务平台，推动文旅产业资源的数字化，提升文旅产业要素智慧化水平。融合全省文旅相关数据资源和互联网涉旅海量数据，建设山东省智慧文旅融合大数据服务平台，强化数据融通共享，以大数据和人工智能技术为驱动，构建全省文旅智慧大脑，为政府管理提供决策支撑，为文旅企业提供运营依据，为游客提供精准服务，全面提升山东文旅产业发展水平与管理效率。

（二）建设智慧文旅公共服务平台，打造符合现代旅游需求的服务体验模式

以满足游客需求为目标，建设平台集约统一、信息共建共享、产品满足供给、宣传有机协同、服务全面有效的全省智慧文旅服务平台，满足游客“自由自在”旅游服务需求。进一步加强省级统筹，按照统一标准规范，将各级目的地文旅信息公共服务系统归并整合，彻底破除“信息孤岛”“数据烟囱”，坚持共建共享、共同推进、共同推广，实现全省文旅信息统一汇聚，共享利用。利用现代信息技术有效整合优质文化旅游产品资源，加大攻略、游记、主题旅游产品等内容的生产和传播，将全省优质旅游资源串珠成线、连线成面。重构山东文旅产品与数字文旅消费供给新体系，引入移动支付、刷脸入园、扫码识景、AI智能、无感支付等工具，重构文旅产业供应链，实现现代文旅产品供给和消费体系再造，打造游客与本地居民共享的数字身份体系，形成智能、安全、高效、便捷的全省一体化数字消费体系，实现主客共享的一脸一码游全省旅游体验。推进旅游产品与业态供给的标准化建设，建设连接线上购物平台的诚信文旅电商服务和智慧零售服务，打造智慧型全域数字文旅消费集聚区。利用大数据、人工智能等手段提供精准化产品供给服务，坚持以提升服务能力为核心，应用智慧化、智能化手段，利用客户端、移动端等方式，为游客提供定制化、细微化服务，全方位满足游客行前、行中、行后的服务需求。

（三）建设智慧文旅管理平台，提升全省文旅市场治理水平

运用大数据和人工智能等信息化手段提高文旅行业监管水平，打造山东全省文旅智慧管理体系，

完成全省文旅管理流程再造。升级改造全省旅游投诉系统，提供人工智能客服、知识库、舆情分析、数字可视化辅助决策等服务，打造一键投诉、及时响应、联动处置、实时反馈、限时办结的涉旅投诉管理体系。以全省旅游投诉管理为抓手，实现涉旅执法、应急处置、电子合同、电子发票、旅游舆情政府管理服务创新，全面在线连接游客、涉旅商家和旅游从业者、政府三者，实现信用监督服务无处不在，提升服务品质、提升管理效率、提升游客满意度，营造三方互信的产业环境，提升文旅市场治理与行业监管水平。

（四）建设智慧文旅全媒体营销平台，实施精准营销

建立全省统一的宣传营销数据库，整合政府资源与企业资源、省级资源和地方资源，整合营销渠道，丰富并完善以互联网、移动互联网、两微一端、短视频、网络视频植入、VR全景等新技术、新渠道相结合的网络营销体系，形成部门联动、上下互动、企业参与、共建共享好客山东互联网品牌的局面。建立完善全省文旅系统自媒体营销矩阵，深化省、市、县、文旅企业自媒体联动机制，借力网络文旅自媒体大V，组建山东省文旅网红联盟。建设全省文旅网络宣传营销的“中央厨房”，重构文旅优质内容生产流程。打造高起点、多平台的全省文旅网络营销体系，与大型互联网集团开展战略合作，借助头部流量平台，打造亮点活动。针对国内外主要客源市场的区域、人群、消费能力等属性进行市场细分，利用大数据对营销目的地进行定位分析、需求分析、营销内容分析，制定智慧化营销策略，提高旅游网络营销精准化水平。

（五）建设数字文创产业平台，激发国际化文旅新业态活力

统筹实施全省文化信息资源共享工程、数字图书馆推广工程、数字博物馆和数字文化馆建设，搭建全省公共文化数字平台，与国家平台有效对接。深入实施“互联网＋文化产业”行动计划，推动文化艺术资源数字化、信息化和网络化。结合文学、音乐、游戏等方式以及文创大赛等活动，实现文化资源多渠道高效转化。将营销创意、国际赛事、品牌跨界、数字体育、影音娱乐与当地特色文化结合，进行数字化创新，实现线上线下结合，建立文创产品品牌营销平台、生产平台、销售平台。

第十六节　近期行动计划

一、推动文旅融合

切实提升齐鲁文化影响力、传播力、竞争力。利用各类文化旅游场所、节事活动和游客集散区域，开展优秀传统文化传承和道德实践活动，践行文明准则和文明旅游，扩大“己所不欲，勿施于人”伦理准则和“孝悌忠信、礼义廉耻”道德规范教化范围，充分发挥文化在凝聚人心、教化群众、淳化民风中的重要作用，进一步提升全社会文明程度。强化文化“请进来”和“走出去”力度，强化“尼山世界儒学中心”的研究力量与提升国际化水平，精心举办尼山世界文明论坛、世界儒学大会、国际孔子文化节等高端国际峰会，积极对接融入“一带一路”倡议，在重点沿线国家地区和重点旅游客源国开展“山东文化旅游周”“孔子文化周”“孔子大使”“齐鲁文化丝路行”等系列活动，扩大齐鲁文化传播力和国际影响力。

大力推动齐鲁文化创造性转化创新性发展。深入推进“非遗＋旅游”“博物馆＋旅游”“演艺＋旅游”“文创＋旅游”“影视＋旅游”等多种文旅融合模式，建设提升一批文化主题景区、旅游度假区，

策划推出一批文化旅游节事活动和精品线路，让齐鲁优秀文化“活”起来。强化对城市和乡村文脉保护，保持传统村镇原有肌理和建筑元素，构筑具有特色的城乡建筑风格，打造一批历史文化名城名镇名村，创新开发一批文旅特色小镇和文旅综合体，推动城市文化建设和乡村文化振兴。深入挖掘弘扬以沂蒙精神为核心的红色文化，充分利用现代传播手段和载体进行红色文化教育，大力发展红色旅游，打造具有全国影响力的曲阜干部政德教育基地、沂蒙红色党性教育基地、胶东红色教育基地、黄河三角洲生态文明教育基地。加强对近代滨海建筑群、海防遗址、海洋民俗等文化遗产保护利用，开发一批特色海洋文化产品，打造具有历史记忆、地域特色、时代内涵的海洋文化名片。

创新丰富文化旅游融合发展载体。完善“好客”品牌和标准体系，全面提升旅游服务质量。科学制定文旅融合发展的政策和制度框架，出台促进文旅融合发展的政策性意见，建立指标体系和评价体系，完善文旅融合顶层设计。创新市场主体融合，积极引导文化企业和旅游企业相互跨界融合、协同发展，打造一批文旅融合发展示范企业。推动文旅产业融合，以“文化+”“旅游+”和“+旅游”“+文化”助推产业融合和转型升级，同时提高文化、旅游与其他一二三产的融合度，衍生新业态，拓宽产业面，拉长产业链，构建现代文旅产业体系。加强公共服务体系融合，按照“融合共享、全域覆盖”理念，以文化公共服务转型升级提升旅游公共服务水平，把公共文化场所打造成为“好客山东”的会客厅。强化市场主体融合，整合资源、依托国有和大型民营企业，新建、组建大型文旅企业集团，引进国内国际知名文旅品牌企业，构建文旅融合的市场主体。

聚力打造全省七大文化旅游高地。推进泰山—曲阜中华优秀传统文化旅游示范高地、齐文化传承创新发展文化旅游示范高地、济南文化旅游新旧动能转换示范高地、沂蒙红色文化旅游高地、海洋文化旅游高地、大运河文化旅游高地、生态文化旅游高地建设。

二、开发旅游产品

（一）提档升级乡村旅游

立足山东特色，实施休闲农业和乡村旅游精品工程，推动乡村旅游产品、服务、环境、配套从“有”到“好”，培育产品多元、业态丰富、配套设施完善的精品乡村旅游，打造乡村旅游齐鲁样板。引导泰山、蒙山、微山湖、东平湖、滨海、齐长城、黄河、大运河、沂河等地区乡村旅游集聚发展，加快构建大城市近郊乡村旅游圈，重点培育一批精品乡村旅游重点村、精品旅游小镇、精品创意农业旅游园区和乡村旅游度假区，带动形成一批十亿级、百亿级农村产业融合发展集群。实施精品民宿、精品乡村酒店和乡村旅游管理与服务品质提升工程，按照地方特色、乡土气息与标准化、功能化相结合的原则，打造一批标志性乡村旅游精品项目，整体推动全省乡村旅游的提档升级。促进乡村人才振兴，培育乡村职业经理人、乡贤名人、乡村工匠、非物质文化遗产传承人。促进乡村文化振兴，以“齐鲁乡愁·山东老家”为主题，推进乡村记忆工程，整理保护有地方特色的文化遗产，在济南、临沂、潍坊等市因地制宜建设民俗生态博物馆和民俗旅游特色村。促进乡村生态振兴，探索传统村落警示和退出机制，加强对古居、古井、古树、古桥、匾额等历史文化要素的保护。到2022年达到5000亿元。

（二）打造文化旅游精品

加快推进十大文化旅游目的地品牌建设，策划推出一批重大文化旅游项目，辐射和带动区域旅游发展。重点培育儒家文化、泰山文化、齐文化、运河文化、黄金海岸文化等五大文化旅游带以及古城文化旅游集群片区。全面统筹文物资源、文化艺术事业、文化艺术产业、非物质文化遗产和传统民间文化与旅游融合发展，深度开发传统文化旅游产品，提高山东博物馆、泰山岱庙、三孔景区、青州博物馆等各类博物馆、文物保护单位的文物资源的旅游利用水平，支持发展民间和特色馆藏。重点建设山东省自然博物馆、青啤博物馆、张裕葡萄酒博物馆、胶济铁路博物馆、齐河大地自然博物馆群、非物质文化遗产博览园等项目。开发陶瓷玻璃、农民画、木版年画、草编柳编、传统武术等传统工艺产品。建设青岛、济南影视文化消费先行体验区。到2022年，力争文化旅游行业营业收入达到400亿元以上，在全省打造300个以上文化主题鲜明、设施配套完善的精品文化旅游景区。

（三）传承红色文化基因

突出沂蒙老区、胶东等红色资源优势，打造全国知名的红色文化传承区。以蒙山国家5A级旅游景区以及爱国主义教育基地为核心，打造全国一流的沂蒙红色文化精品旅游发展高地。以刘公岛、烟台山教学区、杨子荣纪念馆等胶东党性教育基地为代表，打造胶东红色文化旅游目的地。以铁道游击队文化园、台儿庄大战纪念地为代表，培育枣庄市铁道游击队和台儿庄大战红色旅游目的地。创新策划精品红色文化旅游活动，举办红色教育进景区、红色研学夏（冬）令营等系列活动，丰富发展红色文化研学旅游线路产品。重点打造沂蒙红色旅游专线、胶东红色旅游专线、渤海革命老区红色旅游专线、鲁南红色旅游专线、华东地区解放战争主题游、聊城鲁西红色研学游、莱芜“红色记忆”系列展馆项目、冀鲁边抗日主题红色旅游胜地等线路产品。到2022年，重点培育10个红色旅游经典。

（四）提升城市旅游品位

按照精准化、精细化服务的要求，遵从宜居宜业宜游的愿景，提升全省城市旅游品位。积极发挥城市在历史、文化、科技、教育、产业、社区、公共服务等方面的优势，综合打造城市观光、休闲、娱乐、研学、体验等产品体系，重点建设城市精品旅游街区、精品旅游社区，形成各具特色的城市旅游品牌。济南打造国际泉文化休闲名城，加快推进“济南泉·城文化景观”世界文化遗产申报工作，培育泉城国际旅游标志区，提升“一湖一环”和“明湖秀”，彰显百年商埠、齐烟九点、鹊华烟雨古城风韵，再现“鹊华秋色图”。青岛打造国际海洋名城，培育八大关、啤酒博物馆、栈桥等城市靓丽名片，规划建设“万国建筑博览区”，提高青岛啤酒节、国际电影节、国际马拉松等节会赛事的国际化水平，着力打造音乐之岛、影视之都、啤酒之城。烟台打造国际海岸养生名城，统筹养马岛、芝罘岛等开发利用，培育烟台山·芝罘湾都市休闲区、蓬莱阁·登州古城仙境休闲区两大城市地标。各市要依托中央商务区、特色建筑、历史遗存等打造核心吸引物，加大历史文化街区、特色风情街区、重大文化片区、重要开埠区、古街巷、百年老字号等特色资源的保护利用，打造具有地方特色的美食街、娱乐街、购物街等精品旅游街区（社区）。积极培育会展、商务、休闲、文化体验、康体养生等旅游业态，发展夜购、夜娱、夜休闲等旅游项目，打造夜旅游经济聚集区。科学规划城市旅游观光巴士线路。

三、“两带一轴”破局

（一）“一轴”率先崛起

1. 推动“山水圣人中华优秀传统文化旅游发展轴”率先崛起

以济南为枢纽，发挥曲阜“三孔”世界文化遗产的核心带动作用，泰山世界自然文化双遗产的支撑作用，济南齐长城世界遗产以及泉城的文化价值，形成济南—泰安—曲阜发展轴，延伸德州、齐河、邹城、滕州节点，结合中华优秀传统文化传承发展示范区建设，实施“国家文化旅游高地”工程，打造中华优秀传统文化旅游发展的山东纵轴，成为国家级旅游与文化融合发展的核心区和研学旅游的样板区。

2. 大力弘扬齐鲁文化，打造彰显中华文化自信的示范区、辐射区

齐鲁文化精华旅游带，北起德州市，南到枣庄市，东至潍坊市，生态优良，拥有杰出的考古发现

和遗迹资源，独一无二的城市和乡村非物质和物质遗产和景观，拥有齐鲁文化的核心文化资源，凸显了山东最具垄断性和比较优势的中华优秀传统文化。

依托曲阜优秀传统文化传承发展示范区和齐文化传承创新示范区建设，保护和传承齐鲁文化精华，大力弘扬齐鲁文化。儒家文化加大挖掘阐发力度，通过建立若干博物馆、研修院等形式，系统展示孔子、墨子、孙子、孟子、管子、荀子等诸子百家思想，系统展示龙山黑陶、汉画像石等古代科学、技术、艺术的伟大实践创造，让文物说话，让历史说话，让文化说话，把示范区建设成为一个中华文明的集中展示区和实际体验区。规划建设国家文化公园，成为中华文化重要标识。

3. 构建世界顶级文旅产品体系，引领山东文旅融合发展

活化利用齐鲁文化精华资源，促进优秀传统文化的创造性转化、创新性发展。完善“三孔”（孔府、孔庙、孔林）、“四孟”（孟府、孟庙、孟林、孟母林）等产品体系，依托尼山书院、孔子学堂、孔子研究院、孙子文化园、羲之书法城、鲁班故里科技馆、山东科技馆、宋江武校等，提升齐鲁文化体验质量，发挥山东儒学文化优势，开发专项产品，培育研学旅行高端项目。积极开发红色旅游产品，打造山水圣人红色旅游专线、济南红色生态之旅专线、华东地区解放战争主题游、莱芜“红色记忆”系列展馆项目、冀鲁边抗日主题红色旅游胜地等。挖掘乡村文化内涵，传承美术、戏剧、曲艺、剪纸、皮影戏、草柳编等非物质文化遗产和民俗文化活动，济南、济宁等市建设一批民俗生态博物馆和民俗旅游特色村。建设泰山文化名城，提升岱庙、普照寺、碧霞祠、玉皇庙、螭霖鱼博物馆等祈福产品。在济南宏济堂中医药文化产业园、泰安泰山养生文化体验园、德州庆云养生世界等研发高端康体养生产品。济南打造天下第一泉核心产品，丰富明府城、老商埠、“一湖一环”景观亮化、“泉城夜宴”灯光秀等项目文化内涵。

4. 突出核心旅游城市建设，彰显山东旅游国际气质

济宁市以儒学文化发源地曲阜、邹城两座历史文化名城为主体，以曲阜“三孔”、邹城“四孟”为核心资源，西连运河之都，北接汶上佛都，东融圣源泗水，带动辐射微山湖、济宁古城、汶上南旺枢纽考古遗址公园等运河文化，汶上宝相寺、兖州兴隆文化园等佛教文化，曾子、颜子等东方圣地系列名人文化以及泗水泉林生态文化开发，建设曲阜优秀传统文化传承发展示范区、中华旅游与文化融合发展核心区和中华传统国学研学旅游示范区。重点打造东方圣地、鲁风运河、水浒故里、微湖湿地、佛教圣地、中国泉乡六大产品体系。

泰安市以打造“平安泰山”为品牌的国际著名旅游目的地为目标，重点打造泰山慢谷、九女峰乡村旅游集聚区、徂徕山汶河景区等旅游片区；培育新兴旅游业态，积极推动“旅游+”，大力发展养老养生旅游、研学旅游、低空旅游、体育旅游、会展旅游等新业态产品；按照国际著名旅游目的地的标准，打造高质量的旅游设施和服务体系。

济南市以济南泉水景观、泉水文化和古泉城为核心资源，以泉水文化、休闲度假、会展节庆、乡村旅游等为核心旅游产品体系，打造中国泉文化休闲体验旅游目的地和国际休闲城市。重点打造老商埠文化、龙山文化、黄河文化、宗教文化、养生文化等传统文化旅游产品体系；继续深化南部山区生态旅游发展，重点打造生态休闲、避暑度假、乡村体验、户外运动等旅游产品，培育若干个特色旅游小镇，联动大泰山，建设济南—泰山风景道。

德州市构建以休闲度假、文化体验、生态游憩、乡村体验等为主体的旅游产品体系，深入挖掘“德”文化、董子文化资源，大力弘扬运河文化、黄河文化、大禹文化，提升文化软实力，围绕“一个核心、三大旅游集聚区”的总体格局，建设一个核心（德陵平核心区），三大旅游集聚区（乐庆宁集聚区、齐临禹集聚区、夏武运河与生态田园区）。

枣庄市挖掘代表性的运河文化、红色文化、历史文化、民俗文化等，大力发展文化创意、养生养老、会展服务、休闲旅游等相关服务业发展，形成旅游业与其他服务行业互动发展的局面。

5. 建设高标准旅游环境，全面提升旅游服务水平

率先构建“快旅”和“慢游”系统交通体系。科学合理设置行驶线路，为游客提供方便快捷的交通服务。推进济南－泰安－曲阜－邹城、济南－淄博－潍坊轨道交通建设，贯通山水圣人、齐长城风景廊道，打造景区式高速公路服务区，完善停车港湾、观景台、驿站等公路沿线旅游服务设施，为游客提供“一点租多点还”“一城租多城还”汽车租赁服务，支持共享汽车在重点旅游城市开展试点运营。建设以“零换乘”为目标方便快捷的旅游集散服务体系，推动高铁旅游经济圈发展。推动建设跨区域自行车绿道，配套建设驿馆驿站，增加休闲休憩、餐饮购物、停车换乘、自行车租赁等服务功能，开展“百万千米健身步道”建设工程。

开展游客服务中心品质提升行动。曲阜、济南、泰安等中心城市、旅游发达城市建设具有国际水准的省级智慧全域旅游服务中心，邹城等率先完成构建“中心城区—旅游城镇—旅游景区（点）—服务驿站”游客集散中心体系。为游客提供精准化产品推介服务，增设加密旅游专线车，优化散客一站式接待服务，增加旅游商品、民俗展示、休闲娱乐、商业购物等服务项目。

落实智慧旅游行动计划，在涉旅企事业单位、交通枢纽、全域旅游服务中心、集散中心等游客聚集区域，以及电视、平面、网络等各类媒体上进行广泛宣传，提高好客山东网微信、微博、App 二维码的覆盖率，方便游客下载查询，实现“一机在手，畅游山东”。提高旅游项目科技含量和水平，推广应用裸眼 3D、虚拟现实、全息成像、人工智能等新技术，打造一批高端沉浸式体验旅游精品项目。

全面提升国际化服务水平。积极对接、配合相关部门尽快实施部分国家外国人 144 小时过境免签政策和国际邮轮入境旅游团 15 天免签政策。推行城市旅游卡，为游客提供便捷化服务，提升城市的国际旅游形象。

推进生态环境改善。全面改善机场、车站、码头、商业区等游客聚集地、城乡街巷的卫生状况和建设面貌，积极开展主要旅游线路沿线风貌集中整治，在路边、水边、山边、村边开展净化、绿化、美化行动；重点旅游城市建设花卉景观大道、花卉特色公园、花漾街区、街心花园；用旅游标准化引领各类园区完善交通、环境、服务设施等要素，把园区打造成旅游区、度假区。倡导绿色发展，实施旅游能效提升计划，降低资源消耗，推广使用节水节能产品、技术和新能源，推进绿色饭店、景区建设。

（二）“两带”突破领跑

1. 大运河文化带建设

将大运河文化公园山东片建设作为文旅融合发展的头号工程。向北融入京津冀，向南融入淮海协作区，以德州、聊城、泰安、济宁、台儿庄为支撑，武城、临清、阳谷、东平、梁山、汶上、微山为节点，以微山湖、东平湖为集聚发展区，突出“鲁风运河”的文化品牌，构建“运河文化走廊＋运河古镇群”的空间发展格局，打造大运河齐鲁文化旅游新高地。整合郓城、梁山、东平、阳谷四县和高唐、平阴等地的水浒文化旅游资源，提升“水浒故里”文化旅游品牌知名度，打造中国古典文学名著文化旅游示范区，与大运河文化旅游带共同构成带动鲁西区域发展的战略性创新廊道。

2. 齐长城文化带建设

保护齐长城及沿线资源，突出历史文化与生态资源的保护。突出“齐长城人文自然风景带”文化遗产保护片区的独特内涵。依托齐长城两侧的文化旅游资源，面向国内文化旅游与研学、国际文化旅游和专项科考市场，重点拓展高铁文化休闲市场，以齐长城文化旅游与体验为基础产品，以“齐长城小道”为纽带，以齐长城客栈、齐长城营地为重要节点，串珠成带，以带为轴，两侧辐射，打造以齐长城文化观光、齐风鲁韵文化体验、长城之祖寻访探秘、泰沂山水休闲度假、长城人家乡村休闲和长城故地民俗游乐六大产品品牌，打造西起济南，东达青岛，一体化协调发展的齐长城文化旅游带，串联起黄河入海、儒风运河、天下泉城、平安泰山、齐国故都、亲情沂蒙、华夏龙城、仙境海岸等目的地品牌，成为山东十大文化旅游目的地品牌的优先落地项目，打造具有国际竞争力的世界级旅游目的地。

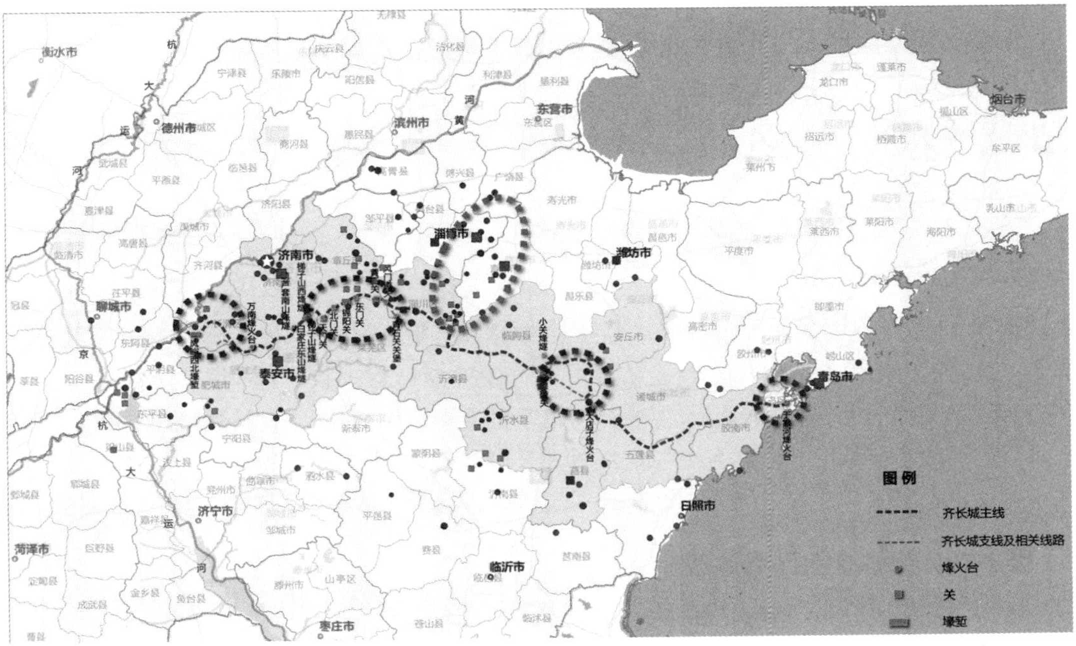

图 3-85 齐长城文化带建设示意

四、市场主体培育

（一）培育大型文化旅游集团

组建省属山东文化旅游发展集团，盘活省内优秀文化旅游资源，注入省属优质文化旅游资产，承接省级文旅产业基金，与市县政府及企业开展合作，建成全国一流的文旅企业集团，推动进入全国旅游 10 强。支持银座旅游集团发展壮大，提升其在中国旅游集团 20 强的位次。积极推动青岛旅游、山东坤河、蓝海酒店集团和华夏文旅集团等跻身全国百强旅游集团行列。推动省内十六市和重点县（市、区）组建成立文化旅游集团，建立投融资平台，成为当地文化旅游产业的“发动机”和“领跑者”。重点培育济南文旅集团、济宁孔子文旅集团、蒙山旅游、南山旅游集团、聊城旅发、烟台文旅、潍坊滨海、山东海洋文旅、崂山旅游、张裕文旅等全省骨干文化旅游企业。

（二）鼓励各类市场主体进入

鼓励转型一批文旅企业。支持省属大型企业集团转型发展文化旅游产业，推动能源、交通、土地等领域企业成立一批文化旅游集团。支持培育齐鲁交通发展集团、省土地发展集团、鲁商集团、水发集团、鲁信集团、山东高速集团等重点企业的文旅板块做大做强。

大力招商引进一批。培育和引进有竞争力的旅游骨干企业和大型旅游集团落户山东，带动本土旅游企业经营理念、商业模式和企业治理能力的全面提升。重点引进中国旅游集团（港中旅集团）、万达集团、复兴集团、华侨城集团、华强集团、首旅集团、无锡灵山集团、浙江开元集团、世贸集团等大型文化旅游集团落户山东，重点培育万达东方影都、无锡灵山集团尼山圣境、复星集团地中海小镇等外来投资项目，打造一批一流的优质旅游集团企业。

创新培养一批。大力推进旅游领域大众创业、万众创新，落实中小旅游企业扶持政策，引导其向专业、精品、特色、创新方向发展，开展旅游创客行动，建设旅游创客示范基地，加强政策引导和专业培训，促进旅游领域创业和就业。

到2022年，全省组建起20个左右的大型文化旅游集团，培育一批本土化骨干民营旅游企业，鼓励发展一批瞪羚企业，形成一批创新活跃的旅游企业集群，形成以文化旅游骨干企业为龙头、大中小旅游企业协调发展的格局。

五、推动改革扩大开放

（一）探索景区体制机制改革

探索景区体制机制改革，建立现代企业法人治理结构，壮大市场主体活力，提升全省旅游景区的核心竞争力。以事业单位管理的景区为改革重点，有条件推行管理权、经营权“两权分离”，明确责任主体，剥离经营性资产，成立能直接参与市场竞争的企业法人主体。支持各地根据实际，将景区及周边的土地、房产等资产资源注入经营主体公司。鼓励景区以优势资源和资产引进战略合作者参与景区开发建设和经营管理。

（二）推进文化旅游企业深化改革

推动国有文化旅游企业公司股份制改革，建立健全符合现代企业制度要求、体现文化旅游企业特点的资产组织形式和经营管理模式。大力推进规模以上旅游企业规范化公司改制，支持山东龙冈、台儿庄古城文旅集团等旅游企业上市。鼓励国有文化旅游企业通过投资入股、联合投资、重组等方式，对非国有文化旅游企业进行股权投资和资源整合。完善国有文化旅游资产盘活管理制度，依法依规推进国有文化旅游资产转让，盘活国有文化旅游企业低效闲置资产。

（三）激发文旅行业市场活力

推动文化和旅游行政部门与其所属的文化和旅游企事业单位进一步理顺关系，赋予企事业单位更多法人自主权。进一步深化国有文艺院团体制改革，形成既符合艺术规律又符合市场规律的内部管理机制，丰富文化旅游演艺市场，加快文化艺术产业发展。博物馆、文物保护单位等文物资源和公共图书馆、博物馆、文化馆、科技馆等文化场所，在保持公益性质不变的前提下，丰富城市旅游新业态，增加经营性设施，开发高科技项目、特色体验项目、休闲娱乐项目等，打造城市旅游休闲娱乐新亮点。

（四）开放创造文化旅游协同发展平台

充分借鉴国际知名旅游企业集团的经营模式和先进管理理念，挖掘齐鲁商业文化底蕴，发挥瑞蚨祥、宏济堂等传统儒商企业和海尔、海信等现代儒商企业的先进经营管理理念，将儒商文化和现代旅游企业运营有机结合，塑造山东文化旅游企业品牌。成立山东文旅融合发展联盟，广泛吸纳全省各类文化企事业单位和旅游企业参与，为文化和旅游对接合作创造协同发展平台。

六、不断强化旅游服务配套

（一）畅游山东旅游交通建设

提升旅游交通便捷性与舒适度，在全省实施旅游交通体系完善建设工程，完善全省高铁、航空、高速公路、水运等交通及转换接驳系统，加强景区与城市、景区与交通干线之间的交通设施建设和交通组织，打造沿海、沿黄、沿运河自驾车游风景道，完善快捷高效的旅游集散和服务网络，各地市要加快完善从各个高铁/动车站直达重要景区的快速公交线路，构建准点、便捷、舒适、安全的旅游交通体系。

（二）文化旅游公共服务提升建设

提升全省文化旅游公共服务质量，推进主要旅游综合体、步行街区及A级以上旅游景区、省级以上旅游度假区等游客集中区域的旅游服务中心建设，推进“厕所革命”，完善旅游标识解说体系，推进旅游紧急救援体系建设，构建主客共享、体系完备、安全舒适、优质高效的文化旅游公共服务体系。

（三）智慧旅游建设

加快智慧技术引入，提升山东智慧文旅技术支撑能力，搭建平台促进物联网在山东智慧旅游建设领域应用。建设“一部手机游山东”智慧体系。开发“一部手机游山东”App，集旅游咨询、景区介绍、产品线路、美食购物、酒店预订、交通导航等于一体，实现手拿一部手机畅游齐鲁大地。组建“数字山东·文旅平台”，通过线上“投资环境、服务质量、管理效能”的功能开发和社会监督，为政府文旅主管部门和全省文旅企业提高效能，为旅游者全要素优质服务提供保障。采用信息化手段强化市场动态监管。推动实现“正规社、正规车、正规导”的“三正”服务模式。建立健全山东省旅游应急指挥平台，建立旅游服务企业的强化日常监管机制，推进全省旅游投诉和监管联网执法和投诉受理，畅通投诉渠道，形成统一受理、分级处理的旅游投诉平台。

第十七节 实施保障

一、强化组织领导

建立完善由省政府主要领导同志担任总召集人的省政府文化旅游发展联席会议机制，宣传、发展改革、财政、教育、工业和信息化、自然资源、生态环境、住房和城乡建设、交通运输、水利、农业农村、商务、卫生健康等部门（单位）分工负责、协同推进，定期研究解决文化旅游发展中的重大问题，推动重大工程、重点项目、重大政策落实落地。市、县建立相应的工作领导机制。省委省政府每年召开一次全省文化旅游发展大会，每年一个主题，各市轮流承办。各级文化旅游部门要充分认识规划实施的重大意义，在党委、政府领导和有关部门的支持下，齐心协力做好规划实施工作。加强规划宣传和规划实施的监督检查，跟踪分析规划执行情况，提高规划实施水平，确保圆满完成规划确定的各项目标任务。

二、加强法规建设

认真落实《山东省旅游条例》《山东省文物保护条例》《山东省大运河遗产山东段保护管理办法》《山东省非物质文化遗产条例》，制定《山东省齐长城保护与管理条例》《山东省曲阜孔庙孔林孔府保护管理条例》《山东省考古遗址公园管理办法》《山东省公共文化服务保障条例》《山东省公共图书馆条例》等法规规章，为文化旅游发展提供法规制度保障。

三、强化政策集成

加大财政、税收支持力度。用足用好省委省政府《关于支持新旧动能转换重大工程的若干财政政策》及5个实施意见。制定《山东省全域旅游示范区奖励办法》，对2020年前率先达到国家全域旅游示范区创建标准的市、县（市、区）给予表扬奖励。完善财政支持政策，对文化旅游交通、道路基础设施和集散中心、游客咨询服务中心、旅游厕所等公共服务配套设施建设项目给予奖励补助。加快文化旅游提升工程建设，对升入国家最高质量等级的国家级旅游度假区、5A 级旅游景区、国家文化公园等给予奖励补助，对五星级饭店、品牌连锁饭店、文化主题酒店、精品民宿、精品旅游小镇、乡村旅游集群片区、旅游新业态等按规定给予奖励补助。制定扶持邮轮旅游发展、入境游客奖励、新开洲际航线补助、旅游演艺项目场次补助、冬季景区门票打折、夜间景区门票打折、特定节日特定人群特定客源市场景区门票打折或免票等政策。用好财政贴息政策，对重点文化旅游项目建设予以扶持。用好省政府关于促进非国有博物馆发展的扶持政策。积极争取免税政策，在济南、青岛设立免税品商店，支持具备条件的国际空港、海港、邮轮母港增设免税店，引进具备进境免税品经营资质的企业落户山东。设立山东省旅游诚信基金，2020 年实现旅游投诉先行赔付制度全覆盖。文化旅游重点项目优先纳入各级新旧动能转换重大项目库，优先予以推荐申报国家文化旅游优选项目。

加大金融政策支持力度。用足用好国家各类金融政策，加大对小型微型文化旅游企业和乡村旅游的信贷支持。充分依托已有平台，促进文化旅游资源资产交易，促进文化旅游资源市场化配置，加强监管、防范风险，积极引导私募股权、创业投资基金、精品旅游产业基金、文旅产业基金等投资各类文化旅游项目。支持文化旅游企业发行债券、债务融资工具及资产证券化产品进行融资，探索利用景区门票等收费权进行质押融资的途径。鼓励支持符合条件的文化旅游企业通过发行债券、产权置换、项目融资、质押担保等途径，借助金融资源募集资金加快发展。支持符合条件的文化旅游企业到沪深港美等境内外交易所上市融资，在“新三板”和区域股权市场挂牌。

加强土地政策支持。坚持节约集约用地原则，在新一轮国土空间规划中加强对文化旅游用地支持，按照土地利用总体规划、城乡规划安排文化旅游用地的规模和布局。统筹旅游发展用地，建立省重点文化旅游项目用地用海会商机制，市、县年度建设用地供应计划适当增加旅游发展用地。完善文化旅游用地管理制度，推动土地差别化管理与引导文化旅游供给结构调整相结合。市、县编制和调整土地利用总体规划、城乡规划和海洋功能区规划时，要充分考虑相关文化旅游项目、设施的空间布局和建设用地要求。将文化旅游用地纳入现有用地政策支持范围，重点支持大型文化旅游项目建设。对文化休闲、乡村旅游、新业态项目推行点状供地政策。对依托山林自然风景资源开发休闲度假、露营运动等生态休闲旅游观光建设项目，探索灵活多样的供地方式。

四、创新体制机制

省内十六市和重点县（市、区）组建文化旅游集团，科学整合各地文化旅游资源和现有企业，提高文旅产业经营管理能力，盘活资源，激活体制。推动国有文化旅游企业公司股份制改革，建立健全符合现代企业制度要求、体现文化旅游企业特点的资产组织形式和经营管理模式。鼓励国有文化旅游企业通过投资入股、联合投资、重组等方式，对非国有文化旅游企业进行股权投资和资源整合。完善国有文化旅游资产盘活管理制度，依法依规推进国有文化旅游资产转让，盘活国有文化旅游企业低效闲置资产。推动文化和旅游行政部门与其所属的文化和旅游企事业单位进一步理顺关系，赋予企事业单位更多法人自主权。进一步深化国有文艺院团体制改革，形成既符合艺术规律又符合市场规律的内部管理机制。突破行政区划开发模式局限，构建一体规划、协调开发、统筹管理的资源整合机制。探索推进国有景区体制机制改革，做大做强旅游市场主体。深化“放管服”改革，规范行政审批，完善行政权力清单、责任清单和公共服务事项清单制度，转变政府职能，构建服务便民化体系。

五、加强人才、科技支撑

加强人才队伍建设。坚持文化旅游招商引资与招才引智相结合，通过重点文化旅游项目吸引现代经营管理人才落户沿海地区，将文化旅游高端人才纳入全省绿色通道服务范围。通过“请进来”和“走出去”的方式，积极开拓文化旅游人才培养国际合作与交流；积极组织山东省各大文化旅游组织参与国际组织的各项活动。制定引进高端旅游人才、旅游领军人才落户山东的优惠政策。强化工学结合、校企合作，培养技能型文化旅游专业人才。开展文化旅游从业全员学习培训，组织开展文化旅游带头人和文化旅游管理人才国内外培训活动。与省内外高校和企业合作开设人才培训班，建设一支应用型文化旅游精英人才队伍，到2022年，全省培养培训1000名文化旅游精英人才。

强化文旅科技支撑。推进现代科技手段在文旅产业中的应用，加大文化旅游设施设备的研发力度，为传统文旅产业转型升级提供科技支撑。建设一批旅游科技场馆、旅游科技园区、旅游科普基地等精品科技旅游项目，推动跨领域跨行业协同创新。利用资金扶持、政策扶持、科技创新、行业合作、人才培育等方式，集聚智慧文旅产业要素，打造文旅智慧产业园区、智慧文旅实验室、工程研究中心、文旅大数据创新工场以及文旅双创示范基地，形成开放共享、富有活力的智慧文旅产业化创新创业生态，鼓励文旅产业新模式、新业态、新技术、新产品的开发应用，延伸产业链，打造产业集群，实现智慧文旅产业化发展。

六、加强投融资机制建设

建立拥有资源、资金和政策及服务优势的政府投融资平台，实现与国内外大品牌企业的对接，吸引品牌市场、人才资本和管理运营等优势资源进入。制定《建立完善文化旅游投融资体制机制的意见》，加大对建立文旅投融资平台的扶持力度，在已经建立的鲁商、鲁信、齐鲁交通、水发集团等文旅投融资平台公司基础上，要进一步扩大投融资规模，配置优质资源，围绕已规划重大文旅工程、重点项目着重引进国内外品牌大企业。尚未建立投融资平台、文旅集团公司的市要尽快建立；已经建立的要尽快将当地优质资源和资本装入平台，形成较大规模，具有同国内外品牌企业对话、对接的实力，同时提供资金、政策和环境服务的扶持，使其既有对话权，也能使引进品牌大企业得到实惠。

七、加强执法监管

牢固树立红线意识和底线意识，健全“政府统一领导、部门依法监管、企业主体负责”的文化和旅游安全责任体系。调整完善文化市场准入和退出机制，建立健全政策法规、标准规范，为行业提供优质公共服务和行政指导。完善文化市场执法指挥平台，加强重大案件督查督办，开展文化市场集中整治。加强重要节点、重点领域文化市场监管和暑期、黄金周、节假日等旅游高峰期市场检查，切实维护消费者合法权益。坚决整治旅游市场秩序，开展不合理低价游、在线旅游企业违法经营等专项整治行动。建立线上线下联动、高效便捷畅通的文化旅游投诉举报受理、处理、反馈机制，在重点旅游城市探索建立游客消费纠纷先行赔付制度。深入推进文化和旅游市场综合执法改革，加强执法机构和队伍建设，提高执法队伍的专业化、规范化、信息化水平。

八、加强督导考核

将文化旅游发展纳入各市绩效目标考核，作为领导班子和干部实绩考核的重要依据。开展对规划指标、政策措施和重大工程、重大项目实施情况的跟踪监测，进行年度总结评估，强化动态管理，确保规划实施效果。对重大工程、重点项目推进力度大、成效突出的市，在投资项目安排、专项奖补资金支持、土地指标调整等方面，给予政策倾斜，对工作不力、进度缓慢的要予以通报、约谈等。

第四章

山东文化旅游融合发展规划研究专题（概要）

专题 1　山东省文化旅游资源分析与评价（概要）

一、旅游环境资源及评价

（一）气候舒适

山东省旅游气候资源丰富[①]，按照旅游气候综合舒适度将山东省划分为 3 个片区，分别是鲁西内陆平原旅游区、鲁中南山地旅游区以及半岛滨海旅游区[②]。省内各地气候舒适期从 6 个月到 12 个月均有分布，其中，绝大部分地区的旅游气候舒适期为 8~9 个月，气候舒适期较长的地区分布于半岛滨海旅游区、鲁中南山地旅游区部分地区[③]。

（二）环境宜人

山东省植被覆盖面积占全省总面积的77.54%[④]，沿海地带及丘陵地带的植被覆盖情况最好[⑤]，且沿海地带的环境空气质量良好率位居全省第一梯队。

（三）岸岛旖旎

山东半岛是中国最大的半岛，三面环海，山东半岛海岸线有 3121 千米，占全国海岸线的六分之一，居全国第二位。全省有岛屿 326 个，滩涂面积 3223 平方千米，海洋国土面积约 17 万平方千米。全省有海湾 200 多处，2/3 以上为基岩质港湾式海岸，是中国长江口以北具有深水大港预选港址最多的岸段；山东半岛海岸地貌类型多样，人文和自然景观丰富。

二、旅游资源的类型、数量与分布

（一）旅游资源价值总述

1. 不可替代的文化地位

山东省是东亚文明的重要源流，中华早期文明的东部重心，华夏三大文化核心区之一，儒家学说的起源地。源远流长的海岱文化、华光璀璨的齐鲁文化、可歌可泣的红色文化，在齐鲁大地遗存了丰厚的文化遗产。

2. 山海相连的自然禀赋

山东半岛是我国最大的半岛，有绵延 3000 多千米的大陆海岸线。鲁中山地造就了五岳之首的泰山，以及蒙山、鲁山、沂山等著名的山地和生态景观。

① 廉丽姝，李志富 . 山东省旅游气候资源研究［J］. 山东气象，2005（3）：1-4.

② 张秀美，杨前进，何志明，李月臣，熊娇 . 山东省旅游气候舒适度分析与区划［J］. 测绘科学，2014，39（8）：140-143+147.

③ 邱粲，曹洁，林隆超，刘焕彬，张海波 . 基于GI的山东省旅游气候舒适度精细化评估［J］. 资源科学，2013，35（12）：2501-2506.

④ 省国土资源厅、省统计局：《山东省第一次全国地理国情普查公报》。

⑤ 陈素青 . 山东省生态环境的综合评价［J］. 国土与自然资源研究，2006（3）：61-62.

（二）主要旅游资源概况

1. 高等级景区

据 2018 年统计数据，山东省共有 A 级景区 1292 家。其中，5A 级景区 12 家（12 处，沂蒙山 5A 景区分两部分），4A 级景区 223 家，高等级景区（4A 级及以上）的占比 18.19%。

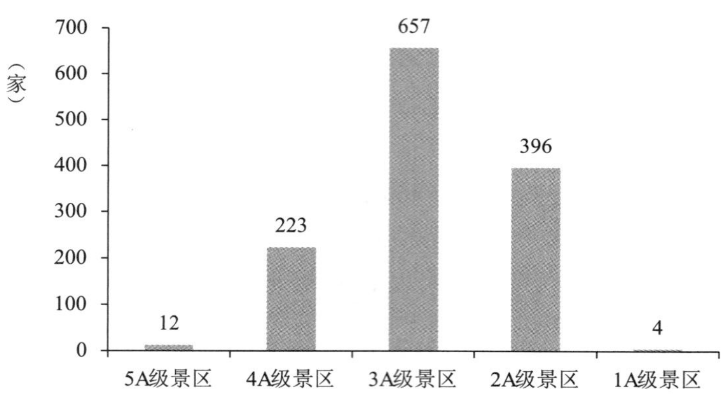

图 4-1　山东省 A 级景区级别分布

2. 自然保护地

山东省暂无国家公园，重要的自然保护地主要包括国家级自然保护区和国家级自然公园。

山东省的陆域国家级自然保护地共有 289 处。其中，国家级自然保护区 7 处（2018 年 5 月 31 日），国家级风景名胜区 6 处（2017 年 3 月 29 日），国家级湿地公园 68 处（2017 年年底），世界级地质公园 2 处、国家级地质公园 11 处（2018 年 3 月），国家级森林公园 49 处（2017 年年底），国家级水利风景区 105 处（2018 年 12 月）。

3. 旅游度假区

山东省旅游度假区总数为 46 家，位居全国第二，排在浙江省（52）和江苏省（52）之后。其中，国家级旅游度假区 4 处，数量位居全国第三，仅次于江苏省（6）和浙江省（5）；省级旅游度假区 42 处，数量位居全国第三，仅次于浙江省（47）和江苏省（46）。

4. 重要物质文化遗产名录

截至 2019 年，山东省共有世界遗产 4 项，分别为泰山、曲阜孔庙孔府孔林、长城山东段、大运河山东段，数量并列全国第六位；全球重要农业文化遗产 1 项，为夏津黄河故道古桑树群；全国重点文物保护单位 192 处，数量位居全国第八位，其中古遗址类文物 71 处，比重最高，史前文化古遗址占据其中近六成；国家历史文化名城 10 座，数量并列全国第二位；中国历史文化名镇 4 个，中国历史文化名村 11 个，名镇名村总数位居全国第二十位。山东省物质文化遗产总体数量位居全国前列，但是与山西、河南、浙江、江苏等文化资源大省的数量存在一定差距。

5. 非物质文化遗产

山东省国家级非物质文化遗产资源总量居全国第二，国家级非遗项目 173 个，占全国总数的 12.6%。在数量上领先其他文化大省，远超陕西省（79 个）、河南省（113 个），与山西省（168 个）相当。与周边省市相比数量第一，超过河北省（149 个）、河南省（113 个）、安徽省（88 个）、江苏省（146 个）。

6. 文化场馆

山东为全国博物馆第一大省。2018 年，山东省全省共有各级各类博物馆 541 座，遥遥领先第二名浙江省（337 座）。相较 2011 年的 120 座，增长了 350.8%，年均增加约 60 座，总量年均增速达到

24%，呈快速增长的态势。

（三）旅游资源空间分布特征

山东省旅游资源分布形成3大资源集聚区：

黄河三角洲片区：以黄河三角洲大面积河口湿地生态系统为特色，分布着除大型国家级自然保护区外的以河、湖为主要资源的国家湿地公园、国家水利风景区等，片区南部还分布有盐业遗址群、魏氏庄园等国家级重点文保单位。

胶东半岛片区：以山海相融的景观、风光旖旎的岸线、交错分布的湾岛为特色。这个片区集中体现山东省海洋文化、工业文化，也是山东省滨海旅游度假资源最为密布的区域。鲁东丘陵与半岛岸线交相辉映，造就了如崂山风景名胜区这样山海相连的独特景观。地质变迁，使得这一片区域密集分布着重要的地质遗迹资源，且规模宏大。

鲁中南片区：以山地森林景观、儒家文化、红色文化、运河文化、东夷文化等为特色。这个片区是世界自然与文化双重遗产泰山的所在地，也是孔孟之乡，是大运河繁荣发展之地，更是沂蒙精神的发源地与东夷文化的滥觞之地。是山东省内世界遗产和国家级文保单位分布最为密集的地方，文化底蕴十分深厚。同时也是大自然鬼斧神工之地，拥有2处世界级地质公园——泰山世界地质公园和沂蒙山世界地质公园，1处国际重要湿地——济宁南四湖。

（四）核心旅游资源识别

1. 群山之间，五岳之首

2. 黄河风光，运河长廊

3. 仙境海岸，康益温泉

4. 星罗遗存，文明见证

- 世界遗产闪耀，影响深远。
- 文物资源丰富，类型多样。
- 历史文化名城众多，底蕴深厚。
- 历史文化名镇、名村与传统村落广布，特色鲜明。

5. 山海记忆，齐风鲁韵

- 齐鲁雅集，资源丰富。
- 齐鲁绝艺，全国领先。
- 风雅礼仪，农海皆宜。
- 齐鲁大地，各具风采。

三、旅游资源的产品适宜性评价

（一）观光旅游产品适宜性评价

表4–1　山东省发展观光旅游产品适宜性评价

依托资源	开发理念	基础条件	特定市场	开发重点
现有的优质观光资源	优化提升观光旅游。提升存量、做优增量、突出质量	山东省大量的高等级景区及可供发展生态游憩的自然公园	观光旅游市场	优化利用山东神奇秀美的特色景观，结合海岱风情，推进观光旅游高品质发展，将各类观光景区打造成为美丽山东的品牌景区

（二）休闲度假产品适宜性评价

表 4–2　山东省发展休闲度假产品适宜性评价

依托资源	开发理念	基础条件	特定市场	开发重点
山东“3S”（阳光、海洋、沙滩）、山水林田湖草、温泉等特色度假旅游资源	高品质发展休闲度假旅游，面向我国中高净值人群轻奢体验需求，大力发展私人订制旅游等轻奢度假体验旅游产品	山东省的旅游度假区数量在全国名列前茅	休闲度假市场、中高净值人群	充分利用山东“3S”（阳光、海洋、沙滩）、山水林田湖草、温泉等特色度假旅游资源，以旅游度假区优化提升为抓手，引导不同主题类型的休闲度假产品聚集区的开发建设

（三）文化旅游产品适宜性评价

表 4–3　山东省发展文化旅游产品适宜性评价

依托资源	开发理念	基础条件	特定市场	开发重点
鲁文化、齐文化、运河文化、黄河文化、泰山文化、儒家文化等资源	深度开发文化旅游。突出齐鲁文化优势，挖掘文化内涵，活化利用文化资源，促进优秀传统文化的创造性转化、创新性发展	山东省丰富的物质文化遗产及非物质文化遗产，并探索建设了文化生态保护区	文化体验市场	整合利用传统风貌、民俗文化、非遗等资源，大力开发历史文化名城、名镇、名村旅游。全面统筹文物资源、文化艺术、非物质文化遗产与旅游融合发展，深度开发文化体验旅游产品

（四）乡村旅游产品适宜性评价

表 4–4　山东省发展乡村旅游产品适宜性评价

依托资源	开发理念	基础条件	特定市场	开发重点
区域特色乡村	提档升级乡村旅游。立足区域乡村特色，利用山东“农业大省”优势，促进乡村旅游集聚带动，强化乡村旅游产品升级，打造乡村旅游齐鲁样板	乡村已有了较好的基础设施建设，且乡村的区域特色突出，已经形成了乡村旅游十大品牌，如胶东渔家、沂蒙人家	乡村休闲旅游市场、家庭亲子市场	结合市场需求，丰富乡村生态度假、乡村文化体验等多元乡村旅游产品。促进乡村旅游向田园综合体、农业公园、野奢度假乡居、田园颐养社区、创意文化民宿等方向升级。培育乡村旅游新业态，建设一批乡村旅游创客示范基地。进一步改善乡村环境，提升乡村旅游服务水平

（五）红色旅游产品适宜性评价

表 4–5　山东省发展红色旅游产品适宜性评价

依托资源	开发理念	基础条件	特定市场	开发重点
沂蒙精神。重要党史（历史）事件和重要机构旧址；重要党史（历史）事件及人物活动纪念地；革命领导人（重要人物）故居；烈士墓；纪念设施	创新发展新时代红色旅游。挖掘红色文化的时代价值，讲好红色旅游文化故事，要善于运用细致、平实、鲜活的内涵触动游客，增强新时期各年龄段游客的获得感	山东是革命老区、红色热土。革命战争年代，在齐鲁大地上，党不仅领导人民完成了可歌可泣的革命事业，而且创造了感召人民群众、凝聚党心军心、激励奋斗不止的红色文化	红色旅游市场、爱国主义教育市场	以沂蒙革命老区人民在革命战争年代和社会主义建设时期形成的伟大沂蒙精神为主线，以临沂为中心，联动潍坊、淄博、枣庄、泰安等周边地区，挖掘整合各地红色文化资源，做好红色文化遗产保护和利用，塑造“亲情沂蒙”红色文化旅游品牌

（六）邮轮游艇旅游产品适宜性评价

表 4–6　山东省发展邮轮游艇旅游产品适宜性评价

依托资源	开发理念	基础条件	特定市场	开发重点
海洋资源、岸岛资源	加快发展邮轮游艇旅游。以青岛中国邮轮旅游发展试验区为重点，与烟台港、威海港、日照港协同，整体打造母港、始发港、停靠港的“一主一备两点”的山东邮轮旅游体系	烟台港、青岛港、威海港、日照港等邮轮港的建设业已完成	邮轮游艇旅游市场	设计开发游艇旅游精品线路，创新旅游方式，打造高端品牌。着力打造山东海洋邮轮、游艇旅游产品品牌，建设海洋旅游强省

（七）生态旅游产品适宜性评价

表 4–7　山东省发展生态旅游产品适宜性评价

依托资源	开发理念	基础条件	特定市场	开发重点
河湖、湿地、山川、海岛等类型多样的生态旅游资源	科学发展生态旅游。坚持绿色发展理念，践行“绿水青山就是金山银山”理论，结合自然保护地体系的构建，在做好生态保护的基础上，打造丰富多彩的生态旅游产品体系	山东省优异且丰富的自然保护地资源	生态旅游市场、研学游行市场	打造生态旅游精品景区，强化研学服务、环境教育与社区参与，使生态旅游成为山东“生态省”建设的展示窗口

（八）康养旅游产品适宜性评价

表 4–8　山东省发展康养旅游产品适宜性评价

依托资源	开发理念	基础条件	特定市场	开发重点
山海一体的环境及温泉资源	积极发展户外运动和体育健康产业。依托山东山河湖海资源，积极培育冰雪、山地、水上、海洋运动等具有消费引领特征的时尚休闲运动项目，打造具有区域特色的健身休闲示范区、健身休闲产业带	目前省内政策对康养的支持力度很大	康养旅游市场	建立健康旅游业态标准和服务规范，积极创建国家级中医药健康旅游示范基地，建成一批中医药健康旅游场所，打造一批知名健康旅游品牌，推动中医药养生、健康养老、健康文化、健康饮食等产业发展，打造具有国际竞争力的康养旅游目的地

（九）研学旅游产品适宜性评价

表 4–9　山东省发展研学旅游产品适宜性评价

依托资源	开发理念	基础条件	特定市场	开发重点
山东省丰富的文博场馆等	鼓励发展研学旅游。深度挖掘利用山东“文化圣地”特色资源，推进研学旅游与国民教育结合，将研学旅行作为青少年接受文化教育、爱国主义和革命传统教育、国情教育的重要形式，培养青少年的社会责任感、创新精神和实践能力	自然和文化遗产、古村落、博物馆、科技馆、文化馆、艺术馆、知名院校、工矿企业、产业园区、科研机构等开展研学旅游的载体丰富	研学旅行市场	推动建立适合不同阶段、不同类型、不同层次的研学旅行产品体系，鼓励有条件的地方开展多种形式的研学旅游活动，推进研学旅游与国民教育相结合，把研学旅游作为全省中小学生素质教育的有机环节

（十）商务会展旅游产品适宜性评价

表 4-10 山东省发展会展旅游产品适宜性评价

依托资源	开发理念	基础条件	特定市场	开发重点
济南、青岛两个具有国际影响力的城市	做优做强商务会展旅游。利用儒家文化在国内外的巨大影响力，依托城市产业和专业市场，建设一批商务考察旅游基地和线路	青岛上合经贸示范区政策优势，结合山东省参与“一带一路”建设契机	商务会展旅游市场	依托特色旅游资源和商务会展场所，积极开发多元化的商务会展市场，加快构建以中心城市为龙头的多层级会展旅游目的地体系

专题 2 山东历史文化研究（概要）

一、山东历史文化发展脉络

（一）山东历史文化发展变迁脉络

山东是中华民族古老文明发祥地之一。

山东地域文化多元。

（二）山东历史文化价值和地位

山东大地在人类发展和华夏文明史上的“母体”地位。

齐鲁文化在中华主流文化史上的“重心”地位。

凝聚民族精神、支撑国家统一方面形成的“圣地”地位。

（三）山东文化特征

兼容并蓄，胸襟博大。

刚健有为，积极进取。

富于人文关怀和人道精神。

善于创新，勤谨睿智。

（四）小结

山东历史文化发展主要有四大高峰：分别是史前东夷文化、齐鲁文化（含儒家文化）、近现代海事文化和红色文化。

二、山东文化主要构成

（一）史前东夷文化（第一个文化发展高峰）

1. 概述

东夷文化是指东夷人所创造的文化，是华夏文明重要源头之一，主要发源地在山东的鲁中山区和沂沭河流域，从距今 8300 年前的后李文化起，历经北辛文化、大汶口文化、龙山文化、岳石文化，都是东夷人所创造出来的不同阶段的文化。以大汶口文化、龙山文化及岳石文化最具代表性。

2. 文化价值与地位

自新石器时代开始一直到西周中期结束，东夷及其古文化在亚洲古文化的发源与交流中都处于较为重要的地位，居全国新石器文化领先地位。

东夷文化极为繁荣，文化发展序列系统，比仰韶文化先进。

新石器时代，境内夷族先民创造了比殷商甲骨文更古老的文字——陶文和骨刻文。

东夷英雄神话传说丰富：少昊、蚩尤、羿、帝舜等。

（二）夏商文化

夏商时代，东夷文化开始衰落，文化中心随政治、经济中心西移至中原地区。夏禹的儿子启继位于夏邑，在今临沂北；夏都斟鄩（潍坊）和斟灌（寿光）。有鬲氏在德州。

夏商文化传入齐鲁大地。东夷文化和夏、商文化为春秋战国时期齐鲁文化的崛起和繁荣打下坚实基础。

（三）齐鲁文化（第二个文化发展高峰）

1. 齐文化

（1）齐文化概述。齐文化，从民族学的角度看，齐文化融合了东夷文化、姜炎文化、商文化和周文化，是民族文化的多元复合体；从地域来说，齐文化融合了滨海文化与内陆文化；从物质文化看，齐文化兼具农业文化、畜牧文化和渔业文化的特点。

（2）齐文化价值地位。中华传统文化的主要来源之一和重要组成部分。齐文化中诸多内容，体现了当今全人类的普遍价值观念，极富现代意蕴。

齐都临淄是海内一大都会，当时中国文化中心。

一大批灿若群星的杰出人物。

齐文化历经整个春秋战国近800年的历史，为后人留下了丰富的文献资料和历史遗存。

（3）齐文化资源分布。齐文化物质文化资源：包括地上遗存、地下遗存、可移动文物等；非物质文化资源：影响着当世齐人乃至后世齐地人的心理结构、精神状态以及行为方式的精神遗存，包括齐人的生存样式、社会制度、思想学术等。

2. 鲁文化

（1）概述。“鲁文化始于周公”，是移民文化，传承周（礼乐）文化的鲁，是代表当时的官方（周）推行政令与地方文化融合的典范。从民族学的角度看，鲁文化是以周文化为主体吸收了夷、商文化的因子；从地域来说，是以内陆河谷文化为主；从物质文化看，是以农业文化为主体。

孔、墨、思、孟是鲁文化表征。

（2）鲁文化价值地位。鲁文化的特殊地位与当时鲁国在各诸侯国中的地位一致，鲁文化是周文化发展传承的代表；鲁文化则以其勤俭质朴、注重传统、恪守礼乐、重德尚恩的风格深刻影响了中国传统文化的形成和发展；在鲁文化的熏陶下，出现了中国第一位圣人孔子；鲁国受封之地是中国文化最为发达的地区之一，中国文化中心。

（3）鲁文化资源分布。鲁文化物质文化资源：著名的历史遗存如鲁国故城遗址、孟母林、孟林以及陶器、铜器、玉器等；非物质文化资源，包括生存样式等。

（四）泰山文化

1. 概述

泰山作为中华民族精神家园的重要载体，是国泰民安的寓意体、天人合一的寄托体、自强担当的精神体、厚德载物的象征体、开放包容的思想体、雄伟质朴的自然体，是中华民族优秀传统文化的典型象征和极为重要的体验空间，“国泰民安”正是泰山文化最核心的内容和鲜明特征。

2. 文化价值与地位

东亚文化摇篮。

泰山文化是中华文化主要发祥地之一，是古代中国文明和信仰的象征。

中国历史文化的缩影，中国艺术家和学者的精神源泉。

作为中华五岳之首，泰山的景观可称为独特的艺术杰作。

（五）儒家文化（思想高峰）

1. 概述

儒家文化是以儒家学说为指导思想的文化流派。儒家学说为春秋时期孔丘所创，倡导血亲人伦、现世事功、修身存养、道德理性，其中心思想是恕、忠、孝、悌、勇、仁、义、礼、智、信，其核心是“仁”。

2. 发展脉络

儒家兴起：创始人孔子，春秋鲁国人。

先秦儒家：孔子及之后的继承者。思孟学派、荀况学派和儒家八派。

两汉儒家：董仲舒、郑玄。秦始皇焚书坑儒，儒家经典几乎灭绝。汉武帝，董仲舒，罢黜百家独尊儒术，儒学登上独尊地位。汉代儒学开始向经学发展，分为今文经学和古文经学。

魏晋儒学：王弼、何晏；名僧惠远。儒道融合，儒佛融合。儒道融合：王弼、何晏用道学来解释儒学。儒佛融合：内外之道，可合而明，内佛外儒。

宋明儒学：张载、程颐、朱熹、王阳明等。程朱理学诞生。存天理，灭人欲。新儒学被作为官学，四书五经成为封建社会最正统教科书。

3. 价值地位

孔子“仁”的精神是一种具有世界意义的人文精神。

儒家学说，已经成为东亚文明的合理内核，分别被东亚诸国的民族文化吸收融合为重要的组成部分。

儒家学说是我国封建帝制政治统治合法性的理论依据，成为我国古代思想文化的核心和意识形态的基础。

（六）两汉文化

山东为汉代经济、文化比较发达的中心区域之一，留存下来的遗迹、遗物极其丰富，以临沂、潍坊、济宁、枣庄等市最为集中，包括各类遗址、墓葬、石阙、石祠、碑碣刻石、各类窑藏和文物出土点计 5700 余处。

西汉经学：古文经学，集中于鲁地，称为鲁学，代表人物是郑玄（山东高密人）；今文经学，集中于齐地，称为齐学，代表人物是东汉任城人（山东济宁）何休。

方仙道文化：邹衍的阴阳五行学说和大九州说，黄老道家的虚静无为说等对神仙方术和道教的形成有直接影响；秦皇汉武寻找不死之药；秦始皇派卢生、徐福入海寻找仙山神山，徐福东渡传说。

泰山文化兴起：源于人们对泰山的崇拜和帝王对泰山的封禅。

（七）魏晋南北朝及宋明清文学艺术

两汉以后，齐鲁地区文化相对衰落，但流风余韵不断。魏晋时期，尚有著名经学家王肃、王弼（玄学创始人）、玄学家王衍等。

齐鲁文坛和艺坛是这一时期的亮点，如建安七子中齐鲁籍四人，太康诗人左思，文论家刘勰，词家双祖济南二安，明清剧作家、小说家孔尚任、蒲松龄等。

齐鲁画坛、书坛、石雕、碑刻、佛教石窟、道教建筑和民间艺术异彩纷呈，王羲之书法空前绝后，被誉为书圣；张择端《清明上河图》堪称一绝。

（八）近现代海事文化（第三个文化发展高峰）

1. 概述

1840 年鸦片战争之后，山东沦为帝国主义殖民地，西方文化在山东传播开来。

1858 年 6 月，《天津条约》中，登州（蓬莱）被辟为通商口岸。1861 年 3 月，马礼逊已经在烟台山上筹建领事馆，升起领事旗，外国商船也不断抵港卸货进行贸易。自此，烟台门户洞开，成为中国北方最早对外开放的三个口岸之一（另两处为天津、牛庄），也是山东最早的通商口岸。

青岛港开放于 1899 年，尤其是 1906 年以后，伴随着现代化港口设施的建成和胶济铁路的通车，青岛成为山东最大的贸易港。

2. 价值地位

面对列强的侵略，山东人民进行各种形式的反抗斗争，表现出了反抗外来侵略压迫的光荣传统。近代山东城市开埠，客观上促进了山东发展。

（九）红色文化（第四个文化发展高峰）

1. 概述

山东是革命老区、红色热土。红色文化上承中华优秀传统文化，下启社会主义先进文化，是中华文化的宝贵财富。

2. 文化地位与价值

山东是全国最早建立党组织的地区之一；在抗日战争时期是重要的敌后抗日战场；在解放战争时期是党和人民军队北上南下的重要战略基地，为中国革命的胜利做出了重大贡献。

山东的红色旅游优势独具。山东境内发生的台儿庄大战、鲁西南战役、孟良崮战役、解放济南等战役在中国共产党的历史上具有重要意义；山东威海是北洋水师的诞生地，又是甲午战争的主战场；沂蒙山革命根据地被誉为华东的“延安”，以沂蒙山区为主的革命老区一直都是中共华东地区领导机关和军队最高指挥机构的驻地。

山东的红色文化具有鲜明的平民个性，这在中国的红色旅游中独树一帜。“爱党爱军、开拓奋进、艰苦创业、无私奉献”的“沂蒙精神”是山东红色精神的集中体现，是中华民族优秀文化的重要组成部分和精神财富，是全国最具地域特色的红色文化品牌。

（十）宗教文化

1. 概述

山东自古是儒、释、道三教繁盛之区，各地仍保留着大量珍贵的宗教风景名胜和文物古迹，许多著名的寺院和神祇在海内外有着重要影响，成为山东历史文化的一大特色。

2. 文化地位与价值

秦始皇和汉武帝寻仙求药、全真道兴起、八仙过海传说等仙道文化资源，产生了有着区域特色，富有想象力的半岛神仙文化。

西晋著名学僧佛图澄弟子僧朗，在泰山创建的大灵岩寺在中国佛教史上有着举足轻重的影响，与荆州玉泉寺、天台国清寺、南京栖厦寺并称“四大名刹”；我国最早的石结构寺塔—济南四门塔。

沿丝绸之路北源和京杭大运河而来的伊斯兰教文化，对山东文化的发展产生过一定的影响。现存清真寺有较高研究和观赏价值的数十处。

基督教在山东虽历史不长，但其教堂和遗址，具有较高的历史和观赏价值。

三、山东历史文化保护传承发展的思路建议

（一）加强山东优秀传统文化保护传承

加强山东优秀传统文化保护传承。儒家文化加大挖掘阐发力度，探寻孔子对其继承、改造和提升而产生儒家学说的过程，分析儒家思想传统思想文化中的优秀成分，研究儒家文化对“家国同构”最深沉的精神追求，系统阐发对树立自强不息的奋斗精神、崇信遵礼的磊落品格、修齐治平的家国情怀、兼容天下的博大胸襟的巨大贡献。通过建立若干博物馆、研修院等形式，系统展示孔子、墨子、孙子、孟子、管子、荀子等诸子百家思想，系统展示龙山黑陶、汉画像石等古代科学、技术、艺术的伟大实践创造，让文物说话，让历史说话，让文化说话，把示范区建设成为一个中华文明的集中展示区和实际体验区。规划建设国家文化公园，成为中华文化重要标识。建立搜集、研究、展示世界各国引进中国古代文化和中国古代引进外国文化的机构和设施。

加强对齐文化的研究阐释和传承创新。邀请国内外知名专家学者等围绕齐文化，举办专题报告会、高端研讨会等，充分阐释齐文化内涵；建立科学有效的文化遗产保护体系，加强齐文化遗产遗迹保护，扎实推进齐王陵遗址、临淄齐国故城遗址等维修保护；重点做好“一院、一节、一坛、一蹴鞠”，设立齐文化研究院，统筹整合齐文化节，把陶博会、孝文化节、琉璃文化艺术节等全市节庆文化资源整合纳入到齐文化；进一步加大对齐文化典籍、史料的搜集与整理，编纂大型齐文化系列丛书，着力打造成齐文化历史和研究资料集大成之作，为齐文化的更深入研究奠定基础。

（二）推进形成山东省文物保护利用体系

深入实施曲阜片区、临淄片区、省会片区，黄河三角洲片区、半岛片区、沂蒙片区、鲁西片区等文物保护片区规划，加强世界文化遗产、历史文化名城、历史文化名镇名村、传统村落、历史文化街区、各级文物保护单位及城镇化、工业化进程中各类文化遗产的保护利用。

重点是实施文物安全“天网工程”，实现文物安全防控全覆盖。加强山东省史前东夷文化遗址遗迹的研究和保护利用，依托史前文化遗址建设遗址公园，积极探索申报世界文化遗产。加强对济南市章丘朱家峪、淄博市周村古商城、台儿庄古城、青州古城和南阳古镇等古城、历史街区、历史建筑、传统村落等的修缮保护和恢复重建。全面加强红色革命文物保护，实施革命文物保护传承五年行动计划，组织实施一批革命文物保护利用工程。加强一一五师司令部旧址、山东省政府旧址、孟良崮战役旧址等红色革命文化资源的开发利用。加强工业文化遗产保护利用，建立沿海最早开埠的青岛、烟台、潍坊等市以及胶济路沿线的淄博、济南和津浦路（京沪线）沿线的德州、泰安、枣庄等市工业遗产清单，深入挖掘文化内涵，注重突出工业园区特色，从而使工业遗产的文化、经济价值得到真正挖掘和体现。

（三）加快建设山东省非物质文化遗产保护传承体系

加强非物质文化遗产普查挖掘、保护传承，开展非物质文化遗产记录工程，推进非物质文化遗产传习所、展示馆建设，完善非物质文化遗产保护项目、传承人、传习所、生产性保护基地、文化生态保护区“五位一体”保护传承体系。

重点是推进山东省传统工艺振兴，提高传统工艺产品的当代审美价值和实用程度，促进传统工艺与文化创意产业融合发展；利用地域传统技艺、民间艺术、风俗习惯、特色美食等，逐步建成体现本地历史文化资源特色、内容丰富、形式新颖、互动体验性强的县域历史文化展示场所；制订非物质文化遗产传承人群研修培训计划；充分发挥非物质文化遗产带动贫困地区群众就业脱贫的优势，引导返乡下乡人员结合自身优势和特长，发展传统工艺、文化创意产业；筹划建设山东省非物质文化遗产馆，推进全省非物质文化遗产保护利用基础设施建设；重点推出一批山东非物质文化遗产精品，促进非物质文化遗产的普及和推广；全面、真实、系统地记录代表性传承人口述史、传统技艺流程、代表剧（节）目、仪式规程等信息，为传承、研究宣传、利用非物质文化遗产留下宝贵资料；建立国家级、省级文化生态保护实验区体系，积极推进文化生态保护实验区与传承基地、传承设施的结合，实现整体性保护；做好国家级、省级生产性保护示范基地创建工作。

（四）其他优秀传统文化保护传承

加强对山东省历史名人、老地名、老字号等文化资源的挖掘、整理和保护。推动乡镇村志编修。对古树、石屋、石碾、石磨等乡村乡愁元素积极加以保护。

四、山东历史文化与旅游融合思路和方向

（一）山东历史文化与旅游融合主要问题

- 凝练不够。
- 难点较多。
- 焦点模糊。
- 缺乏重点。
- 名气不大。
- 表面文章。
- 各自为战。
- 特色不显。
- 神形不兼。
- 机制不顺。

（二）山东历史文化与旅游融合思路

- 凝练山东文化旅游五大品牌：华夏起源；齐鲁名邦；山海协奏；大川汤汤；山东精神。
- 实施两大工程：齐鲁文化保护传承工程、齐鲁文化与旅游融合工程。
- 梳理思想、精神，梳理山东历史文化中所蕴含的人文思想价值。
- 加强研究。
- 省级层面统筹开发。
- 国际宣传与营销。

● 正确地解读文化内涵。

● 协同保护和利用，各地市建立协同保护和利用机制体制，针对山东文化旅游五大品牌，凸显各自特色，防止内部同类竞争。

● 文化旅游产品和商品开发。

● 文化融于现代生产生活。

● 机制体制改革。

（三）山东历史文化与旅游融合重大项目

● 东夷遗址遗迹国家文化公园项目。

● 儒家文化旅游区。

● 齐文化旅游区。

● 水浒文化主题园。

● 泰山文化旅游区。

● 海洋文化旅游区。

● 山东运河文化旅游带。

● 山东黄河文化旅游带。

● 沂蒙红色文化旅游区。

● 胶东红色文化旅游区。

● 冀鲁边抗日主题红色文化旅游区。

专题 3　山东省旅游市场分析（概要）

一、山东省文旅市场现状特征分析

（一）旅游产业发展阶段

根据山东省游客接待量与游客总花费统计数据，综合分析山东省旅游产业要素发展情况，山东省旅游市场发展过程基本可划分为三个历史阶段：起步阶段（1978~1997 年）；发展阶段（1998~2010 年）；提升阶段（2011 年至今）。

（二）现状客源市场特征

1. 总体规模：总量不断增长，增速放缓

山东省 2018 年全省接待游客 8.6 亿人次，实现旅游消费总额突破 1 万亿元，同比增幅分别超过 9% 和 13%。山东省游客接待不断增长，但由增长率趋势图可发现，自 2010 年起，增长率放缓且有下降趋势，2017 年总人次及总收入的增长率分别为 10.19%、14.45%。

2. 入境市场

（1）入境旅游规模小，入境国际客源以日韩为主。

（2）入境游客以青岛为第一目的地（图 4-2）。

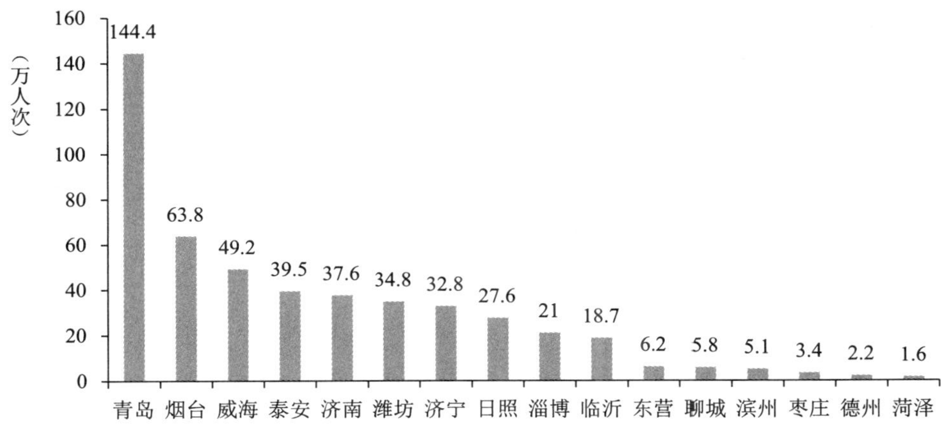

图 4-2　2017 年山东省各市入境游客接待量

3. 国内市场

（1）国内市场占主导，省内市场居六成以上；

（2）淡旺季明显，4~10 月为旺季；

（3）性别年龄结构：男性多于女性，对年轻人吸引力不足；

（4）旅游动机：观光游览、休闲度假为主。

二、山东省文旅市场趋势分析与发展定位

（一）我国旅游市场趋势预判

国内旅游市场持续高速增长，入境旅游市场稳步进入缓慢回升通道。大众旅游将继续成为市场主力。随着政策的变化，公务、商务需求增长放缓，旅游业发展方式在悄然转变，人民群众日益增长的常态化的旅游需求已经成为旅游市场的基础支撑，并将继续成为我国旅游市场增长的主力。

文化旅游在入境市场的地位不断提升。根据调查，来华美国旅游者更偏好文化和地方特色，超过 1/3 的游客将文物古迹作为首选旅游产品，将近一半的游客愿意体验民俗文化类的旅游项目。与此同时，日本、韩国等传统入境旅游市场也最偏好文物古迹、民俗风情类的项目。

休闲旅游成为刚需，中国步入全民旅游时代，“5+2”的生活方式催生旺盛的休闲需求，周边游方兴未艾。

潜在出游力区域非均衡格局依然明显，但客源地与目的地呈现双双向中西部地区快速延伸的趋势。客源地潜在出游力在东中西三大区域之间依然表现为“7∶2∶1”的三级阶梯状分布，即我国的客源市场有近 70% 源自东部地区，20% 源自中部地区，10% 源自西部地区。增长最快的客源地主要集中在西部地区，这些地区渐成为我国旅游消费市场的生力军。

旅游消费升级，国民旅游需求从美丽风景向美好生活转变，观光游比重下降成为国民旅游市场的中长期趋势[①]，对文化体验类旅游产品的偏爱与日俱增。特别是非遗、自然遗产旅游深度融合的体验活动持续走热，文化展演、博物馆以及主打文化 IP 的景区逐渐赢得游客喜爱。

“三自游”高温不下，《旅游法》正式施行促使自助游井喷式增长；自由行成为绝对主导[②]；根据《中国自驾游发展报告（2012~2013 年）》，我国自驾车出游人数达 14.2 亿人次，占我国居民出游总数

① 中国旅游研究院：《“2018 旅游经济运行盘点”系列报告（二）：旅游产业》。

② 蚂蜂窝自由行、中国旅游研究院：《全球自由行报告 2017》。

的48%，自驾车旅游消费达6470亿元，约占我国居民国内旅游消费总量的30%；在国家政策的支持下，旅居车市场也在持续升温。

以家庭作为单位出游的趋势明确，八成家庭会定期开展亲子游互动①，且消费力强②。以家庭为单位的出游多以大城市近郊与周边作为目的地。

"80后""90后"渐成旅游消费主力军，省内出游以"90后"为主。他们对互联网的依赖促使服务业新业态快速成长。

文化体验、观光游览、休闲度假、乡村旅游、红色旅游、自驾旅居、康养旅游、冰雪旅游、轻奢旅游九大产品将成为未来一段时间内的主要需求。国内游客出游时精神文化层面的旅游动机十分强烈，对文化体验类产品的需求居高不下。

（二）山东省旅游市场发展机遇

- 文旅融合促进文化旅游。
- 红色旅游热度继续攀升。
- "深蓝"经济加速海洋旅游发展。
- 乡村旅游成为乡村振兴工作重点。
- 研学旅游常态化发展。
- 康养旅游迎来黄金发展期。

（三）重点目标客源市场行为特征

长三角城市群：消费能力全国领先，偏爱美食美景。
京津冀城市群：出游力较强，偏好自然、休闲类产品。
中原城市群：消费能力中等，偏好周边目的地。
粤港澳大湾区：出游力强劲，向往生态自然。
韩日市场：偏好海滨度假，向往深厚文化。
俄罗斯市场：偏好自然风光与海滨度假。
欧美市场：偏好文化底蕴深厚的城市。

（四）山东省旅游市场目标定位

1. 国内客源市场定位

一级市场：京津冀城市群、长三角城市群、中原城市群、东北地区。
二级市场：粤港澳大湾区城市群、长江中游城市群、成渝地区。
三级市场：西南地区（成渝地区以外）、西北地区。

2. 入境客源市场定位

核心市场：我国港澳台地区，日本、韩国、东南亚等汉文化圈和海外华人圈以及俄罗斯市场。
重点市场：上合组织国家市场、欧美市场。
潜在市场：西亚地区市场、澳洲市场、非洲市场。

3. 专项市场定位

（1）文化旅游市场
地域定位：儒学文化发源地。

---

① 携程：《亲子游白皮书》。
② 中国旅游研究院：《中国家庭旅游市场需求报告2018》。

游客类型：大众游客、文化历史爱好者。

（2）研学旅游市场

地域定位：山水圣人游学之旅。

游客类型：亲子研学游客、老年研学游客。

（3）红色旅游市场

地域定位：华东近现代爱国教育示范基地。

游客类型：青少年爱国主义教育、党员干部培训、企事业单位组织学习。

（4）海洋旅游市场

地域定位：太平洋东岸度假运动康养黄金海岸。

游客类型：家庭游客、高端商务人士、运动爱好者、海外游客。

（5）乡村旅游市场

地域定位：北方山村渔村休闲度假综合体。

游客类型：家庭游客、年轻白领、创客。

（6）体育旅游市场

地域定位：北方水陆空运动赛事拓展基地。

游客类型：运动爱好者、赛事爱好者。

三、山东省文旅未来市场预测

（一）文旅未来市场地域特征预测

1. 省内旅游地域特征

（1）中心城市出游力强．济南人民游遍山东。根据问卷调查显示，济南人民的足迹遍布山东各地市，尤其喜爱海滨旅游。

青岛人民喜欢周边游。青岛对于邻近地市的旅游需求比较旺盛。对于西部地区的旅游需求不及东部。

（2）东部地区相互吸引且客流量大。东部沿海城市去东部中心城市——青岛旅游较多，东部城市相互吸引，相邻地市之间旅游流动多，且客流量大。

（3）西部地区出游力不足。西部城市受经济发展水平限制，出游力不足，相邻地市之间有游客流动但是流量不大，对于省会城市的旅游需求也不够旺盛。

2. 国内旅游大有可为

在山东省的国内市场中，邻近省份江苏、河北、河南是较大的客源市场，与其他数据来源统计结果基本一致，上海与广东位于山东省客源市场的第 19、第 21 名，可见山东旅游对于北上广大城市的吸引力有限，该客源地对于旅游品质要求比较高，山东旅游产品有待提升。

依托便捷的交通，区域联系加强，长三角城市群、京津冀城市群、中原城市群、粤港澳大湾区将成为未来山东国内旅游市场的重点客源地。

3. 国际旅游市场亟待拓展

总体来说，中国形成了由“东部六大省区”入境、“北上广”离境的入境客流核心集散模式，“广东→其他省区→北京或者上海”成为最主要的入境客流集散路径，同时陕西也已崛起为局部区域入境客流的主要中转省区。但是很可惜的是，没有一个省份的入境游客把山东作为主要的二次旅游中转地。

山东省的主要入境二次客源城市为广东、上海、北京、江苏、浙江、辽宁和安徽，其中广东省为最主要二次客源城市，在入境后将山东省作为第二个旅游目的地的入境游客来说，大部分入境游客是从广东省入境，然后才进入山东省进行旅游活动；而入境游客从山东省离开后，主要前往了北京、上海、江苏、广东和辽宁这些东部、南部的沿海城市，并绝大部分从这些省份出境回国，其中前往北京、上海的入境游客较多。

山东省未来国际旅游地域特征大致可表现为：打破过度依赖日韩的局面，客源多样化增强，形成亚洲、欧美多流并入新局面；俄罗斯入境旅游持续增长；一带一路沿线国家入境旅游逐年攀升；欧美国家入境旅游稳步提升。

（二）文旅未来市场规模预测

近期（2019~2022 年）。入境旅游高速增长，人次进入全国前六；游客结构显著改善，文旅产业效益提升至全国前五，旅游总收入和旅游外汇收入均实现翻番。

中期（2023~2025 年）。文化旅游全面融合，文旅新动能全面形成，基本建成高质量发展的文化旅游产业体系、全覆盖的文化旅游目的地空间体系、高效的文化旅游管理体系与现代化治理体系；国际化水平明显提升。

远期（2025~2035 年），文化旅游深度融合，目标客源市场结构比例与山东文旅定位、目标高度契合，文旅产业效益大幅提升。国际知名文化旅游目的地和文化旅游强省全面建成。各项文旅指标跻身全国前三位。

四、山东省文旅品牌与主题形象

（一）现有品牌形象评析

2017 年 1 月 1 日正式实施的《山东省旅游条例》将好客山东确立为全省整体形象和旅游目的地品牌，并以“文化圣地，度假天堂”作为形象口号。

- “好客山东”建议延用，向高端提升。
- 形象口号文化性单薄、影响不足，建议进行升级。

（二）品牌与形象口号

山东省的品牌仍以“好客山东”为引领，考虑到体现山东的文化精魄、彰显山东的文化特色并利于国内外的传播，将山东省的形象口号定位如下：

文化圣地，鲁礼齐风

“文化”是山东省作为旅游目的地的吸引源动力，“圣地”强调了山东文化的正源、扎实、高洁、深厚的特点，突出了齐鲁地区圣人云集、地灵人杰的特质；山东文化的典型特征是鲁文化的“礼”和“义”以及齐文化的“变革、开放、务实之风”。故此，将“文化圣地·鲁礼齐风”作为文化体验旅游时代山东省文旅宣传的形象口号。

围绕“文化圣地，度假天堂”主题形象，提出各专项市场主题口号：

文化旅游市场：岱岳福地，圣人故里。

研学旅游市场：齐鲁学宫，海岱典藏。

红色旅游市场：赤子忠魂，红嫂情长。

海洋旅游市场：黄金海岸，畅爽冬夏。

乡村旅游市场：野趣山居，好客渔家。

体育旅游市场：天高地远，仙境弄潮。

（三）品牌提升措施建议

- 推动“好客山东”向高端提升。
- 构建“好客山东”文旅品牌体系。
- 提升“好客山东”品牌影响力。

五、山东文旅营销方案

山东省各个地市的营销活动主要集中在线上营销、线下广告的投放以及与各大报社的合作，各个地市的推介会以及举办节庆活动等方式。但是目前的营销活动还存在一定的问题，主要集中在以下方面：

（1）线上营销力度需进一步提升。

（2）海外营销活动力度不足。

（3）整体联合营销观念缺乏。

（4）文化旅游品牌建设不足。

（5）文化旅游的体验营销深度不够。

（一）总体的营销战略

1. 整体营销战略

旅游目的地的整体营销战略，要求在目的地内部强化整体形象，不局限于一景一山，而着眼于目的地的整体旅游体验；在外部，强调营销的双向性，即旅游目的地的营销不是仅限于目的地的从业人员、管理人员，而要与游客、潜在游客、社会公众产生互动交流，并使后者成为营销扩大的新载体，形成不断传播的晕轮效应。

2. 旅游目标市场战略

旅游目标战略包括旅游市场细分，目标市场的选择，旅游市场的定位，游客的需求各异必须要对山东省旅游市场（国内市场与海外市场）进行市场细分，或者叫市场分割，将整个旅游市场按照人口地理、行为和心理等因素划分成若干个同质的子市场，选定其中一个或几个子市场，根据这些市场中的游客的需求，进行旅游产品的创新，更好的满足消费。这个过程就是旅游市场定位的过程。没有一个企业能满足所有旅游者的需求和旅游经营者的需要，尺有所短寸有所长，山东省通过目标市场定位，针对不同的目标市场（国内市场、国外市场等）实行精准营销。

3. 渠道营销战略

山东省从旅游产品开发方向来说，开发休闲度假产品，兼有研学、生态、商务市场等旅游产品。根据不同的客源市场、游客类型、输送渠道，选择适当的营销渠道，从而找到并不断扩大目标群体，是山东省旅游营销成功的重要因素。充分利用传统广播、电视、报刊、户外广告等传统媒体以及知名网站、OTA 运营商、移动自媒体端等进行线上宣传，广泛开展宣传推介，构建全方位、多渠道的线上线下营销网络。实现营销渠道的全面覆盖。

4. 事件营销战略

对于山东来说，争取世界级国家级会议、体育竞赛，特色节事活动，与综艺节目联动、举办大型音乐节、大型演艺活动等也是行之有效的事件营销方式。

（二）主要营销策略

1. 强化精准营销与联动营销

（1）强化国内市场精准营销。瞄准长三角、京津冀、粤港澳大湾区、中原城市群等市场，推出十大文化旅游目的地品牌精品旅游线路和产品，形成“一个品牌，多种体验”的差异化产品格局。

针对长三角市场消费能力全国领先，偏爱美食美景、健康疗养和海滨山林度假等特征，采用渠道营销、品牌营销、创意营销组合策略，主打“好客山东·康益仙境”这一品牌；针对京津冀市场消费水平高、注重品质、追求高质量，喜欢主题游、定制游、节事游和夜间餐饮消费需求旺盛等特点，采用品牌营销、定制营销、节事营销组合策略，主打“好客山东·鲁礼齐风”这一品牌；针对粤港澳大湾区市场出游力强劲、向往生态自然、注重文化体验，尤其偏爱夜间旅游产品等特征，采用品牌营销和口碑营销组合策略，主打“好客山东·海岱圣地”这一品牌；针对中原城市群市场消费能力中等、偏好周边目的地的特征和向深度游、个性游转变的趋势，采用价格营销和节事营销组合策略，主打“好客山东·齐鲁寻踪”这一品牌。

（2）拓展境外市场精准营销。针对日韩、俄罗斯、港澳台、海外华人圈、东亚汉文化圈等市场，与驻境外机构、海外知名旅行社等广泛开展合作，借境外文化交流与展销的契机，主推圣人文化、滨海度假、齐鲁风物等主题。针对“一带一路”沿线国家与非洲国家等，加强文化交流与旅游互惠，主推特色非遗文化体验、商务会展等主题。针对欧美、澳新等市场强化营销渠道，主推中华古代哲学、儒风圣人之乡等主题。

（3）建立旅游营销联动机制。建立健全政府部门和行业、企业、媒体、公众共同参与的联动营销机制，形成上下结合、横向联动、多方参与的旅游营销格局。将重点客源市场旅游推广纳入高层出访和接待来访计划。完善入境旅游营销政策，深化与海外重点旅行社、孔子学院、华人华侨社团、专业协会和组织合作，联合开展旅游产品营销。在海外客源地实施“孔子大使”计划，建立长效的旅游营销培训机制。加强与重点市场旅行商的渠道合作，推动山东文旅纳入其销售网络和营销平台，构建“好客山东”全球旅游营销渠道体系。鼓励游客使用“一部手机游山东”“好客山东”等各种旅游类App和客户端进行预定和支付，并相应推出多种优惠活动，吸引游客参与线上互动，满足游客的个性化需求。

2. 策划创意事件营销

（1）策划符合山东省文化气质与旅游形象的地方吉祥物。借鉴日本熊本县推出地方吉祥物“熊本熊”作为熊本县营业部长兼幸福部长担纲地方形象宣传的做法，策划无论名称还是外形都符合山东省文化气质与旅游形象的吉祥物，增加与市场直接接触的渠道。

（2）推动形成山东省吉祥物文化效应。吉祥物作为虚拟形象，可以开通网络社交平台、担任虚拟公务员职位，参与到文旅宣传的前线，增加市场曝光度和亲和力。实现虚拟形象跨界合作，打造文化创意产业链，围绕吉祥物衍生策划“周边”产品，如文化衫、指示牌、公交车及出租车车身、特产包装、自动贩卖机外形等，形成系列文化效应。

（3）利用吉祥物创意事件营销。创意策划系列事件，打造山东文旅的热门话题，如吉祥物设计创意征集、吉祥物参选山东省文旅宣传大使的民意投票、吉祥物处理虚拟公关事件、吉祥物在海外推介会上召开新闻发布会等，引发公众的好奇、热议与参与，短时间内迅速提高山东文旅的热度。

3. 筹划重大节事活动营销

（1）构建山东省 MICE[①] 体系，提高知名度与影响力。充分发挥山东省社会经济综合实力和自贸区的优势，积极承办高级别的政务商务会议、体育赛事和文化交流活动，组织各种新颖的文化节庆博览会，支持各地推出一批具有较大影响力的会展、商贸、文化、节庆等大型活动，加强各类节事的市场化运作和国际影响力。

---

① MICE，即由 Meetings（会议）、Incentives（奖励旅游）、Conferencing/Conventions（大型企业会议）、Exhibitions/Exposition（活动展览）和 Event（节事活动）的第一个字母大写组成的缩略语。

（2）重点节事活动。将山东省的文化特色与市场偏爱相结合，整理出山东省未来可主打策划的节事活动有如下 16 个：中国（曲阜）孔子文化节（世界儒学大会）、尼山世界文明论坛、临淄齐文化旅游节、青岛国际啤酒节、潍坊国际风筝会、泰山国际登山节、中国国际航空体育节、世界老年旅游大会、山东国际文化产业博览交易会、中国非物质文化遗产博览会、好客山东贺年会、山东文化惠民消费季、山东文化艺术节、山东省家庭文化艺术节、山东省少儿文化艺术节、山东省广告节。

4. 鼓励创新营销方式

（1）多维度融合创新营销方式。采用融媒体互动营销、自媒体营销、创意植入营销等新方式，同时打造内容并构建渠道，形成山东文化旅游品牌宣传的指数增长。围绕"山东省美好旅游新体验"这一主题策划拍摄系列微电影，借由整合传统媒体与新媒体的融媒体平台进行宣传。通过微博、微信等自媒体及短视频平台（抖音、火山小视频、快手等），邀请有流量的意见领袖，以图片、文字以及视频等方式对山东旅游进行宣传，线上营销与线下"网红景点打卡"相结合，利用"网红效应"吸引日益壮大的年轻消费群体。通过在收视率高的综艺节目、电影、电视剧、卡通动画和竞技游戏等植入山东省旅游形象和旅游产品，作为取景地、IP 元素等植入导入，改变以往硬广告的营销模式。

（2）注重品牌内容的动态管理，联合消费者进行协同创意。将"好客山东"品牌体系置于新媒体营销时代，品牌传播的内容可以为消费者提供分享和再创造的素材。营销的重点不是将旅游者作为被动的信息接受者而推广一个品牌"成品"，而是注重提供品牌创意素材并进行动态化管理，调动起旅游者的参与力量与创意动能，利用他们对"好客山东"品牌的亲身体验与认知，转化成可以分享的创意想法或表现，并通过自媒体的方式进行再次传播。这样的传播方式不仅能产生能量巨大的裂变效应，也会因旅游者参与了"好客山东"品牌的价值共创，而使得旅游者对于"好客山东"品牌的归属感和忠诚度更强。

（三）营销行动计划

1. 细分市场营销方案

表 4–11　山东省细分旅游市场营销方案

主要潜在客源市场	营销手段建议				
	价格营销	品牌营销	销售激励	影视营销	节事营销
太原都市圈	●		●		●
中原城市群	●		●		●
京津冀城市群		●	●	●	●
长三角城市群		●	●	●	
珠三角城市群		●		●	
山东半岛城市群	●	●	●		●
国际客源市场		●		●	

2. 营销建议

（1）立足文化特色，确定体验主题。将本地的特色文化融入旅游，能够更好地吸引游客，满足游客的好奇心，直接影响到游客体验的深度。因此，要充分挖掘当地的特色文化，明确一个文化主题。例如，泰安市把"平安文化"与泰山旅游品牌相结合，使泰山的旅游品牌更接地气，独特的情感体验受到游客的青睐。各个城市也应深入挖掘当地的文化特色，确定体验主题，展现独特的文化意蕴。一个旅游城市只有具备了稳固、独特的文化内涵，才能形成自己的特色文化品牌，更有利于占领旅游市场。另外，站在全省的高度上，文化旅游主题相似的城市，打造文化主题片区，可凭借联动优势合力打造一个旅游体验主题，如“水浒文化深度体验游”“山东海岸全景游”等。

（2）重视营销互动，提高游客忠诚度。积极鼓励游客使用各种旅游类App和客户端进行预定和支付，并相应推出多种优惠活动，吸引游客参与线上互动，满足游客的个性化需求。同时，借助影响面较大的娱乐性App，比如短视频平台（抖音），进行旅游形象的线上营销宣传，并与线下受欢迎的“网红旅游景点打卡”相结合，利用“网红效应”吸引日益壮大的青年消费群体。

以孔子文化为例，可以在孔子文化的基础上，开发多款智力答题互动游戏，根据游戏排名给予游客门票、餐饮等优惠，利用微信“锦鲤”、微博答题抽奖、抖音短视频等线上和线下活动，吸引游客前来“打卡”“种草”“拔草”。在娱乐过程中，使游客领略孔子文化的博大精深，增加文化旅游资源与游客的互动，培养游客对孔子文化的认知度与忠诚度，吸引游客前来揽胜或者再度揽胜。

（3）挖掘文化内涵，制作特色商品。具有地方特色的旅游纪念品不仅能给游客带来较好的旅游体验，而且会成为重要的宣传渠道。山东省旅游市场特色纪念品繁多，但品质有待提升。比如针对山东省内杨家埠年画、八大明绣之一的鲁绣等有代表性的优秀文化旅游资源，旅游产品的设计应秉持文化自信的方针，充分展示旅游资源中的文化符号、文化理念和文化特征。另外，应打造专家技师团队，引入师徒制，增强、壮大传统手工匠人队伍，以保证优秀技艺的传承和发展。

（4）开拓海外市场，实行精准营销。海外市场的旅游宣传是目前山东省旅游营销活动的短板，在下一步的营销活动中，山东省应针对不同的海外客源市场（韩国、日本等客源市场）做大做强几个比较好的世界品牌，加大“青岛啤酒的影响力”，更需要深入挖掘“齐鲁文化”，将“齐鲁文化”发展成为具有世界影响力的文化，成为山东省重要的文化旅游标签。

①日本市场：在面向日本旅游行业发行的最大综合报纸《日本观光经济新闻》上推出山东旅游宣传版面，同时，线下旅游以旅行社推广为主，线上日本市场推广主要依靠电商平台与日本主要旅行社合作，着重推介孔文化旅游产品、水浒文化旅游产品、民间军事文化旅游产品和湖泊度假旅游产品。创新完善山东省旅游宣传品，积极展联合促销，整合资源，开发产品，大力发展研学旅游——做好国际性论坛文章等。

②韩国市场：在Chinatraveldepot上推出山东网络推广专题页面，作为渠道推广的内容平台，在tripadvisor韩国站点、skyscanner韩国站点，进行山东省旅游品牌形象和产品推广；考虑与Modetour、Hanatour或者Lottetour进行合作，推广山东旅游产品，鼓励海外游客对于山东的旅游风光通过社交媒体进行推广，提升宣传效率。

③港澳台、东南亚市场：建立灵敏的港澳台旅游市场信息系统和意见反馈系统；实施“价格战略”和“服务战略”；宣传时除了强调儒家文化外，安全性是其重要的宣传内容；评估现有港澳台、东南亚的分销渠道，积极探索和建立更为有效的分销渠道；对于传统的旅游产品应推出新的内容，以吸引这部分消费群体的重游——对于山东市场上的旅游纪念品，重新包装，追求给消费者精致感和满足感；按照游客偏好提供更人性化的服务。

④欧美市场：优先目标市场为美国，英国、法国、德国、意大利和加拿大，重点营销城市包括洛杉矶、旧金山、纽约、温哥华、法克福、伦敦、巴黎、阿姆斯特丹等。重点进行山东省形象宣传，推广当地版山东旅游标志，并在整体形象统一的前提下包装成各项旅游产品，为品牌推广做准备。邀请国外的主流媒体和大型批发商来山东实地考察，或在欧美市场举行大型招商专题活动。做好外文的山东旅游网站，特别是英语、法语、西班牙语、韩语、日语等，使得游客查询山东旅游信息时不会出现交流障碍。与OTA等主要的旅游运营商，分批逐步展开合作。

在游客感受度较高的国内城市北京、上海、西安等城市做适当的广告宣传，如户外广告等，得到有效的二次客源。通过有效的分销渠道，在欧美细分市场做专门性的宣传，并及时提供最新产品的信息，提高旅游接待人员的业务水平。

（5）实施联合营销。要摈弃狭隘的地方观念，通过省级文化旅游专项统筹、协调和规划对省内的文化旅游板块进行统一开发，建立文化板块区与文化旅游线。形成“区线联合”的旅游发展新模式。

专题 4　山东省文旅竞合研究（概要）

一、山东文化旅游竞合态势分析

山东是一个人口大省、经济大省，综合发展条件非常优越。在这样的基础上，山东文化旅游发展呈现出较好的态势。

从区位条件看，山东北邻京津冀、南接长三角、东望辽东及日韩，区位优良。山东省处于亚太经济圈西环带和环黄海经济圈的重要部位，是黄河中下游地区的主要出海门户，与朝鲜半岛、日本列岛隔海相望，同时它还处于京津冀和长江三角洲两大经济区之间，在整个东北亚地区具有十分重要的地位，使山东省成为国际、国内经济和文化交流的重要门户。

从综合经济实力看，山东经济实力雄厚，经济总量位列全国第三位，但人均 GDP 排名全国第八。山东省是中国东部沿海经济强省，国民经济主要指标居全国前列，2018 年全省实现国民生产总值 76469.7 亿元，人均 GDP 达 76267 元，城乡居民收入分别连续多年保持快速增长。强劲的经济增长势头为文化旅游产业的快速发展奠定了坚实基础。山东经济实力比北部的河北、西部的河南省强，但与江苏省有一定差距。同时 GDP 增速也略低于江苏省。

（一）山东旅游竞合“态”分析：总量居第三，但入境排第八

2018 年，山东省接待游客总人数达到 8.6 亿人次，低于贵州和广东；其中入境游客 513.1 万人次，全国第八。2018 年，山东省旅游消费额达到 10461.2 亿元，低于广东、江苏。全省旅游接待人数和消费总额均居全国前三。

（二）山东旅游竞合“势”分析：位次相对稳定，但入境游客增速低于全国平均

根据近年统计数据看，山东省旅游产业指标位次相对较稳定，总量持续居第三，入境旅游持续排第八。

从细化的发展速度全国对比看，山东省近年来国内旅游持续快速增长，2014~2018 年山东省国内旅游人数平均增速约 9.6%，高于全国国内游客同期平均增速（8.5%）；国内旅游消费总额平均增速约 14%，高于全国国内游客同期平均增速（9.1%）。但从入境旅游增速看，2014~2018 年山东省入境游客人数增速约 3.6%，低于全国入境游客同期平均增速（5.6%）；入境游客消费增速约 5.5%，低于全国入境游客同期平均增速（6.7%）。说明虽然竞争结果未发生变化，但出现了竞争的不利因素。入境旅游若持续发展，或将改变山东入境旅游在全国的地位，需要引起高度重视。

二、山东文化旅游资源竞合分析

通过山东旅游资源产品的竞合分析，比较山东文化旅游发展的优势条件，确立山东文化旅游发展的重点方向，实现区域旅游竞争突出优势、扬长避短，提升山东文化旅游整体竞争力。

（一）海洋旅游竞合分析：中国最大半岛、大陆岸线长度第三

1. 山东半岛——中国第一大半岛

中国有三大半岛，分别是山东半岛、辽东半岛、雷州半岛，其中山东半岛是中国最大的半岛。

2. 山东滨海——大陆岸线长度第三

山东省海岸线资源丰富，长度占全国的六分之一，海岸类型多样，主要包括粉砂淤泥质海岸、砂质海岸和基岩海岸。

山东优质海岸资源丰富，海洋旅游发展应是重点方向。

（二）文化竞合分析：齐鲁文化、东夷文化、近现代海事文化具有突出特色与优势

从文化角度看，山东有丰富的“齐鲁之乡，礼仪之邦”的优秀传统文化。山东北部是燕赵文化区、西部是中原文化区、南部是淮河流域文化区。山东“仁义礼智信”的儒家文化，天人合一的泰山文化，坚韧不屈的黄河文化，宽广博大的海洋文化都为山东省文化旅游发展提供了丰厚的文化基础。

1. 山东是人类发展和华夏文明的“母体”

距今约40万年，泰沂山区腹地发育的大规模石灰岩溶洞群及其伴生的溪流泉水和森林动物，为当地的沂源猿人提供了适宜的生存环境。大汶口文化（距今6500~4500年），分布于鲁中山地南部，沂、沭河及淄、潍河流域和半岛地带。1928年在章丘城子崖发现的龙山文化（距今4600~4000年），已遍布于山东全境及邻近省区。东夷“崇日”先民，认为泰山和大海是距太阳最近能传达天意的“神祇”。后世帝王为凝聚夷夏族群的心理认同彰显“君权神授”的合理性，形成了到泰山封禅和去海边祭日的传统。山东这片古老的土地，是东亚古人类的故乡，是崇日民族的摇篮，是人类发展和华夏文明的“母体”。

2. 山东是凝聚民族精神、支撑国家统一方面的文化“圣地”

西汉中期，汉武帝采纳齐学弟子、公羊学大师董仲舒提出的“罢黜百家，独尊儒术”的建议后，儒学上升为官方思想。此后，儒家学说代代相传，千年不衰。隋唐以后，随着大一统国家的形成和巩固，儒学的地位不断攀升，历代入主中原的边疆民族的政治家，大多来到山东，汲取文化营养，制定文化政策。在两千多年的历史岁月中，齐鲁大地展现出了强劲的文化辐射力。山东人在不同时代都曾秉承先人的优秀传统不断移民到四面八方。这些迁徙活动对不同地区的开发、发展都做出了巨大贡献，为多元一体的中华文明的发展及东亚儒家文化圈的形成，做出了独特的贡献。

3. 齐鲁文化是中华主流文化上的“重心”

齐国在都城临淄设立的稷下学宫，吸引培养了学术精英达数千人，成为“百家争鸣”的起源地和最大的学术活动中心。公元前221年，融百家之说的齐鲁文化，被改造为汉代经学，并催升到中华主流文化的地位。在此后的两千年历史岁月里“齐鲁”作为地域空间和文化精神的契合体，成为中国人的精神家园，彰显了在华夏文明发展史上所处的“重心”地位。

（三）红色旅游竞合分析：沂蒙精神是与延安精神、井冈山精神、西柏坡精神一样的宝贵精神财富

习近平总书记2013年11月在山东省视察时指出：“山东是革命老区，有着光荣传统，军民水乳交融、生死与共铸就的沂蒙精神，对我们今天抓党的建设仍然具有十分重要的启示作用。”“沂蒙精神与延安精神、井冈山精神、西柏坡精神一样，是党和国家的宝贵精神财富，要不断结合新的时代条件发扬光大。”习总书记的重要讲话和重要指示，深刻揭示了沂蒙精神的重大意义、历史作用、核心特质和实践要求，进一步丰富了沂蒙精神的思想内涵，为我们深入研究宣传弘扬沂蒙精神提供了根本遵循。

1. 国家12大红色旅游区中“鲁苏皖红色旅游区”的重要组成。

2. 全国 30 条红色旅游精品线路中“济南—济宁—枣庄—临沂—连云港线”的主体线路。

3. 全国 100 多个红色旅游经典景区中山东有 6 处。

4. 与延安“圣地”、井冈山“摇篮”、西柏坡“曙光”不同，山东特色是“亲情沂蒙”。

（四）山岳旅游竞合分析：虽无高山但有“五岳之首”

在自然山地角度，山东的山岳与河北的太行山、燕山，河南的秦岭东部，安徽、湖北一带的大别山比，并无突出优势。

但是，山东虽无高山，却有“五岳之首”，泰山是华东地区的“五岳之尊”，泰山以拔地耸天之势雄踞华北大平原东缘。主峰玉皇顶海拔 1532 米，为山东最高峰，位于泰安市城北，北纬 36°15.3′，东经 117°6.0′。泰山为我国历史名山，文化古迹众多，旅游资源丰富。泰山是世界自然与文化遗产，国内外影响力巨大，具有强大的旅游吸引力。

（五）湖泊旅游竞合分析：微山湖、东平湖自然资源优势并不突出，但与大运河文化、水浒文化、红色文化的结合是其重要特色

山东省主要湖泊有微山湖、东平湖、白云湖、青沙湖、麻大湖等。微山湖全湖面积 1266 平方千米，是华北第一大湖和中国大型淡水湖泊之一。东平湖总面积 627 平方千米，是山东的第二大淡水湖。

但山东省两大湖泊面积和品牌在全国优势并不突出。从中国十大湖泊表可以看出，山东省的第一大湖微山湖（也称南四湖）仅排第九，与相邻省份江苏的第四大湖太湖、第五大湖洪泽湖相比缺乏优势。所以仅仅从自然角度看山东省的湖泊资源，自然条件优势并不突出。

然而山东微山湖、东平湖与特色文化的紧密结合，是具有独特优势的。

微山湖蕴含着深厚的历史文化，文化古迹众多，境内有殷周微子墓、春秋目夷墓、伏羲陵（庙）等古迹，也是著名的革命斗争纪念地，微山湖一带《铁道游击队》的故事家喻户晓，形成该湖泊较为独特的资源优势。微山湖旁的大运河资源，优势非常突出。南阳古镇等资源使得微山湖文化底蕴特别深厚。

东平湖是《水浒传》中八百里水泊唯一遗存水域，三面环山，面临黄河，具有独一无二的文化优势。环湖畔有白佛山石窟造像、腊山风景区及司里山的造像群等人文景观。环东平湖有水浒影视城、祝家庄等系列水浒文化旅游资源，使东平湖文化优势突出。

（六）黄河旅游竞合分析：黄河入海极具地理标志意义

1. 山东黄河入海极具地理标志意义

黄河是中华文明最主要的发源地，是中国人的“母亲河”。

山东黄河入海极具地理标志意义。黄河三角洲和入海口湿地是我国北方唯一的以入海口湿地为主体的国家自然保护区。因为悬河的因素，山东段黄河景观资源优势不突出，但在黄河口形成的大面积湿地景观，以及黄河入海的地标性意义，使得黄河口旅游具有独特的卖点。

2. 黄河旅游的山东竞合策略

以黄河文化为主线，以沿线旅游资源为基础，以旅游中心城市为节点，以一体化交通体系为纽带，以市场为导向，突出区域特色优势，有效整合旅游资源，优化旅游发展环境，在发挥自身资源和区位优势的同时，联合开发国内外旅游市场，构建市场一体、产品多样、品牌共铸、资源共享、合作共赢的新型文化旅游带，推动流域旅游的互动发展。

建立沿黄旅游协调机制。在省文化旅游部门和沿黄九市协商机制下，设立“沿黄旅游发展一体化小组”，将旅游业作为沿黄地区区域经济一体化发展的优先推进领域，加强合作，协调解决跨市的旅游业发展问题，共同打造“沿黄无障碍旅游区”。

探索沿黄旅游立法合作。组织制定沿黄旅游发展管理条例，从法律层面对旅游资源整合、产品联合开发、市场共建、联合营销、旅游交通服务、旅游执法等方面进行规定，进一步规范区域旅游市场秩序，强化区域旅游市场的统一性，推进市场对内对外开放，确保区域旅游合作顺利进行和有法可依，促进沿黄旅游产业健康发展。

加强沿黄旅游交通服务合作。加强跨市区交通设施建设，提高区域内景区的可进入性。尽快解决连通区域内的铁路、高速公路、国道、省道的无缝对接问题。制定统一的《沿黄旅游道路交通标识规范》，按照规范设置统一旅游交通指示牌。

开展沿黄旅游线路合作。相邻各地方政府和企业加强合作，提高相邻景区景点的通达性，共同设计培育旅游精品线路，用精彩的旅游线路串起各市县优质的旅游产品，达到主客共享、利益共享的效果。

（七）大运河旅游竞合分析:“运河水脊”，水工科技的高峰

1. 鲁风运河，运河水脊

大运河贯通南北、沟通内外、联通古今，促进了流域内儒家文化精髓与南北城市文明的极大融合，是展现中华优秀传统文化的历史长廊，2014 年成功列入《世界遗产名录》。

从大运河各省段遗产点数量对比看，山东省大运河遗产点的数量为 15 处，位居各省第 2 名，低于江苏省的 22 处。

但山东段大运河具有独特的文化价值和战略意义。大运河（山东段）地处大运河中枢区段，是运河文化活态性、融合性的典型代表，在大运河文化保护传承利用中具有十分重要的战略地位。

山东段大运河是独树一帜的水利工程，具有显著的科技性。山东在地势上为“运河水脊”，是运河地势最高、运河修建和维护工程最为复杂的河段，许多重大工程的难题多集中在这一河段，每一项治理工程都倾注了治河专家和广大劳动人民的心血和聪明才智，山东运河的科技价值集中代表了京杭运河的科技进步，造就了水利科技的驼峰，在中国水利科学史上留下了浓墨重彩的一页。运河沿线遗存着千姿百态的古桥、闸坝、水门、码头，形成了众多的水利工程设施，凝聚了中国古代水利科技的最高成就。如运河山东段列入重点文化遗址名单的就有会通河节制闸群、戴村坝、南旺分水枢纽等众多水利科技遗产。

2. 运河旅游的山东竞合策略

（1）加强大运河旅游跨省区域合作

以运河为纽带，加强与运河沿线城市北京、天津、山东、江苏、浙江、安徽省市的联系和交流，促进“鲁风运河”文化旅游目的地的旅游开发。发挥“鲁风运河”文化旅游目的地的区位优势，加强与中原城市群、长三角城市群、环渤海城市群等的联系，塑造山东旅游发展新的增长点。

（2）强化大运河旅游省内区域合作

以鲁风运河为纽带，加强鲁风运河沿岸各地市之间的合作，强化鲁风运河品牌。以漕运文化、水浒文化、民俗文化、宗教文化、运河美食文化等为品牌，整合周边地区优势旅游资源，构建“鲁风运河”文化旅游目的地精品旅游线路。

（八）长城旅游竞合分析：齐长城景观优势不突出，但作为“世界长城鼻祖”的文化价值巨大

1. 景观优势不突出

从景观价值看，齐长城因其年代久远、残损明显等原因，观赏价值比明代等长城低。观光游览吸引力并不突出，在长城旅游的这一方面处于劣势。齐长城的优势是文化价值。

2. 中国修建最早、延续时间最久的长城

齐长城遗址是中国修建最早、延续时间最久的长城。齐长城为中国最古老的长城，先秦时期的诸侯国在各自兴建长城时，都借鉴齐国的经验、受齐长城影响，彰显了齐长城在中国长城史上毋庸置疑

的奠基地位。齐长城的修筑贯穿于春秋战国时期，历时200多年，耗费大量的人力物力，体现了齐国强大的经济实力。齐长城的修建过程伴随着各诸侯国的争伐、兼并、强弱更替，是齐国特殊地缘政治的产物、反映了春秋战国时期我国的政治、历史变迁。

3. 长城旅游的山东竞合策略

突出长城鼻祖特色，发展齐长城文化旅游。强化齐长城文化展示，突出最早长城的特色，实现齐长城品牌的差异化和特色化。利用长城文化，开发科普考察、乡村旅游等产品，塑造齐长城文化旅游带。

开展长城文化旅游线路合作。共同强化长城国家精品线路品牌，用精品文化旅游线路串起相关旅游资源，实现品牌共享。

加强长城文化保护合作。积极参加长城保护联盟、中国长城协会等机构，开展长城文化保护与利用合作。推动长城文化保护与旅游利用信息共享平台，利于资源交换、共赢。强化旅游市场营销合作，强化市场引流，构建区域一体化的市场体系。

（九）小结

● 山东半岛是中国最大的半岛，大陆海岸线长度全国第三，滨海、海洋、海岛旅游资源丰富，具有突出的优势，应成为文化旅游发展的重点方向。

● 山东是“文化圣地”，齐鲁文化、东夷文化、近现代文化等特色地域文化是其最突出的优势，文化旅游融合发展是必由之路，应强化文化旅游资源的融合与产品开发。

● 亲情沂蒙是宝贵的财富，“军民水乳交融、生死与共”的沂蒙精神更适合利用红色旅游文化故事，用更细致、平实、鲜活的内涵触动游客，增强新时期各年龄段游客的获得感。

● 山东山水自然景观资源不具备突出优势，但泰山是“五岳之首”，是世界自然与文化遗产。微山湖、东平湖自然资源优势并不突出，但与大运河文化、水浒文化、红色文化的结合是其重要特色。山东黄河入海极具地理标志意义。

● 鲁风运河是“运河水脊”，是水工科技的高峰。大运河旅游应成为山东文化旅游重点工程。

● 齐长城景观优势并不突出，但是是中国修建最早、延续时间最久的长城，文化价值突出，应强化文化挖掘利用，开发文化旅游产品。

三、山东文化旅游相关区域竞合分析

（一）南联“长三角”：吸引长三角客源，加强大运河等合作

1. 竞合条件分析

长三角拥有规模巨大的市场。长三角区域是我国最大的旅游客源地，每年拥有25亿人次的旅游客流。旅游接待与产业规模，长三角在全国非常突出。

面向长三角客源，开发适销对路的旅游产品，是山东旅游市场拓展的重要方向。

长三角地区内江苏省是山东省的主要南部接壤省份。江苏、山东同处我国东部沿海地区，江苏北部与山东南部接壤，拥有817千米共同省界。两省地域相邻、人缘相亲、经济相融、文化相通，有着特殊的历史渊源。长期以来，两省经济社会交往密切，为文化旅游合作发展奠定了坚实的合作基础。

江苏与山东旅游发展存在比较密切的合作关联，尤其是苏北、苏中地区与山东旅游互动较为密切，两省互为重要的客源市场和目的地，合作潜力空间巨大。山东滨海旅游产品、文化旅游产品等对江苏构成一定程度的竞争。而在滨海旅游方面，山东由于优质的滨海岸线条件，处竞争优势地位。在历史文化、思想文化方面，山东省因文化圣地特色，比江苏更具吸引力。但在其他更广阔的领域，苏鲁有很大的文化旅游合作空间。

2. 合作策略建议

加大对长三角游客的市场推广与开拓。在长三角地区，尤其是苏沪两省市，要加大对儒家思想文化、泰山文化、优质滨海资源的宣传推广，力推齐鲁文化旅游精品线路，扩大“好客山东”品牌知名度和影响力。提升山东旅游在长三角市场的吸引力和竞争力。

加大京杭运河文化旅游合作。京杭运河是我国南北水上运输大动脉，是贯通山东、江苏、浙江等省的内河骨干航道。要加强运河航运综合治理合作，在京杭运河规划、建设、保护和开发等方面，加强沟通与协调，共同打造安全、畅通、绿色、环保的京杭运河水运大通道。共同对外宣传、推广大运河文化旅游，共同打造运河旅游精品线路。

发挥山东思想文化和精神文化优势，加强齐鲁文化推广与交流合作。在长三角相关省份举办齐鲁文化艺术节，扩大山东与长三角文化艺术交流。鼓励山东与长三角文旅企业联合，加强文旅产业合作。充分发挥文化底蕴深厚的优势，促进人才双向流动，为两地的经济社会发展提供智力支撑。

积极探讨旅游合作机制，围绕旅游产业发展的重大问题，在规划编制、资源整合、市场开发、旅游标准化、行业管理、人才培养等方面，进一步加强协调，交流经验，推动文化旅游产业的共同发展。

以市场为导向，突出齐鲁区域特色，发挥各地资源和区位优势，研究制定区域旅游发展战略和市场开发策略，共同设计旅游产品，互为客源地、互为目的地，实现共赢。联合开发国内外旅游市场。

制定奖励措施，吸引长三角旅行社组团来山东旅游，给山东带来丰富的客源。

强化鲁南与苏北地区合作，共推淮海经济区文化旅游。

（二）北融“京津冀”：融入京津冀协同发展，拓展京津冀客源

1. 竞合条件分析

京津冀协同发展是习近平总书记亲自谋划、亲自部署、亲自推动的重大国家战略。融入京津冀协同发展，是山东全面对接国家战略、借力提升产业层次、加快新旧动能转换的重大机遇。京津冀区域面积占全国的2.3%，人口占全国的7.23%，是我国人口分布最为密集的区域之一，有最为丰富的客源，该区域是我国北方经济发展最快、最具活力的地区。山东省文化底蕴深厚、滨海岸线优良、特色城镇众多，山东文化旅游具备融入京津冀协同发展格局，拓展京津冀客源市场的基础支撑。

京津冀区域中，河北省与山东相邻，其燕赵文化的影响力远弱于齐鲁文化，在文化旅游竞争中，山东处于明显优势地位。山东滨海岸线远长于河北，河北省虽然具有秦皇岛、北戴河等优质海岸，但地处河北省北部地区。山东的优质海岸、特色海洋名城对河北省南部地区居民具有较强的吸引力。

2. 合作策略建议

加强开发京津冀市场。每年不定期邀请京津冀的旅行社踩线考察，设计面向京津冀各地居民的旅游产品，建立旅行社客户网络服务系统；定期在京津冀召开以旅行社、旅游景区为主体的旅游推介会，搭建旅游市场拓展新平台。

加强与京津冀交通等便利化服务。为京津冀跨省市旅游交通车辆提供方便，构建旅游“绿色通道”；加强对旅游安全和重大旅游投诉等问题采取异地处置方式的研究，完善安全、救援应急机制，创建安全、文明、诚信的旅游目的地；加强旅游企业之间的横向联合、协作，建立面向京津冀客群的旅游景区、旅行社、旅游饭店的优惠价格协作体系。

加大山东滨海等特色旅游产品推广。京津冀地区优质滨海资源缺乏，要充分利用山东滨海岸线优势，大力拓展“山盟海誓”旅游线等特色产品。大力吸引京津冀游客，使山东成为京津冀居民区外旅游的首选目的地。

（三）西接“中原城镇群”：推广滨海旅游等产品，共推黄河文明等线路

1. 竞合条件分析

河南旅游发展的优势是祖源文化、历史文化、黄河文化等，鲁西地区三皇五帝文化与之存在一定的同源竞争关系，但齐鲁文化作为更具思想性、影响力的区域文化，存在与中原文化错位发展的空间。河南具有丰富的黄河文化，但山东作为“黄河入海”的地标，在黄河旅游竞争中，优势突出，可以重点打造“黄河入海”旅游品牌。

2. 合作策略建议

重点推出滨海旅游等稀缺旅游产品。河南是内陆省份，山东是中原地区滨海旅游的最佳选择。依托郑济高铁、日兰高铁（鲁南高铁）等廊道，大力推广山东滨海旅游，面向河南中高端市场，拓展滨海特色旅游客群。

共推黄河文明国家级精品旅游线路。依托山东黄河入海的优势区位，与河南的黄河旅游产品协作，共推黄河文明国家级旅游线路，形成热点旅游线。

串接华夏寻根文化旅游线路。依托山东三皇五帝的传说，以及龙山文化、大汶口文化、后李文化等资源，与河南的皇帝文化等资源传接，将东夷文化与中原文化串联，共同打造华夏寻根国家级文化旅游线路。

以菏泽、聊城为载体，全面对接中原城镇群国家战略，强化与河南的对接和联动。

（四）东通“东北”：利用地缘、亲缘关系，强化文旅合作

1. 竞合条件分析

山东与东北三省有着难以割舍的地缘和亲缘关系。山东与辽宁隔海相望，海上和航空交通联系频繁。东北众多人口是山东移民，具有天然的“回老家”情结。山东与东北旅游合作，具有天然的优势。山东因优质的旅游产品，在区域旅游竞争中，具有强大的竞争力。

2. 合作策略建议

面向国内国际两大空间，与东北地区和东北亚地区紧密合作和交流，构建山东文化旅游开放合作、融合互动、协调发展的新格局。

推广“回山东看家乡”旅游活动，面向东北推介山东的旅游产品。

与辽宁合作，共同研究烟台—大连交通通道，争取加快启动建设。

四、山东省内旅游合作分析

（一）合作的条件分析：资源区域性、互补性是省内合作的基础

山东省旅游资源具有区域性和互补性的特征，是山东省内旅游合作的重要形成机制。以曲阜为中心的中华传统文化，以淄博、潍坊为中心的齐文化，以临沂、枣庄等为主的红色文化，以青岛、烟台、威海为一体的滨海文化，以济宁为核心的运河文化，以泰安为中心的山岳文化等，这些旅游资源由若干地市共享，需要品牌共享、合作共赢。

（二）省内合作策略：以优质资源整合协同开发引领省内合作

1. 旅游资源共享与整合协同开发

以跨地市旅游资源的整合开发为抓手，编制大运河旅游规划、大泰山旅游规划、齐文化旅游规划等跨区域旅游规划，加强资源的整合协同开发。采取有力措施，协调各市之间旅游资源和产品的重新

整合，确立合理的地域分工，避免盲目低层次重复建设。

2. 旅游市场互通与开拓

要加强旅游客源互送，城市之间共同开展市场调研、制定促销宣传方案。省外要联合促销以目前市场为依托，稳定老市场，开拓新市场，实现市场结构的优化。参加合作的城市之间，应取消不正常行政壁垒，互为客源地和目的地。

3. 旅游企业开放合作与联合发展

旅游企业跨地区纵向联合经营、跨地区连锁经营、组建旅游企业集团等合作方式有助于加强区域内在利益联系，深化旅游合作。实现旅游企业合作，必须突破体制障碍，实行产业互动，实施多元化发展，构建旅游业发展的系统经济模式。以现有的大型旅游区为核心，组建具有国际竞争力的大型旅游企业集团，对国有旅游企业实行改制，通过实行股份制、合资合作等形式实现国有资产的重组，从根本上盘活国有资产。

4. 旅游大环境共同营造

加强省内合作，营造有利于旅游发展的优惠政策与环境，包括土地政策、投融资政策、财政政策、人才政策等。各级旅游城市要充分发挥现有城市交通体系的作用，结合旅游产业发展和布局的要求，形成以城市为核心的立体旅游交通体系。完善旅游资源管理系统，建立全省旅游资源管理信息库，对资源进行科学的技术性评价，实施有效的资源管理。搞好各级旅游人才培训，建立完善的旅游人才培养体系，为旅游产业的快速发展提供足够的人力资源保障。

5. 逐步建立统一的旅游信息服务体系

共同建立统一的旅游信息服务体系，实现省域内旅游网络相互链接，构建覆盖全省的一体化旅游电子商务平台，促进全省主要旅游咨询中心、旅游集散中心之间的信息互通和资源共享，为旅客旅行提供便利。

6. 大力推进旅游便利化服务，倡导无障碍旅游。

各市均对外来旅客实行属地待遇，构建旅游“绿色通道”。发挥网络优势，实现旅游网络相互链接、信息资源互通共享，为旅游者提供全方位的旅游信息服务；省市间的主要旅游咨询中心、旅游集散中心及时相互提供旅游信息资料；创造条件，免费为其他的旅游城市摆放宣传品。

专题5　山东省海洋旅游发展研究（概要）

一、山东海洋旅游发展环境分析

（一）滨海带陆域地理环境特征

山东省海岸北起冀、鲁交界处的漳卫新河河口，南至苏、鲁交界处的绣针河河口，岸线全长3024千米，其中蓬莱以西属渤海，蓬莱至山东最东端的成山头属黄海南岸，成山头至绣针河口属黄海西岸，山东省毗邻海域面积约14万平方千米。山东省海岸由人工海岸、基岩海岸、沙质海岸和粉砂淤泥质海岸构成，比例为38∶27∶23∶12。国内罕见的优质旅游资源，拥有众多砂质海滩和基岩岸滩，优质清澈的海水环境。在山东省3345千米长的海岸线上，分布着国内最多和相对集中的优质海滩。山东沿海地区根据行政区由北向南划分为滨州、东营、潍坊、烟台、威海、青岛、日照七市。各地市海岸线长度分布很不均匀，其中，威海市最长（978千米），滨州市最短（仅88千米）。

（二）滨海带海域地理环境特征

山东省海域空间资源广阔，大陆潮间带面积约4395平方千米，约占全国的六分之一。与海岸线对应，亦可分为粉砂淤泥质滩涂、砂质海滩和基岩岸滩等类型，其分布的区域与海岸线相对应。以莱州虎头崖为界，以西的滨州、东营、潍坊潮间带属于鲁北平原海岸，均为粉砂淤泥质滩涂，宽阔平坦，资源十分丰富，面积达4079平方千米，占全省潮间带总面积的92.8%；虎头崖以东及半岛南部海域的烟台、威海、青岛和日照市为鲁东丘陵海岸，潮间带普遍较窄，但拥有众多砂质海滩和基岩岸滩，优质的沙滩和奇特的基岩海岸配上清澈的海水，为国内罕见的优质旅游资源。

（三）滨海带气候特征

山东沿海属暖温带季风气候，受地理环境和大气环流影响，全省沿海气候具有明显的季节性及区域性差异。山东半岛沿海地带夏季气温较内陆低1~3℃，东部沿海高温日数少，莱州市以东的黄海与渤海岸段，高温期比内陆地区晚26~41天，持续期少25~36天，是北方度假旅游的黄金地带和避暑胜地。

（四）滨海带生态环境特征

山东沿海入海河流众多，均为季风区雨源型河流，分属淮河流域、黄河流域、海河流域、小清河流域和胶东水系。滨海带由于地处海洋与大陆的复合地带，生态环境极易遭受破坏，滨海城市在地形地貌、大气环境、生态环境、植被等自然方面与内陆城市有明显差异，极易遭受自然灾害的危害。山东滨海城市拥有2880.38千米海岸线，旅游资源丰富，同时还拥有较多的自然保护区，是山东滨海城市旅游产业聚集的重要区域。但由于地区之间的生态条件不一，发展不均衡等，山东滨海城市在发展中出现了一系列生态问题，如资源开发利用不均、城市景观遭受破坏、生态环境恶化等，引起了学界的广泛关注。

（五）滨海港口与城乡发展特征

山东省港口众多，主要有青岛港、烟台港、威海港和日照港等组成，港口群所涉及的腹地除了所在的山东省还有外围的河北省、河南省、陕西省等地。

二、山东海洋旅游资源条件分析

（一）沙滩岸线资源

山东半岛蜿蜒曲折的岸线上分布有大大小小的沙滩约123个，累计长度约366千米，约占山东半岛海岸线长度的1/9，滨海沙滩是山东半岛蓝色经济建设中重要的一环。①。

适宜建设浴场的沙滩潜力巨大，山东省沙滩分市分布为烟台市21%、威海市35%、青岛市32%、日照市12%。山东省各级别沙滩分布为一级占28%，二级占41%，三级占17%，四级占14%。

（二）基岩岸线景观

基岩是被海浪冲击形成的海蚀岩台等海蚀地貌，包括海蚀洞、海蚀拱桥、海蚀崖、海蚀平台和海蚀柱。基岩海岸的主要特征是岸线曲折、湾岬相间、岸坡陡峭、滩沙狭窄。分布在山东半岛、辽东半岛及杭州湾以南。山东半岛基岩海岸多为花岗岩形成的基岩海岸。山东省大陆海岸线全长3121千米，其中2/3为基岩海岸，起点为掖县（今莱州市虎头崖），向东环绕胶东半岛至江苏省连云港附近，基本上呈基岩与海湾、沙滩相间分布格局。基岩类型主要为变质岩、花岗岩，土壤主要类型为棕壤、砂土

① 山东半岛重要旅游滨海沙滩的质量评估，李享健，2016

及潮土。山东省岩礁分市分布为威海市 49%，青岛市 33%，烟台市 9%，日照市 9%。

（三）滩涂岸线资源

山东省海岸滩涂总面积 3224 平方千米。主要分布在黄河三角洲沿岸，占全省 71%。包括潍坊、烟台、滨州，其余的零星分布在沿海较大的海湾（胶州湾、丁字湾、乳山湾、五垒岛湾、靖海湾等）。黄河三角洲地区的滩涂主要位于泥沙含量高的黄河入海口处，随着黄河泥沙的不断沉积，黄河每年造陆约 20 万公顷。其他沿海地区由于汛期河道含沙量高，受海水顶托，在河口及海岸淤积形成滩涂。滩涂资源为山东省提供了异常丰富的后备土地资源，另外，滩涂上还有丰富的水产、陆生生物、石油、天然气等资源。滩涂开发经济效益显著。海水养殖、盐业等成为沿海地区群众的重要经济来源。

（四）生态岸线和生物资源

山东海域分布有典型的海湾、河口、滨海湿地、海岛与浅海生态系统。特殊的海流、地形及营养盐条件使许多区域（如河口、海湾等）初级生产力水平较高，成为洄游性和本地海洋生物的理想产卵场和育幼场。同时，沿岸湿地也是东北亚水鸟迁徙的重要中转站和越冬地。

（五）海岛资源特征及分布情况

山东省海岛岛陆总面积约为 102 平方千米，大部分海岛位于离岸 15 千米的海域内，沿海 7 地市均有海岛分布。整体看，山东半岛海岛自西向东，自北向南，可以分为长岛岛群、烟威北部岛群、烟威东南部岛群、青岛近海岛群和鲁东南前三岛岛群等六个岛群，山东省近 17 万平方千米的管辖海域中共有海岛 589 个，其中，549 个左右基岩岛，其余为沙岛。有居民海岛 32 个，占 5.4%。无居民海岛 557 个，占海岛总数的 94.6%。面积大于 500 平方米的海岛 299 个。山东海岛绝大部分位于近岸海域，距大陆海岸线 5 千米以上的海岛主要分布在长岛县境内，距大陆海岸线最远的有居民海岛是北隍城岛，离岸距离约 61 千米。长岛县为山东省唯一的海岛县。

三、山东海滨岸线利用程度分析

《山东省海洋功能区划 2011~2020 年》划分了农渔业区、港口航运区、工业与城镇用海区、矿产与能源区、旅游休闲娱乐区、海洋保护区、特殊利用区、保留区共 8 个类别 329 个海洋基本功能区。

旅游休闲娱乐区内主要用于滨海旅游度假、观光、休闲娱乐、公众亲海等公益性服务，加强滨海旅游区自然景观、滨海城市景观和人文历史遗迹的保护和旅游服务基础设施建设，禁止破坏自然岸线、沙滩、海岸景观、沿海防护林等工程项目建设，整治损伤自然景观，修复受损自然、历史遗迹，养护海滨沙滩浴场。《山东省海洋功能区划 2011~2020 年》作出的旅游岸线分配占总岸线长度近 1/3，潜力巨大但现状利用粗放且存在房地产化现象，不同城市间岸段主题不清晰，存在同质化建设现象。

从开发的情况来看，烟台的滨海沙滩利用潜力大，但住宿设施建设滞后。青岛度假区建设略有滞后，其他指标处于中上。日照滨海资源的利用率高，但度假区建设滞后。威海滨海资源利用程度不高，且景区、度假区建设均滞后。

四、山东海洋旅游发展优势度比较分析

（一）海洋旅游资源与环境优势比较

1. 海洋海岸资源类型繁多，储量丰富，丰度指数居全国之首

山东省海洋海岸除珊瑚礁、红树林外几乎全部海岸地貌都有分布。海洋旅游资源堪与世界海滨旅

游业发达国家和地区比肩。海洋资源曾根据国家海洋信息中心选择滩涂、浅海、港址、盐田、旅游和砂矿6种资源进行的比较，对沿海各省进行丰度指数评价，山东位居第一。丰度依次是盐田、港址、旅游、滩涂、浅海、砂矿，表明山东的盐业资源、港口水运资源、滨海旅游资源突出。

2. 基岩海岛多，与陆岸距离近，利于开发

山东的海岛特征包括：（1）与陆岸距离近。大部分海岛位于离岸15千米的海域内，距陆5千米以内的海岛345个（主要分布在长岛县境内），占海岛总数的58.57%；距陆5千米至50千米的海岛148个，占25.13%。（2）小面积的岛屿多。面积小于500平方米的海岛313个，占海岛总数的53.14%；面积在500平方米至5平方千米之间的海岛269个，占45.67%；面积大于5平方千米的海岛仅7个，最大海岛为南长山岛，面积为13.3平方千米。（3）有居民海岛少。有居民海岛32个，占5.4%。无居民海岛557个，占海岛总数的94.6%。（4）基岩岛多。共有海岛589个，其中549个基岩岛，主要分布于庙岛群岛、胶东半岛近海和海州湾等海域；冲淤堆积岛40个，包括贝壳堆积岛和泥沙堆积岛，主要分布于黄河三角洲、丁字湾等海域。

3. 山东海岛与辽宁省海岛和江苏省海岛相比，距离渔业养殖场更近，更能融合发展

山东省海岛与辽宁省海岛和江苏省海岛相比，距离渔业养殖场更近，更方便开发渔业与旅游业融合型的产品。

4. 山东半岛海域水质好于辽宁和江苏，从而比近邻省份有更好的岛屿发展环境优势

从2017年发布的海洋环境统计公报看，夏季和秋季山东半岛海域水质明显好于辽宁和江苏海域，这对于开展海上岛屿旅游及滨海旅游项目都具有绝对的环境优势，从而比近邻省份有更好的海洋旅游发展环境优势。

5. 中国“正季节”适合帆船游艇的滨海地带

分布在以青岛至威海的山东半岛黄海岸线及琼南以三亚为代表的海岸线，形成中国“正季节”与“反季节”最适合帆船游艇为主题的滨海度假黄金海岸带。综合水文、地质、气候（主要是风暴潮）等各种因素，中国大陆海岸线，尤其是长江以北海岸线，山东省能够适合帆船游艇俱乐部建设的岸线资源相对来说是极度稀缺的。

6. 很少受台风影响

山东省地处北温带季风区域，属温带季风气候。沿海由于海洋环境的直接调节，受来自洋面上的东南季风及海流、水团的影响，故又具有明显的海洋性气候特点。空气湿润，温度适中，四季分明。夏季湿热多雨，但无酷暑；冬季风大温低，持续时间较长，但无严寒。由于山东所处的地理环境，很少受台风影响。

（二）市场优势比较

从区位和市场条件看，山东省海岸带地理位置北依华北，南临华东，西连内陆，拥有以北京、上海为龙头的环渤海和长三角大城市群带来的潜在旅游市场和以郑州为中心的中原城市群市场。山东省海岸带拥有全国范围内稀缺的滨海旅游资源，但许多资源仍处于初级开发阶段，滨海旅游蕴藏巨大潜能。

（三）滨海区经济基础优势比较

与周边省份相比，山东省海上旅游相关装备制造业发达。游艇等产业的发展要求制造商具备先进的研发设计能力、生产能力，有能力自主开发生产新产品，有能力生产销售配套产品。

（四）基础设施和服务设施优势比较

山东海岛旅游开发的投入产出比高。从统计数据来看，山东长岛旅游开发取得了较高的投资回报率，成为山东段海岛旅游开发的一个综合优势。

五、山东海洋旅游发展主要问题与对策分析

（一）主要问题

1. 海洋旅游产品不丰富

海洋旅游产品不丰富很大一部分原因还是海洋旅游群众认知度不够，国人海洋意识不足，对海洋旅游产品仍停留在海水沙滩休闲的层面，海上旅游、深海旅游还未走入大众的视野，海洋旅游资源有待进一步挖掘。此外，山东人消费保守的特点与海洋开放文化消费相背，山东省在消费群体的培养方面欠缺。缺乏高端度假、游艇旅游等高端消费模式。

2. 总体经济规模偏小，规模较大的企业尚不多见

规模以上海洋旅游企业数量较少，自主创新能力较弱，高水平旅游人才匮乏，现有海洋旅游产品多以低端产品为主，不利于旅游消费观念的培植。此外，配套支持政策相对滞后，场地维护、服务培训、安全救护等配套设施和服务还处于起步阶段。

3. 基础设施不完善，旅游港口码头及泊位数量不够

游船、游艇码头建设不足。由于游艇泊位专业性要求较高，山东省游艇公共码头建设相对滞后，造成游艇产业基础设施并不完备，游艇公共码头的数量无法满足旅游或是展出等其他活动停泊游艇的需求。预留的岸线和泊位少，造成未来游艇旅游发展中游艇停泊困难等可能面临的空间不足等问题。

4. 海域开放等政策欠缺

我国交通海事部门，现阶段对海岸、港口的管理仍相当严格，邮轮、游轮、游艇通行海域受限，而且游轮、游艇驾驶必须持有专门驾驶执照，需要主管部门负责考核和发放，出航须由海事、交通、航务等各部门的通力协作和批准。

5. 规划不对接、不协调

相关发展规划对接不到位。首先，国家没有出台针对各专项海洋旅游产品的战略性总体规划，海洋旅游的开发布局缺乏科学合理性，影响到下游产业发展。其次，山东省也没有形成各专项海洋旅游产品的总体规划，如游艇产品，不少项目盲目开发，规模小分布散，配套设施不健全，竞争力弱，造成了资源与资金的浪费。

（二）海洋旅游产品提升思路与对策

1. 滨海带提升思路

大力增强烟台（金沙滩、烟台港、第二海水浴场、养马岛）、威海（国际海水浴场、北海旅游度假区、北海新城大学城、南海旅游度假区）、青岛（黄岛金沙滩度假区、国际会展中心、石老人海水浴场、崂山风景区、八大关、第一海水浴场、五四广场、奥帆中心、黄岛西海岸度假区、中联自由港湾、邮轮母港区）、日照（国家森林公园、万平口风景区、东夷小镇、山海天浴场、岚山经济开发区、日照港、渔家民俗旅游度假区等）等市的近城滨海地带的集聚形态和旅游休闲功能，构建食、宿、游、购、娱、行特色旅游要素集聚区，打造海滨城市的亮丽风景线和活力区。

对于人口相对稀疏的城郊滨海带，应按照“先保家底后开发”的原则可持续利用。重点推动度假区建设集中集约开发，控制建设规模及体量，注重度假环境和氛围的塑造，杜绝大规模房地产化，预留未来发展空间。通过海岸国家公园、郊野特色休闲公园等公众亲海的公益性开敞空间与旅游公共服务设施建设，满足与近城滨海带差异化的用海需求，展现完整多样、协调有序的生态化壮美滨海景观。打造滨海带景观节点及吸引物，带动沿线整体经济及城镇发展，变海水沙滩为金山银山。合理吸纳海

产养殖、生产性港口及工业腾退岸线及海域，积极拓展新的滨海带空间。

2. 开发布局优化

总的海岸片区思路及发展方向为：日照—胶南岸段，重点发展海水浴场、海滨森林公园、旅游度假区。青岛岸段，重点发展城市滨海休闲、风景名胜区、旅游度假区、邮轮母港。莱阳—海阳—乳山—文登岸段，重点发展旅游度假区、动植物科普旅游。荣成岸段，重点发展特色渔村与民俗村、动植物科普旅游。烟台—威海岸段，重点发展旅游度假区、岛屿旅游。蓬莱—龙口—招远—莱州岸段，重点发展历史文化景观旅游。潍坊—滨州—东营岸段，重点发展生态观光、研学科普旅游。

在具体地段的空间开发模式选择上，应根据具体情况选择海陆互动式、岛屿联动式、航线串联式、分段引导式等不同开发模式。根据已经报上去的项目，最近文化旅游局、农业部相关文件支持的热门项目，本土已有项目的提升，各区县收集上报的项目，结合山东滨海开发布局模式，规划整合重大项目（表 4–12）。

表 4–12　山东省滨海旅游规划整合重大项目建议

序号	所属地市	项目名称	项目性质	投资方式	近远期
1	潍坊市	潍坊欢乐海旅游度假区与白浪河景区整合提升项目	整合类	政府投资	近期
2	烟台市	长岛群岛旅游开发与整合提升项目	新建类	社会融资	近期
3	烟台市	烟台“三岛”协同开发项目	新建类、整合类	PPP	近期
4	威海市	刘公岛“岛陆联动”新码头文化休闲旅游区建设项目	新建类	PPP	远期
5	青岛市	田横岛及周边海岛整合提升项目	整合类	PPP	远期
6	威海市	乳山“银滩”城市海岸公园配套项目	新建类	政府投资	近期
7	东营市	东营海岸国家公园项目	整合类	政府投资	远期
8	日照市	日照渔家民俗旅游度假区建设项目	新建类	PPP	远期
9	涉及多市	山东海洋牧场旅游开发项目	整合类	PPP	近期
10	威海市	威海帆船游艇基地建设项目	新建类	社会融资	近期
11	日照市	日照海洋旅游集聚区建设项目	新建类	PPP	近期
12	烟台市	烟台金沙滩打造国家级旅游度假区	整合类	政府投资	远期
13	青岛市	青岛湾区及灵山岛、竹岔岛旅游开发	新建类	政府投资	远期

3. 海岛旅游产品开发

根据《山东省海岛保护规划（2012~2020 年）》，绝大部分岛屿有特殊功能安排暂且不作为旅游开发用途，在可供旅游开发的约 19 个有居民海岛和 120 个无居民海岛中，选择主要海岛进行分析比较。以旅游开发为主导功能的无居民海岛东营市 1 个，烟台市 33 个，威海市 44 个，青岛市 36 个，日照市 6 个。东营市主要是跑马岛；烟台市主要是挡浪岛、螳螂岛、车由岛、姊妹峰、担子岛及夹岛等；威海市主要是褚岛、连林岛、好运角、海上石林、高家岛、北小青岛等；青岛市主要是白马岛、驴岛、小麦岛、小青岛、小牙岛、试刀石等；日照市主要是桃花岛、太公岛。以上岛屿以旅游为主导功能，在不破坏海岛生态系统的前提下，旅游用岛可兼容农林牧渔、公共服务等功能。

在粗选出的岛屿中，择优开发重点有条件的岛屿，争取连片联动。重点支持建设长岛国际旅游岛，在入境旅游政策、旅游国际合作、免税购物等方面提供具体的政策和法规保障，引领山东滨海旅游向国际海岛旅游拓展。推动四大岛群旅游。重点支持长岛群岛（南长山岛、北长山岛、庙岛、大黑山岛、小黑山岛）、烟台“三岛”（崆峒岛、芝罘岛、养马岛）、田横岛及周边海岛（田横岛、驴岛、车岛）、青岛湾区（黄岛、团岛、灵山岛、竹岔岛）四个岛群旅游先行开发，突出主岛、以需定量，以海岛游业态创新为重点，通过跳岛游及水上游线方式，将海岛度假、海岛风情、海钓探险、海防文化有机结合。加大对已开发海岛的旅游创新支持力度，对于相对开发成熟的刘公岛、田横岛，重点发挥海岛中心城市综合功能，强调陆—岛联动，突出海岛与岸域及水域的联动开发，通过岸上配套设施的建设，游艇游船的串接，实现岛屿观光休闲与陆岸旅游衍生产品的整合联动，实现整体最大经济效益。提高跑马岛、挡浪岛、褚岛、白马岛、驴岛、桃花岛等无居民海岛的开放和管控力度，在完善无居民海岛保护性开发的制度规划前提下，适度开发海岛野奢度假产品，探索无人岛海岛探秘、无人岛探险等特种方向。面向全球，对拟开发的海岛实行国际招标，推进高标准、高质量利用建设。

4. 海洋牧场开发

大力推进海洋牧场旅游开发，就要扶优、扶大、扶强，目前主要从农业农村部已批复的33处国家级海洋牧场中选择进行重点旅游开发建设。重点支持荣成、牟平、莱州、庙岛群岛、黄岛、灵山湾、岚山、海州湾等海域具有竞争力和示范性的国家级海洋牧场，进行重点旅游开发建设资金扶持。打造精品海上观光产品、海钓休闲产品和科普教育产品，满足新时代人们对海洋文化的需求。鼓励海洋牧场与海岛开发、海上游船游艇线路、陆岸度假设施及资源相结合，联动合作开发（表4–13）。

表4–13 重点开发建设的海洋牧场选择

<table>
<tr><th>地市</th><th>一、重点资金扶持</th><th>二、积极鼓励建设推广</th><th>三、后备关注区域</th><th>筛选标准</th></tr>
<tr><td>威海市</td><td>荣成北部海域国家级海洋牧场、荣成爱莲湾海域国家级海洋牧场、荣成市南部海域好当家国家级海洋牧场、荣成市桑沟湾海域国家级海洋牧场
（4家）</td><td>荣成俚岛东部海域鸿源国家级海洋牧场、荣成市临洛湾海域烟墩角国家级海洋牧场、荣成市荣成湾南部海域马山国家级海洋牧场
（3家）</td><td rowspan="4">在芙蓉岛、庙岛湾、砣矶岛、南北隍城岛、大小钦岛、芝罘岛、四十里湾、套子湾、初村北部海域、山东湾、阴山湾—泊于、栖霞口、爱伦湾、苏山岛、五垒岛湾、乳山湾、崂山湾、大公岛、朝连岛、灵山岛、竹岔岛、田横岛、斋堂岛、海州湾、刘家湾等海域（主要是出海观看渔业养殖）
在黄河口深海海域、黄海冷水团、庙岛群岛海域、半岛深水海域、远岸岛链等深水区域（主要是海钓）
在套尔河入海口、黄河三角洲、莱州湾、牟平、庙岛湾、砣矶岛、南北隍城岛、文登南海、塔岛湾、荣成东部、靖海湾、乳山湾、白沙湾、灵山湾、海州湾、黄家塘湾等海域依托田园型海洋牧场建设（主要是贝类的采摘）</td><td rowspan="4">根据牧场面积、距离陆岸的距离、与临近岛屿的联动条件、企业的资金实力等
考虑到单个牧场进行旅游经营所需要的门槛规模和海洋牧场开发旅游所形成的整体产业规模要求，遴选10~20家海洋牧场进行重点扶持
按一个常规人工鱼礁平台3000平方米计，大概可同时容纳50人，按每日周转率为2计，全年抛除冬季和海风限制天数，可游览天数按150天计，一个海洋牧场一年可接待游客1.5万人次，数量仍较小，起步时期需要同时发展10~20处海洋牧场才能形成年接待30万人次的初级产业规模（相当于一个3A级景区的接待规模）</td></tr>
<tr><td>烟台市</td><td>芙蓉岛西部海域国家级海洋牧场、牟平北部海域国家级海洋牧场、莱州市太平湾海域明波国家级海洋牧场、庙岛群岛北部海域国家级海洋牧场、庙岛群岛东部海域佳益国家级海洋牧场
（5家）</td><td>牟平金山港东部海域东宇国家级海洋牧场、海阳市琵琶口海域富瀚国家级海洋牧场、刘家旺海域宗哲国家级海洋牧场、海阳市琵琶口西南海域恒源国家级海洋牧场、龙口市屺㟂岛海域金海洋国家级海洋牧场、长岛庙岛群岛东部海域大洋国家级海洋牧场
（6家）</td></tr>
<tr><td>青岛市</td><td>黄岛区石雀滩海域国家级海洋牧场、崂山湾海域国家级海洋牧场、崂山湾海域龙盘国家级海洋牧场、灵山湾海域灵山国家级海洋牧场
（4家）</td><td>灵山湾海域西海岸国家级海洋牧场、斋堂岛海域斋堂岛国家级海洋牧场、薛家岛海域昕长虹国家级海洋牧场、崂山湾海域华润博达国家级海洋牧场、竹岔岛海域老尹家国家级海洋牧场、凤凰岛海域金沙滩国家级海洋牧场
（6家）</td></tr>
<tr><td>日照市</td><td>岚山东部海域万泽丰国家级海洋牧场、海州湾海域顺风国家级海洋牧场
（2家）</td><td>黄家塘湾海域万宝国家级海洋牧场、刘家湾海域水产集团国家级海洋牧场
（2家）</td></tr>
</table>

在具体建设项目上，重点进行游钓型海洋牧场项目建设。以休闲海钓为核心，完善“投放生态礁、放流恋礁鱼、建设海钓船、整治海岸线、提升服务能力”五配套，注重全产业链、全服务链衔接，打造吃、住、行、游、购、娱等配套和特色鲜明的“海上高尔夫”。海上以新型礁、废旧船体等生态礁

的投放和游钓平台设施建设为主，定向放流礁性鱼类，按标准建造休闲海钓船；岸线开展整治修复、码头修复，美化、净化、优化岸基配套设施；陆基完善餐饮、住宿、交通、救助等相关设施建设，强化服务保障，拓展海洋牧场功能，推进渔业与旅游业深入融合，结合当地渔村、渔港等人文资源，开发多元化的精品休闲渔业项目。发展集生产、观光、垂钓、采摘、餐饮、娱乐、购物等于一体的综合性游钓型海洋牧场。

5. 帆船游艇产品对策

加快游艇码头和游艇俱乐部建设。鼓励国外知名游艇公司将全球或区域总部迁往山东省滨海城市，支持青岛、烟台、威海、日照、东营建设游艇公共码头和相关配套设施。面向高端商务需求，适度规划建设一批商务型游艇俱乐部，配套建设商务中心、星级宾馆等设施，适度开发一批集休闲度假别墅、游艇社区、游艇俱乐部于一体的综合游艇度假城。以满足水上运动、娱乐消费为目的，规划建设一批运动娱乐型游艇俱乐部，配套建设训练基地、会展中心、俱乐部会所、驾驶培训等设施。整合、统筹发展，丰富产品内容。与海上垂钓、海上牧场、水上运动等休闲体育活动统筹开发。加强近海海域和海岛开发，积极开发海上看半岛、海岛观光等近海游艇旅游产品。做好游艇旅游产业链延伸，开发连接近岸腹地风景名胜区、温泉旅游点、高尔夫俱乐部、乡村旅游点等景点旅游消费。

第五章

山东文化旅游融合发展规划研究模块（概要）

模块 1　山东文旅发展现状研判及比较分析（概要）

一、山东省旅游产业发展现状

（一）旅游业发展主要指标分析

1. 全省旅游接待人次和消费总额均居全国前三

2018 年，山东省接待游客总人数达到 8.6 亿人次，同比增长 9.6%，居全国第二位（贵州第一，广东省 2016~2018 年，仅统计国内过夜人数，国内游客数不包括在内）；2018 年，山东省旅游总收入达到 10461.2 亿元，同比增长 13.7%，居全国第三位（少于广东、江苏）。全省旅游接待人数和总收入均居全国前三。

2019 年山东省接待国内外游客 93809.3 万人次，同比增长 8.6%；实现旅游总收入 11087.3 亿元，同比增长 12.1%。

2. 国内旅游市场规模持续快速增长

2014~2018 年山东省接待国内游客总人数年均增长率达到 9.6%（表 5–1）；同期，国内游客消费总额年均增长率达到 14%。

表 5–1　山东省 2014~2018 年旅游业主要指标

旅游业发展主要指标	2014 年	2018 年	年均增长率（%）
游客人数（万人次）	60022.65	86412.15	9.5
旅游消费总额（亿元）	6192.5	10461.2	14
国内游客人数（万人次）	59577	85899	9.6
国内游客消费（亿元）	5711.17	9661.51	14
入境游客人数（万人次）	445.6513	513.149	3.6
入境游客消费（万美元）	271423.5	336419.6	5.5
旅游消费相当于 GDP 比例（%）	10.42	13.7	7.1
旅游收入相当于三产增加值比例（%）	23.96	27.6	3.6

资料来源：《2019 山东旅游统计便览》《2015 山东旅游统计便览》

3. 入境市场发展滞后，距离入境旅游发达省差距大

根据《2018 山东旅游统计便览》，山东省 2017 年接待入境游客人数 494.4 万人次，在全国排名第八；入境游客消费 31.7 亿美元，在全国排名第九。与国内市场相比，入境市场规模与入境旅游发达省差距较大。2018 年山东省入境旅游消费总额相当于入境旅游排名第一的广东省的 16%。

4. 近年来增长势头放缓，国际旅游增长乏力，增长速度低于全国平均水平

2014~2018 年山东省国内旅游人数平均增速约 9.6%，高于全国国内游客同期平均增速（8.5%）；国内旅游消费总额平均增速约 14%，高于全国国内游客同期平均增速（9.1%）。从入境旅游增速看，2014~2018 年山东省入境游客人数增速约 3.6%，低于全国入境游客同期平均增速（5.6%）；入境游客消费增速约 5.5%，低于全国入境游客同期平均增速（6.7%）。

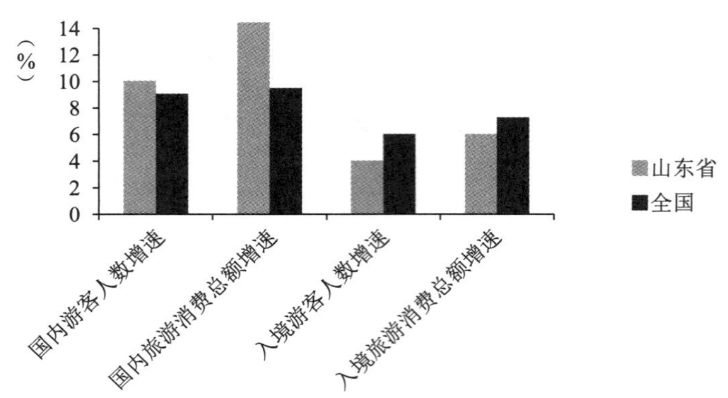

图 5-1　2014~2018 年山东省与全国旅游产业规模年均增速对比

资料来源：《2019 山东旅游统计便览》《2015 山东旅游统计便览》《中华人民共和国文化和旅游部 2018 年文化和旅游发展统计公报》《2014 年中国旅游业统计公报》

5. 旅游产业的经济贡献率逐年增加，但低于其他旅游大省

近年来山东省旅游产业地位稳中有升，旅游经济在国民经济中的比重逐年升高。2018 年山东省旅游经济总量相当于 GDP 的比重从 2014 年的 10.4% 提高到 2018 年的 13.70%，过去 4 年旅游经济总量相当于 GDP 的平均增速在 7% 以上。但山东省旅游产业的经济贡献率低于其他旅游大省。在全国旅游收入排名前 5 位的省份中，山东省旅游收入相当于 GDP 的比例排名最低。2018 年山东省旅游经济总量相当于三产增加值的 27.60%，是全国平均值（12.7%）的 2 倍以上。

（二）旅游产业要素发展现状

1. 旅游景区发展特征

（1）A 级景区数量在全国遥遥领先。

（2）5A 级景区数量全国第七，4A 级景区数量全国第一。

（3）2A、3A 级景区比例大，景区等级结构呈现“中间大两头小”的纺锤形结构。

（4）A 级景区营业收入总量全国第六，单个景区营业收入不高。

2. 星级饭店发展现状

（1）星级饭店数量位于全国前三。

（2）星级宾馆营业收入全国第六，位次落后饭店总数量。

（3）星级饭店以中档饭店为主，三星级饭店成为主力。

（4）青岛、济南、烟台、威海、潍坊 5 市星级饭店数量和高星级饭店数量分居前 5 名。

3. 旅行社发展现状

（1）旅行社数量位于全国前三，组团人数全国第五位前后。

（2）青岛、烟台、威海、济南 3A 级以上旅行社数量分居前四位，济南、青岛 5A 级旅行社最多。

4. 餐饮业发展现状

（1）餐饮收入居全国第二位。

（2）限额以上餐饮营业额居全国第六位。

（3）旅游餐饮占全省餐饮总收入的近半。

5. 旅游品牌建设硕果累累

2019 年山东省拥有 A 级旅游景区 1229 家，A 级景区数量全国第一。全省有国家级旅游度假区 4 家，省级旅游度假区 42 家；全国工业旅游创新单位 3 家；国家工业旅游示范基地 1 家，国家级工业旅游示范点 39 家，省级工业旅游示范基地 20 家，省级工业旅游示范点 337 家。青岛崂山区、潍坊青州市、济宁曲阜市获评首批国家全域旅游示范区。

（三）旅游产业效益评估

1. 人均旅游消费在全国居于中等水平，高于全国平均水平

2018 年，山东省人均消费 1211 元，居全国第十五位。高于全国平均消费水平（1051 元）（图 5-2）。

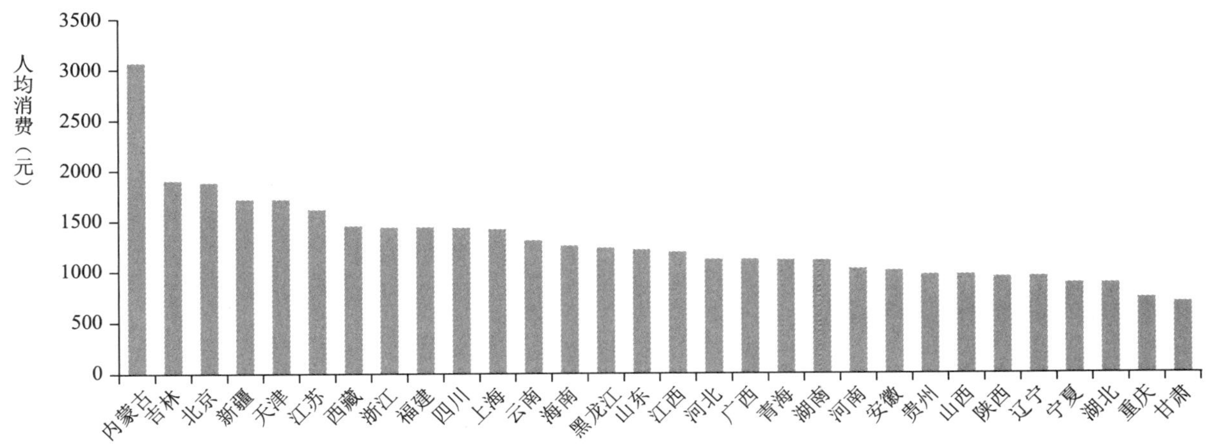

图 5-2　2018 年全国各省人均消费

资料来源：各省 2018 年国民经济和社会发展统计公报（广东省因统计口径不同未包含在内）

2. 人均旅游消费国内游客高于全国平均水平，入境游客人均每日消费高

2018 年，山东省国内游客人均花费 1124.7 元，高于全国国内游客人均花费；入境游客人均花费 655.7 美元，远低于全国入境游客人均花费。但根据《旅游抽样调查资料 2018》，2017 年山东省入境过夜游客人均天花费达到 229.37 美元 / 天，在全国排在第五位（低于京津沪苏四省）。

3. 旅游消费结构以基本消费为主，与发达国家差距大

（1）消费构成中基本消费比重大，非基本消费中购物比重略有上升（图 5-3）。

（2）消费结构在全国没有明显优势，差距较大（图 5-4）。

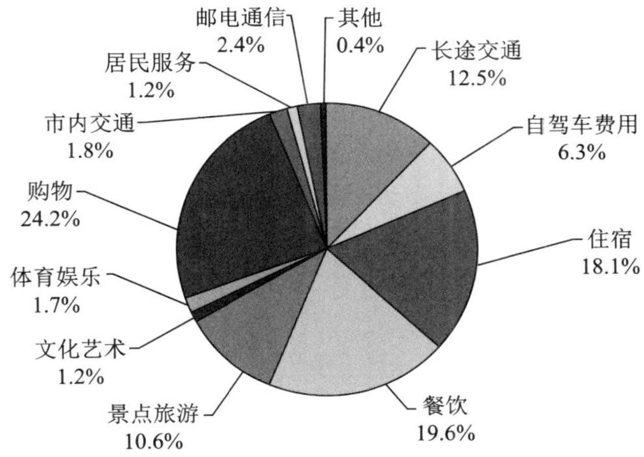

图 5-3　2018 年山东省国内游客花费构成

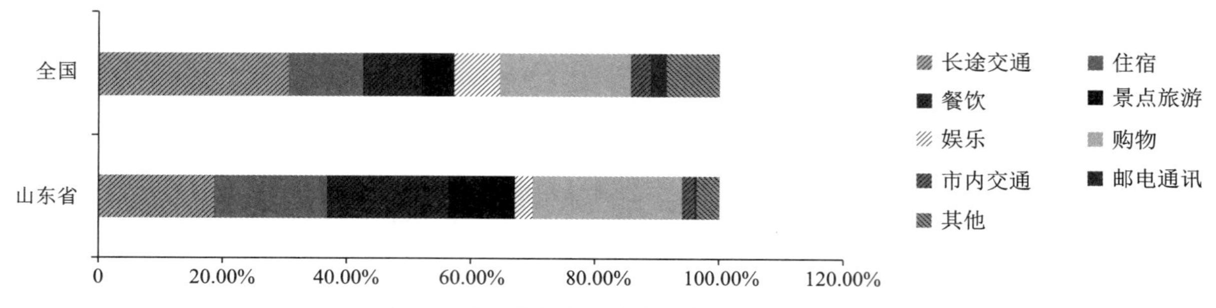

图 5-4 山东省与全国旅游消费结构对比分析

（四）旅游市场特征

国内客源以近程客源市场为主，尤以本省为主。入境旅游市场以亚洲市场为主，日韩市场尤其是韩国市场比例大

（五）旅游产业地域分异特征

1. 旅游产业规模呈现阶梯分异

山东省旅游产业规模表现出空间分布的不均衡性，根据2018年主要旅游指标可划分为四个阶梯①。

第一阶梯为青岛市，以明显优势成为山东省旅游发展的龙头。第二阶梯为济南、烟台，这两个地市旅游消费总额在1000亿~1200亿元。第三阶梯为潍坊、泰安、临沂、济宁、淄博、威海、日照7个地市。第四阶梯为枣庄、聊城、德州、菏泽、东营、滨州6个地市，旅游业发展在全省处于相对落后的位置。

2. 旅游景区地域分异明显

2018年山东省共有A级景区1291家，各地市旅游景区和4A级以上旅游景区拥有量有着较大的差异。从A级景区数量看，临沂以近200家A级景区名列全省首位，济宁、青岛、潍坊3地市A级景区超过100家，烟台、济南等11个地市A级景区在45~100家之间，全省菏泽A级景区数量最少，仅有25家（图5-5）。

从4A、5A高等级景区拥有量看，临沂、青岛、潍坊、烟台4地市数量在20家以上，济南、济宁、淄博、威海、泰安、枣庄等6个地市在10家以上，日照等6家地市在10家以下，聊城、荷泽数量最少（图5-6）。

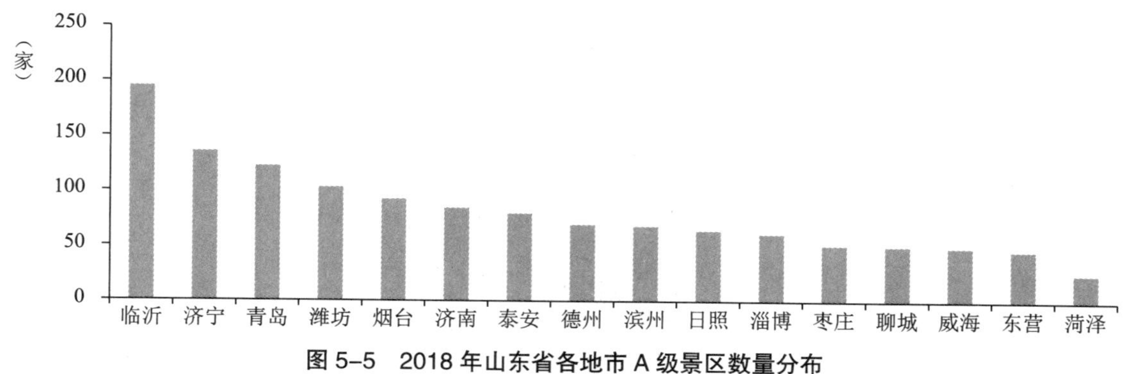

图 5-5 2018年山东省各地市A级景区数量分布

① 注：为统一统计口径，将莱芜市数据并入济南市一并计算。

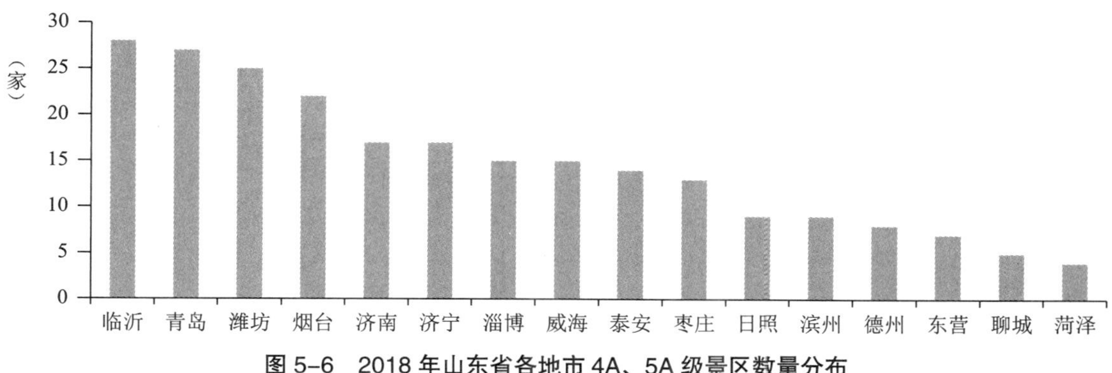

图 5-6 2018 年山东省各地市 4A、5A 级景区数量分布

（六）文旅发展投资特点

截至 2019 年 5 月山东省共有在建文化旅游重点项目 71 个，总投资约 1300 亿元。根据分析，在建的投资项目具有以下特点：

空间结构：鲁中地区投资最大。

类型结构：以文旅综合体为主，其次为乡村度假、文化场馆类。

资金来源：以民营企业为主。

二、山东省文化产业和文化事业发展现状

作为中华文明的重要发祥地，山东近年来通过实施文化强省战略和新旧动能转换重大工程，大力推进文化产业结构优化、转型升级，文化新型业态比重不断上升，文化产业投资屡创新高，全省文化产业发展势头强劲、亮点频出。文化产业发展表现出以下特点：

（一）文化产业发展现状

1. 文化产业规模居全国第四，文化产业经济贡献率逐年增加

2017 年，山东省文化产业营业收入达到 9506.3 亿元，实现增加值 3018.04 亿元，规模低于广东、江苏、浙江，居全国第四。文化产业增加值 2014~2017 年年均增长率达到 10.8%。

2. 文化产业经济贡献度居全国第六

2017 年，山东省文化及相关产业增加值占 GDP 比重达到 4.16%，与四川、陕西并列全国第六。

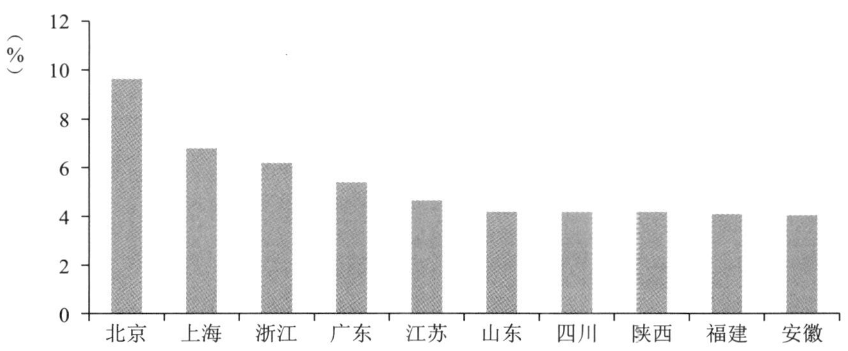

图 5-7 2017 年文化及相关产业增加值占 GDP 比重排名前十的省份

资料来源：中国文化及相关产业统计年鉴 2018

3. 文化产业市场效益居全国前列

根据《2019 中国文化及相关产业统计年鉴》，2018 年山东省拥有规模以上文化及相关产业企业 4417 家，资产总额达到 9168 亿元，从业人员 58.2 万人，实现营业收入 6579 亿元，营业收入排在全国第六位（图 5-8）。

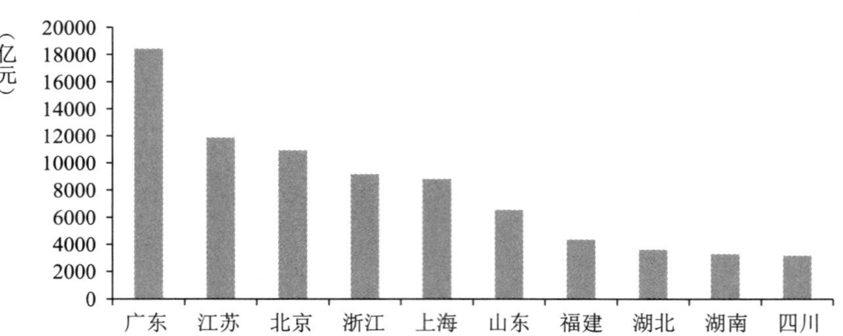

图 5-8　2018 年全国规模以上文化企业营业收入排名前十的省份

资料来源：2019 中国文化及相关产业统计年鉴

4. 文化产业结构明显偏重，工艺美术、创意设计、文化旅游、广告会展等行业快速发展

2017 年山东省文化制造业、批发零售业、文化服务业增加值占比分别为 52.9%、10.2%、36.9%，文化制造业比重不断下降，文化服务业比重逐年上升，工艺美术、创意设计、文化旅游、广告会展等行业快速发展。2017 年全国文化制造业、批发零售业、文化服务业增加值占比分别为 34.8%、9.6%、55.6%。

5. 文化产业规模化、专业化、集聚化发展态势良好

截至 2019 年，山东省有国家级文化产业示范园区 1 家，国家级文化产业试验园区 1 家，国家文化产业示范基地 15 家，山东省文化产业示范园区 12 家，山东省文化产业示范园区创建单位 5 家，山东省文化产业示范基地 132 家。

6. 文化产业投资力度不断加大

为给文化产业发展提供充足的资金保障，山东省不断加大文化产业投资力度。2019 年推动设立新旧动能转换文化创意产业 2 只母基金，总规模 90 亿元；设立新旧动能转换精品旅游产业 3 只母基金和 2 只项目基金，总规模 164.5 亿元。

7. 各地文化产业区域发展不平衡

从规模以上文化企业营业收入看，青岛、潍坊、烟台、济宁、临沂 5 市，文化产业比重占全省的比重为 60.9%。从文化产业投资看，青岛、济南、泰安、淄博 4 市投资占全省文化产业投资总额的 2/3 以上。城乡之间发展不平衡，乡村两级文化市场主体偏少，县以下文化市场经营单位仅占全省的 16.41%，从业人员仅为 9.87%。

（二）文化事业发展现状

文化场馆数量在全国遥遥领先

文艺创作品牌效益凸显，多项文艺创作指标居全国前列

《关于加强文物保护利用改革的实施方案》出台，《合作实施“齐鲁文化遗产保护利用计划”框架协议》签署，文物保护利用取得新成果

非遗保护利用稳步推进，国家级非遗数量居全国第二位

对接融入“一带一路”发展战略，齐鲁文化走出去取得新成效

三、山东省文旅产业融合度研判

（一）山东省文旅产业融合度评价

近年来山东省积极探索文旅融合模式，在文旅融合发展方面大胆创新。下面对山东省主要文化资源类型的文旅融合程度进行评价。

1. 第一种类型：文旅融合较好，在全国具有示范意义

孔子文化——三孔龙头地位无可撼动，新三孔产品文旅融合创新示范成效明显；

红色文化——沂蒙精神红色旅游产品建设卓有成效；

海洋文化——文旅融合程度高，融合业态多元，围绕各城市中心区形成多个海洋文化旅游核心；

工业文化——文旅融合探索创新走在全国前列，涌现了一批成功典范；

泰山文化——空间高度集聚，泰山文旅融合程度高，业态综合，龙头带动作用显著。

2. 第二种类型：融合广度不足，仅在一些点上进行了文旅融合，没有形成文旅融合的拳头成品，也没有形成体系

齐文化——文化价值高，旅游利用程度低，文旅融合难度大，以博物馆、遗址观光、乡村旅游为主要融合方式；

黄河文化——龙头黄河口亮点不足，黄河沿线以乡村旅游为主，清河行动对黄河开发模式提出调整要求；

文化场馆——文化场馆建设全国领先，但旅游利用程度低；

文化演艺——形式推陈出新，室外为主，多取材于历史或传说。

3. 第三种类型：在很多点上进行了文旅融合的尝试，但文旅融合深度不足，旅游业态较为传统

运河文化——台儿庄古城成为运河文旅融合典范，其他运河文化旅游资源散小弱，不成体系；

其他儒家文化——孟子文化、董子文化等其他儒家文化景区成为孔子文化的旅游阴影区；

水浒文化——只见星星不见月亮，产品分散，缺少核心。

（二）文旅产业发展问题

（1）数量规模与质量水平不匹配，规模与效率不匹配；

（2）区域文化旅游发展不平衡；

（3）资源品质、核心吸引物定位与市场定位错位，客源市场仍以本省客源市场为主；

（4）长期以来文化、旅游分立，文旅融合没有全面展开。

模块 2　山东省文旅产业发展的基础支撑条件分析（概要）

一、山东省区位条件分析

地处东亚经济圈、文化圈核心区；

面向东亚旅游市场的门户地带；

地跨环渤海、环黄海两大海洋经济圈；

毗邻京津冀、长三角、中原城市群三大客源市场；

“京杭大运河”“黄河文明”“滨海度假”三大国家旅游线路交会点。

二、山东省对外开放条件分析与对策

（一）我国及山东省现行开放政策

中国入境的免签政策，珠三角（8 地市）、海南最为开放；
中国 72/144 小时过境免签政策，东部沿海最为开放；
青岛航空口岸、海港口岸目前对 53 个国家人员实行 144 小时过免办签证政策。

（二）与其他沿海省在开放政策方面的比较分析：山东省在东部沿海仅优于福建

珠三角开放程度最高；
京津冀、长三角区域性整体开放；
辽宁省两个口岸入出境，优于山东省；
福建省仅有厦门开放过境免签，弱于山东省。

（三）山东省加大对外开放的对策

1. 开放促发展

大力推动制度性开放；对接国际先进水平，申报建设山东国际旅游半岛。

2. 加大开放配套政策

对标国际标准，配套邮轮港的建设，争取在青岛、烟台设立旅游购物免税区等；扩大 144 小时免签政策，将济南、烟台纳入过境免签入出境口岸。

3. 弥补开放短板

培育国际航空客运枢纽机场，以济南和青岛两大机场为核心，形成国际航空客运枢纽机场。尤其是面向日、韩等地区，加大航班支持力度，使山东成为面向东南开放的窗口。

三、山东省交通条件分析与旅游交通对策

（一）山东省交通条件分析

山东省由于优良区位，整体交通便捷，陆、海、空交通均相对完善。近年来全省综合交通网络规模持续增长，“三横四纵双枢纽多节点”综合交通网主骨架基本成型，总体水平处于全国前列，但通过对比发现仍存在明显短板。

高铁网：山东省起步很早，但仍有若干地市未通高铁。

公路网：山东高速曾是一面旗帜，却至今有 4 县未通高速。

港口与海运：货运为主，客运为辅。

航空港与航线：机场多，但机场旅客吞吐量排名第七。

高速交通体系网络化与接驳转乘的便捷化程度：城市内高速交通网络化程度较高，高速交通方式之间的接驳联系便捷、效率较高。但各地级城市及城市之间，高铁机场与汽车站、主要旅游景区之间的交通联系不便，接驳效率低下，旅游交通集散网络未形成。

（二）山东省加强旅游交通支撑的对策

以多通道、多层次、多方位的交通发展模式对接海内外客源市场，建立高效便捷、安全舒适、服务优质、功能齐全、立体化、现代化的区域旅游交通网络。依托区域高速铁路网、高速公路网、机场

与码头，在交通管理调度上强化旅游服务功能，重点完善旅游集散网络，加强各主要旅游城市与主要景区之间的道路交通建设，建设功能齐全的旅游交通服务系统，加快构建快捷通达、无缝连接的现代化旅游交通体系。

1. 高铁旅游交通

加快推进仍未通高铁城市的高铁线路建设，尽快实现地级城市市市通高铁。

推动高铁旅游交通网络建设，加快京九、京沪高铁二线、济郑、济莱临等高铁线路建设，加快跨区域、重点轴带的高速铁路建设力度，全面提升旅游客源市场与山东的高铁客运能力。优化配置旅游目的地城市的列车班次，有效衔接各旅游客源市场。

2. 公路旅游交通

加快高速公路补短板，尽快实现“县县通高速”。

实施旅游公路示范建设和高速公路连接线进景区工程，打通旅游交通“最后一千米”。推进高速公路服务区休闲旅游设施建设与改造，在国省干线公路和通景区公路沿线合理布设服务区、停车港湾、观景台、驿站、自驾车营地等旅游服务设施。

加快风景廊道规划，坚持依山、就势、临海，打造仙境海岸线“千里海岸线，一幅山水画”的风情廊道，展现最美海湾、岸线、沙滩、海岛、海洋生物等生态自然景观。

3. 港口与海运旅游交通

完善青岛、烟台、威海邮轮港口基础设施建设，提高口岸通关速度，开通国际邮轮航线。

大力发展旅游客轮，发展城市之间水上游线。研究形成蓬莱、烟台、威海、荣成、乳山、海阳、青岛、日照之间的海上旅游线路。

4. 航空港与航线旅游交通

拓展国际航线：支持青岛、济南、烟台机场至日韩、东南亚、欧美等国内外主要客源地增开直航航线航班。通过奖励增加国际航班、或者延伸国际与国内航线的连接，尽可能增加国际航班，显著提高山东省与主要海外客源国之间的国际航线数量。针对韩国、日本、东南亚和港澳台等传统客源国或地区，增辟直达航线或加密现有的国际航班；针对市场发展潜力较大的欧洲、美国等国家，加快开通直达航线和旅游包机业务，提升山东作为具国际影响力的旅游目的地的综合竞争力。

加强与外省主要中心城市间的航线联网：重点加强与国内主要中心城市的直航联系，增强珠三角、长三角、京津冀、中原城镇群、武汉城镇群、成渝都市圈之间的旅游交通便捷性。

支线机场要发挥依托城市的对外地缘和经贸联系等优势，加快机场升级或改扩建工程的规划建设，合理分工协作，重点开辟区域化航线，增加特色化、商务化的包机服务。

大力发展通用航空：加快通用机场建设，加强与民用机场的衔接，构建便捷、高端、专业的低空旅游交通体系。

5. 旅游交通服务体系建设

建立以旅游集散中心为主导的，布局合理、功能完善的旅游散客运输网络体系，形成以旅游包车为基础，以市内、省际旅游专线、城市观光快线为补充的旅游客运服务格局，提高旅游运输组织、服务功能和服务水平，达到与国际接轨的交通服务标准要求。

（1）完善旅游集散中心网络。加快建设和完善山东省 16 个地市的旅游集散中心，增强旅游集散中心在交通集散、信息咨询、餐饮购物和游程安排等方面的服务功能，加强与公共交通（公交汽车、轨道等）枢纽和旅游景区之间的衔接。

济南、青岛等中心城市还应在辖区内市、区、县及重要旅游景区建立旅游集散次中心，建立起与辐射区旅游景区、旅游城市之间的旅游交通线路。加强机场与高铁站点间的无缝连接。

加强与长三角、京津冀等国内主要客源地和目的地城市旅游集散中心的双向合作。

（2）完善交通标识系统和服务配套。沿主要干线公路和旅游景区道路，建立指向明确、简明规范、与环境相协调的旅游交通标识系统，同时，配套完善标准化、功能齐全又不失个性的公路服务区或服务站，在道路沿线的重要观景地段设置停车和休息设施，满足团队游客和自驾车旅游者在旅途中的基本需求，成为体现旅游服务品牌化的核心组成部分。

（3）实现旅游交通信息查询电子化。构建旅游交通信息平台。依托现有省、市旅游门户网站，对旅游要素尤其是旅游交通信息数据进行动态更新和完善补充，增加路线设计功能，为潜在的旅游者或现实中的旅游者提供有感召力或准确、细致、贴心的网络信息服务。

6. 慢行旅游交通

积极构建绿道网，规划连接休闲街区、骑行公园、中央游憩区、城市游憩带慢行交通系统。用绿道催生旅游驿站、乡村民宿、特色餐饮等旅游休闲业态。

四、山东省旅游服务业发展分析与提升发展策略

（一）旅游住宿业：总量规模较大，但高品质的设施不足

星级酒店总量排全国第二，但五星级酒店数量排第八。

整体标准相对较高，但服务质量与创新仍需加强。

（二）旅游餐饮业

山东餐饮文化特色突出。

餐饮文化与旅游利用结合不足。

（三）旅游商业购物

1. 山东旅游购物的发展现状

- 全省共 114 家旅游商品研发基地，旅游商品研发生产企业创新积极性高。
- 境外旅客购物离境退税便捷。
- 全省创建 120 家乡村旅游后备箱工程示范基地，支持乡村旅游商品销售。
- 借助阿里、京东等知名电商平台，打造“山东好礼”专区或特色馆。
- 结合省内外主要展会在国内主要城市开展品牌推广活动。

2. 山东旅游购物面临的问题

虽然山东旅游购物有了一定的发展，但面临创意商品不够多、文化特色不够等问题。

（四）旅游演艺娱乐

旅游演艺项目数量较多。

旅游演艺品牌项目不够，旅游演艺艺术性、思想性不足。

（五）旅游公共服务设施

1. 山东旅游公共服务设施建设加快推进

山东省对旅游公共服务的重视程度逐步提高，旅游公共服务投入稳步加大，旅游公共服务功能逐渐完善，旅游公共服务体系建设取得了积极进展并处于不断完善中。截至 2018 年年底，山东省共建成旅游集散中心、咨询服务中心 286 家。

- 旅游公共信息服务体系初步建立。

- 旅游交通服务体系不断完善。
- 旅游安全保障服务体系逐步形成。
- 旅游惠民便民服务体系逐步完善。
- 旅游行政管理部门的公共服务功能得到加强。

2. 旅游公共服务存在问题分析

目前人民群众日益增长的旅游需求和供给之间的矛盾仍然是旅游发展中的主要矛盾，这在节假日等旅游高峰时段表现得更为突出。造成这一矛盾的根源，一是旅游产品供给总量和结构问题，二是与之配套的旅游公共服务体系问题，当前来看，由于长期欠账，后者的短缺更为突出。

（六）旅游企业：缺乏强大旅游企业集团

山东省有不少旅游企业，但普遍实力不够强大。根据中国旅游研究院、国家旅游局数据中心、中国旅游协会联合公布[①]的2017年中国旅游集团20强名单，山东最强的银座旅游集团仅位列第十八，与相关省份相比，差距明显。

（七）山东省旅游服务业提升发展策略

1. 旅游住宿

高水平建设一批高星级酒店、高端度假酒店、文化主题酒店、乡村精品酒店、温泉酒店，形成布局结构合理、主题特色鲜明、文化元素独具的星级饭店发展体系。支持有条件、有潜力的四星级饭店及国际高端连锁品牌酒店等通过改造提升创建五星级饭店。

培育精品酒店，全面提升旅游饭店业的管理水平和服务质量，以“好客精神”为文化主题，以开展“好客服务”行动为抓手，积极推进全省旅游饭店业的精品化建设。制定山东省旅游饭店“好客服务”规范，着力提升星级饭店管理水平和服务质量；顺应现代旅游消费新趋势，实施智慧酒店推进工程，积极利用现代信息技术对饭店服务流程进行再造和升级，提高管理和服务效率。

引导行业紧密对接市场需求、培育各类型饭店发展。根据休闲度假和乡村旅游发展需求，支持度假酒店和乡村民宿发展。依托国家级、省级旅游度假区，培育滨海型、滨湖型、山岳型、生态型、文化型精品休闲度假酒店集群。利用传统村落、特色民居、滨海环境等资源，与乡村建设、乡村振兴紧密结合，大力发展乡村民宿。

支持省内品牌旅游饭店集团化发展；支持国际、国内知名饭店集团落户山东。引进一批国际顶级饭店品牌，进一步推动全省旅游饭店业的国际化进程。

2. 旅游餐饮

弘扬“食不厌精、脍不厌细”鲁菜文化精髓，实施鲁菜传承与创新发展工程，挖掘和宣传各地旅游美食餐饮资源，完善孔府菜、济南菜、胶东菜、运河菜、博山菜标准，打造好客山东鲁菜馆等鲁菜旗舰店，规划建设一批特色美食街区和鲁菜特色餐饮企业，提高星级饭店鲁菜服务水平，推动鲁菜品牌高端化发展。

深度挖掘地方特色的名优小吃，开展“金牌小吃评选”活动，推动餐馆企业的品牌化发展，规划建设一批特色美食街区、地方小吃品牌店，形成各具特色的地方名优特色小吃系列，打造“山东味道”“美食山东”齐鲁旅游美食品牌 .

加强山东美食的传承与创新，将美食旅游打造成山东旅游的重要卖点。研发和推广健康养生山东美食，促进旅游餐饮与养生旅游有机融合。

① 新京报，发布时间：2017-12-20，2017 年中国旅游集团 20 强名单公布

3. 旅游商业购物

编制实施全省旅游商品发展规划。

实施“山东有礼”旅游商品认证和品牌体系建设工程，推动全省旅游商品研发、生产、经营品牌化、品质化发展。

加强老字号、特色农产品、地理标志商品注册保护力度，提升崂山绿茶、黄河口大闸蟹、胶东刺参等地理标志产品品牌影响力，提升青岛啤酒、张裕、东阿阿胶、宏济堂等工业旅游购物品牌美誉度。培育龙头旅游商品企业，加大对老字号商品和山东特色旅游商品系列的宣传，支持旅游商品在线销售。

实施“乡村旅游后备箱”工程示范基地建设，结合乡村特产发展乡村旅游购物。

实施目的地、旅游景区文创商品研发工程，支持开发代表自身文化特色的标志性文创旅游商品。

实施城市旅游商业街区提升工程，高标准打造具有山东特色的城市旅游商业街区。

支持各市开设旅游商品旗舰店，与电商平台合作运营“山东有礼旗舰店”，打造“好客山东·山东有礼”旅游商品品牌，搭建山东旅游商品集散平台，推动旅游商品精品化发展 .

4. 旅游演艺娱乐

推动文旅融合演艺娱乐先行。增加夜间演艺娱乐产品供给，将各类文化活动与旅游市场有机对接、形成互动。

根据市场实际需求，有序发展大型实景演出项目。培育壮大泰山封禅大典、济南明湖秀、青岛沿海灯光秀、威海神游传奇等知名旅游演艺品牌。推出一批代表山东文化特色的吕剧、山东梆子等地方戏曲经典剧目，丰富文化旅游演艺市场。推动非物质文化遗产、民俗展演、山东绝活等进景区、进度假区、进乡村旅游集聚区，推广“景区 + 游乐”“景区 + 剧场”“景区 + 演艺”等文化活动模式，在主要旅游城市、高等级景区、国家级旅游度假区打造常年演出的精品文化旅游演艺项目。

结合山东文化和气候特点，打造精品文化娱乐产品体系。推动文化娱乐、游乐性景区的精品化、品牌化、连锁化发展；积极推动城市型室内全天候娱乐综合体发展，满足不同层次和年龄段消费者的文化娱乐需求。

5. 旅游公共服务设施

推动城乡基础设施与旅游设施的统筹与衔接，配套完善游客服务中心、旅游厕所、生态停车场、自驾车营地、游客中转站等旅游公共服务体系。

规范建设旅游引导标识体系，涉旅场所规范使用符合国家标准的公共信息图形符号。

支持汽车租赁公司优化经营网点布局，支持共享汽车在旅游城市开展试点运营。

持续推进旅游“厕所革命”，建设一批无臭无味、自动化程度高的生态厕所。在国家 4A 级及以上景区、重点交通服务区、城市繁华街区的卫生间设置第三卫生间。鼓励临街临景单位、对外服务场所的厕所免费开放。进一步提高厕所建设管理水平，运用科技手段解决游客“找厕难”的问题。

6. 智慧旅游

（1）强化智慧旅游公共服务。构建智慧旅游行政管理平台。以办公数字化、智慧化为核心，实现政务信息资源数字化管理，加强旅游行业市场监管、旅游信息与其他公共服务信息共享与协同运作、旅游目的地营销、旅游突发事件预测等方面的能力。

推进互联网基础设施建设。推进热点景区景点、餐饮娱乐设施聚集区、旅游购物中心、主要乡村旅游点等旅游区域及重点旅游线路的无线网络、4G/5G 等基础设施的覆盖，保障“互联网 + 旅游”基础条件。实现主要接待服务基地、主要景区和线路无线网络全覆盖。

（2）完善面向游客智慧旅游服务。加快智慧旅游景区建设。推动 3A 级以上景区实现电子客票、智能导游、电子讲解、信息推送等功能全覆盖，建设成为智慧旅游景区。推进景区可视化管理，利用现代信息技术完善景区组织。充分利用景区实况热点地图（Hotmap），有效控制景区承载量。运用互联网和移动互联网，全面提升乡村旅游的管理、服务、营销水平。

完善智慧旅游资讯服务。将“好客山东”手机 APP 与已建成的旅游咨询中心、山东旅游网站互为补充和支撑，构建一个更为完善的旅游公共服务体系。整合景区、线路等旅游信息查询，交通、住宿、门票等预订，旅游投诉、旅游救援等功能，提供一站式服务。联合天猫、京东等电商，开通山东特产官方销售网络平台，并配套线下购物体验中心。

创新旅游网络推广。适应营销发展新趋势，建立广播、电视、报纸、多媒体等传统渠道和移动互联网、微博、微信等新媒体渠道相结合的旅游目的地营销体系。鼓励山东旅游企业与 OTA① 平台、门户网站、搜索引擎、UGC② 旅游网站等的合作，进行产品和服务营销，扩大产品销售规模。充分运用网络新媒体推广手段，培育黏性客户，激发山东潜在旅游市场的消费需求。

（3）（一部手机）畅游山东智慧化建设。通过“1 部手机，1 张地图，1 个中心，3 个平台”，构建山东省文旅融合科技信息化体系。1 部手机，即好客山东手机服务端。1 张地图，山东省文化旅游电子地图。1 个中心，即山东文旅大数据中心。3 个平台，即山东文旅融媒体大营销平台、山东文旅统一分销平台、山东文旅行业监管平台。出行前“打开手机，爱上山东”，出行中“一机在手，畅行山东”，出行后“打开手机，买遍山东”。

7. 旅行社

引导旅行社整合产业链上下游要素，拓宽发展空间。培育若干个品牌突出的大型旅行社集团，进入全国同类企业发展前列；指导中小旅行社特色化、专业化发展。支持、奖励旅行社加强入境旅游市场开拓。

8. 旅游企业集团

支持依托各类融资平台，整合相关产业要素，组建旅游企业集团。引导济南、烟台、济宁、泰安等重点旅游城市加快培育、组建本地旅游集团。支持山东旅游企业做大做强。面向国内外开放省内市场，引进旅游大企业和知名旅游品牌。

模块 3　山东省陆域自然保护地开发研究（概要）

一、山东省自然保护地形成的自然环境背景

山东省的地形地貌分异特征明显，形成了鲁中南山地、鲁东丘陵和鲁西北平原区。境内人类开发历史较悠久，自然环境受人类生产生活活动干扰较大，原生态自然区域较少，自然海岸线也出现退化。水资源地区分布不均匀且年际、年内变化剧烈，主要靠南水北调东线工程提供的客水资源来缓解水资源短缺矛盾，河流湖泊等水系也为实现当地水的联合调度与优化配置，进行了大量水利工程的建设，构建了南北贯通、东西互济的现代骨干水网。

二、山东省陆域自然保护地的数量、特征与分布

（一）总体数量

山东省达到世界级或国家级的陆域自然保护地的总数为 248 处，约占全国同等级陆域自然保护地

① OTA（Online Travel Agent）是指在线旅行社，是旅游电子商务行业的专业词语。

② UGC 是“User Generated Content”，用户原创内容。如蚂蜂窝、穷游等类型网站。

总数的 7.03%。

（二）国家级自然保护区特征

截至 2018 年 5 月 31 日，山东省拥有国家级自然保护区 7 处，占全国国家级自然保护区总数的 1.49%。

山东省的沿海地市在自然资源的保护上无论是意识还是投入都较早，但内陆地市的山地、丘陵及森林湿地等自然资源也有很高的保护价值，在国家倡导加快建立以国家公园为主体的自然保护地体系从而能为公众提供高质量生态产品的今天，山东省内陆地市自然保护区类型的自然保护地的建设也需要迎头赶上（表 5-2）。

表 5-2 山东省国家级自然保护区主要情况

所属地市	名称	类型	主要保护对象
滨州	山东滨州贝壳堤岛与湿地国家级自然保护区	海洋自然遗迹	贝壳堤岛和滨海湿地
东营	山东黄河三角洲国家级自然保护区	湿地生态系统	新生湿地生态系统和珍稀濒危鸟类
青岛	山东马山国家级自然保护区	地质遗迹	硅化木与柱状节理石群
威海	山东荣成大天鹅国家级自然保护区	野生动物	大天鹅和典型湿地生态系统
潍坊	山东山旺古生物化石国家级自然保护区	古生物遗迹	古生物化石
烟台	山东长岛国家级自然保护区	野生动物	鹰、隼等猛禽及候鸟栖息地
烟台	山东昆嵛山国家级自然保护区	森林生态系统	水杉

山东省国家级自然保护区总面积约为 23 万公顷，其中，面积最大的是山东黄河三角洲国家级自然保护区，占了山东省国家级自然保护区总面积的 67% 左右，同时，它也是山东省仅有的两处国际重要湿地之一（另一处是济宁南四湖）；山东山旺古生物化石国家级自然保护区相对面积最小（表 5-3）。

表 5-3 山东省国家级自然保护区面积情况

名称	核心区面积（万公顷）	缓冲区面积（万公顷）	实验区面积（万公顷）	总面积（万公顷）
山东滨州贝壳堤岛与湿地国家级自然保护区	1.56	1.36	1.44	4.36
山东黄河三角洲国家级自然保护区	5.94	1.12	8.24	15.3
山东马山国家级自然保护区	0.0246	0	0.0528	0.0774
山东荣成大天鹅国家级自然保护区	0.37	0.31	.0.37	1.05
山东山旺古生物化石国家级自然保护区	—	—	—	0.012
山东长岛国家级自然保护区	—	—	—	0.56
山东昆嵛山国家级自然保护区	0.65	0.45	0.44	1.54
总计	—	—	—	22.8994

（三）国家级风景名胜区特征

截至 2017 年 3 月 29 日，山东省拥有国家级风景名胜区 6 处，占全国国家级风景名胜区总数的 5.04%（表 5-4）。

表 5-4　山东省国家级风景名胜区主要情况

所属地区	名称	主要景观类型	批次	面积（万公顷）
泰安市	泰山风景名胜区	山景	1	2.42
青岛市	青岛崂山风景名胜区	山景	1	4.46
烟台市、威海市	胶东半岛海滨风景名胜区	洲岛屿礁	2	0.3337
淄博市	博山风景名胜区	山景	4	0.73
潍坊市	青州风景名胜区	山景	4	0.7654
济南市	千佛山风景名胜区	山景	9	0.1146
	总面积			8.8237

（四）国家级湿地公园特征

截至 2017 年年底，山东省拥有国家级湿地公园 68 处，占全国国家级湿地公园总数的 7.57%。

山东省是当之无愧的优质湿地资源大省，在北方显得尤其突出。据山东省第二次湿地资源调查结果显示，山东省的国家级湿地公园虽然在数量分布上多集中在内陆地市，多数属于湖泊型湿地或河流型湿地，但是在分布面积与保护价值上，近海与海岸型湿地尤其河口水域、河口三角洲等湿地的重要性十分突出。

济宁南四湖、黄河三角洲都被列入了国籍重要湿地名录，成为中国 57 处国际重要湿地中的两位成员。

但总体来说，山东省虽国家级湿地公园数量较多，但具备旅游吸引力和影响力的湿地则较少。

（五）世界级或国家级地质公园特征

截至 2018 年 3 月，山东省拥有世界级地质公园 2 处，占全国世界级地质公园总数的 5.13%；国家级地质公园 11 处，占全国国家级地质公园总数的 5.02%。

山东省是我国世界级及国家级地质公园数量较多的省份之一，占全国世界级及国家级地质公园总数的 4.6% 左右。重要地质遗迹资源分布集中，尤其古生物化石类，集中分布在沿海一带尤其潍坊市，且规模宏大。有代表性的泰山、蒙山岩石地貌景观和诸城、山旺古生物遗迹等均具备很高的科考科普与观赏价值。

（六）国家级森林公园特征

截至 2017 年年底，山东省拥有国家级森林公园 49 处，占全国国家级森林公园总数的 5.45%；经营总面积达到 212137.06 公顷，占全国国家森林公园经营总面积（数据截至 2017 年年底）的 1.66%。山东省的森林类自然保护地在全国的地位并不突出。除个别国家级森林公园外，山东省大多数国家级森林公园面积偏小，虽然集中分布在某个片区，但是个体情况都较为零散。

（七）国家级水利风景区特征

截至 2018 年 12 月，山东省拥有国家级水利风景区 105 处，占全国国家级水利风景区总数的 11.96%。山东省拥有众多恢宏的古现代水利工程，且因水资源分布不均，因此国家级水利风景区数量较多，开发类型以水库型和城市河湖型为主。

山东省的国家级水利风景区虽数量众多，但是具备一定旅游吸引力和市场影响力的则较少。

（八）区域分布情况

在山东省的自然环境背景与特征之下，其陆域自然保护地的分布主要呈现 4 片聚集区，分别是黄河三角洲片区、胶东半岛片区、鲁中南片区以及鲁西北片区。

三、陆域自然旅游景区的开发现状与问题分析

（一）管理体制

山东省的自然保护地目前主要采取下述三种管理模式①。

1.“管理委员会”主导型管理模式

优势：政府重视，融资和招商引资有保障，能够统筹规划，协调部门利益，景区发展后劲足。

劣势：政府为了区域利益，急功近利，容易对自然资源进行过度开发，造成资源的退化。

2.“政府 + 景区 + 企业”市场化管理模式

优势：充分利用企业的资金和人才、市场优势把森林旅游做大做强。

劣势：企业看重经济利益，如果缺乏有效监管将造成国有森林资源资产流失。

3.“国有林场和森林公园”一体化管理模式

这是山东省的国家森林公园独有管理模式。山东省约有 1/3 的国家级森林公园采取这种管理模式。

优势：提高决策效率，盘活林场资源，降低人力成本。

劣势：国有林场既是资源所有者又是资源使用者，使得市场化行为失去行政化监督，导致森林资源的过度开发和滥用，加剧资金短缺风险。

（二）开发方式

1. 观光研学型

山东省国家级自然保护区内的旅游产品以生态观光、野生动物观光为主，属于较浅层次的生态旅游产品，深度体验类的产品仍然十分缺乏。作为环境教育重要阵地的国家级自然保护区，科普研学产品目前也较为单调与薄弱，缺乏体验性与吸引力。

山东省的世界级与国家级地质公园也具备很高的观光研学价值，目前 13 个国家级及以上级别地质公园中，有 8 家在园区内设置了专类博物馆进行科普宣教。

2. 户外休闲型

山东省的优质湿地资源虽然数量众多，但是资源得到高质高效发展利用的并不多。目前已完善开发的国家级湿地公园主要以户外休闲类产品为主，科普研学的价值不甚高，相应产品也较为欠缺。

3. 休闲度假型

山东省的国家级风景名胜区，尤其是位于胶东半岛的风景名胜区，具备极高的度假价值，内陆的泰山风景名胜区也因重要的文化地位与独特的自然禀赋具备开发高端度假产品的潜力。一些小型的风景名胜区则更倾向于承担城市休闲公园的角色。

目前山东省水利风景区的开发类型以水库型和城市河湖型为主②。部分景区作为城市休闲公园，但部分景区以开发度假产品作为主导。不过自然公园（如单县浮龙湖生态旅游景区）因资源保护的限制，与度假产品的开发存在一定的矛盾。

---

① 邵飞，付德刚，赵云朝，黄景云，张刘东，汪晓红. 山东省国有林场发展森林旅游模式的调研报告［J］. 林业经济，2015，37（3）：111-114.

② 李小琼. 山东省水利风景区水利旅游资源开发利用研究［D］. 中国海洋大学，2013.

山东省新开发的水利旅游资源多是以水库、堤坝、渠道为依托的水利工程，而开发的水利旅游项目多以垂钓、水上体育活动等休闲活动为主（图 5-9）。

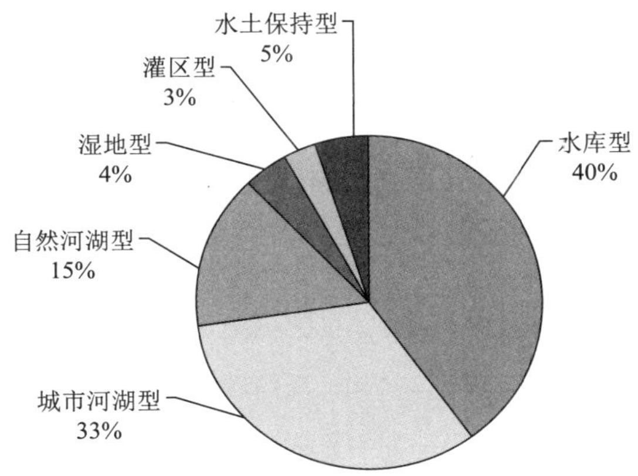

图 5-9　山东省水利风景区开发类型

（三）突出问题

- 多头管理现象频出，管理混乱且乏力。
- 发展两极分化明显。
- 土地利用仍有矛盾挑战。
- 产品开发仍需提质升级。
- 重批轻建，资金不足。

四、陆域自然旅游资源旅游发展思路与建议

（一）管理体制调整

针对目前山东省陆域自然保护地的多头管理及管理机构级别不匹配的现象，应首要遵照中共中央办公厅、国务院办公厅印发的《关于建立以国家公园为主体的自然保护地体系的指导意见》中的相关要求，对这种交叉重叠进行整合，遵从保护面积不减少、保护强度不降低、保护性质不改变的总体要求，整合成为一个保护地、一套机构、一块牌子。山东目前尚未建立国家公园，但考虑到未来的趋势，也应一并纳入考虑。

对于森林公园、湿地公园、水利风景区等游憩利用功能相较更为突出的自然公园，可以考虑推广“政府＋景区＋企业”市场化管理模式，加快市场主体的培育，有助于景区多元化发展、市场化竞争，激发创新能力与文旅融合动力，进一步摆脱门票经济的束缚。

（二）产品方向及提升建议

1. 国家级自然保护区

对于国家级自然保护区，未来应深入拓展生态旅游、科普研学、文化创意、科考探险、环境教育等产品（表 5-5）。

表 5-5 山东省重点提升国家级自然保护区产品拓展建议

名称	未来拓展产品方向
山东滨州贝壳堤岛与湿地国家级自然保护区	文化创意 研学旅游
山东黄河三角洲国家级自然保护区	自然学校 湿地摄影
山东马山国家级自然保护区	地质研学 环境解说
山东荣成大天鹅国家级自然保护区	文化创意
山东山旺古生物化石国家级自然保护区	地质探险
山东长岛国家级自然保护区	向导式 safari
山东昆嵛山国家级自然保护区	植物认知 生态旅游

2. **国家级风景名胜区**

山东省目前发展最为薄弱的是博山风景名胜区、青州风景名胜区与千佛山风景名胜区（表 5-6）。

表 5-6 山东省重点提升国家级风景名胜区产品拓展建议

名称	未来拓展产品方向
博山风景名胜区	节事节庆 林下游憩
青州风景名胜区	休闲度假 文化体验
千佛山风景名胜区	亲子游赏

3. **国家级湿地公园及国家级水利风景区**

山东省的国家级湿地公园及国家级水利风景区中具备较好条件与重点提升价值的主要有台儿庄运河、微山湖、月亮湾、白浪河以及东平湖（表 5-7）。

表 5-7 山东省重点提升国家级湿地公园及国家级水利风景区产品拓展建议

重点提升对象	未来拓展产品方向
台儿庄运河	文化旅游 民俗体验
微山湖	休闲度假 文化旅游 民俗体验
月亮湾	休闲运动
白浪河	休闲运动
东平湖	湿地观鸟 湿地摄影 研学旅游

4. 世界级及国家级地质公园

山东省的世界级与国家级地质公园中需要重点提升的有山东泰山世界地质公园、山东邹城市峄山地质公园、山东沂蒙山世界地质公园以及山东诸城恐龙国家地质公园（表 5–8）。

表 5–8 山东省重点提升世界级及国家级地质公园产品拓展建议

重点提升地质公园	提升建议
山东泰山世界地质公园	环境教育 地质科考
山东邹城市峄山地质公园	科普研学
山东沂蒙山国家地质公园	科普研学 地质探险
山东诸城恐龙国家地质公园	科普研学 科技体验 文化创意

5. 国家级森林公园

山东省的国家森林公园主要有三个提升方向：

丰富林下游憩产品。在林下条件较好的地方，拓展森林浴、游憩步道、林下经济研学体验等产品。

林与海（河）交融打造丰富的滨海（河）游憩空间。在沿海或沿河植被条件好的国家级森林公园，积极联系林与海、林与河的景观关系，拓展丰富的观景平台、观景步道或滨海步道、滨河步道等，打造多样化的游憩空间，提升风景游赏产品与休闲运动产品的品质。

结合资源优势打造温泉森林康养产品。利用好胶东半岛高品质的地热资源，结合植被条件较好、林下景观优异的国家级森林公园，打造温泉度假型产品（表 5–9）。

表 5–9 山东省重点提升国家级森林公园产品拓展建议

重点提升措施	发展提升建议
提档升级	丰富林下游憩产品：山东抱犊崮国家森林公园、山东原山国家森林公园、山东鲁山国家森林公园、山东珠山国家森林公园、山东昆嵛山国家森林公园、山东仰天山国家森林公园、山东泰山国家森林公园、山东鹤伴山国家森林公园。 林海 / 河交融打造丰富提升滨海 / 河游憩空间：对山东夏津黄河故道国家森林公园、山东日照海滨国家森林公园。
重点打造	结合资源优势打造温泉森林康养产品：山东艾山国家森林公园。

（三）重点建设项目

表 5–10 山东省自然类地标型目的地景区重点打造项目

序号	重点打造项目名称
1	黄（渤）海湿地—山东段
2	诸城恐龙国家地质公园
3	泰山风景名胜区
4	沂蒙山风景区
5	崂山风景名胜区
6	微山湖湿地风景区

续表

序号	重点打造项目名称
7	长岛风景旅游区
8	成山头—天鹅湖风景区
9	山东滨州贝壳堤岛与湿地国家级自然保护区
10	山东夏津黄河故道旅游区
11	昆嵛山风景区
12	东平湖风景区

模块 4　山东省物质文化遗产的保护传承与利用研究（概要）

一、山东省物质文化遗产特征

（一）类型与数量特征

山东省文物中古遗址占 37%，古建筑占 31%，古墓葬占 14%，近现代重要史迹及代表性建筑占 13%，石窟寺及石刻占 5%，古遗址、古建筑是山东文物的主要类型。

（二）等级特征及优势比较

山东省共有世界遗产 4 项、全国重点文物保护单位 192 处、国家历史文化名城 10 个、中国历史文化名镇 4 个，中国历史文化名村 12 个。全国重点文物保护单位、国家历史文化名城数量位居全国前列，品位高，数量较多，类型较丰富，省份排名整体靠前，具有鲜明的齐鲁特色，是山东省的优势文化资源。

1. 山东世界遗产数量在全国并列第六，地处中国世界遗产资源的重要富集区

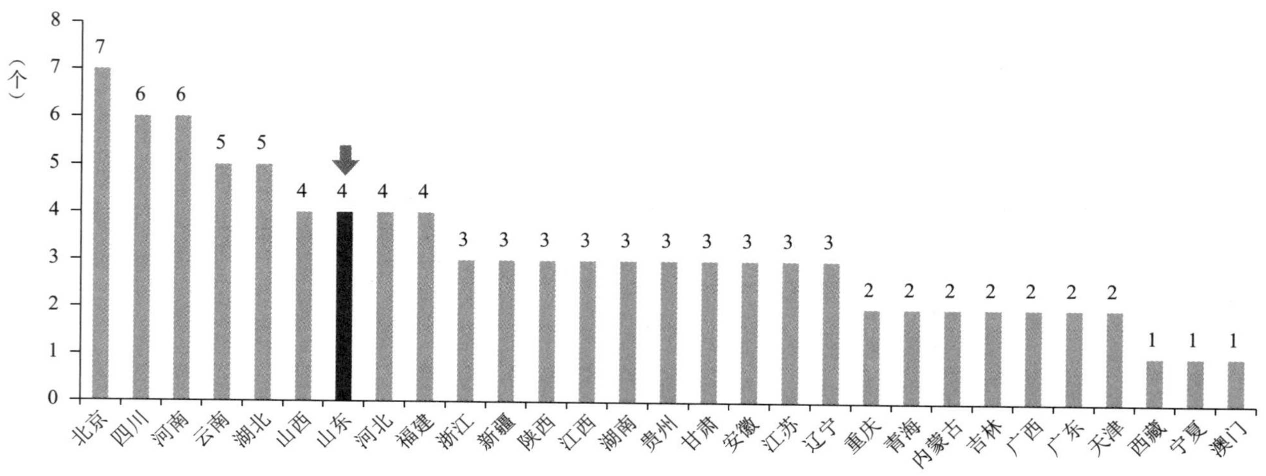

图 5-10　全国各省世界遗产数量分布

表 5-11 山东省世界遗产一览

序号	名称	价值	地市
1	泰山	古代中国文明和信仰的象征，中国艺术家和学者的精神源泉	泰安市
2	曲阜孔庙、孔府、孔林	纪念公元前 6~ 前 5 世纪伟大的哲学家、政治家和教育家孔子的庙宇及其墓地、宅院，数百座殿堂组成的建筑群具有极高的历史文化和艺术价值	济宁市
3	长城山东段	长城是世界上最伟大的军事建筑工程、中华民族的精神象征，齐长城为最早的长城遗存之一	济南市、青岛市、淄博市、潍坊市、泰安市、日照市、临沂市
4	大运河山东段	中国古代创造的、世界上距离最长、规模最大的运河，大运河山东段是体现古代中国治水智慧的重要载体	枣庄市、济宁市、泰安市、德州市、聊城市

2. 山东全国重点文物保护单位数量全国第八，周边省份该类资源聚集

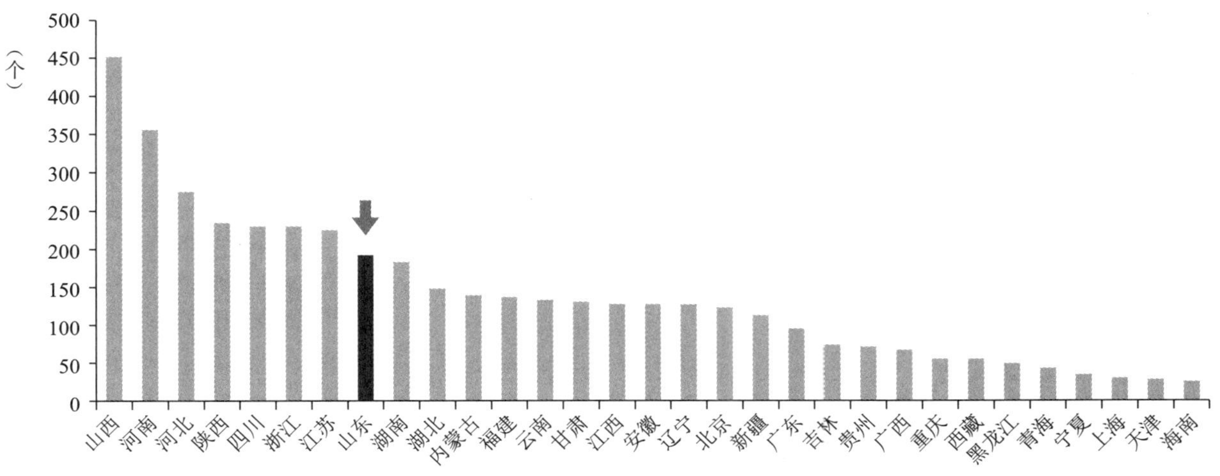

图 5-11 全国各省重点文物保护单位分布 (1~7 批)

来源：根据各省文物部门网站公布数据整理

3. 山东国家历史文化名城数量全国第二，资源优势明显

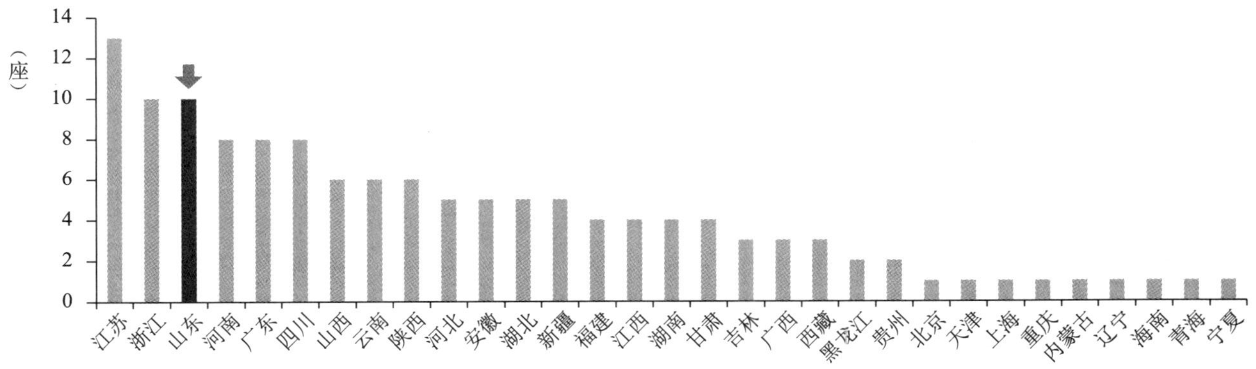

图 5-12 全国各省国家历史文化名城分布

来源：学习强国网站

4. 中国历史文化名镇名村位居全国第二十位，周边省份数量多

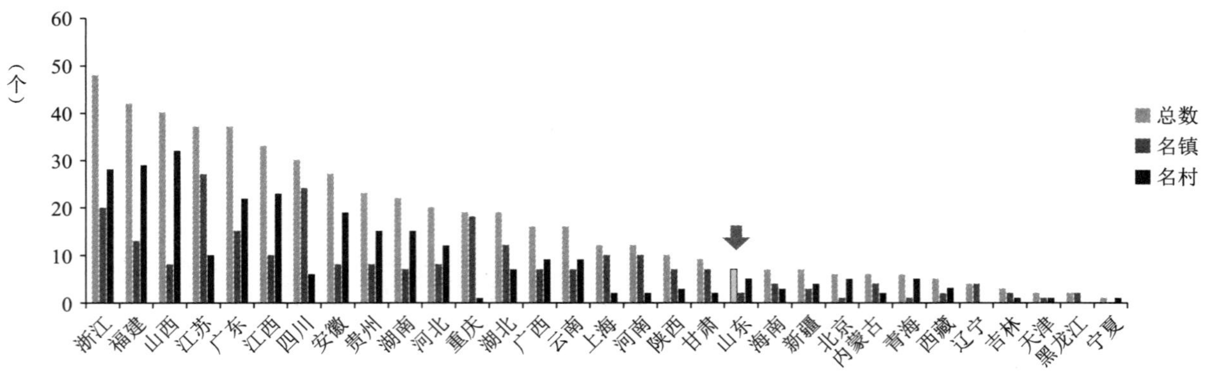

图 5-13　全国各省中国历史文化名镇名村分布

来源：学习强国网站

5. 中国传统村落数量全国排名中游，资源优势明显

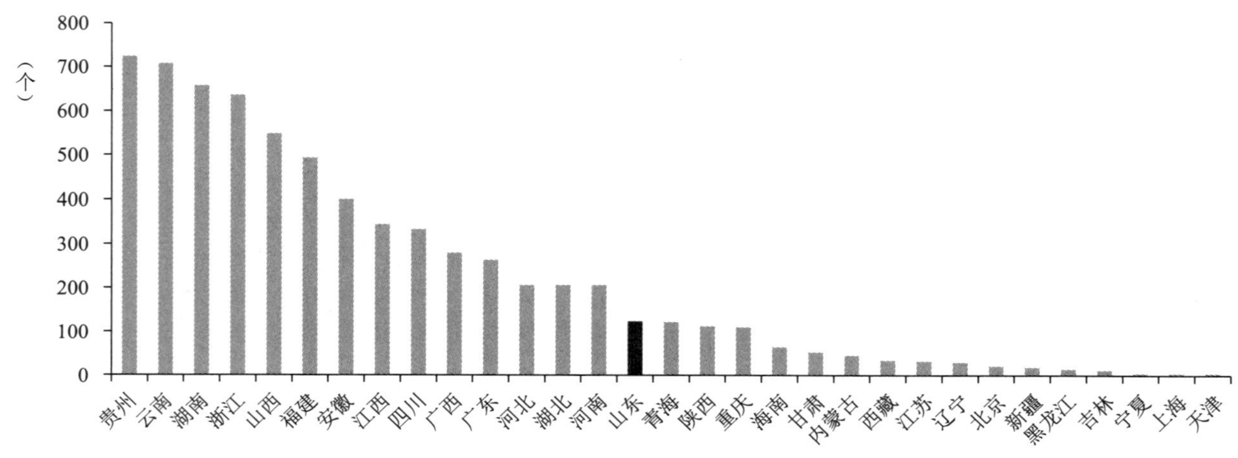

图 5-14　全国各省中国传统村落分布

6. 其他重要遗产

全球重要农业文化遗产——夏津黄河故道古桑树群在 2018 年 4 月被联合国粮农组织正式列入全球重要农业文化遗产名录。

（三）空间特征

总体来看，山东省物质文化遗产分布形成了四大集聚片区（图 5-23）。

一是济宁—枣庄片区，作为儒家文化、运河文化的主要承载区域；二是淄博—潍坊片区，是山东省齐文化、史前文化、宗教文化的主要承载地；三是济南—泰安片区，是泰山文化、运河文化、宗教文化；四是烟台—威海片区，是山东省海洋文化、近现代海事文化的主要承载区域。

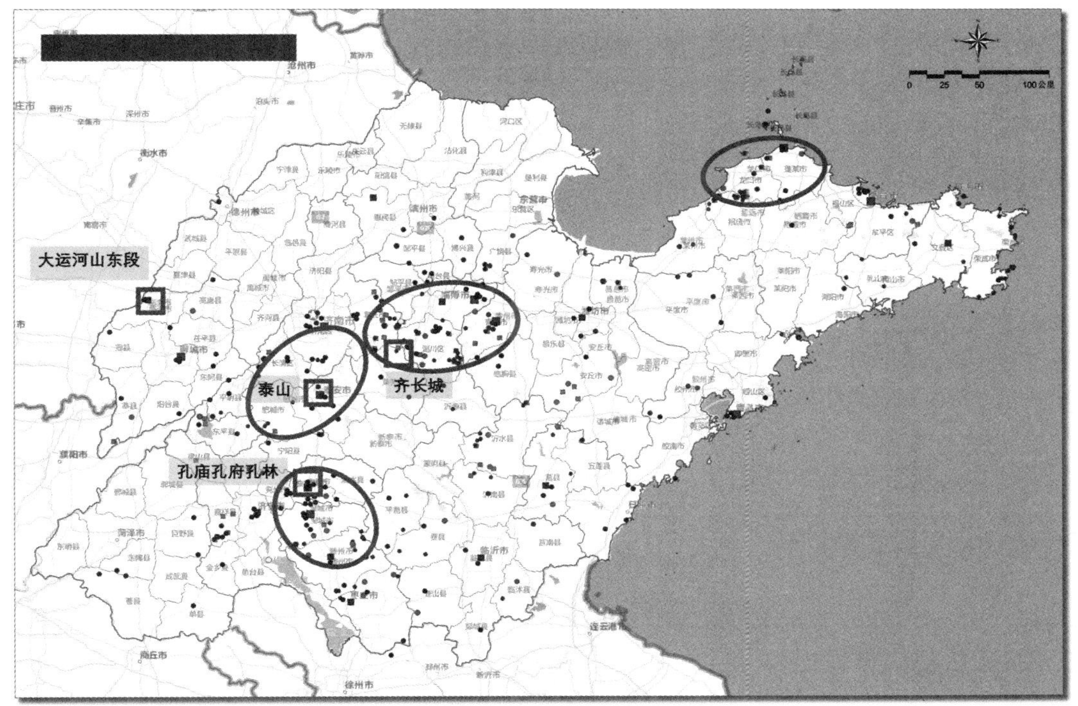

图 5-15　山东省主要物质文化遗产分布

从各地市分类型看，内陆地市各类物质文化遗产均有密集分布，沿海镇村类遗产丰富。

二、山东省物质文化遗产利用现状分析

（一）开发利用现状

1. 山东文物资源的分类活化利用现状

（1）三种方式推进古遗址活化利用。山东省对古遗址类文物资源主要采用建设国家考古遗址公园、旅游景区和原状保留 3 种保护利用方式。

（2）旅游景区推进古建筑活化利用。山东省对古建筑类文物资源主要采用建设旅游景区和作为文保单位原状保留两种保护利用方式。

（3）古墓葬活化利用的主要方式是建设旅游景区。目前，山东省对古墓葬类文物资源主要采用建设旅游景区和作为文保单位原状保留两种保护利用方式。

（4）石窟寺及石刻类保护利用的主要方式是作为文保单位原状保留。山东省对 10 处石窟寺及石刻类国家级文保资源主要采用作为文保单位原状保留的利用方式，未采取其他活化利用的方式。

（5）旅游景区推进近现代重要史迹及代表性建筑类活化利用。山东省对近现代重要史迹及代表性建筑类文物资源主要采用建设旅游景区和作为文保单位原状保留两种保护利用方式。

2. 国家文化名城（含历史文化街区）利用现状

山东省国家文化名城（含历史文化街区）利用方式主要是两类：一类是利用名城核心区，直接将古城建成 5A 级景区。另一类，整体建设旅游城市。

3. 中国历史文化名镇名村、中国传统村落利用现状

目前，山东省中国历史文化名镇利用方式主要是建设特色小镇和景区。中国历史文化名村、中国

传统村落利用方式主要是发展乡村旅游。另有淄博市淄川区洪山镇蒲家庄村等作为文保单位整体保留。

（二）空间分布特征

主要物质文化遗产景区分布在内陆的济宁、枣庄、淄博、济南、潍坊、泰安、临沂等市和东部沿海的烟台、威海、青岛。国家遗址公园主要分布在济宁、淄博、济南、泰安。特色小镇和乡村旅游沿海以及内陆具有分布。

济宁和枣庄形成了一个利用集聚区，主要是对儒家文化和运河文化的活化利用。

济南和泰安市对东夷文化、泰山文化的利用程度较深，形成了一个利用的集聚区。

淄博、潍坊是齐文化的主要承载地域，形成齐文化利用集聚区。

临沂依托丰富的革命文物，形成山东红色文化利用的高地。

烟台、威海、青岛，海洋文化特色鲜明，利用其近现代海事文化的遗址、遗迹和海滨特色乡村，形成山东海洋文化利用的重点区域。

（三）制约因素与主要问题

（1）总体上，物质文化遗产活化利用处于初始阶段。

（2）文物资源开发的客源市场不够明确，市场意识不强。

（3）文物资源活化利用机制亟待形成。

（4）文物开发、经营部门内部缺少竞争，管理体制混乱，造成职责不明，利益分配不均，在探索产业化开发上缺乏积极性。

（5）忽视文物开发的可持续发展。

三、发展趋势研判与总体思路

（一）同类资源的竞争分析

第一，从省内来看，各地利用现状不平衡（图 5-16）。

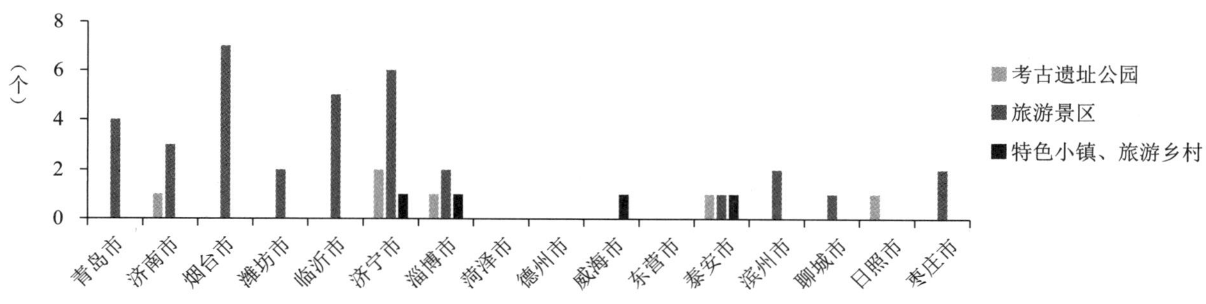

图 5-16 山东省物质文化遗产利用情况分布

第二，从与相邻省来看，山东地处华东地区，周边人文类 5A 景区集聚，竞争激烈（图 5-17）。

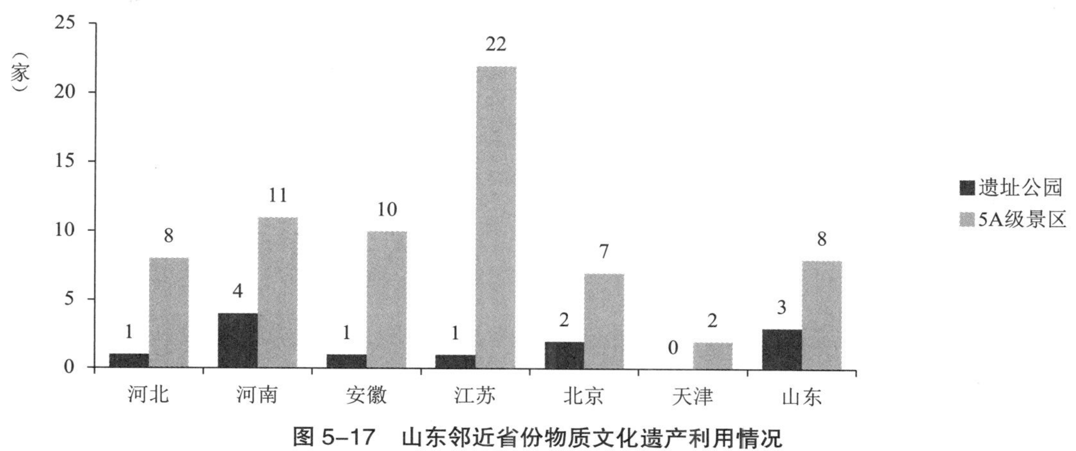

图 5–17　山东邻近省份物质文化遗产利用情况

（二）政策建议

加大对曲阜中国优秀传统文化传承发展示范区建设的支持力度；将京杭大运河山东段列入“国家级文化生态保护区”的重点建设体系；尽快成立山东省物质文化遗产开发基金，成立相关投资公司。

（三）旅游产品提升计划与开发思路

1. 世界遗产：整合资源，塑造文化标识

推进世界文化遗产文旅融合。

积极申报世界文化遗产。加快推进“济南泉·城文化景观”的世界文化遗产申报工作。开展淄博“齐国故都与齐王陵”申遗筹备工作，争取列入中国申报世界文化遗产预备名录。

2. 遗址类资源：深挖底蕴，强化地域特色

（1）采用多元的展示方法。①可视化展示；②体验化展示；③活态化展示；④特色化展示。

（2）选择合适的利用模式。目前遗址利用主要有四种模式，遗址公园、遗址博物馆、遗址与旅游景区结合、城市公园。应结合遗产实际情况，选择适合的利用方式。

（3）创建国家考古遗址公园。

3. 建筑类资源：结合特色，培育观光旅游

（1）加强古建筑的保护利用。

（2）加强革命文物的传承利用。

（3）加强工业遗产的活化利用。

（4）加强 20 世纪建筑的活化利用。

4. 历史城镇类资源：保持活力，发展体验旅游

（1）推动历史文化名城的保护与发展。

（2）推动历史文化名镇名村的更新与发展。

（四）旅游活动策划与文化特色打造

曲阜市利用儒家文化相关物质文化遗产，彰显儒家历史文化内涵，办好尼山世界文明论坛、孔子国际文化节、世界儒学大会等重大活动。

淄博依托齐文化物质载体，办好齐文化旅游节等活动。

各地市以名镇、古村落等为依托，创新策划开展花会等民俗活动，打造传统节日旅游品牌，丰富

“中国农民丰收节”活动内容。

各地市利用革命遗址、遗迹，开展一批红色旅游节事活动，依托工业遗址策划丰富的工业节庆会展活动。

（五）旅游产品开发布局优化

规划形成“一轴两带三区多点”的文化遗产展示利用结构。一轴是齐鲁精神文化主轴，两带是魅力运河带、多彩长城带，三区是齐文化区、鲁文化区、红色文化区，多点包括世界遗产、文物、名城、名镇、名村等重要文化资源点（图 5-18）。

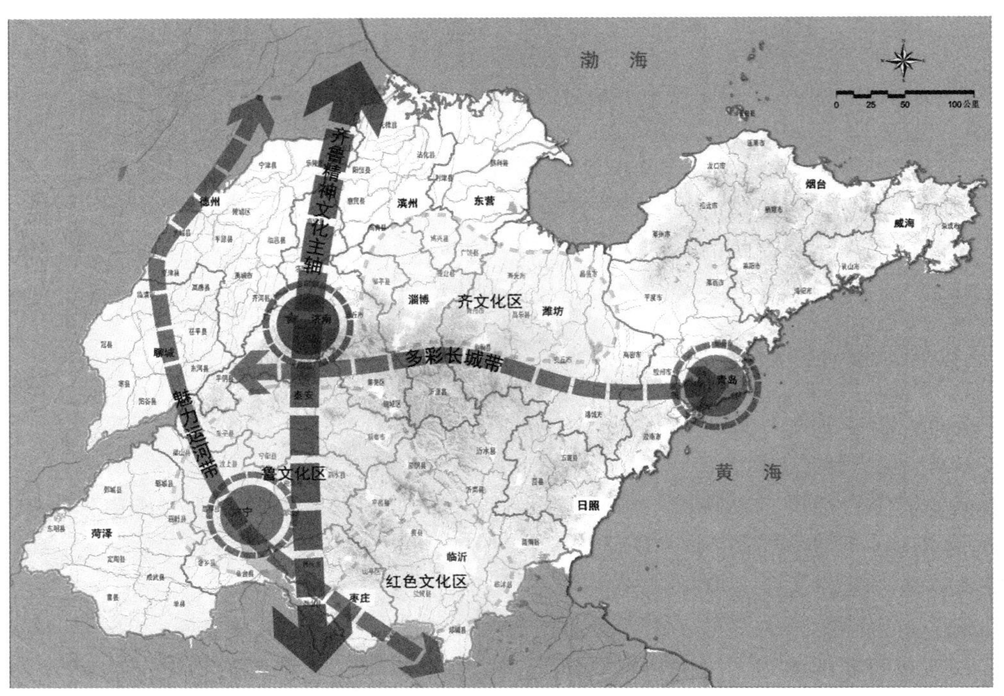

图 5-18　山东物质文化遗产利用空间结构规划

（六）重大项目策划

截至 2019 年年底，根据各地市汇总文化类重大项目表，将重大项目确定调整为 21 个项目，如表 5-12 所示。

表 5-12　山东省各地市最新确定物质文化遗产利用项目

序号	项目名称	建设内容
1	大运河国家文化公园（山东片）	加快挖掘梳理山东大运河文化遗产资源，以南旺枢纽遗址、临清运河段等保护利用为重点，台儿庄、微山湖与南阳古镇、聊城古城等重要景区为支撑，逐步实施通水、通航、增绿等工程建设
2	济宁大运河总督署博物馆	开展河道总督署遗址保护展示及相关工作，对大运河济宁段丰富的历史文化资源进行有效保护、全面展示和传承利用，充分发挥其弘扬中国优秀传统文化的重大作用
3	齐长城国家文化公园	通过齐长城国家步道系统、“长城村落”建设和“长城·齐韵”非遗示范带等项目，全面有效保护齐长城的真实性、完整性，保护齐长城及沿线历史文化遗产，提高文化遗产保护工作的社会参与度，保障相关资源的历史文化内涵得以传承

续表

序号	项目名称	建设内容
4	“长城·齐韵”非遗示范带	整合齐长城人文自然风景带所涉及的非物质文化遗产，根据非物质文化遗产资源类型进行分类，对其分门别类地开发利用，将非物质文化遗产融入到饮食、娱乐、购物等旅游要素中去
5	泰山—曲阜片区文物保护利用示范区	泰山和孔子是中国文化的两座高峰，泰山文化、儒家文化是中华民族重要文化标识，且地缘相近、文脉相通，统筹推进泰山—曲阜地区的文化遗产保护利用，潜力巨大、意义深远。将泰山和“三孔”纳入中华文明标识体系、国家文化公园建设工程和国家记忆工程
6	尼山圣地鲁源小镇	主要建设度假村落、文化书院、修学基地；二期鲁源小镇主要建设孔子故里博物馆、百楼场老戏台、衍圣公府宴博物馆等，进一步完善尼山圣境服务功能、提升景区承载能力
7	尼山世界文明论坛	以开展世界不同文明对话为主题，以弘扬中华文化、促进中外文化交流、推动建设和谐世界为目的，以学术性与民间性、国际性与开放性相结合为特色的国际文化学术交流活动
8	稷下学宫	突出学术研究、文化体验、空间再现功能，建设稷下历史文化遗址公园、稷下学宫模拟展示馆，召开稷下论坛，使稷下学宫重新走进现代人生活；以游为学，以学为乐，开展度假型—学术性研学、休闲型—体验式修学和观光型—趣味化游学，形成齐文化传承示范核心项目
9	齐文化主题园	借鉴西安大唐芙蓉园、杭州宋城、开封清明上河园（均含演艺）模式，打造一处品牌型齐鲁文化主题公园（含演艺）项目。选址在齐都临淄，建设齐文化主题公园，实现淄博文化旅游与城市特色文化发展的互相促进
10	大汶口遗址公园活化利用	深化考古与文化研究，将大汶口遗址作为世界文化遗产预备项目。推动历史文化活化利用，鼓励文化创意开发，围绕大汶口文化大“IP”的开发，进行演艺、影视、研学、动漫游戏、数字艺术等多维度多渠道新型文化旅游产品创新创作，将大汶口遗址公园打造成为优秀文化活化利用示范项目
11	齐故城考古遗址公园	对排水道口、车马馆、殉马坑、桓公台遗址、小城城墙遗址、冶铸遗址等10处不同类型的遗址进行保护性展示
12	革命文化保护传承示范区	山东党史文物保护展示工程、革命文物资源普查工程、革命文物集中连片保护利用工程、革命文物主题保护展示工程、名人故居将帅故里保护展示工程、革命文物陈列展览精品工程、革命文物传播推广工程、革命文物平安工程
13	百年山东党史文物保护展示	以中国共产党的发展历程为主线，系统开展百年党史文物、文献、档案、史料调查征集，设立沂蒙精神等重大课题研究，全面提升反映山东百年党史的重大事件遗迹、重要会议遗址、重要机构旧址、重要人物旧居保护展示水平，创新展示和广泛宣传中国共产党的历史贡献
14	烟台山—老街区文化复兴旅游项目	全面保护烟台山—朝阳街历史文化街区各类文化遗产，全面复兴烟台山—老街区活力，形成集旅游观光、购物、休闲娱乐、居住度假为一体的旅游休闲度假中心
15	成山头—天鹅湖整治改造	整合成山头与天鹅湖片区，建设展现山东仙境海岸线风景资源精华窗口。集中天鹅湖天鹅及周边海草房优质旅游资源，开发冬季观天鹅旅游特色产品
16	青岛老城区申报世界文化遗产及文化旅游示范项目	以青岛老城区的核心区作为申遗范围。主要工作是开展申遗可行性研究，对老城区内重点文物保护单位进行修缮、部分历史街区进行环境整治。推进青岛老城区文化旅游功能提升
17	水下遗产文化旅游体验区	依托青岛的区域优势，建设国家文物局水下文化遗产保护中心北海基地。加强海上丝绸之路北线文化遗产的学术研究，突出山东海洋文化的特色优势，构建特色海洋文化旅游项目
18	世界文明交流互鉴联盟（济南）	依托孔孟故里、泰山文化等东方圣地文化资源，筹备建立以济南为永久总部驻地的世界文明交流互鉴联盟，通过世界不同文明地区之间的交流互鉴、文化旅游互动，提升山东国际文化旅游地位
19	水浒文化旅游综合体（梁山）	以梁山为中心，山寨、县城、运河、乡野四度空间联动，打造水浒文化旅游综合体。围绕文化旅游产业振兴和新旧动能转换，做大梁山县的水浒文化旅游产业
20	济南市章丘明水古城国际泉水旅游度假区	规划住宿、餐饮、休闲业态；景区周边规划建设大体量的高端酒店、会议中心，承担休闲度假游客住宿、商务会展功能，助力济南市章丘成为一座展示齐鲁人民原生态生活方式的魅力小城、国内一流的旅游目的地城市
21	日照莒国故城	以日照莒文化为主题，坚持文物保护与旅游开发相结合，以春秋莒国民间工艺为主题特色，沿街区设立九坊，展示、制作和销售春秋时期莒国最精巧的民间工艺

模块 5 山东省非物质文化遗产文化资源的保护传承与利用研究（概要）

一、山东省非遗文化资源特征

（一）山东非物质文化遗产形成的历史文化基础

山东是古代齐鲁文明的繁盛之地，孔孟之乡、礼仪之邦，文化资源丰富，历史源远流长。经过几千年的文明积淀，孕育了丰富的非物质文化遗产。山东省非物质文化遗产资源丰富、等级较高、特色鲜明、内涵丰厚，是山东优秀传统文化的典型代表，其丰富内涵和无穷魅力是山东发展文化旅游的重要文化资源。

（二）非遗文化资源的类型与数量特征

1. 资源丰富，总量全国领先

山东省国家级非遗项目 173 个，占全国总数的 12.6%，居全国第二，数量领先其他文化大省，在周边省市中数量排名第一。

2. 类型齐全，戏剧项目最丰

项目涵盖非遗十大类，类型齐全。

传统戏剧类数量最多，32 个，占全省近 1/5，在全国范围内排名第二，仅次于山西省传统戏剧类 37 个。

民间文学类 27 个，在全国各省中该类数量排名第一。

3. 价值重大，齐鲁技艺惊艳

全国四大年画之一杨家埠木版年画，与四川绵竹年画、天津杨柳青、江苏桃花坞的木版年画并称。

中国“八大名绣”之一鲁绣，历史文献中记载最早的一个绣种。

八大名菜之首，鲁菜。

潍坊风筝名扬海内外，和京式风筝、津式风筝齐名。

东阿阿胶制作技艺，其工艺规程被列入国家医药局首批科技保密项目。

4. 特色鲜明，山海重礼尚乐

特色叠加。海洋、农耕、黄河、运河、泰山等文化特色在一省之内呈现，是周边省不具备的。

山海各异。胶州秧歌、渔船号子、海阳大秋歌因海而生，泰山石敢当习俗、桃木雕刻民俗等蕴含着祈求神灵护佑平安的内容，表现出对上苍的敬畏和祈求平安祥和的心理。

浓郁伦理色彩。山东的闵子骞传说、卧冰求鲤传说及炉姑传说等项目均呈现出敬老、重老的伦理价值取向；梁祝传说等项目多讲述民间爱情故事，体现了民间对美好爱情的向往。

重礼尚乐传统。传统音乐类的聊斋俚曲、泰山道教音乐、诸城派古琴，传统舞蹈类的龙灯扛阁、芯子等。

（三）非遗文化资源的空间分布特征

联合国教科文组织认定的“人类非物质文化遗产代表作名录”的项目：潍坊最多，2项，高密剪纸和诸城派古琴；其次，烟台市烟台剪纸、滨州市滨州剪纸、日照市莒县过门笺、济南市济南皮影戏、泰安市泰安皮影戏、菏泽市定陶皮影戏各有一项。

国家级前三名：菏泽、济宁、潍坊市。

省级前三名：菏泽、潍坊、济南市。

文化生态保护实验区：全省有1个国家级文化生态保护实验区，即潍坊的潍水文化生态保护实验区。

有10个省级文化生态保护实验区，包括菏泽市曹州文化生态保护实验区等。

（四）非遗文化资源传承情况分析

1. 山东省非遗保护和传承取得巨大进展

抢救性保护成果丰硕。

整体性保护稳步推进。

生产性保护成绩突出。

非遗传承活力和传承环境有所好转。

非遗展览、展示等主题活动精彩纷呈。

2. 16地市非遗保护和传承工作扎实推进

山东16地市在山东省文化和旅游厅厅的统一领导下，狠抓非遗保护工作落实，取得了显著成效。其中菏泽市和潍坊市工作成绩突出，先后被文旅部评为先进，经验向全省、全国推广。其他地市非遗工作也依据当地实际，探索出了富有各地特色的经验和办法。

3. 非遗文化资源展示场所建设情况

近年来，山东省持续加快非遗基础设施建设。推进全省非遗保护利用基础设施建设，支持全省新建改建一批非遗展示、体验中心，各市、各县（市、区）至少建立1处非遗展示、传习、体验场所。重点建设山东省非物质文化遗产馆，建设中国非物质文化遗产博览会永久展示场所。

4. 非遗文化保护传承利用的经济文化基础

近10年来，山东从保持非遗项目的核心技艺出发，逐渐探索出一系列非遗保护的山东模式。2014年9月，《山东省非物质文化遗产条例》通过，将“生产性保护”概念引入立法，鼓励非物质文化遗产代表性项目的保护单位、传承人、其他组织和个人参与非物质文化遗产生产性保护。

山东非遗生产性保护的“山东样本”包括：“一点”即利用非遗来源于群众、来源于生活、就业门槛多样的独特优势，以推动大众创业、万众创新为着力点；“两翼”是政府输血与自身造血相结合；“三线”致力于保护核心技艺、“互联网+”等创新技术、文化惠民；“四扩”为扩大就业渠道、扩大创业空间、扩大生产性保护集群、扩大与旅游等融合发展。

二、山东省非遗文化资源利用现状分析

（一）非遗文化资源的开发利用现状

民俗旅游和博物馆旅游为主要产品形式。

开展了以非物质文化遗产为主题的旅游节庆活动。

旅游商品设计选取非物质文化遗产为素材。

创立展示非物质文化遗产的主题产业园。

（二）重点非遗文化旅游产品开发方式

1. 民间文学类

主要分布在两大集中分布区域，分别是菏泽、济宁区域和青岛、潍坊、淄博区域。

全省层面，举办非遗优秀故事会，以讲故事为主要形式，穿插非遗小常识等有奖互动环节，向观众展示优秀的民间文学类非遗项目。其他利用方式较少。

2. 传统音乐类

山东省传统音乐类非遗主要集中分布在菏泽及济宁市。此类非遗体现出山东深厚的农耕文化基因、乡土气息和强烈的民间韵味，多依赖节日庆典、婚丧嫁娶等民俗活动而存在。

该类遗产的利用主要通过举办“山东省非物质文化遗产月”，开展全省传统音乐项目展演，推进其保护传承。

3. 传统舞蹈类

山东省传统舞蹈类非遗主要分布在济南和菏泽两大区域。

活化利用方式包括依托文化旅游节展演，组织实施“传统舞蹈活力再现工程”，组织传统舞蹈类非遗展演。

4. 传统戏剧类

山东省传统戏剧遗产主要分布在菏泽、济宁区域和济南、淄博、滨州两大区域。

活化利用上注重精品创作，传统戏曲与舞台动漫相结合，巡演进广场、进社区、进公园“三进”活动。

5. 曲艺类

山东省曲艺类遗产主要分布在菏泽、济宁。该类遗产主要特征为唱曲类，多表现农俗习惯、生活故事，善用地方方言。

活化利用方式包括将经典曲目制成音像、光盘和图书等保存形式，口述记录传统曲目等。

6. 传统体育、游艺与杂技类

山东省传统体育、游艺与杂技类遗产主要分布在菏泽、济宁、聊城区域和青岛、潍坊区域。

活化利用方式主要包括打造相应的文化类景区，开展武术特色演艺活动，打造传承基地与相应的体验，开展节事比赛等。

7. 传统美术类

山东省传统美术类遗产主要分布在潍坊、淄博区域，济南、聊城区域和菏泽、济宁区域。

活化利用方式包括建立文化产业基地、文化产业示范基地、文化出口重点企业等产业集聚区，开展相关手工体验活动以及各色文化艺术节会。

8. 传统技艺类

山东省传统技艺类遗产主要分布在菏泽、济宁区域和潍坊、淄博、济南区域。

活化利用方式包括打造相关旅游线路、景区增设非物质文化遗产原生态文化活态展示区、生态博物馆等，支持非物质文化遗产衍生产品项目入驻产业园区，以及打造主题博物馆。

9. 传统医药类

山东省传统医药类遗产形成两大集中分布区域，分别是泰安、聊城区域，青岛区域。

活化利用方式包括成立相应医院，和相关工业旅游景区（如东阿阿胶股份有限公司及下属一系列专题博物馆、主题文化景区等）。

10. 民俗类

山东省民俗类遗产形成两大集中分布区域，分别是泰安、淄博、济南区域，烟台区域。

活化利用方式包括民俗在景区活态展示，在春节期间的文化活动展示等。

（三）重点地区非物质文化遗产利用经验（以菏泽市、潍坊市为例）

1. 菏泽市

菏泽市非物质文化遗产活化利用取得了较大成效，主要经验包括：

- 建设展示空间。
- 打造演艺精品。
- 出版非遗作品。
- 形成节庆品牌。
- 非遗进驻景区。
- 发展文创产业。
- 树立示范典型。
- 推进教育传播。

3. 潍坊市

潍坊市非物质文化遗产活化利用成效突出，主要经验包括：

- 树立先进理念。
- 展示空间建设。
- 示范典型引领。
- 打造主题园区。
- 文化元素植入。
- 推进教育传播。
- 特色活动品牌。
- 发展文创产业。

三、山东非遗文化旅游发展趋势研判与总体思路

（一）非遗文化旅游产品创意与发展思路

在非遗保护的基础上，保护与活化利用并重，通过非遗与旅游融合，让非遗走进并融入大众生活，促进非遗的传承和活化，通过创意设计，促进非遗的节日庆典、礼仪规范、服装服饰、民风民俗与旅游休闲相结合，以创新手段给非遗注入时代元素，使非遗更好地融入旅游场景，展现文化的感染力和吸引力。同时，非遗能激发旅游动机、增添旅游体验，提升旅游场景文化内涵，让文化留住游客，让游客带走文化。

（二）非遗文化旅游发展的重点区域与重大非遗项目策划

- 建设非遗与旅游融合发展示范区。
- 山东省非物质文化遗产进 A 级景区计划。
- 山东省非遗基础设施旅游服务提升工程。
- 山东省十大非遗主题小镇（景区）建设项目。
- 山东省齐鲁礼物旅游商品开发设计行动。

- 山东省非物质文化遗产研学计划。
- 山东省非物质文化遗产演艺创作演出工程。
- 山东省重大民俗节庆活动品牌打造计划。
- 山东省非物质文化遗产文创产业开发。
- 山东省鲁菜弘扬振兴计划。

（三）山东省传统工艺振兴项目

- 山东省县及县以下历史文化展示场所建设项目。
- 山东省非物质文化遗产传承人群研修培训项目。
- 山东省“非遗助力脱贫、推动乡村振兴”项目。
- 山东省非物质文化遗产保护利用设施建设项目。
- 山东省非物质文化遗产普及、推广项目。
- 山东省非物质文化遗产代表性传承人抢救性记录项目。
- 山东省国家级、省级文化生态保护实验区和国家级、省级生产性保护示范基地创建项目。

模块 6　山东省旅游目的地城镇发展研究（概要）

一、旅游目的地城市概念界定和层次划分

结合山东省实际情况和规划需要，将山东省旅游目的地城市分为地市级旅游目的地城市和县市级旅游目的地城市两个层次。山东省两大不同类型的旅游目的地城市，因为城市规模不同、城市功能不同，对其评判标准应有所区分，发展思路也应有所不同。

二、地市级旅游目的地城市体系构建

（一）地市级旅游目的地城市要素体系

地市级旅游目的地城市评价体系包括六个方面，构建由 6 个一级指标，24 个二级指标构成的地市级旅游目的地城市评价要素体系（见表 5-13）。

表 5-13　地市级旅游目的地城市评价要素体系

一级指标	二级指标
旅游吸引物	历史文化名城、5A 级 /4A 级景区、国家级 / 省级旅游度假区、博物馆
旅游产业规模	国内旅游消费总额、入境旅游消费总额
可达性	机场、国际航线、国内航线、高铁、客运港口
接待服务设施	五星级酒店、四星级酒店、5A 级旅行社、4A 级旅行社
购物、娱乐功能	山东省购物旅游示范城市、山东省旅游休闲购物街区、离境退税政策、主题公园、演艺
品牌知名度	百度词条数、百度指数

（二）山东省地市级旅游目的地城市发展现状

1. 旅游吸引物

历史文化名城：山东省有 10 处国家历史文化名城，10 处省级历史文化名城，其中地级市中心城区列入国家历史文化名城的有青岛、烟台、济南、泰安、聊城、临淄 6 市，列入省级历史文化名城的有潍坊、济宁、临沂、枣庄、淄博 5 市。

5A、4A 级景区：截至 2018 年年底山东省拥有 11 家 5A 级景区，223 家 4A 级景区（表 5–14）。

表 5–14　山东省地级市中心城区 5A、4A 级景区数量

城市	5A 级旅游景区（家）	4A 级旅游景区（家）	合计（家）
青岛市	1（崂山）	24	25
济南市	1（天下第一泉）	9	10
烟台市		7	7
威海市	2（刘公岛、华夏城）	4	6
泰安市		7	7
潍坊市		6	6
济宁市		6	6
东营市		3	3
日照市		4	4
滨州市		2	2
淄博市		2	2
德州市		2	2
聊城市		2	2
菏泽市		1	1
临沂市		5	5
枣庄市		3	3

国家级、省级旅游度假区：山东省共有旅游度假区总数为 46 家，包括国家级旅游度假区 4 处、省级旅游度假区 42 处（见表 5–15）。

表 5–15　山东省地级市中心城区国家级、省级旅游度假区数量

城市	国家级旅游度假区（处）	省级旅游度假区（处）
青岛市	2（青岛石老人国家旅游度假区、青岛凤凰岛国家级旅游度假区）	2（青岛琅琊台省级旅游度假区、灵山湾省级旅游度假区）
烟台市		2（烟台莱山省级旅游度假区、烟台金沙滩旅游度假区）
威海市		2（威海环翠省级旅游度假区、环翠北海省级旅游度假区）
泰安市		3（泰山旅游度假区、泰山碧霞湖省级旅游度假区、泰山天颐湖省级旅游度假区）
济宁市		1（济宁北湖省级旅游度假区）
日照市		1（山海天旅游度假区）
聊城市		1（聊城江北水城旅游度假区）
临沂市		1（汤头温泉旅游度假区）

博物馆：2018 年，山东省全省共有各级各类博物馆 541 座（图 5-19）。

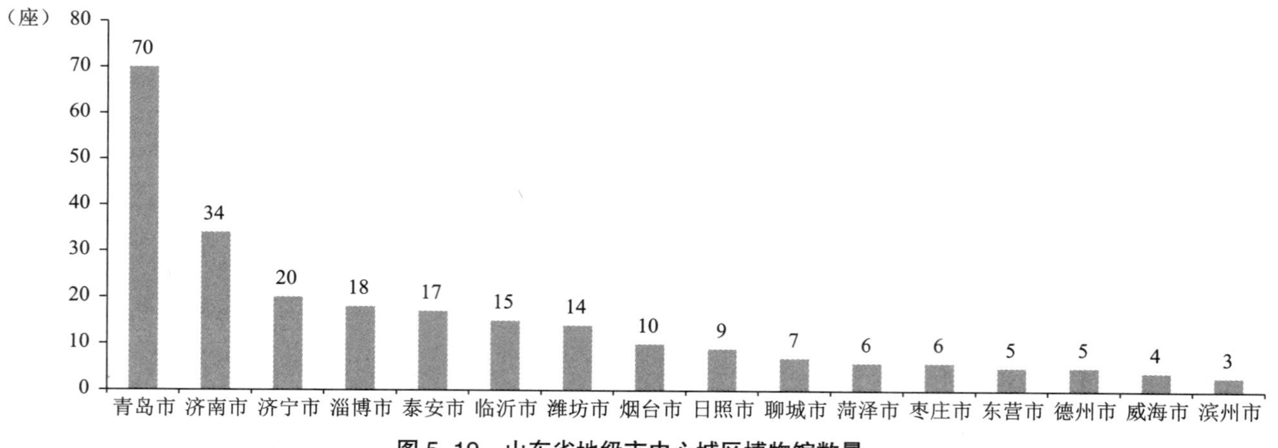

图 5-19 山东省地级市中心城区博物馆数量

2. 旅游产业规模

根据比较分析，青岛、济南、烟台旅游消费总额分居全省前三名；青岛、烟台、威海分居全省入境旅游消费前三名；泰安、日照、威海分居全省旅游消费相当于 GDP 比例前三名。

3. 可达性

山东省由于优良区位，整体交通便捷，陆、海、空交通均相对完善。近年来全省综合交通网络规模持续增长，"三横四纵双枢纽多节点"综合交通网主骨架基本成型，总体水平处于全国前列。

山东省是华东地区运输机场数量最多的省份；目前仍有 4 个地市未通高铁 / 动车（聊城、菏泽、滨州、东营）；有 4 个县未通高速公路，包括菏泽成武县、菏泽单县、滨州博兴县、聊城东阿县；有港口 11 个，客运港口有青岛港、烟台港、威海港、日照港 4 个。其中青岛港已建成国际邮轮母港，烟台港被确定为全国 12 个邮轮始发港之一，青岛港、烟台港、威海港、日照港均已开通了国际航线 .

4. 接待服务设施

从高星级酒店数量看，青岛市数量最多，达 32 家；其次为济南、烟台、潍坊、威海 4 市，拥有 10-20 家高星级酒店；其他 11 个地市高星级酒店数量在 10 家以下。

从旅行社数量看，济南、青岛高等地旅行社数量高居全省前两位，分别为 27 家和 25 家。其他 14 个地市高等级旅行社数量呈断崖式下降，均不足 10 家。

5. 购物娱乐要素

旅游购物：从已评定的旅游休闲购物街区分布情况看，济南、威海旅游休闲购物街区质量较高。购物旅游示范城市评定于 2017 年，日照、威海各有 1 区入选。青岛、济南、威海、烟台 4 个地市推出了离境退税政策。

旅游娱乐：青岛城区各种新业态娱乐项目建设走在全省前列，已建成青岛方特梦幻乐园等 4 家主题公园，开展舞台演艺水秀等演艺项目。济南、威海、泰安、日照等城市近年来也都形成了各自的主题公园和演艺品牌项目。但总体来看，主题公园和演艺缺少具有全国影响力的品牌项目。

6. 品牌知名度

人民网舆情数据中心发布《2018 年中国城市文化旅游品牌影响力排行榜》，综合考察其品牌关注度、品牌活跃度及品牌美誉度三个指标，进行城市文化旅游品牌影响力全国前 50 名排名。青岛、济南、烟台分别排名全国第 10、13、34 位。

选取百度词条数和百度指数反映山东省 16 个地市的品牌知名度，青岛、济南的搜索热度分居全省前两位，潍坊、日照、济宁、烟台、聊城、临沂等城市搜索热度位于其后；东营、泰安、滨州、淄博、德州、威海、菏泽、枣庄相对来说搜索热度较低。除青岛、济南外，其他城市搜索热度变化没有呈现明显阶梯（见图 5-20）。

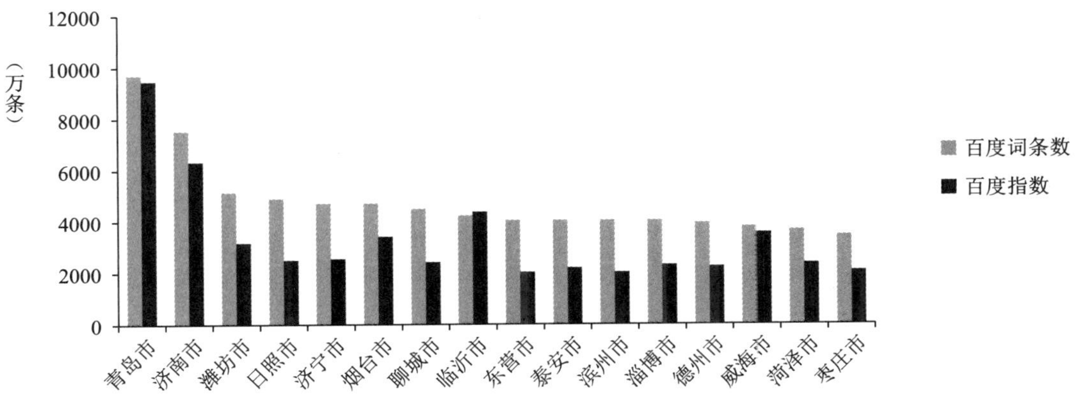

图 5-20　山东省各地市城市百度词条数和百度搜索指数

注：百度指数选择 2018.7.1~2019.7.1 时间的各城市搜索指数整体日均值。

7. 跻身全国前列的山东省旅游目的地城市

山东省青岛、济南、烟台、潍坊等城市旅游跻身《2018 中国旅游城市排行榜》全国前 50 名行列（表 5-16）。

表 5-16　山东省进入全国前 50 名中国旅游城市排行榜的城市

城市	青岛	烟台	济南	潍坊
旅游城市总排名	13	28	29	37
旅游总人数	28	38	36	39
旅游总收入	14	33	32	42
人均旅游消费	6	20	22	30
旅游收入 /GDP	38	44	42	43
交通便利度	34	28	8	45
旅游基础设施	4	10	29	9
文化旅游品牌影响力	10	34	13	无

注：资料来源:《2018 中国旅游城市排行榜》《2018 年中国城市文化旅游品牌影响力排行榜》

（三）山东省地市级旅游目的地城市体系构建

1. 国际知名旅游城市

未来在全省重点打造青岛、济南 2 个国际知名旅游城市（表 5-17）。

表 5-17　国际知名旅游城市评判

评价指标	青岛	济南
国内旅游消费总额排名	1	2
入境旅游消费总额排名	1	6
历史文化名城	国家级	国家级

续表

评价指标	青岛	济南
5A 级景区	1	1
4A 级景区	24	9
国家级旅游度假区	2	无
省级旅游度假区	2	无
机场	国际机场	国际机场
国际航线	15	24
国内航线	144	139
高铁	有	有
五星级酒店	9	3
四星级酒店	23	16
5A 级旅行社	11	13
4A 级旅行社	14	14
山东省旅游休闲购物街区	无	3 家
离境退税	有	有
主题公园	4 个	2 个
演艺	2	1
百度词条数（万条）	9690	7520
百度指数	9439	6321

2. 国际特色旅游城市

未来新打造威海、泰安、潍坊、济宁 4 市，使得全省国际特色旅游城市达到 5 个。

3. 特色专项旅游城市

重点打造淄博、日照、东营、临沂、聊城、菏泽、枣庄、德州、滨州 9 个特色专项旅游城市。

三、各地市旅游目的地城市建设重点

（一）打造青岛、济南 2 个国际知名旅游城市

在全省范围内，着力推动形成青岛、济南 2 个国际知名旅游城市，建设重点包括：构建品质高、类型综合、对国际市场富有吸引力的旅游吸引物；推动旅游交通服务与国际接轨，完善国际航空港和青岛游轮母港的交通集散和配套服务功能，增加国际航线数量；在城市功能、城市面貌、城市设施及城市社会氛围等方面对接国际标准，适应国际化需求。

1. 青岛市

全力构建海陆联动、全域延伸、多点支撑、多业融合的旅游空间布局，形成以滨海休闲度假为核心的旅游产品体系、标准化旅游服务体系和中高端旅游客源市场，集聚高端产业要素，建设东部、西部两大休闲度假集群和北部现代新兴旅游集群，发展滨海休闲度假轴带和大沽河生态旅游轴带，壮大胶州、即墨、平度、莱西四大片区，建设邮轮母港，建设东北亚国际滨海旅游目的地中心城市和“一带一路”国际旅游合作桥头堡。

推动青岛老城区申报世界文化遗产，依托青岛中国—上合组织地方经贸合作示范区等开放合作新平台，建设青岛国际邮轮母港旅游服务中心，强化青岛国际时尚城的旅游功能，全面提升青岛旅游国际化水平。

2. 济南市

以泉水景观、泉水文化和古泉城为核心资源，申报世界文化景观遗产，以“泉城济南”品牌为总引领，山泉河湖城空间一体化开发，开发跨河发展，以泉水文化、休闲度假、会展节庆、乡村旅游、医疗康养等为核心的旅游产品体系，建设济泰曲文化旅游带龙头城市，打造中国泉文化体验旅游目的地和国际康养休闲城市。

（二）打造5个国际特色旅游城市

在全省范围内，着力打造烟台、威海、济宁、泰安、潍坊5个国际特色旅游城市。建设重点包括：以山东生活方式、中华文化圣地等品牌重塑提升现有城市品牌，增强对入境市场的吸引力。加大对入境市场有较强吸引力的高尔夫、温泉等核心产品的更新升级，培育面向高端小众旅游市场的专项旅游产品；整合美食、购物、休闲度假等产品，开发并大力促销高品质的生活方式产品。增加国际航线和跨国包机旅游，在开放口岸免签、离境退税政策、境外支付体系、国际品牌餐饮住宿设施建设方面为国际特色旅游城市打造提供保障。

1. 烟台市

突出蓬莱神仙文化、葡萄酒文化，近代开埠、海洋海岛文化，美食、体育、民俗等特色文化，打造中国最佳海洋休闲度假城市、中国最佳避暑旅游城市和“仙境海岸”旅游核心城市，并加强与威海市的旅游一体化合作。

开发集文化观光、滨海度假、美食红酒、健康养生、高尔夫时尚运动、城市休闲于一体的城市生活体验旅游产品，进一步开发海洋海岛旅游，推进烟台邮轮始发港建设，依托烟台现有码头建设邮轮旅游综合体，推动烟台、威海旅游一体化发展。

2. 威海市

围绕建设精致城市，依托最佳人居城市品质，打造集“蓝色、绿色、康养、人文”四大新业态于一体的胶东半岛休闲度假核心区、山东省滨海旅游新高地、中国全域旅游最佳示范基地、东北亚旅游合作发展先行区。发挥滨海雪城、温泉名城、天鹅家乡的优势，打造北方冬季旅游休闲示范区。加强与烟台联合打造一体化滨海目的地城市。

建设东北亚国际旅游合作实验示范区，重点开发海滨度假等产品，对接日韩需求，提升国际化水平，打造精致海滨城市。

3. 潍坊市

建设“区域性旅游集散中心”和“文化创意旅游基地”，提升滨海旅游的品质，完善鸢都龙城品牌功能，推进东方民俗深度体验和中国最具山水乡愁韵味的乡村休闲，打造以中国传统农耕文明传承发展为亮点的国际特色旅游目的地城市。

推进联合国手工艺与民间艺术之都创建，争创国家历史文化名城，建立国际化保障体系，强化中心城区的核心作用，强化市区在旅游集散、高星级酒店、旅游购物娱乐等方面的旅游服务功能。

4. 泰安市

以打造“平安泰山”为品牌的国际著名山岳旅游目的地为目标，整合山上山下、历史与文化资源，山城河一体，莲花山与东平湖呼应，联合曲阜构建文化遗产旅游高地，形成产业互动、城乡互通的全域、全业、全民文化旅游发展新格局。

5. 济宁市

以儒家文化为引领、世界文化遗产为支撑，以“东方圣地”品牌为支撑，通过文化旅游资源整合、壮大产业集群、完善与创新产业体系，构建“东文、西武、南湖、北山、中运河”的空间结构，建设中华传统优秀文化传承发展示范高地，国际文化旅游目的地城市。

（三）打造9个特色专项旅游城市

在全省范围内，着力打造淄博、日照、东营、临沂、聊城、菏泽、枣庄、德州、滨州9个特色专项旅游城市。构建富有魅力的城市旅游吸引物体系，加强城市文化特质的挖掘、展示和体验，鼓励对中远程市场具有较强吸引力的新产品、新业态的开发。加强城市现有文博场馆、文化资源创新利用，城市休闲游憩产品开发。强化中心城市的交通集散和辐射功能，以旅游中心城市为核心，提升中心城市与机场、车站、周边县区、旅游景区、旅游度假区、旅游村镇的交通设施和交通组织，实现交通无缝衔接。强化城市旅游功能，完善城市旅游接待服务功能，包括餐饮、住宿、娱乐、购物、旅游信息服务等功能，打造各地市一级旅游接待服务基地。

模块7　山东省海岛旅游开发研究（概要）

一、开发条件

（一）岛屿数量、大小、分布，三大岸段特征差异

数量及分布情况：山东省管辖海域近17万平方千米，共有海岛589个。自西向东，自北向南，可以分为长岛岛群、烟威北部岛群、烟威东南部岛群、青岛近海岛群和鲁东南前三岛岛群等六个岛群。但从实际的可利用情况来看，山东海岛分布差别较大，滨州、东营及潍坊组成的北部海岛区和日照等南部海岛区的岛屿数量较少，且多为无人居住的沙质岛屿，开发价值不大，可开发的有人居住的海岛主要分布在烟台—威海—青岛一带，山东从烟台到青岛海域共分布着海岛535个，占总体海岛数量的90.8%，其海岛面积约97平方千米，占整个山东海岛总面积的95%以上，构成了山东海岛开发利用的主体，由于地域集中分布，也适合集中协同开发（表5-18）。

表5-18　山东省海岛数量基本情况统计表

分布情况	所属地市	海岛数量（个）	有居民海岛	
			数量（个）	常住人口（人）
北部海岛区	滨州市	21	4	2732
	东营市	6	0	0
	潍坊市	4	0	0
东部海岛区	烟台市	230	15	57555
	威海市	185	6	8042
	青岛市	120	7	5686
南部海岛区	日照市	22	0	25
	省直属	1	0	0
总计		589	32	74040

岛屿面积：山东省海岛岛陆总面积约为102平方千米，从单个海岛的面积特征来看，面积小于500平方米的海岛313个，占海岛总数的53.14%，面积在500平方米至5平方千米的海岛269个，占海岛总体45.67%，两者相加占到岛屿总数量的98.8%，可见山东省绝大部分海岛面积都较小，开发利

用的价值受到一定影响，面积大于 5 平方千米的海岛仅 7 个，最大海岛为南长山岛，面积为 13.3 平方千米（表 5–19）。

表 5–19　海岛分类标准[①]

类型	面积标准
大型海岛	海岛面积介于 100~2500 平方千米
中型海岛	海岛面积在 5~99 平方千米
小型海岛	海岛面积在 0.005~4.9 平方千米

近岸性：从海岛距陆特征来看，山东海岛绝大部分位于近岸海域，大部分海岛位于离岸 15 千米的海域内，距陆 5 千米以内的海岛 345 个（主要分布在长岛县境内），占海岛总数的 58.57%，距陆 5 千米至 50 千米的海岛 148 个，占 25.13%，距陆大于 50 千米的海岛 96 个，占 16.30%。距大陆海岸线最远的有居民海岛是北隍城岛，离岸距离约 61 千米。总体来看，山东海岛距离陆地较近，交通成本和时间距离占优势（表 5–20）。

表 5–20　山东海岛距离陆岸的距离

有无居民	海岛名称	离岸距离（千米）	有无居民	海岛名称	离岸距离（千米）
有居民海岛	桑岛	12	无居民海岛	跑马岛	0.3
	南长山岛	7		挡浪岛	18.5
	北长山岛	7		褚岛	3.7
	大黑山岛	17		白马岛	0.2
	庙岛	17		驴岛	3.5
	崆峒岛	23		桃花岛	1
	养马岛	30		太公岛	0.2
	刘公岛	4.5			
	田横岛	3.5			
	灵山岛	9.8			

海岛成因和物质构成：从海岛成因和物质构成来看，山东省渤海海域海岛多为淤积型沙质海岛，主要是沙泥淤积而成，岛体不稳定。黄海海域多为基岩型海岛，主要是岩石组成，地质坚固稳定。基岩岛 549 个，主要分布于庙岛群岛、胶东半岛近海和海州湾等海域；冲淤堆积沙岛 40 个，包括贝壳堆积岛和泥沙堆积岛，主要分布于黄河三角洲、丁字湾等海域。

（二）岛屿海域、气候条件

海域潮汐：山东沿海的潮汐主要为不正规半日潮和正规半日潮两种。渤海湾南部的大口河至莱州湾东岸的龙口和威海至成山角至荣成南部一带沿岸为不正规半日潮。山东南部的石臼所、青岛、乳山口等沿岸属于正规半日潮。

气候条件：山东海岛受海洋影响，山东海岛具有显著季风特点，冬季盛行偏北风，夏季盛行偏南风，由于距离陆岸有一段距离，平均风速一般比内陆大 1~2 米 / 秒。总体来看，海岛各季气温较内陆低 1~3℃，并且极端高温日数比内陆少，高温持续期也比内陆少 25~36 天，适宜开展休闲度假等旅游活动。

① 陈可馨、陈家刚，《我国海岛资源的持续利用》，2002

风效指数分析：根据计算结果，参照风效指数与环境舒适性的等级标准，山东海岛冬季感觉程度为“冷”，不适宜旅游；春季和秋季感觉程度为“凉”，夏季感觉程度“暖”，适宜旅游（表 5-21）。

表 5-21　山东东北部海岛各季节的风效舒适度

测算	春季（3~5 月）	夏季（6~8 月）	秋季（9~11 月）	冬季（12~2 月）
风效指数（K）	-393	-128	-432	-848
感觉程度	凉	暖	凉	冷
是否适宜旅游	适宜	适宜	适宜	不适宜

（三）岛屿社会人文条件

人口情况：山东省海岛现有常住人口约 7.4 万人，主要分布在全省的 32 个有居民海岛上，仅占海岛总数量的 5.4%，大部分海岛无人居住（无居民海岛 557 个，占海岛总数的 94.6%），有人居住的岛屿滨州市有 4 个，居住人口 2700 人左右，烟台市有 15 个，居住人口 5.7 万人左右，威海市有 6 个，居住人口 8000 人左右，青岛市有 7 个，居住人口 5600 人左右。

行政建制：长岛县为山东省唯一的海岛县。山东海岛的行政建制分县级海岛、乡级海岛和村级海岛三级，烟台市有 1 个县级海岛和 8 个乡级海岛，青岛市有 7 个村级海岛，威海市有 6 个村级海岛，整体看，烟台市的海岛建制级别相对最高，其他沿海城市主要为规模小、级别低的村级海岛。

产业经济：山东省海岛的主要经济产业为渔业、旅游、港口和少量的海洋能源资源开采等产业，近年来，部分岛屿的房地产开发增长较快，但总体来说，由于山东省海岛的个体面积小、环境相对敏感脆弱，很难承载大规模高强度的经济产业。而随着海岛旅游的兴起，一些低强度的旅游观光、海洋牧场等产业逐渐增长，但目前整体开发利用的程度不高，海岛开发数量少，已开发或有开发利用痕迹的海岛 140 多个，不超过全省海岛数量的三分之一①，这些海岛主要用于旅游娱乐和传统渔业，如田横岛、崆峒岛等，其他大部分岛屿基本上仍保持相对原生态的状态，除田横岛、庙岛群岛等中有乡级以上人民政府的部分海岛外，其他海岛开发利用程度普遍较低。

二、开发现状

（一）总体开发情况

从山东海岛发展历程来看，山东省海岛开发主要经历了三个阶段：一是大力发展渔业阶段；二是多用途开发时期，主要是新世纪以来，对海岛进行了农牧渔业、旅游娱乐、工业发展、公共服务、资源开发等，壮大了海岛经济，同时也导致海岛开发与保护的矛盾突出；三是加强保护时期。

在新时期，山东省作为海洋大省，海岛作为山东第二海洋经济区，其作用也越发凸显。尤其对山东沿海地区，在渐趋饱和的发展空间制约下，海岛开发带来了一个全新的发展空间。

整体来看，山东海岛设有码头或简易码头的海岛 44 个，有客船通航的海岛 11 个，已开发所占比重并不高。东营—滨州—潍坊的北段岛屿以制盐、盐化工和渔业为主，旅游开发迟缓，由于开发资源禀赋较低，开发价值有限，不是山东海岛开发的重点，现状旅游开发也较弱。烟台—威海—青岛的东段岛屿数量较多，单体面积较大，资源组合条件较好，市场成熟、具备旅游开发的物质基础，现状开发程度也最高。南段的日照海域海岛距离陆地较远，开发潜力受到一定限制。较远的海上距离，在变化莫测的海洋性气候条件下，较差的可进入性就可使海岛旅游开发处于不利位置。通常情况下，超过

① 王诗成：山东省海岛保护利用现状及海岛经济和谐可持续发展

五六级的海风就会致使海上运输停航，使游客的可进入性成为问题。综上所述，山东海岛无论从开发历史和现状看，还是从未来发展潜力看，烟台—威海—青岛海域的海岛开发是未来的重点。

（二）重点岛屿的开发情况

1. 长岛

（1）水上交通与港口：运力紧张，进出岛困难，交通不畅。

（2）岛屿基础设施（供水、供电条件）：供应有保障，但供电设施生态矛盾突出。

（3）游客比重及住宿设施：2019年接待游客242万人次，近几年的年均增长率都能达到30%以上。基本上能够满足进岛游客的住宿需求。

（4）现有管理体制：长岛现有景区所有权分别归属渔村、自然保护区、教育文化体育局、旅游局等部门，各景区所有权尽管归各单位所有，但由长岛旅游局统一行使经营管理权。长岛旅游局集旅游局、文化事业管理处、长导骏达旅游开发有限公司于一身，实行“三个班子、一套人马”。

2. 田横岛

（1）水上交通与港口：交通运力基本能满足市场需要。

（2）岛屿基础设施（供水、供电条件）：已结束岛内通信不灵、淡水有限、动力资源先天不足的历史。

（3）游客比重及资源条件：田横岛目前年接待游客约35万人次，由三联集团独资开发的主体项目——田横岛度假村旅游设施完善、功能齐全。

（4）主要问题：度假产品单一、档次较低，岛上环境欠佳。

3. 养马岛

（1）入岛交通与港口：交通较为便利，可进入性较好。

（2）岛屿基础设施（供水、供电条件）：达到“四通一平“标准。

（3）游客比重及旅游设施开发：各类宾馆、休养中心40多座，大中型综合娱乐景区1点15处。

4. 崆峒岛

（1）水上交通与港口：已建成了崆峒岛旅游码头，并配备了旅游专线车。

（2）岛屿基础设施（供水、供电条件）：供应基本得到保障。

（3）游客比重及设施开发：崆峒岛目前每年接待游客在10万人次左右，具备基础的旅游接待条件。

5. 刘公岛

（1）水上交通与港口：修建了旅游码头及候船大厅、停车场等附属设施，开通了环岛游览车，建设了登山索道。

（2）岛屿基础设施（供水、供电条件）：可以满足岛上居民及游客用水需求，近年来还进行了架空线路实施下地改造。

（3）游客比重及住宿设施：2019年，刘公岛全年接待游客143.2万人次，住宿、交通、餐饮、购物等旅游配套设施不足。

三、优势度比较

（一）在全国海岛旅游的地位

山东省内的长岛县是全国17个海岛县之一，也是山东省内旅游发展处于前列的海岛之一。根据2012年颁布的《全国海岛保护规划》，我国海岛分布极不平衡，山东省海岛从数量上来看在全国也并不算多。山东的海岛旅游在全国并不处于第一梯队，与南方的海岛相比还有一定的差距。

（二）在全国及区域的优劣势

与江苏、河北相比，山东海岛所依托的海洋海岸资源类型更丰富。山东海岛与辽宁省海岛和江苏省海岛相比，距离渔业养殖场更近，更利于融合发展。山东半岛海域水质好于辽宁和江苏，从而比近邻省份有更好的岛屿发展环境优势。海岛发展所依托的区域制造业基础及基础设施投资能力在全国具有比较优势。

（三）省内岛屿旅游开发的优劣势比较分析

重点优势是烟台到青岛一带的岛屿。从省内的实际情况看，山东海岛分布差别较大，滨州、东营及潍坊组成的北部海岛区和日照等南部海岛区的岛屿数量较少，且多为无人居住的沙质岛屿，开发价值不大，可开发的有人居住的海岛主要分布在烟台—威海—青岛一带，资源禀赋相对较高，构成了山东海岛开发利用的主体，由于地域集中分布，也适合集中协同开发。

四、开发思路对策

（一）山东省及各市的海岛旅游开发思路

从全省层面看，根据《山东省海岛保护规划（2012~2020 年）》，绝大部分岛屿有特殊功能安排暂且不作为旅游开发用途，可供旅游开发的暂定为 19 个有居民海岛和 120 个无居民海岛。

从山东沿海各市对海岛旅游开发的政策来看，明确提出相关政策的主要为烟台、威海和青岛，而滨州、东营、日照在其国民经济与社会发展十三五发展规划中，并没有关于海岛旅游发展的相关指引（表 5-22）。

表 5-22　山东省沿海各市十三五规划中关于海岛旅游发展的政策指引

沿海城市	海岛旅游发展思路
滨州	无关于海岛的发展指引
东营	无关于海岛的发展指引
潍坊	无关于海岛的发展指引
烟台	推进海上游和海岛游，以海域和海岛旅游开发为基础，规划、建设和完善邮轮游艇码头等海上旅游设施，引导海上游船升级换代。加强海岛综合整治、生态保护修复，有效保护重要、敏感和脆弱海洋生态系统
威海	推进海岛整治修复和边远海岛开发，突出市场化配置、精细化管理、有偿化使用，支持创建高水平国家级海岛生态建设实验基地
青岛	实施海岛分类保护利用管制，推行海域空间立体开发，实现陆域、岸线、海岛、海域协调可持续发展。开展海岛、海湾资源利用系统评估，科学开发海岛、海湾资源
日照	无关于海岛的发展指引

（二）开发面临的主要问题及约束条件

总体看，目前海岛开发特别是无居民海岛的保护性开发，存在的问题比较多，一是海岛生态环境脆弱，需要严格进行保护，二是海岛开发主体稀少，海岛投资需要很大资金，而且建设难度大、收回投资周期长。具体问题有：小型岛为主，岛屿土地资源稀缺；开发建设失控；缺乏旅游配套支撑。

（三）重点开发的岛屿选择与重点项目思路

在满足山东省相关规划及各市发展政策对海岛旅游指引的前提下，择优重点开发一批具有旅游开发潜力的岛屿，建设 10 个以上观光型岛屿，包括生态观光型、文化观光型、环岛观光型三大类型岛屿。

推动四大岛群旅游，重点支持长岛群岛（南长山岛、北长山岛、庙岛、大黑山岛、小黑山岛）、烟台“三岛”（崆峒岛、芝罘岛、养马岛）、田横岛及周边海岛（田横岛、驴岛、车岛）、青岛湾区（黄岛、团岛、灵山岛、竹岔岛）四个岛群旅游开发，突出主岛、以需定量，以海岛游业态创新为重点，通过跳岛游及水上游线方式，将海岛文化风情、自然景观、特色游船设施有机结合（表 5-23）。

推动建设长岛群岛旅游区，引领山东滨海旅游向高品质阶段拓展。加大对刘公岛、田横岛等已开发海岛的旅游创新支持力度，重点发挥海岛中心城市综合功能，强调陆—岛联动，突出海岛与岸域及水域的联动开发，通过岸上配套设施的建设，游艇游船的串接，实现岛屿观光休闲与陆岸旅游衍生产品的整合联动，实现整体最大经济效益。对于驴岛、桃花岛等无居民海岛，在保护性开发的制度规划前提下，开发海岛环岛游、跳岛游、探秘游等利用方向。

表 5-23　重点开发的岛屿

序号	重点开发类型	岛屿名称	近远期
1	文化观光型	南长山岛	近期
2	生态观光型	北长山岛	近期
3	文化观光型	庙岛	近期
4	生态观光型	大黑山岛	远期
5	生态观光型	小黑山岛	远期
6	文化观光型	芝罘岛	近期
7	生态观光型	崆峒岛	近期
8	文化观光型	养马岛	近期
9	文化观光型	刘公岛	远期
10	文化观光型	田横岛	远期
11	环岛观光型	驴岛	远期
12	环岛观光型	车岛	远期
13	生态观光型	灵山岛	远期
14	生态观光型	竹岔岛	远期
15	文化观光型	黄岛	远期
16	环岛观光型	团岛	远期

模块 8　山东省海洋牧场旅游开发研究（概要）

一、发展现状

（一）山东省海洋牧场数量与规模

山东省海洋牧场发展迅速，截至 2017 年，山东省建成各类海洋牧场 240 余处，面积超过 1.9 万公顷。截至 2019 年 2 月，山东省拥有的国家级海洋牧场 32 处，数量居全国首位，占全国国家级海洋牧

场总数的 37%①

（二）空间分布状况

目前山东省海洋牧场建设多集中在近岸海域，整体上看呈现“一体、两带、三区、四园、多点”的总体分布格局。

具体来看，滨州—东营—潍坊岸段主要为大宗贝类养殖为主的海洋牧场，烟台岸段主要为贝藻等海珍品养殖为主的海洋牧场，威海—青岛—日照岸段为山东省海洋牧场的集中分布地区，以高品质贝类养殖和珍惜种质资源养殖为主的海洋牧场。

（三）设施情况

海洋牧场从设施类型角度看分投礁型海洋牧场、游钓型海洋牧场、底播型海洋牧场、田园型海洋牧场和装备型海洋牧场五类。

表 5-24　山东省海洋牧场类型分布

类型	空间分布	基本情况
投礁型海洋牧场	莱州芙蓉岛到日照绣针河海域	依托胶东半岛海岸蜿蜒曲折、港湾岬角交错、底质地貌类型多样、岛屿罗列以及渔业资源丰富的优势建设人工鱼礁
游钓型海洋牧场	离岸海域	依托人工鱼礁区及各类海洋牧场平台设施，发展休闲海钓产业
底播型海洋牧场	黄河三角洲海域、半岛东北部海域、半岛南部海域	黄河三角洲海域大宗贝类底播区自漳卫新河至莱州虎头崖，近岸滩涂广泛发育，海底平坦，多为泥沙和软泥质，主要开展文蛤、菲律宾蛤仔、四角蛤蜊等传统贝类底播增殖。半岛东北部海域海珍品底播区自莱州虎头崖至靖海湾海域，海岸线曲折，海底底质多为砂泥、砾石、岩礁等类型，水质良好，开展以刺参、皱纹盘鲍、魁蚶、栉孔扇贝等海珍品为主要对象的海底渔业开发。半岛南部海域高值贝类底播区自靖海湾至绣针河口海域，海岸以基岩质海岸和砂质岸线为主，海底底质多为沙泥、泥沙等，主要开展魁蚶、大竹蛏、西施舌、栉江珧、鸟蛤、栉孔扇贝等高值贝类的增养殖和马尾藻、铜藻等大型藻类养殖
田园型海洋牧场	莱州湾、烟威近海、半岛东部、海州湾	为传统粗放型养殖产业聚集区，也是渔民基本生活保障的用海区域。莱州湾滨海湿地生态园位于莱州湾东南部海域，是多种渔业资源的主要产卵场、索饵场，也是鳗草、马尾藻等海草的生长区，目前已成为扇贝的集中养殖区。烟威近海贝藻生态园位于蓬莱至威海西部海域，为传统的筏式养殖区、海珍品底播养殖区。半岛东部“海洋蔬菜”生态园位于荣成东部海域，是我国藻类养殖集聚区。海州湾种质养护生态园位于海州湾海域，是金乌贼、河鲀、大竹蛏、鲐鱼等主要经济品种的产卵场
装备型海洋牧场	黄河口深海海域、黄海冷水团、庙岛群岛海域、半岛深水海域、远岸岛链等深水区域	黄河口深海海域建设“大型智能网箱＋养殖平台”组团，开展鱼类和海珍品的养殖。黄海冷水团海域以“大型智能网箱＋深海养殖工船”组团建设具备苗种繁育、中间培育、饵料输送、鱼类起捕及产品冷藏加工等功能的养殖工船，开展离岸海洋冷水鱼类的养殖。庙岛群岛建设“大型智能网箱＋养殖平台”组团，开展鱼类和海珍品的养殖。苏山岛—千里岩—朝连岛—灵山岛—前三岛岛链周边 15 米以深海域，建设“海岛基地＋大型智能网箱＋管理工船”组团，开展恋礁鱼类养殖

（四）运营管理

山东省目前海洋牧场的运营管理一般都以政府和企业为主，公众参与度较低，建设主体还是比较单一，后期管理费用较高，企业压力较大。运营管理模式单一粗放，还没有形成一套完备的标准体系②，缺乏专业性管理人才和团队，产业链建设不够完善，重投入轻管理现象仍然存在。

① 2019-01-22 18：52 大众网 · 海报新闻

② 《省级海洋牧场认定标准》（鲁海渔函〔2016〕199 号）

二、旅游开发利用现状

（一）旅游产品建设现状

目前的旅游产品仍主要建设在陆岸，业态以接待中心、展示厅、体验馆、餐厅为主，个别牧场在离岸不远处有建设专为旅游性质的垂钓休闲平台或人工鱼礁钓场。

2014 年山东省把海洋牧场与海钓基地建设相结合，曾研究提出全省省级休闲海钓基地建设的目标和工作思路，提出在青岛、烟台、威海和日照四市相关县市区沿海建成 15 处省级休闲海钓示范基地，目标是近期内能达到每年接待海钓人员 7 万人次。

（二）经营管理现状

目前的牧场经营主要还是企业各自摸索，例如荣成的爱伦湾国家级海洋牧场就专门组建了旅游公司，负责海洋牧场旅游业务的专门运营。就经营收益而言，渔业养殖仍然是各个国家级海洋牧场的主要收入来源，短期内休闲旅游的收入肯定不能代替传统养殖产业，但是，与旅游结合是养殖业实现产业转型升级的一个共同方向。

（三）主要制约因素与问题

目前的制约因素主要还是运营及服务的标准化问题。单就设备而言，投礁型、游钓型牧场比较适合开展旅游活动，目前设备已经能够实现。装备型和田园型对设备要求很高，短期内也很难被休闲旅游所用。底播型牧场基本上是纯粹的养殖，不太适合开展旅游。

三、开发思路

（一）总体产品建设思路

总体看，海上观光、海钓休闲和科普教育仍然是海洋牧场旅游产品的主流和未来方向。其中海上观光产品包括乘船、观看养殖现场等子产品。海钓休闲产品包括等投饵喂养、海洋垂钓、拉网捕鱼、贝藻采摘、增殖放流等更深入的体验活动。科普教育产品主要是围绕海洋科技、海洋知识的海洋展览馆、海洋环境监测、海洋生物培育、水产品加工等子产品展开。

具体建设思路可从以下两方面着手：

一是扶大、扶强。从农业农村部已批复的 33 处国家级海洋牧场中筛选一批具有竞争力和示范性的海洋牧场进行重点旅游开发建设和资金扶持。

二是做精、做细。作为海洋牧场接纳大众游客的主流产品，将海上观光产品、海钓休闲产品和科普教育产品做优、做精、做细，满足新时代人们对海洋文化的需求。

（二）空间发展重点

结合海洋牧场的空间分布现状和旅游资源组合条件，威海至青岛岸段应作为山东省海洋牧场旅游建设的重点区域，在威海的环翠、荣成、乳山一直到青岛市东部岸线海域，高品质的贝类养殖场集中分布，旅游资源和岸线环境也集中分布，特别是威海的荣成北部海域、荣成南部海域、青岛的崂山湾海域、灵山湾海域等地段，海洋牧场禁止开发的限制少，适宜集聚化开发，形成规模效应。

（三）重点开发建设的海洋牧场选择

1. 筛选标准

目前主要从农业农村部已批复的33处国家级海洋牧场中选择进行重点旅游开发建设。根据牧场面积、距离陆岸的距离、与临近岛屿的联动条件、企业的资金实力等。考虑到单个牧场进行旅游经营所需要的门槛规模和海洋牧场开发旅游所形成的整体产业规模要求，遴选10~20家[①]海洋牧场进行重点资金扶持。另外将其他的潜在优势海域作为备选。

2. 重点资金扶持类海洋牧场

表5-25 重点资金扶持类海洋牧场选择

地市	重点扶持牧场例举
威海市	荣成爱莲湾海洋牧场、荣成好当家海洋牧场
烟台市	芙蓉岛海洋牧场、莱州明波国家级海洋牧场、庙岛群岛海洋牧场
青岛市	崂山湾龙盘海洋牧场、石雀滩海洋牧场
日照市	万宝国家级海洋牧场、刘家湾水产集团海洋牧场

3. 积极鼓励建设推广类海洋牧场

表5-26 积极鼓励建设推广类海洋牧场

地市	重点扶持牧场例举
威海市	荣成鸿源海洋牧场、荣成烟墩角海洋牧场、荣成马山海洋牧场
烟台市	牟平东宇海洋牧场、海阳富瀚海洋牧场、恒源海洋牧场、龙口金海洋牧场
青岛市	薛家岛昕长虹海洋牧场、老尹家国家级海洋牧场
日照市	岚山万泽丰海洋牧场、海州湾顺风海洋牧场

4. 后备关注类牧场及区域

表5-27 拟进行旅游开发建设的补选区域

拟开发产品	重点备选区域
海上观光产品	在芙蓉岛、庙岛湾、砣矶岛、南北隍城岛、大小钦岛、芝罘岛、四十里湾、套子湾、初村北部海域、山东湾、阴山湾—泊于、西霞口、爱伦湾、苏山岛、五垒岛湾、乳山外、崂山湾、大公岛、朝连岛、灵山岛、竹岔岛、田横岛、斋堂岛、海州湾、刘家湾等海域
海钓休闲产品	在黄河口深海海域、黄海冷水团、庙岛群岛海域、半岛深水海域、远岸岛链[②]等深水区域 在套尔河入海口、黄河三角洲、莱州湾、牟平、庙岛湾、砣矶岛、南北隍城岛、文登南海、塔岛湾、荣成东部、靖海湾、乳山湾、白沙湾、灵山湾、海州湾、黄家塘湾等海域依托田园型海洋牧场建设在黄河三角洲、莱州湾、庙岛群岛、芝罘岛、四十里湾、套子湾、双岛湾、小石岛、褚岛、山东湾、威海湾、逍遥港、临洛湾、荣成湾、西霞口、爱伦湾、桑沟湾、大小王家岛、苏山岛、天海湾、小青岛、汇岛、乳山河入海口、土埠岛、崂山湾、大公岛、田横岛、朝连岛、灵山岛、薛家岛、斋堂岛、黄家塘湾、海州湾、三平岛等
科普教育产品	海洋牧场陆岸均可结合布设

① 按一个常规人工鱼礁平台3000平方米计，大概可同时容纳50人，按每日周转率为2计，全年抛除冬季和海风限制天数，可游览天数按150天计，一个海洋牧场一年可接待游客1.5万人次，数量仍较少，起步时期需要同时发展10~20处海洋牧场才能形成年接待30万人次的初级产业规模（相当于一个3A级景区的接待规模）。

② 主要是：大黑山岛、大钦岛、小钦岛、南隍城岛、北隍城岛、竹岔岛、砣矶岛、猴矶岛、车由岛、小竹山岛、高山岛、担子岛、褚岛、威海黄岛、大汇岛、土埠岛、千里岩、狮子岛、马儿岛等。

此外，应特别关注岛屿与海洋牧场旅游开发的联动关系，以海域内岛屿为依托，推动海洋牧场与岛屿海钓融合发展，加强协调运作能力，推进海洋牧场从近海向深远海拓展，减轻近海资源的使用强度，增加远海岛屿资源的利用（表 5-28）。

表 5-28　山东省较具规模的大众海钓岛屿①

所属	海钓岛屿
青岛市黄岛区	灵山岛
青岛市黄岛区	竹岔岛
青岛市市南区	团岛嘴近海
日照市近海海域	平岛、达山岛、车牛山岛、桃花岛、太公岛
威海市乳山市	南黄岛
威海市荣成市	鸡鸣岛
威海市荣成市	海驴岛
烟台市芝罘区	崆峒岛
烟台市长岛县	长山列岛

（四）重点建设项目

重点进行游钓型海洋牧场项目建设。以休闲海钓为核心，完善“投放生态礁、放流恋礁鱼、建设海钓船、整治海岸线、提升服务能力”五配套，注重全产业链、全服务链衔接，打造吃、住、行、游、购、娱等配套和特色鲜明的“海上高尔夫”。海上以新型礁、废旧船体等生态礁的投放和游钓平台设施建设为主，定向放流礁性鱼类，按标准建造休闲海钓船；岸线开展整治修复、码头修复，美化、净化、优化岸基配套设施；陆基完善餐饮、住宿、交通、救助等相关设施建设，强化服务保障，拓展海洋牧场功能，推进渔业与旅游业深入融合，结合当地渔村、渔港等人文资源，开发多元化的精品休闲渔业项目。发展集生产、观光、垂钓、采摘、餐饮、娱乐、购物等于一体的综合性游钓型海洋牧场。

模块 9　山东省邮轮旅游发展研究（概要）

一、山东邮轮母港现状特征

山东沿海分布 11 个港口，其中青岛港已拥有邮轮港口；烟台港在建国际邮轮母港，威海、日照港，目前已开通旅游轮渡。

山东作为国内沿海第二港口大省、国内第三大经济大省，其资源丰富度自不待言。从北至南沿海港口分布为滨州港、东营港、潍坊港、烟台港、威海港、青岛港和日照港 7 个市级港口。

2018 年，我国货物吞吐量前十大港口中，山东港口共有青岛港、烟台港和日照港等 3 个港口上榜，数量位居全国各省市之首（其他省市最多一个）。其中青岛港 54250 万吨、烟台港 44308 万吨、日照港 43762 万吨。青岛港吞吐总量规模继续扩大，总吞吐量跨越 5 亿吨，集装箱吞吐量突破 1900 万箱，集装箱航线达到 160 多条，居中国北方港口之首（图 5-21）。

---

① 张震．基于海洋牧场建设的休闲渔业开发研究［D］．中国海洋大学，2015.

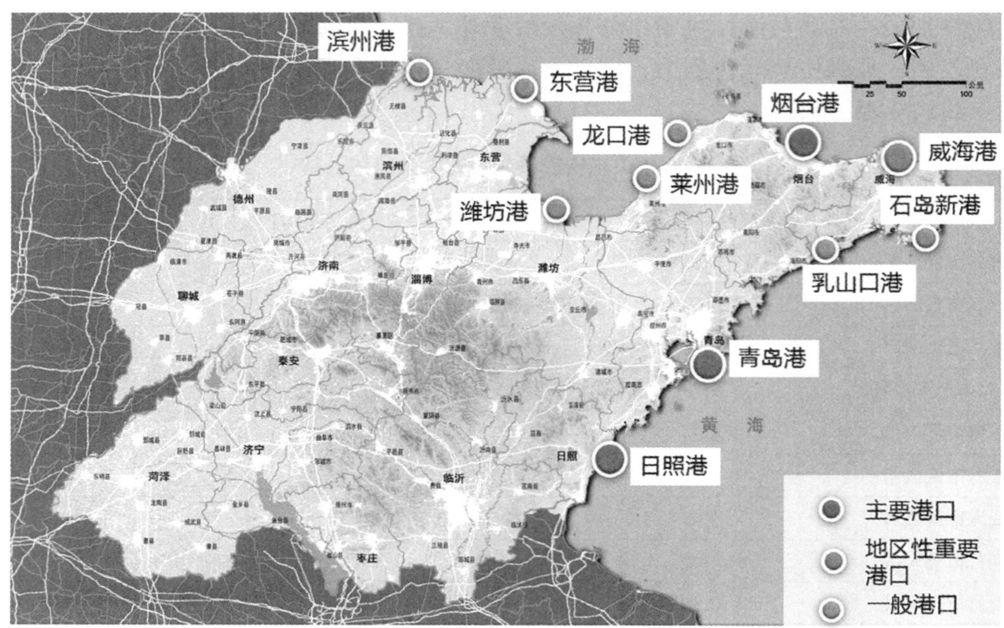

图 5-21　山东省港口分布

二、山东邮轮旅游存在的主要问题

山东邮轮旅游发展以青岛独大，优势明显，地域发展不平衡；母港规划多港口齐发，未能成为真正的国际大型邮轮母港；起步晚，设施不完善，服务质量低；山东邮轮港口影响力不足；邮轮市场客源培育、宣传力度缺乏；高水平邮轮专业人才匮乏；北方气候局限制约邮轮旅游；缺少大规模本土邮轮旅游企业；缺少符合国际惯例的出入关程序和口岸管理条例（表 5-29）。

表 5-29　山东省邮轮停靠港条件的比较

城市	邮轮港	交通条件	市场条件	港口设施条件	航线现状
青岛	青岛国际邮轮母港	位于青岛港老港区 6 号码头，区域规划有地铁 2 号线、5 号线、11 号线	拥有青岛市 939.48 万人口市场、1 亿人次旅游市场	共建有 3 个邮轮泊位，配套建设国际标准的邮轮母港客运中心、游艇码头和游艇俱乐部	运营邮轮 266 个航次，接待旅客 30 多万人次，航线数量达到 37 条
烟台	烟台国际邮轮母港	处山东半岛东端，扼渤海湾入海口，靠近国际主航道	拥有烟台市 712.18 万人口市场、8000 万人次旅游市场	规划芝罘湾港区大型邮轮泊位 3 个，年综合通过能力 60 万人	2019 年 5 月开工建设，2020 年建成投产，串联烟台市山—城—海—岛—港的旅游线路
威海	威海港	位于市区东部，出港 10 海里，是进出渤海湾的国际主航道，紧邻威海汽车站、火车站、高铁站南站	拥有威海市 282.56 万人口市场、4751.72 万人次旅游市场	威海港国际客运中心	开通国际豪华邮轮“中华泰山”号至日本
日照	日照港	疏港高速公路与日东、连霍高速公路相连，与同三、京沪、京福高速公路相交	拥有日照市 306.65 万人口市场、1300 余万人次旅游市场	现拥有日照、岚山两大港区，32 个生产泊位，设计年通过能力超过 1.5 亿吨	未开通邮轮旅游

表 5-30　山东省主要邮轮旅游城市接待情况

	主要旅游资源	星级酒店	A 级景区	旅行社	购物	餐馆	交通	交通连接程度
青岛	栈桥、崂山、八大关、青岛海昌极地海洋公园、黄岛金沙滩、青岛奥帆中心、五四广场、青岛海滨风景区、青岛啤酒博物馆、青岛海底世界	五星级旅游酒店 10 家，数量居全省第一。 四星 26 家	5A 景区 1 家 4A 景区 26 家 3A 景区 73 家 文物保护单位 10 个 风景名胜区 10 个 旅游度假区 6 个 乡村旅游区 11 个	5 星级 11 家 4 星级 15 家 3 星级 67 家 船票预订 264 家 出入境旅游经营 38 家 旅游批发 2 家 旅游线路代理 7 家	金牌 6 家 待定 102 家 购物城 4 家 步行街 6 家 土特产 9 家	5 星级 3 家 4 星 23 家 3 星 24 家	国际机场 2 个：青岛流亭国际机场 青岛胶东国际机场 高铁：直达北京、上海、重庆、西安、成都、南京、广州、无锡、太原等 16 个主要城市高铁。 高速：6 条	青岛国际邮轮港—流亭国际机场 45 分钟； 青岛国际邮轮港—青岛北站 21 分钟—青岛站 8 分钟—青岛西站 1 小时 10 分钟
烟台	蓬莱阁、长岛、三仙山风景区、八仙过海景区、南山旅游区、烟台山、张裕酒文化博物馆	五星 6 家 四星 20 家	5A 景区 2 家 4A 景区 19 家 3A 景区 44 家 文物保护单位 9 个 风景名胜区 8 个 旅游度假区 10 个 乡村旅游 4 个	5 星级 5 家 4 星级 2 家 3 星级 50 家 船票预订 219 家 出入境旅游经营 14 家 旅游批发 5 家 旅游线路代理 6 家	金牌 19 家 银牌 1 家 待定 81 家 退税店 1 家 土特产 12 家	5 星级 1 家 4 星 3 家 3 星 10 家 2 星 1 家	国际机场 1 个：烟台蓬莱国际机场 高铁：开通北京、上海、武汉、西安运城 5 个主要外围城市高铁。 高速：8 条	烟台蓬莱国际机场——烟台港 1 小时 15 分钟； 烟台港客运中心——烟台南站约 40 分钟
威海	华夏城、刘公岛、赤山风景区、那香海景区、乳山银滩旅游度假区	五星酒店 2 家 四星酒店 14 家	5A 景区 2 家 4A 景区 13 家 3A 景区 30 家 文物保护单位 2 个 风景名胜区 9 个 旅游度假区 12 个 乡村旅游 6 个	5 星级 1 家 4 星级 6 家 3 星级 41 家 船票预订 44 家 出入境旅游经营 19 家 旅游批发 2 家 旅游线路代理 1 家	金牌购物 1 家 待定 44 家 当地特色购物 3 家	5 星级 1 家 4 星 4 家 3 星 29 家 2 星 9 家	威海大水泊机场 高铁：开通北京、上海、武汉、西安运城 5 个主要外围城市高铁 高速：3 条	威海大水泊机场——威海港国际客运中心 40 分钟； 威海北站——威海港国际客运中心约为 40 分钟
日照	浮来山、日照海滨国家森林公园、龙门崮、刘家湾赶海园	四星 4 家	4A 景区 9 家 3A 景区 38 家 风景名胜区 8 个 旅游度假区 4 个 乡村旅游 9 个	4 星级 1 家 3 星级 1 家 船票预订 29 家 出入境旅游经营 15 家	金牌购物 4 家 当地特色购物 2 家	3 星餐馆 3 家	日照山字河国际机场 高铁：连云港、盐城、沈阳、北京、石家庄 5 个主要外围城市高铁。 高速：现状 5 条规划 4 条共 9 条	日照山字河机场——日照港国际客运中心 35 分钟； 日照港国际客运中心——日照西站 25 分钟

三、山东邮轮旅游发展思路

整体打造“一港，一备，两点”的山东邮轮旅游体系，构建“一带一路”邮轮旅游目的地，中国北方邮轮旅游目的地，联动天津、上海、福建，广州，形成特色海丝邮轮旅游线，成为中国北方海丝邮轮亮点。

一港：以青岛港为母港。“一带一路”邮轮旅游目的地核心，打造东亚邮轮旅游中心，亚洲邮轮旅游目的地之一。未来对接国际邮轮航线和国内主要航线。

一备：以烟台港为核心，按母港标准建设的始发港。未来对接以国内主要邮轮航线为主，国际邮轮航线为辅。

两点：以日照、威海为停靠港。未来对接国内邮轮及日韩客轮，发展休闲度假旅游。

模块 10　山东省乡村旅游发展研究（概要）

一、山东省乡村发展现状分析

根据各市 2018 年统计年鉴数据：山东省 16 个市，1232 个乡镇，74918 个乡村。

（一）乡村自然地理环境特色分明、差异明显

山地、丘陵、平原、海洋，乡村自然地理环境丰富多变。

从整体上看，山东省形成了以鲁西北平原、黄河三角洲、莱芜平原为主的平原乡村类型地区；以鲁中南山地丘陵和胶东丘陵为主的山区乡村类型地区；以沿黄带、运河带为主的滨河乡村类型地区；以滨海区域为主的滨海乡村类型地区；以鲁西湖带为主的滨湖乡村类型地区。乡村自然环境和地理风貌分布规律、差异明显。

（二）村文化底蕴深厚，但缺乏创新传承

山东省有着历史悠久的历史文化底蕴，农村民间文化艺术缺乏有效保护，发掘有限，开发不足，难以形成文化产业，即使有了文化产业的雏形，也形不成产业规模和效益。

（三）乡村产业集聚功能逐渐显现，乡村经济较快增长

山东省乡村产业链条不断延伸，新产业新业态蓬勃发展，农业与旅游业、文化创意产业、科技教育、健康养老等有机结合，逐步由单一生产功能向生产、生活、文化等集成性功能转变，全省农业增加值位居全国第一，农林牧渔业总产值接近万亿元大关，农业质量效益明显提升。

（四）农业产业类型丰富、分布广泛，农产品创新发展

山东省已拥有 4 大中国特色农产品优势区，农产品电子商务蓬勃发展，淘宝村、淘宝镇个数居全国前列，农产品网络零售额达到 179.4 亿元，培育了一批知名农产品电商平台。鼓励发展互助共享经济，农产品个性化定制、会展农业、开心农场等新型业态发展迅速。

（五）传统村落保护不够，建设风貌雷同，地域特色不明显

全省 426 个传统村落列入中国传统村落保护名录，占全国传统村落总量的 16.7%，排名全国第二，总体上看，山东省传统村落保护发展工作启动有力，但还处于起步阶段，传统村落保护意识不强，重物质建设，轻文化保护，有的地方片面理解农民迫切需要改善居住条件和生活环境的愿望，“拆旧建新”“弃旧建新”，对村庄传统格局和历史风貌保护不力。

（六）乡村风貌建设体系不健全，欠缺分类引导

山东省乡村风貌建设发展体系不够健全。在乡村环境设施方面，较为注重基础设施建设，但绿化

环境建设力度不足；在乡村形态格局方面，虽重视建筑群的布局安排，但公共空间规划与轮廓线设计欠缺科学性与完备性；在乡村农居建筑方面，较为关注色彩与造型的统一，但忽视造型符号的应用；在乡村民俗文化方面，较为重视生产生活方式的调整，关注村规民约的制定，但对于合作组织的建立还有所欠缺。

二、山东省乡村旅游发展现状

（一）山东省乡村旅游现状分析

山东省乡村旅游接待人次和乡村旅游消费额与占比均稳步增加，是山东省文化和旅游的重要板块；山东省休闲农业与乡村旅游示范县（点）数量在全国名列前茅，具有强大的发展潜力；从区域角度看，山东省的乡村旅游产品有周边省同质化严重，竞争压力较大。

（二）山东省乡村旅游区域发展分析

山东省环济南都市圈、东北部沿海沿黄带和青、烟、威、日等胶东半岛都市带的乡村发展较好，产品以休闲度假、文化体验为主，产品数量多、密集度高；鲁西北和鲁西南区域的潜力巨大，产品以民俗体验、休闲度假为主；齐长城沿线的乡村旅游发展良好，是山东省鲁中地区乡村旅游发展的聚集地带，产品以休闲度假、民俗体验为主。

（三）山东省乡村旅游产品现状分析

数量丰富，种类齐全。

乡村旅游产品区域发展失衡。

（四）山东省乡村旅游发展成功经验

1. 山东省乡村旅游模式

（1）“农户＋农户”模式：乡村旅游初级阶段，原真性强，发展水平低下。

（2）个体农庄模式：自主经营，相对独立，管理水平不够高。

（3）村集体模式：村集体统一管理，农户参与性强，管理投资力度弱。

（4）公司制模式：公司经营，农户参与，利益失衡。

（5）股份制模式：股份制产权分离，自负盈亏，存在风险。

（6）“公司＋农户”模式：公司经营，农户出资，易于管理，农户利益失衡。

（7）“公司＋村委会＋农户”模式：公司借助村委会与农户合作，因利益分配易于产生矛盾。

（8）“政府＋公司＋农户”模式：政府引导企业和农户参与其中，宏观环境好，但利益难于权衡。

（9）“政府＋公司＋农村旅游协会＋旅行社”模式：政府全盘把握，公司和协会分工协作，农民广泛参与，难于协调。

（10）股份合作制模式：混合所有制经济条件下，资本与劳动有机结合，管理制度相对薄弱，易于农户产生矛盾。

（11）“乡村旅游合作社”模式：有意向的农户参加合作社，参与的农户村积极性高，相对的便于统一管理，资源整合。

2. 省内经典乡村旅游模式

（1）公司＋村委会＋农户——临沂市兰陵县压油沟。以山东压油沟现代农业发展有限公司为主体进行开发建设，一期依托压油沟老村落，打造乡村旅游和景区。二期依托压油沟水库及周边土地，打造现代农业生态旅游项目。村委组织协调工作，村民以土地、建筑、劳动力的形式，参与进旅游服务、表演、农业生产等工作中。

（2）政府＋公司＋农户——沂南县竹泉村。政府引导、协调、支持与市场运作的有机结合，民营企业青岛龙腾置业集团投资3.56亿元投入竹泉村扶贫开发建设，村民进行搬迁，企业依托泉村清泉、翠竹、古村浑然一体，景观独特环境，发展乡村旅游。

（3）村集体模式——临沂市兰陵县代村。代村村支两委对旅游开发经营进行规范和管理，加大宣传，组织村民自主创业，积极参与村集体开发经营的旅游项目，代村积极开展现代农业观光旅游、知情主题旅游等旅游项目，农户自愿参加。

（4）公司制模式——日照凤凰措艺术乡村（杜家坪）。由不负文旅出资建设、管理、运营。

（五）山东省乡村旅游主要问题

- 乡村旅游产品区域发展失衡。
- 土地问题制约乡村旅游发展。
- 乡村旅游投资明显放缓。

（六）总结

- 乡村旅游起步早，发展速度较快。
- 乡村旅游类型丰富，开发优势明显。
- 乡村旅游空间分布差异显著，整体趋于集聚状态。
- 乡村旅游综合效益突出。
- 乡村旅游开发文化内涵挖掘不足，参与性差。
- 乡村旅游产品开发综合程度低，缺乏特色和竞争力。
- 乡村旅游经营管理水平低，市场运作能力差。

三、山东省乡村旅游发展目标与模式

（一）山东乡村旅游发展目标

打造乡村旅游“齐鲁样板”，全国乡村精品旅游和乡村振兴的新标杆。

到2022年打造1000个达到3A级景区标准的村庄、100个精品旅游特色村、100个特色文化旅游小镇，参照国标打造一批与乡村环境融为一体的高端精品民宿。

（二）山东乡村旅游发展模式

整合山东省乡村文化资源，重点发展古村落乡镇旅游模式、休闲农家乐发展模式、自然风景观光度假模式、乡村创意旅游发展模式、乡村特色民居发展模式、乡村民俗风情旅游模式6大乡村旅游模式，助力打造乡村振兴的齐鲁样板。

四、山东省乡村旅游提档升级思路与策略

（一）山东省乡村旅游发展策略

文化复兴，集聚发展。

以强带小、多元发展。

精品打造，共建生活。

（二）山东省乡村旅游发展思路

坚持发展乡村旅游与实现乡村产业振兴、人才振兴、文化振兴、生态振兴、组织振兴融合对接，助力打造乡村振兴的齐鲁样板，以乡村全域旅游助推乡村全面振兴，画好新时代山东“富春山居图”。

1. 推进乡村旅游集中连片发展

重点构建“六大乡村旅游集聚带”。黄河风情乡村旅游带、运河文化乡村旅游带、齐长城乡村旅游带、海滨渔家乡村旅游带、沂蒙红色乡村旅游带、城郊休闲乡村旅游带。

2. 传承创新齐鲁农耕文明

“乡村文明是中华民族文明史的主体”。首先要坚定乡村文化自信，深入挖掘齐鲁优秀农耕文化所蕴含的思想观念、人文精神、道德规范和各类文化遗产，以乡村旅游开发带动乡风、家风和乡村社会风尚建设。其次是以古村落保护利用、农业公园、农业遗产保护地、非物质文化遗产传承区等方式，系统保留和重构乡村文化空间。最后要挖掘以《齐民要术》等优秀农业著作和二十四节气等为主的传统农业精华，展示现代农业科技成果，打造经典的乡村研学旅游产品。遴选出一批空心村，重点打造乡村旅游示范点。

3. 创新乡村旅游业态

乡村现代农业以果园、田园、菜园、树园、牧园等为依托，打造现代休闲农业园区、现代休闲农庄、田园综合体、农旅特色小镇、智慧农业园区、乡村旅游特色村等龙头示范项目，提供农事活动体验、乡村文化体验、休闲游乐、养生养老等功能服务，带动农业产业链的延伸和价值链的提升。

4. 打造乡村旅游精品

坚持乡村旅游标准化、个性化并重，实施乡村旅游“千村示范、百村精品”工程，丰富完善乡村旅游示范单位、乡村旅游民宿、乡村旅游服务等标准体系，引导乡村旅游规范发展。

五、山东省乡村旅游配套完善与支撑保障

推进基础设施建设，改善乡村旅游环境。

创新乡村旅游发展模式，建立乡村旅游的政策保障。

强化乡村旅游的宣传营销。

模块 11　大运河山东段保护传承利用研究（概要）

一、大运河概况

（一）大运河世界文化遗产

1. 大运河文化遗产

大运河是中国古代创造的一项伟大工程，是世界上里程最长、工程最大的运河。始建于公元前 486 年，至今已有 2500 余年历史。包括京杭大运河、隋唐大运河和浙东大运河三部分，全长近 3200 千米，地跨北京、天津、河北、山东、河南、安徽、江苏、浙江 8 个省市，通达海河、黄河、淮河、长江、钱塘江五大水系，是中国古代南北交通的大动脉。2014 年大运河成功列入《世界遗产名录》，

遗产构成包括 27 段典型河道和 58 处重要遗产点，全长 1011 千米（图 5-22）。

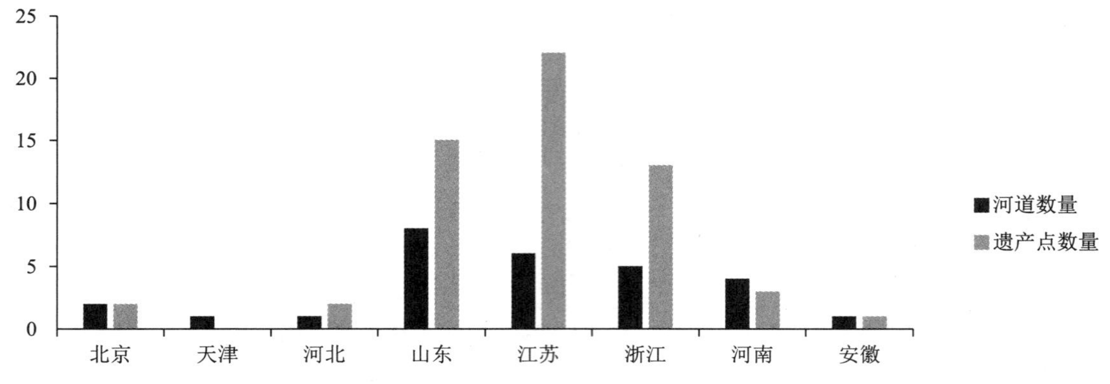

图 5-22　京杭大运河沿线各省市遗产构成数量

2. **大运河（山东段）文化遗产**

大运河（山东段）流经德州、聊城、泰安、济宁和枣庄五个地市，由南运河、会通河、中运河三段河道组成。山东段运河位于京杭大运河中段，南起山东与江苏两省交界处的大王庙闸，北到德州德城区第三店闸，全长 643 千米，占大运河长度的三分之一，是京杭大运河海拔最高、船闸密度最大、水利工程成就最突出的河段，也是流经省份中贯穿城市最多的河段，被誉为“鲁运河”，范围达 41 个县市区。土地总面积达 3.9 万平方千米，占全省国土总面积的 24.1%，人口占全省总人口的 28.5%（图 5-23）。

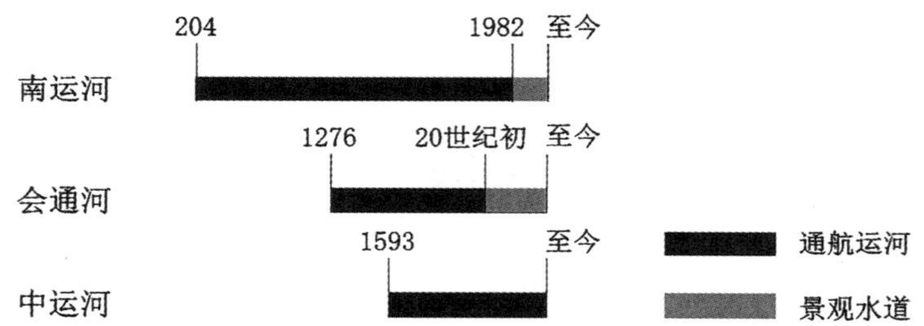

图 5-23　大运河（山东段）河道通航情况

来源：大运河申报世界文化遗产文本

大运河（山东段）遗产构成丰富，包含了所有大运河遗产类型，在 2009 年申遗点遴选阶段，遴选出重点河道、设施、城镇共计 158 处。2014 年成功申遗，确定的大运河（山东段）遗产构成包括 8 段河道，15 处遗产点，是世界遗产的重要组成。河道包括南运河德州段、会通河临清段（元运河、小运河）、会通河阳谷段、会通河南旺枢纽段、小汶河、会通河微山段、中河台儿庄段，数量占全部 27 个河段的近三分之一，总长 186 千米；遗产点分别为利建闸、南旺分水龙王庙遗址、运河砖砌河堤、邢通斗门和徐建口斗门、十里闸、柳林闸和寺前铺闸、戴村坝、南旺分水枢纽、阳谷古闸群（荆门上闸、荆门下闸、阿城上闸、阿城下闸）、临清运河钞关。超过全部 58 处遗产点的四分之一；遗产区面积为 16603 公顷，缓冲区面积 29501 公顷。不仅运河沿线五市均有遗产点列入，而且申遗遗产点涵盖了各类水工设施遗存，初步再现了传统运河工程的技术发明创造性和技术体系的典范性，成为大运河整体申遗最有力的支撑点段之一（表 5-31，表 5-32）。

表 5-31　大运河（山东段）遗产构成

遗存类别			德州	聊城	泰安	济宁	枣庄	合计	
大运河水利工程遗产及相关文化遗产	河道		5	8	2	15	3	33	
	船运工程设施	闸	1	15	2	14		32	53
		码头	1	5	0	0	1	7	
		桥	0	5	0	5	0	10	
		斗门	0	0	0	2	0	2	
		坝	0	0	0	2	0	2	
	滞洪区		1	0	0	0	0	1	
	古代运河设施和管理机构遗存		1	3	0	0	0	4	
	水利工程设施		3	0	2	2	5	12	
	水源		0	0	1	0	0	1	
	水距		0	0	0	4	0	4	
	泉		0	0	0	1		1	
与大运河历史相关的其他遗存	古建筑		1	9	1	11	3	25	
	碑刻		0	0	0	5	1	6	
	古墓葬		1	0	0	0	0	1	
	古遗址		4	1	0	1	0	6	
	近现代重要史迹及代表性建筑		0	0	0	0	2	2	
运河城镇和村落	运河城镇		0	2	0	0	0	2	
	运河街区		0	1	0	0	0	1	
漕运结束后的水利工程			0	1	0	1	0	2	
运河生态与景观环境			0	1	1	1	1	4	
总计			18	51	9	64	16	158	

来源：大运河申报世界遗产总述 ppt

表 5-32　大运河（山东段）世界文化遗产—遗产构成

类型	名称
河道	1. 南运河德州段 2~3. 会通河临清段（元运河、小运河） 4. 会通河阳谷段 5. 会通河南旺枢纽段 6. 小汶河 7. 会通河微山段 8. 中河台儿庄段

续表

类型	名称
申遗点	1. 临清运河钞关 2~5. 阳谷古闸群（荆门上闸、下闸，阿城上闸、下闸） 6. 东平戴村坝 7. 汶上邢通斗门 8. 汶上徐建口斗门 9. 汶上十里闸 10. 汶上柳林闸 11. 汶上寺前铺闸 12. 汶上南旺枢纽 13. 汶上南旺分水龙王庙遗址 14. 汶上运河砖砌河堤 15. 微山县利建闸

来源：大运河申报世界文化遗产文本

（二）大运河（山东段）遗产价值

1. 历史文化价值

国家漕运制度的要地。

水利工程与水工设施的杰作。

运河城镇社会经济繁荣的见证。

国际国内文化交流的代表。

2. 当代价值

- 城乡生产生活的空间。
- 生态保护恢复的重点。
- 教育研究的真实载体。
- 经济转型发展的支撑。

二、大运河沿线区域竞合

（一）沿线各省竞合分析

1. 竞争分析

山东运河文化与江南最大的不同，是缺乏江南那样发达的水网，运河的运输以干线为主，而运输支线发育较弱，大部分运河枢纽的经济往来是通过水陆之间的运输交换而完成的，所以与西部内陆省份的文化构成密切相关。整条大运河呈现出南强北弱的态势，杭州、苏州、无锡等南方城市的运河旅游开发早，将运河文化与区域文化特色相融合，城市间联动发展，现已形成一定的规模和运河文化旅游品牌。河北、北京等地近年也逐渐加大运河旅游资源的开发力度，打造运河旅游。

2. 合作分析

运河旅游呈现南强北弱的态势，需要加强沿线运河区域间的合作，应全线合作、联动发展、以点带线、协商管理，挖掘开发完整的运河历史文化，打造整体的运河文化旅游大形象、大品牌，提高运河旅游的知名度和影响力，成为国际知名的文化旅游品牌项目。

（二）山东省内竞合分析

1. 竞争分析

各地旅游资源开发基本处于各自为政的状态，缺乏整合。几个重要的运河县市区定位不明确，宣传不到位，品牌相互重复。旅游地空间距离靠近，成为近距离的竞争对手，难以做到相互协调衬托。项目建设雷同严重，缺乏深度创意和体验策划。各地重视程度不同，大众化旅游模式导致有些资源失去核心特质。

2. 合作分析

历史上鲁西运河沿线地区曾经是山东经济最发达、思想最开放、文化最繁荣、交流最便利的地域。时至今日，运河沿线县市区应形成运河文化旅游的有机整体，彼此协调、互为有机，构成运河的完整文化和旅游大品牌，同时各自凸显特色、相互彰显，合作双赢。

三、大运河（山东段）资源情况

（一）文化资源情况

运河文化具有开放性和融汇性，漕运制度文化、运河城镇文化、水利水工文化、美丽生态文化、儒家名人文化、抗战红色文化多元内容交相呼应，突显了运河文化的博大精深和海纳百川。

（二）旅游资源情况

根据《旅游资源分类、调查与评价》（GBT/18972—2017），对规划区域内的旅游资源进行分类和评价，大运河（山东段）旅游资源共计 7 个主类、21 个亚类、39 个基本类型。

（三）现状评价

- 历史文化底蕴深厚。
- 运河功能持续发挥。
- 资源空间分布集中。
- 资源构成多元合理。

（四）主要问题

- 运河遗产构成多样，保护难度大。
- 运河遗产生态环境保护面临困境。
- 运河文化旅游资源有待整合提质。
- 运河遗产管理部门存在交叉混乱。
- 基础设施与服务设施亟待完善。

四、大运河（山东段）市场情况

（一）市场分析

- 旅游市场总体规模不断扩大，市场增长迅速。
- 旅游市场淡旺季明显，受节假日影响突出。
- 旅游市场形象不显著，在全国缺乏个性和号召力。

- 运河旅游市场总体竞争力弱，各地市发展不均。

（二）客源分析

- 国内游客为绝对主导，入境游客为辅。
- 国内客源以省内游客为主，环渤海、长三角等邻省游客为辅。
- 外国客源以东亚游客为主，东南亚、南亚、欧美游客为辅。

（三）专项市场

大运河（山东段）沿线丰富的旅游资源，能够满足我国未来旅游者自驾旅游、养生旅游、研学旅游、宗教旅游、休闲度假、情感旅游等特色旅游市场的需求。

（四）市场定位

1. 国内市场定位

一级市场以山东省内及周边京津冀、江浙沪、中原地区为主；二级市场以东三省、珠三角等中远程市场为主；三级市场包含西北省区等其他地区和机会市场。

2. 入境市场定位

一级市场包括日本、韩国、俄罗斯及马来西亚、新加坡等东南亚国家；二级市场包括美国、德国、英国、法国等欧美国家；三级市场包括其他国家和地区。

对入境市场而言，重点开发文化观光、运河研究、民俗体验、商务会议等旅游需求者。

五、大运河（山东段）相关政策与行动

（一）国家层面

- 国家高度重视大运河文化保护传承利用工作。
- 大运河旅游发展具有国家的多重政策支持。
- 南水北调工程使济宁以北段运河有望复航。

（二）山东省层面

- 山东省高度重视大运河文化保护传承利用工作。
- 山东省旅游强省建设快速推进。
- 山东省对十大文化旅游品牌建设大力支持。
- 山东西部经济隆起带战略崛起。

（三）大运河（山东段）发展机遇

- 高铁效应带来巨大改变。
- 山东西部的“水上命脉”和“黄金廊道”。
- 打造世界级文化旅游目的地品牌。
- “水柜”、湖泊等保障生态调节。

（四）大运河（山东段）建设的战略意义

1. 对接大运河文化带建设的国家战略

大运河文化带建设是国家文化复兴战略的重要组成。

大运河（山东段）是大运河文化带的重要组成。

2. 构筑带动鲁西发展的文旅隆起带

构建文化旅游实现二次腾飞的新动能区。

形成带动鲁西地区经济和文化振兴的发展轴。

以高定位的长远发展为目标，形成长效发展机制。

六、大运河（山东段）发展思路

（一）发展定位与目标

1. 发展定位

大运河文化交流互鉴先行区。

大运河生态文明建设引领区。

大运河文化旅游融合示范区。

2. 发展目标

全面展现繁荣发达、诚信仁义、包容开放的“鲁风运河”风采，树立在实践创造中进行文化创造，在历史进步中实现文化进步的典范，彰显齐鲁风采的大运河文化带，成为新时代现代化强省的重要支撑，具有国际示范意义的历史文化遗产廊道，中华民族伟大复兴辉煌画卷的亮丽风景线[①]。

（二）发展思路与战略

1. 发展思路

（1）注重“三个导向”的综合应用。

- 以资源导向为基础，更好的合理利用既有资源。
- 以问题导向为核心，通过逆向思维寻找解决问题最佳途径。
- 以市场导向为引领，迎合未来旅游市场发展需求。

（2）注重“四个意识、四个转变”。

- 通过创新意识，实现“观光运河”向“文化体验”转变。
- 通过市场意识，实现“单色运河”向“多彩运河”转变。
- 通过集约意识，实现“粗放运河”向“精品运河”转变。
- 通过统筹意识，实现“局部运河”向“联动运河”转变。

（3）注重“五个一工程”打造。在具体的品牌规划建设实施过程中，要注重抓手和突破口的打造，重点打造“五个一工程”——一带水、一条线、一群加、一个节和一个平台。

（4）注重“六大品牌”体系构建。

- 构建品牌建设的六大体系，即品牌形象、品牌产品、品牌产业、品牌要素、品牌服务和品牌营销。
- 品牌文化区域整合创新，打造具有世界影响力的文化旅游品牌目的地。
- 品牌产品体系创新，构建“大运河（山东段）”品牌旅游产品系列。
- 品牌要素体系创新，建设人性化、特色化的区域旅游目的地品牌服务体系。

---

① 大运河（山东段）文化保护传承利用实施规划（2019~2035 年）

● 品牌营销模式创新，实现运河古文化与互联网 + 新营销的完美结合。

● 品牌服务维护创新，建立统一的区域旅游品牌发展平台。

● 品牌产业融合创新，打造具有更强竞争力的泛旅游产业。

（5）以全域旅游思想为引领，用融合理念促进全域发展。

2. 发展战略

文化铸魂，品牌引领。

龙头带动，精品突破。

项目创新，突出特色。

区域联动，开放整合。

公众参与，有序推进。

（三）空间布局

形成“一轴、五片、数个运河特色城镇（四个运河特色城市、八个运河文化特色县镇）、两个集聚发展片区”的发展布局（图 5-24）。

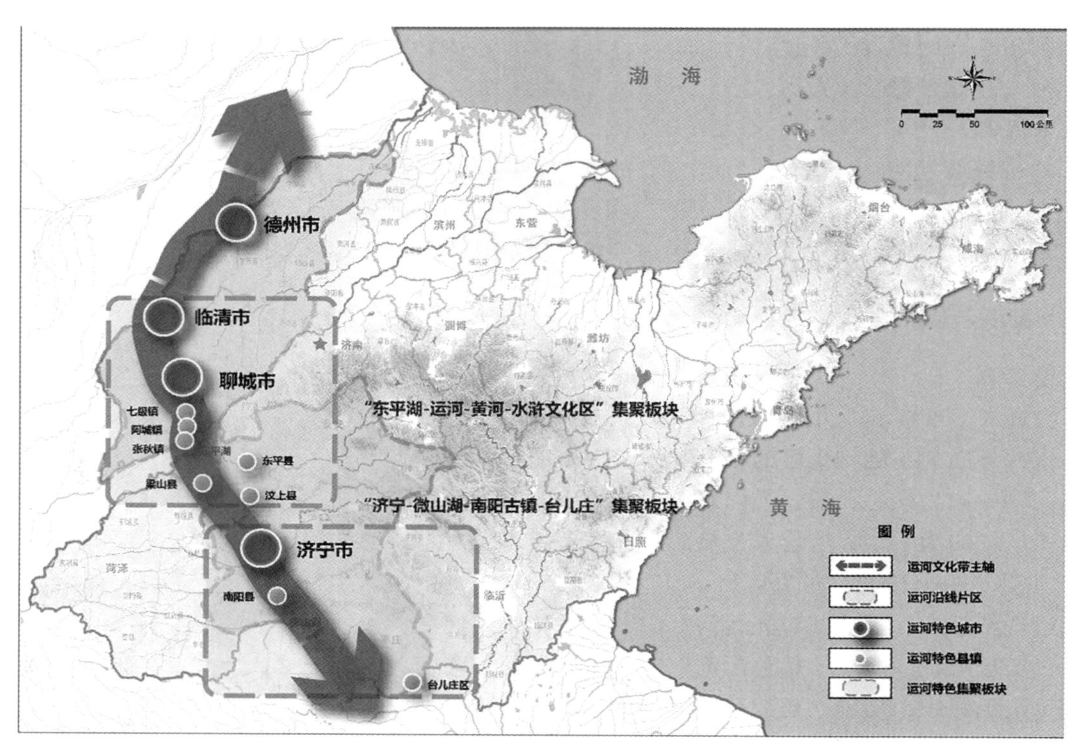

图 5-24　大运河山东段空间布局

（四）河段与地市发展规划

1. 南运河

（1）功能定位。运河文化展示、水工科普教育、滨水休闲游憩

（2）保护与利用模式。遗产廊道、文化街区、博物馆、运河古镇

（3）发展思路。①挖掘南运河历史文化，展现运河水工价值；②加强南运河河段的保护，合理进行保护区划；③对南运河段的遗产进行分类保护，加强环境整治；④坚持保护优先的基础上，合理进

行旅游开发。

2. 会通河

（1）功能定位。运河河道修复、运河遗产展示、运河文化科普教育。

（2）保护模式。遗产廊道、考古遗址公园、历史文化街区、运河古镇、博物馆。

（3）发展思路。①保留真实性，做好运河文化遗产保护；②突出规范性，严格遗产保护区划与管理；③人文生态并重，提升运河生态环境质量；④采用现代手段，以考古遗址公园模式为核心；⑤保护与使用相结合，合理展示运河遗产。

3. 中运河

（1）功能定位。遗产保护、生态保护与恢复、水利科技体验、生态休闲游憩。

（2）发展模式。博物馆、遗址公园、休憩公园、文化古镇。

（3）发展思路：①对中河段沿线的水闸、码头等水工设施进行严格保护，以水工博物馆、水利遗址公园等形式展示明清时期运河水利工程建设技术。②作为世界遗产河段的中河台儿庄段，严格做好遗产保护和生态保护恢复。做好河堤保护和绿化，特别是做好护堤林的建设，增加植被覆盖率。尽量减少对河岸的破坏，保持运河的真实性。③建设运河的进入系统，建立完善的运河解说系统和服务系统，建设以遗产小道为主体的遗产文化游憩设施。④做好遗产区域与运河保护的有机整合，建设畅通的游憩路线，做好遗产点与运河及其周边相关文化资源点的整合开发，建立完善的反映中河段沿线的鲁南民俗风情、历史文化典故的遗产解说系统。⑤对沿线的非遗产保护河段，结合河段周边的生态资源、乡村资源、古镇古城发展休闲旅游产业和文化产业，继续做大台儿庄古城，打造京杭大运河上的著名旅游古镇。

（五）三大重点启动工程

以济宁运河之都、临清运河古镇、阳谷三镇遗产廊道为重点启动工程，近期以实施三大重点启动工程为重点，实现重点突破。

（六）六大重点产品

基于运河历史文化价值与当代价值，围绕漕运制度文化、运河城镇文化、水利水工文化、自然生态文化、儒家名人文化、抗战红色等打造文化品牌，实现文化物化与遗产活化，塑造游客可观赏可体验的产品与线路。

- 世界遗产观光旅游。
- 运河城镇体验旅游。
- 水利工程研学旅游。
- 美丽乡村生态旅游。
- 儒风访圣文化旅游。
- 红色文化教育旅游。

（七）五大重点支撑工程

- 河道通水与水系治理工程。
- 文化保护与廊道建设工程。
- 生态环境保护与修复工程。
- 交通畅通与服务提升工程。
- 数字再现与推介宣传工程。

模块 12　山东省黄河旅游带开发研究（概要）

一、山东省黄河带品牌价值

- 黄河文化是中华文明的代表与象征。
- 黄河文化旅游带开发纳入国家精品旅游带发展战略。
- 黄河文化带沿线 9 省合力打造世界级中华文明之旅精品线。

二、山东省黄河带开发的资源环境条件

（一）黄河带流经山东省 1/5 区县，滩区面积广大

1. 黄河山东段流经 9 市 26 县，地域范围广

图 5-25　山东省黄河流经区县范围

2. 二级悬河形势依然严峻，威胁滩区及大堤防洪安全

表 5-33　黄河山东段河道特征①

河段	两岸堤距（千米）	河段形态	河道长度（千米）	纵比降	设计排洪能力（m^3/s）
山东省上界—东明高村	5~20	游荡型河段	56	1/6000	20000
高村—陶城铺	2~8	过渡型河段	156	1/8000	20000~11000
陶城铺—利津	0.5~4	弯曲型窄河段	307	1/10000	11000
利津以下	0.5~12	河口尾闾段	109	—	11000

① 王静．山东黄河滩区生产堤问题研究［D］．山东大学，2011.

3. 沿黄滩区面积大且相对集中

表 5-34　山东省黄河滩区基本情况统计[①]

地市	涉及县数量	滩区数量（个）	滩区面积（平方千米）	滩区面积占比（%）	滩内人口（人）	耕地合计（万亩）
菏泽	4	13	557	32.7	188246	70.496
济南	7	29	505.11	29.7	332790	48.49
东营	4	18	332.09	19.5	8426	44.35
泰安	1	2	92.07	5.4	42747	7.01
滨州	5	19	87.71	5.2	17325	11.96
淄博	1	4	45.74	2.7	5363	5.42
济宁	1	2	43.43	2.6	20052	4.87
德州	1	7	26.8	1.6		3.62
聊城	2	12	11.37	0.7		1.63

（二）黄河带是山东省生态、文化资源富集区域

1. 黄河带是山东省生态资源集中分布区域

山东省沿黄区域有 9 处国家级水利风景区、4 处国家级湿地公园、1 处国家级地质公园、1 处国家级自然保护区、1 处国家级森林公园。黄河入海口地理标志地位独一无二，黄河三角洲在国家滨海生态保护系统中占据重要地位（图 5-26）。

图 5-26　山东省沿黄地市国家级自然类资源分布

① 王静 . 山东黄河滩区生产堤问题研究［D］. 山东大学，2011.

生态资源中，东营综合品牌优势突出，拥有 4 大国家级品牌；其次是滨州、菏泽、德州分别有 3 处，济南、聊城分别有 2 处，淄博 1 处，济宁、泰安沿黄区域没有国家级品牌。

2. 黄河带是山东省文化资源集聚带

山东省沿黄区域分布有黄河史前文明、黄河治理文化、重要交通设施、民俗与非遗、红色文化、水浒文化、特色产业文化、兵家文化、名人文化、宗教文化等多种文化资源类型。

（1）黄河史前文明。相传尧、舜、禹三位著名的氏族部落首领主要活动在菏泽地带。据史书记载，“尧葬于谷林”“舜耕于历山、钓于雷泽、陶于河滨”，“谷林”“历山”“雷泽”就分别在菏泽市境内的鄄城县和牡丹区，商汤在此建国，被称为“华夏第一都”。

在中华文明的形成过程中，作为三大集团之一的东夷集团扮演了举足轻重的角色。东夷族在先秦时期创造了灿烂的土著文化，成为历史悠久的中华文化的重要组成部分。先后经历了后李文化、北辛文化、大汶口文化、龙山文化、岳石文化等阶段。在不同的阶段，山东沿黄区域都留下了丰富的遗址佐证。菏泽以全国重点文物保护单位——安丘堌堆为代表的堌堆文化，具有数量多、分布范围广、内涵丰富、时代延续性强的特点，有着极为重要的考古学研究价值和典型的代表意义。

（2）黄河治理文化。以黄河水利工程为代表，包括引黄济津、引黄入卫、南水北调东线济平干渠工程和黄河现代科技治理手段等。

（3）黄河重要交通设施。山东沿黄重要交通设施包括黄河泺口铁路桥、阳谷县张秋镇渡口（黄河与古运河交接处的渡口），惠民镇清河镇渡口；东津港、铁门关等。

（4）黄河民俗文化与非物质文化遗产。黄河流域民间工艺大多历史悠久，传承着浓厚的古风意蕴。黄河民俗文化包括黄河生产生活方式；黄河神话传说；民间工艺（剪纸、泥塑、年画、印染、刺绣、编结等）；民间演艺、节庆活动等。

（5）红色文化。山东黄河沿线在抗日战争和解放战争时期做出过巨大贡献。

（6）水浒文化。水浒文化经过 800 多年的积淀和洗练，显示出顽强的生命力。水浒旅游资源以梁山、郓城、阳谷、东平 4 县为核心区域，是《水浒传》里面典故最多、遗迹资源最为富集的县，成为山东省打造“水浒故里”文化旅游目的地品牌的主导县域，是国内其他地区无法取代的水浒原点地区。

（7）特色产业文化。山东省沿黄各区县依托各县产业优势，开发了系列特色产业文化旅游产品。

（8）兵家文化。以孙膑、孙武为代表。鄄城乃战国著名军事家孙膑故里，已建成孙膑旅游城、孙膑纪念馆景区。滨州（惠民县）是孙武故里，惠民县建设孙武古城旅游区，广饶建设了孙子文化园。

（9）名人文化。山东黄河沿线名人辈出，许多中国历史上的著名人物曾在此生活、游历。

（10）宗教文化。山东沿黄区域有佛教、道教、基督教等多种宗教文化场所。

（三）黄河带是山东省贫困带，农业经济典型

1. 经济欠发达，滩区贫困率高

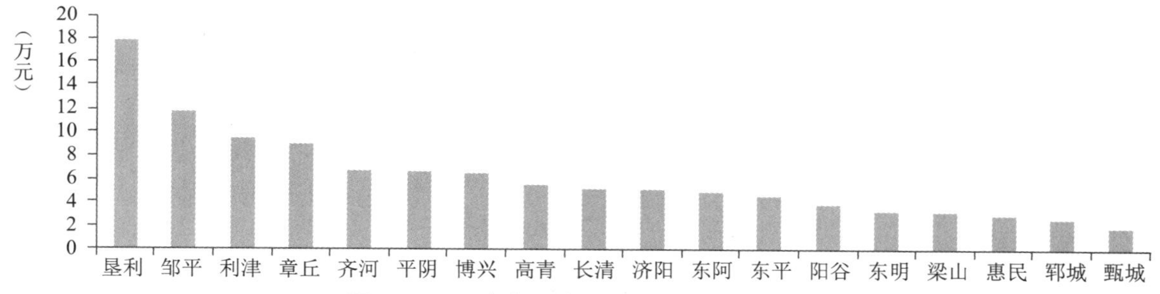

图 5–27　山东省沿黄各县人均地区生产总值

资料来源：中国县域统计年鉴 2017（县市卷）

2. 农业经济典型，滩区耕地以菏泽、济南、东营三市较多

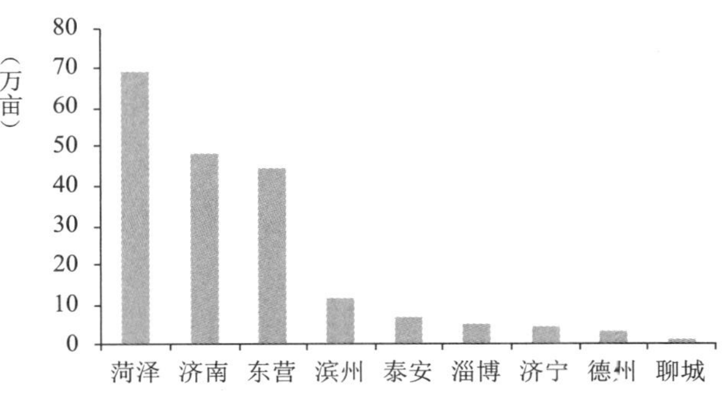

图 5-28　山东黄河滩区耕地分布

3. 滩内人口分布以济南、菏泽两市较多

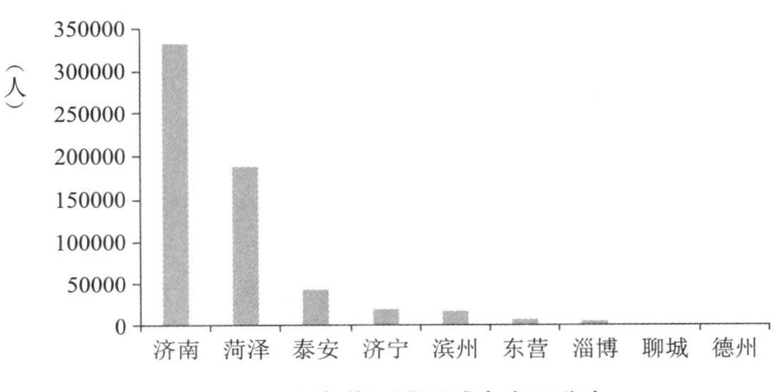

图 5-29　山东黄河滩区滩内人口分布

三、山东省黄河带旅游开发现状

（一）黄河带 A 级景区占山东省 A 级景区总量的约 30%

对沿黄 26 个县 A 级景区进行统计分析，结论如下：

沿黄 A 级景区占全省 A 级景区的约 30%。

沿黄 A 级景区主要集中于济南、滨州、东营三市。

沿黄 A 级景区 3A 景区占半数以上。

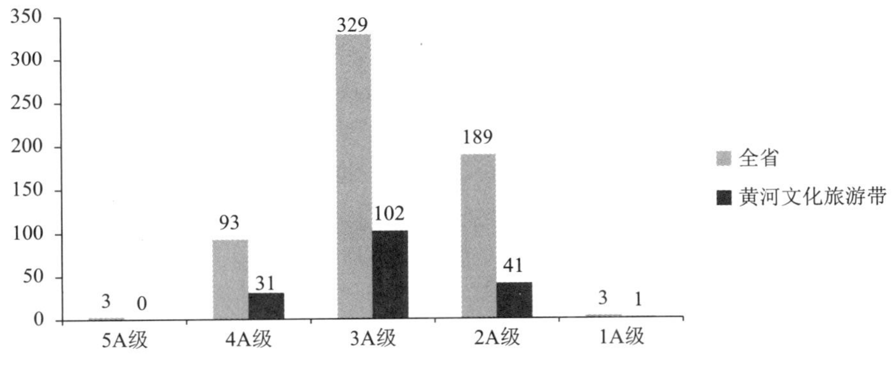

图 5-30　山东省黄河文化旅游带与全省 A 级景区数量对比

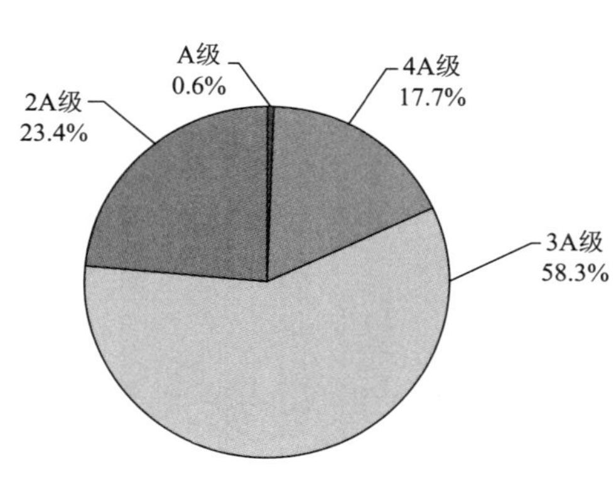

图 5-31 山东省黄河文化旅游带 A 级景区结构

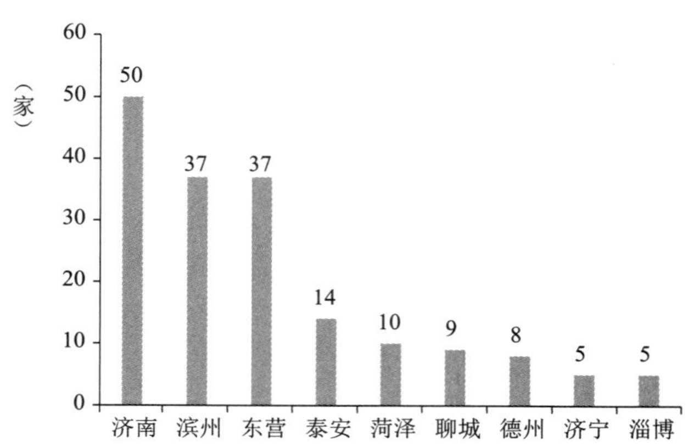

图 5-32 山东省黄河文化旅游带各地市 A 级景区数量

（二）黄河带是山东省重大文旅项目投资的重点地域

沿黄地区在建重大文旅项目投资额占全省重大项目总投资额的约 1/4。

济南、德州、滨州在建重大文旅项目主要布局在沿黄一带。

沿黄在建重大文旅项目类型呈现类型多元化趋势。

沿黄投资以私营企业为主。

四、山东省黄河文化旅游带开发问题、机遇与意义

（一）存在问题

3A 级景区为主，缺少精品景区，开发模式粗放。

碎片化开发，未形成黄河旅游的整体品牌。

旅游用地不规范，非法用地现象突出，部分项目影响防洪安全。

（二）发展机遇

清河行动为山东黄河带文旅统筹开发、文旅开发模式的大调整提供了绝佳的契机。

滩区居民迁建为旅游发展提供了更大的发展空间。

国家乡村振兴、脱贫攻坚战略为黄河带乡村旅游发展提供了目标指引。

（三）沿黄旅游开发的意义

山东省黄河旅游带涉及面积广、人口多，经济欠发达。黄河流经山东 9 市 26 县（市、区），占全省县数量的 19%。滩区总面积 1702 平方千米，滩区人口 60 多万，滩区贫困率高，基础设施薄弱。沿黄河形成了一条狭长的贫困带。沿黄旅游开发对整个山东省旅游发展格局的优化具有重要意义。将沿黄旅游带开发作为沿黄经济开发、乡村发展的重要抓手，带动农业、服务业等其他产业发展的引擎，通过打造黄河生态文化旅游带，促进沿线地区生态环境整体提升、传统文化的保护与传承、旅游基础设施和配套服务设施建设，并通过旅游业发展增加沿黄乡村收入，带动沿黄地区脱贫、乡村振兴和经济发展。

五、山东省黄河旅游带开发优势度比较分析

将山东省黄河带与同属黄河中下游的河南省和山西省黄河带比较，对山东省黄河旅游带优势度进行分析（表 5-35）。

表 5-35　黄河中下游 3 省流经地市

各省	流经地市
山东省	菏泽、济宁、泰安、聊城、德州、济南、淄博、滨州、东营
河南省	三门峡市、焦作市、洛阳市、郑州市、新乡市、开封市、濮阳市
山西省	忻州市、吕梁市、临汾市、运城市

（一）自然环境优势度

黄河入海地理标志和黄河三角洲湿地生态系统具有垄断性。

悬河地貌典型，但不具有唯一性。

黄河故道面积广但不具有垄断优势。

（二）文化优势度

史前文化自成体系。

民俗文化具有海岱文化特色。

水利工程有特色但知名度不足。

（三）沿黄区域经济基础优势比较

1. 山东省沿黄城市人均经济实力最强

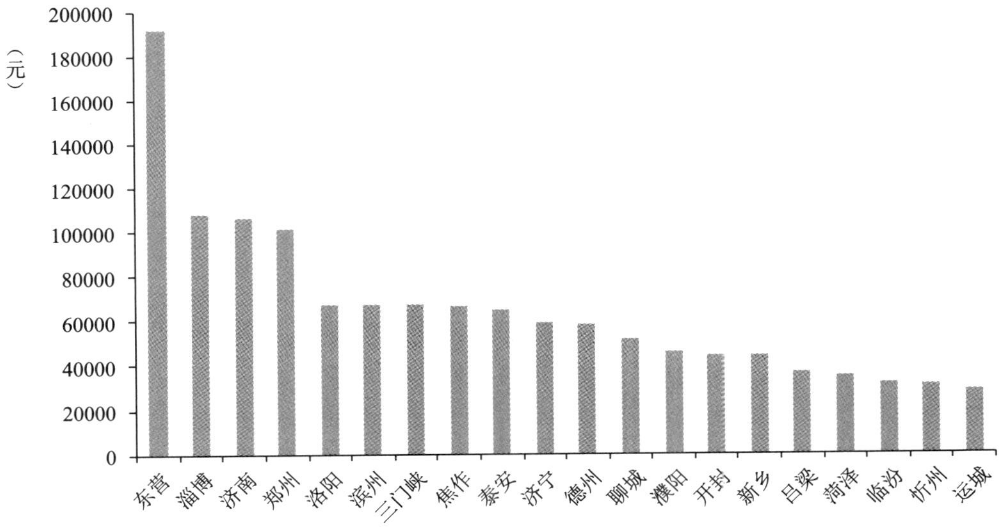

图 5-33　2018 年晋鲁豫沿黄 20 地市人均 GDP 比较

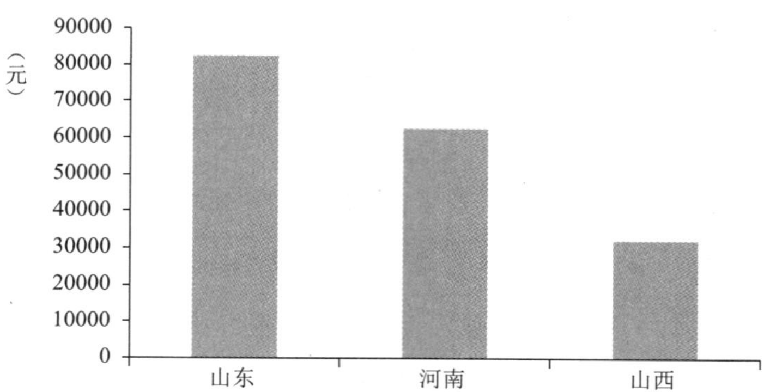

图 5-34 2018 年晋鲁豫 3 省沿黄地市人均 GDP 比较

2. 基础客源市场雄厚

表 5-36 黄河中下游 4 省旅游市场基础

省份	常住人口（万人）	GDP（亿元）	城镇居民人均可支配收入（元）	农村居民人均可支配收入（元）
山东省	10047	76470	39549	16297
河南省	9605	48056	31874	13830
山西省	3718	16818	31035	11750
陕西省	3864	24438	33319	11213

（四）优势度总体评判

综上所述，山东省沿黄文化旅游带开发具有三大垄断性优势：一是黄河入海地理标志和黄河三角洲湿地生态系统具有垄断性；二是农耕文化、山东特色民俗文化独树一帜；三是基础客源市场和区域经济实力在黄河中下游各省基础最为雄厚。此外，山东沿黄带还有两大区域比较优势：一是地上悬河、黄河故道典型但不唯一；二是黄河水利文化载体多但知名度不足（表 5-37）。

表 5-37 山东省黄河带开发优势度评价

评价要素	垄断性优势	有比较优势但非垄断性优势
地理环境	黄河入海、新生湿地生态系统	地上悬河、黄河故道
文化优势	农耕文化、山东特色民俗文化	黄河水利文化
市场优势	基础客源市场，依托城市经济发达	—

六、山东省黄河旅游带发展定位与思路

（一）发展定位

山东省黄河生态文明走廊。

黄河文明保护传承示范带。

乡村旅游带动乡村振兴的齐鲁样板带。

（二）发展目标

中华母亲河黄河入海国家级生态文化旅游带

以“中华母亲河黄河文明”为主线，以“黄河入海”为总体品牌，以生态保护和生态治理为前提，以文化、旅游为核心功能的国家级精品旅游带。

（三）发展思路

以沿黄旅游开发带动沿黄乡村振兴。

改变沿黄旅游“小而散”发展现状，实施沿黄整体开发。

推动黄河全线生态保护、修复与景观提升，打造生态绿色长廊。

深挖黄河文化资源，打造农耕文化廊道。

（四）山东省黄河旅游带空间布局优化

串珠成链，打造黄河生态文化旅游带。

打造东营、济南、菏泽、滨州4个黄河枢纽城市，东明县、鄄城县、垦利区、高青县4个黄河旅游名县。

构建沿黄自驾、慢行旅游交通系统，打造以自驾、慢行为品牌的旅游产品带（图5-35）。

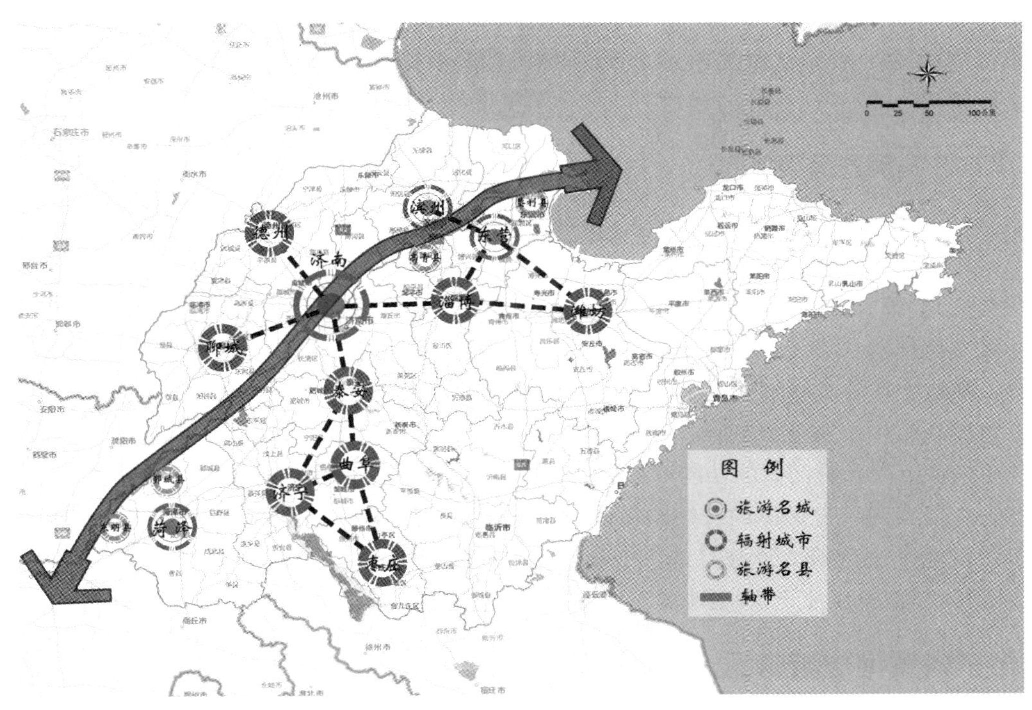

图5-35　山东省黄河旅游带空间布局优化示意

七、山东省沿黄旅游产品聚集区

根据沿黄旅游资源分布，引导形成东明—牡丹—鄄城产品聚集区、郓城—梁山—阳谷—东平产品聚集区、东阿—平阴—天桥区—齐河产品聚集区、黄河三角洲产品聚集区4大沿黄旅游产品聚集区，吸引旅游要素、旅游产品和项目建设相对集中布局。

（一）东明—牡丹—鄄城产品聚集区

包括菏泽市牡丹区、东明县、鄄城县3个县（市、区）。

新建湿地公园群，保护挖掘利用黄河古老农耕文明遗址，形成以黄河湿地生态休闲、黄河古老和现代农耕文明体验、黄河非遗文化体验、绿色优质农业观光休闲、红色旅游为主要方向的东明—牡丹—鄄城产品聚集区。通过湿地公园群建设、古老和现代农耕品牌打造、非遗文化与民俗文化活化利用、绿色优质农产品打造，推动沿黄生态修复、农业结构调整、文化保护传承，使文化旅游业成为带动该片区乡村振兴、脱贫攻坚的重要抓手。依托刘邓大军渡河处、冀鲁豫边区红色堡垒和“鄄南战役”战场遗址，开展红色旅游。

（二）郓城—梁山—阳谷—东平产品聚集区

包括菏泽郓城县、济宁梁山县、泰安东平县、聊城阳谷县 4 县。

整合水浒资源，打造 5A 级旅游景区。调整开发定位，打造一批高品质的其他主题旅游景区。旅游开发方向以水浒文化主题游览娱乐、乡村旅游为主要发展方向。

（三）东阿—平阴—天桥区—齐河产品聚集区

包括济南的槐荫、天桥、历城、章丘、济阳、长清、平阴和德州齐河、聊城东阿，共 9 个区县。

依托济南北部携河发展机遇，推动济南黄河旅游大发展。提升黄河森林公园、沿黄风景带景观环境，建设观黄河的城市地标性建筑和人文景区，构建慢行系统，发展都市休闲农业，打造居游共赏黄河生态人文休闲带。

（四）黄河三角洲产品聚集区

包括东营的河口、东营、利津、垦利，滨州的邹平、惠民、高新开发区、滨城、博兴，淄博的高青 10 区县。

以河海交汇观光、湿地生态旅游和观鸟旅游为主导方向，以新城城市休闲、高效生态农业、渔业观光休闲、孙武文化体验为补充。打造黄河口 5A 级景区，发挥黄河口作为黄河带的龙头和标志作用。开发观鸟旅游、湿地生态游赏新生态旅游产品，将黄河三角洲湿地旅游和观鸟旅游打造成为全国知名品牌。推动黄河三角洲高效生态农业区建设，提升沿黄农业产业结构，延展旅游功能，打造高效生态农业旅游示范区。推动东营市区和黄河口的功能互补和联动开发，东营市区打造成为黄河口景区的接待服务基地，以黄河湿地为主要景观特色的国内长线型旅游目的地城市。滨州市凸显黄河节点城市特色，加强水城联动，对城市沿黄地区进行整体景观打造、文化生态休闲功能布局和业态打造，打造黄河重要节点城市。高青县调整现有开发方向，打造以湿地观鸟、湿地生态休闲、温泉度假为主导方向的黄河旅游目的地。

八、山东省黄河旅游带重点工程

（一）重点工程遴选

黄河带整合和整体统筹项目。

大尺度生态景观和生态治理项目。

文化遗产保护、传承和利用项目。

标志项目和核心节点提升项目。

（二）实施 4 大线性串联工程

黄河湿地生态修复和湿地景观串联工程

沿黄旅游大交通体系贯穿工程。

沿黄乡村景观提升和农耕文化保护传承利用工程。
沿黄旅游景区景点游线串联工程。

（三）推动两大整体统筹和保障工程

黄河旅游带整体统筹机制保障。
建立山东沿黄旅游联盟。

（四）黄河标志项目和重要节点城市提升工程

黄河口 5A 级旅游区和东营旅游目的地城市建设。
济南、滨州 2 大黄河旅游城市打造。
东明县、鄄城县、垦利区、高青县 4 个旅游名县打造。

模块 13　山东省旅游度假区发展研究（概要）

一、旅游度假区的数量与分布

（一）旅游度假区名录与数量

山东省旅游度假区总数为 46 家，位居全国第二，排在浙江省（52）和江苏省（52）之后。拥有国家级旅游度假区 4 处，数量位居全国第三，仅次于江苏省（6）和浙江省（5）。拥有省级旅游度假区 42 处，数量位居全国第三，仅次于浙江省（47）和江苏省（46）。

（二）资源的区域分布特征

1. 旅游度假区的数量分布情况

山东省的国家级旅游度假区全部分布在沿海地区，主要在青岛市与烟台市，内陆地区没有国家级旅游度假区。

省级度假区中有 17 处分布在内陆 9 个地市，25 处分布在沿海 7 个地市，其中，内陆地市的度假区数量分布较为均匀，而沿海地市的省级旅游度假区主要集聚在烟台市、潍坊市、威海市（图 5-36）。

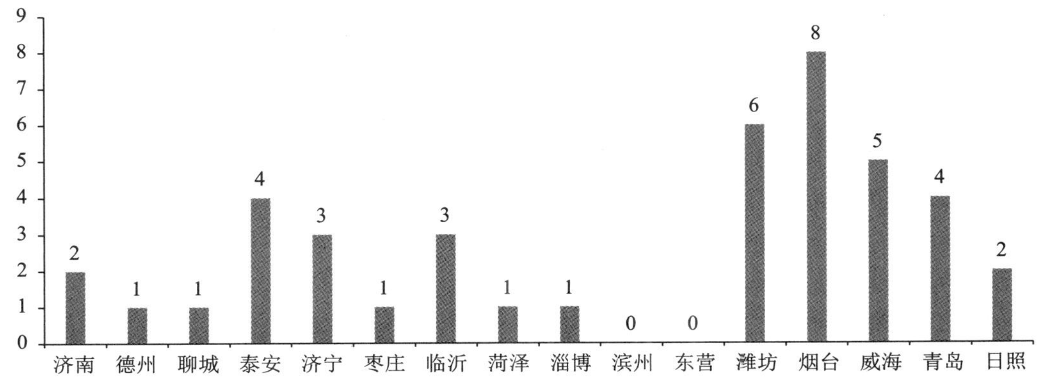

图 5-36　山东省省级旅游度假区分布情况

2. 旅游度假区的面积分布情况

从整个旅游度假区的面积情况来看，威海的旅游度假区规划面积最大，其次是潍坊、烟台、青岛，集中在沿海地市，日照是有旅游度假区的沿海地市中旅游度假区规划面积最小的。内陆地市中，旅游度假区规划面积最大的是淄博，其次是济宁、泰安，枣庄和聊城的旅游度假区所占面积较小（图 5–37）。

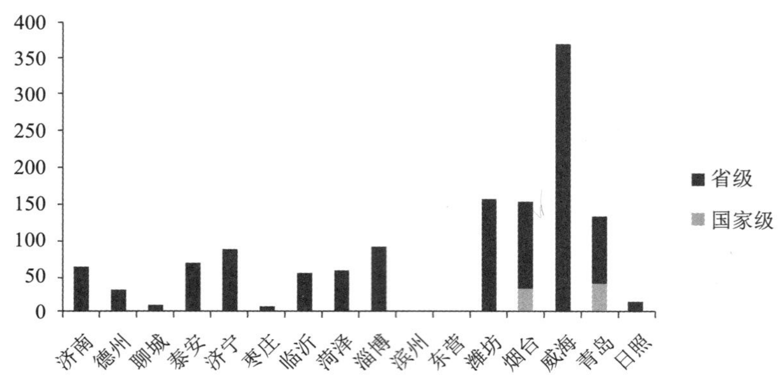

图 5–37　山东省旅游度假区面积分布情况

3. 旅游度假区的分布与资源环境的关系

在沿海地市，旅游度假区基本都贴着海岸线分布，多为滨海型旅游度假区，暂未出现海岛型旅游度假区；在内陆地市，旅游度假区基本都分布在鲁中南山地区域，其中多数毗邻湖区分布，部分是山地型。

值得一提的是，山东省是地热资源大省，沿海的地热资源尚未在休闲度假这个产品方向上得到优质、高效、集群利用。

（三）旅游发展优势度比较分析

纵观周边省份的旅游度假区发展，浙江省的旅游度假区类型丰富，有滨湖型、山地型、温泉型、古镇型、田园型，甚至还有海岛型。江苏省的类型情况类似，在此基础上还有慢城型、沿海湿地型等，但江苏省的温泉型旅游度假区发展的品质和成熟度更高，尤以溧阳天目湖旅游度假区为代表。河北省目前的旅游度假区以滨海、海岛、温泉和冰雪型的为主，其中，以秦皇岛市北戴河滨海旅游度假区和唐山国际旅游岛旅游度假区为代表的滨海型与海岛型旅游度假区发展成熟，以张家口市崇礼冰雪旅游度假区为代表的的冰雪型旅游度假区发展潜力巨大，但温泉型旅游度假区的支撑资源并不如山东省丰富。河南省的旅游度假区以山地型的为主，集中分布在洛阳，开发品质最高的且被评为国家级的尧山温泉旅游度假区同样也是在山地环境中。安徽省的旅游度假区多依托湖区来发展，开发品质最高的亦是被评为国家级的巢湖半汤温泉养生度假区。辽宁省的旅游度假区集中分布在大连市，以大连金石滩国家旅游度假区为最，类型上也以滨海、海岛、温泉、湿地为多。福建省的山地型、海岛型、温泉型度假区较多，且武夷山国家旅游度假区、湄洲岛国家旅游度假区都发展较为成熟。

山东省的滨海度假发展虽然已经铺开了局面，但是周边省份的竞争很激烈，需要在产品与环境上迅速实现更新迭代，并在服务上实现高质量的突破，才能凸显出自身的优势。

在山地度假上，河南省、福建省将山地环境与历史文化相互融合来打造旅游度假区，是很大的竞争对手，山东省应该充分利用自身文化上的独特地位，重视文化氛围与文化空间的塑造，并融入乡村型、生态型、研学型、运动型、养生型的产品与业态，来打造山地型的旅游度假区。

在滨湖型的旅游度假区发展上，山东省仍显得粗放，与江苏省、浙江省等同类型旅游度假区仍存在较大的差异，与生态保护之间的冲突也较为明显，如何在美好的生态环境中，结合周边的乡村与小镇，融入山东省的民俗与风物，来进行小体量、微影响、精品化、高品位、深体验的旅游度假开发或许是山东省滨湖型旅游度假区探索发展的方向。

山东省温泉型旅游度假区目前仍具有很高的发展潜力，尤其在山东省品质最佳的温泉分布与滨海岸线、山东省热门旅游城市与景区结合密切的前提下，具备集聚开发高品质产品与服务、吸引高净值人群的滨海温泉养生度假区的潜力。

在政策保障方面，山东省应尽快出台能落实到实处的政策来推动旅游度假区的发展，在土地上保障旅游度假区的发展前提，在财税上刺激市场的活力，为旅游度假区的跨越式发展奠定政策基础。

二、旅游度假区的开发现状与问题分析

（一）资源开发利用和投资建设情况

2018 年度维持在亿元级别投资力度的旅游度假区占半数，且内陆地市的旅游度假区建设在发力（图 5-38）。

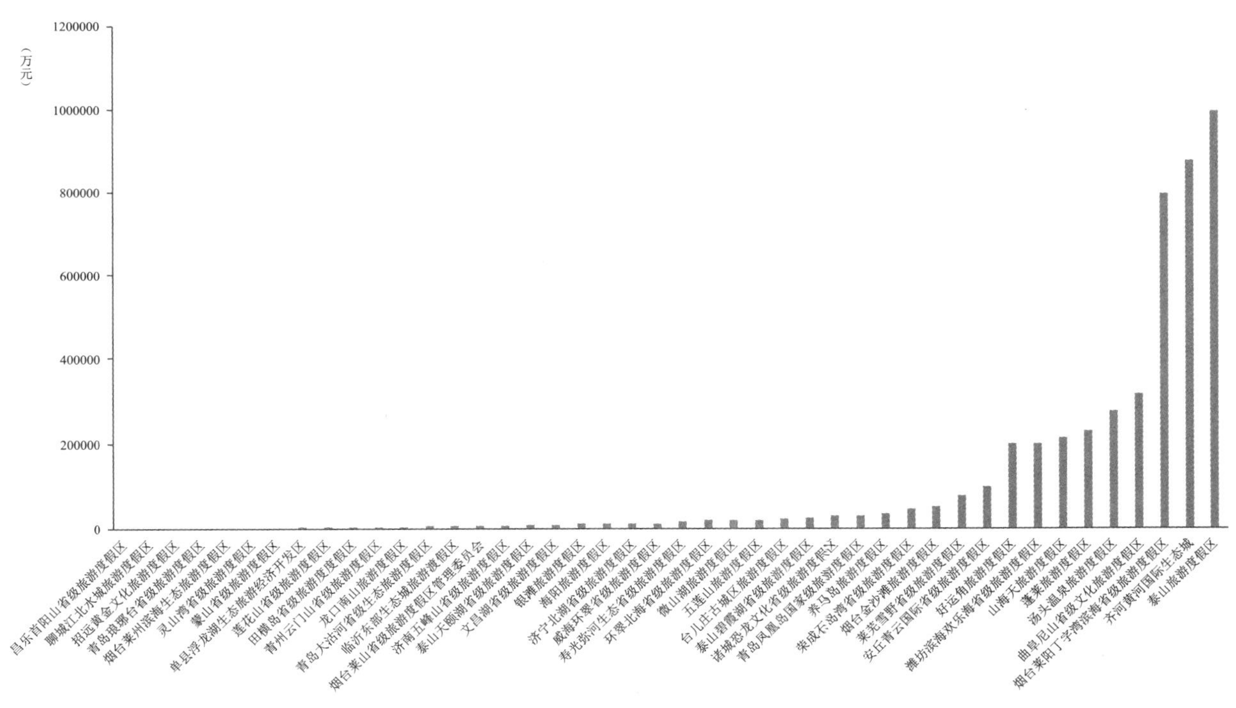

图 5-38 山东省旅游度假区 2018 年度投资情况

1. 旅游服务设施面积

目前，山东省旅游度假区的建设仍需在服务设施这一项上加大建设力度。

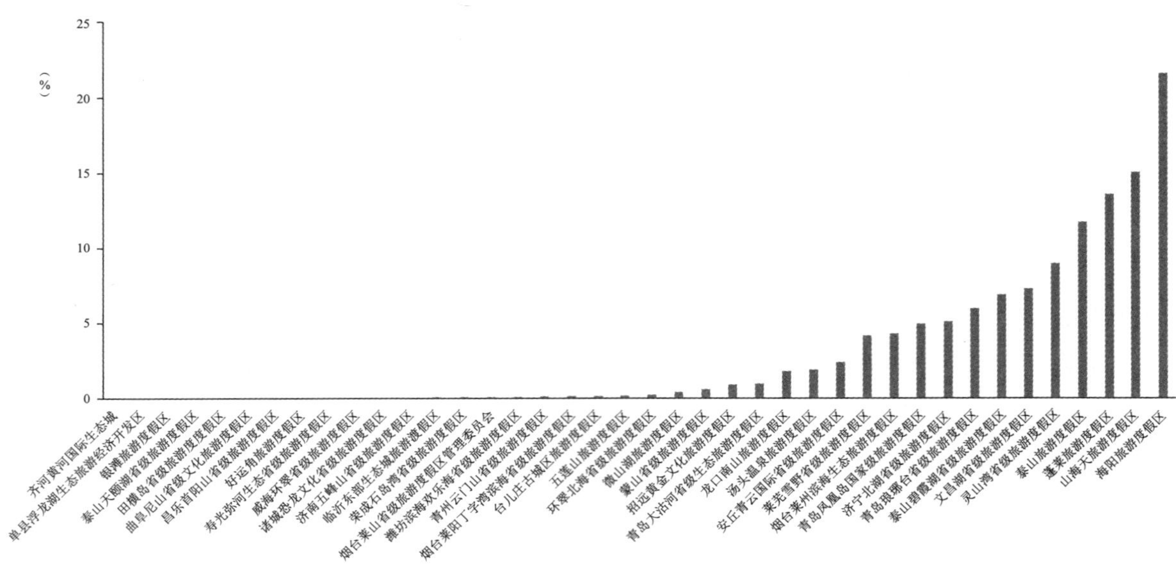

图 5-39　山东省旅游度假区旅游服务设施面积占比

2. 旅游厕所

山东省的旅游度假区在这一方面仍然需要从游客的需求出发以作提升。

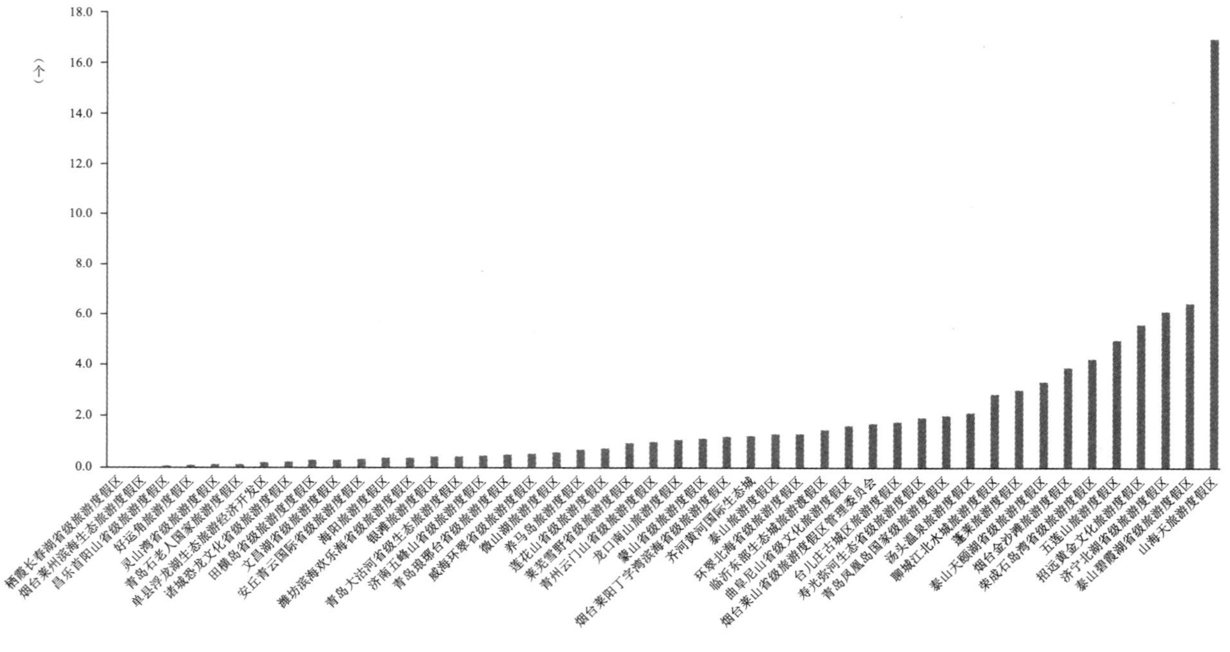

图 5-40　山东省旅游度假区每 100 公顷配备旅游厕所数量

3. A 级景区数量

除蒙山省级旅游度假区和烟台莱阳丁字湾滨海省级旅游度假区外，其余旅游度假区内都拥有 A 级景区。

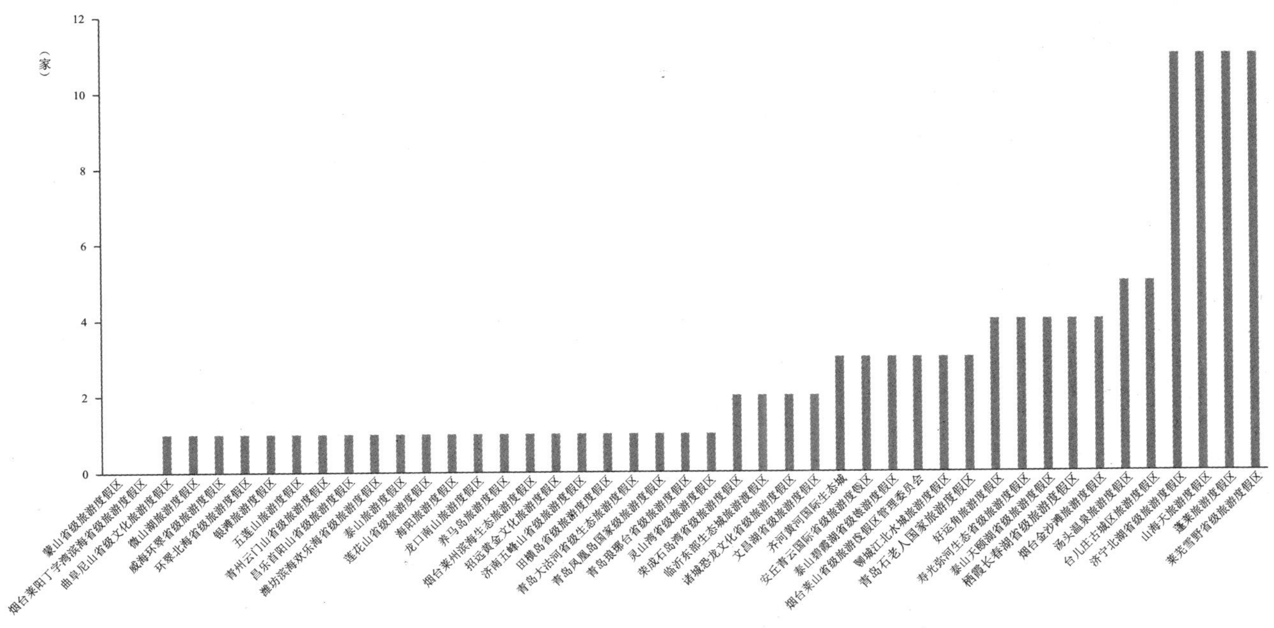

图 5-41　山东省各旅游度假区内 A 级景区数量

（二）资源的产权属性与旅游经营管理情况

1. 各旅游度假区经营管理主体情况

46 家旅游度假区，7 家没有党工会或管委会，其中青岛琅琊台省级旅游度假区和灵山湾省级旅游度假区的经营管理单位属于国有企业，龙口南山旅游度假区的经营管理单位属于私营企业；其余 39 家均已成立了旅游度假区管委会，管理机构属于行政单位的 23 家，属于事业单位的 14 家，属于行政事业单位的 2 家。

目前山东省绝大部分旅游度假区都成立了管理机构，但机构规格不统一、行政级别不明确、职责职权不法定。

2. 各旅游度假区接待设施情况

目前，4 家国家级旅游度假区的住宿接待设施中，床位数最多的是蓬莱国家级旅游度假区，最少的是石老人国家级旅游度假区；值得注意的是，凤凰岛国家级旅游度假区还没有星级酒店。符合三星级（含）以上标准的住宿接待设施宜占住宿接待设施总量的 50% 以上这一要求的只有石老人国家级旅游度假区。

省级旅游度假区中床位总数未达到省级旅游度假区要求的共 15 家。

3. 旅游度假区开发与保护的矛盾情况

山东省的 46 个旅游度假区内，有 32 个旅游度假区内同时含有省级以上重点文保单位或自然保护地成为制约其发展的最主要因素。

（三）市场情况

就 2018 年的游客接待总数而言，破千万级接待量的旅游度假区有 5 个，分别是山海天旅游度假区、蓬莱旅游度假区、青岛凤凰岛国家级旅游度假区、台儿庄古城区旅游度假区、青岛石老人国家旅游度假区。这 5 个旅游度假区有 3 个都属于国家级旅游度假区；山海天旅游度假区、蓬莱旅游度假区、青岛石老人国家旅游度假区内的游客人均消费都在 600 元以上；但台儿庄古城区旅游度假区和青岛石老人国家旅游度假区的旅游总收入却非常低。

有 12 个旅游度假区的年游客接待量尚不足 100 万人次。

表 5–38 度假区的人均消费情况

2018 年游客人均消费区间（元）	旅游度假区名称	旅游度假区数量
100 ≤ x ＜ 400	蒙山省级旅游度假区 济南五峰山省级旅游度假区 文昌湖省级旅游度假区 环翠北海省级旅游度假区 莲花山省级旅游度假区	5
50 ≤ x ＜ 100	青岛大沽河省级生态旅游度假区 招远黄金文化旅游度假区	2
0 ≤ x ＜ 50	青州云门山省级旅游度假区 昌乐首阳山省级旅游度假区 青岛琅琊台省级旅游度假区	3

就 2018 年各旅游度假区内的人均消费而言，达到 1000 元以上的旅游度假区有 4 家。

（四）旅游度假区发展主要矛盾与问题

对上述情况进行梳理后发现，山东省的旅游度假区在发展过程中所表现出来的主要矛盾与问题主要可以总结为以下几点：

产权属性混乱，体制机制不顺。

房地产化严重，挤压了旅游度假业态的发展空间。

同时存在省级以上的自然保护地或文保单位，造成保护与发展之间的矛盾。

接待档次偏低或接待设施偏少。

现状发展方向与旅游度假区不相符合。

发展停滞不前，名存实亡。

三、山东省旅游度假区发展思路与重点项目

（一）发展思路

山东省旅游度假区的发展要从以下几个方面来进行推动。

立足本地资源。

放眼市场趋势。

统筹多方诉求。

突破体制约束。

规范常态管理。

合理对接目标。

（二）具体举措

突出资源优势，打造、优化系列旅游度假区。

成立统一的旅游度假区管理委员会，实行经管分离。

对房地产开发过于密集的区域进行调整，纳入常态化约束管理。
统筹对接保护要求，探索旅游度假区范围调整的可能性。
接待能力提质升级。
适当转化与撤销一批不再适宜于打造旅游度假区的项目。

（三）重点项目筛选

表 5–39　重点项目

类别	项目名称	具体措施	实施期限 *
新晋打造（3）	长山群岛国家级旅游度假区	以海岛观光度假、海洋文化体验等为特色，按国家级的标准打造新的旅游度假区	△
	青岛海泉湾国家级温泉旅游度假区	依托我国唯一的海洋溴盐温泉，在港中旅投资开发的基础上拓展范围，打造以温泉度假、康体养生、休闲购物等为特色的国家级旅游度假区	●
	青岛西海海岸国家级旅游度假区	将青岛凤凰岛国家级旅游度假区、青岛琅琊台省级旅游度假区、灵山湾省级旅游度假区进行整合，共同打造山海融合的国家级旅游度假区	●
重点提升（10）	泰山旅游度假区	充分塑造体现泰山世界文化与自然双重遗产气质的旅游度假氛围，在现有的投资力度下尽快合理布局高品质的旅游接待设施	●
	齐河黄河国际生态城	结合黄河文化，提升为精品生态度假区	○
	曲阜尼山省级文化旅游度假区	依托新“三孔”景区，面向广大的研学旅游市场进行继往开来的儒家文化主题旅游度假区提升，在现有的投资力度下尽快合理布局高品质的旅游接待设施	●
	山海天旅游度假区	依托优质滨海环境、山海组合资源、龙山文化挖掘，提升打造高质高效发展的滨海旅游度假区	○
	汤头温泉旅游度假区	依托现有的温泉度假资源，继续丰富提升观光、养生、文化体验类产品	○
	微山湖旅游度假区	在严守生态红线的前提下，与周边的乡村结合，提升成为具有齐鲁地方风物特色的滨湖旅游度假区，成为绿水青山间山东优秀民俗文化的体验地	○
	台儿庄古城区旅游度假区	在现状基础上向精品化方向提升，尤其在休闲业态的发展和精品化住宿设施的提升上	○
	栖霞长春湖省级旅游度假区	利用好艾山温泉这一资源，以及温泉与湖区相结合的环境优势，提升为以高端的温泉疗养胜地	○
	烟台莱阳丁字湾滨海省级旅游度假区	提升成为以运动、康养、海洋生态体验为特色的高端滨海旅游度假区	△
	蒙山省级旅游度假区	依托蒙山的独特地质环境与深厚的红色文化，提升成为“亲情沂蒙”品牌下的招牌旅游度假区，将红色文化体验做精、做细	△

* 说明：●近期；○中期；△远期。

模块 14　山东省博物馆旅游利用研究（概要）

一、山东省博物馆旅游利用现状

（一）博物馆数量连年增加，总量位居全国第一

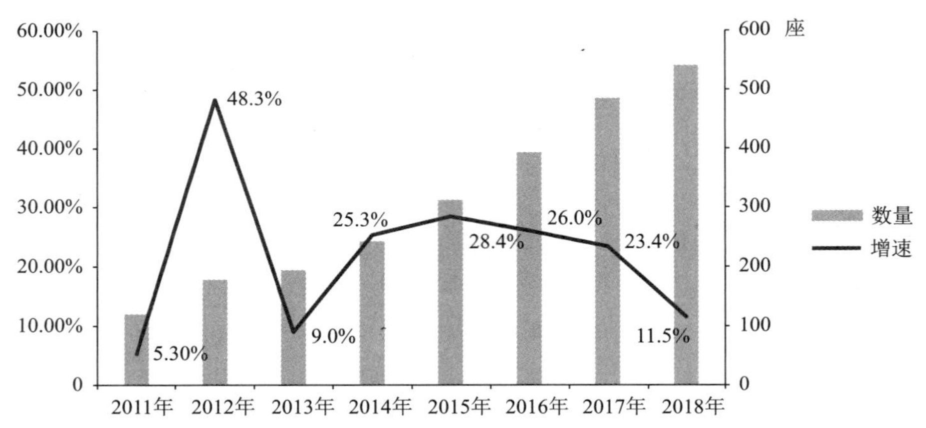

图 5-42　山东省博物馆数量

（二）定级博物馆数量位于全国前列，高级别博物馆尚待建设

表 5-40　2018 年全国各省一、二、三级博物馆数量

单位：座

	一级	二级	三级	合计	排名
北京市	14	8	9	31	13
天津市	3	2		5	28
河北省	3	13	15	31	13
山西省	3	13	11	27	16
内蒙古自治区	2	9	17	28	15
辽宁省	5	7	5	17	22
吉林省	3	4	6	13	24
黑龙江省	5	11	20	36	10
上海市	5	7	9	21	20
江苏省	7	13	21	41	6
浙江省	6	23	33	62	1
安徽省	2	12	18	32	12
福建省	5	14	21	40	7
江西省	5	10	21	36	9
山东省	6	18	28	52	4
河南省	6	22	25	53	3

续表

	一级	二级	三级	合计	排名
湖北省	5	12	29	46	5
湖南省	4	12	10	26	17
广东省	6	24	27	57	2
广西壮族自治区	2	7	17	26	17
海南省	1			1	29
重庆市	3	3	10	16	23
四川省	8	9	22	39	8
贵州省	1	4	4	9	
云南省	2	6	10	18	21
西藏自治区	1			1	29
陕西省	3	5	17	25	19
甘肃省	9	13	17	39	8
青海省	1	2	4	7	27
宁夏回族自治区	2	1	7	10	25
新疆维吾尔自治区	2	2	6	10	25

（三）博物馆类型齐全，历史类博物馆数量突出

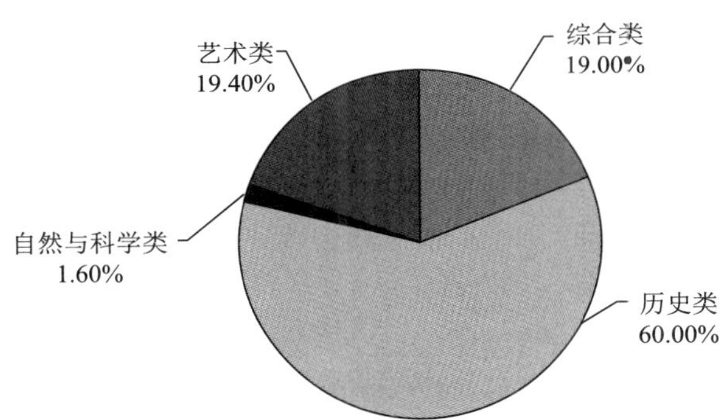

图 5-43　2017 年山东省各类博物馆占比情况

（四）博物馆免费开放常态化，游览人数增长较快

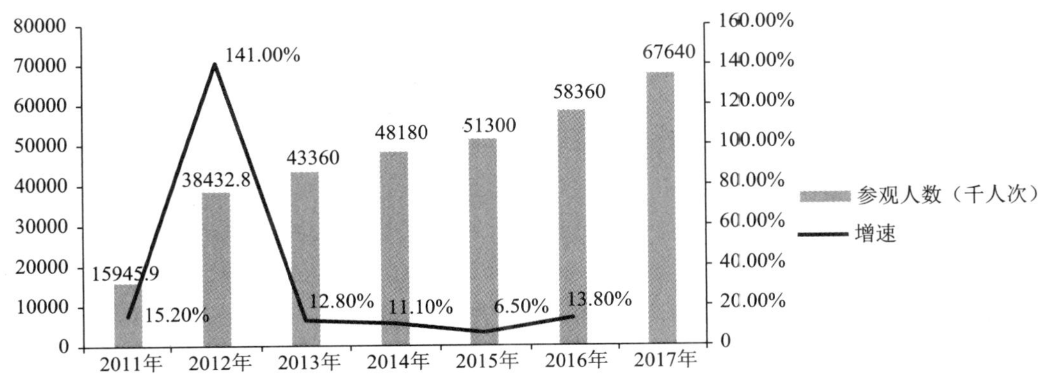

图 5-44　2011~2017 年山东省博物馆游览人数变化情况

（五）文创产品开发现状

各地市目前结合自身的特色文化资源，开发了一系列文创产品，成为旅游商品的重要补充。

各类型博物馆可利用资源如表 5-41。

表 5-41 各类型博物馆文创资源描述

博物馆类型	可利用资源门类
综合类	绘画、书法、青铜器、陶瓷器、玉石器、铁器、丝织品等
历史类	茶、红木、钱币、遗址、战役、发展史、酒文化、民俗文化等
自然与科学类	古生物化石、金属、动植物标本、湿地等生态文化
艺术类	匾额、石刻、年画、玉器、紫砂、钟表、琉璃、戏剧等

（六）博物馆空间分布与重点场馆集聚区

1. 各地市分布

济南、青岛作为山东的省会和副省会城市，博物馆的数量约占全省总数量的四分之一，足以显示出两个城市的地位；淄博、烟台、潍坊、济宁、泰安、临沂作为区域性文博中心城市，博物馆数量占全省的近一半，是山东优秀传统文化的集中体现区域。

山东省博物场馆遍布全省，集中分布于鲁中地区的济南市、泰安市、淄博市、济宁市，及沿海地区的青岛市、烟台市，显示出济南作为省会城市的优势地理位置，形成了分别以济南和青岛为中心的两大博物馆集中圈。综合类博物馆遍布各个城市的市区县中心；历史类博物馆分布更为广泛，且数量众多，集中于济南市和青岛市周围城市。艺术类博物馆依附于综合类和历史类分布，主要集中于主要市区；8 座自然与科学类博物馆分布于鲁中的济南和泰安，及沿海的青岛和烟台城市。

2. 重点集聚区

（1）青岛市。青岛市为全省博物馆数量最多的地级市。青岛市博物馆分布最为集中的是胶宁高架路以南、延安一路以西、河南路以东的市南区和市北区部分街道，总面积约 4.5 平方千米，分布有青岛葡萄酒博物馆、青岛山炮台遗址展览馆、青岛市康有为故居纪念馆、青岛海产博物馆、中国海军博物馆、青岛市德国总督楼旧址博物馆、骆驼祥子博物馆、青岛市民俗博物馆、青岛德国监狱旧址博物馆、青岛邮电博物馆、青岛一九零七电影博物馆、青岛嘉木艺术博物馆 12 座登记在册的博物馆，跨过胶宁高架路不远处还有青岛啤酒博物馆等。

这 12 座博物馆中，有二级博物馆 2 座（中国海军博物馆、青岛海产博物馆），三级博物馆 1 座（青岛德国总督楼旧址博物馆），其余为无等级博物馆。这 12 座博物馆 2017 年总计游览量近 442 万人次。

（2）淄博市。淄博齐文化底蕴深厚，临淄为齐国故城所在。从文博场馆数量来看，淄博博物馆数量在全省排名第二。目前在临淄区晏婴路以南、齐盛路以西、临淄大道以东、淄河以北已建设形成了一片博物场馆比较集中的区域。

这片区域面积共有 75 公顷，内设有齐文化博物院、临淄足球博物馆、临淄区文源博物馆、临淄区鑫和博物馆、齐国文字博物馆、大顺博物馆、大顺世界钱币博物馆等 7 座登记在册的博物馆，2017 年度浏览量达到 69.4 万人次。其中，齐文化博物院为二级博物馆。

这片区域属于全市正在打造的沿淄河旅游带上的一个重要功能区。未来随着齐古城、天齐渊等项目陆续建成，这片博物场馆集中区的游览量预测将有长足的发展。

同时，这一片区域与齐国故城遗址南缘相距仅 4 千米左右，未来与齐国故城遗址的旅游开发能形成良好的联动关系。

二、山东省博物馆旅游发展环境分析

（一）博物馆与旅游结合发展的总体趋势

1. 服务对象的转变

在传统博物馆中，其服务对象是文化研究学者和少量参观者。基于现代博物馆的发展方向，博物馆由过去的研究机构转变为人们的日常休闲场所，其服务对象也要由学者转变为社区。

2. 角色定位的转变

博物馆的角色由保存文物、承载文化发展到了诠释文化、进行大众教育和提供休闲文化服务。

3. 旅游功能的结合

博物馆增加新的功能，在原有功能的基础上复合叠加适应人们新需求的功能是必然趋势，在博物馆基本功能上叠加旅游功能是正确的发展出路。

（二）山东省博物馆旅游发展条件

山东省旅游业宏观发展形势良好。

山东省旅游交通总体便利。

博物馆旅游发展得到政策支持。

（三）存在的主要问题

展览和体验方式需要创新。

配套服务不完善。

体制机制上存在一定阻碍。

营销较为落后。

三、山东省博物馆旅游市场分析

（一）山东省博物馆旅游者特征

借鉴他人研究成果①，总结山东省博物馆旅游人群的行为特征如下。

1. 人群特征

（1）年龄结构年轻化。

（2）文化程度较高。

（3）青年学生为博物馆游客的主体人群。

2. 满意度

对到访山东省博物馆的游客进行问卷访谈，统计结果，得到有 17.3% 的游客对山东省博物馆感到非常满意，48.5% 的游客感到满意，24.5% 的游客感到一般，游览以后较为失望，更有 9.7% 对其在省博的参观游览感到不满意。

① 韩爱霞．我国博物馆旅游创新开发模式研究［D］．山东师范大学，2009.

（二）山东省博物馆旅游市场分析

1. 游客细分市场分析

（1）家庭市场。家庭化是旅游发展的重要趋势。此类市场的开发应该注意提供足够的亲子空间和活动项目，设立鲜明的主题，增强文化趣味性，并提供充分的休闲服务设施。

（2）学生市场。学生市场是目前博物馆旅游市场的主力军。应针对学生的个性特点，开发既蕴含丰富的文化科学知识，又富有趣味性、参与性、生活化的产品类型。

（3）银发市场。老年市场是目前博物馆旅游发展中开发不成熟而又具有发展潜力的市场。针对老年人的经历，开发能展示其经历过的重大事件和场景的项目，采用编年式的叙事手法，引起老年旅游者的情感共鸣。

（4）专业人士市场。专业人士市场包括专业文化知识研究者、需要进修的学校专业教师和社会上需要参加某项技能培训的人员。设计符合人员需求的高知识含量的产品和项目，丰富产品展现形式，如讲座、培训班、户外营地、临摹等。

2. 市场开发潜力细分分析

（1）培育市场。对博物馆旅游兴趣不浓厚，游览目的不明确，处于消磨时间、过路、凑热闹等目的的参观者，应该注重趣味性和生活化，逐渐引起参观者的兴趣，使其变为博物馆的忠实公众。

（2）主力市场。对博物馆旅游有较强的预期，有较为明确的游览目的，并渴望通过博物馆旅游获得一定体验的人群，根据其消费特征进行产品开发和项目设计。

（3）忠实市场。由成熟的博物馆旅游者组成，应该设计和开发成熟的博物馆旅游产品，为旅游者提供使其能实现自我价值的体验和经历。

（三）山东省博物馆旅游市场重点

着重开发以家庭市场和学生市场为代表的主力市场，培养公众的博物馆意识；逐步开发培育市场尤其是老年市场使其转变为忠实的博物馆旅游者，并丰富产品形式，加强忠实市场的忠诚程度，为有专项需求的人士提供所需产品。

四、山东博物馆旅游开发思路建议

（一）开发理念

文化理念。

休闲理念。

体验理念。

品牌化理念。

（二）发展目标

以场馆建设为重点，以创新博物馆旅游体验为依托，以文创产品开发为支撑，打造山东博物馆旅游品牌。力争到2022年全省博物馆总数达到600座，国家一、二、三级博物馆总数达到60座，一、二级博物馆和中国海军博物馆、张裕酒文化博物馆、风筝博物馆等专业性博物馆纳入全省文化旅游精品线路。

（三）开发模式

1. 博物馆 + 景区模式

主要有三种开发模式即主题景区开发模式、景区建博物馆模式、博物馆景区化模式。

2. 博物馆 + 酒店模式

包括文化主题酒店模式、酒店开发博物馆模式和酒店博物馆模式。

3. 博物馆 + 主题商场

博物馆与商场的联合开发方式，主要是打造博物馆文化主题商场。

4. 博物馆 + 培训和修学

这是博物馆发挥社会教育功能的重要手段。博物馆应该充分发挥文化艺术资源和文化艺术研究人员的优势和作用，开展博物馆培训和修学产品（图 5-45）。

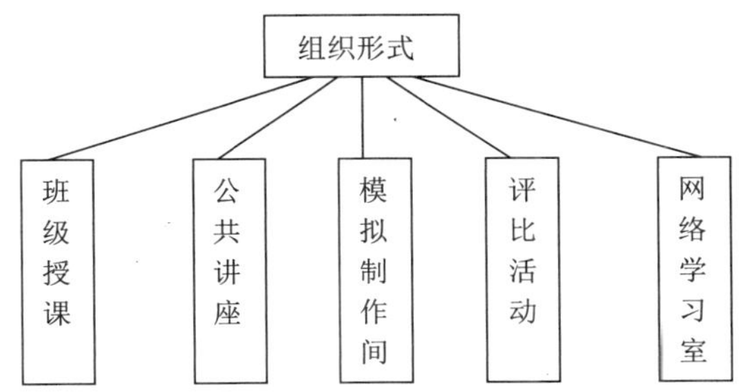

图 5-45　按照人群特征划分教育修学产品

5. 博物馆 + 旅游 / 文创商品

山东省博物馆文创 / 旅游商品开发应向文创产业学习，向故宫文创等先进经验学习，着重以下五个方面。

（1）增强购品的文化内涵。

（2）开展多元化经营。

（3）打造精品。

（4）营销方式多元化。

（5）提高服务质量。

6. 博物馆 + 餐饮

博物馆餐饮开发是指博物馆通过开设特色餐厅、茶吧、酒吧、咖啡吧等形式，拓展业务的方式。

博物馆餐饮的开发方式可以有两种。

（1）博物馆自设餐厅，博物馆直接经营、自负盈亏。

（2）博物馆通过出租营业地点或授权许可经营等形式，将餐饮经营权交给餐饮服务公司，博物馆只收取租费或授权许可经营费。

7. 博物馆 + 住宿

博物馆住宿开发主要是远离城市喧嚣、环境优良的小型博物馆所开发的，为度假型客人进行户外休闲提供住宿设施和简单餐饮服务的一种开发方式。

（四）山东省博物馆旅游开发思路与建议

加强展示方式的体验性和参与性。

加强文创产品 / 旅游商品的打造。

加强博物馆场所空间设计和氛围营造。

加强人性化服务设施的配置。

（五）山东省博物馆旅游区域开发重点指引

1. 建设青岛、济南两个省一级的“城市文化旅游客厅”

以城市交通区位和游客集散优势为依托，突出大型综合博物馆提升和建设。

2. 结合地方现有规划和发展设想

在临淄、曲阜、青州、泰安、临清、齐河等城市建设中小型主题博物馆，突出地域文化底蕴和旅游资源。

3. 各区域重点开发模式指引

重点加强“博物馆 + 景区”的开发模式，探索博物馆 + 住宿的创新旅游业态。

4. 打造主题化的博物馆旅游线路

打造全省的山东特色博物馆体验之旅，并搭配多条专题博物馆旅游线路，如齐文化体验之旅、鸢都龙城文化体验之旅、青岛国际啤酒节、潍坊国际风筝节、自然探秘研学之旅、“齐风琉韵、鸢都龙城”文化研学之旅。

（六）保障措施

创新体制机制，焕发从业人员的内生动力。

加强其他制度建设。

管理建制市场化。

加强新老媒体的营销。

模块 15　山东省主题公园与演艺娱乐旅游产品发展研究（概要）

一、山东主题公园现状与问题

（一）山东主题公园现状：以济南和青岛两个都市圈为中心布局

目前，山东省正在营业的主要 24 座主题公园按照主题内容主要分为四种类型：

一是现代主题游乐类，如泰山方特欢乐世界、蓬莱欧乐堡梦幻世界、济南方特东方神画、泉城欧乐堡梦幻世界、太阳部落、富华游乐园等。

二是海洋类，如蓬莱海洋极地世界、青岛极地海洋世界、泉城极地海洋世界等。

三是以齐鲁区域文化为特色的文化类主题公园，如太阳部落、华夏文化城等。

四是影视城或影视基地等影视类景区，如泰安东平水浒影视城、临沂沂蒙影视城等。

1. 现代游乐类主题公园

山东省目前的主题公园，数量最多的是现代主题游乐类。目前的投资规模呈现逐渐增大的趋势，主题公园项目以济南、青岛两大辐射区域为主。主要游乐类主题公园有 11 处，包括 3 处方特乐园，2 处欧乐堡乐园，6 处其他主题公园。

从现状主要现代游乐类主题公园的分布看，游乐类主题公园主要分布在济南都市圈和青岛都市圈。

2. 现状海洋类主题公园

山东现状主要海洋类主题公园有 4 处，包括 3 处极地海洋世界，1 处海底世界。其中青岛的极地海洋世界是海昌品牌的极地海洋世界。从现状海洋类主题公园的分布看，海洋类主题公园主要分布在沿海地带，包括青岛和烟台。尤其是青岛，拥有海底世界和海昌极地海洋世界 2 处较大规模的主题公园。

3. 现状文化类主题公园

山东主要现状文化类主题公园有 4 座，包括威海华夏城、泰安太阳部落、聊城阳谷狮子楼景区、菏泽郓城好汉城。其中威海华夏城是 5A 级景区，泰安太阳部落是 4A 级景区。

4. 现状影视类主题公园

山东省影视城、影视基地等项目数量较多，多数都结合旅游产业、文化产业发展成为了影视类的主题公园。山东省主要现状影视类主题公园有 5 座，其中泰安东平县的水浒影视城和临沂市的沂蒙红色影视基地均是 4A 级旅游景区。

当前，山东省的 24 座主题公园中，以游乐设施为依托的现代游乐类主题公园蓬勃发展，共有 11 座现代主题游乐类公园。而具有特色文化类的主题公园数量主要有 4 座，是山东省主题公园产业的特色领域。以海洋为代表的主题公园是山东省主题公园发展较好的一种类型，其开发历程长、开发经验比较丰富，开发数量多，达到 4 座。

（二）山东主题公园问题

- 缺少大品牌主题公园。
- 主题公园特色打造不足。
- 山东海洋特色突出，但缺乏海洋主题游乐拳头产品。
- 主题公园文化特色不够突出，未充分结合山东齐鲁文化特色。
- 盈利模式单一，配套产业不完善。

二、山东演艺娱乐现状与问题

（一）山东演艺娱乐项目现状

山东省演艺娱乐项目总体上类型多样、数量较多。山东省目前主要有 21 个演艺娱乐项目。其中，实景演出项目 7 个，主要分布在泰安、烟台、威海、济宁、枣庄；灯光秀项目主要有 6 个，分布在济南、烟台、青岛、日照和临沂，其中青岛有两处灯光秀项目；室内演艺主要有 1 个，即曲阜尼山圣境的室内实景演艺项目；传统文化表演项目 2 个，主要分布在济南和泰安；魔术剧目 1 个，为青岛梦归琴岛；马战表演项目 1 个，即临沂王者之战；原创大型舞剧项目 1 个，为曲阜孔子六艺大剧院古乐舞演出；仪式表演项目 1 个，为曲阜明故城开城仪式；情景剧表演项目 1 个，即梁山水浒情景剧。

（二）山东演艺娱乐产品问题

- 品牌项目缺乏。
- 旅游演艺艺术性、思想性不足。
- 与山东丰富优秀的历史文化、非物质文化结合不够。

三、山东主题公园与演艺娱乐发展思路和项目

（一）山东主题公园与演艺娱乐发展思路

1. 打造品牌

培育、引进或整合形成强力品牌，提升山东主题公园运营项目的品牌影响力。鼓励优质项目的发展，淘汰劣质项目，打造主题公园和演艺娱乐项目精品。作为全国人口第二大省、经济第三大省，山东省有条件打造主题公园和演艺娱乐的拳头产品，形成新时期山东省的核心旅游竞争力。

2. 文化创意

强化文化特色，创意融入主题公园与演艺娱乐项目，使地方特色与主题公园和演艺娱乐互相促进。充分挖掘利用山东省的历史文化、非物质文化等多样的文化资源，强化了文化的活化利用，促进文化的创造性转化、创新性发展，增强山东省主题公园和演艺娱乐的创新性和创意性。

3. 组合发展

主题公园、文化演艺，乃至休闲度假、接待服务等设施要整合配套，形成产业集群，构筑强大旅游吸引力。现阶段单一的主题公园或文化演艺，已经难以形成对市场的强大吸引力，可以将主题公园、文化演艺乃至配套服务进行集成，借鉴广州长隆的若干主题公园、度假主题酒店、会展中心、高尔夫球场等集群打造的模式，形成休闲度假的产业集群。

4. 面向市场

不仅满足当地居民消费需求，同时紧紧围绕外地客源需求偏好和新一代消费群体消费需求，不断更新产品和项目。山东省主题公园和演艺产品，要形成强大的旅游竞争力，必须面向京津冀、长三角、中原城市群等省外客群，通过针对性的核心项目打造、产品服务提升，来形成整体的强大旅游吸引力。

5. 突出重点

主题公园和演艺娱乐项目都有一定的门槛消费人口，所以此类项目的建设结合大都市圈更容易成功。所以，主题公园和演艺娱乐项目可以济南、青岛两大都市圈为重点进行布局。结合人口规模，围绕中心城市，进行科学布局，差异化发展，避免同质竞争。

（二）山东主题公园与演艺娱乐发展重点项目

1. 引擎性项目

（1）齐文化主题园。齐鲁文化的旅游融入非常需要文化体验项目，儒家文化相对更为严肃，相对而言“齐文化”更易旅游转化利用。可挖掘齐鲁文化，借鉴西安大唐芙蓉园、杭州宋城、开封清明上河园（均含演艺）模式，打造一处品牌型齐鲁文化主题公园（含演艺）项目。可利用齐文化元素，打造齐文化主题公园项目。选址在齐都临淄，建设齐文化主题公园，实现淄博文化旅游与城市特色文化发展的互相促进。

（2）青岛海洋主题游乐度假集群。山东海岸线漫长，滨海旅游资源优异，但海洋旅游产品不足，对区外游客吸引力不够。需要一座强力的品牌型海洋主题公园，强化山东海洋旅游产品。建议依托青岛的现状滨海旅游、海洋主题公园资源，进行整合提升打造。香港海洋公园通过“梦幻水都＋亚洲动物天地＋威威天地＋冰极天地＋天热带雨林天地＋海洋天地＋急流地＋动感天地”，形成了香港海洋旅游的品牌产品。山东应凸显海洋特色优势，借鉴香港海洋公园模式，整合提升打造一处品牌海洋主题公园。

（3）黄河泉城娱乐休闲区。建议整合利用齐河欧乐堡、极地海洋世界等的基础，强化品牌影响力，促进与济南的一体化发展，面向济南（1+5）都市圈打造旅游休闲度假区。在现有主题公园等景区基

础上，复合文化演艺、休闲度假等产品，构建旅游休闲度假产业集群。广州长隆度假片区，包括“4个主题公园+1个大马戏+3个主题酒店+1个会展中心+1座高尔夫”，而杭州宋城湘湖片区也包括“3个主题公园+3个动植物园+2个主题酒店+水上游”。齐河黄河泉城娱乐休闲区，可充分借鉴杭州湘湖、广州长隆经验进行发展。面向大都市圈，整合构建“主题公园+演艺+度假”集群。

2. 其他重点项目

（1）文化演艺提升项目。

①《中华泰山·封禅大典》大型实景演出提升项目。

深度挖掘泰山文化，提升文化演艺的思想性、文化性、艺术性。强化封禅文化的活化展示，突出“中华国山”特色，优化实景演艺体验效果。

②《神游传奇》实景演艺秀升级改造项目。

强化展现华夏文明精髓，突出演艺的震撼性、刺激性、悬念性和互动性。强化实景演艺与文化园区参观游览线路的衔接，形成文化演艺和主题体验融合的发展模式。

（2）青岛“东方影都”影视旅游项目。结合青岛“东方影都”品牌的提升打造，融入文化旅游体验，使其成为世界顶级电影节、电影首映礼、颁奖典礼、音乐会等大型室内演出的主要举办场地。配套主题乐园、水乐园、大剧院、主题酒店、会议会展等多种功能。

（3）郓城水浒好汉城续建与提升项目。突出水浒名著文化，融入非物质文化内涵，通过活态展示、场景塑造，形成水浒文化特色休闲体验区。

（4）沂蒙红色影视基地旅游提升项目。依托古村落，建设体验剧场，采用环境戏剧的开放剧场空间观念、观众互动参与的形式，形成红色文化与艺术生活一体的，高品质红色文化旅游基地。

责任编辑：谯　洁
责任印制：冯冬青
封面设计：中文天地

图书在版编目（CIP）数据

文旅融合发展规划 ： 理论探索与山东实践 / 周建明等编著. -- 北京 ： 中国旅游出版社， 2021.11
ISBN 978-7-5032-6704-8

Ⅰ. ①文… Ⅱ. ①周… Ⅲ. ①地方文化－旅游业发展－研究－山东 Ⅳ. ①F592.7

中国版本图书馆CIP数据核字(2021)第073654号

书　　名：文旅融合发展规划：理论探索与山东实践

作　　者：周建明等　编著
出版发行：中国旅游出版社
（北京静安东里 6 号　邮编：100028）
http://www.cttp.net.cn　E-mail:cttp@mct.gov.cn
营销中心电话：010-57377108，010-57377109
读者服务部电话：010-57377151
排　　版：北京旅教文化传播有限公司
经　　销：全国各地新华书店
印　　刷：北京盛华达印刷科技有限公司
版　　次：2021 年 11 月第 1 版　2021 年 11 月第 1 次印刷
开　　本：889 毫米 × 1194 毫米　1/16
印　　张：23.5
字　　数：383 千
定　　价：128.00 元
ISBN　978-7-5032-6704-8

---

1. 山东省文化旅游发展现状图

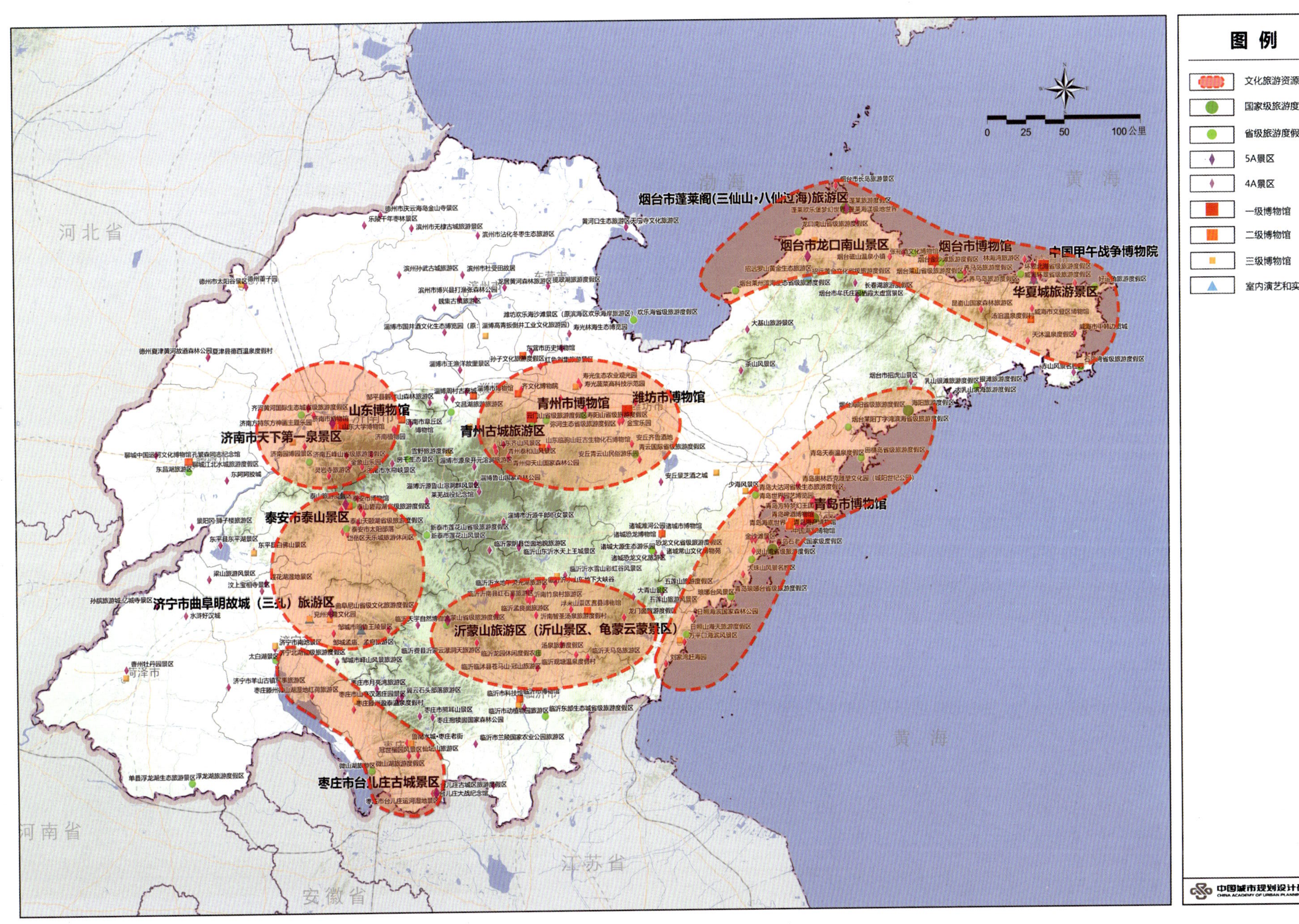

2. 山东省文化旅游资源分布图

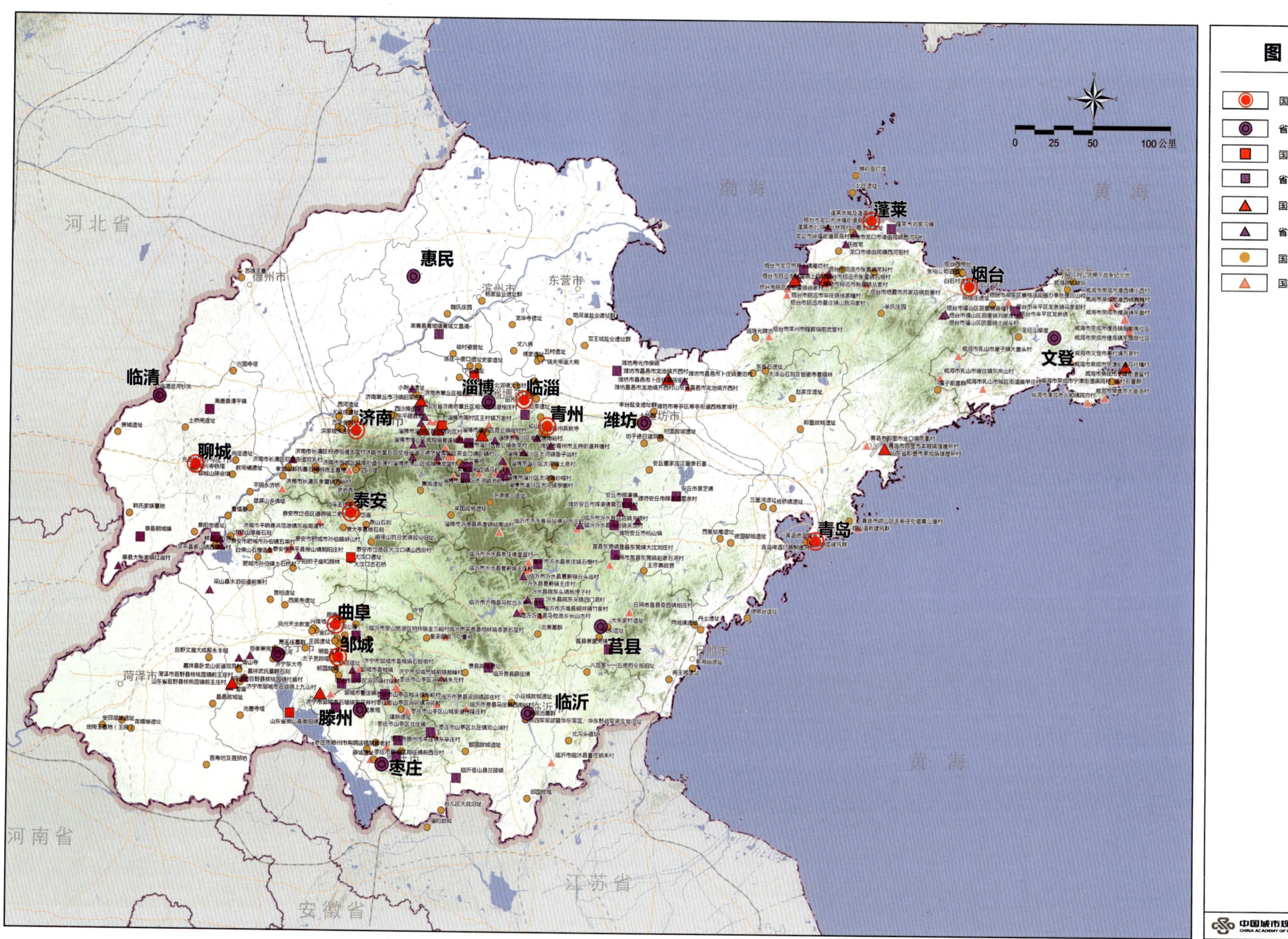

3. 大运河、齐长城文化旅游资源分布图

图例

- 地市驻地
- 遗产河道段
- 遗产点
- 重要资源点
- 现状河流
- 相关河道及遗迹
- 大运河沿线重要地市范围
- 齐长城主线
- 齐长城支线
- 烽火台
- 关
- 壕堑
- 烽燧
- 堡
- 齐长城沿线重要地市范围

中国城市规划设计研究院
CHINA ACADEMY OF URBAN PLANNING & DESIGN

4. 山东文化旅游融合发展空间布局图

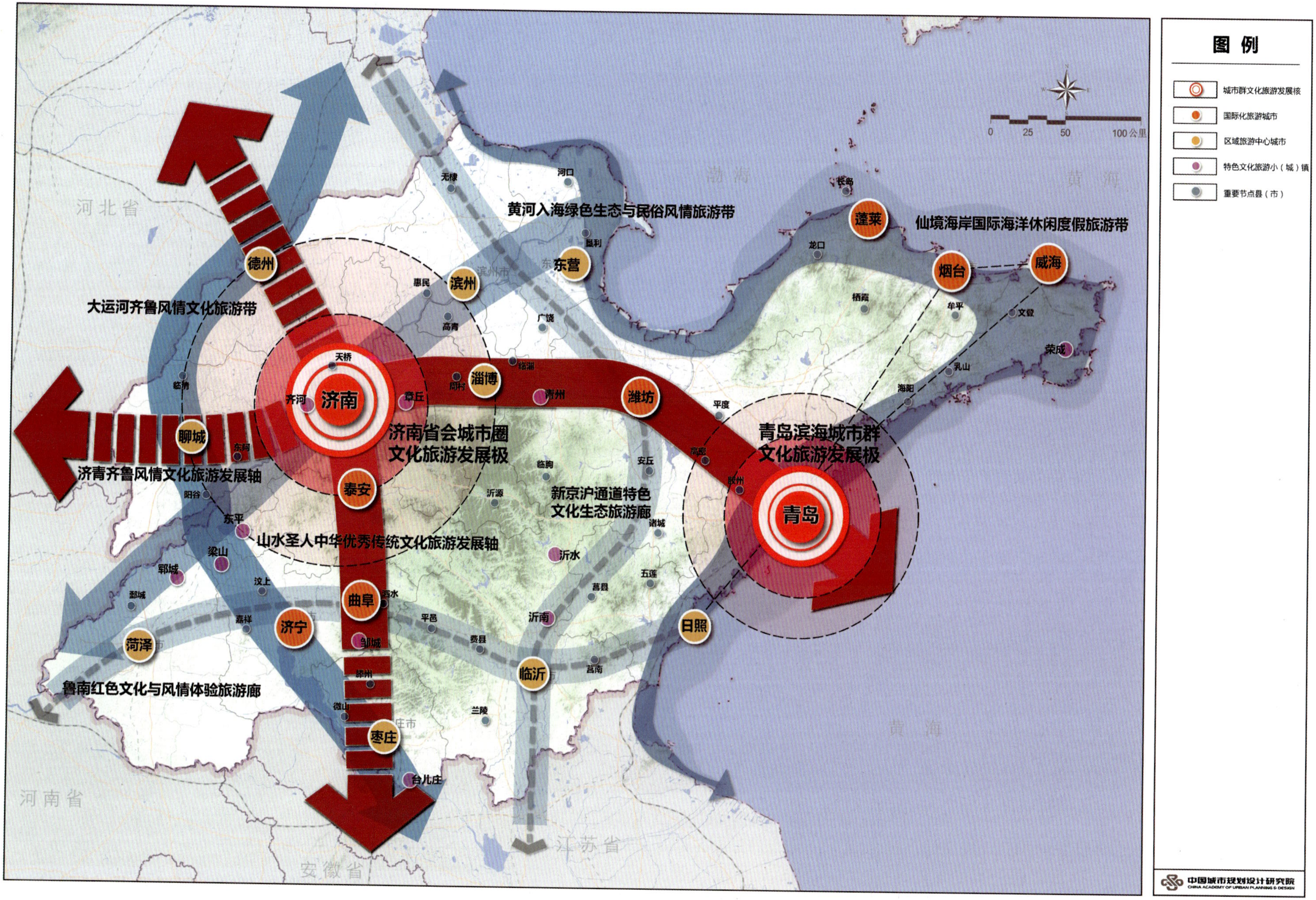

5. 山东省传统文化旅游规划图

黄河传统文化地标
大运河传统文化地标
大运河文化旅游带
齐长城历史文化带
齐鲁文化精华带
大汶河山水文化带
泗水山水文化带
德州
临清
聊城
济宁
济南
泰山
泰安
齐
临淄
青州
潍坊
鲁
曲阜
邹城
七级
张秋
阿城
东平
梁山
汶上
南阳
微山
台儿庄
泰山世界自然文化遗产
孔庙孔林孔府世界文化遗产
京杭运河世界文化遗产
齐长城世界文化遗产
惠民
东营市
蓬莱
烟台
威海市
文登
青岛
莒县
日照市
临沂市
滕州
枣庄市
菏泽市
河北省
河南省
安徽省
江苏省
渤海
黄海
0 25 50 100公里

图例

- 运河文化之城
- 运河文化特色旅游镇
- 运河集聚发展板块
- 世界文化遗产
- 国家级历史文化名城
- 省级历史文化名城
- 博物馆
- 国家级文保单位
- 传统村落

中国城市规划设计研究院
CHINA ACADEMY OF URBAN PLANNING & DESIGN

6. 山东省红色文化旅游规划图

图例

胶东红色文化片区
渤海红色文化片区
沂蒙红色文化片区
鲁西红色文化片区
红色资源（革命战争）
红色资源（社会主义革命）
红色资源（民族民主革命）

0 25 50 100公里

渤海
黄海
河北省
河南省
安徽省
江苏省

胶东红色文化片区
胶东红色文化旅游目的地
刘公岛甲午战争纪念地
中国甲午战争博物院
杨子荣纪念馆
天福山及胶东半岛抗日武装起义旧址
烟台山教学区
胶东育儿所纪念馆
平度抗日战争纪念馆
地雷战纪念馆
青岛市革命烈士纪念馆
中共青岛党史纪念馆
青岛山炮台遗址展览馆

渤海红色文化片区
冀鲁边抗日红色旅游圣地
无棣县
庆云县
宁津县
乐陵县
渤海革命老区纪念园
渤海垦区革命纪念馆
博兴县烈士陵园
中共刘集支部旧址
滨州市
东营市
淄博市
潍坊市
德州市

沂蒙红色文化片区
亲情沂蒙旅游区
枣庄市红色旅游目的地
三涧溪艰苦奋斗纪念旧址
辛亥革命山东烈士墓
東山艰苦奋斗纪念旧址
莱芜战役指挥所旧址
莱芜小三线旧址
沂源县
沂源小三线旧址
徂徕山抗日武装起义旧址
冯玉祥墓
蒙阴小三线工程旧址
中共中央山东分局旧址
王尽美故居
红嫂纪念馆
孟良崮战役烈士陵园管
大青山胜利突围纪念馆
九间棚艰苦奋斗纪念旧址
八路军一一五师司令部旧址
厉家寨艰苦奋斗纪念旧址
华东野战军总部旧址暨新四军军部旧址纪念馆
山东新华书店旧址
铁道游击队文化园
台儿庄大战纪念地
台儿庄大战旧址
枣庄市

鲁西红色文化片区
红色金乡旅游基地
张自忠将军纪念馆
中共山东省委秘书处旧址
毛主席视察北园公社纪念地
聊城市
范筑先纪念馆
运东地委革命纪念馆
鲁西北革命烈士陵园
鲁西南战役指挥部旧址纪念馆
济宁市
菏泽冀鲁豫边区革命纪念馆
菏泽市
赵登禹纪念馆
王杰故里（纪念馆）
鲁西南战役纪念馆
定陶区烈士陵园
羊山景区

中国城市规划设计研究院
CHINA ACADEMY OF URBAN PLANNING & DESIGN

7. 山东省海洋旅游规划图

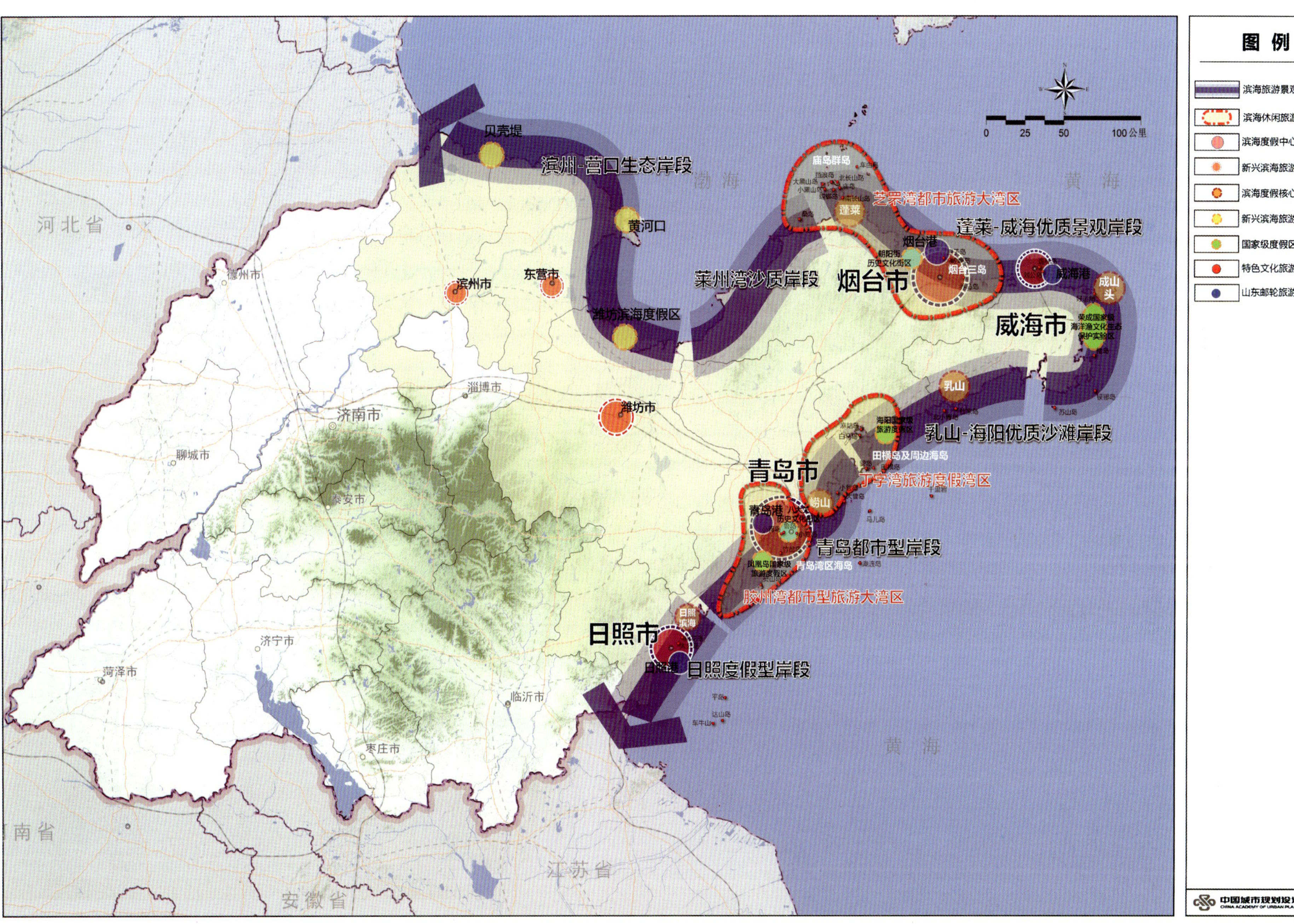

8. 山东乡村旅游规划图

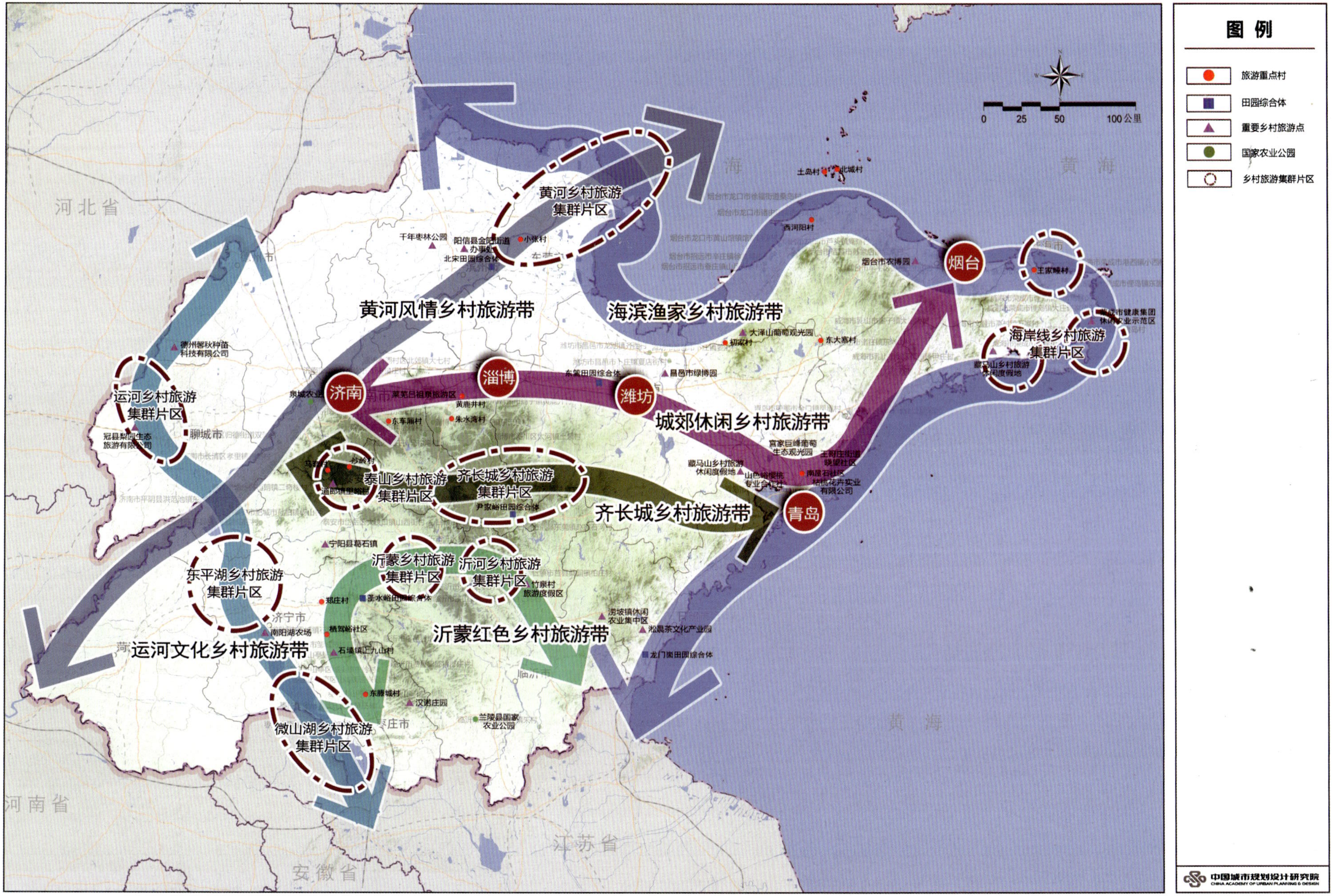
图 例
旅游重点村
田园综合体
重要乡村旅游点
国家农业公园
乡村旅游集群片区
0 25 50 100 公里
黄河风情乡村旅游带
海滨渔家乡村旅游带
城郊休闲乡村旅游带
齐长城乡村旅游带
沂蒙红色乡村旅游带
运河文化乡村旅游带
黄河乡村旅游集群片区
运河乡村旅游集群片区
泰山乡村旅游集群片区
齐长城乡村旅游集群片区
沂蒙乡村旅游集群片区
沂河乡村旅游集群片区
东平湖乡村旅游集群片区
微山湖乡村旅游集群片区
海岸线乡村旅游集群片区
济南
淄博
潍坊
青岛
烟台
河北省
河南省
安徽省
江苏省
黄 海
中国城市规划设计研究院
CHINA ACADEMY OF URBAN PLANNING & DESIGN